# Programmes de Français en Première séries technologiques

## Extrait du J.O.R.F. n°0047 du 25 février 2011

## générale

la classe de seconde, le programme de première à élargir chez les élèves la connaissance de la nforcer le goût. Le travail mené en seconde sur nt circonscrits, afin de donner des repères aux en première à une étude qui met en évidence historiques des genres littéraires. Pour permet- pprofondissement de ces connaissances et de : littéraire, ces évolutions sont abordées selon pécifiques, qui en autorisent une approche plus ise à la fois.

lasse a pour but de consolider et d'enrichir la quise au cycle précédent : connaissance des aires, de leurs principales caractéristiques de ffets, développement d'une conscience esthé- e, du goût pour la lecture des œuvres et pour

'étude doit permettre de construire chez l'élève étences énumérées plus haut. On s'attache en élève progressivement plus autonome dans sa t de recherche, d'interprétation ou de produc- une attitude à la fois réflexive et critique par udiés.

nière technologique fixe quatre objets d'étude, tés dans l'ordre souhaité par le professeur au ntérieur de ce cadre, celui-ci organise librement ignement cohérentes, fondées sur une problé- e choix lui est laissé d'aborder chacun de ces oui soit sur une œuvre, soit sur un groupement deux œuvres au moins et de deux groupements iée est obligatoire.

ituent les groupements de textes ne font pas et d'une lecture analytique ; certains d'entre rdés dans le cadre de lectures cursives, selon ur. Les textes et documents qui ouvrent sur sur les langues et cultures de l'Antiquité pour- sein des groupements : ils ne constituent pas semble séparé.

## s objets d'étude

### roman, du XVII^e^ siècle à nos jours

rer aux élèves comment, à travers la construc- , le roman exprime une vision du monde qui ues et les auteurs et dépend d'un contexte et culturel, en même temps qu'elle le reflète,

aux personnages permet de partir du mode de courant. On prête une attention particulière à ns, aux modèles humains qu'ils proposent, aux ent et aux critiques dont ils sont porteurs. sion de l'univers de la fiction, on n'oubliera e du sens passe non seulement par l'analyse méthodique des différents aspects du récit qui peuvent être mis en évidence (procédés narratifs et descriptifs notamment), mais aussi par une relation personnelle au texte dans laquelle l'émotion, le plaisir ou l'admiration éprouvés par le lecteur jouent un rôle essentiel. Pour permettre aux élèves de prendre conscience des évolutions du genre romanesque et enrichir leur culture, le professeur a soin de leur proposer des textes différents de ceux qui ont été étudiés en seconde.

#### Corpus

Un roman du XVII^e^ siècle à nos jours, au choix du professeur.

Un ou deux groupements de textes permettant d'élargir et de structurer la culture littéraire des élèves, en les incitant à problématiser leur réflexion en relation avec l'objet d'étude concerné : le professeur veille à proposer dans ces groupements des textes ou des documents appartenant à d'autres époques que celle à laquelle appartient le roman étudié par ailleurs, pour mieux faire ressortir les spécificités du genre romanesque à telle ou telle période et dessiner des évolutions en matière d'histoire des formes et des représentations.

En relation avec l'histoire des arts, un choix de textes et de documents permettant de mettre en évidence les relations existant entre la représentation des personnages et des milieux romanesques et celle qu'en donnent les autres arts – la peinture, la gravure, la sculpture, l'opéra par exemple – à la même époque.

### Le texte théâtral et sa représentation, du XVII^e^ siècle à nos jours

L'objectif est de faire découvrir des œuvres théâtrales qui renouvellent les formes classiques étudiées en seconde, mais aussi de sensibiliser les élèves à l'art de la mise en scène, notamment dans sa capacité à enrichir l'interprétation. La réalisation scénique déterminant profondément l'écriture des textes dramatiques et permettant d'en faire jouer pleinement les effets, on s'attache à faire percevoir aux élèves les interactions entre texte et représentation.

Prenant appui sur une programmation locale ou sur des captations, l'étude proprement littéraire du texte théâtral sera étayée par l'analyse de mises en scène comparées et prendra ainsi en compte les données propres de la dramaturgie.

#### Corpus

Une pièce de théâtre du XVII^e^ siècle à nos jours, au choix du professeur.

Un ou deux groupements de textes permettant d'élargir et de structurer la culture littéraire et dramatique des élèves, en les incitant à problématiser leur réflexion en relation avec l'objet d'étude concerné : le professeur veille à proposer dans ces groupements des textes et des documents de divers types (iconographiques, sonores, numériques, photographiques, filmiques...) appartenant ou renvoyant à d'autres époques que celles auxquelles appartiennent les pièces étudiées par ailleurs, pour favoriser la conscience des évolutions du genre dramatique. Ces groupements permettront ainsi de mettre en perspective une histoire des formes théâtrales et des représentations.

En relation avec les langues et cultures de l'Antiquité, un choix de textes et de documents permettant de réfléchir aux fonctions et significations du théâtre dans le monde grec et latin et de les relier avec les conditions de la représentation et son déroulement. La naissance

Conception graphique couverture et maquette intérieure : Aude Cotelli
Mise en page et photogravure : APS Chromostyle
Iconographie : Valérie Dereux et Geoffroy Mauzé (chapitre 3, séquence 4 et chapitre 5, séquence 1)
Relecture typographique : APS Chromostyle
Responsable d'édition : Marie Bourboulou
Édition : Virginie Cartou assistée d'Angéline Plume, Blandine Videau et Alexis Roume


5, allée de la 2e D.B., 75015 Paris
www.magnard.fr
ISBN : 978-2-210-44119-4

empreintes litt

# Franç

5

**Coordination**
Florence RANDANNE
Agrégée de Lettres classiques, académie d'Amiens

S

Alain AUTRET
Professeur agrégé de lettres modernes
Lycée général, technologique et professionnel
Jean Racine à Montdidier

Céline BARRAUD
Professeur agrégée de Lettres classiques
Lycée Félix Faure à Beauvais

Emmanuel BROC
Professeur certifié de lettres modernes
Lycée général, technologique et professionnel
du Vimeu à Friville-Escarbotin

Florence COGNARD
Agrégée de Lettres classiques, académie d'Amiens

Pascale DELAMARRE
Professeur agrégée de Lettres modernes,
Lycée Jean Rostand à Chantilly

Patricia FIZ
Agrégée de L

Claude GAP
Formateur L

Alain GASC
Professeur a
Lycée Madel

Rémi LASSA
Professeur a
Lycée Félix F

Françoise R
Agrégée de l

Martine SCH
Agrégée d'A

Myriam TSI
Maître de co

Les auteurs et les éditions Magnard remercient vivement Alice Duroux-Ga
Saint-Georges) et Martine Loridon (lycée Philibert Delorme, L'Isle d'Abeau
ainsi que tous les enseignants qui ont participé aux études menées sur c

MAGNARD
www.magnard.f

## Présentatio

Dans la continuité
technologique vise
littérature et à en r
des objets relativer
élèves, laisse place
certaines évolution
tre, par ailleurs, un
la réflexion sur le f
des points d'entrée
concrète et plus pr
Le travail mené en
culture commune a
grands genres litté
forme, de sens et d
tique de la littératu
l'écriture.
Enfin, chaque objet
l'ensemble des com
particulier à rendre
démarche, qu'elle s
tion, et à développ
rapport aux objets
Le programme de p
qui peuvent être tr
cours de l'année. À l
des séquences d'ens
matique littéraire ;
objets en prenant a
de textes. L'étude de
au moins sur une a
Les extraits qui cor
obligatoirement l'o
eux peuvent être a
le projet du profes
l'histoire des arts o
ront trouver place a
nécessairement un

## Contenus : l

### Le personnage d

L'objectif est de mo
tion des personnag
varie selon les épo
littéraire, historiqu
voire le détermine.
Le fait de s'attache
lecture qui est le pl
ce que disent les ro
valeurs qu'ils défini
Dans cette appréh
pas que la découve

et l'évolution de la tragédie et de la comédie, les dimensions religieuse et civique du théâtre sont ainsi l'objet d'une étude prenant en compte le contexte de création et les spécificités concrètes du théâtre (condition des acteurs, nature du spectacle et des effets recherchés, espace de la représentation, fonction des masques, etc.).

### Écriture poétique et quête du sens, du Moyen Âge à nos jours

L'objectif est d'approfondir avec les élèves la relation qui lie, en poésie, le travail de l'écriture à une manière singulière d'interroger le monde et de construire le sens, dans un usage de la langue réinventé. On fait ainsi appréhender un trait essentiel de la littérature comme « art du langage », faisant appel à l'imagination et à la matérialité sensible de la langue.

Sans négliger l'émotion qui peut s'exprimer et se communiquer à travers les textes poétiques, on s'attache également à contextualiser la lecture de la poésie, en donnant aux élèves des éléments de son histoire, dans ses continuités, ses évolutions et ses ruptures, et en leur faisant approcher les mouvements esthétiques et culturels avec lesquels elle entre en résonance. On met ainsi en relief le rôle et la fonction du poète, souvent aux avant-postes de la littérature et de la culture. Enfin, on attire l'attention sur les phénomènes d'intertextualité, pour construire au fil des lectures une connaissance des repères essentiels à la compréhension des mouvements esthétiques dans lesquels s'inscrit la poésie. Pour donner une idée de la diversité des formes et des genres poétiques, le professeur peut ancrer son étude sur quelques grands « lieux » de la poésie – dire l'amour, dire la mort, dire le monde, chercher le sens, louer ou dénoncer, exprimer son espoir, sa révolte, etc. – qui permettent d'appréhender cette variété de manière plus concrète. Il a soin de travailler sur des textes différents de ceux étudiés en classe de seconde.

### Corpus

Un recueil ou une partie substantielle d'un recueil de poèmes, en vers ou en prose, du Moyen-Âge à nos jours, au choix du professeur.

Un ou deux groupements de textes permettant d'élargir et de structurer la culture littéraire des élèves, en les incitant à problématiser leur réflexion en relation avec l'objet d'étude concerné. Le professeur veille ainsi à proposer des textes ou des documents appartenant à d'autres époques que celle du recueil étudié par ailleurs, pouvant aussi relever de genres ou d'arts différents, pour mieux faire ressortir les spécificités de la poésie à telle ou telle période et dessiner des évolutions en matière d'histoire des formes et des représentations.

En relation avec l'histoire des arts, un choix de textes et de documents permettant de mettre en évidence les relations entre la poésie et d'autres arts, à une époque donnée ou dans le cadre d'un mouvement esthétique particulier. On privilégiera l'étude de mouvements qui marquent des étapes dans la revendication d'un renouveau esthétique. Les relations entre poésie et musique à la Renaissance, le baroque en poésie, mais aussi dans la peinture, la sculpture et l'architecture, les grands traits de l'esthétique surréaliste, par exemple, peuvent faire l'objet d'un travail qui rende sensibles aux élèves les correspondances entre les arts et la singularité de leurs modes et de leurs formes d'expression.

### La question de l'Homme dans les genres de l'argumentation, du XVIe siècle à nos jours

L'objectif est de permettre aux élèves d'accéder à la réflexion anthropologique dont sont porteurs les genres de l'argumentation afin de les conduire à réfléchir sur leur propre condition. On contribue ainsi à donner sens et substance à une formation véritablement humaniste. Dans cette perspective, on s'attache à mettre en évidence les liens qui se nouent entre les idées, les formes qui les incarnent et le contexte dans lequel elles naissent. Le fait d'aborder les œuvres et les textes étudiés en s'interrogeant sur la question de l'homme ouvre à leur étude des entrées concrètes et permet de prendre en compte des aspects divers, d'ordre politique, social, éthique, religieux, scientifique par exemple, mais aussi de les examiner dans leur dimension proprement littéraire, associant expression, représentation et création.

Le professeur a soin de donner aux élèves une idée de la diversité des genres de l'argumentation et de leur évolution du XVIe au XXe siècle ; il leur propose à cet effet d'autres textes que ceux qu'ils ont pu étudier en seconde.

### Corpus

Un texte long ou un ensemble de textes ayant une forte unité, du XVIe siècle à nos jours, au choix du professeur, étudié dans sa composition et son développement aussi bien que dans sa rédaction : essai, discours, pamphlet, recueil de maximes ou de pensées, de fables ou de satires, extraits de correspondances d'écrivains, texte narratif à visée persuasive, etc.

Un ou deux groupements de textes permettant d'élargir et de structurer la culture littéraire des élèves et de problématiser leur réflexion en relation avec l'objet d'étude concerné. Le professeur veille ainsi, en fonction du projet, à proposer dans ces groupements des textes ou des documents appartenant à d'autres époques que celle à laquelle appartient le texte long étudié par ailleurs, pour mieux faire ressortir les spécificités de telle ou telle période et dessiner des évolutions en matière d'histoire des idées et des formes.

En relation avec les langues et cultures de l'Antiquité, et dans une perspective humaniste de connaissance des sources, un choix de textes et de documents permettant de retrouver dans les œuvres antiques les racines de questions et de représentations touchant à la condition de l'homme. Le professeur choisit des œuvres ou extraits d'œuvres qui ont fait l'objet de reprises et de variations et constituent un héritage vivant à travers les siècles. Les récits de création ou fondation, les tragédies, les poèmes, mais aussi les tableaux, fresques et sculptures pourront ainsi nourrir une réflexion anthropologique que l'étude des genres de l'argumentation aura permis d'aborder selon des angles différents mais complémentaires.

### L'étude de la langue

L'étude de la langue se poursuit en classe de première : il s'agit de mettre les connaissances acquises au service de l'expression écrite et orale ainsi que de l'analyse des textes. On cherche à donner aux élèves, par la consolidation et le réinvestissement de ces connaissances, le goût de l'expression juste et la conscience de la liaison entre faits de langue, effets de sens et articulations de la pensée.

Au-delà des rappels nécessaires en matière de grammaire de phrase, l'étude de la grammaire de texte et de la grammaire de l'énonciation se poursuit pour construire une conscience plus complète et mieux intégrée de ces différents niveaux d'analyse.

Pour cela :

– Au niveau de la phrase, les éventuelles lacunes en matière de syntaxe doivent être comblées, pour permettre aux élèves d'appréhender la langue comme système ordonné et descriptible ;

– Au niveau du texte, on privilégie les questions qui touchent à l'organisation et à la cohérence de l'énoncé, afin de développer la capacité à prendre en compte et à structurer le sens global d'un texte ou d'un propos ;

– Au niveau du discours, la réflexion sur les situations d'énonciation, sur la modalisation et sur la dimension pragmatique est développée, dans le but de favoriser la compréhension de l'implicite, des enjeux et des interactions dans toute forme de communication ;
– Le vocabulaire fait l'objet d'un apprentissage continué, notamment en relation avec le travail de l'écriture et de l'oral : on s'intéresse à la formation des mots, à l'évolution de leurs significations et l'on fait acquérir aux élèves un lexique favorisant l'expression d'une pensée abstraite.
L'orthographe demeure l'objet d'une attention constante.

## Activités et exercices

L'appropriation par les élèves de ces connaissances et de ces capacités suppose que soient mises en place des activités variées favorisant une approche vivante des apprentissages en fonction des besoins des élèves. Le professeur vise, dans la conception de son projet et dans sa réalisation pédagogique, à favoriser cet engagement des élèves dans leur travail. Une utilisation pertinente des nouvelles technologies pourra les y aider.
En outre, des exercices plus codifiés, auxquels on a soin d'entraîner les élèves, permettent de vérifier la construction effective des apprentissages mais aussi de les préparer aux épreuves du baccalauréat. Au minimum, deux évaluations par trimestre, portant sur les différents exercices de l'EAF et constituant des travaux aboutis, doivent être proposées dans les classes.
Il est souhaitable qu'un certain nombre d'activités de lecture, de recherche et d'écriture puissent être réalisées en relation avec le travail mené, au CDI, avec le professeur documentaliste.

### Activités

Pratiquer les diverses formes de la lecture scolaire : lecture cursive, lecture analytique.
– Lire et analyser des images, fixes et mobiles.
– Comparer des textes, des documents et des supports.
– Faire des recherches documentaires et en exploiter les résultats.
– Pratiquer diverses formes d'écriture (fonctionnelle, argumentative, fictionnelle, poétique...).
– S'exercer à la prise de parole, à l'écoute, à l'expression de son opinion et au débat argumenté.
– Mémoriser des extraits.
– Mettre en voix et en espace des textes.

### Exercices

– Écriture d'argumentation : entraînement au commentaire littéraire et à la dissertation.
– Écriture d'invention.
– Écriture de synthèse et de restitution.
– Exposé oral.
– Entretien oral.
La pratique de l'ensemble des activités, écrites et orales, favorise l'acquisition des compétences nécessaires à la réussite des exercices codifiés, auxquels on entraîne les élèves en vue des épreuves anticipées de français.

### L'éducation aux médias

Durant toute leur scolarité au lycée, les élèves font un usage régulier d'outils et de supports numériques pour chercher, organiser et produire de l'information ou pour communiquer dans le cadre de leur travail scolaire. Par ailleurs, ils sont encouragés à pratiquer des activités utilisant différents médias (radio, presse écrite, audiovisuel principalement). Cet usage courant ne signifie pas pour autant qu'ils en comprennent les logiques fondamentales ni qu'ils aient une conscience claire des enjeux et des incidences de ces technologies sur leurs modes de penser et d'agir. Il est donc nécessaire de leur faire acquérir une distance et une réflexion critique suffisantes pour que se mette en place une pratique éclairée des ces différents supports, en leur montrant ce qu'ils impliquent du point de vue de l'accès aux connaissances, de la réception des textes et des discours, de l'utilisation et de l'invention des langages, comme du point de vue des comportements et des modes de relations sociales qu'ils engendrent.
Le professeur de lettres a un rôle majeur à jouer pour faire acquérir cette compétence aux élèves. Son objectif est de développer leur autonomie afin de les aider à se servir librement et de manière responsable des médias modernes, comme supports de pratiques citoyennes mais aussi créatives. En français, l'accent sera mis sur les questions d'énonciation (comprendre les procédures à l'œuvre dans différents types de textes, de discours et de dispositifs médiatiques, en lien avec leurs conditions de production et de diffusion) et d'interprétation (comprendre comment se construit et se valide une interprétation).
Pour faire acquérir par les élèves cette compétence en matière de culture de l'information et des médias, une collaboration du professeur de lettres avec le professeur documentaliste est vivement recommandée.

## L'histoire des arts

Au lycée les professeurs de lettres doivent apporter leur contribution à l'enseignement de l'histoire des arts, dans le cadre des programmes de français. Aussi, pour chacun des objets d'étude du programme, les corpus intègrent des choix de textes et de documents définis en relation avec l'histoire des arts ou avec les langues et cultures de l'Antiquité.
[...]
Cet enseignement contribue en outre de manière essentielle à la constitution d'une culture humaniste qui implique la capacité à établir, dans la profondeur historique, des liens entre les différents arts, à comprendre le jeu de leurs correspondances, mais aussi la spécificité des moyens d'expression et des supports dont ils usent. La nécessaire précision des notions et des analyses dans le cours de français au lycée ne doit pas être ressentie comme un enfermement préjudiciable à la discipline elle-même : les ouvertures vers les autres arts doivent permettre d'enrichir les interprétations, de développer le goût pour les œuvres et de vivifier les apprentissages.
Les liens ménagés entre certains objets d'étude et les langues et cultures de l'Antiquité mettent en évidence la relation privilégiée entre le français, les langues anciennes et les œuvres qui nous viennent de l'Antiquité et du Moyen-Âge. Cette relation tient également aux valeurs humanistes dont l'école est porteuse et dont la transmission suppose que soient fréquentées les sources encore vives de notre culture. Elle recoupe le plus souvent, dans ces programmes, l'histoire des arts. Tant pour ce qui est du théâtre que pour ce qui concerne la littérature d'idées, les indications données ouvrent aux professeurs la possibilité de prendre appui sur des textes et des documents qui renvoient à certaines des thématiques du programme de cet enseignement : champ anthropologique, champ historique et social, et champ esthétique, en particulier.

# Avant-propos

Ce **manuel unique** a été conçu conformément aux orientations des **nouveaux programmes**, qui invitent à la construction progressive d'une culture littéraire ouverte sur le monde et consciente de ses héritages, à la poursuite de la formation du jugement, et à l'approfondissement des compétences de lecture et d'expression en classe de Première.

## La lecture

- Il s'agit, au-delà du plaisir de la lecture que l'on cherche toujours à susciter, d'apprendre à construire un sens, à **mettre en perspective des textes** pour comprendre comment des pensées, des thèmes, des styles se font **écho**.
- Dans les quatre chapitres de la partie **« Lectures »**, organisés selon les **quatre objets d'étude du programme** pour les **séries technologiques**, nous avons organisé les **groupements de textes** et les **études d'œuvres intégrales** autour d'une **thématique** qui amène à l'étude des genres, des mouvements et des objets littéraires. **Des problématiques** proposent des partis pris d'étude qui favorisent la lecture comparée des textes, dont les sens s'éclairent mutuellement. Ces échos se prolongent au-delà des frontières et des genres avec les **« Textes échos »** et **« Perspectives »**.
- **Des éléments de contextualisation** aident à comprendre des références, voire les grands débats qui ont nourri la genèse des textes, et invitent à réfléchir sur notre réception contemporaine.
- De nombreuses séquences **diachroniques**, et d'autres, **synchroniques**, font le point sur un genre à une période donnée, permettant ainsi de saisir les évolutions des formes.
- **Les mouvements majeurs de l'histoire littéraire et culturelle**, en ouverture de ce manuel, donnent des repères essentiels à cette mise en perspective.
- Enfin, en rapport avec les thèmes étudiés, des **« Pistes de lecture »** suggèrent des **œuvres intégrales** à lire de manière **cursive**, accompagnées d'**axes d'étude** de **niveaux de difficulté variés**, en fonction des capacités et des intérêts de chacun.

## Une culture patrimoniale

- La réflexion sur les textes s'enrichit de recherches sur les œuvres plastiques, architecturales, cinématographiques et musicales. Les nombreuses activités **« Lecture d'image »** ou **« Histoire des arts»** permettent d'inscrire les œuvres dans un contexte artistique, d'approfondir l'étude d'un thème ou d'un mouvement, ou encore de comprendre les liens qui se tissent d'un art à l'autre.

## L'étude de la langue

- La **langue** est régulièrement étudiée : les **points de grammaire**, les **repérages lexicaux** sont autant de points d'appui pour aider les élèves à construire le sens des textes. De nombreuses questions d'**étymologie** les invitent à poursuivre leurs réflexions dans une **perspective historique** qui aident à saisir l'écriture dans son mouvement.
- **Des fiches « Vocabulaire »** intégrées aux séquences permettent de s'approprier le lexique indispensable pour comprendre une langue qui a pu évoluer, comme la langue du xviie siècle, ou pour s'exprimer avec la précision adaptée à certains genres, par exemple le théâtre, ou thèmes, par exemple le mouvement dans la poésie baroque.
- La partie **« Étude de la langue »** a pour but de **consolider** les acquis du collège et de la Seconde. Des fiches font le point sur les **notions essentielles** de langue pour **comprendre** et **commenter** les textes. Ces fiches sont accompagnées d'exercices **progressifs** classés par **objectifs**.

## Les outils d'analyse

- La partie III, **« Outils d'analyse »**, propose aux élèves des fiches synthétiques et des glossaires sur les éléments constitutifs des grands genres (récit, poésie, théâtre...), ainsi que des registres et effets du texte. Ces fiches s'accompagnent d'**exercices progressifs**, classés par objectifs.

## La préparation aux épreuves anticipées de français

La préparation aux épreuves anticipées de français se fait tout au long du manuel.

- Dans la partie **« Lecture »** où la plupart des textes sont suivis d'une activité d'entraînement aux **épreuves orales** et **écrites** de l'examen.
- À la fin de chaque chapitre où un **« Corpus Bac »** propose des **entraînements** à l'épreuve écrite, **guidés pas à pas**, pour faire acquérir aux élèves une **méthodologie rigoureuse** sur chaque exercice (question sur le corpus, commentaire, dissertation, écriture d'invention).
- Dans la partie IV où des **« Méthodes pour le Bac »** apportent des **conseils pratiques** et **efficaces** pour aborder les différentes épreuves. Les **exercices d'entraînement** variés, de **difficulté progressive** permettent de **personnaliser** l'aide apportée aux élèves.

Les auteurs

# Sommaire

## Les mouvements majeurs de l'histoire littéraire et culturelle

œuvre intégrale

**Axes d'étude**



œuvre intégrale

**Axes d'étude**

## CHAPITRE 4 La question de l'Homme dans les genres de l'argumentation, du XVIe siècle à nos jours

# PARTIE II Étude de la langue

# PARTIE III ~ Outils d'analyse

# PARTIE IV Méthodes pour le bac

## CHAPITRE 1 La question sur le corpus



## CHAPITRE 2 Le commentaire



## CHAPITRE 3 La dissertation



## CHAPITRE 4 L'écriture d'invention



## CHAPITRE 5 L'épreuve orale



## ANNEXES

### Une source de références pour les orateurs...

Deux auteurs phares servent de modèles. **Démosthène** (384-322 av. J.-C.) a poussé les Grecs à se battre contre l'envahisseur macédonien dans ses *Philippiques* (IVe siècle av. J.-C.). Dans ses discours, plein de colère, il invective les Grecs, les prend à parti, et varie ses registres passant du ton familier à la grandiloquence. De nombreux textes polémiques imiteront ces traits comme l'article « Torture » dans le *Dictionnaire philosophique* (1764) de **Voltaire** ou *Napoléon le Petit* (1875) de **Victor Hugo**. Les discours de **Cicéron** (106-43 av. J.-C.) sont considérés comme un modèle d'éloquence. Cicéron pose le principe de la culture comme source de l'art oratoire. Il décrit l'efficacité des figures de style comme les répétitions, les images développées, les apostrophes, les interrogations oratoires, les jeux de mots que l'on retrouvera au cours des siècles dans la grandiloquence de **François René Chateaubriand**, d'**André Malraux** ou du **Général de Gaulle**.

### ...pour les historiens...

Les *Commentaires sur la guerre des Gaules* (52 av. J.-C.) de **Jules César**, général, homme d'État et écrivain, constituent le modèle du genre historique. Écrits à la 3e personne, ils relatent brièvement les campagnes militaires du général mais servent aussi la réputation de l'homme de guerre en prouvant sa capacité à conduire les armées. *Les Vies parallèles des hommes illustres* (100-110 ap. J.-C.) de **Plutarque** (46-125 ap. J.-C.) sont composées d'une cinquantaine de biographies groupées par paires. **Michel de Montaigne**, **le Cardinal de Retz**, **Jean-Jacques Rousseau** et plus récemment **Pierre Michon** dans ses *Vies Minuscules* (1984) s'appuient sur cette œuvre pour leur réflexion.

### ...mais aussi pour les critiques et les lecteurs

Nombre de dramaturges, de romanciers et de poètes s'inspirent des œuvres antiques. La capacité des lecteurs à retrouver les textes fondateurs dans des œuvres plus récentes permet d'éclairer leur sens et de montrer leur originalité. **Molière**, par exemple, dans *Amphitryon* (1668) et *L'Avare* (1668) s'inspire de **Plaute** (vers 254-184 av. J.-C.), auteur de comédies et de farces qui mettent en scène des personnages caricaturaux comme le vieux père avare, le fils dépensier et amoureux d'une jeune fille jolie et innocente. **Jean Anouilh** s'inspire quant à lui de la tragédie de **Sophocle** (vers 495-vers 405 av. J.-C.) pour son *Antigone* représentée en 1944.

**Question** Comment Dalí renouvelle-t-il ce thème de la métamorphose ? Comparez-le, par exemple, au tableau du Caravage, p. 257

Salvador Dalí, *Métamorphose de Narcisse* (1937), huile sur toile (50, 8 cm x 76, 2 cm), The Tate Gallery, Londres (Royaume-Uni).

# La Courtoisie : un art de vivre et d'aimer

Le mot « courtoisie » vient de « cour » qui désigne la résidence d'un souverain. En Occident, entre le XIIe et XIIIe siècle, la courtoisie représente une politesse de conduite, une élégance morale en harmonie avec le statut social de la noblesse de cour. Cet art de vivre, qui s'inscrit en réaction à la rudesse des mœurs de cette époque, prône notamment un idéal de conduite à l'égard des dames qui sont courtisées.

Le mois de mai : la promenade de courtisans. Détail d'une page de manuscrit enluminée tirée du *Livre d'Heures de la Duchesse de Bourgogne, Adélaïde de Savoie* par le Maître d'Adélaïde de Savoie (XVe siècle) et le Maître de Jean Rolin (XVe siècle), musée Condé, Chantilly.

## L'idéal courtois

L'idéal courtois concerne la société de cour et les individus qui en sont dignes socialement et moralement : ils appartiennent à la noblesse et se caractérisent par leur bravoure, leur loyauté, leur sens de l'honneur et leur douceur à l'égard des femmes. Ces qualités font qu'ils sont aimés d'une *dame* ou d'une *damoiselle*, termes désignant une femme noble, aimée et « souveraine » de leur cœur. Les sentiments qui lient le chevalier à sa dame sont appelés le *fin'amor*. Cela suppose tout d'abord des sentiments amoureux purs et réciproques. Ce qui de nos jours semble évident ne l'était pas au Moyen Âge : le mariage était organisé par les familles et l'épouse qui était livrée à son mari était totalement dépendante de lui. Aussi le *fin'amor* était-il souvent une relation hors mariage dans laquelle le jeu amoureux était codifié par des étapes. À la rencontre et à l'échange de regards succèdent les promesses, le baiser puis le don de soi. Le déroulement de ce schéma est, bien sûr, modifié par des épreuves qui viennent séparer les deux amants comme la guerre et le danger de mort. C'est en franchissant tous ces obstacles que les deux amants atteignent la perfection morale.

## La littérature courtoise

Une partie des œuvres lyriques et romanesques du XIIe au XVe siècle reflète cet idéal. Les romans arthuriens de **Chrétien de Troyes** associent aux aventures des chevaliers l'amour d'une dame : ils se battent en son nom et pour conquérir son cœur. Mais le *fin'amor*, chanté par les troubadours et les trouvères, tend à représenter sur le plan littéraire un amour impossible ; le jeu mondain devient tragique et le poète invoque une femme aimée mais inaccessible. L'amour de Lancelot pour la reine Guenièvre, l'épouse du roi Arthur dans *Le Chevalier à la Charrette* (1186) de **Chrétien de Troyes** et *Le Roman de la Rose* (XIIIe siècle) de **Guillaume de Lorris**, qui est une œuvre allégorique sur l'art d'aimer, s'inscrivent dans cette tradition.

### Deux histoires d'amour courtois

- *Le Chevalier à la Charrette* (XIIe siècle) de **Chrétien de Troyes** raconte comment Lancelot, modèle même du *fin'amant*, prêt à tous les sacrifices pour être digne de sa Dame, traverse des épreuves périlleuses pour sauver la reine Guenièvre et comment, pour lui plaire, il fera semblant de combattre.
- Les *Lais* (XIIe siècle) de **Marie de France** sont de petits récits en vers qui rapportent des histoires d'amour courtois. Le *lai du Chèvrefeuille* est l'un des plus célèbres. Tristan donnant rendez-vous à Iseult laisse un message sur une branche de coudrier et un rameau de chèvrefeuille étroitement enlacés : « Belle amie, ainsi est de nous : ni vous sans moi, ni moi sans vous. »

Sur le site de la BnF, consultez l'exposition virtuelle consacrée aux romans de la Table ronde et à la fortune de Tristan.

## L'Humanisme

Ce mot vient du latin *humanitas* qui désigne « l'ensemble des qualités intellectuelles, morales et physiques qui distinguent l'homme des autres créatures dans ce qu'il a de plus accompli ». Il désigne aussi un courant de pensée qui a traversé l'Europe de la Renaissance (XVIe siècle).

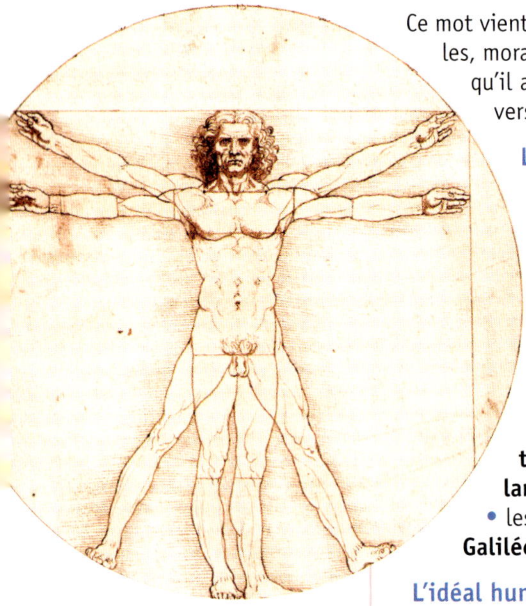

Léonard de Vinci, *L'Homme de Vitruve* (1492), détail, plume, encre et aquarelle sur pointe d'argent, galerie dell'Accademia, Venise (Italie).

**Questions**
Quelle œuvre illustre ce dessin de **Léonard de Vinci** ? Que pouvez-vous dire de la place désormais accordée à l'homme ?

### Les origines du mouvement

Les découvertes qui jalonnent la fin du XVe siècle révolutionnent la vision que l'on avait du monde :

- l'invention de l'imprimerie (1450) : les ouvrages reproduits à des centaines d'exemplaires permettent de diffuser les savoirs dans toute l'Europe ;
- la découverte de manuscrits grâce à l'arrivée des érudits grecs qui se sont repliés en Europe après la prise de Constantinople (1453) et qui ont apporté avec eux des œuvres inédites ;
- les explorations de nouveaux continents avec les voyages de **Christophe Colomb** qui découvre en 1592 l'Amérique, de **Fernand de Magellan**, ou encore de **Vasco de Gama** ;
- les découvertes en astronomie : les travaux de **Nicolas Copernic** et de **Galilée** implique un nouveau regard sur la place de l'homme dans l'univers.

### L'idéal humaniste : l'épanouissement de l'homme

**Un monde de paix** : Les humanistes rêvent d'un monde pacifié qui seul permettra à l'homme de s'accomplir. Ils imaginent une Europe unie, une « république des Lettres » qui privilégie les intérêts de l'homme à toute cause politique ou religieuse. Ce pacifisme est illustré dans des œuvres comme *L'Utopie* (1516) de **Thomas More**, *L'Éloge de la folie* (1511) d'**Érasme**, les romans de **François Rabelais** ou les *Essais* (1580-1595) de **Michel de Montaigne**.

**Un monde de culture** : l'harmonie entre les hommes ne peut s'effectuer qu'à partir du moment où ils peuvent communiquer et se comprendre. Aussi tous les humanistes s'intéressent-ils à l'éducation qui doit développer « un esprit sain dans un corps sain ». Elle vise l'équilibre du corps et de l'esprit selon les préceptes d'**Érasme**, elle associe exercices physiques et savoir encyclopédique (étude des langues, lecture des textes originaux, chant, musique...). La lecture des textes authentiques diffusés grâce à l'imprimerie conduit les érudits à étudier l'hébreu et le grec afin de comparer les traductions. La création de lieux d'étude comme le Collège de France (1530) accompagne ces nouvelles méthodes de travail.

**Un monde libre** : dans une société où tous les hommes sont bien éduqués, chacun a le droit de s'instruire, de lire et de penser librement. **François Rabelais** imagine ainsi l'Abbaye de Thélème dans laquelle règne une seule règle : « Fay ce que vouldras. » (*Gargantua*, 1534, chap. 57), signifiant qu'il faut obéir à sa raison.

### Ses implications : le développement de l'esprit critique

L'homme capable de comprendre seul les textes et de penser par lui-même s'interroge sur sa condition et sur le monde qui l'entoure. Ce recul critique se teinte de pessimisme et remet souvent en question les dogmes et la politique officielle.

Sur le site de la BnF, consultez le dossier sur l'utopie et décrivez les cités idéales de la Renaissance.

### L'éclatement de la Chrétienté

La traduction de la Bible est à la source des guerres de religion. La parution de l'ouvrage en allemand en 1521 met le texte à la portée de tous mais remet surtout en question l'autorité religieuse. Un moine allemand, **Martin Luther** s'attaque ouvertement à Rome, en dénonçant le luxe et la débauche des évêques et les pouvoirs divins du pape. **Jean Calvin** propose dans la même période une doctrine dans laquelle seule la Bible fait autorité (prêtres, évêques et pape sont donc inutiles). Il est à l'origine de *L'Affaire des placards* (un texte injurieux affiché à la porte de la chambre de François Ier) qui marque le début d'une violente répression. L'œuvre de **François Rabelais** se fait l'écho de ces polémiques.

### Découverte de la relativité des valeurs

Une civilisation fondée sur l'épanouissement de l'homme suppose que sa nature soit bonne. Or, il suffit d'observer pour s'apercevoir que tout est relatif. La raison de l'homme n'est qu'apparente car ses valeurs sont relatives « chacun appelle barbarie ce qui n'est pas de son usage » (*Essais*, I, 31). De plus son imagination fausse son jugement : **Michel de Montaigne** illustre cette pensée par l'image d'un philosophe enfermé dans une cage « suspendue au haut des tours de Notre-Dame de Paris » qui ne risque rien mais qui tremble de peur. **Blaise Pascal** au XVIIe siècle reprendra cette image dans ses *Pensées* (1670).

### Trois grandes figures humanistes

• **François Rabelais** (1494-1553) ou la joyeuse dérision : C'est à travers la « saga » de géants inoubliables, des jeux verbaux et une vision carnavalesque du monde que Rabelais donne vie à ses idées. Ses quatre romans : *Pantagruel* (1532) *Gargantua* (1534), *Le Tiers livre* (1546) et *Le Quart livre* (1548) traduisent tout l'optimisme de l'humanisme en abordant des sujets d'une grande diversité. L'auteur n'hésite pas à aborder un sujet de controverse en créant des personnages qui lisent eux-mêmes la Bible. À travers des épisodes farcesques, Rabelais se moque des moines paresseux, des papes guerriers, des théologiens ignares et des « Papimanes », les adorateurs du pape. Le sens polémique de *Pantagruel* publié anonymement sous l'anagramme d'*Alcofrybas Nasier*, lui a valu d'être condamné.

• **Michel de Montaigne** (1533-1592), « je suis moi-même la matière de mon livre » : Montaigne est l'homme d'une seule œuvre, les *Essais*, composés de trois livres et publiés de 1580 à 1595 (la dernière version est posthume). Ils s'enrichissent au cours des éditions successives : l'auteur corrige, rajoute des citations et des développements à certains chapitres. L'ouverture d'esprit, la volonté de penser le monde qui l'entoure caractérisent cette démarche qui passe tout au crible du jugement. Seul un authentique dialogue avec soi-même permet de rester maître de sa pensée et de sa vie : « je n'ai pas plus fait mon livre que mon livre m'a fait » (*Essais*, II, 18).

• **Érasme** (1469-1536), surnommé « le prince des humanistes », étudie et enseigne le latin, le grec et l'hébreu dans toute l'Europe et en Angleterre. Il publie *l'Éloge de la Folie* (1509) dans laquelle il adopte le point de vue de la Folie, dame Stultitia, pour dénoncer les travers de son temps. Il réalise également une traduction de la Bible.

**Exposés**
• L'éducation chez Rabelais (*Gargantua*, chap. 21 et 23 et *Pantagruel*, chap. 8).
• La vision de la guerre de Rabelais (*Gargantua*, chap. 27).
• L'Humanisme chez Montaigne.

Hans Holbein le jeune, *Les Ambassadeurs* (1533), huile sur toile (207 cm x 209 cm), National Gallery, Londres (Royaume-Uni).

### Pétrarque et le *Canzonière* (1370)

Ce poète italien est célèbre pour ses 366 poèmes dédiés à Laure de Noves, pour laquelle il éprouve une passion impossible. Réédité plus d'une centaine de fois au XVIe siècle, ce recueil fixe la forme du sonnet qui est imitée notamment en Angleterre et en Espagne. Le pétrarquisme définit un système d'écriture qui, pour décrire les tourments de la passion, joue sur des antithèses, des hyperboles, des métaphores devenues clichés et des références mythologiques.

# La Pléiade

## Les origines du mouvement

La Pléiade est une constellation d'étoiles mais c'est surtout un groupe de sept poètes dont les plus célèbres sont **Joachim du Bellay** et **Pierre de Ronsard**. Durant leurs études au Collège de Coqueret (équivalent d'une université) dirigé par l'helléniste Jean Dorat, ils découvrent les auteurs latins et grecs de l'Antiquité (**Ovide**, **Virgile**, **Homère**) ainsi que les poètes italiens (**Pétrarque**, **Dante**). Le groupe décide d'imiter ces modèles en abandonnant les vieilles formes poétiques du Moyen Âge et en transformant la langue française. Conscients du caractère novateur et polémique de leurs ambitions, ils portent tout d'abord le nom de « Brigade ».

## Le combat : *Défense et Illustration de la langue française* (1549)

En 1539, François Ier a imposé la langue française dans les écrits administratifs par l'édit de Villers-Cotterêts mais le latin reste la langue savante des humanistes, des juristes et des ecclésiastiques. Le manifeste de **Joachim du Bellay** intitulé *Défense et Illustration de la langue française* est un pamphlet qui renouvelle l'art poétique.

## Les principes

- **L'enrichissement de la langue** se fait par l'accueil de termes dialectaux, de mots techniques ou d'origine étrangère ainsi que par l'enrichissement du style à l'aide de figures de rhétorique.
- **L'imitation des anciens ou l'innutrition** : il s'agit non pas de copier mais de « se nourrir » des œuvres antiques pour renouveler l'inspiration.
- **Un nouvel art poétique** : l'abandon des formes du Moyen Âge comme le rondeau ou la ballade signe le retour des grands genres de l'Antiquité. La transposition du sonnet pétrarquiste entraîne la création de nouvelles règles métriques.
- **Une autre vision du poète** : ce travail de la langue n'est cependant pas suffisant, la poésie est un art sacré qui demande de l'enthousiasme au sens étymologique du terme (transport divin). Héritier d'Orphée, le poète doit être inspiré par les Muses et animé par une « flamme divine » pour réussir son œuvre.

## Deux poètes de la Pléiade

- **Pierre de Ronsard** (1524-1585) s'appuie sur le sonnet pour célébrer la femme aimée. Des *Amours* (1552) dédiés à Cassandre Salviati aux *Sonnets pour Hélène* (1578), la contrainte formelle magnifie le lyrisme du discours amoureux.
- **Joachim du Bellay** (1522-1560) qui a dû séjourner à Rome pendant quatre ans a transformé cette expérience de l'exil en source d'inspiration. Les *Regrets* ainsi que *Les Antiquités de Rome*, publiés en 1558, convoquent le sonnet pour exprimer la nostalgie mais aussi livrer une satire de la cour romaine.

Laura de Noves (1308-1348) couronnant le poète Francesco Petrarca (Pétrarque). Miniature tirée d'un manuscrit du *Canzoniere (Chansonnier)* de Pétrarque datant du XVe siècle, Biblioteca Medicea Laurenziana, Florence (Italie).

## Le Baroque

À l'origine, le terme « baroque » vient du portugais « barroco » (1563) qui désigne en joaillerie une perle irrégulière. Très rapidement le sens figuré d'étrange, de bizarre voire de choquant entre en usage. Après la Seconde Guerre mondiale, on parle de mouvement baroque pour désigner la littérature sous les règnes d'Henri IV et de Louis XIII. Cela se caractérise par une exubérance des formes, un art des contrastes et du mouvement et s'oppose traditionnellement au Classicisme.

Jan van Eyck, *Mariage des époux Arnolfini* (1434), huile sur panneau (83, 7 cm x 57 cm), National Gallery, Londres (Royaume-Uni).

### Deux aspects du Baroque

Ce mouvement s'inscrit au tournant du XVIe et du XVIIe pendant les guerres de religion. Une même esthétique étant utilisée pour des effets différents, les critiques distinguent deux grands types de baroque.

Lorsqu'il s'agit d'œuvre engagée, on parle d'un baroque de persuasion parce que les textes délivrent un message politique voire religieux. Les auteurs cherchent à convaincre. **Guillaume Du Bartas** dans *La Première Semaine ou la Création du monde* (1578) évoque la création du monde ; **Jean de Sponde** oppose dans ses *Stances à la mort* (1588) le monde éphémère et instable à l'éternité de la mort ; **Agrippa d'Aubigné** dénonce les horreurs de la Saint-Barthélemy dans *Les Tragiques* (1616).

Lorsque l'écriture est avant tout ludique, on parle d'un baroque de déception parce qu'il est centré non plus sur le message mais sur les jeux de langage et la virtuosité du style. Ses principaux représentants cherchent « à troubler pour troubler » comme **Marc-Antoine Girard de Saint-Amant** avec la poésie fantaisiste et imagée de son *Moïse sauvé* (1653), **Tristan l'Hermite**, **Théophile de Viau** ou **Cyrano de Bergerac**.

**Question** Qu'est-ce qu'une mise en abyme en peinture ?

### Les caractéristiques du style baroque : séduire et impressionner

- **Richesse et abondance** : un vocabulaire grandiloquent, des procédés d'amplification (répétition, énumération, périphrase, allégorie, hyperbole...).
- **Variété** : mélange des genres, effet de rupture (antithèse, oxymore...).
- **Virtuosité** : art de la pointe (art de concentrer un maximum d'effet dans un minimum de mots à la fin d'un texte), effet de mise en abyme.
- **Thèmes baroques** : tous les motifs qui illustrent un monde en perpétuelle transformation, l'inconstance des sentiments, l'impossible accord entre l'être et le paraître : la métamorphose, le labyrinthe, la bulle, l'oiseau, le vent, le nuage, l'eau miroitante, le miroir, le masque, le déguisement. L'image du *Théatrum mundi* décrit le monde comme une scène sur laquelle jouent des acteurs. Elle est reprise dans de nombreuses pièces comme *L'Illusion comique* (1636) de **Pierre Corneille**, *Hamlet* (1603) de **William Shakespeare** ou *La Vie est un songe* (1636) de **Pedro Calderón**.

### *L'Illusion comique* de Corneille

Cette pièce mêle pastorale, tragi-comédie et commedia dell'arte pour mettre en scène un effet de mise en abyme : cette tragédie n'est qu'une scène extraite d'un spectacle. Pridamant et le spectateur, victimes de l'illusion théâtrale, découvrent que Clindor est acteur.

Sur le site de la Mazarine, consultez le dossier consacré au salon de Madeleine de Scudéry. Par qui était-il fréquenté ?

# La Préciosité : une mode sociale et littéraire

## Une littérature de salon

En France, la préciosité est un mouvement féminin qui se développe dans la première moitié du XVIIe en réaction aux mœurs grossières de la cour d'Henri IV. Il se caractérise par des réunions mondaines, régulières et présidées par une maîtresse de maison. On y cultive le « bel esprit » en critiquant des œuvres et en inventant des jeux littéraires. Les salons les plus célèbres sont ceux tenus à l'hôtel de Rambouillet entre 1625 et 1648. La marquise de Rambouillet reçoit dans la « chambre bleue » de son hôtel toute l'élite parisienne. **Richelieu**, **Paul Scarron**, **Madame de Sévigné** et **Madame de La Fayette** font partie de ses invités les plus célèbres. Des auteurs y présentent leur texte – **Pierre Corneille** y lit *Polyeucte* (1643) – et on organise des jeux littéraires et des débats sur la psychologie amoureuse. Les fiançailles de Julie d'Angennes, fille de Mme de Rambouillet, avec le duc de Montausier illustrent parfaitement l'image de la courtoisie véhiculée dans ce salon.
La romancière **Mlle de Scudéry** reçoit tous les samedis, à l'hôtel du Marais, des bourgeoises férues de romans, des anciens de l'hôtel de Rambouillet et des écrivains célèbres comme **Paul Scarron** ou **François de La Rochefoucauld**. C'est chez elle qu'apparaît le terme « précieux », et que l'on invente *La Carte du tendre* qui est une représentation allégorique du pays de l'amour.

### La Préciosité, une tendance critiquée

*Les Précieuses ridicules* (1658-1659), la satire de **Molière**, a rendu célèbre les excès de la préciosité illustrés par Cathos et de Magdelon.

## Un art d'aimer et de vivre

L'amour précieux s'inscrit dans la continuité de l'amour courtois et obéit au même code. *L'Astrée* (1607-1627) d'**Honoré d'Urfé**, qui relate les amours complexes de bergers vivant au Ve siècle, est l'ouvrage de référence des précieux. Il inspire des dissertations sur les étapes de la passion amoureuse. Cet art d'aimer donne un rôle central à la femme dont la beauté reflète la perfection morale mais se fait aussi l'écho de revendications féminines. Les précieuses refusent le mariage imposé et veulent choisir leur amant.
Les précieux se maquillent, rajoutent rubans et plumes à leur costume et inventent des mots et des périphrases pour écarter tout ce qui renvoie à une réalité triviale. Les contemporains ont rapidement caricaturé cette mode pleine d'artifices.

## Le style précieux

Il se caractérise par :
- des exagérations avec l'emploi de superlatifs comme « furieusement », « effroyablement », « terriblement » ou d'expressions du type « cela est du dernier bourgeois ».
- des métaphores et des périphrases parfois incompréhensibles. Ainsi pour éviter d'employer des mots bas comme « fauteuil » on parle de « commodités de la conversation », quant au miroir il devient le « conseiller de la beauté ».
- des genres brefs comme le portrait, la maxime, le blason (poème qui fait l'éloge de la beauté ou de la laideur en déclinant les parties du corps).
- des romans fleuves multipliant les intrigues amoureuses : héroïne enlevée, lettres interceptées, chevalier déguisé…

Michiel Sweerts, *Portrait d'un jeune homme* (1656), huile sur toile (114 cm x 92 cm), détail, musée de l'Ermitage, Saint Petersbourg (Russie).

## Le Classicisme ou le règne de la raison

L'âge classique correspond à la première partie du règne de Louis XIV (1661-1685) et à la période de la monarchie absolue. La langue est fixée, les règles énoncées et surtout codifiées par **Nicolas Boileau** dans son *Art poétique* (1674).

### Un idéal esthétique : le triomphe de l'ordre et du goût

Le Classicisme qui prône l'imitation des Anciens se décline en trois principes :
– clarté : « ce qui se conçoit bien s'énonce clairement », **Nicolas Boileau** (*L'Art poétique*).
– vraisemblance : refus des incohérences aussi bien sur le plan de l'action que des caractères.
– bienséance : l'art et la morale sont liés, on ne doit ni choquer ni aller à l'encontre des conceptions politiques et religieuses du public.
Ces trois principes appliqués au théâtre donnent naissance à la règle des trois unités (temps, lieu, action) énoncée ainsi par **Boileau** : « Qu'en un lieu, qu'en un jour, un seul fait accompli/Tienne jusqu'à la fin le théâtre rempli. »
Mais tous ces points sont subordonnés à un plus grand principe énoncé notamment par **Molière** et **Jean de La Fontaine** : plaire et instruire.

### De grands auteurs dans tous les genres

**Théâtre** : **Pierre Corneille** exalte l'héroïsme de ses personnages qui font passer leur devoir avant leur passion (*Le Cid*, 1636). **Molière** cherche à plaire et instruire, il fait rire en dénonçant les travers de son époque avec *Les Précieuses ridicules* (1659), *Tartuffe* (1664), *Don Juan* (1665) et *Le Bourgeois gentilhomme* (1671). **Jean Racine**, quant à lui, emprunte ses sujets à la mythologie grecque ou à l'histoire ancienne. Ses personnages, pris dans un mécanisme tragique implacable, sont dévorés par les passions : *Andromaque* (1667), *Britannicus* (1669) *Phèdre* (1677).

**Fable** : **Jean de La Fontaine** renouvelle le genre antique de la fable.

**Portrait et maxime** : Les *Maximes* (1665) du duc de **La Rochefoucauld** reflètent certes sa vision pessimiste de l'humanité mais s'inspirent aussi des jeux littéraires inventés dans les salons précieux. Ses maximes ironiques et brillantes surprennent, voire provoquent : « si nous n'avions pas tant de défauts, nous ne prendrions pas tant de plaisir à en remarquer chez les autres » (maxime 31) ; *Les Caractères* (1688) de **Jean de La Bruyère** sont composés de portraits satiriques qui critiquent la société et inventorient les défauts des hommes : l'hypocrisie (Onuphre), la distraction (Ménalque), etc.

**Roman** : *La Princesse de Clèves* (1678) de **Madame de La Fayette** exalte une morale du renoncement.

**Lettre** : La correspondance de **Madame de Sévigné** avec sa fille, Madame de Grignan, forme un ensemble de plus de mille lettres au style naturel et spontané.

**Essai philosophique** et **sermon** : *Le Discours de la méthode* (1637) de **René Descartes** est un essai qui donne naissance au cartésianisme. Les *Pensées* de **Blaise Pascal** (1670) sont un recueil inachevé recomposé par ses descendants. Cette apologie de la religion chrétienne démontre la puissance argumentative du langage qui associe l'esprit de géométrie (la démonstration raisonnée) à l'esprit de finesse (la force persuasive). Les *Sermons* et surtout *Les Oraisons funèbres* (1689) de **Jacques-Bénigne Bossuet**, évêque et prédicateur, prononcés devant la cour de Louis XIV suscitent l'émotion et l'admiration.

### Louis XIV pensionne artistes et écrivains

Louis XIV fonde l'Académie de Danse (1661) et la Comédie française (grand protecteur des comédiens, il soutient Molière). Versailles, temple consacré au culte du roi, est aussi une image idéalisée de son règne qu'il veut à la fois fastueux (les plus grands artistes et architectes ont participé à sa construction) et ordonné (les jardins à la française sont emblématiques de l'organisation parfaite de l'État).

Sur le site de la BnF, consultez le dossier sur le portrait et décrivez les procédés utilisés pour peindre un caractère.

Les philosophes du XVIIIe siècle dans l'escalier de Voltaire, gravure du XIXe siècle d'après un carton de Chenavard.

# Les Lumières

### Les origines du mouvement

Ce mouvement européen du XVIIIe siècle s'inscrit dans la continuité des réflexions des philosophes du XVIIe. Le cartésianisme est l'une des origines du mouvement européen des Lumières. **René Descartes**, plaçant la raison individuelle au centre de son système de pensée, refuse de reconnaître l'autorité des Anciens et pose les premiers jalons du développement de l'esprit critique.

La métaphore des Lumières désigne la raison et les connaissances scientifiques et culturelles qui viennent éclairer le monde en chassant l'obscurantisme, l'inégalité sociale, l'esclavage et la torture. Ces principes inspirent la Déclaration des Droits de l'Homme et du Citoyen (1789). Les échanges d'idées sont favorisés par de nombreux lieux de rencontres : les salons animés par des femmes comme Mme du Deffand ou Mme d'Épinay, protectrice de **Jean-Jacques Rousseau** ; les cafés, où l'on déguste la « liqueur noire » importée des Antilles (le café), et les clubs où se retrouvent les membres d'une corporation. Les intellectuels européens correspondent également. Ils créent la République des Lettres et permettent au public français de découvrir ainsi des auteurs étrangers comme **William Shakespeare**, **Daniel Defoe**, **Jonathan Swift** ou **Samuel Richardson**.

### Une littérature ouverte aux autres cultures

La prospection des marchés orientaux et chinois, les ambassades en Syrie et en Palestine sont à l'origine de l'orientalisme avec son cortège de pierreries, de festins et de harems (**Galland** traduit *Les Mille et une nuits* en 1704, **Montesquieu** écrit les *Lettres persanes* en 1721). La découverte du « paradis polynésien » grâce aux expéditions de Cook puis de Bougainville dans les mers du Sud inspire toute une littérature de voyage : *Description d'un voyage autour du monde* (1771) de **Bougainville** ; *Supplément au voyage de Bougainville* (1773) de **Denis Diderot**.

### Les idéaux des Lumières

L'optimisme des philosophes, qui pensent que l'homme est perfectible, est porté par des idéaux repris dans la devise républicaine : liberté, égalité, fraternité auxquels il convient d'ajouter le bonheur.

▸ **Liberté** : « l'homme est né libre » écrit **Jean-Jacques Rousseau** dans le *Contrat Social* (1762). Tous les philosophes dénoncent le despotisme et l'esclavage que ce soit par des essais théoriques (**Montesquieu**, *De l'esclavage des Nègres*, 1748) ou des œuvres littéraires (les contes philosophiques de Voltaire comme *Micromégas* en 1752 ou *Candide ou l'optimisme* en 1759). Cette liberté s'applique également aux mœurs. Aussi les œuvres d'inspiration libertine se multiplient (**Choderlos Laclos**, *Les Liaisons dangereuses* en 1782 ; **Sade**, *Justine ou les malheurs de la vertu* en 1791).

**Égalité** : ce mot implique l'abolition des privilèges et dénonce les fondements de la monarchie : « aucun homme n'a reçu de la nature le droit de commander » (article « autorité politique », *Encyclopédie*). **Marivaux** dans *L'Ile des esclaves* (1725), **Jean-Jacques Rousseau** avec le *Discours sur l'origine et les fondements de l'inégalité parmi les hommes* (1749), **Beaumarchais** avec *Le Mariage de Figaro* (1784) posent notamment les premiers jalons de cette notion d'égalité.

**Fraternité** : ce mot suppose tolérance et respect de l'autre. **Montesquieu** avec les *Lettres persanes* (1721), **Voltaire** dans *Micromégas* (1752) donnent des leçons de relativisme. **Denis Diderot** avec *La Religieuse* (1760) et **Voltaire** avec son *Traité sur la Tolérance* (1763) dénoncent l'intolérance cléricale, la superstition et le fanatisme religieux.

**Bonheur** : le bonheur de l'homme est au centre des réflexions des philosophes. Certains pensent que seul le progrès peut améliorer la condition humaine comme **Voltaire** dans *Le Mondain* (1736) ; d'autres estiment que c'est la civilisation qui l'a corrompu (**Jean-Jacques Rousseau**, *Discours sur l'origine et les fondements de l'inégalité parmi les hommes*, 1754 ; **Bernardin de Saint-Pierre**, *Paul et Virginie*, 1787).

### Les combats

Le développement des échanges commerciaux va de pair avec une politique de colonisation : les mendiants, les opposants politiques et les criminels sont déportés dans des conditions effroyables (**L'Abbé Prévost** imagine ainsi que son héroïne, Manon Lescaut, est déportée en Louisiane). On assiste à une intensification de la traite des Noirs vers le Nouveau Monde (les Amériques). Ce commerce, qualifié de triangulaire puisqu'il relie trois continents (Europe, Afrique et Amérique), enrichit notamment les armateurs Bordelais et Nantais. **Montesquieu** avec *L'Esprit des lois* (1748) pose les fondements de la science politique en tentant de justifier rationnellement les lois qui régissent la république, la monarchie et la dictature. Il combat entre autres, l'intolérance et la torture. **Voltaire**, par le biais du *Dictionnaire philosophique* (1764) critique son époque, fustige l'inquisition, et le fanatisme avec toutes leurs conséquences : torture, intolérance... **D'Alembert** et **Denis Diderot** sont les grands maîtres d'œuvre de l'*Encyclopédie* (1751-1772).

### Le siècle de l'éveil à la sensibilité

Le genre autobiographique apparaît avec les *Confessions* (1782-1789) de **Jean-Jacques Rousseau**. L'originalité du projet de ce livre fondateur est annoncée dès les premiers mots : « Je forme une entreprise qui n'eut jamais d'exemple et dont l'exécution n'aura point d'imitateur ».

### Le préromantisme

Les tourments passionnés de Saint-Preux dans *Julie ou La Nouvelle Héloïse* (1761), *Les Rêveries du promeneur solitaire* (1776) de **Jean-Jacques Rousseau**, l'histoire tragique *Paul et Virginie* (1787) de **Bernardin de Saint-Pierre** annoncent les romantiques. Les situations pathétiques (amour impossible de Saint-Preux pour Julie, mort de Virginie sous les yeux de Paul qui ne lui survit pas...) sont également mises en scène dans le drame bourgeois. **Denis Diderot** cultive les effets émouvants dans *Le Père de famille* (1717) ou la *Mère coupable* (1792).

Sur le site de la BnF, consultez le dossier sur les Lumières et dites pourquoi les valeurs léguées par ce mouvement sont toujours d'actualité.

### *L'Encyclopédie* : symbole du mouvement des Lumières

*L'Encyclopédie* (1751-1772) est un outil de connaissance mais aussi une arme politique. Cet ouvrage en dix sept volumes, réunit plus de 250 collaborateurs et se veut une somme synthétique de toutes les connaissances de l'homme. La composition en articles et la pratique du renvoi éveille la raison critique et permet d'insérer des textes critiques et subversifs. Les deux premiers volumes sont condamnés par la censure.

**Question**
Pourquoi les jésuites et le parti dévot font-ils interdire *Tartuffe ou l'imposteur* (1664) de **Molière**, puis *Don Juan* (1665) ?

### Don Juan, un libertin

En 1665, Molière dépeint ce « grand seigneur méchant homme », il en fait un athée, un séducteur ridicule, un maître et un époux indigne. Cependant l'aura du personnage reste intacte, et les dévots font très vite interdire la pièce. Cette figure inspire durablement toute la littérature européenne.

## Le Libertinage

Ce mot vient du latin *libertinus* qui signifie « esclave affranchi ». Aux XVIIe et XVIIIe siècles, le libertinage désigne une liberté de pensée en matière de religion ou de mœurs.

**Le libertinage religieux** désigne toute opinion qui remet en question les dogmes de la religion catholique parce que c'est une façon de saper les fondements de l'autorité divine du roi. Du fait de l'importance des questions religieuses, le XVIIe siècle voit s'affronter protestants et catholiques, jansénistes et jésuites. L'Édit de Nantes reconnaît l'égalité entre les protestants et les catholiques en 1598 mais sa révocation en 1685 entraîne des persécutions : condamnations aux galères, déportations aux « îles d'Amérique » entraînent la fuite des protestants et soulèvent l'indignation de l'Europe. La doctrine janséniste s'appuie sur une interprétation de Saint Augustin selon laquelle tout homme est pêcheur et ne peut être sauvé que par la grâce divine. Aussi l'homme n'est-il redevable de ses péchés que devant Dieu, ce qui sape l'autorité du pape et des évêques. La question janséniste se règle par la violence : l'arrestation des religieuses de Port-Royal, en 1664, puis la destruction de l'abbaye en 1711. Les jésuites, appelés aussi « Compagnie de Jésus », est l'ordre fondé par Ignace de Loyola en 1540. Sa mission vise à convertir les incroyants et éduquer les croyants grâce à la direction de conscience (*Les Provinciales*, 1656-1657, de **Blaise Pascal** en font la satire). La compagnie du Saint-Sacrement réunit les dévots ; créée en 1629, interdite par Mazarin en 1661, elle forme un parti puissant qui désire réformer les mœurs, et condamne le libertinage et le théâtre. Louis XIV doit intervenir pour que l'on enterre secrètement **Molière** en terre sacrée.

**Le libertinage philosophique** rejette les croyances communes et se situe dans un courant matérialiste : il ne reconnaît que la matière, l'âme est faite d'atomes, ce n'est plus un Dieu mais la Nature qui organise le monde. Les précurseurs de la libre pensée comme **Fontenelle** avec l'*Entretien sur la pluralité des mondes* (1686) ou **Pierre Bayle** avec son *Dictionnaire historique et critique* (1695-1705) affirment la force de la raison et raillent les préjugés et les superstitions religieuses.

**Le libertinage de mœurs** aime la provocation et prône la liberté sexuelle. Les sonnets de **Marc-Antoine Girard de Saint-Amant** « Le Paresseux », « Le Fumeur » « La Crevaille » en sont une illustration comme *L'Histoire amoureuses des Gaules* (1666) de **Roger de Bussy-Rabutin** qui décrit les amours de la cour de Louis XIV. Au XVIIIe siècle, ce libertinage prend toute son ampleur avec le dévoilement de la duplicité des stratégies amoureuses dans *Les Liaisons dangereuses* (1782) de **Choderlos de Laclos**.

Scène tirée de l'opéra *Don Giovanni* de Wolfgang Amadeus Mozart, illustration (détail) datant environ de 1914.

## Le Romantisme

Construit sur l'adjectif « romantique », ce mot désigne à l'origine les émotions des lecteurs de roman. Il qualifie ensuite un mouvement artistique et littéraire européen du XIXe siècle. Les idéaux du XVIIIe siècle se sont heurtés aux réalités de l'histoire et laissent place à un désenchantement existentiel. Ce mouvement s'oppose aux règles prônées par les classiques, exalte la liberté, l'imagination et considère le « moi » comme une valeur absolue.

### Un mouvement

Le chef de file de ce mouvement, qui a compté **Stendhal** et **Honoré de Balzac**, a été pendant un temps **Victor Hugo**. Dans son manifeste la *Préface de Cromwell* (1827), il dénonce le carcan des règles classiques, déclare la supériorité du drame sur la comédie et la tragédie et convoque des références culturelles inédites comme les auteurs du Moyen Âge. Le conflit entre les classiques et les romantiques est à son apogée lors de la représentation houleuse d'*Hernani* appelée « La bataille d'Hernani » (1830). Cet échange d'injures est un évènement littéraire marquant qui a inspiré nombre de caricaturistes parce qu'il concrétise une opposition de générations et d'esthétiques.

Le drame romantique rejette :

– la distinction des genres au nom de la réalité qui fait coexister le beau avec le laid, le grotesque avec le sublime. Le drame devient « un miroir de concentration », une synthèse accueillant le terrible et le bouffon, la tragédie et la comédie.

– les règles de l'unité de lieu et de temps : le drame romantique se déroulant à diverses époques et dans divers lieux pose des problèmes de représentation.

– la règle de la vraisemblance : le drame emprunte beaucoup aux procédés du mélodrame (cachette, hasard, quiproquo, poison) et prône une esthétique de la surprise.

Cette nouvelle esthétique qui s'appuie sur les dramaturges élisabéthains comme **William Shakespeare** implique également une métrique et une syntaxe assouplies et un registre de langue varié.

Les Romains échevelés à la première représentation de *Hernani* (1830) de Victor Hugo, gravure de Gérard Grandville datant de 1843.

Sur le site de la BnF, consultez le dossier sur Berlioz et expliquez pourquoi il est un artiste romantique.

**Question**
Recherchez et analysez deux exemples de héros romantiques. Vous justifierez votre choix.

### Lorenzaccio, héros romantique

Au XVIe siècle, pour sauver Florence de la tyrannie, Lorenzaccio joue un double jeu : il se fait passer pour un débauché et un lâche afin d'approcher et d'assassiner son cousin Alexandre de Médicis qui règne en tyran. Son action est un échec politique car personne ne croit en la libération de Florence, et un autre tyran succède à Alexandre tandis que Lorenzaccio est assassiné à Venise.

## Deux écrivains romantiques

**Alphonse de Lamartine** (1790-1869) : il rencontre en 1816 Mme Julie Charles dont il tombe amoureux, mais elle meurt quelque temps après. Cet amour impossible lui inspire *Les Méditations poétiques* (1820), poèmes adressés à la disparue qu'il nomme Elvire.

**François-René de Chateaubriand** (1768-1848) : il est l'initiateur du romantisme, son héros René symbolise pour tout une génération « le mal du siècle ». Mais cette mélancolie est transcendée par l'engagement de l'homme dans son temps : tout en redonnant une grandeur au Christianisme mis à mal par les philosophes des lumières dans *Le Génie du christianisme* (1802), il offre une vision personnelle de l'Histoire dans *Les Mémoires d'outre-tombe* (1850).

## L'esprit romantique

L'accomplissement de l'homme s'appuie au XVIIIe sur des valeurs sociales (liberté, égalité, fraternité), au début du XIXe siècle, l'individu ne peut s'affirmer qu'en marge d'une société qui s'est révélée décevante. L'épopée napoléonienne et la révolution de 1830 se sont soldées par un échec, la monarchie de Juillet obsédée par l'argent est loin de concrétiser les idéaux républicains. Cette contestation du monde moderne et bourgeois où règnent l'argent et l'hypocrisie prend la forme d'un désenchantement existentiel résumé par cette formule d'**Alfred de Musset** : « je suis venu trop tard dans un monde trop vieux ». De là découlent les caractéristiques de l'esprit romantique :

– la nostalgie du passé : ce dégoût éprouvé devant la réalité contemporaine conduit à la redécouverte du passé et des littératures nationales, il explique un engouement pour des genres délaissés par les classiques comme les légendes, les contes (**Grimm**), les épopées du Moyen Âge ou des poètes de la Renaissance (**Dante**). C'est aussi le succès du roman historique avec Walter Scott qui publie *Ivanhoé* en 1819, Victor Hugo, *Notre-Dame de Paris* en 1831 et *Quatre-vingt treize* en 1874, quant à **Alexandre Dumas**, c'est en 1844 et sous-forme d'un roman feuilleton diffusé par le journal *Le Siècle* qu'il crée la saga des *Trois mousquetaires*.

– le mal du siècle : ennui, inquiétude, mélancolie, goût de la solitude caractérisent l'âme romantique envahie par la « vague des passions ». Toute une génération s'est identifiée au *René* (1802) de **Chateaubriand** qui inaugure une série de romans autobiographiques dans lesquels les héros incarnent cette angoisse existentielle découlant de l'écart entre la réalité et l'idéal. *Oberman* (1804) de **Étienne Pivert de Senancour**, *Vie de Henry Brulard* (écrite vers 1830 mais publiée qu'en 1890) de **Stendhal** ou encore *Les Confessions d'un enfant du siècle* (1836) et *Lorenzaccio* (1834) d'**Alfred de Musset**.

– le « moi » comme valeur absolue : ce goût de l'introspection inspire des œuvres monuments comme *Les Mémoires d'outre-tombe* (1850) de **Chateaubriand**, les *Contemplations* (1856) de **Victor Hugo**. L'art exprimant la sensibilité et les émotions devient lyrique. La nature est exaltée car elle reflète un état d'âme. L'aspiration au néant de *René* est symbolisée par ce souhait « Levez-vous vite, orages désirés » (**Chateaubriand**). La nature est aussi une image de la passion et de l'infini (le « Lac » de **Lamartine** est le lieu d'une communion entre Dieu et les hommes). L'océan symbolise, par exemple, chez les romantiques l'immensité de Dieu mais aussi la grandeur de l'âme.

– la quête de l'idéal : l'homme romantique rêve de beauté, de liberté et d'absolu. Pour cela il voyage et décrit des paysages exotiques : **Chateaubriand**, *Itinéraire de Paris à Jérusalem* (1811) ; **Lamartine**, *Voyage en Orient* (1835). Mais il s'engage aussi dans les combats de son temps par son œuvre (**Victor Hugo**, *Les Misérables*, 1862) ou sa carrière politique (**Lamartine, Hugo, Chateaubriand**).

Friedrich Caspar David, *Falaises de craie sur Rügen* (XIXe s.), huile sur toile (90, 5 cm x 71 cm), Museum Oskar Reinhart, Winterthur (Suisse).

# Le Réalisme et le Naturalisme

À partir de 1848, les romanciers se veulent « les historiens du présent », les observateurs scientifiques de la société et cherchent à créer « l'illusion du vrai ». Deux mouvements en découlent : le Réalisme et le Naturalisme.

**Exposé**
L'image du théâtre dans les premières pages du *Père Goriot*.

## Le Réalisme

Ce mouvement naît avec la parution de la revue *Réalisme* en 1856. Il vise à représenter les mécanismes sociaux.

### Le réalisme balzacien

Les grands principes d'**Honoré de Balzac**, le créateur du roman réaliste, s'appuient sur les progrès scientifiques, une observation minutieuse des hommes et une volonté de dévoiler les règles du jeu social. S'inspirant notamment des travaux de Buffon et de Geoffroy de Saint-Hilaire qui exposent les principes de l'évolution des espèces animales, Balzac conçoit le projet titanesque de dénombrer les « espèces » humaines pour dégager les lois du système social. *La Comédie humaine* (1842 à 1850) est née. Ponctuée de descriptions de lieux, de portraits et de leçons de vie (les conseils de Vautrin à Rastignac dans *Le Père Goriot* ou à Lucien de Rubempré dans les *Illusions perdues*), *La Comédie humaine* invente la technique du retour du personnage.

Gustave Courbet, *La Fileuse endormie* (1853), huile sur toile (91 cm x 115 cm), musée Fabre, Montpellier.

### Les illusionnistes

Le réalisme de **Stendhal** a une autre portée. Tout en ancrant ses fictions dans le monde contemporain (*Le Rouge et le Noir* a pour sous-titre *Chronique de 1830*), il est affaire de point de vue : « Le roman est un miroir que l'on promène le long d'une grande route » (*Le Rouge et le Noir*). Cette métaphore du point de vue (une façon d'orienter le miroir) inaugure le réalisme subjectif et donne au narrateur un rôle essentiel. Enfin, **Gustave Flaubert** dans *Madame Bovary* (1857) et *L'Éducation sentimentale* (1869) confère à la forme et à l'écriture un rôle primordial. Tous ces éléments font dire à **Guy de Maupassant** que « les Réalistes de talent devraient plutôt s'appeler des Illusionnistes » (« Préface » de *Pierre et Jean*, 1888).

## Le Naturalisme

Ce mouvement, dont le chef de file est **Émile Zola**, accueille à Médan **Joris-Karl Huysmans**, **Guy de Maupassant**, **Alphonse Daudet**, **Jules Vallès**. Des manifestes sont publiés : *Le Roman expérimental* de **Zola** et la « Préface » de *Pierre et Jean* de **Maupassant**. Le Naturalisme rend compte de la réalité de façon scientifique : il s'agit d'observer et d'expérimenter. Ce travail porte surtout sur des personnages déclassés, issus d'un milieu populaire et ravagés par des passions.

**Émile Zola**, influencé par Taine et Claude Bernard, invente le roman scientifique en étudiant l'influence de l'hérédité, du milieu et de l'Histoire sur l'homme dans le cycle des *Rougon-Macquart, histoire naturelle et sociale d'une famille sous le Second Empire* (1873-1893). Ce roman-laboratoire démontre la fatalité d'une hérédité chargée : la folie et l'alcool détruisent tous les descendants des Macquart.

Sur le site de la BnF, consultez l'exposition virtuelle sur Zola et sur les brouillons d'écrivain. Pourquoi le travail de ce romancier est-il scientifique ?

### « L'art pour l'art » selon Théophile Gautier

« L'Art » de **Théophile Gautier**, publié dans *Émaux et Camées* (1852), est un poème-manifeste. Les conseils donnés au poète synthétisent l'esthétique parnassienne :

[...]
« Sculpte, lime, cisèle ;
Que ton rêve flottant
Se scelle
Dans le bloc résistant ! »

## Le Parnasse ou « l'art pour l'art »

Le Parnasse désigne à l'origine une montagne de Grèce consacrée autrefois aux Muses puis par métonymie un groupe de poètes édités dans trois volumes collectifs intitulés le *Parnasse contemporain* et publiés en 1866, 1871 et 1876. Ces recueils ont permis la structuration d'un groupe et d'une esthétique qui, en s'opposant aux principes du Romantisme, préparent au renouveau de la poésie. Ce mouvement qui accueille une centaine de poètes dont **Charles Baudelaire**, **Paul Verlaine** et **Stéphane Mallarmé** se situe entre 1850 et 1870. **Théophile Gautier** en déclarant qu' « il n'y a de vraiment beau que ce qui ne sert à rien » dans la préface à *Mademoiselle de Maupin* (1834) puis avec le recueil *Émaux et Camées* (1852) en est le fondateur, tandis que **Charles Leconte de Lisle** en est le chef de file.

### La doctrine

Elle s'établit en opposition aux principes du Romantisme : l'art n'est ni l'expression du « moi » ni subordonné à une mission. Trois caractéristiques en découlent :
– Le refus du lyrisme : le poète refuse tout épanchement du moi et donc tout lyrisme. **Charles Leconte de Lisle** dans « Les montreurs » fustige ce public avide de spectacle : « je ne livrerai pas ma vie à tes huées, / je ne danserai pas sur ton tréteau banal/avec tes histrions et tes prostituées » (*Poèmes barbares*, 1872-1878).
– Le retour sur un passé mythique : en récusant toute utilité à l'art, le poète s'écarte aussi de tout engagement politique. Ses sujets de prédilection portent sur des mythes, des civilisations disparues, exotiques et lointaines, ainsi que sur l'histoire des cultures et des religions. L'exactitude historique caractérise tous les recueils. Les *Poèmes antiques* (1852) et les *Poèmes barbares* (1872-1878) de **Charles Leconte de Lisle**, les *Trophées* (1893) de **J.-M. de Heredia** dépeignent des scènes empruntées aux civilisations grecque et hindoue, au Moyen Âge et à la Renaissance, à l'Orient et aux tropiques.
– Le culte de la forme et du Beau : le parnassien cultive la perfection de la forme et choisit des structures contraignantes comme le sonnet et le rondeau. Il travaille la précision du mot, le jeu des sonorités (assonance et allitération) et l'image visuelle qui évoque couleurs, lumière et relief. La poésie est ciselée comme un joyau : brillante et raffinée.

**Question** : Comment cette strophe illustre-t-elle la poésie parnassienne ?

[...]
« Et, brusquement, d'un coup de sa nageoire en feu,
Il fait, par le cristal morne, immobile et bleu,
Courir un frisson d'or, de nacre et d'émeraude. »

J.-M. de Heredia, « Le récif de corail », *Trophée* (1893)

### À la genèse du Symbolisme

Cependant l'art pour l'art produit des œuvres qui ne sont appréciées que des esthètes, et des pairs. Ce qui contribue à isoler l'artiste qui devient marginal. Le refus de publier dans la revue des textes de **Paul Verlaine** et de **Stéphane Mallarmé** en 1880 signe la fin du Parnasse et le début du Symbolisme et de la Décadence.

## La Décadence

**Charles Baudelaire** est le précurseur du mouvement décadent qui réunit toutes les œuvres exprimant, à la fin du XIXe siècle, une sorte de désespérance ironique. Les artistes décadents sont des marginaux qui consacrent leur vie à l'art tout en reniant, non sans provocation, certaines valeurs sociales. En quête d'expériences nouvelles, certains d'entre eux s'adonnent à des plaisirs artificiels et s'intéressent au mysticisme (ce qui est caché et inexprimable comme le divin) et au satanisme. Les décadents sont dits « poètes maudits ».

### Les « poètes maudits »

**Paul Verlaine** dans *Les Poètes maudits* (1888) rédige une notice sur **Tristan Corbière**, **Arthur Rimbaud**, **Stéphane Mallarmé**, **Philippe de Villiers de l'Isle-Adam** et lui-même. L'image du poète victime d'une malédiction s'impose : incompris, asocial, cherchant à fuir le monde grâce à des drogues ou de l'alcool, son génie est méconnu du public jusqu'à sa mort. Ces poncifs sont accentués par la critique : le poète décadent est un dandy excentrique, un névrosé qui sombre dans la marginalité et la folie.

### Le style de la Décadence

- **Les mises en scènes de rêves et de cauchemars** : **Lautréamont** dans *Les Chants de Maldoror* (1885) déconstruit le personnage. Le « je » est envahi de sensations et d'hallucinations vertigineuses.
- **Le culte de l'artifice** : dans *À rebours* (1884), **Joris-Karl Huysmans** crée le personnage de des Esseintes, le modèle de l'aristocrate névrosé, dandy, qui s'isole du monde pour vivre dans un espace consacré à l'art et la beauté ; **Stéphane Mallarmé** lui dédie un poème : *Prose pour des Esseintes*.
- **Des mythes obsédants** : comme les Chimères ou Salomé qui est associée à l'imaginaire décadent.
- **Déconstruction et dispersion du langage** : le mot est le lieu d'un travail vertigineux sur le signifié (le sens du mot) et le signifiant (la forme du mot, le signe). Ainsi le cygne prisonnier du lac glacé dans « Le Cygne » de **Stéphane Mallarmé** représente le poète. La blancheur des plumes renvoie à la blancheur de la glace et de la page, tandis que l'impuissance à prendre son envol symbolise l'incapacité de créer, c'est à dire à trouver le « signe ». Le support devient lui-même un lieu signifiant.

### Le dandy

Un dandy est un homme dont l'élégance est si raffinée qu'elle en devient arrogante. Le dandysme est « le dernier éclat d'héroïsme dans les décadences » selon **Charles Baudelaire** qui, lui, portait un foulard rouge et une veste marron flottant comme une soutane.

Sur le site de la BnF, recherchez le poème de Stéphane Mallarmé « Un Coup de dés jamais n'abolira le hasard » et observez sa disposition typographique.

**Questions**
Qui est Salomé ? Recherchez des représentations de ce personnage en littérature et en peinture. Pourquoi est-ce une figure emblématique ?

Gustave Moreau, *Salomé dansant devant Hérode* (vers 1876), huile sur toile (92 cm x 61 cm), détail, musée Gustave Moreau, Paris.

## Le Symbolisme

En 1886, Jean Moréas publie un article dans *Le Figaro* intitulé « un manifeste littéraire : le Symbolisme ». Véritable réaction face au positivisme qui ne reconnaît que la matière et le concret, le Symbolisme considère que le monde est une « représentation », le reflet d'un idéal. Seuls les symboles peuvent réussir à déchiffrer les signes de cet ailleurs spirituel. Ce mouvement accueille les exclus du Parnasse, c'est-à-dire **Paul Verlaine** et **Stéphane Mallarmé**, ainsi qu'**Arthur Rimbaud**, **Lautréamont**, **Jules Laforgue** et des poètes belges comme **Émile Verhaeren**.

### Les origines du mouvement

**Question**
Recherchez pourquoi *Les Fleurs du mal* ont été condamnées en 1657.

L'œuvre de **Charles Baudelaire** (1821-1867) défie toutes les classifications d'école, tout en étant à l'origine des trois grands mouvements poétiques de la fin du XIXe siècle. *Les Fleurs du mal* (1857) reconstituent un drame intérieur en six étapes coïncidant avec les sections du recueil : « Spleen et idéal », « Tableaux parisiens », « Le Vin », « Fleurs du mal », « Révolte » « La Mort ». Toutes les esthétiques y sont représentées ou en germe : le poème « Spleen » s'inscrit dans la continuité de l'ennui et du mal de vivre des romantiques, « La Beauté » annonce l'esthétique parnassienne, « Don Juan aux Enfers » les décadents et « Les Correspondances », en décrivant l'universelle analogie, ouvrent sur le Symbolisme. Les *Petits poèmes en prose* ou *Le Spleen de Paris* (1869), écrits parallèlement aux *Fleurs du mal*, se libèrent de la contrainte de la rime et vont influencer **Stéphane Mallarmé** et **Arthur Rimbaud**.

### Ses caractéristiques

**Rôle central du symbole et de l'analogie** (rapport de ressemblance) : le langage vise à suggérer des idées abstraites grâce à l'analogie. Sons, couleurs, parfums, musicalité de la langue évoquent et créent des visions qui laissent percevoir intuitivement l'existence d'une réalité supérieure. Ainsi « L'albatros » de **Charles Baudelaire** ou « Le cygne » prisonnier des glaces de **Stéphane Mallarmé** sont une image du poète exilé ou stérile et le naufrage du « Bateau ivre » d'**Arthur Rimbaud** préfigure les dangers de l'aventure poétique. Le statut du poète capable de transcender la réalité est alors transformé.

**Le poète devient voyant** parce qu'il a accès à un monde inconnu. Pour transcrire ses visions, il doit inventer d'autres formes poétiques.

**Le poète est un alchimiste** : explorateur du langage et des signes, il est « l'alchimiste d'un verbe » (Rimbaud). Ses expérimentations le conduisent à des formes inédites : le mètre impair, le poème en prose, **le vers libre**.

### Trois poètes symbolistes

- **Stéphane Mallarmé** (1842-1898) : influencé par le Parnasse et **Charles Baudelaire**, il cultive l'art du langage qui doit refléter une idéalité pure et renoncer à toute idée de représentation. Son travail acharné aboutit à un hermétisme qui le marginalise.
- **Paul Verlaine** (1844-1896) : il affirme la primauté de la musique, cultive l'impair et « la chanson grise », c'est-à-dire la suggestion et l'impression.
- **Arthur Rimbaud** (1854-1891) : « Le poète se fait voyant par un long, immense et déraisonné dérèglement de tous les sens » (*Lettre dite « du Voyant »*, 1871), l'écriture génère des féeries, c'est-à-dire des lieux oniriques comme « Les ponts » dans les *Illuminations* (1886).

**Question**
Quelles sont les règles prescrites dans « Art poétique » (1884) de Verlaine ?

## Le Surréalisme

Ce mot qui a été utilisé pour la première fois par **Guillaume Apollinaire** en 1917 dans le sous-titre donné à sa pièce *Les Mamelles de Tirésias* désigne un mouvement d'avant-garde né après la Première Guerre mondiale. Il s'inscrit dans la continuité du Dadaïsme et prône une rupture radicale avec le conformisme esthétique et politique de l'époque. **Tristan Tzara** est le chef de file de ce mouvement « dadaïste » (1916-1925) qui veut faire table rase de toutes les valeurs (patrie, obéissance, convention...) qui ont conduit aux atrocités de la Première Guerre mondiale. Ce terme est utilisé de nos jours dans un sens plus large pour désigner ce qui est étrange ou bizarre.

### La genèse du mouvement surréaliste

Les théories sur l'hypnose et les découvertes Freudiennes sur l'inconscient sont à la genèse de ce mouvement défini par son chef de file, **André Breton**, dans le *Manifeste du Surréalisme* (1924) comme un « automatisme psychique pur par lequel on se propose d'exprimer, soit verbalement, soit par écrit, soit de toute autre manière, le fonctionnement réel de la pensée ». Cette déclaration donne tous les pouvoirs à l'imagination et refuse toutes les codifications littéraires.

Les surréalistes redécouvrent des auteurs marginaux comme **le marquis de Sade** ou **Lautréamont** et des genres réputés populaires (roman feuilleton, récit gothique). Le Surréalisme veut « changer la vie » afin de « ruiner toute idée de famille, de patrie, de religion » (*Second manifeste*) tout en célébrant l'amour fou.

Max Ernst, *Au rendez-vous des amis* (1922/23), huile sur toile (130 cm x 193 cm), Wallraf-Richartz-Museum, Cologne (Allemagne).

### Les caractéristiques de l'écriture surréaliste

Le Surréalisme utilise tous les procédés libérant des contraintes et reposant sur l'arbitraire comme l'écriture automatique, les jeux d'association libre, les collages aléatoires de titres ou de fragments découpés dans les journaux, les jeux verbaux.

- **L'image étincelle** : elle est d'autant plus forte et chargée d'émotion que les deux réalités sont plus éloignées. Ce procédé entraîne un renouvellement du jugement esthétique illustré par la définition de **Lautréamont** « beau comme la rencontre fortuite d'un parapluie et d'une machine à coudre sur une table de dissection ».
- **Le poème image** est construit par une série de métaphores surprenantes alliant des réalités éloignées (« Union libre » dans *Clair de Terre*, 1931, d'**André Breton**). Le poème se compose d'une suite d'images.
- **Le mélange des genres** : les surréalistes inventent une nouvelle forme de récit qui s'attache aux faits insolites, étranges tout en s'appuyant sur des procédés empruntés aux romans réalistes (précision des lieux, des dates, formes de journal, insertion de preuves).
- **Le cadavre exquis** est la recette pour faire surgir des images surréalistes. Il faut être au moins deux. Sur un papier que l'on prend soin de plier au fur et à mesure afin que l'autre ne puisse pas lire ce qui a été noté, écrire chacun à son tour un nom, un adjectif, un verbe, un nom, etc. La première phrase obtenue de cette manière a donné le nom de ce jeu : « le cadavre-exquis-boira-le vin nouveau ».

#### Une œuvre surréaliste : *Nadja*

*Nadja* (1828) d'**André Breton** est un roman surréaliste par la diversité et la richesse de sa forme : il est à la fois autobiographie, roman d'amour et récit fantastique. Le narrateur pour illustrer son propos insère des reproductions de photographies, d'affiches, d'œuvres d'art, de lettres, de programmes de cinéma, etc. L'héroïne est une voyante qui vit dans un monde surréel dans lequel des événements anodins deviennent des signes.

## La Littérature engagée et l'Absurde

### *En attendant Godot* de Samuel Beckett (1952)

Cette pièce mêle burlesque et tragique tout en décrivant l'attente dérisoire de deux personnages. Vladimir et Estragon, deux clochards aux noms de clown, attendent Godot. La journée s'écoule interrompue par le passage d'un maître maltraitant son esclave, et d'un messager qui annonce que Godot ne viendra que demain. Le lendemain les même personnages apparaissent et le messager vient assurer une nouvelle fois que Godot viendra, mais demain.

### Les origines de la Littérature de l'Absurde

Au milieu du XXe siècle, les horreurs de la guerre et du totalitarisme, la sensation d'impuissance et d'irrationalité nourrissent une angoisse existentielle qu'exprime la littérature de l'Absurde. La Seconde Guerre mondiale qui a fait plus de 40 millions de morts en Europe, le génocide, la torture, l'assassinat, l'utilisation de la bombe atomique en 1945 à Hiroshima et Nagasaki témoignent du retour de la barbarie et de l'échec d'une civilisation.

### Le théâtre de l'Absurde

Dans les années 1950, apparaît le « théâtre de l'Absurde ». L'irrationnel farcesque, emprunté au théâtre surréaliste et notamment à la pièce d'**Alfred Jarry** *Ubu roi* (1896), démasque les conventions et révèle le tragique de la condition humaine. Les caractéristiques de ce théâtre se déclinent en trois points :
– la disparition de toute illusion réaliste : le personnage n'a plus de consistance, le temps et l'espace se dérèglent.

Madeleine Renaud dans *Oh! les beaux jours*, pièce de Samuel Beckett, mise en scène par Roger Blin au théâtre de l'Odéon à Paris en 1963.

– la déconstruction du langage : les dialogues ne servent plus à communiquer et les mots perdent leur sens **Eugène Ionesco,** *La Cantatrice chauve*, (1950).
– l'expression d'une angoisse : les œuvres révèlent le vide de l'existence, et l'angoisse d'un monde sans dieu. **Samuel Beckett** décrit l'absurdité de la condition humaine dans *En attendant Godot* (1952) et *Oh les beaux jours* (1963). **Eugène Ionesco** rappelle l'inexorable destin de chacun dans *Le Roi se meurt* (1962). *La Nausée* (1938) de **Jean-Paul Sartre** révèle un malaise existentiel. *Le Mythe de Sisyphe* (1942), essai sur l'Absurde d'**Albert Camus**, synthétise cette tragédie de l'impuissance. Cependant ce qui pourrait conduire au désespoir est transcendé par la révolte et l'engagement.

### La Littérature engagée

L'engagement des écrivains se cristallise durant la Seconde Guerre mondiale : la Résistance c'est aussi un acte d'écriture. Tous les genres sont convoqués :
– le roman : **Albert Camus** dans *La Peste* (1947) montre que seule l'union fraternelle permet de combattre les fléaux. **André Malraux** milite et publie *La Condition humaine* (1933) et *L'Espoir* (1937) dans lequel il soutient le Front populaire qui s'oppose à Franco.
– le théâtre : est le lieu de débats philosophique et politique. *Antigone* (1944) de **Jean Anouilh**, *Les Mouches* (1943) de **Jean-Paul Sartre**, *Rhinocéros* (1959) d'**Eugène Ionesco** posent, par le biais du mythe ou de l'allégorie, le problème de la liberté face au pouvoir politique.
– la poésie : Les poètes de la résistance célèbrent la France et ses combattants : « La Rose et le Réséda » (1943) de **Louis Aragon** publié dans un journal clandestin ; « Liberté » (1942) de **Paul Eluard** parachuté dans les maquis ; *Feuillets d'Hypnos* (1946) du résistant **René Char** témoignent de leur détermination.

Sur le site de la BnF, consultez le dossier consacré à Jean-Paul Sartre. Pourquoi peut-on dire que toute sa vie est un engagement ?

**Exposé**
Construisez le dossier biographique d'un écrivain engagé : Camus, Malraux, etc.

# Le Nouveau Roman

Cette expression désigne un mouvement né dans les années 1950 en France. Il regroupe des romanciers, publiés aux Éditions de Minuit, qui s'inspirent des procédés d'écriture des grands écrivains de la fin du XIXe et du début du XXe siècle (le travail sur l'écriture de Flaubert, la temporalité de **Marcel Proust**, le monologue intérieur chez **William Faulkner**, la déconstruction du langage chez **James Joyce**). Il réunit jusque dans les années 1970 une constellation d'écrivains au style varié : **Michel Butor**, **Nathalie Sarraute**, **Marguerite Duras**, **Samuel Beckett** et **Claude Simon**.

### Deux œuvres « manifestes »

**Nathalie Sarraute**
*L'Ère du Soupçon* (1956)
**Alain Robbe-Grillet**
*Pour un nouveau roman* (1963)

### *L'Ère du soupçon*

Ce mouvement condamne le roman traditionnel qui présente par le biais d'un narrateur omniscient une image rassurante du monde.

- **Refus du récit traditionnel** : le personnage, l'organisation chronologique, l'intrigue sont des notions périmées. Tout ce qui caractérisait le roman du XIXe siècle (l'univers balzacien), c'est-à-dire la peinture des caractères et une histoire se déroulant dans un univers cohérent, univoque et déchiffrable sont remis en question.
- **Refus de l'illusion référentielle** : les portraits psychologiques des personnages se révèlent des leurres de même que l'effet de vérité. Raconter une histoire vraie devient impossible : le langage ne reflète pas la réalité, il la déforme. Les mots deviennent « suspects ».

Michel Butor, écrivain français et figure représentative du Nouveau Roman, le 5 Décembre 1964 à Paris.

### L'« aventure d'une écriture »

Le roman devient « l'aventure d'une écriture » et non plus l'écriture d'une aventure (Jean Ricardou). Les romanciers privilégient la construction formelle à l'intrigue qui est souvent ténue. Le roman est un laboratoire dans lequel le récit est éclaté, il se présente comme un puzzle qu'il faut reconstituer. Le procédé emprunté au roman policier est ici complexifié par des descriptions qui « dissèquent » l'univers romanesque (exemple du grossissement fantastique du quartier de tomate dans *Les Gommes* (1953) d'**Alain Robbe-Grillet**).
Le narrateur omniscient, qui donnait traditionnellement un sens au récit, devient un personnage énigmatique. Dans *La Jalousie* (1957) d'**Alain Robbe-Grillet** : un regard à travers des jalousies (des volets mobiles) observe des heures durant pour savoir si A. trompe son mari. Ce n'est pas l'intrigue qui est originale mais la perspective adoptée. L'adultère, qui n'est peut-être qu'imaginé, n'est perçu qu'à travers le point de vue obsessionnel du mari jaloux.

### *La Modification* de Michel Butor

Ce roman raconte la transformation de Léon Delmont qui prend le train à Paris pour rejoindre sa maîtresse à Rome. Au cours du trajet, alors qu'il était décidé à quitter sa femme, il change d'avis. C'est à travers des descriptions minutieuses de détails (le ruissèlement de la pluie sur la vitre, les rainures sur le sol du wagon, le croisement des voies ferrées) que se raconte l'échec d'une vie empêtrée dans les habitudes.

Hercule transperce de ses flèches empoisonnées le centaure Nessus qui tentait d'enlever Dejanire, fresque (début du Ier s. ap. J.-C.), musée archéologique, Naples (Italie).

C'est le plus souvent autour d'un ou plusieurs personnages que s'organise un roman. Être de fiction, il se définit par son portrait, ses actions, ses paroles et ses sentiments, que le romancier choisit de livrer avec plus ou moins de précision. De cette conception dépend le rapport d'identification au personnage ainsi que son interprétation par le lecteur. Au cours de l'histoire du roman, la conception du personnage a évolué, à l'image des interrogations des auteurs sur l'homme et le monde.

## Aux origines du personnage de roman

### Les premiers héros

Dans l'Antiquité, on ne parle pas de « roman », le mot et le genre étant à l'origine associés à la langue romane qui se déploie au Moyen Âge et dans laquelle sont écrites les œuvres. Pour autant l'épopée grecque, essentiellement *l'Iliade* et *l'Odyssée* d'**Homère**, fournit le modèle de nombreux héros et contribue à concevoir le personnage avant tout comme un être doté de qualités exceptionnelles.

### Le modèle du chevalier

Dans les premiers romans, au Moyen Âge : romans antiques, *Énéas* (vers 1160), *Le Roman de Troie* (vers 1160), romans de chevalerie ou romans courtois, comme ceux de **Chrétien de Troyes**, *Lancelot* (vers 1170) par exemple, les personnages évoluent dans un monde peu réaliste, souvent idéalisé. Or, à la différence des héros antiques, justement, ils évoluent, amorçant ainsi ce que va devenir le personnage.

### Des personnages pour rire et réfléchir

Le *Roman de Renart*, composé par des clercs anonymes au XIIe et XIIIe siècles, joue avec les différents codes romanesques de cette époque, antiques et courtois, en les intégrant à un univers plus réaliste. Les personnages ne sont plus des héros idéalisés mais pas encore des miroirs : il s'agit d'un monde animal, qui cependant rappelle clairement le monde humain. Au XVIe siècle, **François Rabelais** dans *Pantagruel* (1532) et *Gargantua* (1534) met en scène des personnages de géants, proposant à travers leurs aventures un regard à la fois satirique et philosophique sur l'homme et la société.

## Le XVIIe siècle : les personnages se diversifient

### Détournements

Au XVIIe siècle, le genre romanesque se diversifie. On trouve encore une importante veine satirique qui parodie les héros et les valeurs chevaleresques, en les confrontant à la réalité, comme dans *Don Quichotte* (1605) de **Cervantès**. **Paul Scarron** choisit également la parodie dans son *Roman comique* (1651-1655).

Sur le site de la BnF, consultez l'exposition virtuelle consacrée aux Héros. Faites une synthèse de votre lecture sur le thème « le modèle héroïque ».

### Le héros

Il est d'abord un personnage doté de qualités exceptionnelles, voire extraordinaires, à l'image des héros de la mythologie, comme Hercule. Les héros arthuriens relèvent de cette définition. Mais l'évolution du personnage romanesque invite à renouveler la définition : le héros est le personnage autour duquel s'organise l'intrigue du roman (➜ **Ex. :** Julien Sorel dans *Le Rouge et le Noir* (1830) de **Stendhal**). Il peut alors être un personnage positif ou négatif, voire un « anti-héros » (➜ **Ex. :** Meursault dans *L'Étranger* (1942) d'**Albert Camus**).

### L'analyse des sentiments

Le déclin des valeurs féodales au profit d'un nouvel idéal d'« honnête homme » fondé sur le goût et le raffinement, la place accordée à la vie mondaine et à ses codes, conduisent des auteurs à construire des personnages plus nuancés, dont les sentiments contradictoires sont analysés. C'est la naissance du « roman psychologique » avec *La Princesse de Clèves* (1678) de **Madame de La Fayette**. La passion amoureuse de l'héroïne y est entravée par le devoir et la morale. Mme de Clèves n'est pas sans rappeler certaines figures de la tragédie, genre alors très apprécié. La conception du personnage de roman traduit bien la sensibilité d'une époque, la manière dont une société choisit de regarder et de peindre l'être humain en son sein.

## Le XVIIIe siècle : le personnage est un « individu »

Il n'est donc pas surprenant qu'au XVIIIe siècle, alors que l'individu s'impose peu à peu dans sa particularité et non plus seulement en tant que membre d'un ordre social, le personnage de roman ne soit plus représentant d'un type littéraire mais devienne un être au caractère propre et au destin unique. Les aventures de Manon Lescaut dans le roman éponyme de **l'Abbé Prévost** ont pour source principale les désirs contradictoires de la jeune héroïne et la passion déterminée de son amant le chevalier Des Grieux. Le choix de privilégier la subjectivité des personnages se traduit par l'emploi récurrent d'une narration à la première personne, ou encore d'une forme épistolaire qui suggère l'autonomie des personnages. *Les Liaisons dangereuses* (1782) de **Choderlos de Laclos** en sont un exemple.

### Le roman épistolaire

Roman par lettres, il ne comporte pas de narrateur, les informations sur les personnages et l'intrigue ne sont transmises que par la correspondance des scripteurs. Cela donne une apparente authenticité au récit en même temps qu'une autonomie aux personnages. Le lecteur a l'impression d'avoir accès à l'intimité des personnages et doit accomplir seul le travail d'analyse. Ce genre connaît son apogée au XVIIIe siècle.

## Le XIXe siècle : le personnage « réaliste »

### L'observation attentive de la réalité (▶ Les mouvements littéraires : le XIXe siècle, p. 31)

Le XIXe siècle connaît une histoire mouvementée, au rythme des révolutions et de la succession des régimes, des mutations techniques et sociologiques. Les romanciers cherchent alors à rendre compte de ce monde qui échappe, dont les repères sont brouillés. Leur travail s'appuie sur une observation attentive, presque scientifique, de la réalité tant sociale que psychologique. **Honoré de Balzac** dans *La Comédie humaine* (1830-1850) puis **Émile Zola** dans *Les Rougon-Macquart* (1871-1893) conçoivent chacun tout un univers incluant toutes les classes sociales, et dont la cohérence repose en partie sur le retour des personnages. Le souci de réalisme conduit à représenter les personnages dans les moments même les plus quotidiens de la réalité, comme les scènes de repas, qui sont pour l'auteur et pour le lecteur autant d'indices de la vision proposée.

Giuseppe De Nittis, *Les Courses aux bois de Boulogne* (1881), huile sur toile, Galleria Nazionale d'Arte Moderna, Rome (Italie).

### Des personnages complets

Les personnages sont placés au sein de la société dont ils sont chargés de rendre compte ; leurs ambitions, leurs contradictions sont racontées et analysées. Le roman d'apprentissage permet de raconter ces parcours, celui de Julien Sorel (**Stendhal**) ou de Frédéric Moreau (**Gustave Flaubert**). Le lecteur peut ainsi analyser à son tour le fonctionnement de la société et des individus, puisque les portraits des personnages y sont très précis.

## Le XX$^{e}$ siècle : la déconstruction du personnage

### Le temps des doutes

Le XX$^{e}$ siècle connaît à son tour de nombreux bouleversements qui conduisent à une progressive remise en cause de la conception du personnage romanesque. Tout d'abord la psychanalyse – née à Vienne à la fin du siècle précédent dans le cabinet du docteur Freud – et la notion d'inconscient invitent à analyser autrement l'être humain et rendent plus difficile sa caractérisation, qui semble désormais mouvante. Ainsi **Marcel Proust** choisit-il dans son œuvre *À la Recherche du Temps perdu* (1913-1927) une narration à la première personne ; les personnages, les lieux sont évoqués à travers le filtre d'une subjectivité qui se construit elle-même au fil des pages.

### La fin du personnage ?

Les fondements et les valeurs de la société sont à leur tour mis à mal par les traumatismes des deux guerres mondiales. Les parcours et les attitudes des personnages rendent compte des désarrois et des questionnements face au monde, mais les auteurs n'en donnent plus les clés, renonçant à caractériser et analyser leurs personnages. Meursault dans *L'Étranger* (1942) d'**Albert Camus** désarçonne le lecteur en ne livrant jamais vraiment ses sentiments. Les auteurs du Nouveau Roman (► Les mouvements littéraires : le XX$^{e}$ siècle, p. 37), radicalisent encore cette déconstruction du personnage, qui perd parfois jusqu'à son identité. Aucun portrait physique ou moral des personnages d'**Alain Robbe-Grillet** ou de **Nathalie Sarraute** ne sont livrés explicitement au lecteur, qui doit alors construire sa propre image de ces personnages à partir des indices qui lui sont livrés, gestes, paroles. Les auteurs jouent avec le lecteur en refusant d'assumer le rôle de narrateur omniscient, allant même parfois jusqu'à brouiller les pistes de la narration, comme le fait **Michel Butor** dans *La Modification* (1957). Ce « défaut » de caractérisation n'exclut ni l'identification ni l'empathie avec le personnage, mais elles résultent désormais de l'implication et de l'interprétation que voudra bien avoir le lecteur. La folie de Lol V. Stein dans le roman de **Marguerite Duras** n'est pas analysée directement par la narratrice, mais elle touche le lecteur par cet espace même qui lui est laissé pour la comprendre.

#### *L'Ère du soupçon*

Titre d'un recueil d'essais, publié en 1956, de **Nathalie Sarraute**. Elle y pose plusieurs des fondements de ce que l'on appelle le Nouveau Roman. Le « soupçon » porte justement sur la notion de personnage, la « foi en lui du romancier et du lecteur ». Les attributs qui lui étaient donnés dans les romans réalistes apparaissent désormais paradoxalement invraisemblables. D'où la nécessaire recherche d'un nouveau type de personnage romanesque.

### Des personnages pluriels

L'histoire du personnage romanesque offre aux auteurs contemporains des voies diverses, que chacun peut exploiter en toute liberté. Avec ou sans passé, énigmatique ou familier, les personnages sont désormais multiples et changeants, selon ce que veulent leur faire dire – ou non – les romanciers, selon le rapport qu'ils veulent établir entre personnage et lecteur. La conception du personnage romanesque, qu'elle se veuille exhaustive ou lacunaire, reste en tout cas toujours le miroir des interrogations que l'auteur veut transmettre sur l'homme et le monde.

Sur le site de l'INA, consultez les archives consacrées à Georges Perec : comment présente-t-il ses œuvres ? Comment conçoit-il le travail de romancier ?

**Exposés**

- **La Comédie humaine** : quel est le projet d'Honoré de Balzac ? Comment classe-t-il ses romans ? Recherchez quelques exemples de personnages récurrents.
- **Le personnage de l'enfant** : recherchez des exemples de romans ayant un enfant pour héros. Pourquoi ce type de personnage est-il original et intéressant ?

# Séquence 1

# La construction du personnage : « l'entrée en scène du héros » du XVIIe au XXe siècle

**Comment le personnage se construit-il au fil du roman ?**
**Quels sont les différents types de personnages romanesques ?**

## CORPUS DE LA SÉQUENCE



### LIENS AVEC LA PARTIE LANGUE


▸ Les valeurs des modes et des temps, p. 400
▸ L'énonciation et le discours, p. 408


### LIENS AVEC LA PARTIE OUTILS D'ANALYSE


▸ L'organisation et le fonctionnement du récit, p. 428
▸ La description, p. 430
▸ Faire rire, p. 458


### LIENS AVEC LA PARTIE MÉTHODES POUR LE BAC


▸ Le commentaire, p. 478
▸ La dissertation, p. 486
▸ L'écriture d'invention, p. 496


▸▸▸ Gustave Doré, *Les géants capturés* (XIXe siècle), aquarelle (détail), Art Institute of Chicago, Chicago (États-Unis).

# TEXTE 1

▸ Biographies, p. 508

# Paul Scarron, *Le Roman Comique* (1651-1655)

**CONTEXTE**

Au XVIIe siècle les codes du genre du roman ne sont pas encore très définis et les écrivains aiment à imiter les récits héroïques de l'Antiquité ou du Moyen-Âge. Au début du siècle classique, on aime aussi rire avec les parodies de ces romans épiques. On lit l'*Énéide*, la grande épopée du poète latin du premier siècle av. J.-C., Virgile, et l'on s'amuse dans le même temps de sa réécriture burlesque, le *Virgile Travesti* de Scarron.

*Dans son* Roman Comique, *Scarron met en scène une troupe de comédiens ambulants dont les vêtements et accessoires, l'âge et les attitudes évoquent des rôles-types de la comédie ou de la tragédie.*

*Voici le début du roman de Scarron, ce que l'on nomme aussi l'*incipit *: la troupe de comédiens arrive dans la ville du Mans ; personnages et acteurs se confondent dans une entrée en scène dynamique et amusante.*

## Une troupe de comédiens arrive dans la ville du Mans

Le soleil avait achevé plus de la moitié de sa course et son char, ayant attrapé le penchant du monde, roulait plus vite qu'il ne voulait. Si ses chevaux eussent voulu profiter de la pente du chemin, ils eussent achevé ce qui restait du jour en moins d'un demi-quart d'heure ; mais, au lieu de tirer de toute leur force, ils ne s'amusaient qu'à faire des courbettes, respirant un air marin qui les faisait hennir et les avertissait que la mer était proche, où l'on dit que leur maître se couche toutes les nuits. Pour parler plus humainement et plus intelligiblement, il était entre cinq et six quand une charrette entra dans les halles du Mans. Cette charrette était attelée de quatre bœufs fort maigres, conduits par une jument poulinière dont le poulain allait et venait à l'entour de la charrette comme un petit fou qu'il était. La charrette était pleine de coffres, de malles et de gros paquets de toiles peintes qui faisaient comme une pyramide au haut de laquelle paraissait une demoiselle habillée moitié ville, moitié campagne. Un jeune homme, aussi pauvre d'habits que riche de mine, marchait à côté de la charrette. Il avait un grand emplâtre[1] sur le visage, qui lui couvrait un œil et la moitié de la joue, et portait un grand fusil sur son épaule, dont il avait assassiné plusieurs pies, geais et corneilles, qui lui faisaient comme une bandoulière au bas de laquelle pendaient par les pieds une poule et un oison qui avaient bien la mine d'avoir été pris à la petite guerre[2]. Au lieu de chapeau, il n'avait qu'un bonnet de nuit entortillé de jarretières de différentes couleurs, et cet habillement de tête était une manière de turban qui n'était encore qu'ébauché et auquel on n'avait pas encore donné la dernière main. Son pourpoint était une casaque[3] de grisette ceinte avec une courroie, laquelle lui servait aussi à soutenir une épée qui était si longue qu'on ne s'en pouvait aider adroitement sans fourchette. Il portait des chausses troussées à bas d'attaches[4], comme celles des comédiens quand ils représentent un héros de l'Antiquité, et il avait, au lieu de souliers, des brodequins à l'antique que les boues avaient gâtés jusqu'à la cheville du pied. Un vieillard vêtu plus régulièrement, quoique très mal, marchait à côté de lui. Il portait sur ses épaules une basse de viole[5] et, parce qu'il se courbait un peu en marchant, on l'eût pris de loin pour une grosse tortue qui marchait sur les jambes de derrière. Quelque critique murmurera de la comparaison, à cause du peu de proportion qu'il y a d'une tortue à un homme ; mais j'entends parler des grandes tortues qui se trouvent dans les Indes et, de plus, je m'en sers de ma seule autorité. Retournons à notre caravane.

1. Préparation blanche et épaisse appliquée sur la peau.
2. Avoir été braconnés.
3. Cape ou manteau en étoffe grise employée pour les vêtements des femmes du peuple.
4. Longs bas de soie attachés au haut de chausses (pantalons courts).
5. Instrument à cordes ancêtre du violoncelle.

Franz Dichter, *L'entrée des comédiens dans la ville du Mans* (1714), huile sur toile, musée de Tessé, Le Mans.

# Questions

▸ L'organisation et le fonctionnement du récit, p. 428
▸ Faire rire, p. 458

## L'entrée dans l'univers du roman

1. De quelle manière Scarron indique-t-il au lecteur, dans la première phrase, le moment où cette histoire commence ? Dans quel registre et quel genre de récit ce procédé semble-t-il le faire entrer ? Quelle phrase contredit très vite cette première hypothèse ?
2. Comparez le « char » évoqué ligne 1 et la « charrette », ligne 8. Que fait apparaître la confrontation ? Dans quel registre ces premières lignes sont-elles écrites ?

## L'entrée en scène des personnages

3. Comment sont désignés les personnages de cette histoire la première fois qu'on parle d'eux ? Quel rapport voyez-vous avec le titre du chapitre ? Sur qui l'attention se porte-t-elle tout particulièrement ?
4. Étudiez le portrait du jeune homme en vous attachant à tout ce qu'il révèle de ses faits et gestes avant le début de l'histoire.
5. Relevez les traces de la présence du narrateur : quelles sont les fonctions de ses intrusions dans le récit ? Quels rapports construit-il avec le lecteur ?

## Un univers théâtral

6. Relevez tous les indices qui évoquent l'univers du théâtre : quels sont les rôles, le genre d'œuvres que la petite troupe doit pouvoir jouer ?
7. Relevez les effets parodiques et analysez les procédés qui les construisent.

**Conjugaison**
À quel mode et à quel temps sont conjugués les verbes : « eussent voulu » (l. 2) et « eussent achevé » (l. 3) ? Dans quels cas cette conjugaison est-elle employée ?

▸ Les valeurs des modes et des temps, p. 400

**Synthèse** Montrez que l'arrivée de cette petite troupe de comédiens constitue un spectacle mis en scène pour le lecteur avec distance et humour.

## BAC S'entraîner à l'écriture d'invention

En tenant compte des indices présents dans le texte, racontez en une page l'installation précaire de la troupe dans les Halles du Mans et leurs préparatifs pour jouer une farce de Molière.

▸ Amplifier et transposer un texte, p. 496

# TEXTE 2

▸ Biographies, p. 508

**CONTEXTE**

Écrivain et philosophe, Diderot interroge les codes du roman de l'intérieur de la fiction. Il explore les relations entre l'auteur et ses personnages dans une œuvre où il semble hésiter entre le récit et le dialogue de théâtre. *Jacques le fataliste* est inspiré du roman de Sterne paru en 1760, *Tristram Shandy*, dans lequel l'auteur utilise la digression pour de longs commentaires sur des sujets et des questions éloignés du récit.

## Denis Diderot, *Jacques le Fataliste* (1796)

*Voici le début de l'œuvre.*

1 Comment s'étaient-ils rencontrés ? Par hasard, comme tout le monde. Comment s'appelaient-ils ? Que vous importe ? D'où venaient-ils ? Du lieu le plus prochain. Où allaient-ils ? Est-ce que l'on sait où l'on va ? Que disaient-ils ? Le maître ne disait rien ; et Jacques disait que son capitaine disait que tout ce qui nous arrive de bien et de mal ici-bas était écrit là-haut.

LE MAÎTRE : C'est un grand mot que cela.

JACQUES : Mon capitaine ajoutait que chaque balle qui partait d'un fusil avait son billet[1].

LE MAÎTRE : Et il avait raison...

Après une courte pause, Jacques s'écria : Que le diable emporte le cabaretier et son cabaret !

LE MAÎTRE : Pourquoi donner au diable son prochain ? Cela n'est pas chrétien.

JACQUES : C'est que, tandis que je m'enivre de son mauvais vin, j'oublie de mener nos chevaux à l'abreuvoir. Mon père s'en aperçoit ; il se fâche. [Je] hoche de la tête ; il prend un bâton et m'en frotte un peu durement les épaules. Un régiment passait pour aller au camp devant Fontenoy[2] ; de dépit je m'enrôle. Nous arrivons ; la bataille se donne.

LE MAÎTRE : Et tu reçois la balle à ton adresse.

JACQUES : Vous l'avez deviné ; un coup de feu au genou ; et Dieu sait les bonnes et mauvaises aventures amenées par ce coup de feu. Elles se tiennent ni plus ni moins que les chaînons d'une gourmette. Sans ce coup de feu, par exemple, je crois que je n'aurais été amoureux de ma vie, ni boiteux.

LE MAÎTRE : Tu as donc été amoureux ?

JACQUES : Si je l'ai été !

LE MAÎTRE : Et cela par un coup de feu ?

JACQUES : Par un coup de feu.

LE MAÎTRE : Tu ne m'en as jamais dit un mot.

JACQUES : Je le crois bien.

LE MAÎTRE : Et pourquoi cela ?

JACQUES : C'est que cela ne pouvait être dit ni plus tôt ni plus tard.

LE MAÎTRE : Et le moment d'apprendre ces amours est-il venu ?

JACQUES : Qui le sait ?

LE MAÎTRE : À tout hasard, commence toujours...

1. Sorte de passeport.
2. Village de Belgique où a eu lieu une fameuse bataille en 1745.

3. Perdus.

Jacques commença l'histoire de ses amours. C'était l'après-dînée : il faisait un temps lourd ; son maître s'endormit. La nuit les surprit au milieu des champs ; les voilà fourvoyés[3]. Voilà le maître dans une colère terrible et tombant à grands coups de fouet sur son valet, et le pauvre diable disant à chaque coup : « Celui-là était apparemment encore écrit là-haut... »

Vous voyez, lecteur, que je suis en beau chemin, et qu'il ne tiendrait qu'à moi de vous faire attendre un an, deux ans, trois ans, le récit des amours de Jacques, en le séparant de son maître et en leur faisant courir à chacun tous les hasards qu'il me plairait. Qu'est-ce qui m'empêcherait de marier le maître et de le faire cocu ? d'embarquer Jacques pour les îles ? d'y conduire son maître ? de les ramener tous les deux en France sur le même vaisseau ? Qu'il est facile de faire des contes ! Mais ils en seront quittes l'un et l'autre pour une mauvaise nuit, et vous pour ce délai.

L'aube du jour parut. Les voilà remontés sur leurs bêtes et poursuivant leur chemin. – Et où allaient-ils ? – Voilà la seconde fois que vous me faites cette question, et la seconde fois que je vous réponds : Qu'est-ce que cela vous fait ? Si j'entame le sujet de leur voyage, adieu les amours de Jacques... Ils allèrent quelque temps en silence. Lorsque chacun fut un peu remis de son chagrin, le maître dit à son valet : – Eh bien, Jacques, où en étions-nous de tes amours ?

## Questions

► L'organisation et le fonctionnement du récit, p. 428
► Les discours rapportés, p. 412
► Les actes de langage, l'implicite et la modalisation, p. 408

### Un couple de personnages

1. Comment les personnages sont-ils identifiés et quelles sont leurs relations ?
2. Reconstituez le passé de Jacques jusqu'au moment où commence le roman : comment s'enchaînent les événements ?
3. Quelle attitude le Maître de Jacques a-t-il envers son valet lorsqu'ils discutent ? lorsqu'ils perdent leur chemin ? Que pouvez-vous en conclure ?

### Le brouillage des genres

4. Quels genres et quelles formes de discours sont mis en œuvre pour raconter l'histoire de Jacques et de son maître ? À quelles caractéristiques les repérez-vous ? À quoi servent-ils précisément dans cet *incipit* ?
5. Relevez les éléments du texte révélateurs de la conception que se fait Jacques de la vie et de ses aventures. Établissez le lien avec le titre du roman.

### Les pouvoirs du narrateur

6. Quelles relations le narrateur entretient-il avec son lecteur dès les premières lignes ? Quels pouvoirs a-t-il sur ce dernier ? À quelle réaction cela pourrait-il conduire lecteur ?
7. Quels sont les pouvoirs du narrateur sur ses personnages tels qu'il les évoque à la fin du texte ? Dans quel genre de récit semble-t-il vouloir plonger ses personnages ? Quel terme emploie-t-il pour caractériser ce genre ?

**Grammaire**
Relevez les deux niveaux d'énonciation utilisés ici par Diderot. Qu'est-ce qui permet de les repérer ?

**Synthèse** En vous référant aux entrées en scène traditionnelles de héros romanesques, montrez que le lecteur de cet incipit peut se trouver très désorienté face à un genre de récit inclassable.

### BAC S'entraîner à la dissertation

► Rassembler et organiser ses idées ; construire un paragraphe et insérer des exemples, p. 486

Rédigez un paragraphe où vous développerez l'idée selon laquelle il est difficile pour le lecteur d'avoir l'illusion de la réalité des personnages dans *Jacques le Fataliste*. Vous justifierez ce point de vue en analysant les caractéristiques du début de l'œuvre.

# TEXTE 3

Biographies, p. 508

**CONTEXTE**

Le roman épistolaire connaît un véritable essor au cours du XVIII^e siècle : ce genre romanesque répond au critère de vraisemblance, auquel doit répondre le roman, en lui offrant des gages d'authenticité. Il permet au lecteur de découvrir l'intériorité d'un personnage, comme ici celle d'une jeune fille qui fait connaissance avec les règles de la vie mondaine et rêve du mariage auquel elle est destinée depuis l'enfance.

## Choderlos de Laclos, *Les Liaisons dangereuses* (1782)

*Le roman commence sur cette première lettre.*

### LETTRE PREMIÈRE
### CÉCILE VOLANGES À SOPHIE CARNAY
*aux ursulines[1] de ...*

Tu vois, ma bonne amie, que je tiens parole, et que les bonnets et les pompons ne prennent pas tout mon temps ; il m'en restera toujours pour toi. J'ai pourtant vu plus de parures dans cette seule journée que dans les quatre ans que nous avons passés ensemble ; et je crois que la superbe Tanville [Pensionnaire du même Couvent][2] aura plus de chagrin à ma première visite, où je compte bien la demander, qu'elle n'a cru nous en faire toutes les fois qu'elle est venue nous voir *in fiocchi*[3]. Maman m'a consultée sur tout ; elle me traite beaucoup moins en pensionnaire que par le passé. J'ai une Femme de chambre à moi ; j'ai une chambre et un cabinet dont je dispose, et je t'écris à un Secrétaire très joli, dont on m'a remis la clef, et où je peux renfermer tout ce que je veux. Maman m'a dit que je la verrais tous les jours à son lever ; qu'il suffisait que je fusse coiffée pour dîner[4], parce que nous serions toujours seules, et qu'alors elle me dirait chaque jour l'heure où je devrais l'aller joindre l'après-midi. Le reste du temps est à ma disposition, et j'ai ma harpe, mon dessin et des livres comme au Couvent ; si ce n'est que la Mère Perpétue n'est pas là pour me gronder, et qu'il ne tiendrait qu'à moi d'être toujours à rien faire : mais comme je n'ai pas ma Sophie pour causer et pour rire, j'aime autant m'occuper.

Il n'est pas encore cinq heures ; je ne dois aller retrouver Maman qu'à sept : voilà bien du temps, si j'avais quelque chose à te dire ! Mais on ne m'a encore parlé de rien ; et sans les apprêts que je vois faire, et la quantité d'Ouvrières qui viennent toutes pour moi, je croirais qu'on ne songe pas à me marier, et que c'est un radotage de plus de la bonne Joséphine [Tourière du Couvent][5]. Cependant Maman m'a dit si souvent qu'une Demoiselle devait rester au Couvent jusqu'à ce qu'elle se mariât, que puisqu'elle m'en fait sortir, il faut bien que Joséphine ait raison.

Il vient d'arrêter un carrosse à la porte, et Maman me fait dire de passer chez elle tout de suite. Si c'était le Monsieur ? Je ne suis pas habillée, la main me tremble et le cœur me bat. J'ai demandé à la Femme de chambre, si elle savait qui était chez ma mère : « Vraiment, m'a-t-elle dit, c'est M. C***. » Et elle riait. Oh ! je crois que c'est lui. Je reviendrai sûrement te raconter ce qui se sera passé. Voilà toujours son nom. Il ne faut pas se faire attendre. Adieu, jusqu'à un petit moment.

Comme tu vas te moquer de la pauvre Cécile ! Oh ! j'ai été bien honteuse ! Mais tu y aurais été attrapée comme moi. En entrant chez Maman, j'ai vu un Monsieur en noir, debout près d'elle. Je l'ai salué du mieux que j'ai pu, et suis restée sans pouvoir bouger de ma place. Tu juges combien je l'examinais ! « Madame », a-t-il dit à ma mère, en me saluant, « voilà une charmante Demoiselle, et je sens mieux que jamais le prix de vos bontés. » À ce propos si positif, il m'a pris un tremblement tel, que je ne pouvais me soutenir ; j'ai trouvé un fauteuil, et je m'y suis assise, bien rouge et bien déconcertée. J'y étais à peine, que voilà cet homme à mes genoux. Ta pauvre Cécile alors a perdu la tête ; j'étais, comme a dit maman, tout effarouchée. Je me suis levée en jetant un cri perçant ;

1. Couvent d'une congrégation religieuse chargée d'éduquer les jeunes filles.
2. Ces explications sont données par l'éditeur des lettres.
3. Dans tous ses atours.
4. Repas du midi.
5. Sœur chargée des relations avec l'extérieur du couvent.

… tiens, comme ce jour du tonnerre. Maman est partie d'un éclat de rire, en me disant : « Eh bien ! qu'avez-vous ? Asseyez-vous, et donnez votre pied à Monsieur. » En effet, ma chère amie, le Monsieur était un Cordonnier. Je ne peux te rendre combien j'ai été honteuse : par bonheur il n'y avait que Maman. Je crois que, quand je serai mariée, je ne me servirai plus de ce Cordonnier-là.

Uma Thurman (Cécile Volanges) dans *Les Liaisons dangereuses*, film réalisé par Stephen Frears en 1998.

Conviens que nous voilà bien savantes ! Adieu. Il est près de six heures, et ma Femme de chambre dit qu'il faut que je m'habille. Adieu, ma chère Sophie ; je t'aime comme si j'étais encore au Couvent.

*P.S.* – Je ne sais par qui envoyer ma Lettre : ainsi j'attendrai que Joséphine vienne.

Paris, ce 3 août 17**

## Questions

► Les discours rapportés, p. 412

### Une situation initiale à recomposer

1. Relevez dans le premier paragraphe les indices qui nous permettent de comprendre à quelle époque, dans quel groupe social se déroule cette histoire. Quel événement oblige les jeunes filles à échanger des lettres ?
2. Quelles sont les occupations de Cécile Volanges ? Qu'est-ce qui semble lui plaire tout particulièrement dans sa nouvelle vie ? Quel événement semble-t-elle attendre avec impatience ?
3. Quelles relations peut-on lire entre sa mère et elle ? Qu'est-ce qui la surprend ?

### Un type de personnage

4. Relevez tous les éléments du texte qui permettent de reconstituer l'éducation reçue au couvent : qu'y apprennent les jeunes filles ? Quelles relations ont-elles avec les sœurs ? entre elles ?
5. Que nous apprend le quiproquo de la scène avec le cordonnier ? Qu'est-ce qui a pu l'amener à se méprendre sur le personnage qu'elle rencontre ? Quelle conclusion Cécile tire-t-elle de la situation ?
6. À quel type de personnage romanesque ou dramatique peut-on assimiler Cécile Volanges au début de ce roman ?

### Gommer la fiction

7. Relevez dans les deux premiers paragraphes tous les indices destinés à laisser croire au lecteur qu'il s'agit d'un échange authentique.
8. En étudiant les temps des verbes, les marques d'énonciation, les modalités des phrases, les registres employés, etc., montrez comment la lettre favorise une parole vivante qui contribue à construire le personnage.

**Grammaire**
« Sans les apprêts… toutes pour moi » (l. 20-21) : remplacez ce groupe prépositionnel par une subordonnée. Quelle est sa fonction ? Dans quel système sommes-nous ?

**Synthèse** Montrez que le personnage se construit par son propre discours.

► Rédiger des paragraphes et insérer des citations, p. 478

### BAC S'entraîner au commentaire

Rédigez une dizaine de lignes de commentaire du troisième paragraphe pour mettre en évidence les procédés qui rendent la scène du quiproquo avec le cordonnier vivante et comique.

# TEXTE 5

▸ Biographies, p. 508

## ⊕ CONTEXTE

Alain Fournier a disparu dans les combats de la Grande Guerre, près de Verdun en 1914 alors qu'il n'avait écrit qu'un unique roman, *Le Grand Meaulnes*. Dans ce roman d'apprentissage, il évoque la difficulté de son personnage principal à vivre le réel, à devenir adulte. À travers l'évocation du temps heureux de l'adolescence faite par le narrateur, on perçoit un univers paisible qui disparaîtra avec la Première Guerre mondiale.

# Alain-Fournier, *Le Grand Meaulnes* (1913)

*Le narrateur, François Seurel, vit avec ses parents instituteurs. Un dimanche de 189..., ils reçoivent la visite d'une femme et de son fils, Augustin Meaulnes.*

Ils étaient venus tous les deux, en voiture, de La Ferté-d'Angillon, à quatorze kilomètres de Sainte-Agathe. Veuve – et fort riche, à ce qu'elle nous fit comprendre –, elle avait perdu le cadet de ses deux enfants, Antoine, qui était mort un soir au retour de l'école, pour s'être baigné avec son frère dans un étang malsain. Elle avait décidé de mettre l'aîné, Augustin, en pension chez nous pour qu'il pût suivre le Cours Supérieur[1].

[...] Ce qu'elle contait de son fils avec admiration était fort surprenant : il aimait à lui faire plaisir, et parfois il suivait le bord de la rivière, jambes nues, pendant des kilomètres, pour lui rapporter des œufs de poules d'eau, de canards sauvages, perdus dans les ajoncs... Il tendait aussi des nasses... L'autre nuit, il avait découvert dans le bois une faisane prise au collet...

Moi qui n'osais plus rentrer à la maison quand j'avais un accroc à ma blouse, je regardais Millie[2] avec étonnement.

Mais ma mère n'écoutait plus. Elle fit même signe à la dame de se taire ; et, déposant avec précaution son « nid »[3] sur la table, elle se leva silencieusement comme pour aller surprendre quelqu'un...

Au-dessus de nous, en effet, dans un réduit où s'entassaient les pièces d'artifice noircies du dernier Quatorze Juillet, un pas inconnu, assuré, allait et venait, ébranlant le plafond, traversait les immenses greniers ténébreux du premier étage, et se perdait enfin vers les chambres d'adjoints abandonnées où l'on mettait sécher le tilleul et mûrir les pommes.

– Déjà, tout à l'heure, j'avais entendu ce bruit dans les chambres du bas, dit Millie à mi-voix, et je croyais que c'était toi, François, qui étais rentré...

Personne ne répondit. Nous étions debout tous les trois, le cœur battant, lorsque la porte des greniers qui donnait sur l'escalier de la cuisine s'ouvrit ; quelqu'un descendit les marches, traversa la cuisine, et se présenta dans l'entrée obscure de la salle à manger.

– C'est toi, Augustin ? dit la dame.

C'était un grand garçon de dix-sept ans environ. Je ne vis d'abord de lui, dans la nuit tombante, que son chapeau de feutre paysan coiffé en arrière et sa blouse noire sanglée d'une ceinture comme en portent les écoliers. Je pus distinguer aussi qu'il souriait...

Il m'aperçut, et, avant que personne eût pu lui demander aucune explication :

– Viens-tu dans la cour ? dit-il.

J'hésitai une seconde. Puis, comme Millie ne me retenait pas, je pris ma casquette et j'allai vers lui. Nous sortîmes par la porte de la cuisine et nous allâmes au préau, que l'obscurité envahissait déjà. À la lueur de la fin du jour, je regardais, en marchant, sa face anguleuse au nez droit, à la lèvre duvetée.

– Tiens, dit-il, j'ai trouvé ça dans ton grenier. Tu n'y avais donc jamais regardé ?

Il tenait à la main une petite roue en bois noirci ; un cordon de fusées déchiquetées courait tout autour ; ç'avait dû être le soleil ou la lune au feu d'artifice du Quatorze Juillet.

– Il y en a deux qui ne sont pas parties [...]



1. Classe où l'on préparait le brevet d'instituteur.
2. Surnom que donne le narrateur à sa mère.
3. « Nid » désigne un chapeau orné de plumes que la mère du narrateur recoud.

François (Jean-Baptiste Maunier) et Augustin (Nicolas Duvauchelle) dans l'adaptation du *Grand Meaulnes* réalisé par Jean-Daniel Verhaeghe en 2006.

# Questions

► La description, p. 430
► Les discours rapportés, p. 412

### L'apparition du personnage principal

1. Distinguez les trois grandes étapes qui permettent d'élaborer progressivement le portrait d'Augustin : que découvre-t-on du personnage à chacune des étapes ? À travers quelles informations, quelles perceptions ?
2. Sous quelle forme les propos de sa mère sont-ils rapportés ? Quel est l'effet produit par ce choix ?
3. Par quels procédés son arrivée dans la cuisine est-elle dramatisée (l. 14 à 32) ?

### Les relations entre les personnages

4. Qu'est-ce qui oppose François et Augustin ?
5. Relevez les passages qui montrent nettement les réactions du narrateur face au comportement de Meaulnes : que révèlent-elles ?

### Des hypothèse de lecture

6. Que vont faire les deux garçons dans la suite du récit ? Que peut-on deviner du rôle que Meaulnes va jouer auprès du narrateur ?
7. Dans quel cadre le début du récit s'inscrit-il ? Relevez les occupations des personnages, la description de la maison, de la cour. Quelle société évoque ce roman écrit au tout début du XXe siècle ?

**Grammaire**
Quel est le temps dominant dans les cinq premières lignes ? Quelle valeur ce temps prend-il ici, au début du récit ?
► Les valeurs des modes et des temps, p. 400

**Synthèse** À partir de cet extrait, montrez comment le romancier dessine un horizon d'attente, provoque l'intérêt du lecteur en introduisant un personnage.

### BAC S'entraîner à l'écriture d'invention

En réponse à la mère d'Augustin, la mère du narrateur fait le portrait de son propre fils : rédigez cette suite de dialogue, qui devra s'achever par un passage au discours indirect libre.

► Amplifier et transposer un texte, p. 496

# TEXTE 6

► Biographies, p. 508

# Michel Butor, *La Modification* (1957)

Walker Evans, *Passagers du métro, New-York : homme avec un chapeau et un pardessus* (1941), négatif souple, The Metropolitan Museum of Art, New-York (États-Unis).

**CONTEXTE**

Michel Butor appartient avec Nathalie Sarraute et Alain Robbe-Grillet, entre autres, à un mouvement littéraire appelé Nouveau Roman qui se démarque des codes habituels du roman. Les repères du temps et de l'espace peuvent être brouillés, les personnages acquièrent de nouveaux statuts et le tout échappe aux repères habituels d'une narration fondée sur l'action et des personnages convenus.

► Le Nouveau Roman, p. 37

Vous avez mis le pied gauche sur la rainure de cuivre, et de votre épaule droite vous essayez en vain de pousser un peu plus le panneau coulissant.

Vous vous introduisez par l'étroite ouverture en vous frottant contre ses bords, puis, votre valise couverte de granuleux cuir sombre couleur d'épaisse bouteille, votre valise assez petite d'homme habitué aux longs voyages, vous l'arrachez par sa poignée collante, avec vos doigts qui se sont échauffés, si peu lourde qu'elle soit, de l'avoir portée jusqu'ici, vous la soulevez et vous sentez vos muscles et vos tendons se dessiner non seulement dans vos phalanges, dans votre paume, votre poignet et votre bras, mais dans votre épaule aussi, dans toute la moitié du dos et dans vos vertèbres depuis votre cou jusqu'aux reins.

Non, ce n'est pas seulement l'heure, à peine matinale, qui est responsable de cette faiblesse inhabituelle, c'est déjà l'âge qui cherche à vous convaincre de sa domination sur votre corps, et pourtant, vous venez seulement d'atteindre les quarante-cinq ans.

Vos yeux sont mal ouverts, comme voilés de fumée légère, vos paupières sensibles et mal lubrifiées, vos tempes crispées, à la peau tendue et comme raidie en plis minces, vos cheveux qui se clairsèment et grisonnent, insensiblement pour autrui mais non pour vous, pour Henriette et pour Cécile, ni même pour les enfants désormais, sont un peu hérissés et tout votre corps à l'intérieur de vos habits qui le gênent, le serrent et lui pèsent, est comme baigné, dans son réveil imparfait, d'une eau agitée et gazeuse pleine d'animalcules en suspension.

Si vous êtes entré dans ce compartiment, c'est que le coin couloir face à la marche à votre gauche est libre, cette place même que vous auriez fait demander par Marnal comme à l'habitude s'il avait été encore temps de retenir, mais non que vous auriez demandé vous-même par téléphone car il ne fallait, pas que quelqu'un sût chez Scabelli que c'était vers Rome que vous vous échappiez pour ces quelques jours.



► L'organisation et le fonctionnement du récit, p. 428

► Les valeurs des modes et des temps, p. 400

## Questions

1. À qui s'adresse le narrateur et quelle personne utilise-t-il ? À quel temps s'exprime-t-il ? Quel est l'effet produit par tous ces choix ?
2. Qui est ce « vous » interpellé ? Où est-il et où va-t-il ?
3. Relevez dans les deux premiers paragraphes toutes les sensations évoquées : Qu'ont-elles de commun ? Quelles informations peut-on y lire sur le personnage ? Comment le récit explique-t-il cela dans le troisième paragraphe ?
4. Comparez la place accordée à l'action et celle qui est accordée à la description. Qu'est-ce qui peut paraître déroutant dans cette manière de commencer une histoire ?

**Grammaire**

Comment les propositions de la première phrase s'agencent-elles ? Quel est l'effet produit ?

**Synthèse** Comment le portrait du personnage principal se construit-il dans l'ensemble du texte ?

# « Figures de Don Quichotte : Le Chevalier à la triste figure »

## 1. Représentations de Don Quichotte

Certains tiennent le roman de Cervantès pour le modèle, le prototype, du roman moderne. Son personnage principal, Don Quichotte, est devenu au fil des siècles et des cultures un mythe que de très nombreux artistes ont représenté.

Octave Uzanne, *Le Livre*, illustration pour l'édition A. Quantin de 1885, gravure.

Gustave Doré, *La lecture de Don Quichotte*, illustration pour l'édition de 1869, gravure sur bois.

## 2. Un début de récit comique et parodique

*Don Quichotte, lecteur fasciné des romans de chevalerie, rêve de devenir à son tour chevalier errant. Et le voilà transformé en personnage, non pas preux chevalier des anciens récits mais héros de roman comique et parodique.*

Enfin, notre hidalgo s'acharna tellement à sa lecture, que ses nuits se passaient en lisant du soir au matin, et ses jours, du matin au soir. Si bien qu'à force de dormir peu et de lire beaucoup, il se dessécha le cerveau, de manière qu'il vint à perdre l'esprit. Son imagination se remplit de tout ce qu'il avait lu dans les livres, enchantements, querelles, défis, batailles, blessures, galanteries, amours, tempêtes et extravagances impossibles. [...] Il lui parut convenable et nécessaire, aussi bien pour l'éclat de sa gloire que pour le service de son pays, de se faire chevalier errant, de s'en aller par le monde, avec son cheval et ses armes.

Traduction de Louis Viardot, 1605

# Questions

1. Décrivez ces deux représentations de Don Quichotte dans sa bibliothèque : montrez que ces deux portraits s'opposent nettement (représentation du héros, technique, arrière plan, registre choisi,...).
2. Quel dessin vous semble le plus fidèle à l'extrait de Cervantès ? Pourquoi ?

**Synthèse** Le personnage de Don Quichotte devenu mythique est poussé par ses lectures à devenir chevalier errant. Relevez les caractéristiques des livres qu'il lit et dites à quel genre ils appartiennent.

▸ Biographies, p. 508

# Madame de La Fayette, *La Princesse de Clèves* (1678)

### *Pour commencer…*

1. Confrontez ces trois couvertures : précisez ce que chacune d'elle met en valeur du personnage, de l'univers du roman.

## Contexte de l'œuvre

### Un auteur anonyme

Si l'on sait depuis longtemps que l'auteur de ce roman est Marie-Madeleine Pioche de La Vergne, comtesse de la Fayette, jamais de son temps elle n'a accepté de le reconnaître.

2. Établissez une fiche biographique de l'auteur en organisant le propos selon les axes suivants : une Précieuse, une Mondaine et un Écrivain. Vous mettrez en lumière quels ont été les personnages avec qui Madame de La Fayette a été en relation pendant sa vie et qui ont compté dans l'écriture de son œuvre. Vous conclurez en expliquant pourquoi Madame de Lafayette n'a pas voulu que soit écrit son nom sur la première page de son œuvre.

### De la nouvelle historique au roman

Ancré dans un contexte historique précis et documenté, le règne d'Henri II de Valois (1519-1559) emblématique de la période de la Renaissance, ce court roman s'inscrit dans la tradition des **nouvelles historiques** qui veulent restituer les grands événements politiques et la vie à la cour. Mais au cœur de ces larges fresques fidèlement retracées apparaissent des intrigues et des personnages de fiction, une histoire d'amour imaginée de toutes pièces, qui transforment la nouvelle en **roman psychologique**. On peut alors y lire aussi un point de vue sur le monde qui est celui du XVIIe siècle. Le règne de Louis XIV est à son apogée quand paraît *La Princesse de Clèves*, et la monarchie absolue de droit divin, nouvel ordre social politique économique et idéologique, a canalisé les exaltations généreuses, les grandes valeurs du siècle précédent, la conquête héroïque d'un humanisme et d'une affirmation de soi.

## Une fiction : un récit, des personnages, des scènes romanesques

### La structure du roman, sa dynamique

3. Reproduisez le tableau ci-dessous dont vous compléterez les rubriques au fil de votre lecture.

| Tomes | Événements | Péripéties | Durée | Nombre de pages |
|---|---|---|---|---|
| Tome 2 | … | … | … | … |

4. Relevez dans ce tableau les éléments de la progression du récit pour montrer la concordance entre les éléments du cadre historique (événements) et ceux de l'intrigue amoureuse (péripéties). Quelles relations y a-t-il entre les événements et les péripéties ? Qu'est-ce qui est au centre du récit ? Comment interpréter l'accent porté sur ce texte ?

### Un personnage : la princesse de Clèves

5. Utilisez la synthèse de cette séquence (p. 64) pour analyser la construction du personnage de la princesse de Clèves, selon les catégories suivantes : son portrait, ses actions et son importance hiérarchique.

## Parcours de lecture : lectures analytiques ou cursives

### Scènes romanesques et paroles des personnages : lettres et dialogues

**Texte 1 : *Incipit* et mise en place du récit (tome 1)**
« La magnificence et la galanterie [...] de se trouver. »
**Texte 2 : Scène de première rencontre entre Monsieur de Clèves et Mademoiselle de Chartres (tome 1)**
« Le lendemain qu'elle fut arrivée [...] Il alla chez Madame, sœur du roi. »
**Texte 3 : Scène de première rencontre entre Monsieur de Nemours et Madame de Clèves (tome 1)**
« Elle passa tout le jour des fiançailles [...] il ne put admirer que Madame de Clèves. »
**Texte 4 : Le portrait dérobé (tome 2)**
« La reine dauphine [...] et n'attendit point sa réponse. »
**Texte 5 : Lettre de rupture (tome 2)**
« Je vous ai trop aimé [...] dont vous étés si surpris. »
**Texte 6 : Scène d'aveu surpris entre Monsieur de Clèves et Madame de Clèves (tome 3)**
« Eh bien monsieur, lui répondit-elle [...] de jalousie qu'à son mari. »
**Texte 7 : Scène de contemplation (tome 4)**
« Les palissades étaient fort hautes [...] plein de sévérité et de colère. »
**Texte 8 : Dénouement : Madame de Clèves se retire du monde (tome 4)**
« Cette vue si longue et si prochaine de la mort [...] de renoncer à la cour. »

## Réception, interprétation : la question de la vraisemblance

Cette notion correspond à la question de la vérité en histoire. Aristote la définit ainsi « Le rôle du poète est de dire non pas ce qui a eu lieu réellement, mais ce qui pourrait avoir lieu dans l'ordre du vraisemblable et du nécessaire ». Les contemporains de Madame de Lafayette se sont opposés sur la vraisemblance de l'aveu que fait la princesse de Clèves à son mari de l'amour qu'elle éprouve pour Monsieur de Nemours.

6. Imaginez les arguments fondés sur le roman qu'ont pu échanger des lecteurs du XVIIe siècle engagés dans cette polémique.
7. Comment peut-on interpréter le retrait du monde de Madame de Clèves à la fin du roman ? Quelles conceptions de l'amour et de la vie en société peut-on y lire ?
8. Les questions de la vraisemblance de l'aveu de Madame de Clèves et de la signification du dénouement peuvent-elles encore avoir du sens pour le lecteur d'aujourd'hui ?
9. Madame de Lafayette avait prévu de donner à son roman le titre de *Le Prince de Clèves*. Expliquez dans un développement d'une page comment l'interprétation du roman aurait pu en être reconfigurée si l'histoire avait été racontée selon la perspective de ce personnage.

## BAC Entraînement

### • Commentaire

► Rédiger des paragraphes et insérer des citations, p. 478

Rédigez une partie du commentaire de l'extrait suivant (Tome 4) : « Je sais bien qu'il n'y a rien de plus difficile que ce que j'entreprends [...] j'y consens et je vous en prie. »

### • Dissertation

► Construire un paragraphe et insérer des exemples, p. 486

Chaque personnage de roman offre au lecteur sa vision du monde, un regard porté sur les relations entre les êtres humains. Quelle image de la société de son temps le personnage de la princesse de Clèves délivre-t-il ?
Développez l'introduction et une première partie de ce devoir.

### • Écriture d'invention

► Construire une argumentation, p. 500

Un lycéen raconte dans une lettre à un ami qu'il a choisi pour l'épreuve écrite du baccalauréat de français le commentaire de la rencontre entre Madame de Clèves et Monsieur de Nemours. Il explique que, touché par le roman, il a pu aisément « entrer dans le détail du texte ».

▸ Biographies, p. 508

# Albert Camus, *L'Étranger* (1942)

## *Pour commencer…*

Bruce Willis dans *Sin City* réalisé par Frank Miller et Robert Rodriguez en 2005.

1. Étudiez la composition de cette image et expliquez pourquoi elle pourrait illustrer le roman de Camus. Vous serez particulièrement attentif à l'angle de vue, aux lignes de force et aux effets de lumières.

## Contexte de l'œuvre

### Un auteur entre philosophie et littérature

Albert Camus est né en Algérie en 1913 et il a vécu une enfance pauvre à Alger. Après des études de philosophie, il fait ses premières armes dans le journalisme.

2. Poursuivez cette biographie de l'auteur en une quinzaine de lignes en soulignant l'importance de l'engagement dans sa vie et les thèmes qu'il a traités dans une œuvre littéraire variée.

### Le roman

Écrit en 1940, publié en pleine guerre en 1942, *L'Étranger* est le premier roman d'Albert Camus. L'écrivain « incarne » dans ses romans, à travers ses personnages, une réflexion sur le sens de la vie des hommes, entre réalité et raison, entre hymne à la vie et certitude de la mort. Refusant le poids de cette mort annoncée, refusant de céder à l'oppression de l'Histoire, il fait de la révolte la condition d'un nouvel humanisme.

## Une fiction : un récit, des personnages, des scènes romanesques

### La structure du roman, sa dynamique

3. Reproduisez le tableau ci-dessous dont vous compléterez les rubriques au fil de votre lecture.

| **PREMIÈRE PARTIE** | | | | |
|---|---|---|---|---|
| **Chapitres** | **Premiers et derniers mots du chapitre** | **Événements évoqués** | **Durée de l'action** | **Nombre de pages** |
| **Chapitre 1** | | | | |

### Première partie

4. Combien de temps la première partie dure-t-elle approximativement ?
   Qu'est-ce qui rythme la succession des chapitres ? À quel genre littéraire cette écriture fait-elle penser ?
5. Quels chapitres sont les plus développés ? Quels événements sont ainsi soulignés ?
6. Dans les chapitres 4 et 5 la vie de Meursault semble pouvoir changer : de quelle façon ? Comment réagit-il face à ces occasions ?

### Deuxième partie

7. Quel est l'événement pivot entre les deux parties du roman ? Quel titre pouvez-vous donner à chacune de ces parties ?
8. Combien de temps dure la 2e partie ? Selon quelle logique les chapitres se succèdent-ils ?
9. Comment comprenez-vous la dernière phrase du roman ?

### Un personnage : Meursault

10. Utilisez la synthèse de cette séquence (p. 64) pour analyser la construction du personnage selon son **portrait**, ses **actions et** son **importance hiérarchique**.

## Parcours de lecture : lectures analytiques ou cursives

**Texte 1 : *Incipit* (I, 1)**
« Aujourd'hui maman est morte [...] j'ai dit oui pour n'avoir plus à parler. »

**Texte 2 : L'enterrement (I, 1)**
« Le ciel était déjà plein de soleil [...] il ne les essuyait pas. »

**Texte 3 : Samedi (I, 2)**
« j'ai eu de la peine à me lever parce que j'étais fatigué [...] de toute façon on est toujours un peu fautif. »

**Texte 4 : Pause de midi (I, 3)**
« Je suis sorti un peu tard à midi [...] des pommes de terre bouillies. »

**Texte 5 : Le meurtre (I, VI)**
« J'ai pensé que je n'avais qu'un demi-tour [...] sur la porte du malheur. »

**Texte 6 : La défense (II, 1)**
« Il s'est assis sur le lit [...] j'y ai renoncé par paresse. »

**Texte 7 : Exhortation (II, 1)**
« Brusquement il s'est levé [...] Il est retombé sur son fauteuil. »

**Texte 8 : Fin du procès (II, 4)**
« À la fin je me souviens seulement [...] je n'ai pu répondre à son sourire »

## Réception, interprétation

Camus a écrit dans la préface à l'édition américaine de son ouvrage : « J'ai résumé *L'Étranger* il y a longtemps, par une phrase dont je reconnais qu'elle est très paradoxale : " Dans notre société tout homme qui ne pleure pas à l'enterrement de sa mère risque d'être condamné à mort. " Je voulais dire seulement que le héros du livre est condamné parce qu'il ne joue pas le jeu [...], [c'est] l'histoire d'un homme qui, sans aucune attitude héroïque, accepte de mourir pour la vérité. »

11. Quels épisodes, éléments, détails du récit justifient le point de vue de Camus sur son œuvre ?

## BAC Entraînement

### • Commentaire

Rédigez une partie de commentaire de l'extrait suivant :
Partie I, chapitre 2 : « Ma chambre donne sur la rue principale [...] C'était vraiment dimanche. »
Vous pourrez montrer comment le personnage de « l'étranger » se montre attentif au monde qu'il observe et qui lui donne à réfléchir.

▸ Rédiger des paragraphes et insérer des citations, p. 478

### • Dissertation

Dans *L'Envers et L'Endroit*, un recueil d'Essais écrits entre 1935 et 1936 – dont celui titré « Amour de Vivre » d'où est extrait cette phrase –, Camus a écrit : « J'ai toujours envie d'écrire des romans où mes héros diraient : Qu'est-ce que je deviendrais sans mes heures de bureau ? »
Rédigez une partie de dissertation dans laquelle vous vous demanderez si le personnage de Meursault aurait pu dire ou penser cette phrase dans la première partie de *L'Étranger*.

### • Écriture d'invention

Choisissez un extrait de *L'Étranger*. Inventez la page qui lui serait consacrée dans cette séquence avec la rubrique « Contexte », les quelques phrases d'introduction, les questions et une synthèse.

▸ Rédiger des paragraphes et insérer des citations, p. 478

Russie

# Fédor Dostoïevski, *L'Adolescent* (1875)

► **Fédor Dostoïevski (1821-1881)** est un romancier de la littérature russe dont l'œuvre continue à exercer aujourd'hui une influence sur la littérature. Ses romans les plus connus, *Crime et Châtiment* (1860), *L'Idiot* (1868) ou *Les Frères Karamazov* (1880), interrogent les rapports de l'homme au bien, au mal, à Dieu dans de larges tableaux de la société de son temps et au travers de personnages devenus des figures universelles.

*Cet extrait se situe au début de l'œuvre.*

Je suis un lycéen qui a fini ses études, mais, aujourd'hui, j'ai déjà vingt ans passés. Mon nom est Dolgorouki, et, juridiquement, mon père est Makar Ivanov Dolgorouki*, ancien domestique des seigneurs Versilov. Sous cet angle-là, je suis légitime, même si, au plus haut point, je suis un fils illégitime et si mon origine ne peut pas faire l'objet du moindre doute. L'affaire s'est passée ainsi : voici vingt-deux ans, le propriétaire terrien Versilov (mon père, c'est lui), âgé de vingt-cinq ans, a fait une visite dans son domaine de la province de Toula. [...] Il est curieux que cet homme qui m'a tellement frappé depuis la petite enfance, qui a eu une influence si capitale sur tout le caractère de mon âme, et qui, même, peut-être, a pour longtemps encore contaminé de sa personne tout mon avenir, que cet homme, donc, et aujourd'hui encore, reste toujours pour moi, pour une quantité de choses énorme, une énigme totale. Mais, au fond – ça, plus tard. On ne peut pas raconter comme ça. Cet homme-là, déjà sans ça, il remplira tout mon cahier.

À ce moment-là, il venait juste de devenir veuf, c'est-à-dire la vingt-cinquième année de sa vie. Il avait été marié à une personne du grand monde, mais pas si riche que ça, une Fanariotova, et avait eu d'elle un fils et une fille. [...]

Il était arrivé au village à l'époque « Dieu sait pourquoi », du moins, c'est ainsi qu'il me l'a dit plus tard. Ses jeunes enfants n'étaient pas avec lui, comme d'habitude, mais chez des parents ; c'est toujours ainsi qu'il s'est comporté toute sa vie avec ses enfants, légitimes et illégitimes. Des domestiques, dans ce domaine, il y en avait une quantité ; et, parmi eux, le jardinier Makar Ivanov Dolgorouki. Je place ça ici, pour m'en défaire une fois pour toutes : rarement quelqu'un a pu pester autant que moi contre son nom de famille, et, ce, tout au long de ma vie. C'est un fait bête, bien sûr, mais c'est un fait. Parce que chaque fois que j'entrais, par exemple, à l'école, ou que je rencontrais des gens, auxquels, vu mon âge, je devais obéir, bref, le moindre petit instituteur, surveillant, inspecteur, le moindre pope – tous, n'importe –, qui demandait mon nom de famille et entendait que j'étais un Dolgorouki, trouvait, je ne sais pas pourquoi, absolument indispensable d'ajouter :

– Prince Dolgorouki[1] ?

Et, chaque fois, moi, j'étais oblige d'expliquer à tous ces oisifs :

– Non, Dolgorouki *tout court*.

Tome 1 trad. par André Markowicz, © Actes Sud, 1998

* Le nom de Dolgorouki est celui d'une des familles les plus nobles et les plus anciennes de l'histoire russe.

# Questions

1. Quels éléments participent ici à la présentation du personnage principal ? Notez les informations données dans les premières lignes. Quelle précision le narrateur donne-t-il rapidement ?
2. Confrontez les deux figures des « pères » (nom, origine sociale, métier ou occupations, attitude face au narrateur…). Comment ces données peuvent-elles expliquer l'attitude, les réactions du personnage ?
3. Quels indices pourraient laisser penser au lecteur qu'il lit le début d'une autobiographie ? Quels indices l'en dissuadent ? Par quels effets d'écriture le romancier crée-t-il l'illusion de la parole d'un jeune homme au début de sa vie d'adulte ? Par quels procédés lit-on les hésitations du narrateur quant à l'ordre, à l'organisation de sa narration ?
4. Pourquoi le narrateur écrit-il : « Je place ça ici, pour m'en défaire une fois pour toute […] » avant d'évoquer la question que son nom provoque immanquablement ? Quelle conclusion le lecteur tire-t-il de ce « fait ». Qu'est-ce qui permet de qualifier cet extrait de début de roman d'apprentissage ?

**Prolongement**

Comparez ce début de roman au début du *Grand Meaulnes* : quelles sont les ressemblances et les différences quant au choix de l'énonciation, au cadre du récit, aux personnages présentés ? Attachez-vous plus particulièrement au choix du personnage narrateur dans chacun des extraits et dites sur quels traits de caractère on peut les opposer.

## LECTURE D'IMAGES

Analysez ces deux photographies, l'une représente le poète Arthur Rimbaud, l'autre Alain-Fournier. Quel portrait psychologique peut-on dégager de chacun de ces jeunes écrivains ?
Quel portrait pourrait le mieux représenter le héros de *L'Adolescent* de Fédor Dostoïevski ?

Arthur Rimbaud (1854-1891), poète français, à l'âge de 17 ans, photographié par Étienne Carjat à Charleville, en 1871.

Alain-Fournier (1886-1914), écrivain français, photographié en 1905.

# LA CONSTRUCTION DU PERSONNAGE

*Dans le roman moderne, le personnage se construit selon diverses modalités.*

## 1 UN ÉLÉMENT DU RÉCIT DÉFINI SELON DES CATÉGORIES DE LA FICTION

### Le portrait

– Le nom et les autres dénominations du personnage apportent des informations sur son milieu, son temps. Par ses connotations il enrichit aussi les représentations.

→ **Ex. :** La banalité bourgeoise du patronyme « Moreau ».

– La description physique constitue souvent un passage incontournable du roman.

– L'habit peut le rattacher à un groupe social, développer un élément symbolique de son rôle.

→ **Ex. :** L'accoutrement des comédiens du *Roman Comique* dit à la fois les rôles qu'ils jouent et leur extrême pauvreté.

– La psychologie est la grande affaire du roman : tout concourt à la construire pour faire exister le personnage et révéler son point de vue sur le monde.

→ **Ex. :** La princesse de Clèves éprouve les souffrances de l'amour, des sentiments qui la conduiront à s'éloigner de la cour.

– La biographie restitue au personnage une histoire qui le situe dans l'espace et le temps.

### Les actions

Les personnages jouent des rôles dans le roman qu'on peut souvent rattacher à des types.

→ **Ex. :** la jeune fille innocente qu'est Cécile Volanges au début des *Liaisons Dangereuses*.

Leur histoire s'inscrit dans des thèmes moteurs du récit : la quête du pouvoir, de l'argent, la rédemption etc. et dans les relations qu'ils entretiennent avec les autres personnages.

→ **Ex. :** La quête d'idéal du *Grand Meaulnes* influencera la vie du personnage narrateur, François Seurel.

### L'importance hiérarchique

Le « héros » du roman se reconnaît à l'importance de ses apparitions, de ses actions, à leur caractère exceptionnel. Souvent désigné explicitement comme le personnage principal, il apparaît sous les traits codifiés d'un personnage-type.

→ **Ex. :** Frédéric Moreau apparaît dès l'*incipit* de *l'Éducation Sentimentale* comme le personnage type du roman d'apprentissage.

## 2 LES RELATIONS ENTRE LE NARRATEUR ET LE PERSONNAGE

### Le narrateur absent du récit

Dans le récit à la troisième personne, le lecteur doit se construire une représentation du personnage au fil d'indices qu'il recompose.

### Le narrateur, personnage du récit

Il raconte l'histoire de l'intérieur. Quand il en est le personnage principal, il confère à l'histoire un caractère d'authenticité.

→ **Ex. :** Dostoïevski compose à la première personne le roman d'apprentissage d'un jeune-homme de vingt ans dans *L'Adolescent*.

### Le narrateur, commentateur

Le narrateur omniscient assume son rôle de « voix du récit » et commente les faits, pensées de ses personnages, leur existence voire l'esthétique romanesque dont ils témoignent :

→ **Ex. :** c'est le cas de *Jacques le fataliste* où Diderot dévoile les codes de la fabrication de ses personnages.

### Le narrateur à la recherche du personnage

C'est en raccourci un des aspects du Nouveau roman que de s'interroger sur les catégories des personnages et leurs relations avec le narrateur.

→ **Ex. :** Le lecteur de la *Modification* de Michel Butor transformé en personnage grimpe dans le train Paris-Rome.

# Séquence 2

# Le portrait dans les romans du XVIIe au XXe siècle

**Comment s'organise un portrait ? Que nous dit-il des personnages ? Quelles sont les fonctions du portrait ?**

## CORPUS DE LA SÉQUENCE



### LIENS AVEC LA PARTIE LANGUE


- Les valeurs des modes et des temps, p. 400
- Les progressions thématiques, p. 406
- Les actes de langage, l'implicite et la modalisation, p. 408
- Les figures de style, p. 414


### LIENS AVEC LA PARTIE OUTILS D'ANALYSE


- L'organisation et le fonctionnement du récit, p. 428
- Les rythmes du récit, p. 429
- La description, p. 430
- Les registres et effets du texte, p. 458


### LIENS AVEC LA PARTIE MÉTHODES POUR LE BAC


- Le commentaire, p. 478
- La dissertation, p. 482
- L'écriture d'invention, p. 496


▸▸▸ Frederick Carl Frieseke, *Woman with a mirror* (XXe s.), huile sur panneau, détail, museum of Fine Arts, Houston (États-Unis).

# TEXTE 1

▸ Biographies, p. 508

# Mme de La Fayette, *La Princesse de Clèves* (1678)

## CONTEXTE

Le XVIIe siècle a vu s'épanouir une mode qui s'est retrouvée dans les romans : celle des portraits. Chaque noble influent se voyait ainsi décrit physiquement, puis moralement. Le texte était indifféremment rédigé en prose ou en vers et constituait un éloge marqué de la personne. Les qualités étaient successivement énumérées. Ces portraits étaient réunis dans des recueils, comme *La Galerie des peintures*, sous la plume de Mlle de Montpensier.

▸ La Préciosité, p. 24
▸ Le Classicisme, p. 25

*Dans les premières pages de ce roman, l'auteur décrit la cour sous Henri II, où règnent magnificence et galanterie, mais où dominent également les passions amoureuses et l'hypocrisie. Le personnage principal, Mlle de Chartres, la future Princesse de Clèves, n'a pas encore été décrite. Elle apparaît ici sous les yeux de la cour qui la découvre, comme le lecteur, pour la première fois.*

Il parut alors une beauté à la cour, qui attira les yeux de tout le monde, et l'on doit croire que c'était une beauté parfaite, puisqu'elle donna de l'admiration dans un lieu où l'on était si accoutumé à voir de belles personnes. Elle était de la même maison que le vidame[1] de Chartres et une des plus grandes héritières de France. Son père était mort jeune, et l'avait laissée sous la conduite de Mme de Chartres, sa femme, dont le bien, la vertu et le mérite étaient extraordinaires. Après avoir perdu son mari, elle avait passé plusieurs années sans revenir à la cour. Pendant cette absence, elle avait donné ses soins à l'éducation de sa fille ; mais elle ne travailla pas seulement à cultiver son esprit et sa beauté, elle songea aussi à lui donner de la vertu et à la lui rendre aimable. La plupart des mères s'imaginent qu'il suffit de ne parler jamais de galanterie devant les jeunes personnes pour les en éloigner. Mme de Chartres avait une opinion opposée ; elle faisait souvent à sa fille des peintures de l'amour ; elle lui montrait ce qu'il a d'agréable pour la persuader plus aisément sur ce qu'elle lui en apprenait de dangereux ; elle lui contait le peu de sincérité des hommes, leurs tromperies et leur infidélité, les malheurs domestiques où plongent les engagements ; et elle lui faisait voir, d'un autre côté, quelle tranquillité suivait la vie d'une honnête femme, et combien la vertu donnait d'éclat et d'élévation à une personne qui avait de la beauté et de la naissance ; mais elle lui faisait voir aussi combien il était difficile de conserver cette vertu, que par une extrême défiance de soi-même, et par un grand soin de s'attacher à ce qui seul peut faire le bonheur d'une femme, qui est d'aimer son mari et d'en être aimée.

Cette héritière était alors un des grands partis qu'il y eût en France, et quoiqu'elle fût dans une extrême jeunesse, l'on avait déjà proposé plusieurs mariages. Mme de Chartres, qui était extrêmement glorieuse, ne trouvait presque rien digne de sa fille ; la voyant dans sa seizième année, elle voulut la mener à la cour. Lorsqu'elle arriva, le vidame alla au-devant d'elle ; il fut surpris de la grande beauté de Mlle de Chartres, et il en fut surpris avec raison. La blancheur de son teint et ses cheveux blonds lui donnaient un éclat que l'on n'a jamais vu qu'à elle ; tous ses traits étaient réguliers, et son visage et sa personne étaient pleins de grâce et de charmes.

1. Titre de noblesse.

Jacob Ferdinand Voet, *Portrait de femme* (XVIIe siècle), huile sur toile, détail, musée du Petit Palais, Paris.

# Questions

► Les rythmes du récit, p. 429
► La description, p. 430
► Les progressions thématiques, p. 406
► Les discours rapportés, p. 412

## Un portrait esquissé

1. Comment le personnage principal est-il successivement nommé ? Quel est l'effet produit par une telle présentation ?
2. De quelles données objectives le lecteur dispose-t-il pour connaître l'identité du personnage principal ? Sur quelles constituantes le narrateur s'attarde-t-il ?
3. En vous appuyant sur le champ lexical du corps, précisez les caractéristiques physiques de Mlle de Chartres. Quels éléments prouvent que Mlle de Chartres est l'héroïne de ce roman classique ?
4. Relevez les marques de jugement qui accompagnent ce portrait. Quelles tournures grammaticales contribuent à rendre Mlle de Chartres extraordinaire ?

## L'importance du portrait moral

5. Établissez la chronologie des événements racontés en vous appuyant sur les temps verbaux. Pourquoi le passé prend-il une place si importante dans la constitution de ce portrait ?
6. Quels sont les traits de caractère de Mlle de Chartres ? Comment sont-ils mis en évidence ? Que suggère le narrateur en évitant de mentionner les actions de celle-ci ?
7. Relevez les différentes paroles rapportées dans ce passage et précisez l'identité du locuteur. Quel comportement cherche-t-il à inculquer à Mlle de Chartres ?
8. Pourquoi peut-on dire que le discours tenu à Mlle de Chartres est habile ?
9. Comment ce portrait invite-t-il le lecteur à construire la suite du récit ?

**Vocabulaire**
En vous aidant d'un dictionnaire, trouvez les différents sens du mot « admiration ». Comment ce passage rend-il compte de l'« admiration » au sens premier de la cour pour Mlle de Chartres ?

**Synthèse** Vous montrerez comment le narrateur fait du personnage de Mlle de Chartres un personnage exemplaire.

## BAC S'entraîner à l'écriture d'invention

En respectant la structure du texte de Mme de La Fayette, composez le portrait élogieux d'un personnage de roman, placé dans un contexte moderne. Vous ferez notamment attention à la place de la description physique dans votre écrit.

► Amplifier et transposer un texte, p. 496

# TEXTE 2

▸ Biographies, p. 508

**⊕ CONTEXTE**

Scarron est l'inventeur d'un style particulier : le burlesque, que l'on peut définir comme l'emploi d'un style bas et vulgaire pour traiter un sujet noble. Dans *Le Roman comique*, Scarron se moque des conventions du genre romanesque, et plus particulièrement des romans héroïques présentant des personnages aux destinées extraordinaires.

## Paul Scarron, *Le Roman comique* (1651-1657)

Le Roman comique *propose une vision réaliste des troupes de comédiens ambulants du* XVII*e siècle. Lors d'un mariage, un des acteurs de la troupe nommé le Destin rencontre Madame Bouvillon qui tente une première fois de le séduire. Forcée de rester seule à l'hôtellerie où logent les comédiens et leur compagnon Ragotin, elle entreprend des avances plus poussées.*

[Madame Bouvillon] approcha du Destin son gros visage fort enflammé et ses petits yeux fort étincelants, et lui donna bien à penser de quelle façon il se tirerait à son honneur de la bataille que vraisemblablement elle lui allait présenter. La grosse sensuelle ôta son mouchoir de col[1] et étala aux yeux du Destin, qui n'y prenait pas grand plaisir, dix livres[2] de tétons pour le moins, c'est-à-dire la troisième partie de son sein, le reste étant distribué à poids égal sous ses deux aisselles. Sa mauvaise intention la faisant rougir (car elles rougissent aussi, les dévergondées), sa gorge n'avait pas moins de rouge que son visage et l'un et l'autre ensemble auraient été pris de loin pour un tapabor[3] d'écarlate. Le Destin rougissait aussi, mais de pudeur, au lieu que la Bouvillon, qui n'en avait plus[4], rougissait je vous laisse à penser de quoi. Elle s'écria qu'elle avait quelque petite bête dans le dos et, se remuant en son harnais comme quand on y sent quelque démangeaison, elle pria Le Destin d'y fourrer la main. Le pauvre garçon le fit en tremblant et cependant la Bouvillon, lui tâtant les flancs au défaut du[5] pourpoint[6], lui demanda s'il n'était point chatouilleux. Il fallait combattre ou se rendre, quand Ragotin se fit ouïr de l'autre côté de la porte, frappant des pieds et des mains comme s'il l'eût voulu rompre et criant au Destin qu'il ouvrît promptement. Le Destin tira sa main du dos suant de la Bouvillon pour aller ouvrir à Ragotin qui faisait toujours un bruit de diable et, voulant passer entre elle et la table assez adroitement pour ne pas la toucher, il rencontra du pied quelque chose qui le fit broncher[7] et se choqua la tête contre un banc, assez rudement pour en être quelque temps étourdi. La Bouvillon cependant, ayant repris son mouchoir à la hâte, alla ouvrir à l'impétueux Ragotin qui, en même temps, poussant la porte de l'autre côté de toute sa force, la fit donner si rudement contre le visage de la pauvre dame qu'elle en eut le nez écaché[8] et de plus une bosse au front grosse comme le poing. Elle cria qu'elle était morte.

1. Pièce de tissu qui recouvrait les épaules ou le cou des femmes. – 2. Unité de mesure, valant ½ kilogramme. – 3. Sorte de bonnet avec deux rabats. – 4. Qui n'avait plus de pudeur. – 5. À la place de. – 6. Sorte de veste portée par les hommes. – 7. Faire un faux pas (pour un cheval). 8. Écrasé.

Frans Hals, *La Bohémienne* (vers 1626), huile sur bois, détail, musée du Louvre, Paris.

# Questions

► La description, p. 430
► Faire rire, p. 458
► Les figures d'opposition, d'exagération et d'atténuation, p. 415

## Un portrait caricatural

1. Comment Madame Bouvillon est-elle désignée dans ce texte ? Vous montrerez que le narrateur, par ces désignations, émet un jugement sur le personnage.
2. Quelle image le narrateur utilise-t-il pour désigner le vêtement porté par Madame Bouvillon ? Quelle analogie est faite ici ? Commentez l'effet produit.
3. Sur quelles parties du corps de Madame Bouvillon se concentre le narrateur ?
4. Dans quelle mesure peut-on parler de réalisme dans la description ? Quels éléments contribuent à l'exagération ?
5. Quelles sont les caractéristiques morales de Madame Bouvillon explicitement données par le narrateur ? Comment sont-elles reliées à la description physique du personnage ?
6. Qu'est-ce qui fait de Madame Bouvillon un personnage typique ?

## Une scène de séduction humoristique

7. Observez le début de chaque phrase : quels sont les personnages successivement évoqués ? Quelle conséquence pouvez-vous en tirer sur l'organisation du portrait de Madame Bouvillon ?
8. Quels sont les différents gestes effectués par Madame Bouvillon pour séduire Le Destin ? Pourquoi cette stratégie de séduction ne peut-elle pas réussir ?
9. Relisez plus particulièrement la fin de l'extrait (l. 15 à 26). Pourquoi Madame Bouvillon peut-elle être assimilée à un personnage de farce ?
10. Quelle image est employée dès la première phrase pour évoquer cette scène de séduction ? Retrouvez dans le reste du texte le champ lexical correspondant. À quelle figure Madame Bouvillon est-elle alors associée ?

### Vocabulaire

En vous aidant d'un dictionnaire, trouvez des mots fondés sur la même étymologie que le nom de Madame Bouvillon. Quelles connotations suggèrent les mots trouvés, s'ils se rapportent à une personne ? Pourquoi peut-on dire que ce nom résume parfaitement le personnage ?

**Synthèse** Comment le portrait fait de Madame Bouvillon contribue-t-il à rendre ce personnage grotesque, ridicule ?

## BAC S'entraîner à l'écriture d'invention

Racontez la même scène que celle proposée ci-dessus en adoptant le point de vue de Madame Bouvillon. Vous conserverez le récit à la troisième personne et vous insérerez un portrait du Destin (à la place de celui de Madame Bouvillon). Vous veillerez à supprimer toute marque de jugement du narrateur sur Madame Bouvillon.

► Amplifier et transposer un texte, p. 496

▸ Biographies, p. 508

# Stendhal, *Le Rouge et le Noir* (1830)

**CONTEXTE**

Les romans de Stendhal préfigurent le mouvement du réalisme. Ceux-ci agissent comme des « miroir[s] qui se promène[nt] sur une grande route », selon la formule de l'auteur. Les personnages sont représentatifs de l'époque et le cadre historique et social influence considérablement leur construction. Néanmoins, fidèle à sa conception du Beau en peinture, Stendhal refuse l'abondance des détails et préfère rendre compte d'une « physionomie » en privilégiant l'essentiel.

▸ Le Réalisme, p. 31

*Dans le passage précédent, correspondant au début du roman, le narrateur vient de présenter la ville de Verrières, théâtre des événements qui seront racontés par la suite. Il adopte le regard d'un voyageur qui découvre la ville, les différents bâtiments et les habitants.*

Si, en entrant à Verrières, le voyageur demande à qui appartient cette belle fabrique de clous qui assourdit les gens qui montent la grande rue, on lui répond avec un accent traînard : *Eh ! elle est à M. le maire.*

Pour peu que le voyageur s'arrête quelques instants dans cette grande rue de Verrières, qui va en montant depuis la rive du Doubs jusque vers le sommet de la colline, il y a cent à parier contre un qu'il verra paraître un grand homme à l'air affairé et important.

À son aspect tous les chapeaux se lèvent rapidement. Ses cheveux sont grisonnants, et il est vêtu de gris. Il est chevalier de plusieurs ordres, il a un grand front, un nez aquilin[1], et au total sa figure ne manque pas d'une certaine régularité : on trouve même, au premier aspect, qu'elle réunit à la dignité du maire de village cette sorte d'agrément qui peut encore se rencontrer avec quarante-huit ou cinquante ans. Mais bientôt le voyageur parisien est choqué d'un certain air de contentement de soi et de suffisance mêlé à je ne sais quoi de borné et de peu inventif. On sent enfin que le talent de cet homme-là se borne à se faire payer bien exactement ce qu'on lui doit, et à payer lui-même le plus tard possible quand il doit.

Tel est le maire de Verrières, M. de Rênal. Après avoir traversé la rue d'un pas grave, il entre à la mairie et disparaît aux yeux du voyageur. Mais, cent pas plus haut, si celui-ci continue sa promenade, il aperçoit une maison d'assez belle apparence, et, à travers une grille de fer attenante à la maison, des jardins magnifiques. Au-delà, c'est une ligne d'horizon formée par les collines de la Bourgogne, et qui semble faite à souhait pour le plaisir des yeux. Cette vue fait oublier au voyageur l'atmosphère empestée des petits intérêts d'argent dont il commence à être asphyxié.

On lui apprend que cette maison appartient à M. de Rênal. C'est aux bénéfices qu'il a faits sur sa grande fabrique de clous, que le maire de Verrières doit cette belle habitation en pierres de taille qu'il achève en ce moment. Sa famille, dit-on, est espagnole, antique, et, à ce qu'on prétend, établie dans le pays bien avant la conquête de Louis XIV[2].

Depuis 1815 il rougit d'être industriel : 1815 l'a fait maire de Verrières[3]. Les murs en terrasse qui soutiennent les diverses parties de ce magnifique jardin qui, d'étage en étage, descend jusqu'au Doubs, sont aussi la récompense de la science de M. de Rênal dans le commerce du fer.

1. Nez fin et recourbé. – 2. De 1701 à 1714, la France est opposée à une partie de l'Europe afin d'obtenir le royaume d'Espagne, dont le trône est laissé vacant. – 3. L'année 1815 marque la chute définitive de Napoléon Bonaparte, le retour de la monarchie constitutionnelle et confirme l'ascension de la bourgeoise.

Alexandre Hyacinthe Dunouy, *Vue de la manufacture de Jouy-en-Josas* (1824), huile sur toile, musée Lambinet, Versailles.

# Questions

► L'organisation et le fonctionnement du récit, p. 428
► Faire rire, p. 458
► Les progressions thématiques, p. 406

## Une présentation progressive

1. Quel est le thème central de chaque paragraphe ? Qu'en déduisez-vous de l'organisation du portrait de M. de Rênal ? De quelles informations objectives le lecteur dispose-t-il ?
2. Selon quel point de vue le narrateur présente-t-il le personnage ? Quelle influence ce point de vue a-t-il sur le déroulement du portrait effectué ?
3. Étudiez plus particulièrement la description de la demeure de M. de Rênal et sa position dans la ville : comment ces informations complètent-elles le portrait du personnage ?
4. Relevez les termes qui désignent les habitants de Verrières. Comment ces différentes dénominations permettent-elles de souligner l'importance de M. de Rênal ? Quels sont les différents pouvoirs détenus par celui-ci ? Comment se marque le respect des habitants ?

## La satire du riche provincial

5. Quelle est l'identité du voyageur mis en scène dans cet extrait ? Pour quelle raison le narrateur a-t-il recours à une telle fiction pour présenter la ville de Verrières et le personnage de M. de Rênal ?
6. Comment les sentiments éprouvés par le voyageur en face de M. de Rênal évoluent-ils ? Quel terme crée une rupture ? Quelle tournure stylistique met en évidence les défauts de M. de Rênal ?
7. Quel jugement le voyageur porte-t-il sur la ville ? Relevez une phrase significative. Pourquoi peut-on dire que M. de Rênal en porte la responsabilité ?
8. Comment le caractère borné et étroit du personnage peut-il se lire dans la description qui est faite des lieux ? Appuyez votre réponse sur l'étude des repères spatiaux.

**Grammaire**
Quelle nuance est apportée par la proposition introduite par « pour peu que », ligne 4 ?
Les actions racontées dans cette phrase ont-elles lieu ? Remplacez cette expression par une autre conjonction de subordination.

**Synthèse** Vous expliquerez comment le narrateur propose une représentation contrastée de M. de Rênal, qui varie selon les points de vue adoptés.

## BAC S'entraîner à la dissertation

Stendhal a écrit que le roman est « un miroir qu'on promène le long d'un chemin ». Attendez-vous, dans un roman, que les portraits des personnages soient fidèles à la réalité ? Proposez une réponse personnelle en prenant soin d'illustrer votre idée d'un exemple pris parmi les textes de la séquence. Vous confronterez ensuite votre point de vue à celui de vos camarades.

► Analyser le sujet et exploiter le corpus, p. 482

# TEXTE 4

▸ Biographies, p. 508

## Honoré de Balzac, *Eugénie Grandet* (1833)

**CONTEXTE**

Le dandysme correspond à une attitude de vie qui apparaît au début du XIX^e^ siècle en France, mais qui naît en Angleterre au siècle précédent, avec Brummel et Byron, des aristocrates fortunés. Le dandy est un jeune élégant. Il a plusieurs gantiers, plusieurs coiffeurs : il accorde de l'importance au paraître et cherche à montrer sa supériorité dans un siècle bouleversé politiquement.

*Charles Grandet, un élégant parisien, cousin d'Eugénie, arrive à Saumur à l'occasion de la fête d'anniversaire de la jeune fille.*

Eugénie, à qui le type d'une perfection semblable, soit dans la mise, soit dans la personne, était entièrement inconnu, crut voir en son cousin une créature descendue de quelque région séraphique[1]. Elle respirait avec délices les parfums exhalés par cette chevelure si brillante, si gracieusement bouclée. Elle aurait voulu pouvoir toucher la peau blanche de ces jolis gants fins. Elle enviait les petites mains de Charles, son teint, la fraîcheur et la délicatesse de ses traits. Enfin, si toutefois cette image peut résumer les impressions que le jeune élégant produisit sur une ignorante fille sans cesse occupée à rapetasser des bas, à ravauder[2] la garde-robe de son père, et dont la vie s'était écoulée sous ces crasseux lambris[3] sans voir dans cette rue silencieuse plus d'un passant par heure, la vue de son cousin fit sourdre[4] en son cœur les émotions de fine volupté que causent à un jeune homme les fantastiques figures de femmes dessinées par Westall dans les Keepsake[5] anglais et gravées par les Finden[6] d'un burin si habile qu'on a peur, en soufflant sur le vélin[7], de faire envoler ces apparitions célestes. Charles tira de sa poche un mouchoir brodé par la grande dame qui voyageait en Écosse. En voyant ce joli ouvrage fait avec amour pendant les heures perdues pour l'amour, Eugénie regarda son cousin pour savoir s'il allait bien réellement s'en servir. Les manières de Charles, ses gestes, la façon dont il prenait son lorgnon[8], son impertinence affectée, son mépris pour le coffret qui venait de faire tant de plaisir à la riche héritière et qu'il trouvait évidemment ou sans valeur ou ridicule ; enfin, tout ce qui choquait les Cruchot et les des Grassins[9] lui plaisait si fort qu'avant de s'endormir elle dût rêver longtemps à ce phénix[10] des cousins.

1. Angélique.
2. Raccommoder.
3. Revêtement des murs et du plafond.
4. Fit jaillir.
5. Albums en vers ou en prose, illustrés, importés d'Angleterre.
6. Westall : dessinateur anglais ; Finden : graveurs anglais réputés.
7. Papier assez fin.
8. Sorte de lunettes.
9. Invités des Grandet.
10. Oiseau fabuleux.

## Questions

### La naissance de l'amour

1. Quel est le point de vue adopté dans l'ensemble de l'extrait ?
2. Quel jugement Eugénie porte-t-elle sur son cousin ? Quelles sont les comparaisons employées ? Justifiez le choix de celles-ci.
3. Quelle image le narrateur utilise-t-il pour rendre compte de l'émotion d'Eugénie devant son cousin ? En vous appuyant sur les éléments qui composent le portrait physique de Charles, montrez que le personnage s'apparente à un dandy.
4. Comment le narrateur nous montre-t-il l'ampleur des impressions causées par Charles ? Vous examinerez notamment les tournures superlatives et le rythme des phrases.

### Le jugement du narrateur

5. Relevez les différentes interventions du narrateur. Quelles connaissances apporte-t-il sur les personnages ?
6. Quelles raisons le narrateur avance-t-il pour expliquer les sentiments d'Eugénie face à son cousin ?
7. Quel portrait moral de Charles peut-on déduire des interventions du narrateur ?

▸ La description, p. 430
▸ Les figures d'opposition, d'exagération et d'atténuation, p. 415

**Synthèse** Vous montrerez que le portrait de Charles est un portrait fait de contrastes.

▸ Biographies, p. 508

**CONTEXTE**

Le roman de Flaubert est jugé scandaleux à son époque : il met en scène une jeune femme, déçue de son mariage et de sa vie provinciale, qui tente de briser son ennui par l'adultère. Le romancier essuie un procès pour « offenses à la morale publique et à la religion ». Cette action en justice, procès « de tous les romans » selon l'auteur, se solde par un acquittement et un succès retentissant pour cette œuvre.

# Gustave Flaubert, *Madame Bovary* (1857)

*Emma Bovary, accompagnée de Rodolphe, son futur amant, assiste aux Comices agricoles, manifestation rurale qui rassemble agriculteurs et propriétaires de terres et attribue des prix. Catherine Leroux, une vieille femme, est récompensée pour avoir passé de nombreuses années dans la même ferme.*

Alors on vit s'avancer sur l'estrade une petite vieille femme de maintien craintif, et qui paraissait se ratatiner dans ses pauvres vêtements. Elle avait aux pieds de grosses galoches de bois, et, le long des hanches, un grand tablier bleu. Son visage maigre, entouré d'un béguin[1] sans bordure, était plus plissé de rides qu'une pomme de reinette flétrie, et des manches de sa camisole[2] rouge dépassaient deux longues mains, à articulations noueuses. La poussière des granges, la potasse[3] des lessives et le suint[4] des laines les avaient si bien encroûtées, éraillées, durcies, qu'elles semblaient sales, quoiqu'elles fussent rincées d'eau claire ; et, à force d'avoir servi, elles restaient entrouvertes, comme pour présenter d'elles-mêmes l'humble témoignage de tant de souffrances subies. Quelque chose d'une rigidité monacale relevait l'expression de sa figure. Rien de triste ou d'attendri n'amollissait ce regard pâle. Dans la fréquentation des animaux, elle avait pris leur mutisme et leur placidité. C'était la première fois qu'elle se voyait au milieu d'une compagnie si nombreuse ; et, intérieurement effarouchée par les drapeaux, par les tambours, par les messieurs en habit noir et par la croix d'honneur du Conseiller, elle demeurait tout immobile, ne sachant s'il fallait s'avancer ou s'enfuir, ni pourquoi la foule la poussait et pourquoi les examinateurs lui souriaient. Ainsi se tenait, devant ces bourgeois épanouis, ce demi-siècle de servitude.

1. Coiffe. – 2. Veste courte. – 3. Hydroxyde de potassium, servant de base pour les lessives. – 4. Graisse qui couvre la laine des moutons.

## Questions

▸ La description, p. 430
▸ Émouvoir, p. 459
▸ Les figures de style, p. 414

### Un portrait réaliste

1. Quel verbe introduit le portrait de Catherine Leroux dans le roman ? Quel point de vue est alors adopté ?
2. Comment progresse cette description ? Appuyez-vous en particulier sur l'étude des champs lexicaux.
3. Relevez les termes qui désignent les vêtements du personnage. Après avoir observé les caractéristiques de ceux-ci et leur rapport avec le corps du personnage, précisez quelle est l'impression produite par Catherine Leroux.

### Un personnage symbolique

4. Sur quelle composante du portrait le narrateur s'attarde-t-il ? Que symbolise cet élément à ses yeux ? Vous justifierez votre réponse en relevant des figures de style.
5. Relevez les différentes dénominations du personnage : quelle expression montre que le personnage est un symbole ? Comment comprenez-vous l'appellation relevée ? Quel sentiment le narrateur cherche-t-il à éveiller chez le lecteur ?
6. Comment Flaubert marque-t-il l'opposition entre Catherine Leroux et les participants aux Comices ?

**Vocabulaire**
À quel nom commun renvoie l'adjectif « monacal » ? À quelle figure religieuse la vieille femme peut-elle être assimilée ? Étudiez en particulier la position de la vieille femme.

**Synthèse** Vous expliquerez comment évolue le portrait du personnage. Vous vous attacherez en particulier à l'organisation de celui-ci et au changement de regard porté sur Catherine Leroux.

# TEXTE 6

▸ Biographies, p. 508

**⊕ CONTEXTE**

Dans *À la Recherche du temps perdu*, le narrateur s'interroge sur la correspondance entre les mots et la réalité. Par exemple les noms de villes, comme Parme et Florence, lui inspirent de douces rêveries que la réalité vient contredire. C'est la vérité cachée des choses, contenue dans leurs noms, que l'auteur entend faire vivre par le style. Bergotte, au moment de sa mort, ne dira pas autre chose, regrettant de ne pas avoir trouvé le beau style, de ne pas avoir rendu sa phrase « précieuse ».

## Marcel Proust, *À l'ombre des jeunes filles en fleurs* (1919)

*Le narrateur-personnage est invité à un repas mondain chez les Swann, où il ne s'attend pas à faire la connaissance d'un écrivain dont il admire les livres, Bergotte.*

Il y avait pourtant seize personnes, parmi lesquelles j'ignorais absolument que se trouvât Bergotte. Mme Swann qui venait de me « nommer » comme elle disait à plusieurs d'entre elles, tout à coup, à la suite de mon nom, de la même façon qu'elle venait de le dire (et comme si nous étions seulement deux invités du déjeuner qui devaient être chacun également contents de connaître l'autre), prononça le nom du doux Chantre[1] aux cheveux blancs. Ce nom de Bergotte me fit tressauter comme le bruit d'un revolver qu'on aurait déchargé sur moi, mais instinctivement pour faire bonne contenance je saluai ; devant moi, comme ces prestidigitateurs qu'on aperçoit intacts et en redingote dans la poussière d'un coup de feu d'où s'envole une colombe, mon salut m'était rendu par un homme jeune, rude, petit, râblé[2] et myope, à nez rouge en forme de coquille de colimaçon et à barbiche noire. J'étais mortellement triste, car ce qui venait d'être réduit en poudre, ce n'était pas seulement le langoureux vieillard dont il ne restait plus rien, c'était aussi la beauté d'une œuvre immense que j'avais pu loger dans l'organisme défaillant et sacré que j'avais, comme un temple, construit expressément pour elle, mais à laquelle aucune place n'était réservée dans le corps trapu, rempli de vaisseaux, d'os, de ganglions, du petit homme à nez camus[3] et à barbiche noire qui était devant moi. Tout le Bergotte que j'avais lentement et délicatement élaboré moi-même, goutte à goutte, comme une stalactite, avec la transparente beauté de ses livres, ce Bergotte-là se trouvait d'un seul coup ne plus pouvoir être d'aucun usage, du moment qu'il fallait conserver le nez en colimaçon et utiliser la barbiche noire ; comme n'est plus bonne à rien la solution que nous avions trouvée pour un problème dont nous avions lu incomplètement la donnée et sans tenir compte que le total devait faire un certain chiffre. Le nez et la barbiche étaient des éléments aussi inéluctables et d'autant plus gênants que, me forçant à réédifier entièrement le personnage de

Photographie de l'écrivain français Anatole France (1844-1924) en 1904 dans son cabinet de travail, collection privée.

1. Poète.
2. Trapu.
3. Aplati.

Bergotte, ils semblaient encore impliquer, produire, sécréter incessamment un certain genre d'esprit actif et satisfait de soi, ce qui n'était pas de jeu, car cet esprit-là n'avait rien à voir avec la sorte d'intelligence répandue dans ces livres, si bien connus de moi et que pénétrait une douce et divine sagesse. En partant d'eux, je ne serais jamais arrivé à ce nez en colimaçon ; mais en partant de ce nez qui n'avait pas l'air de s'en inquiéter, faisait cavalier seul et « fantaisie », j'allais dans une tout autre direction que l'œuvre de Bergotte, j'aboutirais, semblait-il, à quelque mentalité d'ingénieur pressé, de la sorte de ceux qui quand on les salue croient comme il faut de dire : « Merci et vous » avant qu'on leur ait demandé de leurs nouvelles et si on leur déclare qu'on a été enchanté de faire leur connaissance, répondent par une abréviation qu'ils se figurent bien portée, intelligente et moderne en ce qu'elle évite de perdre en de vaines formules un temps précieux : « Également ».

# Questions

► Faire rire, p. 458
► La modalisation, p. 408
► Les figures de rapprochement, p. 414

## Le portrait d'un personnage idéalisé

1. Comment le narrateur réagit-il au nom de Bergotte ? Quelle image emploie-t-il pour traduire son état d'esprit ? Pour quelle raison le narrateur a-t-il ce sentiment ?
2. Qui est le « doux Chantre aux cheveux blancs » (l. 6) ? Que symbolisent les cheveux blancs, pour le narrateur ? Quelles expressions permettent de justifier vos affirmations ?
3. Comment le narrateur explique-t-il l'image fausse qu'il a eue de Bergotte ? Quelle comparaison emploie-t-il pour évoquer cette construction du personnage ?

## Une réalité décevante

4. Par quelle analogie le narrateur rend-il compte de sa surprise devant le personnage de Bergotte ? Observez la place de cette image dans la phrase et sa longueur : quel est l'effet produit ?
5. Sur quels éléments du physique de Bergotte le narrateur se concentre-t-il ? Étudiez en particulier les reprises lexicales. Quelles images sont employées ? Quel effet produit un tel portrait sur le lecteur ?
6. Quelles hypothèses le narrateur formule-t-il sur le caractère de Bergotte ? Appuyez-vous sur l'étude des modalisateurs et sur les analogies effectuées.

### Vocabulaire

Cherchez l'origine de l'expression « faire cavalier seul » (l. 47). Quel est le sujet de cette expression ? Montrez que celle-ci participe à la déconstruction du portrait de Bergotte de façon humoristique.

**Synthèse** Vous montrerez que le narrateur propose un double portrait de Bergotte.

## BAC S'entraîner au commentaire

Étudiez plus particulièrement les lignes 10 à 48 (« mon salut [...] l'œuvre de Bergotte ») : vous montrerez que le portrait effectué prête à sourire. Vous vous aiderez des réponses aux questions précédentes pour composer un plan. Vous rédigerez un argument, en prenant soin d'insérer des citations commentées.

► Rédiger des paragraphes et insérer des citations, p. 478

# TEXTE 7

► Biographies, p. 508

# Margerite Duras, *Un barrage contre le Pacifique* (1950)

**⊕ CONTEXTE**

Influencée par les techniques cinématographiques, Duras a écrit de nombreux textes, romans ou scénarios, portés à l'écran : *Hiroshima mon amour* en 1959, *India Song* en 1972… Deux films suivront la parution d'*Un barrage contre le Pacifique*, en 1958 et en 2008.

► Le Nouveau Roman, p. 37

*En Indochine, une mère veuve et ses deux enfants, Joseph et Suzanne, vivent misérablement en tentant de cultiver leur concession continuellement envahie par la marée. Dans le passage suivant, ils rencontrent Monsieur Jo, un riche planteur.*

Ils l'avaient déjà vu à côté d'Agosti[1]. Il était seul à sa table. C'était un homme qui paraissait avoir vingt-cinq ans, habillé d'un costume de tussor[2] grège[3]. Sur la table il avait posé un feutre[4] du même grège. Quand il but une gorgée de pernod[5] ils virent à son doigt un magnifique diamant, que la mère se mit à regarder en silence, interdite.

– Merde, quelle bagnole, dit Joseph. Il ajouta : Pour le reste, c'est un singe.

Le diamant était énorme, le costume en tussor, très bien coupé. Jamais Joseph n'avait porté de tussor. Le chapeau mou sortait d'un film : un chapeau qu'on se posait négligemment sur la tête avant de monter dans sa quarante chevaux et d'aller à Longchamp jouer la moitié de sa fortune parce qu'on a le cafard à cause d'une femme. C'était vrai, la figure n'était pas belle. Les épaules étaient étroites, les bras courts, il devait avoir une taille au-dessous de la moyenne. Les mains petites étaient soignées, plutôt maigres, assez belles. Et la présence du diamant leur conférait une valeur royale, un peu déliquescente[6]. Il était seul, planteur, et jeune. Il regardait Suzanne. La mère vit qu'il la regardait. La mère à son tour regarda sa fille. À la lumière électrique ses taches de rousseur se voyaient moins qu'au grand jour. C'était sûrement une belle fille, elle avait des yeux luisants, arrogants, elle était jeune, à la pointe de l'adolescence, et pas timide.

– Pourquoi tu fais une tête d'enterrement ? dit la mère. Tu ne peux pas avoir une fois l'air aimable ?

Suzanne sourit au planteur du Nord.



1. Nom d'un personnage secondaire du roman.
2. Tissu de soie.
3. Entre gris et beige.
4. Chapeau.
5. Liqueur à l'absinthe.
6. Décadente.

## Questions

► La description, p. 430
► Les actes de langage, l'implicite et la modalisation, p. 408

### L'esquisse d'un portrait

1. Quelles sont les constituantes du portrait ? Comment s'organise la description ? Quels passages pourraient constituer, au cinéma, des gros plans ?
2. Quels éléments du physique du personnage sont successivement décrits ? Quelle est leur caractéristique commune ? Quelle partie du corps concentre l'attention du narrateur ? Pour quelle raison ?
3. Sur quel objet se focalise le narrateur ? Que révèle-t-il du personnage ? Comment les autres objets appartenant au personnage permettent-ils de compléter son portrait ?

### Une vision subjective

4. Qui voit le personnage ? Justifiez votre réponse.
5. Quel jugement Joseph, la mère et Suzanne portent-ils sur M. Jo ?
6. Comment le narrateur marque-t-il la singularité de ce personnage ?
7. Que signifie l'échange de regards aux lignes 14 à 15 (« Il regardait […] sa fille ») ? Quel lien pouvez-vous établir avec la phrase de la ligne 14 : « il était seul, planteur, et jeune » ? Quelles sont les attentes du lecteur sur la suite du roman ?

**Synthèse** Vous montrerez qu'un drame social se noue grâce au portrait effectué.

# TEXTE 8

▸ Biographies, p. 508

**⊕ CONTEXTE**
Alain Robbe-Grillet a fondé, avec Michel Butor et Nathalie Sarraute, le mouvement du Nouveau Roman. Luttant contre les artifices du siècle précédent et les techniques narratives héritées du Réalisme, Robbe-Grillet a cherché à déconstruire la narration traditionnelle. Ses romans doivent être lus comme des énigmes, que le lecteur doit décoder. Ainsi, *La Jalousie* distille des informations qui, mises bout à bout, permettent de bâtir l'histoire et comprendre les personnages.

▸ Le Réalisme, p. 31
▸ Le Nouveau Roman, p. 37

## Alain Robbe-Grillet, *La Jalousie* (1957)

Vilhelm Hammershoi, *Hvile* (1905), huile sur toile, détail, musée d'Orsay, Paris.

*Le roman met en scène trois personnages : une femme appelée A…, son ami Franck, et un personnage qui n'est jamais nommé, jamais décrit, mais semble vivre les événements et les observer attentivement. Les mêmes scènes sont narrées à plusieurs reprises, précisées, comme pour cette description de A…, que le lecteur a déjà lue.*

A… est assise à la table, la petite table à écrire qui se trouve contre la cloison de droite, celle du couloir. Elle se penche en avant sur quelque travail minutieux et long : remaillage d'un bas très fin, polissage des ongles, dessin au crayon d'une taille réduite. Mais A… ne dessine jamais ; pour reprendre une maille filée, elle se serait placée plus près du jour ; si elle avait besoin d'une table pour se faire les ongles, elle n'aurait pas choisi cette table-là.

Malgré l'apparente immobilité de la tête et des épaules, des vibrations saccadées agitent la masse noire de ses cheveux. De temps à autre elle redresse le buste et semble prendre du recul pour mieux juger de son ouvrage. D'un geste lent, elle rejette en arrière une mèche, plus courte, qui s'est détachée de cette coiffure trop mouvante, et la gêne. La main s'attarde à remettre en ordre les ondulations, où les doigts effilés se plient et se déplient, l'un après l'autre, avec rapidité quoique sans brusquerie, le mouvement se communiquant de l'un à l'autre d'une manière continue, comme s'ils étaient entraînés par le même mécanisme.

Penchée de nouveau, elle a maintenant repris sa tâche interrompue. La chevelure lustrée luit de reflets roux, dans le creux des boucles. De légers tremblements, vite amortis, la parcourent d'une épaule vers l'autre, sans qu'il soit possible de voir remuer, de la moindre pulsation, le reste du corps.



## Questions

▸ La description, p. 430

### Un portrait fragmentaire

1. Quelles sont les caractéristiques physiques du personnage féminin ? En vous fondant sur les reprises lexicales, étudiez la progression du portrait.
2. Relevez le champ lexical du corps et observez la place de ces mots dans les phrases : quelle tournure grammaticale contribue à déconstruire ce portrait ? Quelles expressions contribuent à donner au corps une autonomie mystérieuse ?

### Les interprétations du narrateur

3. Quelle est l'attitude de la femme décrite ? Où se trouve le narrateur par rapport à elle ? Pourquoi le narrateur est-il un observateur attentif ?
4. Relevez les modalisations dans l'extrait : sur quoi portent les hésitations du narrateur ? Quelles hypothèses formule-t-il ? Trouvent-elles leur réponse ? Justifiez.
5. Quelle peut être l'action effectuée par A… ? Mettez en relation les éléments du décor et l'attitude de A…
6. Selon vous, quelle peut être la nature des relations entre le narrateur et la femme observée ? Pourquoi la scène est-elle muette ? Comment comprenez-vous le titre du roman ?

**Grammaire**
Quelles sont les différentes valeurs du présent, majoritairement employé dans ce texte ?

▸ Les valeurs des modes et des temps, p. 520

**Synthèse** Vous expliquerez comment ce portrait s'effectue à travers la conscience du narrateur.

L'artiste du XXe siècle s'approprie les nouveaux outils non artistiques ou populaires comme la photographie, la vidéo, le numérique. Du collage d'images il passe à l'assemblage d'objets. Dans ce contexte, les portraits interrogent la société de consommation et la profusion des images.

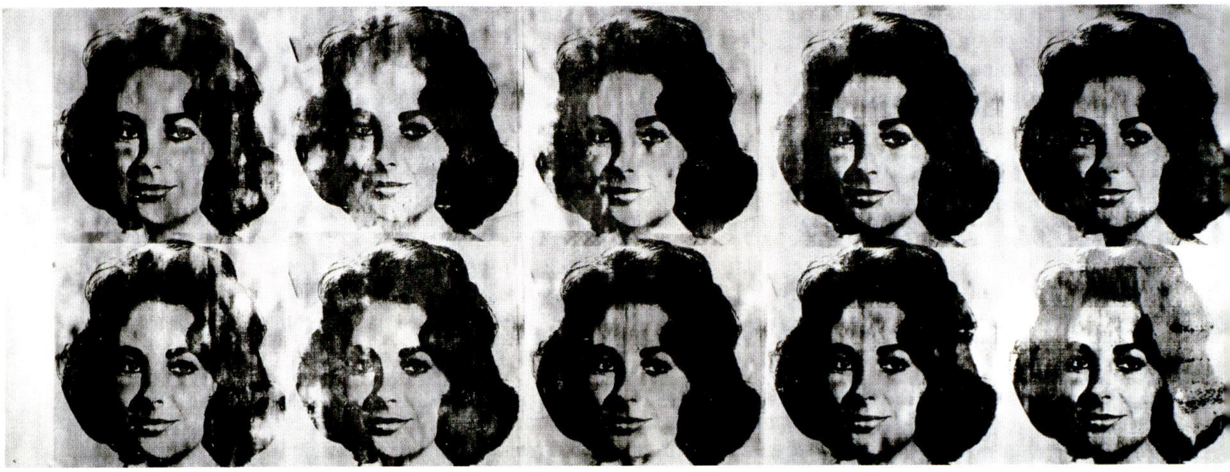

Andy Warhol (1928-1987), *Ten Lizes* (1963), huile et laque sur toile (procédé sérigraphique*), (201 cm x 564,5 cm), musée national d'Art moderne, Paris.

### S'approprier de nouveaux outils

Expliquez pourquoi cette œuvre de Warhol se réfère au cinéma, indépendamment du fait que l'actrice Liz Taylor en est le sujet.

### Synthèse

Rédigez deux ou trois paragraphes qui montreront comment le rapport entre le portrait et le modèle oscille entre ressemblance et questionnement sur la peinture.

## Le vocabulaire des arts plastiques

**Fauvisme** : mouvement artistique du XXe siècle qui réduit les hommes et les objets à des formes géométriques simples.

**Couleurs d'imitation** : couleurs qui reproduisent celles de la réalité.

**Couleur pures** : couleurs du spectre (arc-en-ciel) : rouge, violet, bleu, vert, jaune, orange.

**Cubisme** : mouvement pictural du XXe siècle qui regroupe des peintres utilisant des touches de couleurs violentes, éclatantes et juxtaposées pour représenter le monde.

**Sérigraphie** : procédé qui consiste à reporter mécaniquement une image sur une toile en la réduisant à ses traits essentiels. Warhol réalise ses sérigraphies à partir de clichés photographiques.

# DÉCRIRE LE CARACTÈRE

## 1 ANTONYMES

**Voici une liste de mots présentant des traits de caractère opposés. Associez chaque mot à son contraire.**

1. dévergondage – 2. morosité – 3. orgueil – 4. gaieté – 5. modestie – 6. pudeur

## 2 DE L'ADJECTIF AU NOM

**Trouvez le nom correspondant à ces adjectifs en vous aidant, si besoin, d'un dictionnaire. Employez le nom formé dans une phrase qui révèlera la qualité ou le défaut d'une personne.**

1. fier – 2. enjoué – 3. adroit – 4. humble – 5. présomptueux – 6. allègre – 7. obséquieux – 8. candide

## 3 SYNONYMES

**Dans les citations suivantes, trouvez le sens du mot en gras en lui associant le synonyme adéquat.**

orgueilleux – enjoué – vaniteux – aimable

1. « L'hôtesse **affable** tient une bouteille à la main, présente des verres et les remplit, sans oublier le sien ; on lui dit des choses obligeantes ; elle y répond avec politesse et gaieté. » (Denis Diderot)

2. « Durant ce court dialogue, Fabrice était **superbe** au milieu de ces gendarmes, c'était bien la mine la plus fière et la plus noble. » (Stendhal)

3. « De **sémillant**, poli, gai, riant et verbiageur qu'il était d'abord, il devient posé, rude, sombre, hagard, taciturne. » (Patrick Raynal)

4. « Le fils, avec bien moins d'esprit et une ambition démesurée nourrie par la plus folle vanité, avait un esprit méchant, guindé, **pédant**, précieux, qui voulait primer partout, qui courait également après les sentences qui toutefois ne coulaient pas de source [...]. » (Saint-Simon)

## 4 EXPRESSIONS RENVOYANT À UN ANIMAL

a. **Retrouvez les expressions imagées, renvoyant à des animaux, correspondant aux traits de caractère suivants. Un indice est donné entre parenthèses.**

Ex. : *On dit de quelqu'un de **clairvoyant** qu'il a **« des yeux de lynx »**.*

1. une personne étourdie (oiseau) – 2. une personne entêtée (famille des équidés) – 3. une personne fine et astucieuse (insecte) – 4. une personne indiscrète, qui fouille dans les affaires d'autrui (petit mammifère au museau allongé)

b. **Choisissez, dans la séquence, un personnage apparaissant dans un texte que vous avez étudié et rédigez une phrase descriptive à partir de l'une des expressions.**

## 5 EXPRESSIONS RENVOYANT À UN OBJET

**Les expressions suivantes renvoient à des traits de caractère. Lesquels ? Expliquez l'image.**

1. un foudre de guerre – 2. un moulin à paroles – 3. avoir l'esprit de l'escalier – 4. être collet monté – 5. un panier percé

## 6 EXPRESSIONS RENVOYANT AU CORPS

**On désigne souvent des traits de caractère par des images liées au corps. Retrouvez les images qui s'associent aux caractéristiques suivantes et employez-les dans une phrase qui éclairera leur sens.**

Ex. : *Quelqu'un **d'audacieux** n'a pas **« froid aux yeux »**.*

1. l'ambitieux – 2. le paresseux – 3. la personne généreuse – 4. le gourmand – 5. quelqu'un de bien équilibré, de réaliste

## 7 NIVEAUX DE LANGUE

**Dans les groupes d'adjectifs suivants, distinguez ceux appartenant au niveau de langue familier, courant et soutenu.**

1. grognon, triste, renfrogné – 2. amène, agréable, sympa – 3. soupe au lait, irascible, colérique – 4. craintif, trouillard, timoré

## 8 MOTS DE LA MÊME FAMILLE

**Des mots de la même famille ont parfois un sens différent : expliquez chacun des mots suivants et employez-les dans une phrase qui en éclairera le sens.**

1. doux / doucereux – 2. droit / droiture – 3. loyal / légal – 4. probe / probant

## EXPRESSION ÉCRITE

**Sujet 1**

Composez votre propre portrait moral en prenant soin d'utiliser exclusivement des images (comparaisons ou expressions figurées). Vous pouvez vous inspirer du vocabulaire et des expressions des exercices 4, 5, et 6.

**Sujet 2**

Dans un texte qui pourrait figurer dans un roman, brossez le portrait d'un personnage en prenant soin de souligner uniquement ses défauts ou ses qualités. À la suite de chaque trait de caractère nommé, vous raconterez une action du personnage qui éclaire cette caractéristique.

# LE PORTRAIT DANS LES ROMANS DU XVII$^{e}$ SIÈCLE AU XX$^{e}$ SIÈCLE

► L'organisation et le fonctionnement du récit, p. 428
► La description, p. 430

*Le portrait constitue un passage obligé du roman : le lecteur s'attend à trouver différents indices qui lui permettent de se représenter les personnages.*

## 1 LA CONSTITUTION DES PORTRAITS

Le portrait constitue le plus souvent une pause dans le récit. Il fonctionne en général selon un schéma fixé depuis le XVII$^{e}$ siècle : d'abord un **portrait physique**, avec l'aspect général, la taille, le teint, le visage (yeux, cheveux, et parfois dents), puis un **portrait moral**. Selon le point de vue adopté, le portrait est plus ou moins complet : dans un **point de vue omniscient**, il vise l'**exhaustivité**. Le portrait du personnage peut également être déduit de ses actions.

➜ **Ex. :** Dans *Le Roman comique* de Paul Scarron, le caractère concupiscent de la Bouvillon se lit dans sa tentative de séduction.

## 2 LE NARRATEUR ET SON PERSONNAGE

• Le portrait est rarement objectif et dépend du statut du narrateur. L'auteur peut avoir l'intention de faire **l'éloge**, de **blâmer**, **faire rêver** le lecteur ou le **faire rire**, etc. Si le narrateur est un personnage, un **jugement** est alors exprimé et le lecteur est amené à le partager ou non.

➜ **Ex. :** Dans *À l'ombre des jeunes filles en fleurs* de Marcel Proust, le narrateur-personnage est déçu par l'apparence physique de Bergotte.

• Le personnage peut être intégré dans un univers plus **réaliste**, plus commun, où il est vu avec ses défauts, ou dans un univers destiné à **faire rêver**.

➜ **Ex. :** Dans *La Princesse de Clèves* de Madame de La Fayette, Mlle de Chartres est présentée comme un personnage exemplaire arrivant à la cour.

• Si le point de vue adopté est celui d'un **personnage**, le jugement de celui-ci peut être **différent** de celui du narrateur.

➜ **Ex. :** Dans *Eugénie Grandet* d'Honoré de Balzac, Eugénie est en admiration devant son cousin, mais le narrateur souligne l'erreur de la jeune fille.

• Le personnage peut avoir une **dimension symbolique** : par le choix de certains détails, le narrateur lui donne un sens particulier.

➜ **Ex. :** Dans *Un barrage contre le Pacifique* de Marguerite Duras, la richesse de M. Jo, soulignée par le narrateur, en fait une proie.

## 3 LES FONCTIONS DU PORTRAIT

### Donner des informations

Le portrait est un passage dans lequel le lecteur obtient des informations qui complètent le champ de la narration. ➜ **Ex. :** Dans *La Jalousie* d'Alain Robbe-Grillet, grâce au portrait de A..., le lecteur comprend le jeu des relations entre les personnages.

### Imiter le réel

Par le portrait, le personnage est rendu **présent**. Le portrait l'inscrit dans l'imaginaire du lecteur en accentuant **l'illusion référentielle**. Le lecteur est amené à croire à l'existence du personnage. Le portrait se veut **imitation du réel** *(mimesis)*. ➜ **Ex. :** Dans *Le Rouge et le Noir* de Stendhal, M. de Rênal est montré dans un contexte précis : une ville provinciale au XIX$^{e}$ siècle.

### Construire une destinée / créer un horizon d'attente

Tout portrait fait sens dans l'économie générale du roman : il **rappelle** ou **annonce** les actions à venir du personnage. ➜ **Ex. :** Le portrait de Mlle de Chartres nous fait comprendre son refus de la passion.

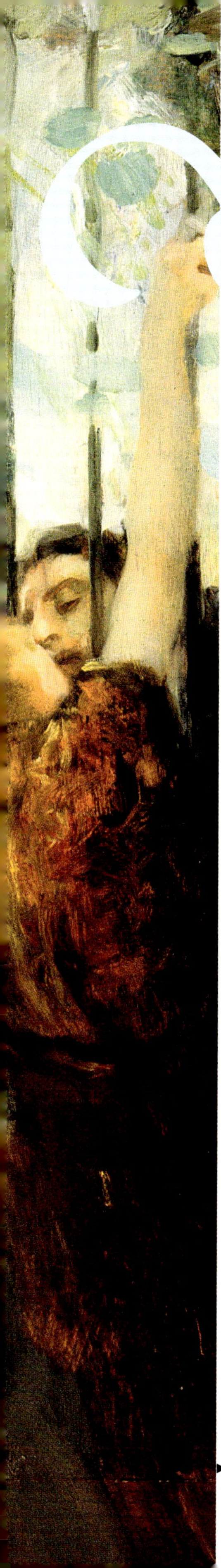

Séquence 3

# De la rencontre amoureuse à la séparation dans les romans du XVIIe au XXe siècle

**Comment l'identité des personnages romanesques se construit-elle à partir des scènes de rencontre amoureuse et de séparation ? Comment les actions et les sentiments des personnages révèlent-ils la vision du monde du romancier et les valeurs de la société de son époque ?**

## CORPUS DE LA SÉQUENCE



## PERSPECTIVES



### LIENS AVEC LA PARTIE LANGUE


- Les valeurs des modes et des temps, p. 400
- L'énonciation et le discours, p. 408


### LIENS AVEC LA PARTIE OUTILS D'ANALYSE


- Le récit, p. 428
- L'image, p. 452
- Les registres et effets du texte, p. 458


### LIENS AVEC LA PARTIE MÉTHODES POUR LE BAC


- Le commentaire, p. 478
- La dissertation, p. 482
- L'écriture d'invention, p. 496
- L'épreuve orale, p. 504


▸▸▸ Antonio Alciati Ambrogio, *Le Rendez-vous* (1918), huile sur toile, détail, Museo del Paesaggio, Verbania (Italie).

▸ Biographies, p. 508

**CONTEXTE**

*La Princesse de Clèves* est un roman historique. Mme de La Fayette place l'histoire de son héroïne dans le faste de la cour des Valois, pendant la Renaissance. Lieu d'élégance, de raffinement, de fêtes, la cour apparaît aussi comme un endroit propice aux intrigues amoureuses et aux rivalités politiques. La princesse y découvre la passion. Mais sa rigueur morale et son sens du devoir font d'elle une héroïne qui renonce à l'amour. Le roman témoigne de la méfiance des écrivains classiques pour la passion.

▸ Le Classicisme, p. 25

# Madame de La Fayette, *La Princesse de Clèves* (1678)

De la rencontre…

*L'action se passe à la cour du roi Henri II, vers 1558. Mme de Clèves, qui vient tout juste de se marier, rencontre ici pour la première fois le duc de Nemours dont la réputation de séducteur est bien établie à la cour.*

Elle passa tout le jour des fiançailles[1] chez elle à se parer, pour se trouver le soir au bal et au festin royal qui se faisait au Louvre. Lorsqu'elle arriva, l'on admira sa beauté et sa parure ; le bal commença et, comme elle dansait avec M. de Guise[2], il se fit un assez grand bruit vers la porte de la salle, comme de quelqu'un qui entrait et à qui on faisait place. Mme de Clèves acheva de danser et, pendant qu'elle cherchait des yeux quelqu'un qu'elle avait dessein de prendre, le roi lui cria de prendre celui qui arrivait. Elle se tourna et vit un homme qu'elle crut d'abord ne pouvoir être que M. de Nemours, qui passait par-dessus quelques sièges pour arriver où l'on dansait. Ce prince était fait d'une sorte qu'il était difficile de n'être pas surprise de le voir quand on ne l'avait jamais vu, surtout ce soir-là, où le soin qu'il avait pris de se parer augmentait encore l'air brillant qui était dans sa personne ; mais il était difficile aussi de voir Mme de Clèves pour la première fois sans avoir un grand étonnement.

M. de Nemours fut tellement surpris de sa beauté que, lorsqu'il fut proche d'elle, et qu'elle lui fit la révérence, il ne put s'empêcher de donner des marques de son admiration. Quand ils commencèrent à danser, il s'éleva dans la salle un murmure de louanges. Le roi et les reines[3] se souvinrent qu'ils ne s'étaient jamais vus, et trouvèrent quelque chose de singulier de les voir danser ensemble sans se connaître. Ils les appelèrent quand ils eurent fini sans leur donner le loisir de parler à personne et leur demandèrent s'ils n'avaient pas bien envie de savoir qui ils étaient, et s'ils ne s'en doutaient pas.

– Pour moi, madame, dit M. de Nemours, je n'ai pas d'incertitude ; mais comme Mme de Clèves n'a pas les mêmes raisons pour deviner qui je suis que celles que j'ai pour la reconnaître, je voudrais bien que Votre Majesté eût la bonté de lui apprendre mon nom.

– Je crois, dit Mme la Dauphine, qu'elle le sait aussi bien que vous savez le sien.

– Je vous assure, madame, reprit Mme de Clèves, qui paraissait un peu embarrassée, que je ne devine pas si bien que vous pensez.

– Vous devinez fort bien, répondit Mme la Dauphine ; et il y a même quelque chose d'obligeant[4] pour M. de Nemours à ne vouloir pas avouer que vous le connaissez sans l'avoir jamais vu.

1. Fiançailles d'une princesse royale, occasion de festivités importantes. – 2. Un de ses anciens soupirants. – 3. Le roi Henri II, son épouse et la reine dauphine, future reine de France. – 4. Agréable, plaisant.

Jean-François Poron (le duc de Nemours) et Marina Vlady (Mme de Clèves) dans *La Princesse de Clèves*, film de Jean Delannoy réalisé en 1960.

# Questions

► L'organisation et le fonctionnement du récit, p. 428
► L'implicite, p. 408

## La mise en scène d'un coup de foudre amoureux

1. Comment est mise en valeur l'arrivée du duc de Nemours au bal ? Quel est l'effet recherché sur le lecteur ?
2. Relevez le champ lexical du regard : quels regards se croisent ? Quels regards se posent sur les héros au cours de cette rencontre ?
3. « Pour moi [...] je n'ai pas d'incertitude. » (l. 22) : que révèle cette réplique des sentiments du duc de Nemours pour Mme de Clèves ?

## Amour et jeu social

4. Relisez le premier paragraphe : étudiez l'importance du lieu et des circonstances de la rencontre.
5. Relisez le deuxième paragraphe : expliquez le rôle du roi et des reines dans cette rencontre.
6. Relisez la première réplique de la reine Dauphine (l. 26) : pourquoi met-elle Mme de Clèves dans l'embarras ?
7. La deuxième réplique de la reine Dauphine (l. 30 à 32) repose sur un implicite : que cherche-t-elle à montrer ?

### Grammaire

« Ils les appelèrent [...] doutaient pas. » (l. 19 à 21) : étudiez la syntaxe de cette phrase. Comment met-elle en parallèle les sentiments des deux personnages ?

**Synthèse** Cette rencontre se déroule dans un cadre particulier : vous montrerez, en vous appuyant sur les réponses aux questions précédentes, que le déroulement de la rencontre est influencé par le lieu, le moment choisi, les personnages qui en sont témoins.

## BAC S'entraîner à l'écriture d'invention

Récrivez le premier paragraphe du texte en changeant de point de vue. Vous adopterez exclusivement le point de vue de M. de Nemours.

► Transposer un texte, p. 496

# TEXTE 2

## Madame de La Fayette, *La Princesse de Clèves* (1678)

### … à la séparation

*M. de Clèves est mort, de douleur et de dépit, se croyant, à tort, trompé par son épouse. Mme de Clèves reçoit ici pour une dernière fois M. de Nemours qu'elle aime et dont elle est aimée. Elle exprime les raisons qui lui font refuser de l'épouser.*

Par vanité ou par goût, toutes les femmes souhaitent de vous attacher[1]. Il y en a peu à qui vous ne plaisiez ; mon expérience me ferait croire qu'il n'y en a point à qui vous ne puissiez plaire. Je vous croirais toujours amoureux et aimé et je ne me tromperais pas souvent. Dans cet état néanmoins, je n'aurais d'autre parti à prendre que celui de la souffrance ; je ne sais même pas si j'oserais me plaindre. On fait des reproches à un amant ; mais en fait-on à un mari, quand on n'a (qu') à lui reprocher de n'avoir plus d'amour ? Quand je pourrais m'accoutumer à cette sorte de malheur, pourrais-je m'accoutumer à celui de voir toujours M. de Clèves vous accuser de sa mort, me reprocher de vous avoir aimé, de vous avoir épousé et me faire sentir la différence de son attachement au vôtre ? Il est impossible, continua-t-elle, de passer par-dessus des raisons si fortes : il faut que je demeure dans l'état où je suis et dans les résolutions que j'ai prises de n'en sortir jamais.

– Hé ! croyez-vous le pouvoir, madame ? s'écria M. de Nemours. Pensez-vous que vos résolutions tiennent contre un homme qui vous adore et qui est assez heureux pour vous plaire ? Il est plus difficile que vous ne pensez, madame, de résister à ce qui nous plaît et à ce qui nous aime. Vous l'avez fait par une vertu austère, qui n'a presque point d'exemple ; mais cette vertu ne s'oppose plus à vos sentiments et j'espère que vous les suivrez malgré vous.

– Je sais bien qu'il n'y a rien de plus difficile que ce que j'entreprends, répliqua Mme de Clèves ; je me défie de mes forces au milieu de mes raisons. Ce que je crois devoir à la mémoire de M. De Clèves serait faible s'il n'était soutenu par l'intérêt de mon repos ; et les raisons de mon repos ont besoin d'être soutenues de celles de mon devoir. Mais, quoique je me défie

La Princesse de Clèves au chevet du lit de mort de son mari, illustration pour *La Princesse de Clèves* de Madame de La Fayette, édition de 1931.

1. M. de Nemours a une réputation de séducteur à la cour.

2. Goût vif, penchant.
3. Toute relation (sens ancien).
4. M. de Clèves est tombé malade après avoir fait suivre M. de Nemours et avoir cru comprendre, à tort, qu'il avait passé la nuit avec Mme de Clèves : il a reproché son infidélité à son épouse sur son lit de mort.
5. Avant (forme ancienne).

de moi-même, je crois que je ne vaincrai jamais mes scrupules et je n'espère pas aussi de surmonter l'inclination[2] que j'ai pour vous. Elle me rendra malheureuse et je me priverai de votre vue, quelque violence qu'il m'en coûte. Je vous conjure, par tout le pouvoir que j'ai sur vous, de ne chercher aucune occasion de me voir. Je suis dans un état qui me fait des crimes de tout ce qui pourrait être permis dans un autre temps, et la seule bienséance interdit tout commerce[3] entre nous.

M. de Nemours se jeta à ses pieds, et s'abandonna à tous les divers mouvements dont il était agité. Il lui fit voir, et par ses paroles, et par ses pleurs, la plus vive et la plus tendre passion dont un cœur ait jamais été touché. Celui de Mme de Clèves n'était pas insensible et, regardant ce prince avec des yeux un peu grossis par les larmes :

– Pourquoi faut-il, s'écria-t-elle, faut-il que je vous puisse accuser de la mort de M. de Clèves[4] ? Que n'ai-je commencé à vous connaître depuis que je suis libre, ou pourquoi ne vous ai-je pas connu devant[5] que d'être engagée ? Pourquoi la destinée nous sépare-t-elle par un obstacle si invincible ?

## Questions

► Émouvoir, p. 459
► Les valeurs des temps, p. 400

### Un dialogue argumenté

1. Relisez la première réplique de Mme de Clèves (l. 1 à 12) : quels arguments oppose-t-elle à l'idée d'épouser M. de Nemours ?
2. Quel temps domine dans cette première réplique ? Quel est sa valeur ? Que cherche à montrer Mme de Clèves ?
3. Quel argument principal lui oppose M. de Nemours ? Relevez l'expression qui formule le mieux cet argument et commentez les termes qui lui donnent une valeur généralisante.

### Une scène pathétique

4. Relevez des éléments pouvant évoquer une scène de théâtre. Quel est l'effet produit ?
5. Comment s'exprime ici la souffrance des personnages ? Vous étudierez leurs attitudes et leurs propos. Relisez la dernière réplique de la princesse : quel « obstacle » met-elle en avant ?

### De la rencontre à la séparation : la naissance d'une héroïne sublime

6. « Je sais bien qu'il n'y a rien de plus difficile que ce que j'entreprends [...] » : dans la réplique qui suit (l. 26 à 39), comment la princesse fait-elle ressortir la difficulté de son choix ?
7. Comparez et opposez le personnage de la princesse dans les deux extraits étudiés. Quelle valeur affirme-t-elle dans ce deuxième extrait ? Relevez, dans sa troisième réplique, la phrase qui définit son idéal de vie.

**Synthèse** En vous appuyant sur les deux textes de l'œuvre, vous montrerez que l'héroïne se construit par ses choix et par ses renoncements.

### BAC S'entraîner à la dissertation

Préférez-vous les romans dont le héros est un personnage positif ?
En vous appuyant notamment sur l'exemple de *La Princesse de Clèves*, vous développerez la première partie de cette dissertation, en montrant pour quelles raisons on peut préférer un héros qui soit un personnage positif.

► Analyser le sujet et exploiter le corpus, p. 482

# TEXTE 3

▸ **Biographies, p. 508**

**⊕ CONTEXTE**

*L'Histoire du chevalier Des Grieux et de Manon Lescaut* n'était à l'origine qu'une histoire insérée dans une œuvre plus vaste, *Les Mémoires d'un homme de qualité*. Dans le tome VII de ces *Mémoires* fictives, le narrateur, « l'homme de qualité », rencontre le chevalier Des Grieux qui lui raconte sa passion fatale pour une simple courtisane. Le succès immédiat du roman s'explique sans doute aussi parce qu'il témoigne de la société de la Régence et de la vie dissolue des aristocrates.

## L'Abbé Prévost, *Manon Lescaut* (1731)

### De la rencontre…

*Le chevalier Des Grieux, jeune homme de bonne famille destiné à la prêtrise, raconte rétrospectivement au narrateur principal dans quelles circonstances il a rencontré Manon Lescaut, et la passion malheureuse qui les a unis.*

La veille même de celui que je devais quitter cette ville[1], étant à me promener avec mon ami, qui s'appelait Tiberge, nous vîmes arriver le coche[2] d'Arras, et nous le suivîmes jusqu'à l'hôtellerie où ces voitures descendent. Nous n'avions pas d'autre motif que la curiosité. Il en sortit quelques femmes, qui se retirèrent aussitôt. Mais il en resta une, fort jeune, qui s'arrêta seule dans la cour, pendant qu'un homme d'un âge avancé, qui paraissait lui servir de conducteur, s'empressait pour faire tirer son équipage des paniers. Elle me parut si charmante que moi, qui n'avais jamais pensé à la différence des sexes, ni regardé une fille avec un peu d'attention, moi, dis-je, dont tout le monde admirait la sagesse et la retenue, je me trouvai enflammé tout d'un coup jusqu'au transport[3]. J'avais le défaut d'être excessivement timide et facile à déconcerter ; mais loin d'être arrêté alors par cette faiblesse, je m'avançai vers la maîtresse de mon cœur. Quoiqu'elle fût encore moins âgée que moi, elle reçut mes politesses[4] sans paraître embarrassée. Je lui demandai ce qui l'amenait à Amiens et si elle y avait quelques personnes de connaissance. Elle me répondit ingénument qu'elle y était envoyée par ses parents pour être religieuse. L'amour me rendait déjà si éclairé, depuis un moment qu'il était dans mon cœur, que je regardai ce dessein comme un coup mortel pour mes désirs. Je lui parlai d'une manière qui lui fit comprendre mes sentiment, car elle était bien plus expérimentée que moi. C'était malgré elle qu'on l'envoyait au couvent, pour arrêter sans doute son penchant au plaisir, qui s'était déjà déclaré et qui a causé, dans la suite, tous ses malheurs et les miens.

1. Des Grieux doit se rendre au séminaire.
2. La diligence.
3. Mouvement passionné.
4. Recevoir des marques d'estime.

Maurice Leloir, *Manon Lescaut* (1892), huile sur toile, détail, Dahesh Museum of Art, New York (États-Unis).

## … à la séparation

*Manon Lescaut est une maîtresse tendre mais frivole. Cependant, l'amour de Des Grieux finit par la toucher : il décide de la suivre jusqu'en Amérique où elle est déportée avec d'autres courtisanes pour peupler la Louisiane. Les deux amants pourraient enfin toucher au bonheur, mais ils se trouvent à nouveau contraints de fuir pour échapper à la justice. Manon est épuisée par cette marche forcée.*

Pardonnez, si j'achève en peu de mots un récit qui me tue[5]. Je vous raconte un malheur qui n'eut jamais d'exemple. Toute ma vie est destinée à le pleurer. Mais, quoique je le porte sans cesse dans ma mémoire, mon âme semble reculer d'horreur, chaque fois que j'entreprends de l'exprimer.

Nous avions passé tranquillement une partie de la nuit. Je croyais ma chère maîtresse endormie et je n'osais pousser le moindre souffle, dans la crainte de troubler son sommeil. Je m'aperçus dès le point du jour, en touchant ses mains, qu'elle les avait froides et tremblantes. Je les approchai de mon sein, pour les échauffer. Elle sentit ce mouvement, et, faisant un effort pour saisir les miennes, elle me dit, d'une voix faible, qu'elle se croyait à sa dernière heure. Je ne pris d'abord ce discours que pour un langage ordinaire dans l'infortune[6], et je n'y répondis que par les tendres consolations de l'amour. Mais, ses soupirs fréquents, son silence à mes interrogations, le serrement de ses mains, dans lesquelles elle continuait de tenir les miennes me firent connaître que la fin de ses malheurs approchait. N'exigez point de moi que je vous décrive mes sentiments, ni que je vous rapporte ses dernières expressions. Je la perdis ; je reçus d'elle des marques d'amour, au moment même qu'elle expirait. C'est tout ce que j'ai la force de vous apprendre de ce fatal et déplorable événement.

Mon âme ne suivit pas la sienne. Le Ciel ne me trouva point, sans doute, assez rigoureusement puni. Il a voulu que j'aie traîné, depuis, une vie languissante et misérable. Je renonce volontairement à la mener jamais plus heureuse.

5. Des Grieux s'adresse au narrateur des *Mémoires*.
6. Le malheur.

## Questions

► Les rythmes du récit, p. 429
► Émouvoir, p. 459

### Une analyse rétrospective d'un passé tourmenté

1. Relevez dans les deux textes toutes les marques du discours direct qui permettent de repérer la situation d'énonciation.
2. Quelles réflexions, surtout dans le premier texte, sont celles du narrateur vieilli et éclairé par son expérience ? Quel regard porte-t-il sur son passé ?

### La mise en scène émouvante d'une passion impossible

3. Dans le premier texte, relevez toutes les différences entre les deux jeunes gens soulignées par le narrateur lui-même. Que veut-il montrer ?
4. Quel est le registre littéraire dominant dans le deuxième texte ? Relevez et commentez les indices qui le montrent.

### De la rencontre à la séparation : une passion destructrice

5. Relisez le dernier paragraphe du deuxième texte : quel registre littéraire domine ici ? Expliquez l'importance de ce registre pour la construction du personnage.
6. Montrez, en repérant des indices précis dans les deux textes, que le narrateur fait ressortir l'évolution de Manon.

**Vocabulaire**
Cherchez l'étymologie du mot « fortune » : comment se trouve ainsi mise en valeur l'idée de fatalité ?

**Synthèse** En un court paragraphe, expliquez l'intérêt de faire raconter rétrospectivement cette passion malheureuse par Des Grieux lui-même.

### BAC S'entraîner au commentaire

► Rédiger des paragraphes et insérer des citations, p. 478

Vous développerez la première partie du commentaire du texte de rencontre : vous montrerez que le héros n'est pas maître de son histoire.

TEXTE 5

▸ Biographies, p. 508

# Gustave Flaubert, *L'Éducation sentimentale* (1869)

**CONTEXTE**

*L'Éducation sentimentale* est un roman d'apprentissage. Gustave Flaubert s'est inspiré de matériaux autobiographiques pour retracer l'itinéraire de son héros, jeune homme plein d'illusions et d'espoirs de réussite, qui se heurte à la réalité décevante d'une société bourgeoise dans laquelle il peine à faire sa place. Cependant, le narrateur se joue avec ironie de son personnage et de sa médiocrité bien réelle, sous ses idéaux de jeunesse. L'écriture réaliste permet aussi de détruire les illusions sentimentales du héros.

▸ Le Réalisme, p. 31

## De la rencontre….

*Frédéric Moreau, jeune étudiant en droit, emprunte ici un bateau qui remonte la Seine pour rentrer chez lui en Normandie. Il rencontre à cette occasion Mme Arnoux, épouse d'un négociant, qui va devenir le grand amour de sa vie.*

Ce fut comme une apparition :

Elle était assise, au milieu du banc, toute seule ; ou du moins il ne distingua personne, dans l'éblouissement que lui envoyèrent ses yeux. En même temps qu'il passait, elle leva la tête ; il fléchit involontairement les épaules ; et, quand il se fut mis plus loin, du même côté, il la regarda.

Elle avait un large chapeau de paille, avec des rubans roses qui palpitaient au vent derrière elle. Ses bandeaux[1] noirs, contournant la pointe de ses grands sourcils, descendaient très bas et semblaient presser amoureusement l'ovale de sa figure. Sa robe de mousseline claire, tachetée de petits pois, se répandait à plis nombreux. Elle était en train de broder quelque chose ; et son nez droit, son menton, toute sa personne se découpait sur le fond de l'air bleu.

Comme elle gardait la même attitude, il fit plusieurs tours de droite et de gauche pour dissimuler sa manœuvre ; puis il se planta tout près de son ombrelle, posée contre le banc, et il affectait d'observer une chaloupe sur la rivière.

Jamais il n'avait vu cette splendeur de sa peau brune, la séduction de sa taille, ni cette finesse des doigts que la lumière traversait. Il considérait son panier à ouvrage avec ébahissement, comme une chose extraordinaire. Quels étaient son nom, sa demeure, sa vie, son passé ? Il souhaitait connaître les meubles de sa chambre, toutes les robes qu'elle avait portées, les gens qu'elle fréquentait ; et le désir de la possession physique même disparaissait sous une envie plus profonde, dans une curiosité douloureuse qui n'avait pas de limites.

Une négresse, coiffée d'un foulard, se présenta en tenant par la main une petite fille, déjà grande. L'enfant, dont les yeux roulaient des larmes, venaient de s'éveiller ; elle la prit sur ses genoux. « Mademoiselle n'était pas sage, quoiqu'elle eût sept ans bientôt ; sa mère ne l'aimerait plus ; on lui pardonnait trop ses caprices. » Et Frédéric se réjouissait d'entendre ces choses, comme s'il eût fait une découverte, une acquisition.

Il la supposait d'origine andalouse, créole peut-être ; elle avait ramené des îles cette négresse avec elle.

Cependant, un long châle à bandes violettes était placé derrière son dos, sur le bordage[2] de cuivre. Elle avait dû, bien des fois, au milieu de la mer, durant les soirs humides, en envelopper sa taille, s'en couvrir les pieds, dormir dedans ! Mais, entraîné par les franges, il glissait peu à peu, il allait tomber dans l'eau ; Frédéric fit un bond et le rattrapa. Elle lui dit :

– Je vous remercie, monsieur.

Leurs yeux se rencontrèrent.

1. Coiffure qui sépare les cheveux au milieu du front, les ramenant sur les côtés du visage.
2. Pièce de la coque d'un bateau.

# Questions

► L'organisation et le fonctionnement du récit, p. 428
► La description, p. 430

**Grammaire**
« Quels étaient son nom, sa demeure, sa vie, son passé ? » Qui pose cette question ? À qui ? Comment appelle-t-on ce type de discours ?

## Une rencontre : un coup de foudre

1. Quel est le point de vue privilégié dans le texte ? Justifiez votre réponse en relevant des indices précis.
2. Étudiez, grâce à un repérage précis, l'évolution progressive des sentiments de Frédéric, à mesure qu'il observe Mme Arnoux. Comment se manifeste sa fascination ?
3. Que découvrons-nous de la personnalité de Frédéric au travers de ce récit de rencontre ?
4. Commentez la dernière phrase du texte. De quelle manière est-elle mise en valeur ?

## La mise en scène d'un idéal féminin

5. Commentez la première phrase du texte : choix du lexique, longueur et rythme. À quel autre type de texte littéraire vous fait-elle penser ?
6. Dans le deuxième paragraphe, quels termes reprennent et développent le mot « apparition » ? Que cherche à montrer le narrateur ?
7. Examinez le portrait physique de Mme Arnoux : comment est-il composé ? Quels termes contribuent à la mettre en valeur ?
8. Relevez les éléments qui contribuent au charme exotique de Mme Arnoux. Pourquoi Frédéric y est-il particulièrement sensible ?

**Synthèse** En vous appuyant notamment sur le choix du point de vue, sur les circonstances et le déroulement de la rencontre, vous montrerez ce qui fait l'originalité de ce récit.

## BAC S'entraîner à la dissertation

Dans quelle mesure le personnage de roman donne-t-il au lecteur un accès privilégié à la connaissance du cœur humain ?

Vous développerez une première partie tendant à illustrer la manière dont l'écriture romanesque permet au lecteur d'entrer dans la conscience des personnages et de connaître leurs sentiments les plus intimes.

► Construire un paragraphe et insérer des exemples, p. 486

## LECTURE D'IMAGE

1. Observez le cadrage, les différents plans du tableau, la lumière et les couleurs : comment les personnages sont-ils mis en valeur ?
2. Quel angle de vue est adopté par le peintre ? Quel est l'effet créé ?
3. Comment l'artiste réussit-il ici à donner l'impression de mouvement ?
4. Pourquoi cette toile peut-elle être mise en parallèle avec l'« apparition » de Mme Arnoux dans le texte de Gustave Flaubert ?

**Synthèse** Vous montrerez en un court paragraphe comment le travail de l'artiste peintre consiste ici à capter le charme d'un instant, comme l'écrivain, mais par des moyens différents.

► L'organisation de l'image, p. 452
► Les visées et intentions de l'image, p. 453

Claude Monet, *La Femme à l'ombrelle* (1875), huile sur toile (100 cm x 81 cm), National Gallery of Art, Washington (États-Unis).

# Gustave Flaubert, *L'Éducation sentimentale* (1869)

.... à la séparation

*Frédéric Moreau retrouve ici pour une ultime rencontre Mme Arnoux qu'il avait perdue de vue depuis des années, après avoir réussi à entrer dans son intimité et se faire aimer, sans jamais cependant devenir son amant. Ils font une dernière promenade ensemble.*

Ils sortirent.

La lueur des boutiques éclairait, par intervalles, son profil pâle ; puis l'ombre l'enveloppait de nouveau ; et, au milieu des voitures, de la foule et du bruit, ils allaient sans se distraire d'eux-mêmes, sans rien entendre, comme ceux qui marchent ensemble dans la campagne, sur un lit de feuilles mortes.

Ils se racontèrent leurs anciens jours, les dîners du temps de *l'Art industriel*[1], les manies d'Arnoux, sa façon de tirer les pointes de son faux col, d'écraser du cosmétique sur ses moustaches, d'autres choses plus intimes et plus profondes. Quel ravissement il avait eu la première fois en l'entendant chanter ! Comme elle était belle, le jour de sa fête, à Saint-Cloud ! Il lui rappela le petit jardin d'Auteuil, des soirs au théâtre, une rencontre sur le boulevard, d'anciens domestiques, sa négresse.

Elle s'étonnait de sa mémoire. Cependant, elle lui dit :

– Quelquefois, vos paroles me reviennent comme un écho lointain, comme le son d'une cloche apporté par le vent ; et il me semble que vous êtes là, quand je lis des passages d'amour dans les livres.

– Tout ce qu'on y blâme d'exagéré, vous me l'avez fait ressentir, dit Frédéric. Je comprends les Werther que ne dégoûtent pas les tartines de Charlotte[2].

– Pauvre cher ami !

Elle soupira ; et, après un long silence :

– N'importe, nous nous serons bien aimés.

– Sans nous appartenir, pourtant !

– Cela vaut peut-être mieux, reprit-elle.

– Non ! non ! Quel bonheur nous aurions eu !

– Oh ! je le crois, avec un amour comme le vôtre !

Et il devait être bien fort pour durer après une séparation si longue !

Frédéric lui demanda comment elle l'avait découvert.

– C'était un soir que vous m'avez baisé le poignet entre le gant et la manchette. Je me suis dit : « Mais il m'aime... il m'aime ! » J'avais peur de m'en assurer, cependant. Votre réserve était si charmante, que j'en jouissais comme d'un hommage involontaire et continu.

Il ne regretta rien. Ses souffrances d'autrefois étaient payées.

Quand ils rentrèrent, Mme Arnoux ôta son chapeau. La lampe, posée sur une console, éclaira ses cheveux blancs. Ce fut comme un heurt en pleine poitrine.

1. Le magasin dont M. Arnoux était propriétaire.
2. Allusion à un roman de Goethe, *Les souffrances du jeune Werther*, exemple même du Romantisme allemand. Werther s'éprend de Charlotte dès leur première rencontre quand il la voit distribuer tendrement du pain à ses frères et sœurs.

Charles Angrand, *Couple dans la rue* (1887), huile sur toile, musée d'Orsay, Paris.

# Questions

► Émouvoir, p. 459

### Une communion romantique des personnages

1. Quelle remarque pouvez-vous faire sur la première phrase du texte ? Dans le paragraphe qui suit, comment est mise en valeur l'harmonie entre les personnages ?
2. Commentez les énumérations présentes dans le deuxième paragraphe : quel est le sentiment dominant des deux personnages ?

### Un récit subverti par l'ironie

3. « Quelquefois, vos paroles me reviennent comme un écho lointain [...] dans des livres. » (l. 14 à 16) : quelles remarques pouvez-vous faire sur l'image et la référence faite par Mme Arnoux ?
4. Relevez des éléments particulièrement plats et banals dans les souvenirs des personnages. Quel est l'objectif visé par le narrateur ?
5. Analysez le bref échange à partir de « Pauvre cher ami ! [...] comme le vôtre ! » (l. 19 à 25) : que pouvez-vous dire des propos entre les personnages ?

### De la rencontre à la séparation : l'échec et le renoncement des personnages

6. Relisez le deuxième paragraphe du texte et relevez les indices sur le lieu et le moment : quelle ambiance est créée par le narrateur ?
7. « Ses souffrances d'autrefois étaient payées. » (l. 32) : commentez le choix des termes. Que reste-t-il à Frédéric de tous ses sentiments ?
8. Quel est l'effet créé par les deux dernières phrases du texte ? Que cherche à montrer le narrateur au sujet de ses deux personnages ?

**Grammaire**
Étudiez le jeu des temps dans les trois premiers paragraphes. Que met-il en valeur ?

► Les valeurs des modes et des temps, p. 400

**Synthèse** Vous rédigerez un paragraphe centré sur l'évolution du personnage de Frédéric de la scène de rencontre à celle de séparation. Vous montrerez comment les illusions sentimentales du jeune homme se sont défaites, au fil du temps.

### BAC S'entraîner au commentaire

Vous développerez une partie de commentaire montrant la désunion manifeste des personnages. Vous étudierez particulièrement les moyens mis en œuvre par le narrateur pour souligner cet échec, malgré la joie des personnages à se retrouver.

► Rédiger des paragraphes et insérer des citations, p. 478

▸ Biographies, p. 508

**CONTEXTE**

Chef d'œuvre de la littérature sentimentale, ce roman d'Albert Cohen dresse un tableau sans indulgence d'une passion absolue : de ses débuts placés sous le signe d'un romantisme échevelé, jusqu'à sa fin calamiteuse, les amants s'étant engoncés dans la jalousie stérile et la médiocrité d'une vie oisive. Mais c'est aussi une satire impitoyable des milieux internationaux à Genève. Enfin, le style de Cohen explore tous les possibles : du lyrisme au grotesque, du sublime au familier, privilégiant souvent la forme du monologue intérieur des personnages.

# Albert Cohen, *Belle du Seigneur* (1968)

De la rencontre…

*Solal, brillant et riche diplomate, haut responsable de la Société des Nations[1], s'est introduit dans la chambre d'Ariane Deume, épouse d'un modeste fonctionnaire, qu'il a rencontrée lors d'une soirée. Grimé en vieux juif errant, il lui fait une déclaration.*

Il lui sourit, et elle eut un tremblement, baissa les yeux. Atroce, ce sourire sans dents. Atroces, ces mots d'amour hors de cette bouche vide. Il fit un pas en avant, et elle sentit le danger proche. Ne pas le contrarier, dire tout ce qu'il voudra, et qu'il parte, mon Dieu, qu'il parte.

– Devant toi, me voici, dit-il, me voici, un vieillard mais de toi attendant le miracle. Me voici, faible et pauvre, blanc de barbe, et deux dents seulement, mais nul ne t'aimera et ne te connaîtra comme je t'aime et te connais, ne t'honorera d'un tel amour. Deux dents seulement, je te les offre avec mon amour, veux-tu de cet amour ?

– Oui, dit-elle, et elle humecta ses lèvres sèches, essaya un sourire.

– Gloire à Dieu, dit-il, gloire en vérité, car voici celle qui rachète toutes les femmes, voici la première lumière !

Ridiculement, il plia le genou devant elle, puis il se leva et il alla vers elle et leur premier baiser, alla avec son noir sourire de vieillesse, les mains tendues vers celle qui rachetait toutes les femmes, la première humaine, qui soudain recula, recula avec un cri rauque, cri d'épouvante et de haine, heurta la table de chevet, saisit le verre vide, le lança contre la vieille face. Il porta la main à sa paupière, essuya le sang, considéra[2] le sang sur sa main, et soudain il eut un rire, et il frappa du pied.

– Tourne-toi, idiote ! dit-il.

Elle obéit, se tourna, resta immobile avec la peur de recevoir une balle dans la nuque, cependant qu'il ouvrait les rideaux, se penchait à la fenêtre, portait deux doigts à ses lèvres, sifflait. Puis il se débarrassa du vieux manteau et de la toque de fourrure, ôta la fausse barbe, détacha le sparadrap noir qui recouvrait les dents, ramassa la cravache derrière les rideaux.

– Retourne-toi, ordonna-t-il.

Dans le haut cavalier aux noirs cheveux désordonnés, au visage net et lisse, sombre diamant, elle reconnut celui que son mari lui avait, en chuchotant, montré de loin, à la réception brésilienne.

– Oui, Solal et du plus mauvais goût, sourit-il à belles dents. Bottes ! montra-t-il, et de joie il cravacha sa botte droite. Et il y a un cheval qui m'attend dehors ! Il y avait même deux chevaux ! Le second était pour toi, idiote, et nous aurions chevauché à jamais l'un près de l'autre, jeunes et pleins de dents, j'en ai trente-deux, et impeccables, tu peux vérifier et les compter, ou même je t'aurais emportée en croupe, glorieusement vers le bonheur qui te manque ! Mais je n'ai plus envie maintenant, et ton nez est soudain trop grand, et de plus il luit comme un phare, et c'est tant mieux, et je vais partir ! Mais d'abord, femelle, écoute ! Femelle, je te traiterai en femelle, et c'est bassement que je te séduirai, comme tu le mérites et comme tu le veux. À notre prochaine rencontre, et ce sera bientôt, en deux heures je te séduirai par les moyens qui leur plaisent à toutes, les sales, les sales moyens, et tu tomberas en grand imbécile amour, et ainsi vengerai-je les vieux et les laids, et tous les naïfs qui ne savent pas vous séduire, et tu partiras avec moi, extasiée et les yeux frits !

1. Organisation internationale créée en 1919 et qui avait pour but de veiller au désarmement et à la paix entre nations.
2. Regarda avec attention.

Marc Chagall, *Les Amoureux* (1913-1914), huile sur toile, The Metropolitan Museum of Art, New York (États-Unis).

# Questions

► Faire rire, p. 458
► Émouvoir, p. 459

## Un récit de rencontre singulier

1. Quels sont les sentiments éprouvés par Ariane au cours de cette rencontre ? Observez plus particulièrement le premier paragraphe du texte : comment le narrateur nous les fait-il partager ?
2. Étudiez les répliques de Solal, déguisé et implorant l'amour d'Ariane : quels indices sont révélateurs de la comédie qu'il joue ? Qualifiez le registre du texte ?
3. Cherchez dans le discours de Solal les éléments qui expliquent les raisons pour lesquelles il a choisi de paraître ainsi déguisé.

## La mise en scène du seigneur

4. Comment l'apparition de Solal est-elle mise en valeur dans le texte ?
5. Relevez et commentez les éléments de description physique : quel est l'objectif recherché par le narrateur ?
6. Relevez les termes employés par Solal pour s'adresser à Ariane dans sa dernière réplique : quels sentiments manifeste-t-il ?
7. **LECTURE D'IMAGE** : Comparez la rencontre entre Ariane et Solal à la représentation du couple d'amoureux mis en scène par Chagall.

**Grammaire**
Analysez la syntaxe, les types de phrase et le lexique utilisés par Solal. Que nous révèlent-ils de sa personnalité ?

► Les actes de langage, p. 408

**Synthèse** Expliquez en un court paragraphe pourquoi ce récit de rencontre est dérangeant. Vous vous appuierez pour cela sur les circonstances de la rencontre, les sentiments éprouvés par les deux personnages, le discours de Solal à Ariane.

## BAC S'entraîner à l'écriture d'invention

La scène de rencontre est un topos, un lieu commun du roman. Albert Cohen écrit à un de ses amis pour lui expliquer sa vision personnelle de cette scène si classique. Vous écrirez le début de cette lettre : Albert Cohen exposera deux des choix qu'il a faits pour renouveler la scène dans son roman, *Belle du Seigneur*.

► Construire une argumentation, p. 500

# TEXTE 8

## Albert Cohen, *Belle du Seigneur* (1968)

… à la séparation

*La septième partie est l'épilogue de la passion amoureuse qui a uni Solal et Ariane. Pendant deux ans, ils ont vécu une passion totale, absolue, qui a fini par les consumer l'un et l'autre. Sans avenir possible, ils sont exclus de toute vie sociale, Ariane ayant quitté son mari et Solal perdu son emploi à la Société des Nations. Cette descente aux Enfers va aboutir à leur double suicide à l'éther.*

Elle aspira de l'éther, sourit au doux froid qui entrait. Ô le petit salon du premier soir, son petit salon qu'elle avait voulu lui montrer tout de suite, après le Ritz[1]. Debout, devant la fenêtre ouverte, ils avaient respiré la nuit d'étoiles, avaient écouté les remuements des feuilles dans les arbres, murmures de leur amour. Toujours, elle lui avait dit. Ensuite, le choral[2] qu'elle avait joué pour lui. Ensuite, le sofa, les baisers, premiers vrais baisers de sa vie. Ta femme, elle lui disait à chaque arrêt et reprise de souffle. Infatigables, ils s'annonçaient qu'ils s'aimaient, puis riaient de bonheur, puis unissaient leurs bouches, puis se détachaient pour infiniment s'annoncer la merveilleuse nouvelle. Et maintenant, maintenant.

Elle aspira de l'éther, sourit. Ô les débuts, leur temps de Genève, les préparatifs, son bonheur d'être belle pour lui, les attentes, les arrivées à neuf heures, et elle était toujours sur le seuil à l'attendre, impatiente et en santé de jeunesse, à l'attendre sur le seuil et sous les roses, dans sa robe romaine qu'il aimait, blanche aux larges manches serrées aux poignets, ô l'enthousiasme de se revoir, les soirées, les heures à se regarder, à se parler, à se raconter à l'autre, tant de baisers reçus et donnés, oui, les seuls vrais de sa vie, et après l'avoir quittée tard dans la nuit, quittée avec tant de baisers, baisers profonds, baisers interminables, il revenait parfois, une heure plus tard ou des minutes plus tard, ô splendeur de le revoir, ô fervent retour, je ne peux pas sans toi, il lui disait, je ne peux pas, et d'amour il pliait genou devant elle qui d'amour pliait genou devant lui, et c'était des baisers, elle et lui religieux, des baisers encore et encore, baisers véritables, baisers d'amour, grands baisers battant l'aile, je ne peux pas sans toi, il lui disait entre des baisers, et il restait, le merveilleux qui ne pouvait pas, ne pouvait pas sans elle, restait des heures jusqu'à l'aurore et aux chants des oiseaux, et c'était l'amour. Et maintenant ils ne se désiraient plus, ils s'ennuyaient ensemble, elle le savait bien.

Elle aspira de l'éther, sourit. Lorsqu'il partait en mission, les télégrammes qu'il lui envoyait en code si les mots étaient trop ardents, ô bonheur de déchiffrer, et elle ses longs télégrammes en réponse, télégrammes de centaines de mots, toujours des télégrammes pour qu'il sût tout de suite combien elle l'aimait, ô les préparatifs en vue du retour sacré, les commandes chez le couturier, les heures à parfaire sa beauté, et elle chantait l'air de la Pentecôte, chantait la venue d'un roi divin. Et maintenant ils s'ennuyaient ensemble, ils ne se désiraient plus, ne se désiraient plus vraiment, ils se forçaient, essayaient de se désirer, elle le savait bien, le savait depuis longtemps.

1. Hôtel de luxe parisien.
2. Chant liturgique.

Edvard Munch, *La Séparation* (1896), huile sur toile, Kommunes Kunstsamlinger, Oslo (Norvège).

# Questions

► Les rythmes du récit, p. 429
► Émouvoir, p. 459

## Les sentiments d'Ariane

1. Le narrateur nous fait entrer dans la conscience d'Ariane : quel procédé utilise-t-il pour faire revivre ses pensées.
2. Quel sentiment domine chez Ariane ? Identifiez le registre littéraire du texte et relevez-en certains des procédés caractéristiques.
3. Relevez le champ lexical de la religion : quelle valeur Ariane donne-t-elle à l'amour ?

## Le bonheur perdu

4. Comment s'organise la progression des souvenirs dans la conscience d'Ariane ?
5. Repérez certains des éléments constitutifs de ce bonheur perdu.

## De la rencontre à la séparation : la fin de l'amour

6. Commentez la composition du texte : observez la construction de chaque paragraphe. Comment est mis en évidence l'échec de l'amour ?
7. Relevez certains des indices qui marquent l'épuisement du sentiment amoureux. Quelle issue reste-t-il à Ariane ? Comment est-elle annoncée ?
8. **LECTURE D'IMAGE** : Comparez les moyens utilisés par Cohen et Munch pour montrer la désunion des amants.

**Synthèse** Commentez dans un court paragraphe l'évolution du personnage d'Ariane et de ses sentiments tels qu'on les découvre dans ces deux extraits.

## BAC S'entraîner à l'épreuve orale

► Préparer l'exposé, p. 504

Relisez les deux extraits d'Albert Cohen. Imaginez deux questions que l'on pourrait vous poser à l'oral sur ce texte. L'une pourra porter par exemple sur les registres ici mis en œuvre, l'autre sur le personnage d'Ariane. Proposez un plan rapide pour l'une de ces questions.

Angleterre

# Charlotte Brontë, *Jane Eyre* (1847)

► **Charlotte Brontë (1816-1855)** est une romancière britannique, fille d'un modeste pasteur protestant. Ses deux sœurs, Émilie et Anne, ont eu très tôt comme elle le goût de la culture et de l'écriture, mais la gloire de Charlotte a éclipsé celle de ces sœurs. Dans *Jane Eyre* inspiré par des éléments autobiographiques, l'écrivain met en scène une héroïne orpheline et pauvre : contrainte de devenir gouvernante, elle va faire le dur apprentissage de la réalité sociale. Au travers de son histoire, le roman propose des aperçus sur la société victorienne.

*Jane Eyre a accepté un poste de gouvernante au manoir de Thornfield. Elle rencontre sans le savoir, pour la première fois, le mystérieux propriétaire de ce manoir, M. Rochester, un soir au cours d'une promenade nocturne. Il vient d'avoir un accident à cheval. C'est le début insolite d'une relation sentimentale passionnée et impossible.*

– Puis-je faire quelque chose ? demandai-je encore.

– Vous n'avez qu'à vous tenir à l'écart, me répondit-il tout en se dressant, d'abord sur les genoux, puis sur ses jambes.

J'obéis ; alors commença tout un tohu-bohu, à grand renfort de tractions, de battements de pieds, de claquements de sabots, accompagné d'abois et de hennissements qui me tinrent efficacement à quelques mètres de distance ; mais je ne voulais pas me laisser chasser définitivement avant de voir la tournure prise par les événements. Bien m'en prit, après tout ; le cheval était sur ses pattes, le chien réduit au silence par le cri : « Assis, Pilote ! » À présent, le voyageur se baissait et se palpait le pied et la jambe pour voir s'ils étaient en bon état ; apparemment il y avait quelque chose qui n'allait pas, car il gagna en clopinant l'échalier que je venais de quitter et s'y assit.

J'étais d'humeur serviable, ou du moins empressée, je crois, car à ce moment je m'approchai de lui à nouveau.

– Si vous vous êtes fait mal et que vous ayez besoin d'aide, Monsieur, je peux aller chercher quelqu'un soit au manoir de Thornfield, soit à Hay.

– Merci, je vais m'arranger ; je ne me suis rien cassé… ce n'est qu'une entorse.

Et derechef[1] il se leva et mit son pied à l'épreuve, mais le résultat lui arracha un « Aïe ! » involontaire.

Il restait encore un soupçon de jour et la lune commençait à briller ; je le vis donc distinctement. Il avait le corps enveloppé d'une cape de voyage, garnie d'un col de fourrure et fermée par une agrafe d'acier ; je ne vis donc pas les détails du corps, mais je discernai des aspects d'ensemble tels qu'une taille moyenne et une largeur de poitrine considérable. Il avait le teint brun, le visage sévère et le front lourd ; ses yeux et ses sourcils contractés exprimaient pour le moment la colère et la contrariété ; ce n'était plus un jeune homme, mais il n'avait pas encore atteint l'âge mûr, il devait avoir dans les trente-cinq ans. Il ne m'inspirait aucune crainte et fort peu de timidité. S'il s'était agi d'un beau jeune gentilhomme aux airs héroïques, je n'aurais pas osé rester ainsi à le questionner contre son gré et à lui offrir mes services sans y être invitée. Je n'avais pour ainsi dire jamais vu de beau jeune homme ; jamais de ma vie je n'avais adressé la parole à un tel personnage. J'éprouvais en théorie de la vénération et de la déférence[2] pour la beauté, l'élégance, la bravoure, le charme ; mais si j'avais rencontré ces qualités incarnées dans un corps masculin, j'aurais compris d'instinct qu'elles n'étaient ni ne pouvaient être en sympathie avec aucun trait de ma propre nature et je les eusse évitées comme on évite le feu, la foudre ou tout autre objet lumineux mais de nature hostile.

Si seulement cet inconnu avait souri et m'avait parlé avec bonne humeur quand je lui avais adressé la parole ; s'il avait repoussé mon offre d'aide avec gaieté et

1. Aussitôt.
2. Adoration et respect.

gratitude, j'aurais passé mon chemin sans me sentir le moins du monde appelée à répéter mes questions, mais le froncement de sourcils et la rudesse du voyageur me mirent à mon aise ; je restai à mon poste quand il me fit signe de m'éloigner et je lui déclarai :

– Je ne puis songer à vous quitter, Monsieur, à cette heure tardive, dans ce chemin solitaire, avant d'avoir constaté que vous êtes en état d'enfourcher votre monture.

Il me regarda quand je dis ces mots ; jusqu'alors c'est à peine s'il avait tourné les yeux de mon côté.

Traduction S. Monod, © Pocket, 1999

Caspar David Friedrich, *Homme et femme contemplant la lune* (vers 1818-1824), huile sur toile, National Gallery, Berlin (Allemagne).

## Questions

1. Pourquoi le déroulement et les circonstances de la rencontre sont-ils singuliers ?
2. Comment le lecteur découvre-t-il le personnage de M. Rochester ? Relevez et commentez certains des éléments du portrait.
3. Quel est l'intérêt particulier du choix du récit à la 1re personne ?
4. « S'il s'était agi d'un beau jeune homme […] sans y être invitée. » (l. 28 à 30) : commentez la construction de la phrase et les temps verbaux. Qui fait cette réflexion ? Que s'agit-il de montrer ? Relevez une phrase comparable qui témoigne des mêmes sentiments.
5. Quel portrait de la jeune fille s'ébauche progressivement, au fil du texte ?

### Prolongements

• Cherchez des informations sur les œuvres majeures écrites par les sœurs Brontë.

• L'œuvre des trois sœurs, comme toute la littérature anglaise d'époque, est fortement marquée par l'influence du « roman gothique » : cherchez une définition et des exemples de ce genre littéraire.

# EXPRIMER DES SENTIMENTS

## 1 AMOUR ... EN ACTION

**Rédigez un texte avec un des verbes de chacune de ces trois listes. Vous respecterez le niveau de langue et la situation que les verbes impliquent.**

- courtiser, badiner, marivauder, flirter, draguer, conter fleurette, faire la cour, harceler, soupirer après
- s'amouracher, s'éprendre, se toquer, tomber amoureux, s'enticher, en pincer
- avoir le coup de foudre, craquer, flasher, tomber sous le charme

## 2 EXPRESSION DES SENTIMENTS

**Expliquez chaque expression dans une phrase.**

l'amour parfait – le grand amour – l'amour platonique – l'amour illégitime – l'amour matériel

## 3 DES REGARDS AUX SENTIMENTS

a. **Retrouvez le sentiment qui se cache derrière chaque verbe.**

lorgner – contempler – scruter – toiser – dévisager – aviser – mirer

b. **Rédigez un court texte dans lequel vous emploierez obligatoirement quatre de ces verbes.**

## 4 AMOUR ET CULTURE

**Trouvez l'origine de chaque mot, puis employez-le dans une phrase afin d'en expliquer le sens.**

Bovarysme – Narcissisme – Sadisme – Masochisme

## 5 SYNONYMES DE L'AMOUR

**L'amour peut se décliner sous toutes formes de nuances. Définissez les mots suivants à l'aide d'une phrase.**

la prédilection – le désir – la sympathie – le penchant – l'adoration – l'engouement – l'idolâtrie

## 6 AMOUR ET SEXISME

**Voici des expressions qui parlent à leur manière de la femme. Analysez ce qu'elles peuvent sous-entendre.**

un garçon manqué – le sexe faible – le beau sexe – le deuxième sexe – la ménagère

## 7 AMOUR ET CLICHÉS

**Relevez les clichés propres à cette déclaration d'amour de Rodolphe à Mme Bovary.**

Je ne sais quelle force encore m'a poussé vers vous ! Car on ne lutte pas contre le ciel, on ne résiste point au sourire des anges ! On se laisse entraîner par ce qui est beau, charmant, adorable ! [...] – Mais, si je ne suis pas venu, continua-t-il, si je n'ai pu vous voir, ah ! du moins j'ai bien contemplé ce qui vous entoure. La nuit, toutes les nuits, je me relevais, j'arrivais jusqu'ici, je regardais votre maison, le toit qui brillait sous la lune, les arbres du jardin qui se balançaient à votre fenêtre, et une petite lampe, une lueur, qui brillait à travers les carreaux, dans l'ombre. Ah ! vous ne saviez guère qu'il y avait là, si près et si loin, un pauvre misérable...

Gustave Flaubert, *Madame Bovary* (1857)

## 8 MANIFESTATIONS PHYSIQUES

a. **Quel(s) sentiment(s) peut éprouver quelqu'un qui :**
- soupire/lève les yeux au ciel/ se montre nonchalant ?
- se tient droit/ sautille/ sifflote ?
- rougit/ regarde à terre/ rentre la tête dans les épaules ?

b. **Rédigez un paragraphe où vous décrirez un personnage dans une situation en rapport avec un des sentiments que vous aurez trouvés. Vous insisterez sur les manifestations physiques qui accompagnent ce sentiment.**

## 9 MANIFESTATIONS PHYSIQUES ET PSYCHOLOGIQUES

a. **Charles Bovary vient soigner à la ferme des Bertaux le père d'Emma : relevez dans cet extrait tout ce qui souligne l'intérêt de Charles pour celle-ci.**

b. **Récrivez cet extrait en modifiant ces éléments pour donner l'impression que Charles est agacé ou ennuyé par la jeune fille.**

Quant à Charles, il ne chercha point à se demander pourquoi il venait aux Bertaux avec plaisir. Y eût-il songé, qu'il aurait sans doute attribué son zèle à la gravité du cas, ou peut-être au profit qu'il en espérait. Était-ce pour cela, cependant, que ses visites à la ferme faisaient, parmi les pauvres occupations de sa vie, une exception charmante. Ces jours-là il se levait de bonne heure, partait au galop, poussait sa bête, puis il descendait pour s'essuyer les pieds sur l'herbe et passait ses gants noirs avant d'entrer. Il aimait à se voir arriver dans la cour, à sentir contre son épaule la barrière qui tournait, et le coq qui chantait sur le mur.

Gustave Flaubert, *Madame Bovary* (1857)

## EXPRESSION ÉCRITE

**Sujet 1**

En reprenant des clichés, rédigez une lettre qui sera une déclaration d'amour.

**Sujet 2**

Composez quatre phrases évoquant une rencontre et les sentiments éprouvés par les deux partenaires, au travers des regards qu'ils échangent.

Séquence 4

# Les scènes de repas dans les romans du XVIe au XXe siècle : une mise en scène des personnages

**Pourquoi les auteurs choisissent-ils d'insérer des scènes de repas dans leur roman ? Quel en est l'intérêt pour le lecteur ? Que nous apprennent les scènes de repas sur les personnages et la société ?**

## CORPUS DE LA SÉQUENCE



## PERSPECTIVE EUROPÉENNE



### LIENS AVEC LA PARTIE LANGUE


- Les valeurs des modes et des temps, p. 400
- Les progressions thématiques, p. 406
- L'énonciation et le discours, p. 408


### LIENS AVEC LA PARTIE OUTILS D'ANALYSE


- L'organisation et le fonctionnement du récit p. 428
- La description, p. 430
- L'image, p. 452
- Faire rire, p. 458


### LIENS AVEC LA PARTIE MÉTHODES POUR LE BAC


- Le commentaire, p. 478
- L'écriture d'invention, p. 492


▸▸ Claude Monet, *Le Déjeuner* (1868), huile sur toile (2,315 m x 1,510 m), détail, Städelsches Kunstinstitut, Francfort-sur-le-main (Allemagne).

# TEXTE 1

▸ Biographies, p. 508

**CONTEXTE**

Le personnage de Gargantua vient du folklore médiéval, mais Rabelais enrichit la figure du géant avec l'idéologie humaniste. On redécouvre à l'époque la culture antique et l'on redonne à l'homme une place centrale dans l'univers ; montrer l'homme tel qu'il est s'avère une préoccupation de Rabelais.

▸ L'Humanisme, p. 20

## François Rabelais, *Gargantua* (1534)

*Rabelais écrit dans l'incipit de* Gargantua *: « Mieux est de ris(rire) que de larmes écrire,/ Pour ce que rire est le propre de l'homme. » L'histoire est prétexte à de nombreuses situations burlesques. Au début du roman, le futur héros est encore dans le ventre de sa mère, qui se laisse aller à quelques excès….*

### Comment Gargamelle étant enceinte de Gargantua mangea profusion de tripes.

Voici en quelle occasion et de quelle manière Gargamelle accoucha, et, si vous n'y croyez pas, que le fondement vous échappe !

Le fondement lui échappait, par un après-midi, le troisième jour de février, parce qu'elle avait mangé trop de gaudebillaux. Les gaudebillaux sont de grasses tripes de coiraux. Les coiraux, des bœufs engraissés à la crèche et dans les prés guimaux. Les prés guimaux, ce sont ceux qui donnent de l'herbe deux fois par an. Ces bœufs gras, ils en avaient fait tuer trois cent soixante-sept mille quatorze pour qu'on les sale à mardi gras, afin d'avoir au printemps du bœuf de saison en abondance, de façon à pouvoir faire au début des repas un bénédicité[1] de salaisons et mieux se mettre à boire.

Les tripes furent copieuses, comme vous vous en doutez, et si savoureuses que chacun s'en léchait les doigts. Mais le hic, c'est qu'il n'était pas possible de les mettre longtemps de côté car elles se seraient avariées, ce qui paraissait inadmissible. Il fut donc décidé qu'on les engloutirait sans rien en laisser perdre. C'est à cette fin que furent conviés tous les villageois de Cinais, de Seuilly, de La Roche-Clermault, de Vaugaudry, sans oublier ceux du Coudray-Montpensier, du Gué de Vède et les autres, tous bons buveurs, bons compagnons et fameux joueurs de quilles.

Le bonhomme Grandgousier y prenait un grand plaisir et commandait qu'on y aille à pleines écuelles. Toutefois, il disait à sa femme d'en manger moins, vu qu'elle approchait du terme et que cette tripaille n'était pas une nourriture très recommandable : « Il a, disait-il, une grande envie de manger de la merde, celui qui en mange le sac. » En dépit de ces remontrances, elle en mangea seize muids[2], deux baquets et six pots. Oh ! Quelle belle matière fécale devait fermenter en elle !

*Gargantua* illustré par Gustave Doré, édition de 1860.

1. Prière qu'on dit au début d'un repas.
2. Ancienne mesure de capacité dont la valeur variait selon les lieux : à Paris, 268 litres pour le vin.

3. Flûte à bec.
4. Saint fantaisiste inventé par Rabelais.
5. Livre de prières. Le clerc suggère ici que lire ses prières lui donne soif.
6. Supérieur de Cordeliers (moines).

Après le repas, tous allèrent pêle-mêle à la Saulaie, et là, sur l'herbe drue, ils dansèrent au son des joyeux flageolets[3] et des douces cornemuses, de si bon cœur que c'était un passe-temps céleste que de les voir ainsi se divertir.

Puis, ils décidèrent de faire quatre heures au même endroit, et flacons de circuler, jambons de trotter, gobelets de voler, brocs de tinter !

« Tire !

– Donne !

– Tourne !

– Baptise-le !

– Verse m'en sans eau ! Comme ça, mon ami !

– Siffle-moi ce verre proprement !

– Produis-moi du clairet, que le verre en pleure.

– Trêve de soif !

– Ah ! Mauvaise fièvre, ne passeras-tu pas ?

– Ma foi, ma commère, je n'arrive pas à me mettre en train.

– Vous ne vous sentez pas bien, ma mie ?

– Sûr !

– Par le ventre de Saint Quenet[4], parlons boisson.

– Je ne bois qu'à mes heures, comme la mule du pape.

– Je ne bois qu'à mon livre d'heures[5], en bon père supérieur[6]. »

Traduction Philippe Aubrée et Monique Clostre,


# Questions

► Faire rire, p. 458

## Une présentation comique des personnages

1. À qui le narrateur s'adresse-t-il au début du chapitre (l. 1 à 2) ? Quel est l'effet recherché ?
2. Comment Rabelais a-t-il forgé les noms de Gargamelle, Grandgousier et Gargantua ? Quelle image de ses personnages cherche-t-il à donner ?
3. Relevez dans l'ensemble du texte les éléments qui montrent leur relation à la nourriture, puis brossez leur portrait moral.
4. Repérez les différents procédés comiques dans les discours rapportés (l. 32 à 35 et 45 à 59). Caractérisez de façon plus précise ces personnages.
5. Étudiez l'expression du but dans la phrase suivante : « Ces bœufs gras, ils en avaient fait tuer [...] mieux se mettre à boire » (l. 6 à 9). Que pensez-vous de la façon dont raisonnent ces personnages ?

## Montrer l'homme tel qu'il est

6. Dans cette page, quelles réalités Rabelais montre-t-il ? Dans quel but ? À l'époque où Rabelais écrit, est-il courant de représenter le corps et ses fonctions ? Justifiez le choix de l'humaniste.
7. Le mode de vie décrit est-il conforme à l'idéal humaniste ? Justifiez votre réponse.
8. Relevez le champ lexical de la religion. Qu'en déduisez-vous de l'attitude des personnages à l'égard de l'Église ?

**Grammaire**
Repérez comment sont construites les quatre premières phrases du second paragraphe ? Quel est l'effet produit ?
► Les progressions thématiques, p. 406

Texte écho

# San Antonio, *La Rate au court-bouillon* (1965)

**CONTEXTE**

Dans le contexte de la guerre froide, après le deuxième conflit mondial, des maisons d'édition, comme *Fleuve Noir*, créée en 1949, ont promu une littérature populaire de romans policiers ou d'espionnage. Journaliste à ses débuts, Frédéric Dard (1921-2000), dit San Antonio, écrit les enquêtes du commissaire San Antonio. Les *San-Antonio* se distinguent des autres polars noirs par leur humour et leur inventivité langagière : « J'ai fait ma carrière avec 300 mots, a dit Frédéric Dard, tous les autres, je les ai inventés. » Ces romans revendiquent leur filiation avec Rabelais et Céline pour l'invention verbale et la création de personnages hauts en couleurs.

*Le commissaire San-Antonio, en vacances, accompagne la fille d'un milliardaire américain Gloria Victis (OSS 116), sur l'île de Kontipok dans les Galapagos. L'armateur Okapis y offre une réception aux grands de ce monde pour l'inauguration de sa luxueuse villa. Ce premier dîner rassemble tous les invités, dont l'inspecteur Bérurier, dans un déguisement qui le rend méconnaissable ou presque.*

Le repas se déroule sans incident. Les mets sont de qualité et Okapis possède une des meilleures caves qu'il m'ait été donné de rencontrer sur mon chemin. Comme nous atteignons le fromage, une voix domine le gentil ronron des conversations de bonne venue pour héler le garçon :

– Hé, le loufiat ! File-moi encore un gorgeon de Saint-Émilion, c'est ma fête !

Tout le monde se tourne vers le mal poli. Vous l'aurez sans doute déjà deviné, car vous êtes beaucoup moins bêtes que vous en avez l'air, c'est M. Mahousse, l'adjoint du professeur E. Prouvette, qui vient de s'exprimer. Il a la trogne congestionnée, le convive. Et cette fois y a pas d'erreur : le Gravos ne peut plus celer[1] son incognito. Trop de vin rouge : son standing en contre-plaqué est parti en brioche. Béru ! C'est bien lui ! Mon Béru, le vrai !

Je vois le professeur qui lui virgule des signes désespérés depuis sa place. Mais Sa Majesté n'en a cure. Beurré à bloc, qu'il est, le Mastar !

S'apercevant que l'attention de toute la tablée est fixée sur lui, il cligne de l'œil à la ronde et déclare :

– Mande pardon, mes rois, mes reines, mais si qu'on se détendait pas en vacances, à part les vouatères, où qu'on pourrait le faire ?

Le sommelier lui ayant rempli son godet, il se le téléphone en priorité et clape de la menteuse[2].

– Béru, soupiré-je, Béru…

– Que dites-vous ? demande Gloria.

– Rien, fais-je, béru est une expression qui signifie horrible butor. Il s'agit d'une contraction du nom de Bérurier, le célèbre cancre français, l'homme qui a mis au point le jaune d'œuf sur la cravate, la barbe mal rasée, les chaussettes trouées et les imperfections de l'imparfait du subjonctif. Depuis, il existe maintenant chez nous le verbe bérurier, lequel appartient au premier groupe, puisqu'il se termine en « er ». On dit qu'un enfant « bérue » quand il renverse son potage sur son pantalon ou qu'il s'oublie au lit. […]

Pendant quelques minutes, le secteur bérurien reste calme car Sa Majesté tortore le fromage. Son éclat a été oublié. Mais voici qu'on amène un soufflé aux bananes. […]

Et c'est délicieux, j'ai demandé la recette au cuisinier d'Okapis, un Irlandais nommé O'Liver et comme il a bien voulu me la communiquer, je vous l'offre, mesdames, à titre gracieux. Pour quatre personnes, vous prenez un régime de bananes, vous jetez le régime mais vous gardez les bananes, vous les épluchez et faites bouillir la peau dans de l'alcool de menthe. Ensuite de quoi vous pilez les fruits avec du poivre de Cayenne et un roman de Claude Farrère[3] (si vous pouvez trouver une édition originale, ça n'en est que meilleur.) Lorsque vous avez obtenu une pulpe fluide, vous filtrez afin d'évacuer les points d'exclamation et les fautes d'impression, puis vous mettez dans un moule de forte dimension.



1. « Cacher » en langage soutenu.
2. « Langue » en argot.
3. Auteur de romans exotiques, d'une qualité médiocre.

# Questions

► Faire rire, p. 458

### L'apparition d'un personnage hors du commun

1. Quel est le temps dominant dans ce texte ? Comment les paroles de Bérurier sont-elles rapportées ? Expliquez ces choix du narrateur.
2. Dans quel niveau de langue Bérurier s'exprime-t-il ? Relevez quelques exemples.
3. Quels sont les principaux éléments de son portrait ? De quel type de portrait s'agit-il ? Quel est l'effet recherché ?
4. « Le Gravos ne peut plus celer son incognito. » (l. 9) : commentez la langue utilisée par le narrateur et donc la relation qu'il entretient vis-à-vis de son personnage.
5. De quel type de repas s'agit-il ? Quel est l'intérêt pour le narrateur de faire apparaître le personnage de Bérurier dans ces circonstances ?

### L'inspiration rabelaisienne

6. Relisez le passage situé des lignes 22 à 28. Quel effet produit cette explication sur le lecteur ? Justifiez votre réponse.
7. Quels sont les points communs et les différences entre Bérurier et les héros de Rabelais ? Vous vous intéresserez en particulier au rapport de Bérurier à la nourriture.
8. Comparez le statut du narrateur dans les deux textes ; quel mode de narration préférez-vous ? Pourquoi ?
9. Que révèle la recette du soufflé aux bananes sur le personnage du commissaire ? Quels procédés comiques identifiez-vous ? Les retrouve-t-on chez Rabelais ? Justifiez votre réponse.

**Vocabulaire**
Relevez les mots ou expressions en argot et expliquez leur origine ou leur formation.

**Synthèse** Frédéric Dard (San-Antonio) s'est toujours réclamé de Rabelais ; en vous appuyant sur vos réponses aux questions, expliquez pourquoi on peut reconnaître une influence rabelaisienne chez San Antonio.

### BAC S'entraîner à l'écriture d'invention

► Repérez les différents écrits d'invention, p. 492

Sur le modèle de l'étymologie fantaisiste du nom Bérurier (l. 22 à 28), construisez un paragraphe dans lequel vous expliquerez le sens d'un nom de famille (le vôtre, par exemple).

## LECTURE D'IMAGE

1. Observez attentivement le cadre du tableau : dans quelle situation l'artiste a-t-il voulu placer l'observateur ?
2. Comment le tableau est-il composé ? Observez l'attitude et l'allure des personnages. Quelles sont les similitudes avec la scène racontée ?
3. Quel personnage pourrait représenter le commissaire San-Antonio ? Justifiez votre réponse.

P.-J. Crook, *Déjeuner* (2003), acrylique sur toile, (127 cm x 177,8 cm) collection privée.

TEXTE 2

# Gustave Flaubert, *Madame Bovary* (1857)

▸ Biographies, p. 508

**CONTEXTE**

Gustave Flaubert dénonce avec vigueur et réalisme la bêtise d'une époque bourgeoise qu'il déteste. Ses romans, *Madame Bovary* (1857), *L'Éducation sentimentale* (1869) mettent en scène une galerie de personnages médiocres et velléitaires.

▸ Le Réalisme, p. 31

*Emma, jeune fille romanesque, a épousé un médiocre officier de santé et elle s'ennuie. Un événement vient rompre la monotonie de son existence : les deux époux sont invités à un bal, chez le marquis d'Andervilliers.*

À sept heures, on servit le dîner. Les hommes, plus nombreux, s'assirent à la première table dans le vestibule, et les dames à la seconde, dans la salle à manger, avec le marquis et la marquise.

Emma se sentit, en entrant, enveloppée par un air chaud, mélange du parfum des fleurs et du beau linge, du fumet des viandes et de l'odeur des truffes. Les bougies des candélabres allongeaient des flammes sur les cloches d'argent ; les cristaux à facettes, couverts d'une buée mate, se renvoyaient des rayons pâles ; des bouquets étaient en ligne sur toute la longueur de la table, et, dans les assiettes à large bordure, les serviettes, arrangées en manière de bonnet d'évêque, tenaient entre le bâillement de leurs deux plis chacune un petit pain de forme ovale. Les pattes rouges des homards dépassaient les plats ; de gros fruits dans des corbeilles à jour, s'étageaient sur la mousse ; les cailles avaient leurs plumes, des fumées montaient ; et, en bas de soie, en culotte courte, en cravate blanche, en jabot, grave comme un juge, le maître d'hôtel, passant entre les épaules des convives les plats tout découpés, faisait d'un coup de sa cuiller sauter pour vous le morceau qu'on choisissait. Sur le grand poêle de porcelaine à baguettes de cuivre, une statue de femme drapée jusqu'au menton regardait immobile la salle pleine de monde.

Mme Bovary remarqua que plusieurs dames n'avaient pas mis leurs gants dans leur verre.

Cependant, au haut bout de la table, seul parmi toutes ces femmes, courbé sur son assiette remplie et la serviette nouée dans le dos comme un enfant, un vieillard mangeait, laissant tomber de sa bouche des gouttes de sauce. Il avait les yeux éraillés et portait une petite queue enroulée d'un ruban noir. C'était le beau-père du marquis, le vieux duc de Laverdière, l'ancien favori du comte d'Artois, dans le temps des parties de chasse au Vaudreuil, chez le marquis de Conflans, et qui avait été, disait-on, l'amant de la reine Marie-Antoinette entre MM. De Coigny et de Lauzun. Il avait mené une vie bruyante de débauches, pleine de duels, de paris, de femmes enlevées, avait dévoré sa fortune et effrayé toute sa famille. Un domestique, derrière sa chaise, lui nommait tout haut, dans l'oreille, les plats qu'il désignait du doigt en bégayant ; et sans cesse les yeux d'Emma revenaient d'eux-mêmes sur ce vieil homme à lèvres pendantes, comme sur quelque chose d'extraordinaire et d'auguste. Il avait vécu à la Cour et couché dans le lit des reines.

On versa du vin de Champagne à la glace. Emma frissonna de toute sa peau en sentant ce froid dans sa bouche. Elle n'avait jamais vu de grenades ni mangé d'ananas. Le sucre en poudre même lui parut plus blanc et plus fin qu'ailleurs.

Les dames, ensuite, montèrent dans leurs chambres s'apprêter pour le bal.

# Questions

► La description, p. 430
► La modalisation, p. 408

## Une description qui révèle le personnage

1. À partir de l'entrée d'Emma, comment la description s'organise-t-elle ? Selon quel point de vue ? Justifiez votre réponse en relevant les verbes de perception.
2. Quels sont les éléments qui retiennent l'attention d'Emma dès son arrivée dans la salle à manger ? Observez l'ordre dans lequel ces éléments apparaissent : quels sens sont concernés ? Que peut-on en déduire sur la personnalité d'Emma ?
3. « Les bougies des candélabres [...] des fumées montaient. » (l. 5 à 12) : observez les jeux de lumière et de reflet ; caractérisez la vision d'Emma. Quelle impression le narrateur cherche-t-il à donner ? Quel autre paragraphe à la fin du texte complète cette description ?
4. Dans la description de la table et des mets, relevez les verbes de mouvement pour compléter ce que vous avez compris des impressions d'Emma.
5. « À sept heures [...] leurs gants dans leur verre. » (l. 1 à 19) : sur quels détails la description des convives et des serviteurs s'attarde-t-elle ? Que voit Emma des usages de table des aristocrates ?

**Grammaire**
Quel type de progression thématique repérez-vous dans la description de la table ? Quel est l'effet produit ?
► Les progressions thématiques, p. 406

## Visions d'un personnage romanesque

6. « Cependant, au haut bout de la table [...] couché dans le lit des reines. » (l. 20 à 32) : selon quel point de vue la narration est-elle menée ?
7. Quel est l'intérêt de montrer le duc à table ? À quoi Emma s'attache-t-elle ? Citez et commentez les adjectifs qui peuvent surprendre le lecteur.
8. Repérez les interventions du narrateur et définissez la tonalité de ses remarques.

**Synthèse** Cet extrait nous présente essentiellement le décor de la soirée et ce que voit Emma : comment le lecteur recueille-t-il des informations sur l'héroïne ?

## BAC S'entraîner à l'écriture d'invention

► Transposer un texte, p. 496

Récrivez les trois derniers paragraphes en adoptant le point de vue exclusif d'Emma (focalisation interne/monologue intérieur).

## LECTURE D'IMAGE

Analysez la composition du tableau, le choix des couleurs et les effets de lumière. Expliquez dans quelle mesure l'observateur est invité à porter le même regard qu'Emma Bovary sur la salle à manger.

► L'organisation de l'image, p. 452
► Les visées et intention de l'image, p. 453

Adolf Menzel, *Le Souper au bal* (1878), huile sur toile (71 cm x 90 cm), Alte Nationalgalerie, Berlin (Allemagne).

► Biographies, p. 508

# Émile Zola, *L'Assommoir* (1877)

**CONTEXTE**

Zola raconte l'histoire de la famille des Rougon-Macquart dans vingt romans. Il lui donne pour caractéristique « le débordement des appétits ». Dans *L'Assommoir*, l'appétit est bien un des thèmes majeurs que l'on trouve décliné, chez Gervaise en désir constant de nourriture, chez Lantier (son amant) en goinfreries de sucreries, et chez Copeau (son mari) en consommation effrénée d'alcool.

► Le Naturalisme, p. 31

*Nous sommes en 1868, au centre du roman. L'anniversaire de Gervaise Macquart, épouse Copeau, blanchisseuse de son état, est l'occasion d'une fête « orgiaque ». Nous assistons à la dégustation gargantuesque d'une oie farcie monumentale…*

Par exemple, il y eut là un fameux coup de fourchette ; c'est-à-dire que personne de la société ne se souvenait de s'être jamais collé une pareille indigestion sur la conscience. Gervaise, énorme, tassée sur les coudes, mangeait de gros morceaux de blanc, ne parlant pas, de peur de perdre une bouchée ; et elle était seulement un peu honteuse devant Goujet, ennuyée de se montrer ainsi, gloutonne comme une chatte. Goujet, d'ailleurs, s'emplissait trop lui-même, à la voir toute rose de nourriture. Puis, dans sa gourmandise, elle restait si gentille et si bonne ! Elle ne parlait pas, mais elle se dérangeait à chaque instant, pour soigner le père Bru[1] et lui passer quelque chose de délicat sur son assiette. C'était même touchant de regarder cette gourmande s'enlever un bout d'aile de la bouche, pour le donner au vieux, qui ne semblait pas connaisseur et qui avalait tout, la tête basse, abêti de tant bâfrer, lui dont le gésier avait perdu le goût du pain. Les Lorilleux[2] passaient leur rage sur le rôti ; ils en prenaient pour trois jours, ils auraient englouti le plat, la table et la boutique, afin de ruiner la Banban[3] du coup. Toutes les dames avaient voulu de la carcasse ; la carcasse, c'est le morceau des dames. Mme Lerat, Mme Boche, Mme Putois grattaient des os, tandis que maman Coupeau, qui adorait le cou, en arrachait la viande avec ses deux dernières dents. Virginie, elle, aimait la peau, quand elle était rissolée, et chaque convive lui passait sa peau, par galanterie ; si bien que Poisson jetait à sa femme des regards sévères, en lui ordonnant de s'arrêter, parce qu'elle en avait assez comme ça : une fois déjà, pour avoir trop mangé d'oie rôtie, elle était restée quinze jours au lit, le ventre enflé. Mais Coupeau se fâcha et servit un haut de cuisse à Virginie, criant que, tonnerre de Dieu ! si elle ne le décrottait pas, elle n'était pas une femme. Est-ce que l'oie avait jamais fait du mal à quelqu'un ? Au contraire, l'oie guérissait les maladies de rate. On croquait ça sans pain, comme un dessert. Lui, en aurait bouffé toute la nuit, sans être incommodé ; et, pour crâner, il s'enfonçait un pilon entier dans la bouche. Cependant, Clémence achevait son croupion, le suçait avec un gloussement des lèvres, en se tordant de rire sur sa chaise, à cause de Boche qui lui disait tout bas des indécences. Ah ! nom de Dieu ! oui, on s'en flanqua une bosse ! Quand on y est, on y est, n'est-ce pas ? et si on ne se paie qu'un gueuleton par-ci, par-là, on serait joliment godiche de ne pas s'en fourrer jusqu'aux oreilles. Vrai, on voyait les bedons se gonfler à mesure. Les dames étaient grosses. Ils pétaient dans leur peau, les sacrés goinfres ! La bouche ouverte, le menton barbouillé de graisse, ils avaient des faces pareilles à des derrières, et si rouges, qu'on aurait dit des derrières de gens riches, crevant de prospérité.

Et le vin donc, mes enfants, ça coulait autour de la table comme l'eau coule à la Seine. Un vrai ruisseau, lorsqu'il a plu et que la terre a soif.

1. Un pauvre vieux que Gervaise a invité à sa fête.
2. Beau-frère et belle-sœur de Gervaise : ils sont envieux de sa « réussite ».
3. Surnom donné à Gervaise qui boite un peu.

# Questions

► La description, p. 430
► Les discours rapportés, p. 412

## Le portrait de Gervaise et de ses invités

1. Relevez ce qui ne se fait pas à table ordinairement et que les convives s'empressent de faire. Qu'en déduisez-vous sur l'éducation des amis de Gervaise ?
2. Qu'est-ce qui distingue un repas de fête d'un repas ordinaire dans ce milieu d'ouvriers ?
3. Que traduisent l'apparence et l'attitude à table de Gervaise ?
4. Comment le narrateur s'y prend-il pour caractériser chacun des personnages ?
5. Quel mot peut résumer l'attitude de tous les convives ? De quoi sont-ils tous incapables ?

## Une description réaliste ?

6. Quels sont les points de vue adoptés ? Quel rôle joue le choix du vocabulaire dans ces différents points de vue ?
7. Repérez les propos au discours indirect libre : quels effets permettent-ils au romancier ?
8. Précisez la façon dont Zola s'éloigne d'une description objective. Vous justifierez votre réponse en vous appuyant sur les champs lexicaux, le rythme des phrases, les comparaisons et les exagérations. Comment les personnages apparaissent-ils à la fin du texte ?
9. Quel est l'intérêt de décrire ces personnages à table ?

**Vocabulaire**
Relevez les verbes et les expressions verbales synonymes de « manger ». Classez-les par niveau de langue. Que pouvez-vous en conclure ?

**Synthèse** Quelle image Zola donne-t-il des convives dans cette scène de repas ? À quelles réflexions invite-t-il le lecteur à propos de ses personnages et du milieu auquel ils appartiennent ?

► Rédiger des paragraphes et insérer des citations, p. 478

## BAC S'entraîner au commentaire

Vous rédigerez un paragraphe de commentaire consacré à l'art du portrait chez Zola.

## Histoire des arts

1. Ce tableau représente des canotiers (rameurs sur des canots) déjeunant en plein air en 1887 : à quel mouvement artistique ce sujet peut-il faire penser ? À quel écrivain ce thème est-il familier ?
2. Cherchez des tableaux montrant des canotiers à cette époque : sont-ils peints dans le même style que celui de Friant ? Justifiez votre réponse.
3. Quels contrastes observez-vous avec la description du repas de Gervaise faite par Zola ?

Émile Friant, *Les Canotiers de la Meurthe* (1887), huile sur toile (110,4 cm x 166,3 cm), musée de l'École, Nancy.

# TEXTE 4

▸ Biographies, p. 508

## CONTEXTE

L'œuvre romanesque de Marcel Proust, intitulée *À la recherche du temps perdu*, raconte des moments de la vie du narrateur-personnage, Marcel, qui, après avoir observé le monde, a voulu l'écrire. Le narrateur observe sa famille, des artistes, des aristocrates, des bourgeois, des domestiques qui font parfois l'objet d'une satire. À son époque, une distance sépare deux mondes : le Faubourg St-Germain, aristocratique et conservateur que le narrateur parvient à côtoyer, et la bourgeoisie représentée dans ses romans par le « petit noyau » des Verdurin.

# Marcel Proust, *Sodome et Gomorrhe* (1922)

*En villégiature en Normandie, les Verdurin reçoivent : autour de la table ont pris place, entre autres, le narrateur, le professeur de médecine Cottard et son épouse, le sculpteur Viradobetski (appelé familièrement Ski) et Saniette, archiviste, tous des habitués du clan Verdurin. Nous en sommes au fromage et le dessert est annoncé.*

« En voilà un dont on peut dire que ça ne lui a pas réussi de quitter notre petit noyau. Je vous montrerai tout à l'heure des fleurs qu'il a peintes pour moi ; vous verrez quelle différence avec ce qu'il fait aujourd'hui et que je n'aime pas du tout, mais pas du tout ! Mais comment ! je lui avais fait faire un portrait de Cottard, sans compter tout ce qu'il a fait d'après moi.

– Et il avait fait au professeur des cheveux mauves, dit Mme Cottard, oubliant qu'alors son mari n'était même pas agrégé[1]. Je ne sais, Monsieur, si vous trouvez que mon mari a des cheveux mauves.

– Ça ne fait rien, dit Mme Verdurin en levant le menton d'un air de dédain pour Mme Cottard et d'admiration pour celui dont elle parlait, c'était d'un fier coloriste, d'un beau peintre. Tandis que, ajouta-t-elle en s'adressant de nouveau à moi, je ne sais pas si vous appelez cela de la peinture, toutes ces grandes diablesses de compositions, ces grandes machines qu'il expose depuis qu'il ne vient plus chez moi. Moi, j'appelle cela du barbouillé, c'est d'un poncif[2], et puis ça manque de relief, de personnalité. Il y a de tout le monde là-dedans.

– Il restitue la grâce du XVIIIe, mais moderne, dit précipitamment Saniette, tonifié et remis en selle par mon amabilité. Mais j'aime mieux Helleu[3].

– Il n'y a aucun rapport avec Helleu, dit Mme Verdurin.

– Si, c'est du XVIIIe siècle fébrile. C'est un Watteau[4] à vapeur, et il se mit à rire.

– Oh ! connu, archiconnu, il y a des années qu'on me le ressert, dit M. Verdurin à qui, en effet, Ski l'avait raconté autrefois, mais comme fait par lui-même. Ce n'est pas de chance que, pour une fois que vous prononcez intelligiblement quelque chose d'assez drôle, ce ne soit pas de vous.

– Ça me fait de la peine, reprit Mme Verdurin, parce que c'était quelqu'un de doué, il a gâché un joli tempérament de peintre. Ah ! s'il était resté ici ! Mais il serait devenu le premier paysagiste de notre temps. Et c'est une femme qui l'a conduit si bas ! Ça ne m'étonne pas d'ailleurs, car l'homme était agréable, mais vulgaire. Au fond c'était un médiocre. Je vous dirai que je l'ai senti tout de suite. Dans le fond, il ne m'a jamais intéressée. Je l'aimais bien, c'était tout. D'abord, il était d'un sale !

Paul Chabas, *Coin de table* (1904), huile sur toile, musée des Beaux-Arts, Tourcoing.

1. Personne admise, après un concours, à enseigner, soit dans un lycée, soit dans une université (médecine ici).
2. Cliché.
3. Peintre français (1859-1927), Helleu est aussi un des modèles d'Elstir, célèbre pour ses portraits mondains.
4. Antoine Watteau, peintre français (1684-1721), est célèbre pour ses « Fêtes Galantes » qui mettent en scène les personnages d'une société raffinée.

Vous aimez beaucoup ça, vous, les gens qui ne se lavent jamais ?
– Qu'est-ce que c'est que cette chose si jolie de ton que nous mangeons ? demanda Ski.
– Cela s'appelle de la mousse à la fraise, dit Mme Verdurin.
– Mais c'est ra-vis-sant. Il faudrait faire déboucher des bouteilles de château-margaux, de château-lafite, de porto.
– Je ne peux pas vous dire comme il m'amuse, il ne boit que de l'eau, dit Mme Verdurin pour dissimuler sous l'agrément qu'elle trouvait à cette fantaisie l'effroi que lui causait cette prodigalité.
– Mais ce n'est pas pour boire, reprit Ski, vous en remplirez tous nos verres, on apportera de merveilleuses pêches, d'énormes brugnons : là, en face du soleil couché, ça sera luxuriant comme un beau Véronèse.
– Ça coûtera presque aussi cher, murmura M. Verdurin.
– Mais enlevez ces fromages si vilains de ton, dit-il en essayant de retirer l'assiette du Patron, qui défendit son gruyère de toutes ses forces.
– Vous comprenez que je ne regrette pas Elstir, me dit Mme Verdurin, celui-ci est autrement doué. Elstir, c'est le travail, l'homme qui ne sait pas lâcher sa peinture quand il en a envie. C'est le bon élève, la bête à concours. Ski, lui, ne connaît que sa fantaisie. Vous le verrez allumer sa cigarette au milieu du dîner. »

# Questions

► L'organisation et le fonctionnement du récit, p. 428

## Une galerie de personnages

1. Que révèle la remarque de Mme Cottard et le commentaire du narrateur (l. 6 à 8) de la personnalité de l'épouse du professeur ?
2. Quelle idée de Saniette pouvons-nous nous faire à partir de ses deux courtes interventions (l. 16 à 17 et 19), de la réponse de M. Verdurin (l. 20 à 23), de celle de sa femme (l. 18) et de la remarque du narrateur (l. 16-17) ?
3. Relevez les éléments qui permettent de cerner la personnalité du couple Verdurin. Intéressez-vous particulièrement à la dernière réplique de la patronne (l. 56 à 59).

## Une image de l'artiste peintre

4. Montrez que Mme Verdurin dénigre peu à peu le peintre Elstir : comment passe-t-elle de l'éloge au blâme le plus radical ? Sur quels types d'argument s'appuie-t-elle ?
5. Quelle image de l'artiste Ski renvoie-t-il aux membres du « petit noyau » ? Vous évoquerez, entre autres, son rapport à la nourriture en montrant comment il se distingue des autres personnages.

## Une vision des relations mondaines

6. Ce dîner est *a priori* un dîner entre amis : que pensez-vous des relations qu'entretiennent les personnages entre eux ? Sur quoi se fondent-elles ? Qu'en déduisez-vous sur ces relations mondaines ?
7. Quelle est la place du narrateur dans ce récit ? Comment s'y prend-il pour donner son avis sur les convives ?

**Grammaire**
Quelle est la nature grammaticale de « ça » ? À quoi renvoie-t-il dans le texte ? À quel niveau de langue appartient-il ? Qu'en déduisez-vous sur le personnage de Mme Verdurin ?

**Synthèse** Rédigez un portrait d'Elstir tel qu'on peut le déduire des propos de Mme Verdurin.

## BAC S'entraîner à l'écriture d'invention

Rédigez le portrait d'une personne de votre choix en commençant par un éloge, puis en introduisant peu à peu quelques critiques, pour finir dans votre dernière phrase par une conclusion complètement négative.

► Repérer les différents écrits d'invention, p. 492

# TEXTE 5

▸ Biographies, p. 508

**⊕ CONTEXTE**

En réaction contre le roman réaliste traditionnel, de jeunes écrivains, dans les années 1950 (Alain Robbe-Grillet, Claude Simon etc.), bousculent la façon de créer un personnage, jusqu'à le faire disparaître, parfois. Ce courant littéraire qu'on appelle le Nouveau Roman donne la primauté au regard et se refuse à la psychologie.

▸ Le Nouveau Roman, p. 37

## Marguerite Duras, *Moderato cantabile* (1958)

*Dans une ville portuaire, une jeune bourgeoise, Anne Desbaresdes, rencontre un ancien ouvrier de l'usine de son mari. Elle va alors connaître une passion qui se développera tout au long du roman. Après un rendez-vous avec cet homme, au cours duquel elle a glissé dans son décolleté une fleur de magnolia au parfum puissant, elle doit rentrer chez elle pour partager un repas avec des invités. Sa pensée est bien ailleurs.*

Anne Desbaresdes boit de nouveau un verre de vin tout entier les yeux mi-clos. Elle en est déjà à ne plus pouvoir faire autrement. Elle découvre, à boire, une confirmation de ce qui fut jusque-là son désir obscur et une indigne consolation à cette découverte.

D'autres femmes boivent à leur tour, elles lèvent de même leurs bras nus, délectables, irréprochables, mais d'épouses. Sur la grève, l'homme siffle une chanson entendue dans l'après-midi dans un café du port.

La lune est levée et avec elle voici le commencement de la nuit tardive et froide. Il n'est pas impossible que cet homme ait froid.

Le service du canard à l'orange commence. Les femmes se servent. On les choisit belles et fortes, elles feront front à tant de chère. De doux murmures montent de leurs gorges à la vue du canard d'or. L'une d'elles défaille à sa vue. Sa bouche est desséchée par d'autre faim que rien non plus ne peut apaiser qu'à peine, le vin. Une chanson lui revient, entendue dans l'après-midi dans un café du port, qu'elle ne peut pas chanter. Le corps de l'homme sur la plage est toujours solitaire. Sa bouche est restée entrouverte sur le nom prononcé.

– Non merci.

Sur les paupières fermées de l'homme, rien ne se pose que le vent et, par vagues impalpables et puissantes, l'odeur du magnolia, suivant les fluctuations de ce vent.

Anne Desbaresdes vient de refuser de se servir. Le plat reste cependant encore devant elle, un temps très court, mais celui du scandale. Elle lève la main, comme il lui fut appris, pour réitérer son refus. On n'insiste plus. Autour d'elle, à table, le silence s'est fait.

– Voyez, je ne pourrais pas, je m'en excuse.

Elle soulève une nouvelle fois sa main à hauteur de la fleur qui se fane entre ses seins et dont l'odeur franchit le parc et va jusqu'à la mer.

– C'est peut-être cette fleur, ose-t-on avancer, dont l'odeur est si forte ?

– J'ai l'habitude de ces fleurs, non, ce n'est rien.

Le canard suit son cours. Quelqu'un en face d'elle regarde encore impassiblement. Et elle s'essaye encore à sourire, mais ne réussit encore que la grimace désespérée et licencieuse de l'aveu. Anne Desbaresdes est ivre.

On redemande si elle n'est pas malade. Elle n'est pas malade.

– C'est peut-être cette fleur, insiste-t-on, qui écœure subrepticement ?

– Non, j'ai l'habitude de ces fleurs. C'est qu'il m'arrive de ne pas avoir faim.

On la laisse en paix. La dévoration du canard commence. Sa graisse va se fondre dans d'autres corps. Les paupières fermées d'un homme de la rue tremblent de tant de patience consentie. Son corps éreinté a froid, que rien ne réchauffe. Sa bouche a encore prononcé un nom.

À la cuisine, on annonce qu'elle a refusé le canard à l'orange, qu'elle est malade, qu'il n'y a pas d'autre explication.

Jean-Paul Belmondo et Jeanne Moreau dans *Moderato Cantabile*, film tiré du roman de Marguerite Duras, réalisé par Peter Brook en 1960.

# Questions

► L'organisation et le fonctionnement du récit, p. 428

### Présence et absence d'Anne Desbaresdes

1. Où se situe l'action de ce passage ? Comment le narrateur passe-t-il d'un lieu à un autre ? Est-ce toujours clair ? Justifiez votre réponse.
2. Quels sont les points de vue adoptés ? Par exemple, qui voit l'homme dans le parc ?
3. Comment le narrateur suggère-t-il le désir entre l'homme et Anne ? Sur quoi se focalise-t-il ?
4. Qu'est-ce qui, dans cette page, peut faire penser aux techniques du cinéma ou du roman-photo ? Quelles incidences ces procédés peuvent-ils avoir sur la vision du monde que nous propose l'écrivain ?

### La cérémonie du dîner : les convenances sociales

5. Expliquez pourquoi il y a scandale.
6. Comment le narrateur montre-t-il le décalage qui existe entre Anne et ses invités ? Intéressez-vous, entre autres, à l'emploi des pronoms.
7. Cherchez le sens du mot « dévoration » (l. 34). Quelles connotations fait-il naître dans l'imagination du lecteur ? À quels autres mots du passage peut-il renvoyer ? Pourquoi ? Que suggère le narrateur sur le monde fréquenté par Anne ?

**Grammaire**
Quelles sont les valeurs du présent dans cette page ? Quel est l'effet produit ?

► Les valeurs des modes et des temps, p. 400

**Synthèse** Montrez qu'Anne Desbaresdes ne joue pas le jeu de son cercle mondain.

### BAC S'entraîner au commentaire

► Organiser le commentaire, p. 478

Vous rédigerez une partie de commentaire montrant comment coexistent deux univers : celui de l'amour d'Anne et celui de la réalité quotidienne.

# DONNER VIE AU PERSONNAGE

## 1 DE L'ÉTYMOLOGIE AU SENS DES MOTS

**Recherchez l'étymologie et le sens des mots suivants, puis expliquez dans quelle situation vous les emploieriez.**
protagoniste – personnage – héros éponyme – héros

## 2 DES NOMS PROPRES ÉVOCATEURS

**Voici des personnages de roman que vous avez pu croiser, pour la plupart, dans les extraits du chapitre. Précisez, pour chacun d'eux, ce que le nom évoque ou vous permet de deviner sur le personnage.**
La Princesse de Clèves – La Bouvillon – Candide – Vautrin – Charles Bovary – Nana – Madame Verdurin – Bérurier

## 3 DES CHAMPS LEXICAUX POUR CRÉER DES EFFETS

**Quel effet procure la description de Madame Grandet ? À quoi est-elle comparée ? Modifiez les éléments de la comparaison pour faire apparaître un personnage sensuel et attirant.**

Madame Grandet était une femme sèche et maigre, jaune comme un coing, gauche, lente ; une de ces femmes qui semblent faites pour être tyrannisées. Elle avait de gros os, un gros nez, un gros front, de gros yeux, et offrait, au premier aspect, une vague ressemblance avec ces fruits cotonneux qui n'ont plus ni saveur ni suc.

Honoré de Balzac, *Eugénie Grandet* (1834)

## 4 DES VERBES POUR CARACTÉRISER L'ATTITUDE D'UN PERSONNAGE

**Dans chaque phrase, remplacez le verbe « être » par un verbe plus précis, qui définira l'attitude du personnage indiquée entre parenthèses.**

1. Monsieur de Rênal était dans l'embrasure de la porte, devant Julien. *(Sa carrure est impressionnante.)*
2. Par cette chaleur, Bouvard était sur un banc. *(Il est avachi et transpire, écrasé par la chaleur.)*
3. Fantine était au fond de la pièce. *(Elle a peur.)*
4. Emma était sur le banc au fond du jardin. *(Elle est étendue mollement et rêvasse.)*
5. Tant que l'inconnu ne s'éloigna pas de l'arbre, Stéphanie fut sur la branche. *(Elle est morte de peur.)*
6. Soucieuse du succès de son repas, Gervaise était devant les fourneaux. *(Elle ne s'accorde pas un moment de répit.)*

## 5 DES PROCÉDÉS STYLISTIQUES POUR CRÉER UN EFFET COMIQUE

**A Parmi les procédés qui permettent de jouer avec les mots et de créer un effet comique grâce aux propos des personnages, Frédéric Dard utilise les suivants :**

- **Le néologisme**

Ex. : J'ai **tangoté** avec la reine vioque de Brabance.

- **Le calembour**

Ex. : « Y aura pas à **terre-j'y-versais**. » pour « Il n'y aura pas à **tergiverser**. »

- **La contrepèterie**

Ex. : Rabelais transforme « les folles de la messe » en « les molles de la fesse ».

- **Les déformations** d'expressions françaises ou anglaises.

Ex. : « œuf corse » pour « of course »

**Cherchez la définition des procédés que vous ne connaissez pas et proposez des exemples pour chacun.**

**B Caractérisez ces personnages de Balzac en fonction de leurs propos.**

1. « Vous voilà chez vous, mon neveu. »
2. « Quoi que c'est que ça, les marins de la garde ? C'est-y salé ? Ça va-t-il sur l'eau ? »
3. « Monsieur le conte, aimez-vous ma fille autant que j'aimais sa mère ? »

## EXPRESSION ÉCRITE

### Sujet 1

Imaginez un personnage ; choisissez-lui une identité, un nom, un statut social, des particularités physiques et morales, un potentiel romanesque dans une faille ou un défaut. Rédigez les trente premières lignes d'un roman où vous le ferez apparaître. Ne cherchez pas à être exhaustif ; choisissez plutôt quelques détails caractéristiques.

### Sujet 2

Choisissez le personnage d'un roman que vous connaissez bien et faites-en une description, tel que vous le voyez, marchant dans une rue ou entrant dans un lieu. Vous vous appuierez sur des éléments précis (détails du portrait physique, comportement, propos tenus en certaines occasions). Vous aurez recours à un champ lexical qui appuiera l'impression que vous voulez en donner. Variez les verbes d'état et d'opinion pour éviter la répétition du verbe « être ».

4. Ronger.
5. Répandr
couler gou
goutte.

► Émouvoi

Vocabu
Recherch
et le sens
« tourme
ses occu
la lettre e

# Séquence 5

# Visages de la folie dans les romans du XVII^e au XX^e siècle

**Comment la folie est-elle représentée dans les romans ? Pourquoi les romanciers choisissent-ils de l'incarner ?**

## CORPUS DE LA SÉQUENCE



## PERSPECTIVE THÉÂTRALE



### LIENS AVEC LA PARTIE LANGUE


- Les valeurs des modes et des temps, p. 400
- Les figures de style, p. 414


### LIENS AVEC LA PARTIE OUTILS D'ANALYSE


- Le récit, p. 428
- Le théâtre, p. 436
- L'image, p. 452
- Les registres et effets du texte, p. 458


### LIENS AVEC LA PARTIE MÉTHODES POUR LE BAC


- Le commentaire, p. 478
- La dissertation, p. 486
- L'écriture d'invention, p. 492


►► Victor Hugo, *Le Fou* (XIX^e siècle), Dessin, Maison de Victor Hugo, Paris.

Écho théâtral

► Biographies, p. 508

# Jean Racine, *Phèdre* (1677)

**CONTEXTE**

Dans ses tragédies, Racine présente une conception tragique de la passion amoureuse, synonyme de souffrance et de mort. Dans *Phèdre*, l'héroïne éponyme ne peut résister à sa passion qu'elle juge coupable et qui menace sa raison et finalement sa vie. *Phèdre* est exemplaire du trouble psychologique qu'un amour coupable et tyrannique peut provoquer chez une femme. Choderlos de Laclos s'en est souvenu dans son roman.

*Dans cette tragédie, Phèdre, dernière épouse de Thésée – que l'on croit mort – s'est soudainement et violemment éprise de son beau-fils Hippolyte. Dans l'Acte II, scène 5 elle ne peut contenir sa passion et lui avoue ses sentiments.*

PHÈDRE

Ah ! cruel, tu m'as trop entendue[1].
Je t'en ai dit assez pour te tirer d'erreur[2].
Eh bien, connais donc Phèdre et toute sa fureur.
J'aime. Ne pense pas qu'au moment que je t'aime,
Innocente à mes yeux, je m'approuve moi-même,
Ni que du fol amour qui trouble ma raison
Ma lâche complaisance ait nourri le poison.
Objet infortuné des vengeances célestes,
Je m'abhorre[3] encor plus que tu ne me détestes.
Les dieux m'en sont témoins, ces dieux qui dans mon flanc
Ont allumé le feu fatal à tout mon sang,
Ces dieux qui se sont fait une gloire cruelle
De séduire le cœur d'une faible mortelle.
Toi-même en ton esprit rappelle le passé.
C'est peu de t'avoir fui, cruel, je t'ai chassé.
J'ai voulu te paraître odieuse, inhumaine.
Pour mieux te résister, j'ai recherché ta haine.
De quoi m'ont profité mes inutiles soins ?
Tu me haïssais plus, je ne t'aimais pas moins.
Tes malheurs te prêtaient encor de nouveaux charmes.
J'ai langui, j'ai séché, dans les feux, dans les larmes.
Il suffit de tes yeux pour t'en persuader,
Si tes yeux un moment pouvaient me regarder.
Que dis-je ? Cet aveu que je te viens de faire,
Cet aveu si honteux, le crois-tu volontaire ?
Tremblante pour un fils que je n'osais trahir,
Je te venais prier de ne le point haïr.
Faibles projets d'un cœur trop plein de ce qu'il aime !
Hélas ! je ne t'ai pu parler que de toi-même.
Venge-toi, punis-moi d'un odieux amour.
Digne fils du héros qui t'a donné le jour,
Délivre l'univers d'un monstre qui t'irrite.
La veuve de Thésée ose aimer Hippolyte !
Crois-moi, ce monstre affreux ne doit point t'échapper.
Voilà mon cœur. C'est là que ta main doit frapper.
Impatient déjà d'expier son offense
Au-devant de ton bras je le sens qui s'avance.
Frappe. Ou si tu le crois indigne de tes coups,
Si ta haine m'envie un supplice si doux,
Ou si d'un sang trop vil ta main serait trempée,
Au défaut de ton bras prête-moi ton épée.
Donne.

1. Comprise.
2. Détromper.
3. Se détester.

# Questions

► Les principaux genres théâtraux, p. 437
► Les registres et effets du texte, p. 458

## Des passions tyranniques

1. Montrez que Madame de Tourvel (p. 124) et Phèdre définissent leur amour en des termes contradictoires.
2. Par quels principaux procédés le combat contre la passion amoureuse s'exprime-t-il dans les deux textes ?
3. Laquelle des deux héroïnes vous semble la plus soumise à sa passion ? Justifiez votre réponse.
4. Quel rôle chacune des héroïnes attribue-t-elle à celui qu'elle aime, à Dieu ou aux dieux ?

## Perdre la raison

5. Comparez l'expression de Phèdre à celle de Madame de Tourvel : lexique, types de phrase, modes et temps. Qu'en concluez-vous sur le trouble de chacune d'elles ?
6. Montrez qu'en dépit des souffrances que provoque leur passion, les héroïnes désirent s'y abandonner.
7. Quelle héroïne vous semble la plus proche de sombrer dans la folie ? de perdre la vie ? Justifiez votre réponse en comparant la détermination de Phèdre aux hésitations de Madame de Tourvel.
8. LECTURE D'IMAGE : Comment Dominique Blanc, qui incarne le personnage de Phèdre au théâtre, cherche-t-elle à montrer le visage de la folie ?

## Une héroïne et un personnage

9. Identifiez les registres dominants des deux textes et montrez qu'ils soulignent une différence entre le personnage du roman et l'héroïne de la tragédie.
10. Le lecteur peut-il se sentir plus proche de Madame de Tourvel que de Phèdre ? Justifiez votre réponse.
11. Montrez que si Phèdre a pu inspirer le personnage de Madame de Tourvel à Choderlos de Laclos, il lui permet aussi de souligner ce qui les sépare.

► Rédigez des paragraphes et insérer des citations, p. 478

**Synthèse** Vous montrerez que la lettre de Madame de Tourvel fait écho à la tirade de Phèdre. Vous vous demanderez si l'on peut comparer la passion amoureuse des deux héroïnes et ses conséquences sur leur raison et sur leur vie.

## BAC S'entraîner au commentaire

Rédigez une partie d'un commentaire montrant que Madame de Tourvel se sent abandonnée et mise à l'écart du monde.

Dominique Blanc (Phèdre) dans la pièce mise en scène par Patrice Chéreau au théâtre de l'Odéon à Paris en 2003.

# TEXTE 2

▸ Biographies, p. 508

# Honoré de Balzac, *Adieu* (1830)

**⊕ CONTEXTE**

Les guerres napoléoniennes sont régulièrement présentes dans l'œuvre de Balzac. Si elles semblent parfois un simple arrière-plan historique sur lequel se dessine le destin des personnages, elles lui sont aussi étroitement liées et révèlent l'influence de l'Histoire, celle décidée par les hommes, sur l'histoire des individus.

*Fuyant la Russie lors de la retraite de l'armée napoléonienne, en 1812, la comtesse Stéphanie de Vandières a dit « adieu » pour jamais au colonel Philippe de Sucy. Séparée de son amant, isolée, soumise à la brutalité de certains soldats, elle perd la raison. Sept ans plus tard, lors d'une chasse avec son ami le marquis d'Albon, Philippe aperçoit dans une propriété, Les Bons-Hommes, celle qu'il croyait morte ; elle est soignée par son oncle, le docteur Fanjat. Le colonel espère, par sa présence, contribuer à la guérison de Stéphanie.*

Tout à coup un jeune chevreau accourut en trois bonds vers le banc, flaira Stéphanie, que ce bruit réveilla ; elle se mit légèrement sur ses pieds, sans que ce mouvement effrayât le capricieux animal ; mais quand elle eut aperçu Philippe, elle se sauva, suivie de son compagnon quadrupède, jusqu'à une haie de sureaux[1] ; puis, elle jeta ce petit cri d'oiseau effarouché que déjà le colonel avait entendu près de la grille où la comtesse était apparue à monsieur d'Albon pour la première fois. Enfin, elle grimpa sur un faux ébénier, se nicha dans la houppe[2] verte de cet arbre, et se mit à regarder *l'étranger* avec l'attention du plus curieux de tous les rossignols de la forêt.

– Adieu, adieu, adieu ! dit-elle sans que l'âme communiquât une seule inflexion sensible à ce mot.

C'était l'impassibilité de l'oiseau sifflant son air.

– Elle ne me reconnaît pas, s'écria le colonel au désespoir. Stéphanie ! c'est Philippe, ton Philippe, Philippe.

Et le pauvre militaire s'avança vers l'ébénier ; mais quand il fut à trois pas de l'arbre, la comtesse le regarda, comme pour le défier, quoiqu'une sorte d'expression craintive passât dans son œil ; puis, d'un seul bond, elle se sauva de l'ébénier sur un acacia, et, de là, sur un sapin du Nord, où elle se balança de branche en branche avec une légèreté inouïe.

– Ne la poursuivez pas, dit monsieur Fanjat au colonel. Vous mettriez entre elle et vous une aversion qui pourrait devenir insurmontable ; je vous aiderai à vous en faire connaître et à l'apprivoiser. Venez sur ce

Telemaco Signorini, *La Salle des agitées à San Bonifacio* (1865), huile sur toile, Galleria d'Arte Moderna di Ca'Pesaro, Venise (Italie).

1. Arbrisseaux.
2. La houppe est un assemblage de brins de fil ou de laine. Ici, synonyme de touffe, assemblage de plantes ou de branches.

3. Unité de mesure. À trois mètres environ.

banc. Si vous ne faites point attention à cette pauvre folle, alors vous ne tarderez pas à la voir s'approcher insensiblement pour vous examiner.

– *Elle* ! ne pas me reconnaître, et me fuir, répéta le colonel en s'asseyant le dos contre un arbre dont le feuillage ombrageait un banc rustique ; et sa tête se pencha sur sa poitrine. Le docteur garda le silence. Bientôt la comtesse descendit doucement du haut de son sapin, en voltigeant comme un feu follet, en se laissant aller parfois aux ondulations que le vent imprimait aux arbres. Elle s'arrêtait à chaque branche pour épier l'étranger ; mais, en le voyant immobile, elle finit par sauter sur l'herbe, se mit debout, et vint à lui d'un pas lent, à travers la prairie. Quand elle se fut posée contre un arbre qui se trouvait à dix pieds[3] environ du banc, monsieur Fanjat dit à voix basse au colonel :

– Prenez adroitement, dans ma poche droite, quelques morceaux de sucre, et montrez-les-lui, elle viendra ; je renoncerai volontiers, en votre faveur, au plaisir de lui donner des friandises. À l'aide du sucre, qu'elle aime avec passion, vous l'habituerez à s'approcher de vous et à vous reconnaître.

– Quand elle était femme, répondit tristement Philippe, elle n'avait aucun goût pour les mets sucrés.

Lorsque le colonel agita vers Stéphanie le morceau de sucre qu'il tenait entre le pouce et l'index de la main droite, elle poussa de nouveau son cri sauvage, et s'élança vivement sur Philippe ; puis elle s'arrêta, combattue par la peur instinctive qu'il lui causait ; elle regardait le sucre et détournait la tête alternativement, comme ces malheureux chiens à qui leurs maîtres défendent de toucher à un mets avant qu'on ait dit une des dernières lettres de l'alphabet qu'on récite lentement. Enfin la passion bestiale triompha de la peur ; Stéphanie se précipita sur Philippe, avança timidement sa jolie main brune pour saisir sa proie, toucha les doigts de son amant, attrapa le sucre et disparut dans un bouquet de bois.

# Questions

► L'organisation et le fonctionnement du récit, p. 428

## La folie : un retour à l'état sauvage

1. Quel est le principal comparant des figures de rapprochement ? Quel est l'effet produit ?
2. Relevez le champ lexical de la grâce. Quelle image donne-t-il de Stéphanie ?
3. Montrez que le comportement du chevreau et l'agilité de Stéphanie dans les arbres sont peu vraisemblables. Que cherche à suggérer le narrateur ?

## Le colonel : un danger pour Stéphanie ?

4. Quelle différence repérez-vous dans les relations que la comtesse établit avec Philippe et le chevreau ? Que suggère cette différence ?
5. Étudiez l'évolution du comportement de Stéphanie tout au long de la scène ? Qu'en concluez-vous de son rapport avec les hommes ?

**Grammaire**
Montrez la variété des constructions des figures de rapprochement présentes dans le texte.
► Les figures de rapprochements, p. 414

**Synthèse** Quel regard ce texte porte-t-il sur la folie de Stéphanie ? Quelle critique du monde et des hommes ce regard suggère-t-il ?

## BAC S'entraîner à l'écriture d'invention

En une quinzaine de lignes, brossez le portrait d'un personnage devenu fou dans un cadre et dans une situation que vous choisirez. Vous utiliserez des comparaisons et des métaphores qui donnent une image attachante et inquiétante du personnage.

► Repérer les différents écrits d'invention, p. 492

# TEXTE 3

▸ Biographies, p. 508

**CONTEXTE**

Dans la grande bourgeoisie provinciale française du début du XXe siècle, les sentiments, l'affection, l'effusion sont souvent sacrifiés au profit des conventions, de la morale, de l'honneur des familles. Des êtres sensibles, avides d'amour et d'authenticité, étouffent dans ce milieu qu'a souvent décrit François Mauriac.

## François Mauriac, *Thérèse Desqueyroux* (1927)

*Thérèse a tenté d'empoisonner son mari, Bernard Desqueyroux, grand bourgeois du Bordelais. Elle est innocentée lors d'un procès arrangé, afin d'éviter un scandale, et rejoint son mari. Celui-ci lui signifie qu'elle devra se conformer aux décisions arrêtées en famille : elle demeurera dans sa chambre et ne verra plus son enfant.*

En ces jours les plus courts de l'année, la pluie épaisse unifie le temps, confond les heures ; un crépuscule rejoint l'autre dans le silence immuable. Mais Thérèse était sans désir de sommeil et ses songes en devenaient plus précis ; avec méthode, elle cherchait, dans son passé, des visages oubliés, des bouches qu'elle avait chéries de loin, des corps indistincts que des rencontres fortuites, des hasards nocturnes avaient rapprochés de son corps innocent. Elle composait un bonheur, elle inventait une joie, elle créait de toutes pièces un impossible amour.

« Elle ne quitte plus son lit, elle laisse son confit et son pain – disait, à quelque temps de là, Balionte à Balion[1]. Mais je te jure qu'elle vide bien toute sa bouteille. Autant qu'on lui en donnerait, à cette garce, autant qu'elle en boirait. Et après ça, elle brûle les draps avec sa cigarette. Elle finira par nous mettre le feu. Elle fume tant qu'elle a ses doigts et ses ongles jaunes, comme si elle les avait trempés dans de l'arnica : si ce n'est pas malheureux ! des draps qui ont été tissés sur la propriété… Attends un peu que je te les change souvent ! »

Elle disait encore qu'elle ne refusait pas de balayer la chambre ni de faire le lit. Mais c'était cette feignantasse[2] qui ne voulait pas sortir des draps. Et ce n'était pas la peine que Balionte, avec ses jambes enflées, montât des brocs d'eau chaude : elle les retrouvait, le soir, à la porte de la chambre où elle les avait posés le matin.

La pensée de Thérèse se détachait du corps inconnu qu'elle avait suscité pour sa joie, elle se lassait de son bonheur, éprouvait la satiété de l'imaginaire plaisir – inventait une autre évasion. On s'agenouillait autour de son grabat[3]. Un enfant d'Argelouse[4] (un de ceux qui fuyaient à son approche) était apporté mourant dans la chambre de Thérèse ; elle posait sur lui sa main toute jaunie de nicotine, et il se relevait guéri. Elle inventait d'autres rêves plus humbles : elle arrangeait une maison au bord de la mer, voyait en esprit le jardin, la terrasse, disposait les pièces, choisissait un à un chaque meuble, cherchait la place pour ceux qu'elle possédait à Saint-Clair, se disputait avec elle-même pour le choix des étoffes. Puis le décor se défaisait, devenait moins précis, et il ne restait qu'une charmille[5], un banc devant la mer. Thérèse, assise, reposait sa tête contre une épaule, se levait à l'appel de la cloche pour le repas, entrait dans la charmille noire et quelqu'un marchait à ses côtés qui soudain l'entourait des deux bras, l'attirait. Un baiser, songe-t-elle, doit arrêter le temps ; elle imagine qu'il existe dans l'amour des secondes infinies. Elle l'imagine ; elle ne le saura jamais. Elle voit la maison blanche encore, le puits ; une pompe grince ; des héliotropes[6] arrosés parfument la cour ; le dîner sera un repos avant ce bonheur du soir et de la nuit qu'il doit être impossible de regarder en face, tant il dépasse la puissance de notre cœur : ainsi l'amour dont Thérèse a été plus sevrée qu'aucune créature, elle en est possédée, pénétrée. À peine entend-elle les criailleries de Balionte. Que crie la vieille ? Que M. Bernard rentrera du Midi, un jour ou l'autre, sans avertir : « et que dira-t-il quand il verra cette chambre ? Un vrai parc à cochons ! Il faut que Madame se lève de gré ou de force ». Assise sur

1. Couple de domestiques de la famille.
2. Forme populaire et péjorative de fainéant et proche ici de feignasse.
3. Lit rudimentaire, lit de malade.
4. Nom de la propriété familiale.
5. Allée de charmes ou tonnelle de verdure.
6. Plantes odorantes et qui tournent leurs fleurs vers le soleil.

*Et ne revien*
*Et ne revien*
*Non ! Non*
*Va à ton lit*
*Il ne revien*

*Sa barbe éta*
*Toute blon*
*Il est parti !*
*Et nous per*
*Dieu ait piti*

Et de toutes les â
soit avec vous ! (

LAERTES : Voyez-

## LECTURE D'IMA

1. Sur quel passage du peindre ce portrait ? J
2. Quelle image ce portr
3. Étudiez les jeux d'om justifiez-vous ?
4. Comment le peintre s' d'Ophélia ?
5. Quel effet la représen peut-il avoir sur l'app pièce de théâtre ? Es tation, son incarnati votre réponse.

► L'organisation de l'image,
► Les visées et intentions d

son lit, Thérèse regarde avec stupeur ses jambes squelettiques, et ses pieds lui paraissent énormes. Balionte l'enveloppe d'une robe de chambre, la pousse dans un fauteuil. Elle cherche à côté d'elle les cigarettes, mais sa main retombe dans le vide. Un soleil froid entre par la fenêtre ouverte.

Sickert Walter Richard, *La Maigre Adeline* (1906), huile sur toile, The Metropolitan Museum of Art, New York.

► L'organisation et le fonctionnement du récit, p. 428

### Grammaire

À partir de « Thérèse, assise, […] fenêtre ouverte » (l. 29 à 49) identifiez les temps et donnez leur valeur.

► Les valeurs des temps, p. 400

## Questions

### Échapper à la réalité

1. Relevez les deux phrases qui évoquent l'extérieur. À quelles places se situent-elles dans l'extrait ? Quel est l'effet produit ?
2. Montrez que la séparation de Thérèse avec le monde et les personnages qui l'entourent se fait progressivement et difficilement.
3. Que suggère « avec méthode, elle cherchait,… » (l. 3 à 4) ?
4. En quoi le retour à la réalité constitue-t-il pour Thérèse une dégradation.

### Rêverie ou délire ?

5. Comment le narrateur s'efface-t-il pour accorder sa place au personnage.
6. Montrez que ces évasions sont diverses mais aussi unifiées par un désir et un sentiment récurrents. Qu'en déduisez-vous de l'état de Thérèse ?
7. Étudiez les valeurs du présent dans le dernier paragraphe ? Que suggèrent-elles quant à la distinction entre rêve et délire ?
8. Laquelle de ces évasions vous paraît la plus proche du délire ?
9. Quelle idée Thérèse se fait-elle du bonheur ?

### Histoire des arts

Écoutez « l'air de la folie
*L'Histoire d'Adèle H.* (197

**Synthèse** Expliquez comment les procédés de la narration et l'organisation de cet extrait nous révèlent l'état psychologique de Thérèse, son enfermement physique autant que moral et sa lutte contre cet enfermement.

► **William Shakespeare (1564-1616)** a influencé la littérature française puisque les dramaturges romantiques se sont réclamés de lui pour renouveler la tragédie et la comédie du théâtre français. Cette mise en perspective du roman et du théâtre souligne que ces deux genres partagent les mêmes intérêts pour les mêmes personnages et se veulent tous les deux reflets de la réalité et visions particulières du monde et des hommes. C'est aussi l'occasion d'inviter le lecteur à comparer les moyens d'expression propres ou communs à chacun des genres littéraires.

TEXTE C

## André Malraux, *La Condition humaine* (1933)

*Tchen, un jeune Chinois engagé dans l'action terroriste, doit assassiner un trafiquant.*

Première partie

21 mars 1927

*Minuit et demi.*

Tchen tenterait-il de lever la moustiquaire ? Frapperait-il au travers ? L'angoisse lui tordait l'estomac ; il connaissait sa propre fermeté, mais n'était capable en cet instant que d'y songer avec hébétude*, fasciné par ce tas de mousseline blanche qui tombait du plafond sur un corps moins visible qu'une ombre, et d'où sortait seulement ce pied à demi incliné par le sommeil, vivant quand même – de la chair d'homme. La seule lumière venait du building voisin : un grand rectangle d'électricité pâle, coupé par les barreaux de la fenêtre dont l'un rayait le lit juste au-dessous du pied comme pour en accentuer le volume et la vie. Quatre ou cinq klaxons grincèrent à la fois. Découvert ? Combattre, combattre des ennemis qui se défendent, des ennemis éveillés !

La vague de vacarme retomba : quelque embarras de voitures (il y avait encore des embarras de voitures, là-bas, dans le monde des hommes...). Il se retrouva en face de la tache molle de la mousseline et du rectangle de lumière, immobiles dans cette nuit où le temps n'existait plus.

Il se répétait que cet homme devait mourir. Bêtement : car il savait qu'il le tuerait. Pris ou non, exécuté ou non, peu importait. Rien n'existait que ce pied, cet homme qu'il devait frapper sans qu'il se défendît – car, s'il se défendait, il appellerait.

Les paupières battantes, Tchen découvrait en lui, jusqu'à la nausée, non le combattant qu'il attendait, mais un sacrificateur. Et pas seulement aux dieux qu'il avait choisis : sous son sacrifice à la révolution grouillait un monde de profondeurs auprès de quoi cette nuit écrasée d'angoisse n'était que clarté. « Assassiner n'est pas seulement tuer... » Dans ses poches, ses mains hésitantes tenaient, la droite un rasoir fermé, la gauche un court poignard. Il les enfonçait le plus possible, comme si la nuit n'eût pas suffi à cacher ses gestes. Le rasoir était plus sûr, mais Tchen sentait qu'il ne pourrait jamais s'en servir ; le poignard lui répugnait moins. Il lâcha le rasoir dont le dos pénétrait dans ses doigts crispés ; le poignard était nu dans sa poche, sans gaine. Il le fit passer dans sa main droite, la gauche retombant sur la laine de son chandail et y restant collée. Il éleva légèrement le bras droit, stupéfait du silence qui continuait à l'entourer, comme si son geste eût dû déclencher quelque chute. Mais non, il ne se passait rien : c'était toujours à lui d'agir.



* Stupeur, état d'une personne abasourdie, qui perd ses moyens.

## ▶ ▶ ▶ Sujet Bac

### I. Après avoir lu les textes du corpus, répondez à la question suivante (6 points)

1. Comment l'évocation du lieu souligne-t-elle la gravité du geste ?
2. Comment le narrateur instaure-t-il une proximité avec le personnage du meurtrier (Julien, Milady, Tchen) ?

### II. Traitez ensuite l'un des sujets suivants (14 points)

**• Commentaire**

Vous commenterez le texte d'André Malraux (Texte C), en vous aidant du parcours de lecture suivant :

1. Vous montrerez l'habileté de ce début de roman qui intrigue le lecteur.
2. Comment la narration parvient-elle à rendre compte de la complexité de Tchen ?

**• Dissertation**

Pour apprécier un roman, un lecteur a-t-il besoin de s'identifier au personnage principal et de partager ses sentiments ?

**• Écriture d'invention**

Rédigez la lettre que D'Artagnan écrit à un ami vingt ans après les faits. Il raconte la mort de Milady, l'attitude de ce personnage diabolique devant le bourreau. Il évoque ses sentiments d'alors et ses sentiments présents face à ce châtiment ; il se reproche la mort de Milady, tout en essayant de se justifier.

## Quelques conseils

▸ Grille d'auto-évaluation pour le commentaire, p. 481

### Si vous choisissez le commentaire...

1. Déterminez quelles informations ce début de roman délivre sur les personnages, les lieux, l'époque. Vous pourrez ainsi dégager l'enjeu du passage et établir les traits de caractère de Tchen. (▸ Les mouvements majeurs de l'histoire littéraire : le XXe siècle, p. 35)
2. La complexité d'un personnage peut être révélée par l'étude de la narration : observez l'énonciation notamment et la focalisation. (▸ L'organisation et le fonctionnement du récit, p. 428)
3. Interrogez-vous sur la façon dont la nature apparaît : y a-t-il des points communs qui vous permettraient de regrouper certains textes ?

▸ Grille d'auto-évaluation pour la dissertation, p. 491

### Si vous choisissez la dissertation...

1. Commencez par noter le genre littéraire concerné : ici, le roman.
2. Soulignez les mots importants du sujet : les termes « s'identifier », « partager les sentiments » et « personnage principal » doivent être définis. (▸ Analyser le sujet et exploiter le corpus, p. 482)
3. Rassemblez vos connaissances pour nourrir votre réflexion : œuvres romanesques étudiées en cours, lectures personnelles.
4. Le sujet oppose deux thèses : l'identification au personnage est nécessaire, ou ne l'est pas, pour apprécier un roman. Vous devrez défendre chaque thèse. Déterminez les arguments et les exemples qui leur sont favorables. Adaptez votre plan à votre conviction. (▸ Rassembler et organiser ses idées, p. 486 ; ▸ Construire un paragraphe et insérer des exemples, p. 486)

▸ Grille d'auto-évaluation pour l'écriture d'invention, p. 503

### Si vous choisissez l'écriture d'invention...

1. Votre écrit doit mêler narration, description et argumentation. Déterminez les contraintes d'écriture imposées par le sujet : qui parle ? à qui ? quand ? quoi ? dans quel but ou avec quelles intentions ? (▸ L'organisation et le fonctionnement du récit, p. 428)
2. Étudiez le style des paroles de D'Artagnan pour l'imiter.
3. Choisissez les éléments du texte de Dumas que vous pourrez reprendre (une phrase, une parole, ...).
4. Dressez la liste des émotions contradictoires qui traversent le personnage, et associez à chacune une explication : le temps écoulé depuis les faits doit être pris en considération.

# TEXTE 1

▸ Biographies, p. 508

**⊕ CONTEXTE**

L'esthétique baroque privilégie l'illusion et l'artifice, considérés comme révélateurs de la réalité. C'est de ce principe que s'inspire Corneille pour imaginer le dispositif qui fonde *L'Illusion comique*, à un moment où le baroque est encore un courant vigoureux en France et en Europe. Cette comédie exploite en effet le procédé du théâtre dans le théâtre, dévoilant ainsi les richesses de l'art théâtral.

▸ Le Baroque, p. 23

## Pierre Corneille, *L'Illusion comique* (1636)

*Un père (Pridamant), bouleversé par la disparition de son fils (Clindor), vient consulter un magicien (Alcandre). Devant les yeux du père se déroule la vie d'aventures du fils et une histoire d'amour tragique dans laquelle Clindor perd la vie. La magie se dévoile : en fait, c'est une troupe de théâtre, dont fait partie Clindor, qui a joué dans le décor d'une grotte.*

### Acte V, scène 5

[...]

*Ici on relève la toile, et tous les comédiens paraissent avec leur portier, qui comptent de l'argent sur une table, et en prennent chacun leur part.*

Pridamant :
Que vois-je ? chez les morts compte-t-on de l'argent ?
Alcandre :
Voyez si pas un d'eux s'y montre négligent.
Pridamant :
Je vois Clindor ! ah Dieux ! quelle étrange surprise !
Je vois ses assassins, je vois sa femme et Lyse !
Quel charme en un moment étouffe leurs discords,
Pour assembler ainsi les vivants et les morts ?
Alcandre :
Ainsi tous les acteurs d'une troupe comique,
Leur poème récité, partagent leur pratique :
L'un tue, et l'autre meurt, l'autre vous fait pitié ;
Mais la scène préside à leur inimitié.
Leurs vers font leurs combats, leur mort suit leurs paroles
Et, sans prendre intérêt en pas un de leurs rôles,
Le traître et le trahi, le mort et le vivant,
Se trouvent à la fin amis comme devant.
Votre fils et son train ont bien su, par leur fuite,
D'un père et d'un prévôt éviter la poursuite,
Mais tombant dans les mains de la nécessité,
Ils ont pris le théâtre en cette extrémité.
Pridamant :
Mon fils comédien !
Alcandre :
D'un art si difficile
Tous les quatre, au besoin, ont fait un doux asile
Et depuis sa prison, ce que vous avez vu,
Son adultère amour, son trépas imprévu*,
N'est que la triste fin d'une pièce tragique
Qu'il expose aujourd'hui sur la scène publique,
Par où ses compagnons en ce noble métier
Ravissent à Paris un peuple tout entier.
Le gain leur en demeure et ce grand équipage,
Dont je vous ai fait voir le superbe étalage,
Est bien à votre fils, mais non pour s'en parer
Qu'alors que sur la scène il se fait admirer.

* Imprévu.

PRIDAMANT :
J'ai pris sa mort pour vraie et ce n'était que feinte :
Mais je trouve partout mêmes sujets de plainte.
Est-ce là cette gloire et ce haut rang d'honneur
Où le devait monter l'excès de son bonheur ?
ALCANDRE :
Cessez de vous en plaindre. À présent le théâtre
Est en un point si haut que chacun l'idolâtre,
Et ce que votre temps voyait avec mépris
Est aujourd'hui l'amour de tous les bons esprits,
L'entretien de Paris, le souhait des provinces,
Le divertissement le plus doux de nos princes,
Les délices du peuple, et le plaisir des grands :
Il tient le premier rang parmi leurs passe-temps
Et ceux dont nous voyons la sagesse profonde
Par ses illustres soins conserver tout le monde,
Trouvent dans les douceurs d'un spectacle si beau
De quoi se délasser d'un si pesant fardeau.
Même notre grand Roi, ce foudre de la guerre,
Dont le nom se fait craindre aux deux bouts de la terre,
Le front ceint de lauriers, daigne bien quelquefois
Prêter l'œil et l'oreille au Théâtre-françois [...]
PRIDAMANT :
Je n'ose plus m'en plaindre et voit trop combien
Le métier qu'il a pris est meilleur que le mien.
[...]

Matamore (François Frapier) dans *L'Illusion comique*, pièce mise en scène par Jean-Marie Villégier au théâtre de l'Athénée-Louis Jouvet à Paris en 1997.

## LECTURE D'IMAGE

Expliquez le parti pris de la mise en scène de J.-M. Villégier :

1. Pourquoi un arbre en fleurs dans un décor enneigé et des draps tendus sur des cordes ?
2. Pourquoi Matamore sort-il d'un sac ?

# Questions

► La représentation du texte théâtral, p. 436

### La magie du théâtre

1. Quelles sont les trois étapes du retour au réel de Pridamant ? Quelle forme Corneille donne-t-il à ses phrases ? Que traduit le rythme de ces vers ?
2. Comment Pridamant reconnaît-il, malgré lui, la magie du théâtre ?
3. Comment Corneille montre-t-il la réalité de la troupe ?

### Un plaidoyer pour le théâtre

4. Pour répondre à Pridamant, Alcandre valorise le théâtre : quelles réticences du père de Clindor écarte-t-il ?
5. Quels sont les arguments d'Alcandre ?

### « Le théâtre dans le théâtre » : un thème baroque

6. Combien de niveaux de spectacle se trouvent sur scène ? Explicitez-les.
7. Quelle impression provoque le fait de voir les comédiens dans la grotte enchantée alors que la tragédie qu'ils interprétaient est terminée ?
8. Confrontez le sujet du discours de Pridamant au fait qu'il est un personnage dans une pièce : quel est l'effet produit ?
9. Quelle place et quel rôle sont accordés à l'illusion dans la vision du monde ici proposée ?

**Vocabulaire**
Quel est le sens du mot « charme » dans le texte ? Justifiez votre réponse en vous appuyant sur l'étymologie latine.

**Synthèse** Utilisez vos réponses aux questions 6 à 9 pour expliquer pourquoi ce texte relève de l'esthétique baroque.

# TEXTE 3

▸ Biographies, p. 508

**⊕ CONTEXTE**

Jean Giraudoux, écrivain et diplômate, participe au renouveau du théâtre des années 1920-1930 engagé par des comédiens et metteurs en scène comme André Antoine, Lugné-Poe, Charles Dullin et Louis Jouvet. Pour eux, « le spectacle est la seule forme d'éducation morale ou artistique d'une nation. [...] Il est le seul moyen par lequel le public le plus humble et le moins lettré peut-être mis en contact personnel avec les grands œuvres. » (Jean Giraudoux, *Discours sur le théâtre*,1931)

## Jean Giraudoux, *L'Impromptu de Paris* (1937)

*Cette courte pièce expose les idées de Giraudoux sur le théâtre. La troupe de Jouvet répète un après-midi de 1937. Un député (Robineau) fait irruption sur scène : ayant à décider de l'emploi d'une subvention, il demande à Jouvet et ses comédiens de lui « expliquer le théâtre » en un quart d'heure...*

### Scène 3

Boverio : Voulez-vous me dire ce que serait le comédien, Monsieur, s'il avait un autre honneur que celui de la langue et du style ? Lui qui doit prononcer les mots les plus stupides et les plus gros, où serait son métier, s'il n'avait à dire aussi les plus nobles ? Où trouver la récompense et la raison de ces mimiques, de ces toux, de ces bégaiements sous lesquels il cacha cent soirs l'indigence d'un texte, sinon dans le rôle qui lui rend les modulations, les amplitudes, les silences du vrai langage, et où il n'a plus qu'à être la statue à peine animée de la parole ! Quel soufflet banal chez nous que les poumons d'un acteur, s'ils n'aspirent et n'expirent pas selon le rythme de Racine !

Robineau : J'entends bien. Mais ne croyez-vous pas que les critiques croient protéger ainsi un droit essentiel : le droit qu'a le public de comprendre ?

Castel : Quand il ne comprend pas, qu'ils expliquent ! Ce pourrait être là leur mission.

Jouvet : De comprendre ? Le mot comprendre n'existe pas au théâtre. Tu le comprends, le mot comprendre, toi, Renoir ? Barrot, va donc voir où est passée Raymone. Elle avait des amygdales comme des figues.

Renoir : C'est avec ce mot « comprendre », Monsieur Robineau, que les demi-lettrés ont gâté le public. N'allez entendre que ce que vous comprenez, lui répètent-ils depuis un demi-siècle. Allez à *la Tosca* : quand douze carabiniers tirent à l'escopette sur son amant, vous avez toute chance de comprendre qu'on le fusille. Allez aux *Avariés*, vous y comprendrez que la veille de vos noces il y a intérêt à ne pas enterrer votre vie de garçon entre des bras mercenaires, fussent-ils de velours. Le bonheur est que le vrai public ne comprend pas, il ressent. On peut donc tout lui montrer sans compromission et sans réticence. Ceux qui veulent comprendre au théâtre sont ceux qui ne comprennent pas le théâtre.

Raymone : Et dans la vie aussi. Depuis que je n'essaie plus de comprendre, cela va beaucoup mieux.

Robineau : Le moyen de croire qu'un public puisse se plaire à une pièce qu'il ne comprend pas ! *(À Castel.)* Je vous prends à témoin, Monsieur, vous qui jouez les rôles de bon sens dans cette troupe.

Bogar : Ce que Jouvet veut dire, Monsieur, c'est que le théâtre n'est pas un théorème, mais un spectacle, pas une leçon, mais un filtre. C'est qu'il a moins à entrer dans votre esprit que dans votre imagination et dans votre sens, et c'est pour cela, à mon avis, que le talent de l'écriture lui est indispensable, car c'est le style qui renvoie sur l'âme des spectateurs mille reflets, mille irisations qu'ils n'ont pas plus besoin de comprendre que la tache de soleil envoyée par la glace. [...]

Jouvet : [...] Et quand je vois aux fauteuils un spectateur qui roule les yeux, qui tend l'oreille, qui, congestionné, se demande : qu'a-t-il bien voulu dire ? qui essaie de trouver un sens à chacun de nos gestes, de nos intonations, de nos lumières, de nos airs de scène, j'ai envie de venir à la rampe et de lui crier : Ne vous donnez donc pas ce mal, cher monsieur. Vous n'avez qu'à attendre, vous le saurez demain !

ROBINEAU : Demain ?

JOUVET : Vous dormirez et le saurez. Voilà ce que les critiques devraient justement vous dire : Demain, ou bien vous vous réveillerez plus lourd, vous aurez des nausées à l'idée du travail, vous serez précis, méticuleux, non purifié, non ressuscité, non embaumé, c'est que la pièce était mauvaise. Ou bien vous aurez en vous une poche d'air, vous sourirez aux anges, un horloger s'occupera à remonter dans votre cerveau les saisons et les heures, l'indignation et la douceur : c'est que la pièce était bonne. Parfois, de l'autobus, j'aperçois dans la rue un vieux monsieur rondelet au bras d'une jeune fille, dont la démarche est légère, la marche aimantée, le visage radieux mais tourné vers eux-mêmes ; je suis sûr qu'ils ont vu la veille une bonne pièce. Ils ne l'ont peut-être pas comprise. Mais à part la pièce, ils comprennent tout aujourd'hui, le beau temps, la vie, les feuilles des platanes, les oreilles des chevaux... Une pièce bien écrite, évidemment. Le style a passé sur les âmes froissées par la semaine comme le fer sur le linge ; elles sont toutes lisse... [...]



# Questions

► Le vocabulaire du théâtre, p. 434
► La représentation du texte théâtral, p. 436
► Les principaux genres théâtraux, p. 437

## Quand le théâtre parle du théâtre

1. Quels sont les personnages de cette scène ? Sont-ils des personnages réels ? Documentez-vous sur Louis Jouvet.
2. D'après Boverio, qu'est-ce qui est le plus important au théâtre ? Dégagez les qualités d'un bon acteur pour lui.
3. Quelle erreur commettent les critiques ? Quelles facultés du spectateur doivent être avant tout sollicitées par une représentation théâtrale ? Appuyez-vous sur des citations précises. Partagez-vous cet avis ? Justifiez votre réponse.
4. « Le mot comprendre n'existe pas au théâtre. » (l. 14) : comment Robineau et Bogar expliquent-ils et justifient-ils cette affirmation de Jouvet ? Expliquez notamment le mot « filtre » employé par Bogar (l. 32).

## Une définition du théâtre

5. Quelle est la condition nécessaire à la réussite d'un spectacle théâtral ? Quelles images Bogar et Jouvet emploient-ils successivement pour mettre en valeur cette condition ?
6. Quelle est finalement la fonction du théâtre énoncée par Jouvet ? À quelle fonction traditionnelle et ancienne du théâtre se rattache-t-elle ?
7. Quelle fonction très ancienne du théâtre Jouvet énonce-t-il dans sa dernière réplique ?

**Synthèse** Quelle définition du théâtre Giraudoux donne-t-il, par l'entremise des comédiens de la troupe de Jouvet ?

## BAC S'entraîner à la dissertation

► Analyser le sujet et exploiter le corpus, p. 482

En vous appuyant sur cet extrait et sur les œuvres que vous connaissez, vous rédigerez un paragraphe pour justifier ou infirmer cette remarque de Jean Renoir : « Ceux qui veulent comprendre au théâtre sont ceux qui ne comprennent pas le théâtre. »

# Olivier Py, *Les Illusions comiques* (2006)

**CONTEXTE**

Olivier Py (né en 1965) est dramaturge, metteur en scène (théâtre, opéra), comédien, chanteur et réalisateur de films. Il est directeur du théâtre de l'Odéon à Paris depuis 2006. Il écrit dans un style baroque et revendique l'héritage de Paul Claudel, Jean Giraudoux, Jean Genet et Jean-Luc Lagarce, auquel *Les Illusions comiques* sont en partie dédiées.

*Dans une suite de scènes comiques, Olivier Py (moi-même dans la pièce) vante la puissance du théâtre alors que ses camarades, ses acteurs, lui disent que le théâtre doit faire du théâtre et rien de plus. Michel Fau, en Tante Geneviève, donne une leçon de théâtre.*

ACTE I

[…]

MONSIEUR FAU : Et pendant qu'il parle avec Dieu des mystères de l'incarnation je donne un cours de théâtre à tante Geneviève. Je fais le professeur et je fais tante Geneviève. C'est vertigineux.

TANTE GENEVIÈVE : Bonjour, professeur. Ce qui m'intéresse, moi, ce n'est pas l'incarnation mais l'interprétation. Stanislav-ski a dit que…

MONSIEUR FAU : Stanislavski a été inventé pour jouer le théâtre bourgeois. C'est-à-dire pour interpréter un monde qui est lui-même un théâtre. Il nous faut, tante Geneviève, dénouer le songe bourgeois. Là est la révolution intime que nous cherchons.

TANTE GENEVIÈVE : Mais comment faire ?

MONSIEUR FAU : Le théâtre commence quand deux masques sont superposés. On ne joue pas un personnage, on joue un personnage qui joue un personnage. L'interprétation est impossible, l'incarnation seule est mystère digne d'intérêt. Nous ne sommes que des personnages de fiction. Il faut mettre fin à la dictature de l'authenticité.

TANTE GENEVIÈVE : Mais moi, moi, je suis tante Geneviève.

MONSIEUR FAU : Non. Non, seulement un personnage, la tante Geneviève de tous, celle qui de Dunkerque à Carcassonne tient sa pochette comme ça quand elle va à l'opéra. Rien d'authentique, elle a appris à jouer tante Geneviève en regardant sa mère qui elle-même l'a appris au cinéma avec Michèle Morgan. Sa désapprobation devant l'art contemporain sonne faux, son admiration pour les géraniums est feinte, tout est écrit, même son intimité la plus intime elle la joue faux. Il n'y a pas de vérité, pas de sincérité, pas d'identité, il n'y a que du jeu ! C'est ça que, moi, j'ai apporté à l'humanité ébahie, sur la scène où je pense avec mes pieds ! Tante Geneviève est un personnage qui joue un personnage que tout le monde pourrait jouer, moi par exemple, je pourrais moi-même jouer tante Geneviève.

TANTE GENEVIÈVE : Non, pas dans mon intime intimité de femme !

MONSIEUR FAU : Regards à droite et à gauche quand elle fait pipi entre deux voitures, joué, rejoué, convention.

TANTE GENEVIÈVE : Je n'existe pas. Je n'existe plus !

MONSIEUR FAU : L'être ne se contente pas d'un personnage. Derrière le masque, un autre masque, et ainsi de suite jusqu'à… […]

TANTE GENEVIÈVE : Revenons aux personnages.

MONSIEUR FAU : Donc, il n'y a que des identités de papier, des rôles que l'on se donne, que l'on nous donne et avec lesquels il faut s'arranger, sans masque c'est la stupeur, la fureur, l'hébétude, nous ne passerons à la tragédie qu'à la deuxième leçon. Cette première leçon est consacrée au théâtre de boulevard*.

TANTE GENEVIÈVE : C'est facile.

MONSIEUR FAU : Non, c'est le plus difficile. Le masque est là, mais doit bâiller, l'acteur de boulevard est une tante Geneviève qui sait qu'elle en est une et qui fait bâiller son masque. Elle sait que ce qu'elle dit est inepte, que sa vie est inepte et elle dénoue le songe bourgeois en montrant qu'elle n'est pas dupe de l'imbécillité de ce qu'elle dit.

* Théâtre populaire et divertissant teinté d'érotisme et pimenté de surprises (coups de théâtre) qui connut sa période de grande vitalité du XIXe siècle jusqu'à la Seconde Guerre mondiale.

Par exemple elle dit : « Si potiche je fus, je ne serai pas cruche. » Pour ce faire elle laisse légèrement tomber l'intonation, cesse d'interpréter les derniers mots de la phrase, et passe à autre chose, qui ne sera toujours que vacuité. Il n'y a que des masques ; terreur, donc rire.

TANTE GENEVIÈVE : Donc elle joue faux.

MONSIEUR FAU : Ma vieille voisine a perdu ses clefs… Elle est enfermée à l'intérieur. On pourrait la faire crier comme ça *(il crie)* : Mais la vérité c'est qu'elle n'atteint pas le rôle ! Elle crie faux. « Au secours, je suis enfermée, à l'aide ! » Le footballeur qui remonte le stade, victorieux après son but, il est l'image qu'il se fait de la victoire. *(Il mime.)* La petite fille qui est contente parce qu'elle a gagné un canard bleu. *(Il mime.)* On dit que j'en fais trop, c'est l'humanité qui surjoue ! […] Tous jouent et nous, nous devons trouver le personnage non pas qu'ils sont mais qu'ils jouent ! Le théâtre ne commence que quand un personnage joue un personnage. […]



# Questions

► La représentation du texte théâtral, p. 436
► Les principaux genres théâtraux, p. 437

### Un impromptu

1. Pourquoi peut-on dire que cette page est une scène d'impromptu ? (Cf. définition, p. 154)
2. Pourquoi Olivier Py a-t-il choisi le genre de l'impromptu ?

### La question de l'acteur

3. D'après Michel Fau, les acteurs sont-ils les seuls à jouer des personnages ? Expliquez la distinction entre l'acteur et le personnage.
4. Comment cet extrait réactualise-t-il la thématique baroque du jeu et de l'illusion ?
5. Comment comprenez-vous la réplique de Tante Geneviève : « Donc, elle joue faux. » (l. 45)
6. Que suggère M. Fau en disant que l'acteur, sur scène, « pense avec les pieds » ? Rapprochez cette idée du texte de Denis Diderot p. 164.

### Une définition du théâtre

7. M. Fau dit : « Tous jouent, et nous, nous devons trouver le personnage non pas qu'ils sont, mais qu'ils jouent. » (l. 51 à 53) Quelle est donc la fonction du théâtre ?
8. À partir de l'exemple donné par M. Fau, expliquez ce qu'il veut dire par : « le masque doit bâiller pour jouer le théâtre de boulevard. » Quelle idée le spectateur ne doit-il jamais perdre de vue quand il est au théâtre ?

**Synthèse** Comment ce texte renouvelle-t-il le genre de l'impromptu ? Appuyez-vous sur la comparaison avec le texte de Molière (p. 154).

### BAC S'entraîner à l'épreuve orale

Justifiez par votre lecture de cet extrait l'affirmation d'Olivier Py : « le théâtre doit faire du théâtre et rien de plus. »

► Préparer l'exposé, p. 504

## LECTURE D'IMAGE

Pourquoi peut-on dire ici que pour ces deux comédiens de boulevard, « le masque bâille » comme dit Monsieur Fau (l. 37) ?

Jean Poiret et Michel Serrault dans *La Cage aux folles*, pièce mise en scène par Pierre Mondy au théâtre du Palais Royal à Paris en 1973.

▸ Biographies, p. 508

**⊕ CONTEXTE**

Si l'amour constitue l'intrigue principale des *Fausses confidences*, cette comédie témoigne aussi de l'évolution des mœurs de la société en ce début de XVIIIe siècle. Des revers de fortune, souvent liés à la banqueroute du système de Law (financier qui créa une banque et préconisa l'usage du papier-monnaie), ont amené de nombreux jeunes gens de la noblesse ou de la bourgeoisie à travailler ou à entrer au service de familles aisées. Certains d'entre eux ont dû abandonner leur rang au point de devenir sinon des valets, du moins des domestiques. Dorante est l'un de ces jeunes gens.

# Marivaux, *Les Fausses confidences* (1737)

*Araminte est une jeune et riche veuve. Dorante l'aime mais, ruiné, il ne peut prétendre l'épouser. Dubois, ancien valet de Dorante maintenant au service d'Araminte, décide de lui venir en aide : il le fait entrer comme intendant de la maison d'Araminte. Dorante espère ainsi éveiller l'amour dans le cœur d'Araminte et la conduire à surmonter les conventions de son milieu. Dans cette scène, si Araminte n'avoue pas maintenant qu'elle partage les sentiments de Dorante, ils sont perdus l'un pour l'autre.*

## ACTE III, SCÈNE 12

[...]

DORANTE, *ému* : Un de vos fermiers est venu tantôt, Madame.

ARAMINTE, *émue* : Un de mes fermiers !... cela se peut.

DORANTE : Oui, Madame... il est venu.

ARAMINTE, *toujours émue* : Je n'en doute pas.

DORANTE, *ému* : Et j'ai de l'argent à vous remettre.

ARAMINTE : Ah ! de l'argent !... nous verrons.

DORANTE : Quand il vous plaira, Madame, de le recevoir.

ARAMINTE : Oui... je le recevrai... vous me le donnerez. *(À part.)* Je ne sais ce que je lui réponds.

DORANTE : Ne serait-il pas temps de vous l'apporter ce soir ou demain, Madame ?

ARAMINTE : Demain, dites-vous ? Comment vous garder jusque-là, après ce qui est arrivé ?

DORANTE, *plaintivement* : De tout le temps de ma vie que je vais passer loin de vous, je n'aurais plus que ce seul jour qui m'en serait précieux.

ARAMINTE : Il n'y a pas moyen, Dorante, il faut se quitter. On sait que vous m'aimez, et l'on croirait que je n'en suis pas fâchée.

DORANTE : Hélas ! Madame, que je vais être à plaindre !

ARAMINTE : Ah ! allez, Dorante, chacun a ses chagrins.

DORANTE : J'ai tout perdu ! J'avais un portrait et je ne l'ai plus.

ARAMINTE : À quoi vous sert de l'avoir ? Vous savez peindre.

DORANTE : Je ne pourrai de longtemps m'en dédommager ; d'ailleurs, celui-ci m'aurait été bien cher ! Il a été entre vos mains, Madame.

ARAMINTE : Mais vous n'êtes pas raisonnable.

DORANTE : Ah ! Madame, je vais être éloigné de vous ; vous serez assez vengée ; n'ajoutez rien à ma douleur.

ARAMINTE : Vous donner mon portrait ! Songez-vous que ce serait avouer que je vous aime ?

DORANTE : Que vous m'aimez, Madame ! Quelle idée ! qui pourrait se l'imaginer ?

ARAMINTE, *d'un ton vif et naïf* : Et voilà pourtant ce qui m'arrive.

DORANTE, *se jetant à ses genoux* : Je me meurs !

ARAMINTE : Je ne sais plus où je suis : modérez votre joie ; levez-vous, Dorante.

DORANTE, *se lève, et dit tendrement* : Je ne la mérite pas ; cette joie me transporte, je ne la mérite pas, Madame ; vous allez me l'ôter ; mais n'importe, il faut que vous soyez instruite.

ARAMINTE, *étonnée* : Comment ! Que voulez-vous dire ?

DORANTE : Dans tout ce qui se passE chez vous, il n'y a rien de vrai que ma passion, qui est infinie, et que le portrait que j'ai fait. Tous les incidents qui sont arrivés partent de l'industrie d'un domestique qui savait mon amour, qui m'en plaint, qui, par le charme de l'espérance, du plaisir de vous voir, m'a, pour ainsi dire, forcé de consentir à son stratagème : il voulait me faire valoir auprès de vous. Voilà, Madame, ce que mon respect, mon amour et mon caractère ne me permettent pas de vous cacher. J'aime encore mieux regretter votre tendresse que de la devoir à l'artifice qui me l'a acquise. J'aime mieux votre haine que le remords d'avoir trompé ce que j'adore.

ARAMINTE, *le regardant quelque temps sans parler* : Si j'apprenais cela d'un autre que de vous, je vous haïrais sans doute ; mais l'aveu que vous m'en faites vous-même, dans un moment comme celui-ci, change tout. Ce trait de sincérité me charme, me paraît incroyable, et vous êtes le plus honnête homme du monde. Après tout, puisque vous m'aimez véritablement, ce que vous avez fait pour gagner mon cœur n'est point blâmable ; il est permis à un amant de chercher les moyens de plaire, et on doit lui pardonner, lorsqu'il a réussi.

DORANTE : Quoi ! la charmante Araminte daigne me justifier !

ARAMINTE : Voici le Comte avec ma mère ; ne dites mot, et laissez-moi parler.

Frédéric Constant (Dorante) et Cécile Sanz de Alba (Araminte) dans *Les Fausses confidences*, pièce mise en scène par Jean-Louis Thamin au théâtre Silvia Monfort à Paris en 2005.

# Questions


▸ Le vocabulaire du théâtre, p. 434
▸ La représentation du texte théâtral, p. 436
▸ Émouvoir, p. 459


## Un jeu de cache-cache

1. Montrez qu'au début de la scène chacun des personnages reste dans son rôle de maîtresse et de domestique. Pour quelles raisons ? Justifiez votre réponse.
2. Comparez les didascalies et les paroles des personnages dans les premières répliques. Qu'en déduisez-vous ?
3. Par quels procédés Marivaux parvient-il à placer les personnages, les lecteurs ou les spectateurs dans l'incertitude quant à l'heureux dénouement ?
4. Comparez l'avant-dernière réplique d'Araminte aux précédentes : que remarquez-vous ?

## La force des sentiments

5. Par quels procédés les sentiments de Dorante sont-ils exprimés ?
6. L'aveu d'Araminte vous paraît-il inéluctable ou vous surprend-il ? Justifiez votre réponse en étudiant le ton d'Araminte dans les répliques qui précèdent et qui suivent l'aveu.
7. Quelles valeurs paraissent unir Araminte et Dorante ? Montrez qu'elles sont au-dessus des conventions et des conditions.

**Grammaire**
Étudiez la valeur des phrases exclamatives.

**Synthèse** Montrez que cette scène qui invite à exploiter toutes les ressources de la représentation peut être ambiguë et suggérer autant la sincérité que l'hypocrisie de Dorante.

## BAC S'entraîner à la dissertation


▸ Rassembler et organiser ses idées ; Construire un paragraphe et insérer des exemples, p. 486


Proposez un plan détaillé pour répondre à cette question : le critique Albert Thibaudet fait remarquer en opposant Molière à Marivaux que chez ce dernier : « au lieu de rire de ce que sont les personnages, on rit de ce qu'ils disent. On ne rit plus contre eux, on rit avec eux et par eux ». Pensez-vous que les extraits de cette séquence et les œuvres que vous avez lues illustrent cette réflexion ?

# TEXTE 2

▸ Biographies, p. 508

# Beaumarchais,
## *Le Mariage de Figaro* (1784)

**⊕ CONTEXTE**

*Le Mariage de Figaro* se situe au centre d'une trilogie entre *Le Barbier de Séville* (1775) et *La Mère coupable* (1792). Ces pièces racontent les aventures pleines de rebondissements de Figaro, barbier de son état, qui revendique la liberté de choisir sa vie. Pour Napoléon Bonaparte : « *Le Mariage de Figaro*, c'est déjà la Révolution en action. » Mais c'est aussi une pièce où on avoue beaucoup qu'on s'aime !

*Figaro doit être marié à Suzanne, première femme de chambre de la Comtesse. Mais le Comte, maître de Figaro, attiré par la servante, envisage de restaurer un droit féodal, le droit de cuissage qui lui permettrait de goûter aux charmes de la mariée avant le mari. Suzanne, la Comtesse et Figaro montent un plan pour tromper le Comte : Chérubin, jeune page du Comte, déguisé en fille, prendra la place de Suzanne au rendez-vous. Mais ce dernier, amoureux de la Comtesse, lui a dérobé un ruban qui est découvert pendant la séance d'essayage.*

ACTE II, SCÈNE 6
SUZANNE, LA COMTESSE, CHÉRUBIN

[…]

SUZANNE, *Chérubin se met à genoux. Elle le coiffe* : Madame, il est charmant !

LA COMTESSE : Arrange son collet d'un air un peu plus féminin.

SUZANNE *l'arrange.* Là… Mais voyez-donc ce morveux, comme il est joli en fille ! j'en suis jalouse, moi ! *(Elle lui prend le menton.)* Voulez-vous bien n'être pas joli comme ça ?

LA COMTESSE : Qu'elle est folle ! Il faut relever la manche, afin que l'amadis[1] prenne mieux… *(Elle le retrousse.)* Qu'est-ce qu'il a donc au bras ? Un ruban !

SUZANNE : Et un ruban à vous. Je suis bien aise que madame l'ait vu. Je lui avais dit que je le dirais, déjà ! Oh ! si Monseigneur n'était pas venu, j'aurais bien repris le ruban ; car je suis presque aussi forte que lui.

LA COMTESSE : Il y a du sang ! *(Elle détache le ruban.)*

CHÉRUBIN, *honteux* : Ce matin, comptant partir, j'arrangeais la gourmette[2] de mon cheval ; il a donné de la tête, et la bossette[3] m'a effleuré le bras.

LA COMTESSE : on n'a jamais mis un ruban…

SUZANNE : Et surtout un ruban volé. – Voyons donc ce que la bossette… la courbette[4]… la cornette[5] du cheval… Je n'entends rien à tous ces noms-là. – Ah ! qu'il a le bras blanc ! c'est comme une femme ! plus blanc que le mien ! Regardez donc, madame ! *(Elle les compare.)*

LA COMTESSE, *d'un ton glacé* : Occupez-vous plutôt de m'avoir du taffetas gommé[6], dans ma toilette. *(Suzanne lui pousse la tête en riant ; il tombe sur les deux mains. Elle entre dans le cabinet au bord du théâtre.)*

ACTE II, SCÈNE 7
CHÉRUBIN, *à genoux*, LA COMTESSE, *assise*

LA COMTESSE, *reste un moment sans parler, les yeux sur son ruban. Chérubin la dévore de ses regards* : Pour mon ruban, monsieur… comme c'est celui dont la couleur m'agrée le plus… j'étais fort en colère de l'avoir perdu.

ACTE II, SCÈNE 8
CHÉRUBIN, *à genoux*, LA COMTESSE, *assise*, SUZANNE

SUZANNE, *revenant* : Et la ligature à son bras ? *(Elle remet à la comtesse du taffetas gommé et des ciseaux.)*

LA COMTESSE : En allant lui chercher tes hardes[7], prends le ruban d'un autre bonnet. *(Suzanne sort par la porte du fond, en emportant le manteau du page.)*

1. Manche de robe qui se boutonne au poignet.
2. Chaînette fixée au mors du cheval qui passe sous la mâchoire inférieure.
3. Ornement en relief de chaque côté d'un mors de cheval.
4. Allusion moqueuse de Suzanne au mouvement de tête du cheval.
5. Autre mot sans rapport avec le harnachement du cheval.
6. Sorte de sparadrap.
7. Vêtements.

ACTE II, SCÈNE 9

CHÉRUBIN, *à genoux*, LA COMTESSE, *assise*

CHÉRUBIN, *les yeux baissés* : Celui qui m'est ôté m'aurait guéri en moins de rien.

LA COMTESSE : Par quelle vertu ? *(Lui montrant le taffetas.)* Ceci vaut mieux.

CHÉRUBIN, *hésitant* : Quand un ruban… a serré la tête… ou touché la peau d'une personne…

LA COMTESSE, *coupant la phrase* : … étrangère, il devient bon pour les blessures ? J'ignorais cette propriété. Pour l'éprouver, je garde celui-ci qui vous a serré le bras. À la première égratignure… de mes femmes, j'en ferai l'essai.

CHÉRUBIN, *pénétré* : Vous le gardez, et moi je pars !

LA COMTESSE : Non pour toujours.

CHÉRUBIN : Je suis si malheureux !

LA COMTESSE, *émue* : Il pleure à présent ! C'est ce vilain Figaro avec son pronostic !

CHÉRUBIN, *exalté* : Ah ! je voudrais toucher au terme qu'il m'a prédit ! Sûr de mourir à l'instant, peut-être ma bouche oserait…

LA COMTESSE *l'interrompt et lui essuie les yeux avec son mouchoir* : Taisez-vous, taisez-vous, enfant ! Il n'y a pas un brin de raison dans tout ce que vous dites. *(On frappe à la porte, elle élève la voix.)* Qui frappe ainsi chez moi ?

## Questions

► La représentation du texte théâtral, p. 436
► Les actes de langage, l'implicite et la modalisation, p. 408

### Le rôle de l'accessoire

1. Quel est le rôle de l'accessoire présent dans les scènes 6 à 9 ? Comment fait-il progresser l'action entre les trois personnages présents sur scène ?

### La mise en scène d'un aveu indirect

2. Dans les scènes 6 à 9, quels signes permettent d'exprimer l'aveu de Chérubin à la Comtesse ? Appuyez-vous sur les didascalies et le langage.
3. Comment l'émotion de la Comtesse est-elle rendue perceptible ?
4. Comment comprenez-vous les propos de la Comtesse : « … étrangère, il devient bon pour les blessures… » (l. 33) ? Qu'en déduisez-vous sur ses sentiments à l'égard du page ?
5. Quel est le rôle de Suzanne dans ces scènes ? Est-elle un obstacle ou une aide à l'aveu ?
6. Pourquoi l'aveu ne peut-il pas être intégralement et clairement formulé ?

**Grammaire**

« Je lui avais dit que je le dirais » (l. 8-9). Analysez et justifiez la forme « dirais ».

**Synthèse** Montrez que la Comtesse et Chérubin ne démentent en aucune façon leur intérêt l'un pour l'autre.

### BAC S'entraîner à l'écriture d'invention

► Repérer les différents écrits d'invention, p. 492

Écrivez une vingtaine de répliques d'un dialogue théâtral dans lequel l'un des protagonistes veut avouer quelque chose à l'autre qui ne veut pas l'entendre. Vous préciserez au moyen de didascalies le ton et l'attitude des personnages, qui seront autant d'informations sur leurs sentiments ou leurs émotions.

Grèce

# Sophocle, *Œdipe Roi* (v^e siècle av. J.-C.)

> **Sophocle** **(v^e siècle av. J.-C.)** est l'un des trois grands auteurs de tragédies de l'Antiquité grecque. Dans ses pièces, la conduite et le destin des héros dépendent de la volonté des Dieux. On retiendra quelques titres : *Antigone, Œdipe roi, Électre, Œdipe à Colone.* Pour Aristote, *Œdipe* est le modèle de la tragédie. Éprouvant terreur et pitié pour le héros qui ignore d'abord sa culpabilité, puis qui devra en prendre conscience, nous pouvons, grâce à ce spectacle, purger nos mauvaises passions (la *catharsis*).

*Un oracle a prédit qu'Œdipe tuerait son père, Laïos, roi de Thèbes, et épouserait sa mère, la reine Jocaste. Ses parents l'abandonnent mais un berger le recueille et l'emmène à Corinthe où il grandit. L'oracle ayant été révélé au jeune homme, il fuit ses parents adoptifs, tue sur la route un vieillard, terrasse le Sphinx qui terrorisait Thèbes, et devient en récompense roi de la ville en épousant la veuve de l'ancien roi Laïos. Des années se passent, quatre enfants naissent du couple incestueux. Un jour, la peste s'abat sur Thèbes et un nouvel oracle réclame que l'assassin du roi Laïos soit chassé. Œdipe fait appel au devin Tirésias afin qu'il dénonce le meurtrier.*

[...]

TIRÉSIAS : Hélas ! hélas ! qu'il est terrible de savoir, quand le savoir ne sert de rien à celui qui le possède ! Je ne l'ignorais pas ; mais je l'ai oublié. Je ne fusse pas venu sans cela.

ŒDIPE : Qu'est-ce là ? et pourquoi pareil désarroi à la pensée d'être venu ?

TIRÉSIAS : Va, laisse-moi rentrer chez moi : nous aurons, si tu m'écoutes, moins de peine à porter, moi mon sort, toi le tien.

ŒDIPE : Que dis-tu ? Il n'est ni normal ni conforme à l'amour que tu dois à Thèbes, ta mère, de lui refuser un oracle.

TIRÉSIAS : Ah ! c'est que je te vois toi-même ne pas dire ici ce qu'il faut ; et, comme je crains de commettre la même erreur à mon tour...

ŒDIPE : Non, par les dieux ! si tu sais, ne te détourne pas de nous. Nous sommes tous ici, à tes pieds, suppliants.

TIRÉSIAS : C'est que tous, tous, vous ignorez... Mais non, n'attends pas de moi que je révèle mon malheur – pour ne pas dire : le tien.

ŒDIPE : Comment ? tu sais et tu ne veux rien dire ! Ne comprends-tu pas que tu nous trahis et perds ton pays ?

TIRÉSIAS : Je ne veux affliger ni toi ni moi. Pourquoi me pourchasser vainement de la sorte ? De moi, tu ne sauras rien.

ŒDIPE : Ainsi, ô le plus méchant des méchants – car vraiment tu mettrais en fureur un roc – ainsi, tu ne veux rien dire, tu prétends te montrer insensible, entêté à ce point ?

TIRÉSIAS : Tu me reproches mon furieux entêtement, alors que tu ne sais pas voir celui qui loge chez toi, et c'est moi qu'ensuite tu blâmes !

ŒDIPE : Et qui ne serait en fureur à entendre de ta bouche des mots qui sont autant d'affronts pour cette ville ?

TIRÉSIAS : Les malheurs viendront bien seuls : peu importe que je me taise et cherche à te les cacher !

ŒDIPE : Mais alors, s'ils doivent venir, faut-il pas que tu me les dises ?

TIRÉSIAS : Je n'en dirai pas plus. Après quoi, à ta guise ! laisse ton dépit déployer sa fureur la plus farouche.

ŒDIPE : Eh bien soit ! Dans la fureur où je suis, je ne cèlerai rien de ce que j'entrevois. Sache donc qu'à mes yeux c'est toi qui as tramé le crime, c'est toi qui l'as commis – à cela près seulement que ton bras n'a pas frappé. Mais, si tu avais des yeux, je dirais que même cela, c'est toi, c'est toi seul qui l'as fait.

TIRÉSIAS : Vraiment ? Eh bien, je te somme, moi, de t'en tenir à l'ordre que tu as proclamé toi-même, et donc de ne plus parler de ce jour à qui que ce soit, ni à moi, ni à ces gens ; car, sache-le, c'est toi, c'est toi, le criminel qui souille ce pays !

Œdipe : Quoi ? tu as l'impudence de lâcher pareil mot ! Mais comment crois-tu donc te dérober ensuite ?

Tirésias : Je demeure hors de tes atteintes : en moi vit la force du vrai.

Œdipe : Et qui t'aurait appris le vrai ? Ce n'est certes pas ton art.

Tirésias : C'est toi, puisque tu m'as poussé à parler malgré moi. […]

Traduction de Paul Mazon, © Les Belles Lettres, Paris

# Questions

1. Faites des recherches sur le personnage de Tirésias : qu'est-ce qu'un devin ? un oracle ? De quelle infirmité souffre Tirésias ? Qu'en déduisez-vous de paradoxal concernant ce passage ?
2. Qui est coupable ? Qui est forcé d'avouer ? Quel est le rapport de forces entre les personnages ? À partir de vos réponses, brossez un portrait d'Œdipe.
3. Comment Tirésias essaie-t-il de prévenir Œdipe ? Quels sont les indices qu'il sème dans son discours ? De quel procédé use-t-il ?
4. Pourquoi Tirésias associe-t-il son sort à celui d'Œdipe ? Qu'ont-ils en commun ?

## Prolongement

### Histoire des arts

1. Observez ces deux images : quel épisode du mythe illustrent-elles ?
2. Comparez ces deux représentations d'Œdipe et le Sphinx : quelles ressemblances et quelles différences remarquez-vous ? Faites une description précise.
3. Cherchez à quel mouvement littéraire se rattache Gustave Moreau. Comment sa représentation d'Œdipe et du Sphinx illustre-t-elle ce mouvement ?

Gustave Moreau, *Œdipe et le Sphinx* (1864), huile sur toile (206 cm x 105 cm), The Metropolitan Museum of Art, New-York (États-Unis).

*Œdipe et le Sphinx*, coupe attique du Ve siècle av. J.-C., musée du Vatican, Rome (Italie).

# LA SCÈNE D'AVEU AU THÉÂTRE, UN MOMENT CLÉ POUR L'INTRIGUE

*Depuis l'Antiquité, les scènes d'aveu se succèdent sur scène : les dramaturges usent régulièrement de ce* topos *qui montre que la parole au théâtre devient action.*

## 1 LES FONCTIONS DRAMATIQUES DE L'AVEU

Si la scène d'aveu est **au début**, elle enclenche l'intrigue jusqu'au dénouement. Elle constitue le **nœud de l'intrigue**.

→ Ex. : Dans *Phèdre* de Racine, l'aveu de Phèdre est fondamental : son amour révélé conduira à sa mort et à celle d'Hippolyte.

Mais une scène d'aveu peut se dérouler **en cours** de pièce, comme un **rebondissement** ; elle est alors un moteur essentiel de l'intrigue. Située **vers la fin** de la pièce, elle en marque l'aboutissement : elle apporte la **résolution des conflits**.

## 2 LA SITUATION DE COMMUNICATION

L'aveu suppose la présence de deux personnages sur scène. Il est l'expression de ce qui devait rester caché et qu'il est parfois difficile de formuler à haute voix.

### Avouer avec des mots

Dans les pièces classiques du XVII^e siècle, le personnage du **confident** recueille l'aveu du protagoniste. Il est à l'écoute, mais il peut aussi encourager la parole. Le dialogue est en réalité un faux dialogue : le personnage avoue à lui-même en même temps qu'il avoue à l'autre. Par la suite, les dramaturges emploient d'autres moyens pour faire naître l'aveu.

→ Ex. : Dans *Antigone* de Jean Anouilh, la dictée de la lettre ultime d'Antigone à Hémon est un autre moyen d'entamer l'aveu.

### Les autres révélations

Le théâtre, art visuel, peut employer d'autres moyens pour mettre en scène l'aveu. Il peut se passer de mots : le personnage peut se trahir par ses gestes, marqués dans les **didascalies**. Les **accessoires** jouent aussi un rôle.

→ Ex. : Dans *Le Mariage de Figaro* de Beaumarchais, le ruban dérobé à la Comtesse est à lui seul un aveu de l'amour que Chérubin porte à celle-ci.

### Un contexte propice

La scène d'aveu suppose la solitude, l'isolement des personnages. L'entrée de personnages, correspondant à une nouvelle scène, vient interrompre la confidence.

→ Ex. : Dans *Roberto Zucco* de Bernard-Marie Koltès, l'arrivée de nouveaux personnages empêche la gamine de poser d'autres questions.

## 3 LES EFFETS SUR LE SPECTATEUR

La scène de l'aveu est un intense moment d'émotion. L'amour, objet fréquent de l'aveu, entraîne le personnage, à faire des confidences **lyriques**.

→ Ex. : Les aveux de Camille et Perdican dans *On ne badine pas avec l'amour* d'Alfred de Musset sont marqués par un souffle lyrique qui touche le spectateur.

Mais l'aveu engage également le destin **tragique** du personnage. En tant que tel, il doit susciter crainte et pitié chez le spectateur.

→ Ex. : L'amour que Phèdre porte pour son beau-fils, dans la pièce de Jean Racine, n'est pas acceptable, et doit susciter l'horreur du spectateur.

# Séquence 4

Œuvre intégrale

# Eugène Ionesco, *Rhinocéros* (1959)

**Quels sont les enjeux de la pièce du point de vue politique et moral ? Quelles questions pose-t-elle au niveau de la représentation théâtrale ?**

## CORPUS DE LA SÉQUENCE



## PERSPECTIVES



### LIENS AVEC LA PARTIE LANGUE


- L'énonciation et le discours, p. 408
- Les figures de style, p. 414


### LIENS AVEC LA PARTIE OUTILS D'ANALYSE


- Les principaux genres théâtraux, p. 437
- Les formes de l'argumentation, p. 446
- Les registres et effets du texte, p. 458


### LIENS AVEC LA PARTIE MÉTHODES POUR LE BAC


- Le commentaire, p. 474
- La dissertation, p. 486
- L'écriture d'invention, p. 492


Helmut Middendorf, *Rhinocéros* (1979-1980), acrylique sur coton, détail, collection Birddermann.

# TEXTE 1

▸ Biographies, p. 508

## Eugène Ionesco, *Rhinocéros* (1959)

**⊕ CONTEXTE**

Le titre d'une pièce est souvent celui du personnage principal. Ici, le mot « rhinocéros » (sans déterminant) prend la place de l'homme. Ce gros animal semble évoquer les monstres mythiques du théâtre antique comme le Minotaure ou le Sphinx mais d'une manière ridicule.

▸ L'Absurde, p. 36

*Une place dans une petite ville de province du sud. Une épicerie, un café avec terrasse. Bérenger, tête nue, les cheveux mal peignés, pas rasé, les vêtements chiffonnés, fatigué, somnolent, arrive en retard à son rendez-vous avec son ami Jean qui, lui, est soigneusement vêtu : costume marron, cravate rouge, faux-col amidonné, chapeau marron, souliers jaunes bien cirés. La conversation s'engage pendant que vaquent à leurs occupations épicier, épicière...*

### Début de l'acte I

[...]

JEAN : Tournez-vous. Allez, tournez-vous. Vous vous êtes appuyé contre un mur... *(Béranger étend mollement sa main vers Jean.)* Non, je n'ai pas de brosse sur moi. Cela gonflerait les poches. *(Toujours mollement, Béranger donne des tapes sur ses épaules pour en faire sortir la poussière blanche ; Jean écarte la tête.)* Oh ! là là... Où donc avez-vous pris cela ?

BÉRENGER : Je ne m'en souviens pas.

JEAN : C'est lamentable, lamentable ! J'ai honte d'être votre ami.

BÉRENGER : Vous êtes bien sévère...

JEAN : On le serait à moins !

BÉRENGER : Écoutez, Jean. Je n'ai guère de distractions, on s'ennuie dans cette ville, je ne suis pas fait pour le travail que j'ai... tous les jours, au bureau, pendant huit heures, trois semaines seulement de vacances en été ! Le samedi soir, je suis plutôt fatigué, alors, vous me comprenez, pour me détendre...

JEAN : Mon cher, tout le monde travaille et moi aussi, moi aussi comme tout le monde, je fais tous les jours mes huit heures de bureau, moi aussi, je n'ai que vingt et un jours de congé par an, et pourtant, pourtant vous me voyez. De la volonté, que diable !...

BÉRENGER : Oh ! de la volonté, tout le monde n'a pas la vôtre. Moi je ne m'y fais pas. Non, je ne m'y fais pas, à la vie.

JEAN : Tout le monde doit s'y faire. Seriez-vous une nature supérieure ?

BÉRENGER : Je ne prétends pas...

JEAN, *interrompant* : Je vous vaux bien ; et même, sans fausse modestie, je vaux mieux que vous. L'homme supérieur est celui qui remplit son devoir.

BÉRENGER : Quel devoir ?

JEAN : Son devoir... son devoir d'employé par exemple...

BÉRENGER : Ah oui, son devoir d'employé...

JEAN : Où donc ont eu lieu vos libations cette nuit ? Si vous vous en souvenez !

BÉRENGER : Nous avons fêté l'anniversaire d'Auguste, notre ami Auguste...

JEAN : Notre ami Auguste ? On ne m'a pas invité, moi, pour l'anniversaire de notre ami Auguste...

*À ce moment, on entend le bruit très éloigné, mais se rapprochant très vite, d'un souffle de fauve et de sa course précipitée, ainsi qu'un long barrissement.*

BÉRENGER : Je n'ai pas pu refuser. Cela n'aurait pas été gentil...

JEAN : Y suis-je allé, moi ?

BÉRENGER : C'est peut-être, justement, parce que vous n'avez pas été invité !...

LA SERVEUSE, *sortant du café* : Bonjour, Messieurs, que désirez-vous boire ?

*Les bruits sont devenus très forts.*

JEAN, *à Béranger et criant presque pour se faire entendre, au-dessus des bruits qu'il ne perçoit pas consciemment* : Non, il est vrai, je n'étais pas invité. On ne m'a pas fait cet honneur... Toutefois, je puis vous assurer que même si j'avais été invité, je ne serais pas venu, car... *(Les bruits sont devenus énormes.)* Que se passe-t-il ? *(Les bruits du galop d'un animal puissant et lourd sont tout proches, très accélérés ; on entend son halètement.)* Mais qu'est-ce que c'est ?

LA SERVEUSE : Mais qu'est-ce que c'est ?

*Béranger, toujours indolent, sans avoir l'air d'entendre quoi que ce soit, répond tranquillement à Jean au sujet de l'invitation ; il remue les lèvres ; on n'entend pas ce qu'il dit ; Jean se lève d'un bond, fait tomber sa chaise en se levant, regarde du côté de la coulisse gauche, en montrant du doigt, tandis que Béranger, toujours un peu vaseux, reste assis.*

JEAN : Oh ! Un rhinocéros ! [...]

William Sabatier (Jean) et Jean-Louis Barrault (Bérenger) dans *Rhinocéros*, pièce mise en scène par Jean-Louis Barrault au théâtre de l'Odéon à Paris en 1960.

## Questions

► Les registres et les effets du texte, p. 458
► Les actes de langage, l'implicite et la modalisation, p. 408

### Une scène d'exposition, deux portraits

1. Quel portrait se dégage des propos de Bérenger sur lui-même ?
2. Quel portrait se dégage des propos de Jean sur lui-même ?
3. Comment les particularités des personnages deviennent-elles encore plus évidentes dans la confrontation des propos ?

### L'irruption du rhinocéros

4. Comment Ionesco suggère-t-il la présence des rhinocéros ? Pour quelles raisons ?
5. Que pensez-vous de la réaction de Bérenger ? Qu'en déduisez-vous pour la suite de l'intrigue ?
6. De quelle manière les personnages vont-ils prendre conscience de la présence du rhinocéros ? Qu'est-ce que cela traduit ?

### Texte et représentation

7. En tenant compte de la longue didascalie finale, sur quel ton Jean peut-il proférer sa dernière réplique ? Justifiez votre proposition.

**Vocabulaire**
Quelle est l'étymologie du mot « libation » ? Quel est son sens moderne ? Que garde-t-il du sens ancien ? Quelle tonalité prend ce mot dans la bouche de Jean ?

**Synthèse** Que retrouvez-vous ici d'une scène d'exposition ?

### BAC S'entraîner au commentaire

Vous proposerez le plan détaillé d'un commentaire depuis « Mon cher, tout le monde travaille » (l. 14) jusqu'à la fin de l'extrait.

► Lire le texte et dégager un projet de lecture, p. 474

# TEXTE 2

▸ Biographies, p. 508

**CONTEXTE**

Dès ses débuts, Ionesco a privilégié deux procédés qui semblent prendre source dans son amour pour le théâtre de Guignol de son enfance. Le premier est l'outrance, tout est permis au théâtre ! Le second met l'accent sur l'aspect visuel et auditif : l'importance des bruitages et du maquillage dans *Rhinocéros*.

▸ L'Absurde, p. 36

# Eugène Ionesco, *Rhinocéros* (1959)

*Le premier rhinocéros est passé. La vie continue. Jean fait la morale à Bérenger et lui donne des conseils pour se cultiver. Le rhinocéros semble oublié quand les bruits se font de nouveau entendre. La Ménagère apparaît, en larmes, tenant dans ses bras son chat mort qui vient d'être écrasé par l'animal.*

FIN DE L'ACTE I

[...]

DAISY : C'est la deuxième fois qu'il en passe ?

LE PATRON : Je crois que c'était le même.

JEAN : Non, ce n'était pas le même rhinocéros. Celui de tout à l'heure avait deux cornes sur le nez, c'était un rhinocéros d'Asie ; celui-ci n'en avait qu'une, c'était un rhinocéros d'Afrique !

*La Servante sort avec un verre de cognac, le porte à la Dame.*

LE VIEUX MONSIEUR : Voilà du cognac pour vous remonter.

LA MÉNAGÈRE, *en larmes* : Noon...

BÉRENGER, *soudain énervé, à Jean* : Vous dites des sottises !... Comment avez-vous pu distinguer les cornes ! Le fauve est passé à une telle vitesse, à peine avons-nous pu l'apercevoir...

DAISY, *à la Ménagère* : Mais si, ça vous fera du bien !

LE VIEUX MONSIEUR, *à Bérenger* : En effet, il allait vite.

LE PATRON, *à la Ménagère* : Goûtez-y, il est bon.

BÉRENGER, *à Jean* : Vous n'avez pas eu le temps de compter ses cornes...

L'ÉPICIÈRE, *à la Serveuse, de sa fenêtre* : Faites-la boire.

BÉRENGER, *à Jean* : En plus, il était enveloppé d'un nuage de poussière...

DAISY, *à la Ménagère* : Buvez, Madame.

LE VIEUX MONSIEUR, *à la même* : Un petit coup, ma chère petite Dame... courage...

*La Serveuse fait boire la Ménagère, en portant le verre à ses lèvres ; celle-ci fait mine de refuser, et boit quand même.*

LA SERVEUSE : Voilà !

L'ÉPICIÈRE, *de sa fenêtre, et* DAISY : Voilà !

JEAN, *à Bérenger* : Moi, je ne suis pas dans le brouillard. Je calcule vite, j'ai l'esprit clair !

LE VIEUX MONSIEUR, *à la Ménagère* : Ça va mieux ?

BÉRENGER, *à Jean* : Il fonçait tête baissée, voyons.

LE PATRON, *à la Ménagère* : N'est-ce pas qu'il est bon !

JEAN, *à Bérenger* : Justement, on voyait mieux.

LA MÉNAGÈRE, *après avoir bu* : Mon chat !

BÉRENGER, *irrité, à Jean* : Sottises ! Sottises !

L'ÉPICIÈRE, *de sa fenêtre, à la Ménagère* : J'ai un autre chat, pour vous.

JEAN, *à Bérenger* : Moi ? vous osez prétendre que je dis des sottises ?

LA MÉNAGÈRE, *à l'Épicière* : Je n'en veux pas d'autre !

*Elle sanglote, en berçant son chat.*

BÉRENGER, *à Jean* : Oui, parfaitement, des sottises.

LE PATRON, *à la Ménagère* : Faites-vous une raison !

JEAN, *à Bérenger* : Je ne dis jamais de sottises, moi !

LE VIEUX MONSIEUR, *à la Ménagère* : Soyez philosophe !

BÉRENGER, *à Jean* : Et vous n'êtes qu'un prétentieux ! *(Élevant la voix :)* Un pédant…

LE PATRON, *à Jean et à Bérenger* : Messieurs, Messieurs !

BÉRENGER, *à Jean, continuant* : … Un pédant, qui n'est pas sûr de ses connaissances, car, d'abord, c'est le rhinocéros d'Asie qui a une corne sur le nez, le rhinocéros d'Afrique, lui, en a deux…

*Les autres personnages délaissent la Ménagère et vont entourer Jean et Béranger qui discutent très fort.* […]

# Questions

► Les formes de l'argumentation, p. 446
► Les figures de style, p. 414

### Une dispute décalée

1. Quelles réactions suscite cette deuxième intervention d'un rhinocéros chez les personnages, et plus particulièrement chez Bérenger et Jean ?
2. Pourquoi ces réactions sont-elles inquiétantes ?
3. Quelle est le sujet de la dispute entre les deux amis ? Quels types d'arguments emploient-ils ? Complétez ainsi le portrait que vous avez esquissé à partir du texte 1 (p. 204).

### Une composition complexe

4. Qui parle à qui ? Faites un schéma pour vous aider. Montrez comment le comique naît de l'interaction des répliques qui ne sont pas adressées forcément au personnage qui répond. Donnez quelques exemples.
5. Relevez tout ce qui donne une tonalité musicale à ce passage. Quel est l'effet produit ?
6. Qu'est-ce qui est d'abord au centre des préoccupations des personnages ? Quel travers de l'homme Ionesco met-il en relief ?

**Vocabulaire**
Qu'est-ce qu'un « prétentieux », un « pédant » ? Quelles nuances séparent ces deux mots ? Justifiez l'ordre suivi par Bérenger : d'abord « prétentieux », puis « pédant ».

**Synthèse** Après avoir lu ce premier acte, définissez le personnage de Bérenger.

### BAC S'entraîner à l'écriture d'invention

► Repérer les différents écrits d'invention, p. 492

Écrivez une scène où quatre personnages dialoguent en même temps, en abordant deux sujets différents, deux à deux, et croisez leurs répliques.

## Histoire des arts

En vous appuyant sur les détails de cette gravure, expliquez pourquoi Ionesco a choisi la « rhinocérite » pour symboliser la montée du nazisme.

Albrecht Dürer, *Rhinocéros* (1515), gravure, Graphische Sammlung Albertina, Vienne (Autriche).

# TEXTE 3

▸ Biographies, p. 508

**⊕ CONTEXTE**

« À proprement parler ma pièce n'est même pas une satire : elle est la description, assez objective, d'un processus de fanatisation, de la naissance d'un totalitarisme qui grandit, se propage, conquiert, transforme un monde, et le transforme totalement bien sûr, puisqu'il est totalitarisme. La pièce doit suivre et marquer les différentes étapes de ce phénomène. » (Eugène Ionesco à propos de *Rhinocéros*, in *Notes et contre-notes,* 1966)

▸ L'Absurde, p. 36

## Eugène Ionesco, *Rhinocéros* (1959)

*Bérenger et son ami Jean se sont fâchés à la fin de l'acte I sur le nombre de rhinocéros vus : un ou deux ? Avec une corne ou deux ? Après être arrivé en retard au bureau, Bérenger assiste à une scène étonnante : Mme Bœuf reconnaît son mari dans le rhinocéros qui a détruit l'escalier et part à califourchon sur son dos (acte II, tableau 1). Bérenger se rend chez son ami, qui vient de tomber malade, pour se réconcilier avec lui.*

### Acte II, Tableau 2

BÉRENGER : Laissez-moi appeler le médecin, tout de même, je vous en prie.

JEAN : Je vous l'interdis absolument. Je n'aime pas les gens têtus *(Jean entre dans la chambre. Béranger recule un peu effrayé, car Jean est encore plus vert, et il parle avec beaucoup de peine. Sa voix est méconnaissable.)* Et alors, s'il est devenu rhinocéros de plein gré ou contre sa volonté, ça vaut peut-être mieux pour lui.

BÉRENGER : Que dites-vous là, cher ami ? Comment pouvez-vous penser…

JEAN : Vous voyez le mal partout. Puisque ça lui fait plaisir de devenir rhinocéros, puisque ça lui fait plaisir ? Il n'y a rien d'extraordinaire à cela.

BÉRENGER : Évidemment, il n'y a rien d'extraordinaire à cela. Pourtant, je doute que ça lui fasse tellement plaisir.

JEAN : Et pourquoi donc ?

BÉRENGER : Il m'est difficile de dire pourquoi. Ça se comprend.

JEAN : Je vous dis que ce n'est pas si mal que ça ! Après tout, les rhinocéros sont des créatures comme nous, qui ont droit à la vie au même titre que nous !

BÉRENGER : À condition qu'elles ne détruisent pas la nôtre. Vous rendez-vous compte de la différence de mentalité ?

JEAN, *allant et venant dans la pièce, entrant dans la salle de bains, et sortant* : Pensez-vous que la nôtre soit préférable ?

BÉRENGER : Tout de même, nous avons notre morale à nous, que je juge incompatible avec celle de ces animaux.

JEAN : La morale ! Parlons-en de la morale, j'en ai assez de la morale, elle est belle la morale ! Il faut dépasser la morale.

BÉRENGER : Que mettriez-vous à la place ?

JEAN, *même jeu* : La nature !

BÉRENGER : La nature ?

JEAN : La nature a ses lois. La morale est antinaturelle.

BÉRENGER : Si je comprends, vous voulez remplacer la loi morale par la loi de la jungle !

JEAN : J'y vivrai, j'y vivrai.

BÉRENGER : Cela se dit, mais dans le fond, personne…

JEAN, *l'interrompant, et allant et venant* : Il faut reconstituer les fondements de notre vie. Il faut retourner à l'intégrité primordiale.

BÉRENGER : Je ne suis pas du tout d'accord avec vous.

JEAN, *soufflant bruyamment* : Je veux respirer.

BÉRENGER : Réfléchissez, voyons, vous vous rendez bien compte que nous avons une philosophie que ces animaux n'ont pas, un système de valeurs irremplaçable. Des siècles de civilisation humaine l'ont bâti !..

JEAN, *toujours dans la salle de bains* : Démolissons tout cela, on s'en portera mieux.

BÉRENGER: Je ne vous prends pas au sérieux. Vous plaisantez, vous faites de la poésie.

JEAN : Brrr…

*Il barrit presque.*

BÉRENGER : Je ne savais pas que vous étiez poète.

JEAN, *il sort de la salle de bains* : Brrr…

*Il barrit de nouveau.*

BÉRENGER : Je vous connais trop bien pour croire que c'est là votre pensée profonde. Car, vous le savez aussi bien que moi, l'homme…

JEAN, *l'interrompant* : L'homme … Ne prononcez plus ce mot !

BÉRENGER : Je veux dire l'être humain, l'humanisme…

JEAN : L'humanisme est périmé ! Vous êtes un vieux sentimental ridicule.

*Il entre dans la salle de bains.*

[…]

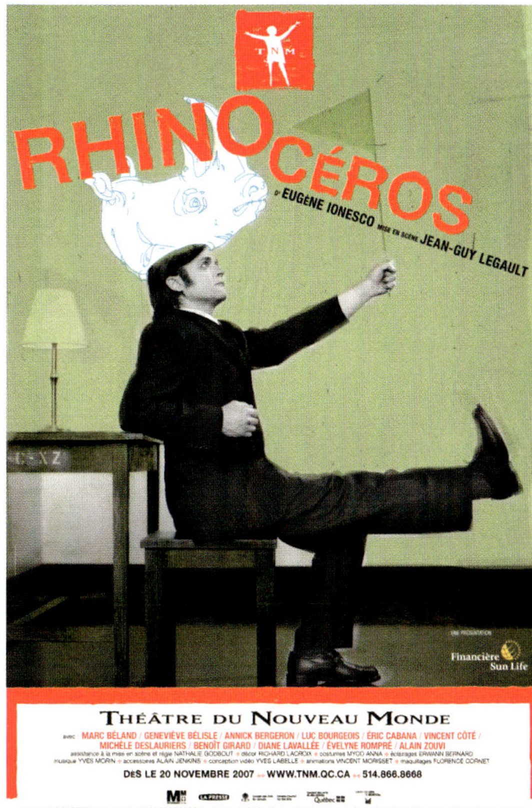


Affiche de la pièce *Rhinocéros*, mise en scène par Jean-Guy Legault au théâtre du Nouveau Monde au Canada en 2007.

## Questions

► Les formes de l'argumentation, p. 446
► L'énonciation et le discours, p. 408

### La transformation de Jean

1. Commentez la réplique de Jean : « Je n'aime pas les gens têtus » (l. 2). Pourquoi est-elle la preuve de la transformation du personnage ?
2. Jean argumente-t-il ? Que fait-il à plusieurs reprises ? Expliquez comment cette attitude rend plus cohérente sa transformation.
3. Quels types de phrase reviennent fréquemment dans les répliques de Jean ? Que cela traduit-il de son état psychologique ?
4. Jean s'est-il totalement métamorphosé ? Quels points communs y-a-t-il entre le Jean du début et celui-ci ?

### Une réflexion sur le totalitarisme

5. Quels arguments Bérenger oppose-t-il aux propos de Jean ?
6. Quelle définition de la morale pouvons-nous tirer des propos de Jean ? Que signifie « l'humanisme est périmé » (l. 54) ?
7. Quelles différences fondamentales voyez-vous entre la « pensée » (l. 35 à 37) défendue par Bérenger, et le « plaisir » (l. 7 à 8) prôné par Jean ? Pourquoi sont-ils antagonistes ?

**Vocabulaire**
Expliquez l'adjectif « primordial ». Reconstituez la famille étymologique de ce mot.

**Synthèse** Ionesco a écrit dans la revue *Arts* (1961) : « Certains critiques me reprochent d'avoir dénoncé le mal mais de ne pas avoir dit ce qu'était le bien. On m'a reproché de ne pas avoir fait dire à Bérenger au nom de quelle idéologie il résistait. » Pensez-vous que cette page soit l'illustration de la pensée du dramaturge ? Justifiez votre réponse.

### BAC S'entraîner à l'écriture d'invention

► Construire une argumentation, p. 500

Écrivez un dialogue entre deux contradicteurs sur un sujet de société, en employant tous les types d'arguments que vous nommerez dans la marge de votre copie.

# TEXTE 4

▸ Biographies, p. 508

**⊕ CONTEXTE**

Dans les années 50 naît un théâtre dit d'avant-garde, influencé par l'existentialisme (et ses thèses sur l'Absurde de la condition humaine), Alfred Jarry *(Ubu-Roi)*, les surréalistes, et Antonin Artaud *(Le Théâtre et son double)*. Ionesco prendra ses distances avec cette notion d'avant-garde en déclarant : « Finalement, je suis pour le Classicisme : c'est cela l'avant-garde. Découverte d'archétypes oubliés, immuables, renouvelés dans l'expression : tout vrai créateur est classique. » (Entretiens in *Notes et contre-notes,* 1966)

▸ L'Absurde, p. 36

## Eugène Ionesco, *Rhinocéros* (1959)

*Jean s'est transformé en rhinocéros et attaque Bérenger qui parvient à s'enfuir. Les rhinocéros apparaissent partout, même dans la fosse d'orchestre. Le troisième acte se déroule dans la chambre de Bérenger, qui est souffrant et qui craint de se métamorphoser, lui aussi. Dudard, son sous-chef de bureau, vient prendre de ses nouvelles...*

### Début de l'Acte III

[...]

DUDARD : Ils ne vous attaquent pas. Si on les laisse tranquilles, ils vous ignorent. Dans le fond, ils ne sont pas méchants. Il y a même chez eux une certaine innocence naturelle, oui ; de la candeur. D'ailleurs, j'ai parcouru moi-même, à pied, toute l'avenue pour venir chez vous. Vous voyez, je suis sain et sauf, je n'ai eu aucun ennui.

BÉRENGER : Rien qu'à les voir, moi ça me bouleverse. C'est nerveux. Ça ne me met pas en colère, non, on ne doit pas se mettre en colère, je m'en préserve, mais cela me fait quelque chose là *(il montre son cœur)*, cela me serre le cœur.

DUDARD : Jusqu'à un certain point, vous avez raison d'être impressionné. Vous l'êtes trop, cependant. Vous manquez d'humour, c'est votre défaut, vous manquez d'humour. Il faut prendre les choses à la légère, avec détachement.

BÉRENGER : Je me sens solidaire de tout ce qui arrive. Je prends part, je ne peux pas rester indifférent.

DUDARD : Ne jugez pas les autres, si vous ne voulez pas être jugé. Et puis si on se faisait des soucis pour tout ce qui passe, on ne pourrait plus vivre.

BÉRENGER : Si cela s'était passé ailleurs, dans un autre pays, et qu'on eût appris cela par les journaux, on pourrait discuter paisiblement de la chose, étudier la question sur toutes ses faces, en tirer objectivement des conclusions. On organiserait des débats académiques, on ferait venir des savants, des écrivains, des hommes de loi, des femmes savantes, des artistes. Des hommes de la rue aussi, ce serait intéressant, passionnant, instructif. Mais quand vous êtes pris vous-même dans l'événement, quand vous êtes mis tout à coup devant la réalité brutale des faits, on ne peut pas ne pas se sentir concerné directement, on est trop violemment surpris pour garder tout son sang-froid. Moi, je suis surpris, je suis surpris, je suis surpris ! Je n'en reviens pas.

DUDARD : Moi aussi, j'ai été surpris, comme vous. Ou plutôt je l'étais. Je commence déjà à m'habituer.

BÉRENGER : Vous avez un système nerveux mieux équilibré que le mien. Je vous en félicite. Mais vous ne trouvez pas que c'est malheureux...

DUDARD, *l'interrompant* : Je ne dis certainement pas que c'est un bien. Et ne croyez pas que je prenne parti à fond pour les rhinocéros...

*Nouveaux bruits de rhinocéros passant, cette fois, sous l'encadrement de la fenêtre à l'avant-scène.*

BÉRENGER, *sursautant* : Les voilà encore ! Les voilà encore ! Ah ! non, rien à faire, moi je ne peux pas m'y habituer. J'ai tort peut-être. Ils me préoccupent tellement malgré moi que cela m'empêche de dormir. J'ai des insomnies. Je somnole toute la journée quand je suis à bout de fatigue.

DUDARD : Prenez des somnifères. [...]

Serge Maggiani (Bérenger) et Valerie Dashwood (Daisy) dans *Rhinocéros* (1959) d'Eugène Ionesco, pièce mise en scène par Emmanuel Demarcy-Mota au Théâtre de la Ville à Paris en 2004.

# Questions

► Les registres et effets du texte, p. 458

### Deux attitudes différentes : une conscience endormie

1. Quelles différences voyez-vous entre les positions de Dudard et de Bérenger par rapport aux rhinocéros ?
2. Comment les mécanismes de la lâcheté sont-ils mis à jour dans cet extrait ? Sur quels types d'argument Dudard s'appuie-t-il ?
3. À quoi renonce Dudard ?
4. Qu'évoque le patronyme de Dudard ?

### Deux attitudes différentes : le refus de se résigner

5. Quelle différence voyez-vous entre le Bérenger des textes 1 (p. 204) et 2 (p. 206) et celui-ci ?
6. « Si cela s'était passé ailleurs... » (l. 16) : que démontre le raisonnement tenu par Bérenger ? Quel danger est ainsi mis en relief ? Quelle vision de l'humanité cela traduit-il ?
7. Pourquoi Bérenger ne supporte-t-il pas les rhinocéros ? De quel type est sa réaction ? Est-elle susceptible d'aider à combattre les rhinocéros ?

**Vocabulaire**
Observez les trois adjectifs « intéressant », « passionnant », « instructif » (l. 20 et 21). Montrez qu'on a ici une gradation et expliquez-la.

**Synthèse** À ce stade de la pièce, avant le dénouement, listez les raisons pour lesquelles Bérenger s'oppose à la « rhinocérite ».

### BAC S'entraîner au commentaire

► Lire le texte et dégager un projet de lecture, p. 474

En vous appuyant sur vos réponses aux questions, proposez un plan de commentaire pour cet extrait.

# TEXTE 5

▸ Biographies, p. 508

# Eugène Ionesco, *Rhinocéros* (1959)

**⊕ CONTEXTE**

Dans « Expérience du théâtre » in *Notes et contre-notes* (1966), Ionesco explique comment théâtraliser la parole : « En la portant à son paroxysme, pour donner au théâtre sa vraie mesure, qui est dans la démesure ; le verbe lui-même doit-être tendu jusqu'aux limites ultimes, le langage doit presque exploser, ou se détruire, dans son impossibilité de contenir les significations. »

▸ L'Absurde, p. 36

*Bérenger est scandalisé d'apprendre par Dudard que son chef M. Papillon est également devenu rhinocéros. Même le logicien s'est transformé ! Daisy ne comprend pas l'agitation de Bérenger. Rien ne peut plus empêcher que la jeune femme rejoigne le troupeau des mastodontes qu'elle trouve « beaux comme des dieux ». Elle s'en va. Bérenger reste le seul homme, environné de têtes de rhinocéros accrochées au mur qui deviennent de plus en plus belles. Devant sa glace, il se demande que faire…*

### Fin de l'acte III

[…]

Bérenger […] : […] Je suis tout à fait seul maintenant. *(Il va fermer la porte à clé, soigneusement, mais avec colère.)* On ne m'aura pas, moi. *(Il ferme soigneusement les fenêtres.)* Vous ne m'aurez pas, moi. *(Il s'adresse à toutes les têtes de rhinocéros.)* Je ne vous suivrai pas, je ne vous comprends pas ! Je reste ce que je suis. Je suis un être humain. Un être humain. *(Il va s'asseoir dans le fauteuil.)* La situation est absolument intenable. C'est ma faute, si elle est partie. J'étais tout pour elle. Qu'est-ce qu'elle va devenir ? Encore quelqu'un sur la conscience. J'imagine le pire, le pire est possible. Pauvre enfant abandonnée dans cet univers de monstres ! Personne ne peut m'aider à la retrouver, personne, car il n'y a plus personne. *(Nouveaux barrissements, courses éperdues, nuages de poussière.)* Je ne veux pas les entendre. Je vais mettre du coton dans les oreilles. *(Il se met du coton dans les oreilles et se parle à lui-même dans la glace.)* Il n'y a pas d'autre solution que de les convaincre, les convaincre, de quoi ? Et les mutations sont-elles réversibles ? Hein, sont-elles réversibles ? Ce serait un travail d'Hercule, au-dessus de mes forces. D'abord, pour les convaincre, il faut leur parler. Pour leur parler, il faut que j'apprenne leur langue. Ou qu'ils apprennent la mienne ? Mais quelle langue est-ce que je parle ? Quelle est ma langue ? Est-ce du français, ça ? Ce doit bien être du français ? Mais qu'est-ce que du français ? On peut appeler ça du français, si on veut, personne ne peut le contester, je suis seul à le parler. Qu'est-ce que je dis ? Est-ce que je me comprends, est-ce que je me comprends ? *(Il va vers le milieu de la chambre.)* Et si, comme me l'avait dit Daisy, si c'est eux qui ont raison ? *(Il retourne vers la glace.)* Un homme n'est pas laid, un homme n'est pas laid. *(Il se regarde en passant la main sur sa figure.)* Quelle drôle de chose ! À quoi je ressemble alors ? À quoi ? *(Il se précipite vers un placard, en sort des photos qu'il regarde.)* Des photos ! Qui sont-ils tous ces gens-là ? M. Papillon, ou Daisy plutôt ? Et celui-là, est-ce Botard ou Dudard, ou Jean, ou moi, peut-être ! *(Il se précipite de nouveau vers le placard d'où il sort deux ou trois tableaux.)* Oui, je me reconnais ; c'est moi, c'est moi ! *(Il va raccrocher les tableaux sur le mur du fond, à côté des têtes de rhinocéros.)* C'est moi, c'est moi. *(Lorsqu'il accroche les tableaux, on s'aperçoit que ceux-ci représentent un vieillard, une grosse femme, un autre homme. La laideur de ces portraits contraste avec les têtes de rhinocéros qui sont devenues très belles. Béranger s'écarte pour contempler les tableaux.)* Je ne suis pas beau, je ne suis pas beau. *(Il décroche les tableaux, les jette par terre avec fureur, il va vers la glace.)* Ce sont eux qui sont beaux. J'ai eu tort ! Oh ! comme je voudrais être comme eux. Je n'ai pas de corne, hélas ! Que c'est laid, un front plat. Il m'en faudrait une ou deux, pour rehausser mes traits tombants. Ça viendra peut-être, et je n'aurai plus honte, je pourrai aller tous les retrouver. Mais ça ne pousse pas ! *(Il regarde les paumes de ses mains.)* Mes mains sont moites.

Deviendront-elles rugueuses ? *(Il enlève son veston, défait sa chemise, contemple sa poitrine dans la glace.)* J'ai la peau flasque. Ah, ce corps trop blanc et poilu ! Comme je voudrais avoir une peau dure et cette magnifique couleur d'un vert sombre, une nudité décente, sans poils, comme la leur ! *(Il écoute les barrissements.)* Leurs chants ont du charme, un peu âpre, mais un charme certain ! Si je pouvais faire comme eux. *(Il essaie de les imiter.)* Ahh, ahh, brr ! Non, ce n'est pas ça ! Essayons encore, plus fort ! Ahh, ahh, brr ! non, non, ce n'est pas ça, que c'est faible, comme cela manque de vigueur ! Je n'arrive pas à barrir. Je hurle seulement. Ahh, ahh, brr ! Les hurlements ne sont pas des barrissements ! Comme j'ai mauvaise conscience, j'aurais dû les suivre à temps. Trop tard maintenant ! Hélas, je suis un monstre, je suis un monstre. Hélas, jamais, je ne deviendrai rhinocéros, jamais, jamais ! Je ne peux plus changer. Je voudrais bien, je voudrais tellement, mais je ne peux pas. Je ne peux plus me voir. J'ai trop honte ! *(Il tourne le dos à la glace.)* Comme je suis laid ! Malheur à celui qui veut conserver son originalité ! *(Il a un brusque sursaut.)* Eh bien tant pis ! Je me défendrai contre tout le monde ! Ma carabine, ma carabine ! *(Il se retourne face au mur du fond où sont fixées les têtes de rhinocéros, tout en criant :)* Contre tout le monde, je me défendrai ! Je suis le dernier homme, je le resterai jusqu'au bout ! Je ne capitule pas !

RIDEAU



# Questions

► Les principaux genres théâtraux, p. 437
► Les registres et effets du texte, p. 458
► Les figures de style, p. 414

**Vocabulaire**
Bérenger parle d'un travail d'Hercule (l. 13). Qui est Hercule ? Quels sont les Travaux qu'il a accomplis ? Bérenger peut-il être comparé, au final, à Hercule ? Justifiez votre réponse.

## Une ultime prise de conscience

1. Du constat de sa solitude (l. 1) à celui de sa monstruosité (l. 46), par quels stades passe Bérenger ? Qu'en déduisez-vous sur la pression exercée par les rhinocéros ?
2. Qu'est-ce qui fascine un moment Bérenger, et qu'on peut rapprocher des idées du nazisme ?
3. Observez les types de phrase et leur longueur : montrez qu'elles soulignent la confusion des pensées de Bérenger.
4. Quel effet les didascalies visent-elles ?
5. Comment s'opère le renversement final ? Quelle est la raison de la résistance ultime de Bérenger ? Quelle est la signification des derniers mots de la pièce ? Ionesco oppose-t-il une idéologie à celle des rhinocéros ?

## Du comique au tragique

6. Quels sont les effets comiques dans ce monologue ? Les effets pathétiques ?
7. À qui s'adresse Bérenger ? Montrez que, par sa construction, ce monologue rappelle ceux de la tragédie classique.
8. « Hélas, je suis un monstre… Je ne peux plus me voir. » (l. 46 à 48) : observez la construction des phrases et le vocabulaire. Montrez que l'on retrouve l'expression des héros de tragédie au paroxysme de la douleur ou de l'accablement.

**Synthèse** Quel est le rôle et la fonction des nombreuses didascalies dans la pièce ?

► Rassembler et organiser ses idées ; Construire un paragraphe et insérer des exemples, p. 486

## BAC S'entraîner à la dissertation

Proposez un plan détaillé pour répondre à la question suivante : Pensez-vous, comme Ionesco lui-même, que *Rhinocéros* soit une farce tragique, « une farce terrible, une fable fantastique. » (*Arts*, 1961) ?

▸ Biographies, p. 508

# Eugène Ionesco, *Notes et contre-notes* (1966)

▸ À l'automne 1938, a lieu à Nuremberg (en Bavière) le IXe congrès du parti national-socialiste d'Hitler, qui est placé sous le signe du Reich de la grande Allemagne et qui constitue le plus colossal et le plus menaçant des rassemblements de foule dans le pays.

*Cette préface a été écrite par Ionesco à l'occasion de la parution d'une édition scolaire américaine en français (novembre 1960).*

En 1938 l'écrivain Denis de Rougemont se trouvait en Allemagne à Nuremberg au moment d'une manifestation nazie. Il nous raconte qu'il se trouvait au milieu d'une foule compacte attendant l'arrivée de Hitler. Les gens donnaient des signes d'impatience lorsqu'on vit apparaître, tout au bout d'une avenue et tout petits dans le lointain, le Führer et sa suite. De loin, le narrateur vit la foule qui était prise, progressivement, d'une sorte d'hystérie, acclamant frénétiquement l'homme sinistre. L'hystérie se répandait, avançait, avec Hitler, comme une marée. Le narrateur était d'abord étonné par ce délire. Mais lorsque le Führer arriva tout près et que les gens, à ses côtés, furent contaminés par l'hystérie générale, Denis de Rougemont sentit, en lui-même, cette rage qui tentait de l'envahir, ce délire qui « l'électrisait ». Il était tout près à succomber à cette magie, lorsque quelque chose monta des profondeurs de son être et résista à l'orage collectif. Denis de Rougemont nous raconte qu'il se sentait mal à l'aise, affreusement seul, dans la foule, à la fois résistant et hésitant. Puis ses cheveux se hérissant, « littéralement », dit-il, sur sa tête, il comprit ce que voulait dire l'Horreur Sacrée. À ce moment-là, ce n'était pas sa pensée qui résistait, ce n'était pas des arguments qui lui venaient à l'esprit, mais c'était tout son être, toute sa « personnalité » qui se rebiffait. Là est peut-être le point de départ de *Rhinocéros* ; il est impossible, sans doute, lorsqu'on est assailli par des arguments, des doctrines, des slogans « intellectuels », des propagandes de toutes sortes, de donner sur place une explication de ce refus. La pensée discursive viendra, mais vraisemblablement plus tard, pour appuyer ce refus, cette résistance naturelle, intérieure, cette réponse d'une âme. Bérenger ne sait donc pas très bien, sur le moment, pourquoi il résiste à la rhinocérite et c'est la preuve que cette résistance est authentique et profonde. Bérenger est peut-être celui qui, comme Denis de Rougemont, est allergique aux mouvements des foules et aux marches, militaires et autres. *Rhinocéros* est sans doute une pièce antinazie, mais elle est aussi surtout une pièce contre les hystéries collectives et les épidémies qui se cachent sous le couvert de la raison et des idées, mais qui n'en sont pas moins de graves maladies collectives dont les idéologies ne sont que les alibis : si l'on s'aperçoit que l'histoire déraisonne, que les mensonges des propagandes sont là pour masquer les contradictions qui existent entre les faits et les idéologies qui les appuient, si l'on jette sur l'actualité un regard lucide, cela suffit pour nous empêcher de succomber aux « raisons » irrationnelles, et pour échapper à tous les vertiges.

[…] J'ai pensé avoir tout simplement à montrer l'inanité de ces terribles systèmes, ce à quoi ils mènent, comme ils enflamment les gens, les abrutissent, puis les réduisent en esclavage. On s'apercevra certainement que les répliques de Botard, de Jean, de Dudard ne sont que les formules clefs, les slogans des dogmes divers cachant, sous le masque de la froideur objective, les impulsions les plus irrationnelles et véhémentes. *Rhinocéros* aussi est une tentative de « démystification ».

Photographie d'Adolf Hitler acclamé par la foule au stade olympique de Berlin le 1er mai 1938.

# Questions

1. Relevez les trois mots avec lesquels Ionesco caractérise l'hystérie collective qui s'empare de la foule au moment de l'arrivée d'Hitler (l. 6 à 12). Définissez-les. Qu'apportent-ils de plus à la définition de l'hystérie ? Quelle figure de style identifiez-vous ?
2. Qu'est-ce que l' « Horreur Sacrée » pour Rougemont et Ionesco ?
3. Quelle est la place de la pensée et de la raison, dans le phénomène de rejet de l'hystérie collective ?
4. Que dénonce *Rhinocéros* selon son auteur ?
5. Quels sont les remèdes à la « rhinocérite » selon Ionesco ?
6. Avec quels arguments Ionesco répond-il à ses détracteurs ?
7. Comment comprenez-vous le mot « démystification » qui met un point final à cette préface pour des élèves américains ?
8. Qui est le personnage de Bérenger pour son créateur ?
9. **LECTURE D'IMAGE** : Pourquoi cette photographie montrant Hitler en 1938 peut-elle illustrer le propos de Ionesco sur l'hystérie collective ?

**Prolongement**

Pourquoi d'après-vous la démonstration de Ionesco est plus convaincante avec un Bérenger qui n'a pas conscience de sa résistance et qui est « plutôt simple » ?

## PERSPECTIVE • Une autre scène de « THÉATRE DE L'ABSURDE »

▸ Biographies, p. 508

# Samuel Beckett, *Fin de partie* (1957)

▸ Samuel Beckett montre, dans son théâtre, la misère de la condition humaine sous une forme grotesque (*En attendant Godot*, 1953 ; *Fin de partie*, 1957 ; *Oh les beaux jours*, 1961). Ses pièces n'ont d'autre signification que l'absurdité de la condition humaine. Comme chez Ionesco, tragique et comique se côtoient, et les personnages dévident des paroles insignifiantes qui donnent l'illusion du dialogue.

*Aveugle, paralysé, attendant vaguement que « ça avance », Hamm se raconte des histoires, attend l'heure de son calmant, et tyrannise Clov, son fils adoptif, et ses vieux parents, Nagg et Nell, dont on ne voit que la tête dépassant de deux poubelles. Ces quatre personnages vivent dans un intérieur gris, sans meubles, et sont peut-être les derniers survivants d'une humanité détruite. La pièce est une longue conversation, rythmée par des silences et des répétitions. À ce moment de la pièce, Clov regarde par la fenêtre, sous les ordres de Hamm : rien ne se profile à l'horizon.*

*Clov descend de l'escabeau, fait quelques pas vers la fenêtre à gauche, retourne prendre l'escabeau, l'installe sous la fenêtre à gauche, monte dessus, braque la lunette sur le dehors, regarde longuement. Il sursaute, baisse la lunette, l'examine, la braque de nouveau.*

CLOV : Jamais vu une chose comme ça !
HAMM, *inquiet* : Quoi ? Une voile ? Une nageoire ? Une fumée ?
CLOV, *regardant toujours* : Le fanal* est dans le canal.
HAMM, *soulagé* : Pah ! Il l'était déjà.
CLOV, *de même* : Il en restait un bout.
HAMM : La base.
CLOV, *de même* : Oui.
HAMM : Et maintenant ?
CLOV, *de même* : Plus rien.
HAMM : Pas de mouettes ?
CLOV, *de même* : Mouettes !
HAMM : Et l'horizon ? Rien à l'horizon ?
CLOV, *baissant la lunette, se tournant vers Hamm, exaspéré* : Mais que veux-tu qu'il y ait à l'horizon ?
*Un temps.*
HAMM : Les flots, comment sont les flots ?
CLOV : Les flots ? *(Il braque la lunette.)* Du plomb.
HAMM : Et le soleil ?
CLOV, *regardant toujours* : Néant.
HAMM : Il devrait être en train de se coucher pourtant. Cherche bien.
CLOV, *ayant cherché* : Je t'en fous.
HAMM : Il fait donc nuit déjà ?
CLOV, *regardant toujours* : Non.
HAMM : Alors quoi ?
CLOV, *de même* : Il fait gris. *(Baissant la lunette et se tournant vers Hamm, plus fort.)* Gris ! *(Un temps ; encore plus fort.)* GRRIS !
*Il descend de l'escabeau, s'approche de Hamm par derrière et lui parle à l'oreille.*
HAMM, *sursautant* : Gris ! Tu as dit gris ?
CLOV : Noir clair. Dans tout l'univers.
HAMM : Tu vas fort. *(Un temps.)* Ne reste pas là, tu me fais peur.



* Lanterne employée pour le balisage des côtes.

Thierry Bosc et Gilles Arbona dans *Fin de partie* (1957) de Samuel Beckett, pièce mise en scène par Bernard Levy au théâtre de l'Athénée Louis Jouvet à Paris en 2006.

## Questions

1. Quelles sont les particularités du paysage décrit par Clov ? Précisez le champ lexical utilisé.
2. Quelle est la couleur dominante ? Relevez et commentez toutes les expressions s'y rapportant.
3. Étudiez les didascalies se rapportant à Clov : que nous disent-elles de son attitude et du rôle qu'il joue ?
4. Étudiez les réactions successives de Hamm : y a-t-il réellement dialogue entre les deux personnages ? Qu'en concluez-vous sur le type de relation qu'ils ont ?
5. Peut-on dire ici que le dialogue fasse progresser l'action ? Déduisez-en une des particularités du théâtre de l'absurde.
6. Voici ce que dit Ionesco de son théâtre : « Je laisse […] les spectateurs dans le vide. » (*Arts*, 1960). Pensez-vous qu'on puisse dire la même chose de Beckett ? Justifiez votre réponse en vous appuyant sur votre lecture de cet extrait.

### LECTURE D'IMAGE

7. Expliquez jusqu'à quel point, en vous attachant aussi à l'aspect symbolique, ce décor est « noir clair » (l. 33).
8. Comment ce décor traduit-il la misère de la condition humaine ?

### Prolongements

Qu'est-ce que le théâtre de l'Absurde ? À quelle philosophie fait-il référence ? Recherchez quelles sont les différences entre Sartre et Camus d'une part, et Beckett et Ionesco d'autre part.

# *RHINOCÉROS*, UNE ALLÉGORIE DU MAL ?

## 1 RHINOCÉROS, UNE PIÈCE CLASSIQUE ?

### Les éléments classiques

La langue utilisée par Ionesco est simple, voire banale. Le dramaturge tourne en dérision le langage stéréotypé des intellectuels (le logicien, par exemple) qui tourne à vide.

La pièce présente des personnages dont le caractère est très typé (et qui n'évoluent qu'à peine pour certains) : le faible, l'arrogant, la jeune fille amoureuse, le jaloux, le pédant, etc.

La construction est également classique : un acte d'exposition, une évolution de la crise vers un dénouement. L'unité d'action est scrupuleusement respectée : il n'y a pas de péripéties.

### Les innovations

Le théâtre d'avant-garde est d'abord antiréaliste : ici la transformation irrationnelle d'hommes en rhinocéros. L'événement n'est pas daté et joue avec les anachronismes.

## 2 UNE RÉFLEXION SUR LE TOTALITARISME

### L'embrigadement

Est représentée sur scène la force entraînante des totalitarismes (nazisme, stalinisme...) qui embrigadent les foules jusqu'à l'acceptation fanatique, et contre laquelle Ionesco nous met en garde. Il montre comment on peut aisément passer de la normalité à la différence, et vice-versa, dynamitant ainsi les certitudes étroites de la masse populaire.

### Un théâtre qui n'est pas engagé

Il n'y a pas cependant d'allusion aux moyens coercitifs de ces régimes : les rhinocéros ne répriment personne. Seules leur force et leur beauté fascinent. Ionesco nous met en garde mais ne délivre pas de message : le théâtre de Ionesco n'est pas un théâtre engagé.

## 3 UNE FARCE TRAGIQUE

### Comique et tragique

Comique et tragique se mêlent dans la pièce. Le rhinocéros épouvante et détruit l'humanité, mais il fait rire aussi (Mme Bœuf partant à califourchon sur le dos de son animal de mari), comme les personnages : Bérenger, d'abord hébété puis conscient du danger, nous fait osciller du rire à l'émotion, comme Jean de la terreur au rire, pendant que les rhinocéros se contentent de courir et de manger. La prise de conscience de Bérenger n'oppose pas une contre-idéologie à celle que les rhinocéros imposent peu à peu.

### L'échec des valeurs humanistes

L'amitié (Bérenger-Jean) et l'amour (Bérenger-Daisy) ne résistent pas au troupeau des rhinocéros. Mais cet humanisme bafoué n'est qu'un humanisme qui se nourrit de mots et qui finit, à force de tolérance, par tout accepter, même l'inacceptable.

# PISTES DE LECTURE

## 1 LECTURES CROISÉES

*Hamlet* (1601) de William Shakespeare
*Le Jeu de l'amour et du hasard* (1730) de Marivaux
*Les Bonnes* (1947) de Jean Genet

**Lisez les trois œuvres proposées. Vous pouvez travailler par groupes ; chaque groupe choisira son axe d'étude et le présentera à l'oral.**

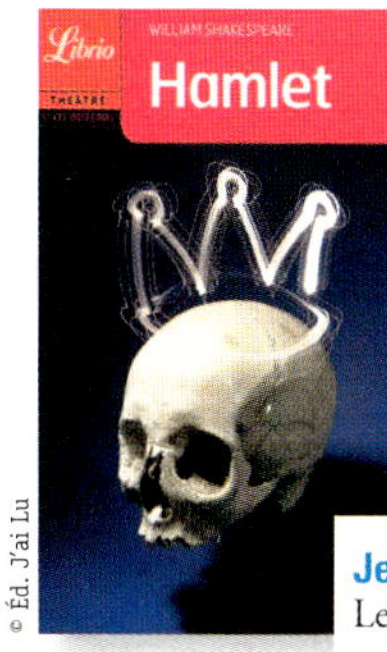

© Éd. J'ai Lu

© Éd. J'ai Lu

© Éd. Gallimard

**AXE D'ÉTUDE 1**

**Que sait le spectateur à propos de l'identité des personnages au début de chaque pièce ? Quelles sont les incidences sur sa perception des intrigues ?**

**AXE D'ÉTUDE 2**

**Quels types de personnages sont mis en scène dans ces pièces ? Comparez leurs statuts sociaux. Existe-t-il une évolution historique du personnage ?**

**AXE D'ÉTUDE 3**

**Comment ces trois pièces mettent-elles en scène les effets de la passion amoureuse ?**

## 2 D'AUTRES LECTURES

### *Amphitryon* (1668) de Molière

© Le Livre de Poche

Amphitryon, un général thébain, charge son valet d'aller prévenir sa femme de son retour victorieux de la guerre. Mais les dieux ne l'entendent pas ainsi. Jupiter usurpe l'identité du général pour séduire sa femme. Quand le vrai Amphitryon rentre enfin, sa femme, peu démonstrative, affirme qu'ils ont passé la nuit précédente ensemble.

### *L'Île des esclaves* (1725) de Marivaux

© Éd. Flammarion

Un maître (Iphicrate) et son esclave (Arlequin) font naufrage sur une île. Un inconnu leur explique qu'ils se trouvent sur l'île des esclaves où les maîtres deviennent des valets et les valets des maîtres. Mais un changement si brutal de condition pose quelques questions…

### *Ruy Blas* (1838) de Victor Hugo

© Le Livre de Poche

Don Salluste, disgracié parce qu'il a fait un enfant illégitime à une suivante de la reine, doit quitter la cour. Obsédé par un désir de vengeance, il demande à son neveu César de l'aider. Ce dernier refusant, Salluste va faire appel à son valet Ruy Blas, amoureux de la reine. Il le fait passer pour César et lui demande de devenir l'amant de la souveraine. Le piège se referme…

### *La Folie des Grandeurs* (1971) de Gérard Oury

Ce film est une adaptation burlesque (et qui finit bien) de la pièce *Ruy Blas* de Victor Hugo.

### *Le Révizor* (1836) de Nicolas Gogol

© Éd. Flammarion

Les notables d'une petite ville russe sont avertis de la venue d'un « révizor », un inspecteur envoyé par le gouvernement. On croit le reconnaître dans un jeune homme arrivé depuis peu à l'auberge. Ce dernier va profiter de la situation.

TEXTE C

## Alfred Jarry, *Ubu Roi* (1888)

*Bien que le Père Ubu soit content de ses titres, « capitaine de dragon », officier de confiance du roi Venceslas, la Mère Ubu essaye de le convaincre de conspirer pour renverser le roi Venceslas*

ACTE I, SCÈNE 1

PÈRE UBU : Merdre !

MÈRE UBU : Oh ! voilà du joli, Père Ubu, vous estes un fort grand voyou.

PÈRE UBU : Que ne vous assom'je, Mère Ubu!

MÈRE UBU : Ce n'est pas moi, Père Ubu, c'est un autre qu'il faudrait assassiner.

PÈRE UBU : De par ma chandelle verte, je ne comprends pas.

MÈRE UBU : Comment, Père Ubu, vous estes content de votre sort ?

PÈRE UBU : De par ma chandelle verte, merdre, madame, certes oui, je suis content. On le serait à moins : capitaine de dragons, officier de confiance du roi Venceslas, décoré de l'ordre de l'Aigle Rouge de Pologne et ancien roi d'Aragon, que voulez-vous de mieux ?

MÈRE UBU : Comment ! après avoir été roi d'Aragon vous vous contentez de mener aux revues une cinquantaine d'estafiers armés de coupe-choux, quand vous pourriez faire succéder sur votre fiole la couronne de Pologne à celle d'Aragon ?

PÈRE UBU : Ah ! Mère Ubu, je ne comprends rien de ce que tu dis.

MÈRE UBU : Tu es si bête !

PÈRE UBU : De par ma chandelle verte, le roi Venceslas est encore bien vivant ; et même en admettant qu'il meure, n'a-t-il pas des légions d'enfants ?

MÈRE UBU : Qui t'empêche de massacrer toute la famille et de te mettre à leur place ?

PÈRE UBU : Ah ! Mère Ubu, vous me faites injure et vous allez passer tout à l'heure par la casserole.

MÈRE UBU : Eh ! pauvre malheureux, si je passais par la casserole, qui te raccommoderait tes fonds de culotte ?

PÈRE UBU : Eh vraiment ! et puis après ? N'ai-je pas un cul comme les autres ?

MÈRE UBU : À ta place, ce cul, je voudrais l'installer sur un trône. Tu pourrais augmenter indéfiniment tes richesses, manger fort souvent de l'andouille et rouler carrosse par les rues.

PÈRE UBU : Si j'étais roi, je me ferais construire une grande capeline comme celle que j'avais en Aragon et que ces gredins d'Espagnols m'ont impudemment volée.

MÈRE UBU : Tu pourrais aussi te procurer un parapluie et un grand caban qui te tomberait sur les talons.

PÈRE UBU : Ah ! je cède à la tentation. Bougre de merdre, merdre de bougre, si jamais je le rencontre au coin d'un bois, il passera un mauvais quart d'heure.

MÈRE UBU : Ah ! bien, Père Ubu, te voilà devenu un véritable homme.

PÈRE UBU : Oh non ! moi, capitaine de dragons, massacrer le roi de Pologne ! plutôt mourir !

MÈRE UBU, *à part* : Oh ! merdre ! *(Haut.)* Ainsi tu vas rester gueux comme un rat, Père Ubu.

PÈRE UBU : Ventrebleu, de par ma chandelle verte, j'aime mieux être gueux comme un maigre et brave rat que riche comme un méchant et gras chat.

MÈRE UBU : Et la capeline ? et le parapluie ? et le grand caban ?

PÈRE UBU : Eh bien, après, Mère Ubu ? *(Il s'en va en claquant la porte.)*

MÈRE UBU, *seule* : Vrout, merdre, il a été dur à la détente, mais vrout, merdre, je crois pourtant l'avoir ébranlé. Grâce à Dieu et à moi-même, peut-être dans huit jours serai-je reine de Pologne.

▶ ▶ ▶ Sujet Bac

## I. Après avoir lu les textes du corpus, répondez aux questions suivantes (6 points)

1. Décrivez les principaux procédés utilisés par les auteurs pour commencer leur pièce dans ces trois scènes 1 et dites quels sont ceux qui vous semblent les plus efficaces pour intéresser le lecteur ou le spectateur. Justifiez votre choix.
2. Montrez que ces scènes ont pour principale fonction d'informer le lecteur ou le spectateur de l'action principale de l'œuvre.

## II. Traitez ensuite l'un des sujets suivants (14 points)

• **Commentaire**

Vous commenterez le texte d'Eugène Labiche et d'Auguste Lefranc (Texte B) en vous aidant du parcours de lecture suivant :

1. Vous montrerez que la scène 1 et le début de la scène 2 remplissent leur fonction informative.
2. Étudiez les procédés qui visent à rendre plaisant le début de cette pièce.

• **Dissertation**

Au théâtre, les personnages ne disposent-ils que des mots pour exprimer leurs sentiments? Vous justifierez votre réponse dans un développement composé en vous appuyant sur les textes du corpus, sur vos lectures personnelles, ainsi que sur les œuvres étudiées en classe.

• **Écriture d'invention**

Écrivez la suite de la scène 2 du texte d'Eugène Labiche et d'Auguste Lefranc (Texte B).

# Quelques conseils

▶ Grille d'auto-évaluation pour le commentaire, p. 481

### Si vous choisissez le commentaire...

1. Pour répondre à l'axe d'étude 1, déterminez quels domaines peuvent concerner ces informations : cadre spatio-temporel, personnages, intrigue, enjeux, registre, genre de l'œuvre, écriture dramatique.
2. Pour répondre à l'axe d'étude 2, analysez l'originalité et la variété de la distribution de la parole dans ces deux scènes.
   Soyez attentif à la variété des types de phrase, des registres, au rythme des répliques, à la place de la chanson.
3. Imaginez les possibles mises en scène : déplacement des acteurs, décor, etc.
4. Organisez ces deux parties en sous-parties.
5. Appuyez-vous régulièrement et précisément sur le texte et les procédés. (▶ Les registres et effets du texte, p. 458 ; ▶ Le vocabulaire du théâtre, p. 434)

▶ Grille d'auto-évaluation pour la dissertation, p. 491

### Si vous choisissez la dissertation...

1. Analysez les termes du sujet. Attardez-vous sur : « personnages », « mots », « sentiments » et surtout songez à la représentation théâtrale.
2. Étudiez attentivement le libellé avant d'envisager le plan de votre dissertation.
3. Les exemples précis tirés du corpus et de vos propres lectures vous permettront de trouver les arguments. (▶ Analyser le sujet et exploiter le corpus, p. 482).

▶ Grille d'auto-évaluation pour l'écriture d'invention, p. 503

### Si vous choisissez l'écriture d'invention...

1. Repérez les intentions de Folleville exprimées dans la présentation de la scène et dans la scène 1.
2. Demandez-vous ce que le marquis connaît des intentions de Folleville.
3. Identifiez le registre de la scène 2 et ses procédés. (▶ Les registres et effets du texte, p. 458)
4. Exploitez les didascalies.
5. Respectez l'écriture dramatique.
6. Prenez en compte la situation de la scène : nous sommes au tout début de la pièce. (▶ Amplifier et transposer un texte, p. 496).

### « Crise de vers »

Ce texte de **Mallarmé** est publié dans *Divagations* (1897). Le poète y explique la nécessaire distinction entre les usages de la parole : celui quotidien, « brut et immédiat », et celui de la poésie, « essentiel ». Sa quête est celle d'un langage poétique créant une nouvelle réalité, séparée de la réalité référentielle. Si l'on reproche parfois à Mallarmé l'hermétisme de sa poésie, ses aspirations n'en ont pas moins ouvert des perspectives capitales.

Les nombreux mouvements poétiques de cette deuxième moitié du XIX$^e$ siècle, Parnasse (▸ Les mouvements littéraires : le XIX$^e$ siècle, p. 32), Symbolisme (▸ Les mouvements littéraires : le XIX$^e$ siècle, p. 34), témoignent de la richesse de la réflexion et de la création. L'œuvre d'**Arthur Rimbaud**, brève et fulgurante, condense ces expérimentations tout en ouvrant des voies explorées encore aujourd'hui.

## Le XX$^e$ siècle : la poésie en liberté

### Exploration des formes...

Le XX$^e$ siècle bénéficie de ces révolutions, et la création poétique s'épanouit désormais en toute liberté. Toute contrainte formelle a disparu, ou plutôt le poète est maître de celles qu'il s'impose, tel **Guillaume Apollinaire** et ses *Calligrammes* (1925), ou **Blaise Cendrars** dans ses *Sonnets dénaturés* (1923). Les poètes exploitent toutes les ressources du langage, jouant avec les sens et les sonorités des mots, comme le font, entre autres, **Jacques Prévert** ou **Jean Tardieu**.

André Breton, *Cadavre exquis* (1940), encres, crayons de couleur, crayon, reproduction photo déchirée et collée sur papier (29,8 cm x 22, 9 cm), musée national d'Art moderne – Centre Georges Pompidou, Paris.

### ... et des imaginaires

L'exploration du réel n'a plus de limites, comme en témoignent les surréalistes (▸ Les mouvements littéraires : le XX$^e$ siècle, p. 35), **André Breton**, **Robert Desnos**, qui se penchent sur leurs rêves, leur inconscient. Pour autant les poètes ne négligent pas d'éclairer le réel, que ce soit pour en dénoncer les injustices, dans la poésie engagée, ou pour en dévoiler les beautés, comme le fait **Francis Ponge**. Quel que soit le sujet abordé, les poètes jouent avec les images, dont la polysémie permet de traduire un monde complexe, qui éblouit et angoisse à la fois.

De nombreux poètes ont écrit sur la peinture, ou ont travaillé avec des peintres : Charles Baudelaire sur Eugène Delacroix, Stéphane Mallarmé sur Edouard Manet, René Char et Georges Braque. Recherchez un texte et une reproduction de tableau illustrant ces liens entre poésie et peinture.

**Exposés**

- **Orphée** : quelle est l'histoire de ce personnage mythologique ? Pourquoi est-il associé à la poésie ? Quelle définition de la poésie ce mythe suggère-t-il ?
- **La poésie engagée** : recherchez des exemples de poètes qui mettent leur écriture au service de leur engagement au cours des XIX$^e$ et XX$^e$ siècles. Établissez la nature de leur engagement, en précisant le contexte, et la forme de leurs écrits.

Séquence 1

# Remettre le monde en question : la quête poétique du Moyen Âge au XXe siècle

**Comment les poètes décrivent-ils et jugent-ils le monde qui les entoure ? Comment remettent-ils en question ce monde ? Comment rendent-ils compte de la place de la poésie ?**

## CORPUS DE LA SÉQUENCE



### LIENS AVEC LA PARTIE LANGUE


- Les valeurs des modes et des temps, p. 400
- L'énonciation et le discours, p. 408
- Les figures de style, p. 414


### LIENS AVEC LA PARTIE OUTILS D'ANALYSE


- La versification, p. 441
- Les formes et les genres poétiques, p. 443
- Les formes de l'argumentation, p. 446
- L'organisation de l'image, p. 452
- Les registres et effets du texte, p. 459


### LIENS AVEC LA PARTIE MÉTHODES POUR LE BAC


- La question sur le corpus, p. 468
- Le commentaire, p. 478
- La dissertation, p. 486
- L'écriture d'invention, p. 496


►►► Andrea Mantegna, *Oculus du plafond de la chambre des époux* (1474), fresque (détail), palais Ducal, Mantoue, (Italie).

# TEXTE 1

▸ Biographies, p. 508

**⊕ CONTEXTE**

La poésie de François Villon est marquée par les épisodes noirs de sa vie. Meurtrier, voleur, il est condamné à mener une vie d'errance et à rejoindre des bandes organisées, les coquillards. Dans ses œuvres, le poète jette un regard sans complaisance sur le monde qui l'entoure ; il livre des portraits satiriques de ses contemporains, bourgeois, moines et notables, et prend le parti des exclus.

## François Villon, *L'Épitaphe Villon* (1489)

*À la suite d'une rixe, François Villon blesse un notable parisien. Il est arrêté, jugé, et condamné à la pendaison. Le poète fera appel de cette décision, mais en vain.* L'Épitaphe Villon, *aussi appelée « Ballade des pendus », aurait été écrite en prison, alors que le poète attendait une réponse.*

Frères humains qui après nous vivez,
N'ayez les cœurs contre nous endurcis,
Car si pitié de nous pauvres avez,
Dieu en aura plus tôt de vous merci[s][1].
Vous nous voyez ci[2] attachés, cinq, six :
Quant de[3] la chair que trop avons nourrie,
Elle est piéça[4] dévorée et pourrie,
Et nous, les os, devenons cendre et poudre.
De notre mal personne ne s'en rie ;
Mais priez Dieu que tous nous veuille absoudre[5] !

Si frères vous clamons, pas n'en devez
Avoir dédain, quoique fûmes occis
Par justice. Toutefois, vous savez
Que tous hommes n'ont pas bon sens rassis ;
Excusez-nous, puisque sommes transis,
Envers le fils de la Vierge Marie,
Que sa grâce ne soit pour nous tarie,
Nous préservant de l'infernale foudre.
Nous sommes morts, âme ne nous harie ;
Mais priez Dieu que tous nous veuille absoudre !

La pluie nous a débués[6] et lavés,
Et le soleil désséchés et noircis ;
Pies, corbeaux, nous ont les yeux cavés[7],
Et arraché la barbe et les sourcils.
Jamais nul temps nous ne sommes assis ;
Puis çà, puis là, comme le vent varie,
À son plaisir sans cesser nous charrie[8],
Plus becquetés d'oiseaux que dés à coudre.
Ne soyez donc de notre confrérie ;
Mais priez Dieu que tous nous veuille absoudre !

Prince Jésus, qui sur tout a maîtrie[9],
Garde qu'Enfer n'ait de nous seigneurie[10] :
À lui n'ayons que faire ni que soudre[11].
Hommes, ici n'a point de moquerie ;
Mais priez Dieu que tous nous veuille absoudre !

1. Pitié. – 2. Ici. – 3. Quant à. – 4. Depuis longtemps. – 5. Délivrer, pardonner. – 6. Trempés. – 7. Troués. – 8. Balance. – 9. Pouvoir. – 10. Fais que l'Enfer n'ait pas de prise sur nous. – 11. Nous ne voulons pas avoir affaire à lui.

Voici la traduction de la 2e strophe en français moderne.

[…] Si nous vous appelons frères, vous ne devez pas
En avoir honte, bien que nous ayons été tués
Par décision de justice. Toutefois, vous savez
Que les hommes ne sont pas tous pleins de bon sens ;
Intercédez pour nous, puisque nous sommes morts,
Auprès du fils de la Vierge Marie,
Afin qu'il ne nous prive pas de sa grâce
Et nous évite les foudres de l'enfer.
Nous sommes morts, personne ne nous tourmente plus ;
Mais priez Dieu qu'il veuille tous nous absoudre ! […]

Traduction C. Pinganaud, © Éditions Arléas, 2007

« La Ballade des pendus » (XVe s.), miniature (détail) illustrant le poème de Francois Villon.

# Questions

► Les formes et les genres poétiques, p. 443
► Les formes de l'argumentation, p. 446

## Un appel à la miséricorde devant une société injuste

1. Qui sont les destinataires du poème ? Relevez leurs dénominations et commentez les choix du poète. Quelle évolution constatez-vous ?
2. Comment le poète se désigne-t-il ? Pourquoi cela donne-t-il plus de force à son discours ?
3. Observez les modes des verbes : pourquoi peut-on parler de prière ? Commentez le choix de la forme poétique et trouvez des répétitions de sonorités qui accentuent cette plainte.
4. Quels sont les arguments avancés pour obtenir la pitié des destinataires ? Aidez-vous des liens logiques. Le poète nie-t-il avoir commis une faute ? Justifiez votre réponse.

## La fiction de la mort

5. Relevez les expressions qui renvoient au corps. Pourquoi peut-on parler de réalisme ? Quels sentiments le poète cherche-t-il à susciter chez le lecteur ?
6. Quelles phrases montrent que le poète est déjà mort ? Appuyez-vous en particulier sur l'étude des temps verbaux. Quelle figure de style utilise-t-il dans l'ensemble du poème ?
7. Quelles représentations de la nature le poète nous donne-t-il ? Que symbolise-t-elle ?

### Grammaire

Au vers 9, quel est le mode du verbe « rie » ? Quelle est sa valeur ? Quel mot doit-on ajouter en français moderne pour exprimer cette idée ?

► Les valeurs des modes et des temps, p. 400

**Synthèse** Comment le poète rend-il sa situation pathétique ?

## BAC S'entraîner à la dissertation

► Rassembler et organiser ses idées ; Construire un paragraphe et insérer des exemples, p. 486

Le recours à des images réalistes vous paraît-il efficace pour argumenter ? Trouvez un argument qui montre l'efficacité d'un tel choix et un autre qui montre les limites de cette stratégie argumentative. Rédigez ces deux arguments et développez, après chacun d'eux, un exemple.

# TEXTE 2

**CONTEXTE**

Les *Carmina Burana* sont l'œuvre des Goliards, aux XIIe et XIIIe siècles. Intellectuels errants, ils vivent de mendicité et sont parfois obligés de devenir conteurs. Leurs poèmes s'attachent aux thématiques du jeu, du vin et de l'amour, mais ils sont aussi subversifs : ils font la satire des milieux nobles et cléricaux.

## *Carmina Burana* (XIIe-XIIIe siècle)

*Les* Carmina Burana *constituent une anthologie de poèmes rédigés principalement en latin et retrouvés dans l'abbaye de Benediktbeuern, en Bavière. Ce poème, le seizième des deux cent trente-huit chants conservés, appartient au cycle des poèmes satiriques et moraux consacrés, avec cinq autres, à la Fortune.*

Les yeux humides, je me plains des coups de la Fortune
qui, se rebellant, me refuse son tribut[1].
Il est bien vrai, comme on le dit, que sa suivante l'Occasion[2]
a le front couvert de cheveux, mais le reste de la tête généralement chauve.

Sur le trône de la Fortune j'étais assis, haut placé,
florissant et épanoui dans la plénitude de la prospérité ;
mais quel que soit l'éclat dont, riche et heureux, j'ai alors brillé,
maintenant je suis tombé de mon faîte[3] et me vois privé de toute gloire.

La roue de la Fortune tourne[4] : ma situation se dégrade quand je descends,
tandis qu'un autre est soulevé vers la hauteur ; dangereusement juché,
le roi siège au sommet – qu'il prenne garde à la chute !
Car même la Reine Hécube[5], à ce qu'on raconte, s'est trouvée au bas de la roue.

Traduction Étienne Wolff, © Imprimerie Nationale Éditions, Paris, 1995

1. Offrande.
2. La déesse *Occasion* était représentée comme une femme nue, chauve par-derrière, avec une tresse par-devant.
3. Sommet.
4. Représentation traditionnelle à l'époque médiévale : la roue symbolise les aléas de l'existence.
5. Reine de Troie devenue esclave après la prise de la ville par les Grecs.

Voici la première strophe en latin.

Fortunae plango vulnera
Stillantibus ocellis,
Quod sua mihi munera
Subtrahit rebellis.
Verum est, quod legitur,
Fronte capillata,
Sed plerumque sequitur
Occasio calvata.

**Vocabulaire**
Dans la première strophe, quels termes s'opposent ? Observez le texte en latin et retrouvez-les. Quels mots français sont formés sur la même racine ?

# Questions

► Émouvoir, p. 459
► Les valeurs des modes et des temps, p. 400

### Un monde soumis à la Fortune

1. Quel sens attribuez-vous au mot « Fortune » ? Pourquoi comporte-t-il une majuscule ?
2. Observez le premier vers de chaque strophe : que remarquez-vous ? Quel plan le poème suit-il ?
3. Quelles sont les images employées pour montrer le changement de fortune ? Quels sont les autres moyens (liens logiques, figures de style) employés par l'auteur pour rendre compte de la même idée ?
4. Comment se manifeste la toute-puissance de la Fortune ? Quelle impression se dégage de l'ensemble du poème ?

### Une expérience commune

5. Relevez les temps verbaux dans chaque strophe et précisez leur valeur : quelle évolution constatez-vous ?
6. Quels exemples le poète donne-t-il de la fragilité de la condition humaine ? Pourquoi sont-ils particulièrement frappants ?

**Synthèse** Quelle image le poète donne-t-il de la condition humaine ?

▸ Biographies, p. 508

**⊕ CONTEXTE**

Les *Tragiques* d'Agrippa d'Aubigné constituent une œuvre engagée dans les guerres de religion qui parcourent le XVIe siècle. Proche d'Henri de Navarre, Agrippa d'Aubigné entreprend ici un véritable acte de foi : il retrace les persécutions des protestants et annonce les châtiments futurs en adoptant une langue proche de celle des Écritures.

# Agrippa d'Aubigné, *Les Tragiques*, VII (1616)

*Dans l'ultime partie des* Tragiques, *le poète met en scène le jugement dernier : Dieu, revenu sur terre, condamne les pécheurs.*

## Jugement

[…] Or voici les lions de torches acculés,
Les ours à nez percés[1], les loups emmuselés.
Tout s'élève contre eux : les beautés de Nature
Que leur rage troubla de venin et d'ordure
Se confrontent en mire[2] et se lèvent contre eux :
« Pourquoi, dira le feu, avez-vous de mes feux
Qui n'étaient ordonnés qu'à l'usage de vie
Fait des bourreaux, valets de votre tyrannie ? »
L'air encore une fois contre eux se troublera,
Justice au Juge saint, trouble, demandera,
Disant : « Pourquoi, tyrans et furieuses bêtes,
M'empoisonnâtes-vous de charognes, de pestes,
Des corps de vos meurtris ? » – « Pourquoi, diront les eaux,
Changeâtes-vous en sang l'argent de nos ruisseaux ? »
Les monts qui ont ridé le front à vos supplices :
« Pourquoi nous avez-vous rendus vos précipices[3] ?
« Pourquoi nous avez-vous, diront les arbres, faits
D'arbres délicieux exécrables gibets[4] ? » […]

1. Les ours ont des « nez percés » pour les mener en laisse. – 2. Dans ce poème, la Nature se contemple, transformée. – 3. D'où l'on précipite les victimes. – 4. Instruments servant à la pendaison.

# Questions

▸ Caractériser une vision du monde, p. 461

### Les hommes mis en accusation

1. Relevez les paroles au discours direct et identifiez les locuteurs. Quelle est la figure de style employée ? Pourquoi le poète met-il en scène de tels personnages ?
2. Quels termes désignent les destinataires de ces paroles ? Quels jugements s'attachent à ces mots ?
3. Comment ces destinataires sont-ils désignés dans le reste du poème ? Quelles caractéristiques communes ont-ils ? Qui sont-ils en réalité ?
4. Dans les paroles rapportées, quelles similitudes constatez-vous ? Quels procédés stylistiques contribuent à la violence de cette accusation ?

### Une vision apocalyptique

5. Étudiez les temps employés dans ce poème : quels sont les différents moments évoqués ? Quelle évolution le monde connaît-il ?
6. Quelles transformations la nature a-t-elle subies ? Comment le poète les souligne-t-il (figures de style, sonorités, rythmes) ?

**Vocabulaire**

Que signifie le mot « mire » ? À l'aide d'un dictionnaire étymologique, retrouvez sa racine latine. Quels autres termes sont formés sur celle-ci ?

▸ Les discours rapportés, p. 412

**Synthèse** Vous montrerez que cette évocation de l'avenir est une critique du présent.

▸ Rédiger des paragraphes et insérer des citations, p. 478

### BAC S'entraîner au commentaire

Qu'est-ce qui rend cette mise en scène particulièrement saisissante ? Vous choisirez un argument que vous développerez et illustrerez de citations issues du poème.

# Jérôme Bosch, *Le Jugement dernier* (1504)

Jérôme Bosch, *Le Jugement dernier* (1504), panneau central du triptyque, huile sur bois (164 cm x 127 cm), Akademie der Bildenden Künste, Vienne.

▲ Vers 1504, le peintre flamand Jérôme van Aken, dit Jérôme Bosch (vers 1450-1516), peint, vraisemblablement sur commande, un triptyque (une œuvre composée de trois panneaux) qui représente le jugement dernier. Le volet de gauche raconte la chute d'Adam et Ève et leur départ du paradis ; le volet de droite peint l'enfer ; enfin, le panneau central correspond au jugement proprement dit.

# Questions

▸ L'organisation de l'image, p. 452

## Un décor cauchemardesque

1. Quels sont les différents plans du tableau ? Commentez l'effet produit par le jeu d'ombres et de lumières.
2. Quels éléments du décor et quels objets contribuent à ancrer ce paysage dans le quotidien ? Quelles autres composantes paraissent plutôt fantaisistes et inquiétantes ? Justifiez votre réponse.

## La condamnation des hommes

3. Identifiez les personnages se trouvant en haut du tableau. Quel personnage est mis en valeur ? Comment sa toute-puissance est-elle rendue manifeste ?
4. Qui sont les autres personnages du tableau ? Lesquels vous paraissent particulièrement surprenants ? Quel personnage féminin du récit biblique de la création reconnaissez-vous ? Que symbolise-t-il ?

**Synthèse** Pourquoi peut-on dire que la vision du jugement dernier proposée par Bosch est pessimiste ?

## Prolongements

Voici les deux autres volets du triptyque de Jérôme Bosch.

a. Comment le départ d'Adam et Ève du paradis est-il raconté ?

b. Quels éléments du panneau central retrouve-t-on ? Justifiez les choix de couleurs dans les trois panneaux.

Jérôme Bosch, *Le Jugement dernier* (1504), volet de gauche, huile sur bois (164 cm x 60 cm), Akademie der Bildenden Künste, Vienne.

Jérôme Bosch, *Le Jugement dernier* (1504), volet de droite, huile sur bois (164 cm x 60 cm), Akademie der Bildenden Künste, Vienne.

TEXTE 4

▸ Biographies, p. 508

# Victor Hugo, *Les Châtiments* (1853)

**⊕ CONTEXTE**

Victor Hugo est un poète engagé dans son temps : durant la IIe République (1848-1851), il participe activement aux débats de l'Assemblée constituante. À partir du coup d'État de Napoléon III (2 décembre 1851), Victor Hugo est exilé et emploie ses talents d'orateur dans des poèmes opposés à l'empereur, des pamphlets comme *Napoléon le Petit*, ou *Les Châtiments*. Pour Hugo, le poète est aussi prophète.

▸ Le Romantisme, p. 29

*Le recueil poétique des* Châtiments *a été composé durant l'exil de Victor Hugo à Jersey, après le coup d'État de Napoléon III. Dans cette œuvre dénonçant la mainmise de l'empereur sur l'État français, la dernière partie intitulée « Lux » (la lumière) répond à la première, « Nox » (la nuit).*

## Lux

Bannis ! bannis ! bannis ! c'est là la destinée.
Ce qu'apporta le flux sera dans la journée
Repris par le reflux,
Les jours mauvais fuiront sans qu'on sache leur nombre,
Et les peuples joyeux et se penchant sur l'ombre
Diront : cela n'est plus !

Les temps heureux luiront, non pour la seule France,
Mais pour tous. On verra, dans cette délivrance,
Funeste au seul passé,
Toute l'humanité chanter, de fleurs couverte,
Comme un maître qui rentre en sa maison déserte
Dont on l'avait chassé.

Les tyrans s'éteindront comme des météores.
Et, comme s'il naissait de la nuit deux aurores
Dans le même ciel bleu,
Nous vous verrons sortir de ce gouffre où nous sommes,
Mêlant vos deux rayons, fraternité des hommes,
Paternité de Dieu !

Oui, je vous le déclare, oui, je vous le répète,
Car le clairon[1] redit ce que dit la trompette,
Tout sera paix et jour !
Liberté ! plus de serf et plus de prolétaire[2] !
Ô sourire d'en haut ! ô du ciel pour la terre
Majestueux amour !

L'arbre saint du Progrès, autrefois chimérique[3],
Croîtra, couvrant l'Europe et couvrant l'Amérique,
Sur le passé détruit,
Et, laissant l'Éther[4] pur luire à travers ses branches,
Le jour, apparaîtra plein de colombes blanches,
Plein d'étoiles, la nuit.

Et nous qui serons morts, morts dans l'exil peut-être,
Martyrs saignants, pendant que les hommes, sans maître,
Vivront, plus fiers, plus beaux,
Sous ce grand arbre, amour des cieux qu'il avoisine,
Nous nous réveillerons pour baiser sa racine
Au fond de nos tombeaux !

1. Sorte de trompette, utilisée à l'armée.
2. Personne du peuple, exerçant un métier manuel et peu payé.
3. Illusoire.
4. Mot poétique pour désigner le ciel.

Victor Hugo dans la mer, devant un coucher de soleil, caricature d'André Gill pour le journal satirique *La Lune*, n° 63, le 19 mai 1867.

# Questions

► La versification, p. 441
► Émouvoir, p. 459
► Les valeurs des modes et des temps, p. 400

## L'engagement du poète

1. Quelle situation politique est dénoncée par Victor Hugo ? Appuyez-vous sur les champs lexicaux opposés qui parcourent le texte.
2. Étudiez la situation d'énonciation : qui sont les destinataires de ce poème ? Comment sont-ils désignés ? Comment Victor Hugo s'inclut-il progressivement dans le groupe formé par ces personnes ?
3. Quelle progression observe-t-on de la première à la dernière strophe ? Dans quelle mesure la vision proposée dans la dernière strophe vous paraît-elle pessimiste ?

## Le poète prophète

4. Quel est le temps majoritairement employé dans ce poème ? Quelle valeur revêt-il ? Quelles expressions contribuent au même effet ?
5. Quels procédés grammaticaux, stylistiques ou liés à la versification contribuent à montrer la rapidité du changement prédit par le poète ?
6. Relevez les termes renvoyant à la religion : quel lien s'établit entre pensée politique et pensée religieuse ? Appuyez votre réponse en relevant les figures de style employées.
7. Observez le thème de la nature parcourant ce poème : quelles sont les images ayant une portée symbolique ? Expliquez-les.

**Vocabulaire**
Quelle est l'étymologie du mot « serf » (v. 22) ? Quel est son sens ? À quel siècle fait-il référence ? Pourquoi est-il employé ici par Victor Hugo ?

**Synthèse** Comment Victor Hugo manifeste-t-il sa confiance en l'avenir ?

## BAC S'entraîner à l'écriture d'invention

► Amplifier et transposer un texte, p. 496

À partir du poème de Victor Hugo, composez le discours que celui-ci aurait pu tenir devant d'autres exilés, afin de leur redonner espoir. Vous conserverez les tournures et les phrases qui vous paraissent les plus adaptées à ce genre. Vous serez attentif, en particulier, à la situation d'énonciation, différente de celle du poème.

# TEXTE 5

▸ Biographies, p. 508

## ⊕ CONTEXTE

Charles Baudelaire s'inspire des romantiques : il utilise, comme eux, des figures d'analogie pour rendre compte du monde et des correspondances qui le composent. Le poète révèle cet ordre mystérieux. Pourtant, méprisé des hommes, parfois incompris, il se heurte à la réalité, à la mélancolie (le « spleen »). Baudelaire annonce les « poètes maudits » : Corbière, Rimbaud, Mallarmé et Verlaine.

# Charles Baudelaire, *Les Fleurs du mal* (1861)

*Ce poème a été ajouté dans la seconde édition des* Fleurs du mal*, en 1861, et occupe la deuxième place, après « Bénédiction » qui met en scène la figure du Poète. « L'albatros » constitue donc un prolongement.*

### L'albatros

Souvent, pour s'amuser, les hommes d'équipage
Prennent des albatros, vastes oiseaux des mers,
Qui suivent, indolents compagnons de voyage,
Le navire glissant sur les gouffres amers.

À peine les ont-ils déposés sur les planches,
Que ces rois de l'azur, maladroits et honteux,
Laissent piteusement leurs grandes ailes blanches
Comme des avirons traîner à côté d'eux.

Ce voyageur ailé, comme il est gauche et veule[1] !
Lui, naguère si beau, qu'il est comique et laid !
L'un agace son bec avec un brûle-gueule[2],
L'autre mime, en boitant, l'infirme qui volait !

Le Poète est semblable au prince des nuées[3]
Qui hante la tempête et se rit de l'archer ;
Exilé sur le sol au milieu des huées,
Ses ailes de géant l'empêchent de marcher.

*National Geographic magazine*, le 1er août 1938.

1. Faible.
2. Sorte de pipe.
3. Nuages.

# Questions

▸ La versification, p. 441
▸ Les valeurs des modes et des temps, p. 400

### Une image contrastée de l'albatros

1. Relevez les lieux dans lesquels l'albatros évolue. Que symbolisent-ils ? Quelle progression observe-t-on dans le poème ?
2. Rassemblez les termes désignant l'albatros et établissez des rapprochements. Commentez leur place dans les vers.
3. Aux vers 7 et 8, commentez l'image employée pour désigner le corps de l'albatros. Comment la versification choisie permet-elle de mettre en lumière la maladresse de l'oiseau ?
4. Relevez les marques de jugement des hommes sur l'albatros. Comment le poète montre-t-il qu'ils sont unanimes ?

### L'image du poète

5. Quelles figures de style opèrent un rapprochement entre l'albatros et le poète ?
6. Quel est le temps employé dans la dernière strophe ? Quelle est sa valeur ? Quels autres indices guident votre réponse ?
7. Comment les choix lexicaux opérés dans la dernière strophe valorisent-ils l'albatros ? Quels sentiments Baudelaire veut-il susciter chez son lecteur ?
8. Selon Baudelaire, quel rapport le poète entretient-il avec le monde qui l'entoure ?

**Vocabulaire**
À l'aide d'un dictionnaire, donnez les différents sens du mot « archer ». Expliquez pourquoi ce terme peut convenir à l'oiseau et au poète.

**Synthèse** D'après ce poème, quels sont les traits communs entre l'albatros et le poète ?

▸ Biographies, p. 508

# Robert Desnos, *L'Honneur des poètes* (1943)

**CONTEXTE**
Membre du groupe surréaliste avant d'en être exclu par André Breton, Robert Desnos est également un grand Résistant. Durant la Seconde Guerre mondiale, il s'engage aux côtés d'autres poètes comme Paul Eluard. Sa poésie cherche avant tout à faire surgir dans le langage quotidien des images surprenantes, souvent liées au rêve.

▸ Le Surréalisme, p. 35

*Ce poème a été publié clandestinement, sous le pseudonyme de Pierre Andier.*

## Ce cœur qui haïssait la guerre

Ce cœur qui haïssait la guerre voilà qu'il bat pour le combat et la bataille !
Ce cœur qui ne battait qu'au rythme des marées, à celui des saisons, à celui des
[heures du jour et de la nuit,
Voilà qu'il se gonfle et qu'il envoie dans les veines un sang brûlant de salpêtre* et de haine
Et qu'il mène un tel bruit dans la cervelle que les oreilles en sifflent
Et qu'il n'est pas possible que ce bruit ne se répande pas dans la ville et la campagne
Comme le son d'une cloche appelant à l'émeute et au combat.
Écoutez, je l'entends qui me revient renvoyé par les échos.
Mais non, c'est le bruit d'autres cœurs, de millions d'autres cœurs battant comme
[le mien à travers la France.
Ils battent au même rythme pour la même besogne tous ces cœurs,
Leur bruit est celui de la mer à l'assaut des falaises
Et tout ce sang porte dans des millions de cervelles un même mot d'ordre :
Révolte contre Hitler et mort à ses partisans !
Pourtant ce cœur haïssait la guerre et battait au rythme des saisons,
Mais un seul mot : Liberté a suffi à réveiller les vieilles colères
Et des millions de Français se préparent dans l'ombre à la besogne que l'aube
[proche leur imposera.
Car ces cœurs qui haïssaient la guerre battaient pour la liberté au rythme même
[des saisons et des marées, du jour et de la nuit.

Extrait de *Destinée arbitraire*,© Éditions Gallimard

* Poudre utilisée autrefois comme explosif.

# Questions

▸ La versification, p. 441
▸ Émouvoir, p. 459
▸ Les figures de rapprochement et de substitution, p. 414

## Le paradoxe de la guerre

1. Par quelle structure récurrente le poète montre-t-il un changement dans sa vie ? Appuyez-vous sur les temps verbaux employés.
2. Quelle image le poète donne-t-il de sa vie avant la guerre ? Quels effets rythmiques emploie-t-il pour appuyer son discours ?
3. Relevez les termes qui appartiennent au champ lexical du corps : pourquoi le poète fait-il preuve d'une telle précision « médicale » ?

## Un appel à la Résistance

4. Contre quelle idéologie le poète invite-t-il à lutter ? Quelle valeur lui oppose-t-il ? Comment le poète souligne-t-il cette opposition ?
5. Quelle sensation est mise en valeur dans ce poème ? Relevez les termes correspondants et commentez les images qui lui sont attachées.
6. Au vers 8, quelle est la fonction de l'expression « d'autres cœurs » ? Pourquoi occupe-t-elle cette place dans le vers ?

**Synthèse** Pourquoi peut-on parler ici d'un texte engagé en faveur de la liberté ?

## BAC S'entraîner à la dissertation

Pour quelles raisons la poésie est-elle un genre efficace pour appeler à la Résistance ? Trouvez deux arguments différents pour répondre à cette question, et illustrez l'un d'entre eux en utilisant comme exemple le texte de Desnos.

# TEXTE 7

► Biographies, p. 508

**CONTEXTE**

À la suite de l'Antillais Aimé Césaire et du Sénégalais Léopold Sédar Senghor qu'il eut comme professeur, David Diop reprend le concept de « négritude ». Le mot apparaît en 1935, chez Césaire, et renvoie à une prise de conscience de l'identité noire, dans le monde colonial. C'est aussi la revendication d'une appartenance à une culture autre et une condamnation du racisme.

## David Diop, *Coups de pilon* (1956)

### Le renégat

Mon frère aux dents qui brillent sous le compliment hypocrite
Mon frère aux lunettes d'or
Sur tes yeux rendus bleus par la parole du Maître
Mon pauvre frère au smoking à revers de soie
Piaillant[1] et susurrant[2] et plastronnant[3] dans les salons de la condescendance[4]
Tu nous fais pitié
Le soleil de ton pays n'est plus qu'une ombre
Sur ton front serein de civilisé
Et la case de ta grand-mère
Fait rougir un visage blanchi par les années d'humiliation et de Mea Culpa[5]
Mais lorsque repu de mots sonores et vides
Comme la caisse qui surmonte tes épaules
Tu fouleras la terre amère et rouge d'Afrique
Ces mots angoissés rythmeront alors ta marche inquiète :
Je me sens seul si seul ici !



1. Poussant de petits cris. – 2. Murmurant. – 3. Se redressant pour se montrer sous son meilleur jour. – 4. Attitude polie, teintée de mépris. – 5. Mots latins qui signifient « par ma faute ». Lors du rituel de la confession catholique, aveu d'une faute.

Buste en bois (début XX$^{e}$ s.) provenant d'Afrique de l'Ouest, collection privée.

## Questions

► La versification, p. 441
► Les actes du langage, l'implicite et la modalisation, p. 408

### Les reproches du poète

1. À qui s'adresse le poète ? Quel lien a-t-il avec ce destinataire ?
2. Quel portrait physique peut être dressé du destinataire ? Quel rôle ont les objets dans la construction du personnage ? Commentez leur place dans les vers.
3. Comment le poète laisse-t-il percer ses reproches ? Appuyez-vous, en particulier, sur l'étude des sonorités.

### L'opposition de deux mondes

4. Relevez les repères spatiaux : quels univers le poète oppose-t-il ? Quel jugement porte-t-il sur ceux-ci ?
5. Quels sont les autres personnages mentionnés ? Expliquez le rôle de chacun d'eux dans la vie du destinataire.
6. Le locuteur et le destinataire appartiennent-ils au même monde ? Justifiez votre réponse.

# Jacques Prévert, *Paroles* (1945)

▸ Biographies, p. 508

## Pater Noster

Notre Père qui êtes aux cieux
Restez-y
Et nous nous resterons sur la terre
Qui est quelquefois si jolie
Avec ses mystères de New York[1]
Et puis ses mystères de Paris[2]
Qui valent bien celui de la Trinité[3]
Avec son petit canal de l'Ourcq[4]
Sa grande muraille de Chine
Sa rivière de Morlaix[5]
Ses bêtises de Cambrai[6]
Avec son Océan Pacifique
Et ses deux bassins aux Tuileries
Avec ses bons enfants et ses mauvais sujets
Avec toutes les merveilles du monde
Qui sont là
Simplement sur la terre
Offertes à tout le monde
Éparpillées
Émerveillées elles-mêmes d'être de telles merveilles
Et qui n'osent se l'avouer
Comme une jolie fille nue qui n'ose se montrer
Avec les épouvantables malheurs du monde
Qui sont légion
Avec leurs légionnaires
Avec leurs tortionnaires
Avec les maîtres de ce monde
Les maîtres avec leurs prêtres leurs traîtres et leurs reîtres[7]
Avec les saisons
Avec les années
Avec les jolies filles et avec les vieux cons
Avec la paille de la misère pourrissant dans l'acier des canons[8].



1. Allusion à une série de films de Louis Gasnier. – 2. Allusion au roman, *Les Mystères de Paris*, d'Eugène Sue. – 3. Dans la religion chrétienne, union des trois personnes divines. – 4. Canal du bassin parisien. – 5. Ville du Finistère, parcourue par le Dossen. – 6. Bonbons à la menthe, spécialité de Cambrai. – 7. Mercenaire et, par extension, toute personne grossière et brutale. – 8. La paille servait à nettoyer les canons.

## Questions

▸ La versification, p. 441
▸ Les figures d'opposition, d'exagération et d'atténuation, p. 415

### Une image paradoxale du monde

1. Qu'est-ce qui justifie le rapprochement des lieux évoqués ? Appuyez-vous sur les sonorités.
2. Quel effet le poète cherche-t-il à créer par l'énumération des lieux ?
3. Quelles caractéristiques des hommes le poète met-il en évidence ? Repérez les procédés poétiques qui accentuent la dénonciation du poète.
4. Quelle comparaison le poète emploie-t-il pour désigner le monde ? Expliquez-la.

### La distance ironique

5. À qui s'adresse le poète ? Pourquoi sa demande est-elle surprenante ?
6. Quels jeux de mots relevez-vous dans le poème ?

### Diop et Prévert : deux poètes engagés

7. Par quels procédés stylistiques Diop et Prévert mettent-ils en lumière les contradictions du monde ?
8. Pourquoi peut-on dire que la situation d'énonciation choisie dans les deux poèmes est particulièrement efficace pour dénoncer les errements des hommes ?

**Synthèse** Vous montrerez que les poèmes de Diop et de Prévert constituent tous deux des parodies de prière.

▸ Confronter les textes du corpus pour organiser sa réponse, p. 468

### BAC S'entraîner à la question sur le corpus

Quels reproches Diop et Prévert adressent-ils à leurs contemporains ?

▸ Biographies, p. 508

**CONTEXTE**

Les mythes racontent que l'épouse d'Ouranos, Gaia (la Terre), aurait armé un de ses fils, Cronos, d'une faucille, avec laquelle il aurait tranché les organes sexuels de son père. En tombant dans la mer, ils auraient engendré Aphrodite déesse de l'Amour : c'est cette naissance dans la mer que des peintres comme Botticelli, au XVe siècle, ont représentée.

# Pierre de Marbeuf, *Recueil de vers* (1628)

### Et la mer et l'amour…

Et la mer et l'amour ont l'amer pour partage,
Et la mer est amère, et l'amour est amer,
L'on s'abîme en l'amour aussi bien qu'en la mer,
Car la mer et l'amour ne sont point sans orage.

Celui qui craint les eaux, qu'il demeure au rivage,
Celui qui craint les maux qu'on souffre pour aimer,
Qu'il ne se laisse pas à l'amour enflammer,
Et tous deux ils seront sans hasard de naufrage.

La mère de l'amour eut la mer pour berceau,
Le feu sort de l'amour, sa mère sort de l'eau,
Mais l'eau contre ce feu ne peut fournir des armes.

Si l'eau pouvait éteindre un brasier amoureux,
Ton amour qui me brûle est si fort douloureux,
Que j'eusse éteint son feu de la mer de mes larmes.

Orthographe modernisée par Céline Barraud, auteur du manuel

## Questions

▸ La versification, p. 441

▸ Les figures de rapprochement et de substitution, p. 414

### Un monde vertigineux

1. Quels éléments naturels sont évoqués dans ce poème ? Comment le poète les relie-t-il ? Observez en particulier leur place dans les vers.
2. Quels sont les dangers représentés par ces éléments ? Quelle hiérarchie le poète instaure-t-il ?

### Un poème élégiaque

3. Étudiez l'énonciation dans le poème. Dans quelle strophe s'opère un changement ?
4. Quels sentiments le poète éprouve-t-il ? Fondez-vous sur le lexique employé. Comment sont-ils soulignés dans les vers ?
5. Dans le dernier vers, quelle est la figure de style employée ? Quels mots le rythme du vers met-il en valeur ? Quelle place l'homme occupe-t-il dans le monde évoqué ?

### Le vertige des mots

6. Quel jeu de mots parcourt l'ensemble du poème ? Quel est l'effet visé ?
7. Étudiez les rythmes et figures de style : comment le poète a-t-il cherché à imiter le mouvement de la mer ?

**Grammaire**
Étudiez les pronoms personnels et les déterminants possessifs afin de montrer comment le poète traduit son impuissance face à l'amour.

**Synthèse** Comment le décor naturel laisse-t-il place à l'évocation des sentiments du poète ?

### BAC S'entraîner à la dissertation

Pourquoi la poésie est-elle un moyen particulièrement efficace pour exprimer ses sentiments ? Trouvez un argument que vous rédigerez, et illustrez-le d'un exemple.

**La poésie élégiaque**
L'élégie est une forme poétique héritée de l'Antiquité, dans laquelle le poète développe une longue plainte amoureuse. Par extension, le mot « élégiaque » qualifie tout poème qui manifeste la mélancolie et la tristesse du poète.

Andrea Pozzo
renom, a théo
règles de la p
1685, il réalis
sur 36 mètre
l'église de Sai
phose*, cette
et de balcons
sur une simple

Expliquer u
Décrivez com
que l'architec

Le vocab
**Anamorpho**
tion d'une i
me optique
image recon
réalité, cett

► Biographies, p. 508

# Jean-Baptiste Chassignet, *Mépris de la vie et consolation contre la mort* (1594)

**CONTEXTE**
La thématique de l'eau qui s'écoule en un mouvement perpétuel rappelle les préceptes d'Héraclite, philosophe grec du VIe siècle ava. J.-C. Celui-ci considérait que l'homme est toujours en mouvement, en devenir, comme toutes choses en ce monde : *panta rhei*, « tout s'écoule ».

Assieds-toi sur le bord d'une ondante rivière,
Tu la verras fluer d'un perpétuel cours,
Et flots sur flots roulant en mille et mille tours
Décharger par les prés son humide carrière.

Mais tu ne verras rien de cette onde première
Qui naguère coulait, l'eau change tous les jours,
Tous les jours elle passe, et la nommons toujours
Même fleuve, et même eau, d'une même manière.

Ainsi l'homme varie, et ne sera demain
Telle comme aujourd'hui du pauvre corps humain
La force que le temps abrévie[1], et consomme :

Le nom sans varier nous suit jusqu'au trépas[2],
Et combien qu'aujourd'hui celui ne sois-je pas
Qui vivais hier passé, toujours même on me nomme.

Orthographe modernisée par Céline Barraud, auteur du manuel

1. Abrège.
2. Mort.

Brueghel Jan I, *L'Eau* (1621), huile sur toile (détail), musée du Louvre, Paris.

► Les formes et les genres poétiques, p. 443

**Vocabulaire**
Cherchez le sens du mot « carrière » dans un dictionnaire et expliquez la signification de l'expression « son humide carrière ». Quelle évolution a connu le mot ?

## Questions

### L'« ondante rivière »

1. Quelle caractéristique de l'eau ce poème met-il en évidence ? Relevez les champs lexicaux qui justifient votre réponse.
2. Par quels procédés stylistiques le poète invite-t-il à voir le « perpétuel cours » de la rivière ? Vous commenterez la place des mots dans les vers et leurs sonorités.

### La condition humaine

3. Quel lien le poète établit-il entre les deux quatrains et les deux tercets ? Fondez votre réponse sur l'étude des liens logiques et du lexique.
4. Étudiez la situation d'énonciation : quelle évolution constatez-vous dans le poème ? Quel semble être l'objectif de celui-ci ? Comment le poète montre-t-il que cette expérience est commune à tous les hommes ?
5. Observez les repères temporels et définissez les moments évoqués dans les deux quatrains et les deux tercets. Quelles correspondances le poète établit-il entre l'eau et l'homme ?
6. Pourquoi peut-on parler d'une « consolation contre la mort » ?

**Synthèse** Comment le thème de l'eau permet-il de faire prendre conscience de la condition humaine ?

► Rassembler et organiser ses idées ; Construire un paragraphe et insérer des exemples, p. 486

### BAC S'entraîner à la dissertation

« Rien n'est plus constant que l'inconstance », écrivait Honoré d'Urfé dans son roman, *L'Astrée*, au XVIIe siècle. Après avoir analysé cette citation, vous expliquerez comment le poème de Chassignet illustre cette opinion.

# DÉCRIRE LE MOUVEMENT

## 1 ÉTYMOLOGIE

**Expliquez le sens des mots en gras, issus du latin *moveo, ere, movi, motum*, « mouvoir ». Employez-les dans une phrase.**

1. Antoine s'évanouit d'horreur, et il tombe devant sa cabane sur les éclats de bois, où brûle doucement la torche qui a glissé de sa main. Cette **commotion** lui fait entrouvrir les yeux.

Gustave Flaubert, *La Tentation de Saint-Antoine*, IV (1874)

2. Maman Coupeau et Gervaise, un tablier blanc noué devant elles, emplissaient la pièce de leur hâte à éplucher du persil, à courir après le poivre et le sel, à tourner la viande avec la **mouvette** de bois.

Émile Zola, *L'Assommoir* (1877)

3. On voyait surtout des mobilisés, gens pacifiques, rentiers tranquilles, pliant sous le poids du fusil ; des petits **moblots** alertes, faciles à l'épouvante et prompts à l'enthousiasme, prêts à l'attaque comme à la fuite. ».

Guy de Maupassant, *Boule de suif* (1880)

## 2 EXPRESSIONS IMAGÉES

**De nombreuses expressions ont recours aux images liées à l'eau. Associez chaque expression à sa définition. Employez ces expressions dans une phrase.**

### Expressions

1. au creux de la vague – 2. avoir le vent en poupe – 3. aller à vau-l'eau – 4. contre vents et marées – 5. une tempête dans un verre d'eau – 6. une goutte d'eau dans l'océan

### Définitions

a. s'en aller en se détériorant – b. beaucoup d'agitation pour rien – c. un événement sans grande conséquence – d. être dans une situation difficile – e. malgré tous les obstacles – f. être en route vers le succès

## 3 LANGUE POÉTIQUE

**Classez les mots suivant en fonction de leur intensité (du plus violent au plus faible). Complétez ensuite chaque extrait de poème avec l'un de ces termes.**

brise – grain – rafale – zéphyr

1. « […] La côte s'abaissait, et les bois de santal
Exhalaient sur la mer leurs ... parfumées. […] »

José Maria de Heredia, « Les Conquérants de l'or », II, *Les Trophées* (1893)

2. « […] Bois, écho, frais ..., dieux champêtres et doux,
Le génie et les vers se plaisent parmi vous. […] »

André Chénier, « Au chevalier de Pange », IV, *Élégies* (publication posthume, 1819)

3. « Le vent devint ..., et jusqu'au ciel très noir
La mer terrible, enflant ses houles couleur d'encre,
Défonça les sabords, rompit les mâts et l'ancre, […] »

José Maria de Heredia, « Les Conquérants de l'or », II, *Les Trophées* (1893)

4. « […] Ah ! la mer et l'amour ! – On sait – c'est variable…
Aujourd'hui : zéphyrs et houris !
Et demain… c'est un ... : Vente la peau du diable ! […] »

Tristan Corbière, *Les Amours jaunes* (1873)

## 4 SENS EN CONTEXTE

**Dans ces extraits du *Voyage autour du monde* de Bougainville (1771), précisez le sens des mots soulignés, en fonction du contexte.**

1. Depuis deux heures après midi les vents varièrent du ouest-sud-ouest au ouest-nord-ouest, grand frais ; nous <u>louvoyâmes</u> jusqu'au coucher du soleil, toutes voiles hautes, afin de doubler les Douze Apôtres.

2. Les vents ne tardèrent pas à revenir à ouest et ouest sud-ouest, et nous ne pûmes jamais, avec la bonne marée, gagner l'île Rupert. La régate marchait très mal, <u>dérivait</u> outre mesure.

3. Déjà nous n'avions plus que trois brasses et demie d'eau sous la poupe, et nous n'étions qu'à trois longueurs de navire de la côte, lorsqu'il en vint une petite brise ; nous fîmes aussitôt servir nos voiles et la frégate <u>s'abattit</u>.

## 5 DOUBLE SENS

**Chaque mot suivant a un double sens : employez chacun d'eux dans deux phrases qui mettront en évidence leurs significations.**

mobile – risée – lame – cours – élan – train

## EXPRESSION ÉCRITE

### Sujet 1

Dans un texte en prose, décrivez un cours d'eau, son parcours, à un moment que vous préciserez (jour, nuit, saison, ...). Insérez des procédés stylistiques qui contribuent à rendre ce texte poétique.

### Sujet 2

Observez attentivement *Le Radeau de la Méduse* p. 574 et rédigez en un paragraphe d'une dizaine de lignes une description des éléments naturels, telle que pourrait la faire l'un des naufragés.

LA POÉSIE

# SYNTHÈSE

## L'EAU DANS LA POÉSIE : DE LA REPRÉSENTATION AU SYMBOLE

*De tous les éléments naturels, celui qui semble le plus propre à susciter une certaine rêverie est celui de l'eau. Loin d'être un simple* topos *(lieu commun) en poésie, il traduit une certaine conception du monde, commune aux auteurs baroques du* XVII*e siècle (*► Le Baroque, p. 23*), qui se retrouve dans la poésie moderne.*

### 1 UNE COMPOSANTE DU PAYSAGE

Dans le poème, le thème de l'eau est souvent abordé à l'occasion de la description d'un paysage ou d'un lieu. L'eau est alors une simple composante naturelle ou domptée par l'homme (dans le cas de l'image de la fontaine ou des canaux), un élément d'un cadre plus vaste. La poésie baroque s'attache plus particulièrement à présenter des eaux en mouvement ou susceptibles de créer des jeux de reflets qui multiplient les visions du monde.

→ **Ex. :** Dans le poème de Desmarets de Saint-Sorlin, les canaux permettent de donner une image renversée du château de Richelieu.

### 2 L'EAU SYMBOLIQUE

La poésie est le lieu où se condensent les images. Le sens doit être trouvé au-delà des mots. Le thème de l'eau est ainsi exploité en poésie dans un sens symbolique.

#### Parler de soi

En décrivant un lieu, le poète peut y transcrire ses propres émotions, ses sentiments : c'est le paysage état d'âme des romantiques (► **Le Romantisme, p. 29**). L'eau reflète les sentiments du poète. Elle est la représentation concrète de ce qui est caché.

→ **Ex. :** Paul Verlaine rend compte de son apaisement par le choix de l'eau dormante, l'étang.

#### Déplorer la fragilité de l'homme

L'eau, en perpétuel mouvement, est l'image privilégiée par les poètes pour se plaindre de la fuite du temps et de l'instabilité du monde. Les deux thèmes sont souvent mêlés au sein des poèmes.

→ **Ex. :** Jean-Baptiste Chassignet compare la rivière à l'homme et montre son inconstance.

#### Réfléchir sur son rapport au monde

Les mythes liés au thème de l'eau questionnent l'homme et sa relation au monde.

→ **Ex. :** Les questions de Narcisse dans *Cantate du Narcisse* de Paul Valéry nous invitent à nous demander si le Beau n'est pas frappé d'infamie.

### 3 LES JEUX POÉTIQUES

Le thème de l'eau permet au poète de jouer avec le langage et les formes poétiques. La mer, lieu de naissance de Vénus, déesse de l'Amour, est une source de jeux littéraires pour les poètes.

→ **Ex. :** Chez Pierre de Marbeuf, l'eau, image de l'amour malheureux, est un prétexte pour composer un poème suscitant le vertige par ses sonorités.

La disposition en strophes permet aussi au poète de rendre compte du mouvement de l'eau : le poème, dans sa forme, représente le thème évoqué.

→ **Ex. :** Alphonse de Lamartine utilise des vers de longueurs inégales pour mimer les vaguelettes du lac.

TEXTE

► Biographies, p. 5

**CONTEXTE**

La publication des *Méditations* d Lamartine en 182 marque le début de la révolution romantique : libération des for et des thèmes. Les romantiques placent au cœur de la poésie l'expression du M donnant ainsi un nouvel élan au lyrisme amoureu La poésie d'Alfre de Musset s'inscri pleinement dans cette visée : sa liaison éphémè et orageuse avec George Sand a contribué à fair mûrir son génie poétique.

► Le Romantisme, p. 29

► La versification, 
► Les formes et les poétiques, p. 443
► Les figures d'opp d'exagération et d'atténuation, p.

**Grammaire**

À quelle catégorie grammaticale app le mot « ces » ? Quelle valeur préci dans ce poème ?

► Biographies, p. 508

**CONTEXTE**

*Les Contemplations* sont un recueil lyrique, « Les mémoires d'une âme », publié en 1856. Ce recueil réunit des poèmes écrits sur une vaste période et regroupés en deux parties « Autrefois » et « Aujourd'hui » : le poète oppose ainsi un passé (jeunesse, joie, souvenir) à un présent empreint de tristesse et de deuil depuis la mort de sa fille, Léopoldine. Mais le recueil est aussi traversé par le souffle mystique de la foi.

# Victor Hugo, *Les Contemplations* (1856)

*Ce poème, daté par Victor Hugo des années 1830, évoque un souvenir de jeunesse : le bonheur d'une rencontre amoureuse éphémère.*

### Elle était déchaussée

Elle était déchaussée, elle était décoiffée,
Assise, les pieds nus, parmi les joncs penchant ;
Moi qui passais par là, je crus voir une fée,
Et je lui dis : Veux-tu t'en venir dans les champs ?

Elle me regarda de ce regard suprême
Qui reste à la beauté quand nous en triomphons,
Et je lui dis : Veux-tu, c'est le mois où l'on s'aime,
Veux-tu nous en aller sous les arbres profonds ?

Elle essuya ses pieds à l'herbe de la rive ;
Elle me regarda pour la seconde fois,
Et la belle folâtre alors devint pensive.
Oh ! comme les oiseaux chantaient au fond des bois !

Comme l'eau caressait doucement le rivage !
Je vis venir à moi, dans les grands roseaux verts,
La belle fille heureuse, effarée et sauvage,
Ses cheveux dans ses yeux, et riant au travers.

Mont-l'Am, juin 183…

## Questions

► Émouvoir, p. 459

### Un récit de rencontre bucolique

1. Relevez et commentez les éléments qui forment le cadre bucolique de la rencontre.
2. Relevez le lexique du regard mis en œuvre dans le texte. Quel est l'effet recherché par le poète ?
3. Commentez l'invitation adressée à la jeune fille aux vers 7 et 8 : que pensez-vous de la façon dont s'exprime le poète ?

### Un lyrisme simple et familier

4. Faites les observations qui s'imposent sur la forme versifiée.
5. Observez les répétitions sur lesquelles repose le poème, les jeux de sonorité. De quel autre genre s'approche-t-on ici ?
6. Comment est mise en valeur la beauté naturelle de la jeune fille ?
7. Le poète se remémore ce souvenir avec émotion : relevez et commentez les indices qui soulignent cette émotion.

**Vocabulaire**
Expliquez la composition de « folâtre » (v. 11) : quel sens lui donnez-vous dans le poème ?

**Synthèse** Ce poème appartient au premier livre du recueil, « L'Aurore » : ce titre vous paraît-il ici justifié ? Expliquez.

### BAC S'entraîner à la dissertation

Pour défendre la poésie lyrique, Victor Hugo écrit, dans la Préface des *Contemplations* : « Est-ce donc la vie d'un homme ? Oui, et la vie des autres hommes aussi […]. Ah ! insensé qui crois que je ne suis pas toi. »
Pour étayer ce point de vue, vous rédigerez une partie de dissertation où vous expliquerez comment la poésie lyrique peut prendre une dimension universelle. Vous vous appuierez sur les textes de la séquence ou d'autres que vous connaissez.

► Rassembler et organiser ses idées ; Construire un paragraphe et insérer des exemples, p. 486

# COMPRENDRE ET MANIPULER LE VOCABULAIRE LYRIQUE ET ROMANTIQUE

## 1 POLYSÉMIE

**1. Quel est le sens de l'adjectif « lyrique » dans chaque expression ? Répondez en rédigeant une phrase explicative.**
un chanteur lyrique – une révolte lyrique – un thème lyrique – un film lyrique

**2. Expliquez chaque expression en rédigeant un court paragraphe.**
un paysage romantique – une jeune fille romantique – un jeune homme romantique – un auteur romantique – un drame romantique

## 2 EXPRESSION LYRIQUE

**Associez chaque définition au terme qui lui convient.**
pétrarquisme, individualisme, dolorisme, préromantisme, élégie, vie affective

1. Doctrine qui veut que la valeur notamment morale de la douleur soit utile.
2. Poème lyrique exprimant une plainte douloureuse.
3. Période littéraire antérieure au romantisme.
4. Les sentiments, les plaisirs et les douleurs.
5. Théorie qui considère l'individu et ses droits comme supérieurs à ceux de la société.
6. Forme d'expression de la lyrique amoureuse au XVIe siècle directement liée à l'influence italienne.

## 3 LA MÉLANCOLIE

**Voici des termes voisins de « mélancolie ». Employez chacun d'eux dans une phrase qui permettra de préciser leur sens.**
hypocondrie – dépression – nostalgie – spleen – chagrin – neurasthénie – blues

## 4 MOTS DU ROMANTISME

**Voici une liste de mots ou de groupes de mots. Lesquels peut-on associer avec le Romantisme ? Justifiez votre choix. Complétez ensuite la liste avec quatre mots de votre choix.**
amour déçu – moi – solitude – courage – passion – ordre – ennui – délire – suicide – tempête – exotisme – fuite du temps – enthousiasme – brume – soleil – bonne santé

## 5 PORTRAIT CHINOIS DU ROMANTISME

**Complétez chaque phrase en indiquant l'élément qui vous semble convenir aux romantiques.**

1. Si c'était un arbre, ce serait…
2. Si c'était une fleur, ce serait…
3. Si c'était un animal, ce serait…
4. Si c'était un paysage, ce serait…
5. Si c'était une tenue vestimentaire, ce serait…
6. Si c'était une couleur, ce serait…
7. Si c'était un âge de la vie, ce serait…

## 6 ROMANTISME ET CLICHÉS

**Amusez-vous comme Flaubert : relevez tous les clichés.**

C'était derrière la balustrade d'un balcon, un jeune homme en court manteau qui serrait dans ses bras une jeune fille en robe blanche, portant une aumônière à sa ceinture ; ou bien les portraits anonymes des ladies anglaises à boucles blondes, qui, sous leur chapeau de paille vous regardent avec leurs grands yeux clairs. On en voyait d'étalées dans des voitures, glissant au milieu des parcs, où un lévrier sautait devant l'attelage que conduisaient au trot deux petits postillons en culotte blanche.

D'autres, rêvant sur des sofas près d'un billet décacheté, contemplaient la lune, par la fenêtre entrouverte, à demi drapée d'un rideau noir. Les naïves, une larme sur la joue, becquetaient une tourterelle à travers les barreaux d'une cage gothique, ou, souriant la tête sur l'épaule, effeuillaient une marguerite de leurs doigts pointus, retroussés comme des souliers à la poulaine.

Gustave Flaubert, *Madame Bovary* (1857)

## EXPRESSION ÉCRITE

### Sujet 1

**Complétez cet extrait des *Mémoires d'outre-tombe*, en décrivant les pensées et les sentiments du personnage narrateur.**

Je fus tiré de mes réflexions par le gazouillement d'une grive perchée sur la plus haute branche d'un bouleau. À l'instant, ce son magique fit reparaître à mes yeux le domaine paternel ; j'oubliai les catastrophes dont je venais d'être le témoin, et, transporté subitement dans le passé, je revis ces campagnes où j'entendis si souvent siffler la grive. Quand je l'écoutais alors, j'étais triste de même qu'aujourd'hui […].

François-René de Chateaubriand, *Mémoires d'outre-tombe* (1848)

### Sujet 2

**Notez quelques clichés romantiques que vous avez repérés en lisant des textes en prose ou en vers, puis décrivez une scène de rencontre dans laquelle abonderont les clichés du Romantisme.**

▸ Biographies, p. 508

# Paul Eluard, *Capitale de la douleur* (1926)

**CONTEXTE**

Le Surréalisme, vision nouvelle de l'homme, du monde et de l'art, est né dans l'immédiat après-guerre. Il se caractérise par une révolte contre l'ordre de la raison et la réhabilitation du rêve, de l'inconscient. Son influence marque le premier recueil, publié par Paul Eluard en 1926, *Capitale de la douleur*, inspiré par sa passion pour son épouse, Gala. En écrivant ce poème, Eluard renoue avec la tradition littéraire du blason, genre poétique à la mode au XVIe siècle.

▸ Le Surréalisme, p. 35

### La courbe de tes yeux…

La courbe de tes yeux fait le tour de mon cœur,
Un rond de danse et de douceur,
Auréole du temps, berceau nocturne et sûr,
Et si je ne sais plus tout ce que j'ai vécu
C'est que tes yeux ne m'ont pas toujours vu.

Feuilles de jour et mousse de rosée,
Roseaux du vent, sourires parfumés,
Ailes couvrant le monde de lumière,
Bateaux chargés du ciel et de la mer,
Chasseurs des bruits et sources des couleurs

Parfums éclos d'une couvée d'aurores
Qui gît toujours sur la paille des astres,
Comme le jour dépend de l'innocence
Le monde entier dépend de tes yeux purs
Et tout mon sang coule dans leurs regards.



## Questions

▸ La versification, p. 441
▸ Les figures de rapprochement et de substitution, p. 414

### Une célébration moderne de la femme aimée

1. Faites les observations qui s'imposent sur la versification du poème : montrez sa modernité.
2. Comparez le premier et le dernier vers du poème : que remarquez-vous ?
3. Comment le motif du rond ou du cercle est-il décliné dans ce poème ? Quelle figure de style est ici utilisée ?
4. Quelles qualités sont associées à la femme aimée, notamment aux vers 2, 3 et 13 ?

### L'expression de l'amour fou

5. Relevez et commentez les vers qui expriment plus particulièrement le pouvoir de la femme aimée sur le poète même.
6. Quelle relation le poète établit-il entre la femme et le monde ? Appuyez-vous sur la deuxième strophe.
7. Relevez les images dominantes dans la troisième strophe : quelle dimension le poète accorde-t-il à la femme aimée ?

**Grammaire**
Examinez la syntaxe dans ce poème : combien de phrases le poète utilise-t-il ? Sur quel procédé ces phrases sont-elles construites ?

**Synthèse** Dans un court paragraphe, et en vous appuyant sur certains des éléments des réponses aux questions 4, 6 et 7, vous montrerez que la quête amoureuse prend ici une forme originale.

### BAC S'entraîner à l'épreuve orale

« Il est temps d'instaurer la religion de l'amour. » écrit Louis Aragon dans *Le Paysan de Paris* en 1926. Vous montrerez comment ce poème d'Eluard s'inscrit dans cette nouvelle conception de l'amour.

▸ Préparer l'exposé, p. 504

▸ Biographies, p. 508

# Maurice Scève, « Le front » (1536)

**Le blason**
Le blason est un poème à la mode au XVIe siècle. Il célèbre une partie du corps féminin, pour adresser un hommage à la femme. Mais c'est avant tout comme un exercice de style. Plus tard, le genre nourrira l'inspiration de Charles Baudelaire, Paul Eluard, André Breton, ou Georges Brassens.

*Ce poème a été composé à l'occasion d'un concours de poésie : Maurice Scève (1501-1564) remportera la palme de ce concours.*

Front large et haut, front patent[1] et ouvert,
Plat et uni, des beaux cheveux couvert :
Front qui est clair et serein firmament
Du petit monde, et par son mouvement
Est gouverné le demeurant[2] du corps,
Et à son vueil sont les membres concors[3],
Lequel je vois être troublé par nues[4]
Multipliant ses rides très-menues,
Et du côté qui se présente à l'œil
Semble que là se lève le Soleil.
Front élevé sur cette sphère ronde,
Où tout engin[5] et tout savoir abonde.
Front reveré, front qui le corps surmonte
Comme celui qui ne craint rien, fors[6] honte.
Front apparent afin qu'on pût mieux lire
Les lois qu'amour voulut en lui écrire.
Ô front, tu es une table d'attente,
Où ma vie est, et ma mort très-patente.

Orthographe modernisée par Pascale Delamarre, auteur du manuel

Lucas Cranach le jeune, *Vénus et Cupidon* (1540), huile sur toile (détail), Alte Pinakothek, Munich (Allemagne).

1. Découvert (sens ancien). – 2. Le reste. – 3. À sa volonté les membres sont d'accord. – 4. Nuage. 5. Esprit inventif (sens ancien). – 6. Sinon.

## Questions

▸ La versification, p. 441
▸ Les formes et les genres poétiques, p. 443

### L'organisation du poème

1. Quel est l'objet de la célébration du poète ? Pourquoi ce choix ?
2. Quels procédés d'écriture structurent le poème ? En quoi participent-ils de l'éloge ?
3. En observant les vers et les rimes, montrez que la forme poétique contribue aussi à l'éloge.

### La célébration de la femme

4. Quelles sont les qualités de la femme ? Comment sont-elles mises en valeur ?
5. Quels rapports existent entre la femme et l'univers ?

### Le genre du blason de Scève à Eluard

6. Quels éléments communs retrouvez-vous dans ces deux poèmes ?
7. Quel est le destinataire de chaque poème ? Quelles sont les marques de sa présence ? Qu'en concluez-vous sur l'intention des deux textes ?

**Vocabulaire**
Retrouvez l'origine étymologique du mot « engin » (v. 12). Quels mots sont formés sur la même racine, en français moderne ?

**Synthèse** Montrez qu'Eluard parvient à renouveler le genre du blason, tout en s'inspirant d'une tradition littéraire.

▸ Biographies, p. 508

**CONTEXTE**

Le Surréalisme est un mouvement de révolte et d'émancipation du langage et de l'art. Autodidacte et poète inspiré, Robert Desnos a été longtemps considéré par les surréalistes comme un « prophète ». Mais il vient de rompre avec eux quand il écrit ces textes qui marquent sans doute un retour vers le lyrisme des poètes romantiques.

▸ Le Romantisme, p. 29
▸ Le Surréalisme, p. 35

# Robert Desnos, *Corps et Biens* (1930)

## Non, l'amour n'est pas mort

Non, l'amour n'est pas mort en ce cœur et ces yeux et cette bouche qui proclamait
[ses funérailles commencées.
Écoutez, j'en ai assez du pittoresque et des couleurs et du charme.
J'aime l'amour, sa tendresse et sa cruauté.
Mon amour n'a qu'un seul nom, qu'une seule forme.
Tout passe. Des bouches se collent à cette bouche.
Mon amour n'a qu'un nom, qu'une forme.
Et si quelque jour tu t'en souviens
Ô toi, forme et nom de mon amour,
Un jour sur la mer entre l'Amérique et l'Europe,
À l'heure où le rayon final du soleil se réverbère sur la surface ondulée des vagues,
[ou bien une nuit d'orage sous un arbre dans la campagne, ou dans une rapide
[automobile,
Un matin de printemps boulevard Malesherbes,
Un jour de pluie,
À l'aube avant de te coucher,
Dis-toi, je l'ordonne à ton fantôme familier, que je fus seul à t'aimer davantage et
[qu'il est dommage que tu ne l'aies pas connu.
Dis-toi qu'il ne faut pas regretter les choses : Ronsard avant moi et Baudelaire ont
[chanté le regret des vieilles et des mortes qui méprisèrent le plus pur amour.
Toi, quand tu seras morte,
Tu seras belle et toujours désirable.
Je serai mort déjà, enclos tout entier en ton corps immortel, en ton image étonnante
[présente à jamais parmi les merveilles perpétuelles de la vie et de l'éternité, mais
[si je vis
Ta voix et son accent, ton regard et ses rayons,
L'odeur de toi et celle de tes cheveux et beaucoup d'autres choses encore vivront
[en moi,
En moi qui ne suis ni Ronsard ni Baudelaire,
Moi qui suis Robert Desnos et qui, pour t'avoir connue et aimée,
Les vaux bien.
Moi qui suis Robert Desnos, pour t'aimer
Et qui ne veux pas attacher d'autre réputation à ma mémoire sur la terre méprisable.

Marc Chagall, *Les Amants en bleu* (1914), huile sur toile (60 cm x 47,5 cm), collection privée.

# Questions

► Émouvoir, p. 459
► Les actes de langage, l'implicite et la modalisation, p. 408

## L'éloge de la femme aimée et de l'amour

1. Montrez par un relevé d'indices que ce poème est lyrique.
2. Observez le premier vers du poème : sur quelle contradiction est-il construit ?
3. Relevez et commentez les expressions qui qualifient la femme aimée.
4. Relevez et commentez les expressions qui marquent la célébration de l'amour.
5. Faites les observations qui s'imposent sur la forme versifiée. Montrez qu'elle contribue au renouvellement poétique.

## Le renouvellement de la tradition lyrique

6. Quel topos (lieu commun) de la littérature romantique reprend Desnos des vers 7 à 13 ?
7. Comment Desnos s'inscrit-il dans une tradition poétique aux vers 15 et 21 ? Y adhère-t-il cependant totalement ? Justifiez votre réponse.
8. Dans les quatre derniers vers, commentez le rôle respectif du poète et de l'amour. Comparez cette leçon à celle du sonnet de Ronsard « Quand vous serez bien vieille », auquel le poète fait ici référence ; Ronsard y invite la belle indifférente à aimer celui qui doit perpétuer le souvenir de sa beauté.

**Vocabulaire**
Quelle est l'étymologie du verbe « connaître » ? Quels sens prend-il dans le poème ?

**Synthèse** Comment l'amour est-il montré comme une exigence et une priorité absolues ? Répondez en vous appuyant notamment sur les réponses aux questions 3, 4 et 7.

## BAC S'entraîner à la dissertation

En vous appuyant sur les textes de la séquence, vous commenterez la thèse défendue par Victor Hugo dans la Préface des *Orientales* : « Que le poète aille donc où il veut, en faisant ce qui lui plaît ; c'est sa loi… Qu'il écrive en prose ou en vers, qu'il sculpte en marbre ou coule du bronze… C'est à merveille… Le poète est libre. »
Vous rédigerez la première partie de la dissertation, où vous montrerez que le poète a besoin d'une liberté totale d'invention pour être lui-même.

► Rassembler et organiser ses idées ; Construire un paragraphe et insérer des exemples, p. 486

▸ Biographies, p. 508

# André Breton, *Clair de terre* (1923)

**CONTEXTE**

Publié deux ans après le second *Manifeste du Surréalisme*, ce poème d'André Breton, théoricien et porte-parole du groupe surréaliste, témoigne avec insolence de sa rupture par rapport aux conventions et de la place centrale accordée à l'amour et à l'érotisme. Il illustre parfaitement la définition du Surréalisme telle que l'a proposée André Breton dans son *Manifeste* : « Dictée de la pensée, en l'absence de tout contrôle exercé par la raison, en dehors de toute préoccupation esthétique ou morale. »

▸ Le Surréalisme, p. 35

## L'union libre

Ma femme à la chevelure de feu de bois
Aux pensées d'éclairs de chaleur
À la taille de sablier
Ma femme à la taille de loutre entre les dents du tigre
Ma femme à la bouche de cocarde et de bouquet d'étoiles de dernière grandeur
Aux dents d'empreintes de souris blanche sur la terre blanche
À la langue d'ambre et de verre frottés
Ma femme à la langue d'hostie poignardée
À la langue de poupée qui ouvre et ferme les yeux
À la langue de pierre incroyable
Ma femme aux cils de bâtons d'écriture d'enfant
Aux sourcils de bord de nid d'hirondelle
Ma femme aux tempes d'ardoise de toit de serre
Et de buée aux vitres
Ma femme aux épaules de champagne
Et de fontaine à tête de dauphins sous la glace
Ma femme aux poignets d'allumettes
Ma femme aux doigts de hasard et d'as de cœur
Aux doigts de foin coupé
Ma femme aux aisselles de martre et de fênes[1]
De nuit de la Saint-Jean
De troène et de nid de scalares[2]
Aux bras d'écume de mer et d'écluse
Et de mélange du blé et du moulin
Ma femme aux jambes de fusée
Aux mouvements d'horlogerie et de désespoir
Ma femme aux mollets de moelle de sureau
Ma femme aux pieds d'initiales
Aux pieds de trousseaux de clés aux pieds de calfats[3] qui boivent
Ma femme au cou d'orge imperlé
Ma femme à la gorge de Val d'Or
De rendez-vous dans le lit même du torrent
Aux seins de nuit
Ma femme aux seins de taupinière marine
Ma femme aux seins de creuset du rubis
Aux seins de spectre de la rose sous la rosée
Ma femme au ventre de dépliement d'éventail des jours
Au ventre de griffe géante
Ma femme au dos d'oiseau qui fuit vertical
Au dos de vif-argent
Au dos de lumière
À la nuque de pierre roulée et de craie mouillée
Et de chute d'un verre dans lequel on vient de boire
Ma femme aux hanches de nacelle
Aux hanches de lustre[4] et de pennes de flèche

1. Fruit du hêtre.
2. Poissons.
3. Ouvriers chargés d'assurer sur un bateau l'étanchéité de la coque.
4. Éclat.

Et de tiges de plumes de paon blanc
De balance insensible
Ma femme aux fesses de grès et d'amiante
Ma femme aux fesses de dos de cygne
Ma femme aux fesses de printemps
Au sexe de glaïeul
Ma femme au sexe de placer[5] et d'ornithorynque
Me femme au sexe d'algue et de bonbons anciens
Ma femme au sexe de miroir
Ma femme aux yeux pleins de larmes
Aux yeux de panoplie violette et d'aiguille aimantée
Ma femme aux yeux de savane
Ma femme aux yeux d'eau pour boire en prison
Ma femme aux yeux de bois toujours sous la hache
Aux yeux de niveau d'eau de niveau d'air de terre et de feu

Salvador Dali, design du costume de « La femme du futur » (1953), aquarelle, collage, crayon et encre sur papier, collection privée.

5. Mot emprunté à l'espagnol par lequel on désigne les gisements d'or.

# Questions

► Émouvoir, p. 459
► Les figures de rapprochement et de substitution, p. 414

## Une célébration du corps de la femme aimée

1. Commentez la forme diversifiée, l'organisation et la progression du poème : quelles images contradictoires de la femme aimée se juxtaposent ici ?
2. Commentez certaines des images choisies par Breton en vous rappelant la définition proposée par le *Manifeste du Surréalisme* : « la plus forte est celle qui présente le degré d'arbitraire le plus élevé. »
3. Relevez et commentez les indices qui mettent le corps de la femme aimée en rapport avec tous les éléments de la nature.

## Un hymne à l'amour, à la beauté et au plaisir

4. Comment la beauté du corps féminin est-elle magnifiée ?
5. Commentez le titre du poème et mettez-le en rapport avec son contenu.
6. Expliquez la place importante accordée à la sensualité et à l'érotisme au-delà de toute censure morale.

**Vocabulaire**
Cherchez l'étymologie du mot « glaïeul » (v. 51). Quelle valeur ce sens étymologique donne-t-il à la description du corps de la bien-aimée ?

**Synthèse** Comment la quête de l'amour s'exprime-t-elle ici avec la plus grande liberté, tant sur le plan formel, que dans le contenu ?

## BAC S'entraîner à l'écriture d'invention

Rédigez la préface d'une courte anthologie de poèmes dans laquelle vous montrerez l'intérêt particulier du genre du blason poétique (variété du genre, renouvellement dans le temps, richesse des procédés mis en œuvre pour célébrer la beauté de la femme aimée). Vous vous appuierez entre autre sur les textes de Paul Eluard (p. 268), Maurice Scève (p. 269) et André Breton (p. 272).

► Construire une argumentation, p. 500

# TEXTE 1

Dossier

▸ Biographies, p. 508

# Paul Verlaine, *Jadis et naguère* (1884)

**CONTEXTE**

Les poètes de la seconde partie du XIXe siècle veulent renouveler la poésie dans sa forme, ses contenus, son ambition. Les parnassiens, las des effusions et de l'éloquence romantiques, vont affirmer la primauté de la forme sur le contenu. Les symbolistes tentent d'exprimer la complexité de la réalité par la musicalité des mots, des vers et par les figures de rapprochement.

▸ Le Parnasse, p. 32
▸ Le Symbolisme, p. 34

*Si « Art poétique » est considéré comme l'un des manifestes du mouvement symboliste, il s'oppose aussi au Parnasse – dont il était pourtant proche. Ce poème apparaît surtout comme l'expression de l'originalité et de la singularité de la poésie de son auteur qui se traduit ici par le refus de l'alexandrin, ou encore l'emploi d'un lexique prosaïque.*

## ART POÉTIQUE

*À Charles Morice*

De la musique avant toute chose,
Et pour cela préfère l'Impair
Plus vague et plus soluble dans l'air,
Sans rien en lui qui pèse ou qui pose.

Il faut aussi que tu n'ailles point
Choisir tes mots sans quelque méprise :
Rien de plus cher que la chanson grise
Où l'Indécis au Précis se joint.

C'est des beaux yeux derrière des voiles,
C'est le grand jour tremblant de midi,
C'est, par un ciel d'automne attiédi,
Le bleu fouillis des claires étoiles !

Car nous voulons la Nuance encor,
Pas la Couleur, rien que la nuance !
Oh ! la nuance seule fiance
Le rêve au rêve et la flûte au cor !

Fuis du plus loin la Pointe assassine,
L'Esprit cruel et le Rire impur,
Qui font pleurer les yeux de l'Azur,
Et tout cet ail de basse cuisine !

Prends l'éloquence et tords-lui son cou !
Tu feras bien, en train d'énergie,
De rendre un peu la Rime assagie.
Si l'on n'y veille, elle ira jusqu'où ?

Ô qui dira les torts de la Rime ?
Quel enfant sourd ou quel nègre fou
Nous a forgé ce bijou d'un sou
Qui sonne creux et faux sous la lime ?

De la musique encore et toujours !
Que ton vers soit la chose envolée
Qu'on sent qui fuit d'une âme en allée
Vers d'autres cieux à d'autres amours.

Que ton vers soit la bonne aventure
Éparse au vent crispé du matin
Qui va fleurant la menthe et le thym...
Et tout le reste est littérature.

Gustav Klimt, *La Musique* (1895), huile sur toile (37 cm x 44,5 cm), Neue Pinakothek, Munich (Allemagne).

# Questions

► La versification, p. 441
► Les figures de rapprochement et de substitution, p. 414

## Une conception de la poésie

1. Quelles pratiques d'écriture Verlaine refuse-t-il ? encourage-t-il ?
2. En vous référant au contexte, montrez ce qui s'oppose au Romantisme et au Parnasse, ce qui se rapproche du Symbolisme, puis ce qui vous paraît propre à Verlaine.
3. Relevez tous les procédés qui soutiennent les critiques et les conseils de Verlaine : registre, types de phrase, images, vocabulaire, versification.
4. Comment comprenez-vous « la chanson grise » (v. 7), « Que ton vers soit la chose envolée » (v. 30) et « Que ton vers soit la bonne aventure » (v. 33) ?

## Une application des théories

5. Montrez que Verlaine applique ici « l'Impair » (v. 2).
6. Recherchez les mots impropres, choisis avec « quelque méprise » ?
7. Par quels principaux procédés Verlaine parvient-il à se démarquer de l'éloquence ?
8. Recherchez les règles de la rime classique et dites si les rimes de ce poème les respectent ou s'en écartent.
9. Étudiez le rythme et les sonorités : ce poème est-il, selon vous, musical ?

**Grammaire**
Relevez les impératifs et les tournures exprimant la nécessité. Analysez leurs valeurs dans le poème.
► Les valeurs des modes et des temps, p. 400

**Synthèse** Quel est l'avantage de la forme poétique pour exprimer un art poétique ?

# TEXTE 2

▸ Biographies, p. 508

# Paul Verlaine, « Paysages tristes », *Poèmes saturniens* (1866)

**CONTEXTE**

*Poèmes saturniens* est le premier recueil de Verlaine. Les poèmes qui le composent résonnent encore des influences des romantiques ou des parnassiens mais font aussi déjà entendre la propre voix de Verlaine. Si le titre de la section « Paysages tristes » évoque sans doute le mouvement romantique, la facture de « Chanson d'automne » annonce déjà « Art poétique ».

## Chanson d'automne

Les sanglots longs
Des violons
De l'automne
Blessent mon cœur
D'une langueur
Monotone.

Tout suffocant
Et blême, quand
Sonne l'heure,
Je me souviens
Des jours anciens
Et je pleure ;

Et je m'en vais
Au vent mauvais
Qui m'emporte
Deçà, delà,
Pareil à la
Feuille morte.

Vincent Van Gogh, *La Chute des feuilles* (1889), huile sur toile (73,5 cm x 60 cm), Rijksmuseum Vincent Van Gogh, Amsterdam (Pays-Bas).

# Questions

▸ La versification, p. 441
▸ Les figures de rapprochement, p. 414

### Un thème romantique revisité

1. Quelle image le poète donne-t-il de la nature ? Quels procédés emploie-t-il ?
2. Comparez la métaphore du vers 4 et la comparaison des vers 15 et 16.
3. Étudiez comment le poème progresse vers la comparaison finale : quelle place les derniers vers accordent-ils à la souffrance du poète ? Qu'en concluez-vous sur l'originalité de Verlaine ?

### Suggérer la souffrance

4. Quelle qualité particulière de sa souffrance le poète parvient-il à suggérer en donnant une unité sonore à chaque strophe et un écho sonore entre chacune d'elles ?
5. Recherchez les sens de « langueur » (v. 5) et « monotone » (v. 6) et montrez que le poème les évoque dans son rythme et ses sonorités.
6. Justifiez le titre du poème.

**Vocabulaire**
Étudiez l'étymologie de « monotone ».

**Synthèse** Montrez que certains principes énoncés dans « Art poétique » sont présents dans ces vers mais que le poème fait aussi écho à la poésie romantique.

### BAC S'entraîner au commentaire

▸ Rédiger des paragraphes et insérer des citations, p. 478

En reprenant vos réponses aux deux axes de lecture, vous rédigerez un commentaire de ce poème en deux parties.

► Biographies, p. 508

# Arthur Rimbaud, « La lettre du voyant » (1871)

**⊕ CONTEXTE**

Dans les années 1970, les esthétiques parnassiennes et symbolistes dominent le champ de la poésie. Leconte de Lisle, Banville, Catulle Mendès et Verlaine sont reconnus et publient de nombreux recueils. Les poètes des deux décennies suivantes, comme Mallarmé, Laforgue, Corbière, etc., restent attachés à ces esthétiques. Dans ses premiers poèmes, Arthur Rimbaud montre qu'il en a synthétisé toutes les conquêtes alors qu'il n'a que seize ans. En 1871, il donne une nouvelle ambition à la poésie.

► Le Parnasse, p. 32
► Le Symbolisme, p. 34

*Rimbaud a dix-sept ans quand il écrit deux lettres, à deux jours d'intervalle, dites « Lettres du voyant ». Il y explique, dans ce qu'il appelle « de la prose sur l'avenir de la poésie », ce qu'il doit accomplir pour devenir un « Poète ».*

À Paul Demeny

À Douai.

Charleville, le 15 mai 1871.

[...] La première étude de l'homme qui veut être poète est sa propre connaissance, entière ; il cherche son âme, il l'inspecte, il la tente, l'apprend. Dès qu'il la sait, il doit la cultiver, cela semble simple : en tout cerveau s'accomplit un développement naturel ; tant *d'égoïstes* se proclament auteurs ; il en est bien d'autres qui s'attribuent leur progrès intellectuel ! – Mais il s'agit de faire l'âme monstrueuse : à l'instar des comprachicos*, quoi ! Imaginez un homme s'implantant et se cultivant des verrues sur le visage.

Je dis qu'il faut être *voyant*, se faire *voyant*.

Le Poète se fait *voyant* par un long, immense et raisonné *dérèglement de tous les sens*. Toutes les formes d'amour, de souffrance, de folie ; il cherche lui-même, il épuise en lui tous les poisons, pour n'en garder que les quintessences. Ineffable torture où il a besoin de toute la foi, de toute la force surhumaine, où il devient entre tous le grand malade, le grand criminel, le grand maudit, – et le suprême Savant ! – Car il arrive à l'*inconnu* ! Puisqu'il a cultivé son âme, déjà riche, plus qu'aucun ! Il arrive à l'*inconnu*, et quand, affolé, il finirait par perdre l'intelligence de ses visions, il les a vues ! Qu'il crève dans son bondissement par les choses inouïes et innombrables : viendront d'autres horribles travailleurs ; ils commenceront par les horizons où l'autre s'est affaissé !

A. Rimbaud

* Voleur d'enfants qui dans le roman de Victor Hugo, *L'Homme qui rit*, les défigure pour en faire des monstres de foire.

## Questions

### Un manifeste engagé

1. Par quels procédés Rimbaud donne-t-il à ses principes un caractère de nécessité ?
2. Relevez les procédés de l'hyperbole. Qu'en concluez-vous quant à l'ambition du poète ?
3. Étudiez le vocabulaire antithétique et montrez qu'il suggère un véritable affrontement de forces et de valeurs.
4. Montrez que l'esprit comme le corps se trouvent engagés pour « être poète ».

### Un pas vers l'inconnu

5. Quels peuvent être les sens de « voyant » (l. 8) et de « sens » (l. 10) ?
6. Pourquoi la lettre peut-elle rappeler le monde mystérieux de la sorcellerie ou de l'alchimie ? Peut-on parler de métamorphose pour le poète ? Pourquoi ?
7. Comment Rimbaud suggère-t-il ce qu'est « l'inconnu » ?
8. Montrez que le poète se distingue de ses prédécesseurs et annonce l'avenir de la poésie et des poètes nouveaux.

► Les figures d'opposition, d'exagération et d'atténuation, p. 414

**Grammaire**
Relevez les phrases exclamatives, puis commentez leur nombre et la variété de leurs formes.

**Synthèse** Quelle image cette lettre donne-t-elle de Rimbaud lui-même et du poète à venir ?

# TEXTE 4

▸ Biographies, p. 508

**CONTEXTE**

Lorsque sa mère l'interroge sur le sens de ses poèmes, Arthur Rimbaud aurait répondu qu'ils devaient être compris « littéralement et dans tous les sens ». Il s'agit de rappeler le pouvoir du mot lui-même, et de ses agencements dans le vers ou le poème. Quand on en perçoit l'épaisseur sémantique, le mot nous illumine de tous ses sens.

▸ Les formes et les genres poétiques, p. 443
▸ La valeur des modes et des temps, p. 400

**Vocabulaire**

Recherchez l'étymologie et le champ sémantique de « moralités » (l. 4), « passion » (l. 5), « action » (l. 5).

▸ Le champ sémantique, p. 420

## Arthur Rimbaud, « H », *Illuminations* (1873-1875)

*Dans ce poème, Rimbaud propose de résoudre une énigme.*

H

Toutes les monstruosités violent les gestes atroces d'Hortense. Sa solitude est la mécanique érotique, sa lassitude, la dynamique amoureuse. Sous la surveillance d'une enfance elle a été, à des époques nombreuses, l'ardente hygiène des races. Sa porte est ouverte à la misère. Là, la moralité des êtres actuels se décorpore[1] en sa passion ou en son action. – Ô terrible frisson des amours novices, sur le sol sanglant et par l'hydrogène clarteux[2] ! trouvez Hortense.

1. Néologisme qui peut signifier perdre sa substance. – 2. Le gaz d'éclairage.

## Questions

### Une poésie pour jouer avec le lecteur

1. À qui s'adresse le « trouvez Hortense » qui clôt le poème ? Comment cette injonction peut-elle être perçue par le lecteur ? Justifiez votre réponse.
2. Dans quelle mesure « trouvez Hortense » s'apparente-t-il à la pointe (ou chute) d'un sonnet ?
3. Quel rôle le poète attribue-t-il au lecteur ?

### Une énigme

4. Quels liens pouvez-vous établir entre le titre et le poème ?
5. Étudiez les sonorités : montrez qu'une logique sonore domine l'écriture de ce poème.
6. Étudiez le champ lexical dominant : montrez qu'il impose un sens au poème.
7. Quelle est la valeur des présents de l'indicatif ? Qu'en concluez-vous sur l'intention du poète ?
8. Quel « portrait » le poète propose-t-il d'Hortense ? Appuyez-vous sur une étude attentive du ou des sens des mots du poème ainsi que sur les figures de rapprochement.

### Les enjeux du poème

9. Retrouvez-vous dans « H » la démarche prônée dans « La lettre du voyant » ? Qu'en déduisez-vous ?
10. Dans quelle mesure ce poème est-il celui d'un « suprême savant » ?

**Synthèse** Montrez que ce poème illustre « le dérèglement de tous les sens ».

Henri de Toulouse-Lautrec, *Femme dormant sur le dos les bras levés* (1894), huile sur carton (47,2 cm x 47,5 cm), détail, musée Toulouse-Lautrec, Albi.

▸ Biographies, p. 508

**CONTEXTE**

Stéphane Mallarmé est l'auteur d'un poème, « Un coup de dès jamais n'abolira le hasard », qui ouvre la voie à une poésie éclatée jouant avec toutes les possibilités de la typographie et l'espace blanc de la page, dont on perçoit des échos chez Apollinaire et Cendrars et dans la poésie la plus contemporaine. Il est aussi l'auteur d'une poésie hermétique qui s'interroge sur les mots et leurs sens.

# Stéphane Mallarmé, *Poésies* (1899)

*Le « Tombeau d'Edgar Poe » a été écrit en 1876 à l'occasion de la construction d'un monument en l'honneur d'Edgar Poe. Mallarmé rend hommage au poète dans ce sonnet au titre polysémique puisqu'il évoque « la tombe de Poe » mais aussi la composition poétique ou musicale – le tombeau – écrite en l'honneur d'un disparu.*

### Le tombeau d'Edgar Poe

Tel qu'en Lui-même enfin l'éternité le change,
Le Poëte suscite avec un glaive nu
Son siècle épouvanté de n'avoir pas connu
Que la mort triomphait dans cette voix étrange !

Eux, comme un vil sursaut d'hydre oyant jadis l'ange
Donner un sens plus pur aux mots de la tribu
Proclamèrent très haut le sortilège bu
Dans le flot sans honneur de quelque noir mélange.

Du sol et de la nue hostiles, ô grief !
Si notre idée avec ne sculpte un bas-relief
Dont la tombe de Poe éblouissante s'orne

Calme bloc ici-bas chu d'un désastre obscur
Que ce granit du moins montre à jamais sa borne
Aux noirs vols du Blasphème épars dans le futur.

## Questions

▸ La versification, p. 441
▸ Les formes et les genres poétiques, p. 443

### Le tombeau de Poe

1. Quelle image ce poème donne-t-il de Poe et de « Eux » (v. 5) ? Par quels procédés ?
2. Étudiez comment Mallarmé oppose tout au long du poème « Le Poëte » à « Eux ».
3. Comment s'explique l'incompréhension de « la tribu » ? Étudiez notamment les sens de « suscite » (v. 2), « étrange » (v. 4), mais aussi d' « ange » (v. 5) ou de « désastre obscur » (v. 12).

### Le tombeau de la poésie

4. Quelle fonction Mallarmé attribue-t-il à la poésie ? Justifiez votre réponse.
5. Étudiez l'opposition entre le bruit et le silence. Qu'en déduisez-vous de la conception de la poésie qu'elle suggère ?
6. La fin du poème est-elle un aveu d'impuissance ou un choix du poète ? Justifiez votre réponse.
7. Montrez que la forme du sonnet, la versification, la syntaxe, le rythme et les réseaux sonores font de ce poème un « bloc » de « granit ».

**Vocabulaire**
Recherchez l'étymologie de « oyant » (v. 5). Trouvez des mots de la même famille.

**Synthèse** Montrez que cet hommage à Poe est aussi un art poétique.

▸ Lire le texte et dégager un projet de lecture, p. 474

**BAC S'entraîner au commentaire**

Formulez une problématique qui mettrait en évidence les principaux intérêts du sonnet.

# TEXTE 6

▸ **Biographies, p. 508**

## ⊕ CONTEXTE

Poursuivant d'une autre manière les recherches sur le sens et le pouvoir des mots et de la poésie, Guillaume Apollinaire crée un nouvel objet poétique qu'il nommera « calligramme » : les mots comme le trait du dessinateur représentent ce dont parle le poème. Proche des peintres cubistes qui remettaient en question une représentation trop figurative de la réalité, Apollinaire a voulu avec le calligramme échapper à la linéarité du poème.

# Guillaume Apollinaire, « Ondes », *Calligrammes* (1918)

*« Il pleut » appartient à la première section « Ondes » du recueil et a été écrit avant que ne se déclare la Première Guerre mondiale. Comme tous les calligrammes, « Il pleut » invite le lecteur à lire et à voir, et plus encore que dans la forme traditionnelle des poèmes, à comprendre que le poète cherche à dire et à montrer ce qu'il nous dit.*

*Il pleut*

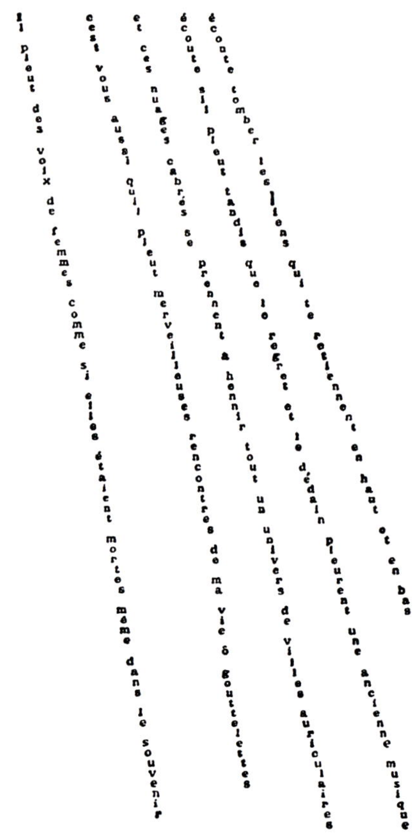




**Il pleut**

Il pleut des voix de femmes comme si elles étaient mortes même dans le souvenir
C'est vous aussi qu'il pleut merveilleuses rencontres de ma vie ô gouttelettes
Et ces nuages cabrés se prennent à hennir tout un univers de villes auriculaires
Écoute s'il pleut tandis que le regret et le dédain pleurent une ancienne musique
Écoute tomber les liens qui te retiennent en haut et en bas.

# Questions

► Les formes et les genres poétiques, p. 443
► Le champ sémantique, p. 420

## L'image de la pluie

1. Montrez que ce calligramme propose un dessin subtil de la pluie qui tombe.
2. Comment interprétez-vous l'obliquité des vers ?
3. Que pensez-vous de la lisibilité du poème ? Qu'en concluez-vous ?

## Un poème nostalgique et une délivrance

4. Quels sont les destinataires du poème ?
5. Étudiez les emplois des verbes « pleuvoir » et « pleurer ».
6. Relevez les comparaisons et métaphores. Sont-elles aisément identifiables ? Commentez-les.

## Un calligramme

7. Repérez tout ce qui oppose et relie ce calligramme à l'écriture traditionnelle du vers et du poème. Soyez attentifs au « jeu » entre le vertical et l'horizontal.
8. Si « Il pleut » dessine la pluie qui tombe, montrez qu'il peut dessiner ou symboliser d'autres réalités. Qu'en concluez-vous quant à l'importance du dessin dans la compréhension de ce calligramme ?

**Grammaire**
Relevez les verbes impersonnels et intransitifs. Rappelez ce qui caractérise leur emploi.

**Synthèse** Comment le choix du calligramme permet-il au poète d'atteindre une des ambitions de la poésie qui est de simultanément dire, montrer et faire entendre ?

► Rassembler et organiser des idées ; Construire un paragraphe et insérer des exemples, p. 486

## BAC S'entraîner à la dissertation

Proposez un plan pour le sujet suivant : pour qu'un texte puisse appartenir au genre poétique doit-il nécessairement s'écarter des règles usuelles de la langue ?

## LECTURE D'IMAGE

1. Après avoir étudié la composition de cette photographie, dites ce qu'elle représente ou symbolise pour vous.
2. Peut-on parler d'une démarche poétique de la part de l'artiste ? Pourquoi ?

Patrick Tosani, *La Pluie virgule* (1986), photographie (120 cm x 160 cm), collection privée.

# TEXTE 7

▸ Biographies, p. 508

**CONTEXTE**

Si les œuvres d'Apollinaire et de Blaise Cendrars ne peuvent se confondre, toutes les deux, et à la même époque, explorent l'expression et les formes du genre poétique et s'attachent à les renouveler. Cendrars a suivi un principe fondamental développé en 1917 par Apollinaire : ne pas renier l'héritage des poètes des siècles passés et tenter des expériences littéraires qui permettent de découvrir de nouvelles formes, un nouveau langage.

## Blaise Cendrars, « Sonnets dénaturés », *Du monde entier* (1923)

*Comme le suggère le titre de la section, « Sonnets dénaturés », Blaise Cendrars articule dans ce poème la tradition et la modernité. Il conserve le sonnet et s'inscrit dans une longue tradition de la production poétique mais, en altérant sa forme, il nous donne un sonnet renouvelé et expérimente de nouveaux procédés d'écriture pour exprimer sans doute un art poétique.*

### Académie Médrano

*À Conrad Moricand.*

Danse avec ta langue, Poète, fais un entrechat
Un tour de piste
sur un tout petit basset
noir ou haquenée*
Mesure les beaux vers mesurés et fixe les formes fixes
Que sont *Les Belles Lettres* apprises
Regarde :
**les Affiches se fichent de toi** te mordent
avec leurs dents en couleur
entre les doigts de pied
La fille du directeur a des lumières électriques
Les jongleurs sont aussi les trapézistes
xuellirép tuaS
teuof ed puoC
aç-emirpxE
Le clown est dans le tonneau malaxé
Il faut que ta langue { passe à la caisse / fasse l'orchestre } les soirs où
Les **Billets de faveur** sont supprimés.

*Novembre 1916.*



* Cheval ou jument d'allure douce, généralement montée par les dames.

Marc Chagall, *Le Clown à la Flûte II* (1970), lithographie (55,6 cm x 67,4 cm), collection Sorlier.

► Les formes et les genres poétiques, p. 443
► Les figures de rapprochement, p. 414

**Grammaire**
Relevez les impératifs et rappelez les principales valeurs de ce mode.
► Les valeurs des modes et des temps, p. 400

## Questions

### Un héritage

1. Montrez que ce poème est un sonnet.
2. Montrez que le poète exploite des procédés propres à l'écriture poétique la plus traditionnelle : figures de rapprochement, rythme, sonorités.
3. Quelle intention voyez-vous dans le titre ?

### Un renouvellement de la langue poétique

4. Par quels principaux procédés le poète dénature-t-il le sonnet ?
5. Comment justifiez-vous le travail sur la typographie ?
6. Commentez la ponctuation du poème.
7. Quelle fonction ce poème donne-t-il au poète ?

**Synthèse** Expliquez comment dans ce poème Blaise Cendrars s'appuie sur la tradition pour créer une poésie nouvelle.

► Repérer les différents écrits d'invention, p. 492

### BAC S'entraîner à l'écriture d'invention

Écrivez un sonnet en le dénaturant.

Texte écho

▸ Biographies, p. 508

# Nicolas Boileau, *L'Art poétique* (1674)

**⊕ CONTEXTE**

Dans *L'Art poétique*, Nicolas Boileau a transmis aux générations futures une conception de l'écriture et de la littérature qui a fini par se confondre avec l'idéal classique et qui sert encore de référence.

*Avec les deux alexandrins définissant la règle des trois unités pour le théâtre, les vers qui suivent sont parmi les plus célèbres de Boileau. Le poète conseille à ses contemporains d'imiter Malherbe qui a su « répar[er] » la langue dégradée par ses devanciers.*

## Chant I

[...]
Enfin Malherbe vint, et, le premier en France,
Fit sentir dans les vers une juste cadence,
D'un mot mis en sa place enseigna le pouvoir,
Et réduisit la muse aux règles du devoir.
Par ce sage écrivain la langue réparée
N'offrit plus rien de rude à l'oreille épurée.
Les stances avec grâce apprirent à tomber,
Et le vers sur le vers n'osa plus enjamber.
Tout reconnut ses lois ; et ce guide fidèle
Aux auteurs de ce temps sert encor de modèle.
Marchez donc sur ses pas ; aimez sa pureté,
Et de son tour heureux imitez la clarté.
Si le sens de vos vers tarde à se faire entendre,
Mon esprit aussitôt commence à se détendre,
Et, de vos vains discours prompt à se détacher,
Ne suit point un auteur qu'il faut toujours chercher.
Il est certains esprits dont les sombres pensées
Sont d'un nuage épais toujours embarrassées ;
Le jour de la raison ne le saurait percer.
Avant donc que d'écrire apprenez à penser.
Selon que notre idée est plus ou moins obscure,
L'expression la suit, ou moins nette, ou plus pure.
Ce que l'on conçoit bien s'énonce clairement,
Et les mots pour le dire arrivent aisément.
Surtout qu'en vos écrits la langue révérée
Dans vos plus grands excès vous soit toujours sacrée.
En vain vous me frappez d'un son mélodieux,
Si le terme est impropre, ou le tour vicieux ;
Mon esprit n'admet point un pompeux barbarisme,
Ni d'un vers ampoulé l'orgueilleux solécisme.
Sans la langue, en un mot, l'auteur le plus divin
Est toujours, quoi qu'il fasse, un méchant écrivain.
[...]

# Questions

► Les formes de l'argumentation, p. 446

## Un éloge de la mesure

1. Quel lien Boileau établit-il entre l'idée et l'expression ?
2. Relevez et analysez les champs lexicaux antithétiques. Qu'en déduisez-vous des exigences de Boileau ?
3. Qu'est-ce qui caractérise la conception que Boileau se fait de la poésie ?

## Un « dialogue » entre Boileau et Blaise Cendrars

4. Quelles sont les idées apparemment communes à Boileau et à Blaise Cendrars ?
5. Boileau condamnerait-il le poème de Cendrars ? Justifiez votre réponse.
6. Montrez que la poésie de Cendrars, mais aussi celle de Verlaine, Mallarmé, Rimbaud et Apollinaire, s'opposent en grande partie à celle que défend Boileau.

### Grammaire

Relevez dans le poème les connecteurs logiques. Quel est le rôle d'un connecteur logique ? Peut-on en faire l'économie ? Justifiez votre réponse.

**Synthèse** À la lumière des arts poétiques qui précèdent, vous rappellerez ce qui peut rapprocher ou opposer les différents poètes.

## BAC S'entraîner à l'écriture d'invention

► Amplifier et transposer un texte, p. 496

Inspirez-vous de ce chant I de Boileau pour écrire un texte (en vers ou en prose) qui évoquera un des auteurs de la séquence, en développant des arguments appropriés.

### Prolongement

Lors des débats qui opposent « Anciens » et « Modernes », Nicolas Boileau est le meneur des « Anciens ». Documentez-vous sur la « querelle des Anciens et des Modernes » : qui opposait-elle ? Quel était l'objet de la discorde ? Résumez chaque point de vue en un court paragraphe.

Gravure du XIX$^{e}$ siècle représentant la « querelle des Anciens et des Modernes », une polémique littéraire née à l'Académie Française.

# TEXTE 8

▸ Biographies, p. 508

**⊕ CONTEXTE**

Une décennie après les expériences typographiques d'Apollinaire et de Blaise Cendrars, et en marge des surréalistes, Henri Michaux s'engage dans une voie originale en travaillant à inventer des mots sans pour autant renoncer à leur signification.

## Henri Michaux, *Qui je fus* (1927)

*Michaux invente ici de nouveaux mots, et principalement des verbes, pour relater un combat entre deux protagonistes dont l'enjeu est « le Grand Secret ».*

### Le grand combat

*A R.M. Hermant.*

Il l'emparouille et l'endosque contre terre ;
Il le rague et le roupète jusqu'à son drâle ;
Il le pratèle et le libucque et lui baruf le les ouillais ;
Il le tocarde et le marmine,
Le manage rape à ri et ripe à ra.
Enfin il l'écorcobalisse.
L'autre hésite, s'espudrine, se défaisse, se torse et se ruine.
C'en sera bientôt fini de lui ;
Il se reprise et s'emmargine... mais en vain
Le cerceau tombe qui a tant roulé.
Abrah ! Abrah ! Abrah !
Le pied a failli !
Le bras a cassé !
Le sang a coulé !
Fouille, fouille, fouille,
Dans la marmite de son ventre est un grand secret
Mégères alentour qui pleurez dans vos mouchoirs ;
On s'étonne, on s'étonne, on s'étonne
Et vous regarde
On cherche aussi, nous autres, le Grand Secret.



▸ Caractériser une vision du monde, p. 461

## Questions

### Un combat épique

1. Justifiez le titre du poème.
2. Identifiez les protagonistes du combat, ses différentes étapes et sa cause.
3. Quels sont les registres de ce poème ? Justifiez votre réponse.
4. Étudiez le rythme et les sonorités du poème : quels effets produisent-ils et quels liens ont-ils avec l'expression du combat ?

### La quête du poète

5. Identifiez les procédés utilisés pour créer de nouveaux mots.
6. Qu'est-ce qui distingue les dix premiers vers des dix derniers ? Qu'en concluez-vous sur le mouvement du poème ?
7. Étudiez la syntaxe : qu'en concluez-vous sur son rôle dans la compréhension du poème ?
8. Quel rapport entre la langue et le poète ce poème suggère-t-il ?

**Vocabulaire**
Quelle différence faites-vous entre néologisme et barbarisme ? Comment qualifieriez-vous les mots créés par Michaux ? Justifiez votre réponse.
▸ L'origine, la formation et l'évolution des mots, p. 418
▸ Le champ sémantique, p. 420

**Synthèse** Montrez que ce poème peut relater un combat entre deux héros, mais aussi un combat contre soi-même et enfin un combat avec la langue.

### BAC S'entraîner à l'écriture d'invention

Composez un poème en vous inspirant de Michaux.

▸ Amplifier et transposer un texte, p. 496

► Biographies, p. 508

# Francis Ponge, *Le Parti pris des choses* (1942)

**CONTEXTE**

Les poètes du XXe siècle n'ont abandonné ni les sujets essentiels qui touchent la vie des hommes, la nature, l'amour, la mort, la quête du sens, ni la poésie lyrique. Certains d'entre eux cependant, comme Follain ou Ponge, ont choisi des voies apparemment plus modestes en s'attachant à décrire dans leurs poèmes les objets les plus familiers.

*Le titre du recueil,* Le Parti pris des choses, *révèle l'intérêt de Ponge pour les réalités, prosaïques et triviales. Mais pour le poète les mots eux-mêmes sont des choses.*

### L'huître

L'huître, de la grosseur d'un galet moyen, est d'une apparence plus rugueuse, d'une couleur moins unie, brillamment blanchâtre. C'est un monde opiniâtrement clos. Pourtant on peut l'ouvrir : il faut alors la tenir au creux d'un torchon, se servir d'un couteau ébréché et peu franc, s'y reprendre à plusieurs fois. Les doigts curieux s'y coupent, s'y cassent les ongles : c'est un travail grossier. Les coups qu'on lui porte marquent son enveloppe de ronds blancs, d'une sorte de halos.

À l'intérieur l'on trouve tout un monde, à boire et à manger : sous un *firmament* (à proprement parler) de nacre, les cieux d'en-dessus s'affaissent sur les cieux d'en-dessous, pour ne plus former qu'une mare, un sachet visqueux et verdâtre, qui flue et reflue à l'odeur et à la vue, frangé d'une dentelle noirâtre sur les bords.

Parfois très rare une formule perle à leur gosier de nacre, d'où l'on trouve aussitôt à s'orner.



## Questions

► Les formes et les genres poétiques, p. 443

### Une description attentive et objective

1. Montrez que l'huître est décrite avec logique et minutie.
2. Quel est le rôle des différentes analogies tout au long du poème ?
3. Montrez que la description appréhende tous les aspects de l'huître, les plus séduisants comme les plus rebutants. Qu'en concluez-vous ?

### De l'huître au poème

4. Relevez les éléments communs à « huître » (v. 1), « blanchâtre » (v. 2), « opiniâtrement » (v. 2), « verdâtre » (v. 9), « noirâtre » (v. 10). Quel lien suggèrent-ils entre le mollusque et le poème ?
5. Quelles sont les différentes fonctions des nombreux réseaux sonores présents dans le poème ?
6. Recherchez des correspondances entre la forme de l'huître et celle du poème. Quel rôle attribueriez-vous au dernier paragraphe ?
7. Quel est le sens de « formule » (v. 11) ? Montrez qu'il renvoie ici à deux réalités.

### Un poème métaphorique

8. Quel rapport le poète institue-t-il entre la réalité de l'huître, le « monde [...] clos » (v. 2) et le « on » (v. 3) qui tente de l'ouvrir ? Qu'en déduisez-vous ?
9. Étudiez les expressions « doigts curieux » (v. 4), « peu franc » (v. 4), « un sachet [...] qui flue et reflue » (v. 9-10). Identifiez la figure de style et commentez ses effets.
10. Relevez les mots et expressions, notamment familiers, qui ont un double-sens.

**Vocabulaire**

Quel est le sens du suffixe dans « formule » ? Recherchez quelques mots construits à l'aide de ce suffixe.

**Synthèse** Montrez que Francis Ponge décrit le travail du poète aussi bien que celui du lecteur d'un poème.

# CORPUS BAC

TEXTE A

## Charles Baudelaire, *Les Fleurs du Mal* (1857)

*Ce poème est inspiré à Baudelaire par sa liaison avec Jeanne Duval, sa maîtresse qui était une métisse*

### Parfum exotique

Quand, les deux yeux fermés, en un soir chaud d'automne,
Je respire l'odeur de ton sein chaleureux,
Je vois se dérouler des rivages heureux
Qu'éblouissent les feux d'un soleil monotone ;

Une île paresseuse où la nature donne
Des arbres singuliers et des fruits savoureux ;
Des hommes dont le corps est mince et vigoureux,
Et des femmes dont l'œil par sa franchise étonne.

Guidé par ton odeur vers de charmants climats,
Je vois un port rempli de voiles et de mâts
Encor tout fatigués par la vague marine,

Pendant que le parfum des verts tamariniers[1],
Qui circule dans l'air et m'enfle la narine,
Se mêle dans mon âme au chant des mariniers[2].

1. Arbres caractéristiques des régions tropicales.
2. Bateliers

TEXTE B

## Paul Verlaine, *Poèmes saturniens* (1866)

### Mon rêve familier

Je fais souvent ce rêve étrange et pénétrant
D'une femme inconnue, et que j'aime, et qui m'aime,
Et qui n'est, chaque fois, ni tout à fait la même
Ni tout à fait une autre, et m'aime et me comprend.

Car elle me comprend, et mon cœur, transparent
Pour elle seule, hélas ! cesse d'être un problème
Pour elle seule, et les moiteurs de mon front blême,
Elle seule les sait rafraîchir, en pleurant.

Est-elle brune, blonde ou rousse ? Je l'ignore.
Son nom ? Je me souviens qu'il est doux et sonore,
Comme ceux des aimés que la Vie exila.

Son regard est pareil au regard des statues,
Et pour sa voix, lointaine, et calme, et grave, elle a
L'inflexion des voix chères qui se sont tues.

TEXTE C

## Robert Desnos, *Corps et Biens* (1930)

*Ce poème, paru en 1926 dans un court recueil, À La Mystérieuse, a sans doute été inspiré à Desnos par une femme plus réelle qu'imaginaire : il est épris à ce moment, sans espoir de retour, d'une chanteuse de music-hall.*

### J'ai tant rêvé de toi

J'ai tant rêvé de toi que tu perds ta réalité.

Est-il encore temps d'atteindre ce corps vivant et de baiser sur cette bouche la naissance de la voix qui m'est chère ?

J'ai tant rêvé de toi que mes bras habitués, en étreignant ton ombre, à se croiser sur ma poitrine ne se plieraient pas au contour de ton corps, peut-être.

Et que, devant l'apparence réelle de ce qui me hante et me gouverne depuis des jours et des années, je deviendrais une ombre sans doute.

Ô balances sentimentales.

J'ai tant rêvé de toi qu'il n'est plus temps sans doute que je m'éveille. Je dors debout, le corps exposé à toutes les apparences de la vie et de l'amour et toi, la seule qui compte aujourd'hui pour moi, je pourrais moins toucher ton front et tes lèvres que les premières lèvres et le premier front venus.

J'ai tant rêvé de toi, tant marché, parlé, couché avec ton fantôme qu'il ne me reste plus peut-être, et pourtant, qu'à être fantôme parmi les fantômes et plus ombre cent fois que l'ombre qui se promène et se promènera allègrement sur le cadran solaire de ta vie.



## ▶ ▶ ▶ Sujet Bac

### I. Après avoir lu les textes du corpus, répondez aux questions suivantes (6 points)

1. Quels indices permettent de classer ces textes dans le registre lyrique ?
2. Quel place occupe dans ces poèmes le thème du rêve : qui rêve ? De quoi ? Que représente le rêve pour le poète ?

### II. Traitez ensuite l'un des sujets suivants (14 points)

**• Commentaire**

Vous ferez le commentaire du texte de Desnos (**Texte C**) en vous aidant du parcours de lecture suivant :

1. Vous montrerez que le poète évoque ici un amour malheureux pour une femme inaccessible.
2. Vous montrerez que la progression du texte fait ressortir l'abandon progressif du poète au rêve.

**• Dissertation**

On associe souvent poésie et lyrisme. La poésie consiste-t-elle seulement pour le poète à exprimer ses sentiments personnels ? Vous répondrez à cette question en vous appuyant sur les textes du corpus, mais aussi sur ceux que vous avez pu lire en classe ou à titre personnel.

**• Écriture d'invention**

Vous décidez de faire mieux connaître à vos camarades de lycée le genre de la poésie. Vous écrivez pour le journal du lycée un article qui prendra la défense de ce genre littéraire, en vous appuyant sur des exemples précis.

# Quelques conseils

▸ Grille d'auto-évaluation pour la question sur le corpus, p. 473

## Pour répondre aux questions

1. Identifiez le type de poème auquel vous êtes confronté à l'aide de vos connaissances en versification.
2. La première question fait référence au lyrisme : donnez le sens de ce terme puis relevez des indices du lyrisme.
3. Pensez aussi à prendre en compte la forme poétique qui contribue à la musicalité.
4. Pour répondre à la seconde question, relevez pour chaque poème le champ lexical du rêve. Étudiez plus précisément si le rêve produit sur le poète un effet négatif ou positif.

▸ Grille d'auto-évaluation pour le commentaire, p. 481

## Si vous choisissez le commentaire…

1. Pour répondre à l'axe d'étude 1, appuyez-vous sur les indices personnels et temporels qui montrent la solitude du poète.
2. Pour répondre à l'axe d'étude 2, pensez à commenter la disposition dans la page du poème. Examinez la place et le rôle de l'octosyllabe central.
3. Montrez ensuite que la question posée dans la première partie du texte trouve une réponse dans la deuxième. (▸ **Organiser le commentaire : rédiger des paragraphes et insérer des citations, p. 478**)

▸ Grille d'auto-évaluation pour la dissertation, p. 491

## Si vous choisissez la dissertation…

1. Vous avez défini le lyrisme pour répondre à la première question : servez-vous de cette définition.
2. Analysez le sujet : la question est ouverte et prête à débat. Définissez le type de plan à adopter.
3. N'oubliez pas, pour nourrir votre réflexion sur le lyrisme, l'importance de la musicalité du poème.
4. Les textes proposés par le corpus sont uniquement centrés sur l'expression du moi. Cherchez d'autres références pour étoffer votre deuxième partie. (▸ **Analyser le sujet et exploiter le corpus, p. 482**)

▸ Grille d'auto-évaluation pour l'écriture d'invention, p. 503

## Si vous choisissez l'écriture d'invention…

1. Repérez très précisément la situation d'énonciation que l'on vous demande de construire.
2. On vous demande d'écrire un article de presse : notez les grandes règles de composition.
3. On vous demande d'écrire une défense de la poésie : préparez au brouillon les arguments que vous allez utiliser.
4. Rassemblez des exemples en essayant d'élargir au-delà du corpus.
5. Soignez la rédaction : il faut renoncer à toute familiarité d'expression, même dans un texte destiné à des camarades de lycée. (▸ **Repérer les différents écrits d'invention, p. 492**)

### Une philippique

Nom commun qui a pour origine le discours que prononce **Démosthène** contre Philippe (IVe s. av. J.-C.). Ce terme est donné aux discours de **Cicéron** contre Marc-Antoine (Ier s. ap. J.-C.). Souvent employé au XVIIIe siècle, il désigne encore aujourd'hui un discours violemment critique, parfois satirique ou injurieux.

Les formes de l'argumentation sont aussi nombreuses que les sujets qu'elle peut aborder. Dans tous les cas il s'agit de présenter une réflexion, une opinion, en cherchant à obtenir l'adhésion du destinataire. Au fil des siècles les différents genres littéraires ont accueilli les questionnements des auteurs sur la place de l'homme dans le monde, sa condition. Les valeurs de la société, les mutations politiques et technologiques, les découvertes en tout genre déterminent non seulement la nature mais aussi la forme que prennent ces questionnements.

## Aux origines de l'argumentation : la rhétorique

### Naissance et définition

Dans l'Antiquité, la rhétorique, art de persuader, est fondamentalement liée à l'art oratoire, particulièrement dans le domaine judiciaire. En effet au Ve siècle av. J.-C., en Sicile, après la chute de tyrans, de nombreux procès sont intentés pour récupérer des terres qui avaient été confisquées. L'art oratoire se déploie aussi dans les assemblées politiques et philosophiques. La rhétorique définit une technique du discours, d'abord oral, qui se doit d'être efficace sur le destinataire. Des principes sont ainsi établis pour concevoir *(inventio, dispositio, elocutio, actio, memoria)* et ordonner (exorde, narration, argumentation, digression, épilogue) le discours. Trois grands types de discours sont distingués, en fonction de l'usage et de l'intention : le genre délibératif (conseiller/déconseiller), le genre épidictique (louer/blâmer), le genre judiciaire (accuser/défendre). Il s'agit donc d'une discipline à part entière, qui sera d'ailleurs enseignée jusqu'au XIXe siècle.

### Philosophes et orateurs

La rhétorique est à l'œuvre dans les dialogues philosophiques de **Platon** (IVe s. av. J.-C.) aussi bien que dans les discours politiques de **Cicéron** (Ier s. av. J.-C.), ou les traités du stoïcien **Sénèque** (Ier s. ap. J.-C.). Cet art constamment renouvelé va donc être mis au service de toutes sortes de débats, ce qui assure sa postérité.

## Le XVIe siècle : le siècle des doutes

### Un nouveau rapport au monde

Au cours du Moyen Âge les espaces de questionnements sur l'homme sont assez restreints, notamment du fait de l'importance de la religion. Ce n'est pas un hasard s'il faut attendre le XVIe siècle, au cours duquel nombre de repères sont remis en cause, pour que de nouvelles formes d'argumentation se déploient. Les découvertes scientifiques démontrent que l'homme n'est pas au centre de l'univers. Il est en revanche au centre des questionnements du mouvement qui prend son nom : l'Humanisme. **(▸ Les mouvements littéraires : le XVIe siècle, p. 20)**

### Les *Essais* (1595)

**Michel de Montaigne** dans ses *Essais* élabore une démarche originale, qui articule récit de ses expériences personnelles et réflexions philosophiques. Sa pensée se nourrit tout à la fois de textes antiques, notamment ceux de la philosophie stoïcienne, et des préoccupations contemporaines. La remise en cause de l'ethnocentrisme, imposée par la découverte d'autres continents et d'autres civilisations, la conscience de la fragilité de la condition humaine, accrue par le vacillement des certitudes religieuses, l'exigence d'éducation, chère aux hommes de la Renaissance, sont au cœur des *Essais*.

## Le XVIIe siècle : le siècle des moralistes

Au XVIIe siècle, de nombreux auteurs analysent les mœurs de leurs contemporains et réfléchissent plus largement à la condition humaine. Des formes diverses sont alors élaborées, selon le regard porté par l'auteur.

### Fables et portraits : l'art du détour

**Jean de La Fontaine** emprunte au fabuliste grec **Ésope** la forme de la fable. Le masque de l'animalité lui permet de proposer une satire souvent féroce de la société de son temps, et plus particulièrement de l'aristocratie et la vie de cour. Si la stratégie adoptée est indirecte, les critiques n'en sont pas moins claires et pertinentes. **Jean de La Bruyère** dans ses *Caractères* (1688) privilégie aussi le registre satirique, dans le cadre de portraits qui sont autant de types de la société du XVIIe siècle. C'est bien souvent les vanités du pouvoir et de la vie mondaine qui sont dénoncées, alors que Louis XIV construit son image de « Roi Soleil ».

### *Les Pensées* (1670)

**Blaise Pascal** dans ses *Pensées* met en évidence la fragilité de la condition humaine. Ses interrogations sont de nature philosophique et religieuse, s'inscrivant dans les débats complexes sur la grâce qui opposèrent le courant janséniste au reste de l'Église catholique. L'art de Pascal est d'aborder ces questions dans des textes fragmentaires (l'œuvre est inachevée), qui ne proposent pas tant un système que des constats et une « pensée » en mouvement perpétuel.

## Le XVIIIe siècle : le siècle des Lumières (▸ Les mouvements littéraires : le XVIIIe siècle, p. 26)

### Une vie intellectuelle intense

Le XVIIIe siècle accorde toute sa place à « l'esprit philosophique » : les réflexions et les débats sur l'homme et la société foisonnent, les formes d'argumentation se multiplient. La curiosité pour toutes les formes de savoirs et d'arts est érigée en valeur fondamentale. L'échange d'idées, qu'il soit oral, dans les cafés ou les Salons, ou écrit, dans les nombreuses correspondances, est permanent. La fin du règne de Louis XIV (1715), la remise en cause progressive des privilèges de la noblesse, conduisent à chercher une nouvelle organisation de la société et à repenser les rapports de forces qui la fondent – la place et le rôle de la femme par exemple. Les conditions du bonheur, ici et maintenant, sont discutées.

### La maxime

Formule à valeur générale affirmant un précepte, une règle de vie. Elle peut être intégrée à un discours ou former un « message » autonome à elle seule. **La Rochefoucauld** compose un recueil de *Maximes* (1665) qui sont autant de « réflexions morales » sur l'homme en général et la société du XVIIe siècle en particulier.

Sur le site de la BnF, consultez l'exposition virtuelle consacrée aux Lumières. Comment les thèmes qui y sont abordés rendent-ils compte des questions et des idéaux des hommes de ce temps ? Comment comprenez-vous le titre donné à l'exposition : « Les Lumières, un héritage pour demain » ?

Anicet Charles Gabriel Lemonnier, *Le Salon de madame Geoffrin* (1812), huile sur toile, musée des Châteaux de Malmaison et Bois-Preau, Malmaison.

### Autant de formes que d'idées

Ces réflexions peuvent être menées dans le cadre de fictions, comme dans le roman épistolaire (**Montesquieu**, *Lettres persanes*, 1721), ou les contes philosophiques de **Voltaire**, aussi bien que dans des essais, des articles de l'*Encyclopédie* (1751) au *Discours sur l'origine et les fondements de l'inégalité parmi les hommes* (1755) de **Jean-Jacques Rousseau**. Cette effervescence est à l'image des mutations du siècle, qui aboutissent à la Révolution de 1789.

## Le XIXe siècle : le siècle des engagements

Au cours du XIXe siècle, les auteurs vont bien souvent mettre les grands genres littéraires au service de leurs engagements. Ces derniers traduisent les exigences d'égalité, de justice sociale héritées des idéaux du siècle précédent. L'œuvre de **Victor Hugo** rend compte de sa vigilance et de ses valeurs, que ce soit dans *Les Châtiments* (1853), recueil de poèmes dénonçant le régime de Napoléon III, dans *Les Misérables* (1862), roman embrassant tous les maux de son temps, ou dans les discours qu'il rédige dans le cadre de ses fonctions politiques. Le développement de la presse offre aux auteurs la possibilité de proposer leurs réflexions à un large public. Le « J'accuse » d'**Émile Zola**, rédigé pour la défense du capitaine Dreyfus, en est un des exemples les plus célèbres.

## Le XXe siècle : le siècle des remises en cause (▸Les mouvements littéraires : le XXe siècle, p. 36)

Les bouleversements et les violences qui marquent l'histoire du XXe siècle d'une part, le développement des sciences humaines, comme l'anthropologie et la sociologie d'autre part, ont nourri et renouvelé les interrogations sur l'homme et le monde. Après le temps des engagements, qui caractérise encore une grande première moitié du siècle, aucune certitude ne semble plus jamais acquise, qu'il s'agisse de l'individu ou de la société. Ces réflexions s'expriment dans des genres et des formes multiples, abordés parfois par un même auteur. Ainsi **Jean-Paul Sartre** et **Albert Camus** ont-ils laissé une œuvre à la fois philosophique, romanesque, et théâtrale. Cela rend compte des échanges fructueux entre les différents modes de pensée, les différentes approches de la question de l'homme, qui perdurent encore aujourd'hui.

## Le XXIe siècle : de nouvelles formes d'argumentation

Au XXIe siècle, les nouvelles technologies, en abolissant les frontières et en offrant de nouveaux espaces de dialogue, modifient à leur tour l'approche de la question de l'homme et proposent de nouvelles formes d'argumentation.

Regardez sur le site de l'INA les extraits des discours de Robert Badinter sur la peine de mort. Quel ton et quelle attitude adopte-t-il ? En quoi est-il convaincant ? Recherchez d'autres défenseurs célèbres de l'abolition de la peine de mort.

**Exposés**

- **La guerre et la littérature engagée** : recherchez des textes rédigés entre le XVIe et le XXIe siècle qui dénoncent la guerre. Analysez les arguments avancés et les stratégies argumentatives adoptées par les auteurs.
- **L'utopie** : quelle est l'origine du mot ? De quelle manière aborde-t-elle la question de l'homme et de la société ? Quelles formes peut-elle prendre ? Appuyez-vous sur des exemples précis de textes et éventuellement de films d'époques diverses.

Séquence 1

Œuvre intégrale

# Le projet de Michel de Montaigne : les *Essais* (1595)

**Quel est le projet des *Essais* ? Comment cette œuvre s'inscrit-elle dans le courant humaniste ? Quelles interrogations Montaigne partage-t-il avec ses lecteurs ?**

## CORPUS DE LA SÉQUENCE



## PERSPECTIVE CONTEMPORAINE



### LIENS AVEC LA PARTIE LANGUE


- Les valeurs des modes et des temps, p. 400
- L'organisation du texte, p. 402
- L'énonciation et le discours, p. 408
- Les figures de style, p. 414


### LIENS AVEC LA PARTIE OUTILS D'ANALYSE


- Le récit, p. 430
- L'argumentation, p. 446
- L'image, p. 452
- Les registres et effets du texte, p. 458


### LIENS AVEC LA PARTIE MÉTHODE POUR LE BAC


- La question sur le corpus, p. 468
- Le commentaire, p. 478
- La dissertation, p. 486
- L'écriture d'invention, p. 496


▸▸▸ *Michel de Montaigne* (1533-1592), gravure (détail) de Leroy d'après H. Dupont.

▸ Biographies, p. 508

# Michel de Montaigne, « Des Coches », *Essais*, III, 6 (1595)

**CONTEXTE**

Quand Montaigne commence à écrire ses *Essais*, il y a presque un siècle que l'Amérique a été découverte par Christophe Colomb, en 1492. Pourtant, cette découverte continue à retentir dans les représentations des Européens. En effet, elle soulève des questions qui font l'objet de réflexions entre les colons, les hommes d'Église, les hommes politiques et les penseurs qui, comme Montaigne en témoigne, débattent de la légitimité de la conquête et de la condition des Indiens.

▸ L'Humanisme, p. 20

*Dans cet essai, Montaigne reconstitue une de ces rencontres qui ont eu lieu entre les Conquérants et les Indiens. C'est l'occasion d'imaginer les échanges entre les uns et les autres pour confronter les valeurs et les points de vue.*

## Notre monde vient d'en trouver un autre

En naviguant le long des côtes à la recherche de leurs mines [d'or], quelques Espagnols prirent terre en une contrée fertile et agréable, fort habitée et ils firent à ce peuple leurs déclarations habituelles : « Qu'ils étaient des gens paisibles, arrivant après de longs voyages, envoyés de la part du roi de Castille, le plus grand prince de la terre habitable, auquel le Pape, représentant de Dieu sur la terre, avait donné la principauté[1] de toutes les Indes ; que, s'ils voulaient être tributaires[2] de ce roi, ils seraient traités avec beaucoup de bienveillance ; ils leur demandaient des vivres pour leur nourriture et de l'or dont ils avaient besoin pour quelque médicament ; ils leur faisaient connaître au demeurant la croyance en un seul Dieu et la vérité de notre religion qu'ils leur conseillaient d'accepter, ajoutant quelques menaces à ce conseil. » La réponse fut telle [que voici] : « Que, pour ce qui est d'être des gens paisibles, ils n'en portaient pas la mine, s'ils l'étaient ; quant à leur roi, puisqu'il demandait, il devait être indigent et nécessiteux, et celui qui avait fait cette distribution [de territoires] devait être un homme aimant la dissension puisqu'il donnait ainsi à un tiers une chose qui n'était pas sienne pour le mettre en conflit avec les anciens possesseurs ; quant aux vivres, [ils dirent] qu'ils leur en fourniraient ; de l'or, qu'ils en avaient peu et [ils ajoutèrent] que c'était une chose qu'ils ne tenaient en nulle estime parce qu'elle était inutile au service de leur vie tandis que tout leur souci visait seulement à la passer heureusement et agréablement ; pour cette raison, ce qu'ils en pourraient trouver, sauf ce qui était employé pour le service de leurs dieux, qu'ils le prissent sans hésiter ; quant au Dieu unique, [ils dirent que] l'idée leur en avait plu mais qu'ils ne voulaient pas changer leur religion après s'en être servis si utilement pendant si longtemps et qu'ils avaient l'habitude de ne prendre conseil que de leurs amis et connaissances ; quant aux menaces, c'était [, dirent-ils,] un signe de manque de jugement que d'aller menacer des gens dont la nature et les forces [guerrières] leur étaient inconnues ; dans ces conditions, qu'ils se dépêchassent – et promptement – de quitter leur pays car ils n'avaient pas l'habitude de prendre du bon coté les civilités et les déclarations de gens armés et étrangers ; autrement, on ferait d'eux comme de ces autres, et ils leur montraient les têtes de certains hommes exécutés, autour de leur ville. » Voilà un exemple des balbutiements de ces prétendus enfants. Mais toujours est-il que ni en ce lieu ni en plusieurs autres, où les Espagnols ne trouvèrent pas les marchandises qu'ils cherchaient, ils ne firent d'arrêt ni d'entreprise guerrière, quelque autre avantage qu'il y eût : témoin mes Cannibales.

Traduction A. Lanly, 

1. Le pouvoir sur.
2. Payer des impôts.

## Questions

► Les formes de l'argumentation, p. 446
► Les genres de l'argumentation, p. 448
► Convaincre et persuader, p. 460

### La composition de l'extrait

1. Connaît-on précisément le contexte de cette rencontre entre les Conquérants et les Indiens ? Justifiez votre réponse.
2. De qui les paroles sont-elles rapportées dans cet extrait ? Les prises de parole sont-elles équilibrées ? Qui a le dernier mot dans le dialogue rapporté ?

### Le dialogue

3. Que demandent les Espagnols aux Indiens ? Au nom de quoi justifient-ils leurs demandes ?
4. Analysez chacune des réponses prêtées aux Indiens : quels arguments emploient-ils pour réfuter les prétentions des colons ?
5. Par quel argument les Indiens achèvent-ils leur discours ?

### Une mise en scène de la rencontre

6. Quelles motivations Montaigne prête-t-il aux colons ? Quelle image donne-t-il d'eux à travers leurs propos ?
7. Quelles sont les valeurs qui semblent régler le mode de vie des Indiens si l'on en juge par leurs propos ? Que peut-on en conclure sur leur civilisation ?
8. Dans cette confrontation entre les Conquistadors et les Indigènes, quel groupe semble le plus civilisé ? À quels indices peut-on lire que Montaigne épouse le point de vue des Indiens ?

**Grammaire**
« Que, pour ce qui est d'être des gens paisibles [...] avec les anciens possesseurs. » (l. 12 à 16) : récrivez ces propos tenus par les Indiens au discours direct.
► Les discours rapportés, p. 412

**Synthèse** Comment Montaigne invite-t-il les lecteurs à remettre en cause la prétendue naïveté des Indiens ?

### BAC S'entraîner à l'écriture d'invention

Amplifiez le dialogue entre les Indiens et les Espagnols : prêtez aux Espagnols deux autres demandes, puis imaginez la réponse des Indiens pour chacune d'elles. Vous introduirez chaque réponse par la locution « Quant à ».

► Amplifier et transposer un texte, p. 496

## LECTURE D'IMAGE

1. Quelle est la fonction de cette image ?
2. Comment sont représentés les deux groupes :
   - celui des Indiens ?
   - celui des Conquérants ?

► Les visées et intentions de l'image, p. 453

Histoire de l'Amérique : les Espagnols exploitent les mines d'or. Les Indiens travaillent sous les yeux des colons. Gravure de Théodore de Bry (XVIe s.), collection particulière.

Texte écho

# Christophe Colomb, *Journal de bord* (1492-1493)

**CONTEXTE**
Christophe Colomb est parti le 3 août 1492 d'Andalousie avec trois navires pour trouver une nouvelle voie par l'ouest vers les Indes. Dans son *Journal de bord*, on trouve le récit de la première rencontre entre les Indiens et les Espagnols, le jeudi 11 octobre 1492, sur l'île nommée, par les conquérants, *Hispaniola* (aujourd'hui Saint Domingue).
► L'Humanisme, p. 20

*Christophe Colomb adresse un discours aux Indiens pour prendre possession des terres découvertes au nom des rois d'Espagne.*

## Portraits d'Indiens

Jeudi 11 octobre 1492

« Moi, dit-il*, afin qu'ils nous aient en grande amitié et parce que j'ai connu qu'ils étaient gens à se rendre et convertir bien mieux à notre Sainte Foi par amour que par force, j'ai donné à quelques-uns d'entre eux quelques bonnets rouges et quelques perles de verre qu'ils se sont mises au cou, et beaucoup d'autres choses de peu de valeur dont ils eurent grand plaisir [...]. Ensuite, ceux-là venaient, nageant, aux chaloupes des navires dans lesquelles nous étions, et ils nous apportaient des perroquets, du fil de coton en pelotes, des sagaies et beaucoup d'autres choses qu'ils échangeaient contre d'autres que nous leur donnions, telles que petites perles de verre et grelots. Enfin, ils prenaient et donnaient ce qu'ils avaient, tout, de bonne volonté. Mais il me parut qu'ils étaient des gens très dépourvus de tout. Ils vont nus, tels que leur mère les a enfantés, et les femmes aussi, toutefois je n'en ai vu qu'une qui était assez jeune. Et tous les hommes que j'ai vus étaient jeunes, aucun n'avait plus de trente ans ; ils étaient tous très bien faits, très beaux de corps et très avenants de visage, avec des cheveux quasi aussi gros que de la soie de la queue des chevaux, courts et qu'ils portent tombants jusqu'aux sourcils, sauf en arrière, quelques mèches qu'ils laissent longues et jamais ne coupent. Certains d'entre eux se peignent le corps en brun, et ils sont tous comme les Canariens, ni nègres ni blancs ; d'autres se peignent en blanc et d'autres en rouge vif, et d'autres de la couleur qu'ils trouvent. Certains se peignent le visage et d'autres tout le corps ; certains se peignent seulement le tour des yeux et d'autres seulement le nez. Ils ne portent pas d'armes ni même ne les connaissent, car je leur ai montré des épées que, par ignorance, ils prenaient par le tranchant, se coupant. Ils n'ont pas de fer ; leurs sagaies sont des bâtons sans fer, et certaines ont à leur extrémité une dent de poisson, et d'autres différentes choses.

*La Découverte de l'Amérique*, édition Michel Lequenne, © Éditions La Découverte

* Le *Journal de Bord* a été perdu mais Las Casas, qui participait à l'expédition, en avait fait une copie.

# Questions

► La description, p. 430
► Les formes de l'argumentation, p. 446
► Convaincre et persuader, p. 460

### Le regard de Christophe Colomb, l'Européen

1. Étudiez la composition du portrait des Indiens : quel est l'effet produit par l'accumulation des détails des lignes 10 à 19 ? Quel regard Christophe Colomb porte-t-il sur eux ?
2. Que nous apprennent les échanges de présents ? Pourquoi sont-ils révélateurs de chacune des civilisations ?
3. Quelles conclusions les rois d'Espagne ont-ils pu tirer de ce récit sur la conquête de ces nouveaux territoires ?

### Montaigne, lecteur de Christophe Colomb

4. Pourquoi le témoignage de Christophe Colomb a-t-il pu être une source d'informations pour Montaigne ?
5. Confrontez ces deux images des Indiens et dites sur quels points elles diffèrent.

**Synthèse** Montrez que l'image édénique, originelle, proposée par Colomb et Montaigne, repose toutefois sur des valeurs très différentes.

# Théodore de Bry, *Destruction des Indes* (1598)

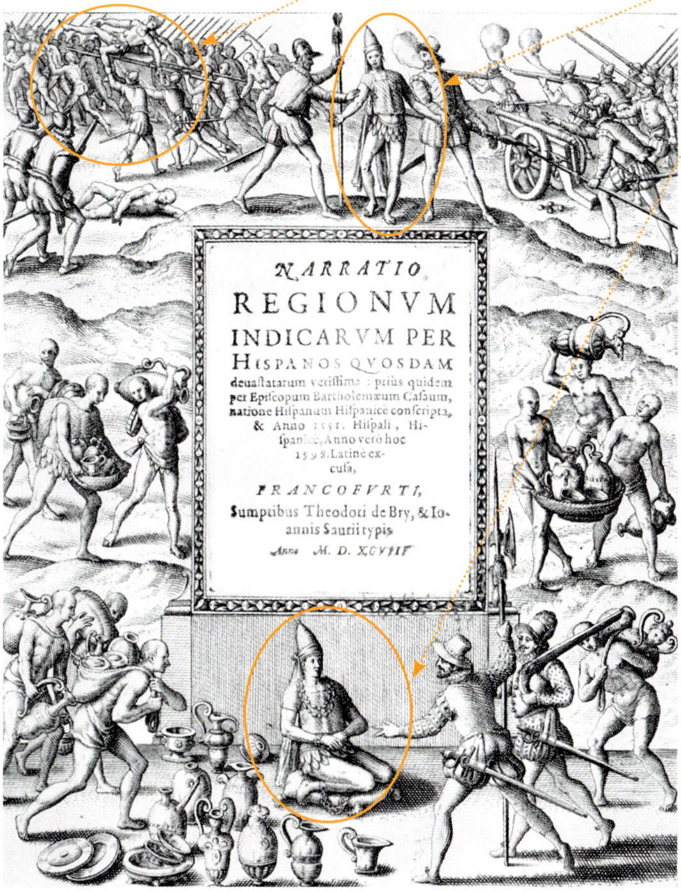


◄ En 1552, à Séville, le moine dominicain Bartholomé de Las Casas publie son ouvrage, *Récit véridique du pillage des Indes par des Espagnols*, pour dénoncer la violence d'une conquête dont il a été le témoin. En 1579, ce texte est traduit par le Flamand Jacques de Miggrode, de religion protestante, sous le titre, *Tyrannies et cruautés des Espagnols perpétrées ès Indes occidentales, qu'on dit le Nouveau Monde*. En 1598, une édition de ce texte est publiée en latin ; elle est illustrée par dix-sept gravures de l'artiste Théodore de Bry.

*Destruction des Indes* de Bartholomé de Las Casas, illustré par Théodore de Bry en 1598, BnF, Paris.

## L'œuvre

Cette œuvre représente un épisode de la conquête du Pérou. En 1532, Pizarre invite le chef Inca Atahualpa à Cajamarca (ville de l'actuel Pérou) et lui tend un guet-apens au cours duquel deux mille Indiens sont massacrés. Atahualpa fait rassembler une immense rançon contre sa liberté, ce qui n'empêchera pas Pizarre de le faire exécuter en 1533.

## La portée de l'œuvre

Publiées en pleine période des guerres de religion entre catholiques et protestants, les gravures de Théodore de Bry assimilent aussi la figure de l'Indien à celle du protestant victime d'oppression et de cruautés dont les Espagnols, champions du catholicisme, deviennent les symboles.

## Questions

1. Quelles relations lit-on entre texte et dessin ? Montrez que les fonctions du titre sont plus larges au XVIe siècle qu'aujourd'hui. Par quels moyens le dessin raconte-t-il un épisode historique ? Quel rôle jouent les armes dans la composition de l'image ?
2. Comment l'image dénonce-t-elle ? Comment sont représentés les Espagnols, les Indiens ? Qu'est-ce qui semble motiver la conquête pour les Espagnols ?
3. À quels indices voit-on que le Nouveau Monde est représenté à travers les images et représentations de l'Europe de la Renaissance ?

► L'organisation de l'image, p. 452

# TEXTE 2

▸ Biographies, p. 508

**CONTEXTE**

La rencontre entre Indiens et Européens se joue aussi en Occident car dès le début de la conquête, les Colons ont ramené de leurs voyages des Indigènes pour les présenter à ceux qui ne faisaient pas le voyage, les rois et les puissants. L'étonnement des Européens se double alors de la surprise des Indiens découvrant à leur tour un Autre Monde.

▸ L'Humanisme, p. 20

## Michel de Montaigne, « Des Cannibales », *Essais*, I, 31 (1595)

*En 1562, Charles IX, roi de France, alors âgé de douze ans, se rend à Rouen où il rencontre trois hommes du Nouveau Monde. Montaigne est présent lors de cette rencontre.*

### Rencontre à Rouen

Trois d'entre eux, ignorant combien coûtera un jour à leur quiétude et à leur bonheur la connaissance des corruptions de ce côté-ci de l'océan, et que de cette fréquentation naîtra leur ruine (comme je présuppose qu'elle est déjà avancée, bien malheureux qu'ils sont de s'être laissé tromper par le désir de la nouveauté et d'avoir quitté la douceur de leur ciel pour venir voir le nôtre), se trouvèrent à Rouen au moment où le feu roi Charles IX y était. Le roi leur parla longtemps ; on leur fit voir nos manières, notre faste, l'aspect extérieur d'une belle ville. Après cela, quelqu'un leur demanda ce qu'ils en pensaient et voulut savoir d'eux ce qu'ils avaient trouvé de plus surprenant : ils répondirent trois choses dont j'ai oublié la troisième – et j'en suis bien marri[1] –, mais j'en ai encore deux en mémoire. Ils dirent qu'ils trouvaient en premier lieu fort étrange que tant d'hommes grands, portant la barbe, forts et armés, qui étaient autour du roi (il est vraisemblable qu'ils parlaient des Suisses de sa garde), consentissent à obéir à un enfant et qu'on ne choisît pas plutôt l'un d'entre eux pour commander ; secondement (ils ont une expression de leur langage qui consiste à appeler les hommes moitié les uns des autres) qu'ils avaient remarqué qu'il y avait parmi nous des hommes remplis et gorgés de toutes sortes de bonnes choses et que leurs « moitiés » étaient mendiants à leurs portes, décharnés par la faim et la pauvreté ; et ils trouvaient étrange que ces « moitiés »-ci, nécessiteuses, pussent supporter une telle injustice sans prendre les autres à la gorge ou mettre le feu à leur maison.

Je parlai à l'un d'eux fort longtemps ; mais j'avais un interprète qui m'assistait si mal et que sa bêtise empêchait tellement de comprendre mes pensées que je ne pus guère tirer de plaisir de cet entretien. Quand je lui demandai quel profit il recueillait de la supériorité qu'il avait parmi les siens (car c'était un chef et nos matelots l'appelaient roi), il me dit que c'était de marcher le premier à la guerre ; [quand je demandai] de combien d'hommes il était suivi, il me montra un certain espace pour m'indiquer qu'il en avait autant qu'il pourrait y en avoir sur un tel espace : ce pouvait être quatre ou cinq mille hommes ; [à la question de savoir] si, avec la guerre, toute son autorité prenait fin, il dit qu'il lui en restait ceci que, lorsqu'il visitait les villages dépendant de lui, on lui taillait des sentiers au travers des fourrés de leurs bois par où il pût passer bien à l'aise.

Tout cela ne va pas trop mal : mais quoi ! ils ne portent point de hauts de chausses[2].

1. Contrarié, désolé.
2. Partie de l'habillement masculin allant de la ceinture aux genoux.

Joseph Nicolas Robert Fleury, *Réception de Christophe Colomb (1451-1506) par les rois d'Espagne, Ferdinand II d'Aragon et Isabelle Ire de Castille (dite la Catholique) à Barcelone en 1493* (XIXe s.). L'explorateur revient avec des Indiens captifs. Huile sur toile (195 cm x 306 cm), musée du Louvre, Paris.

# Questions

► Les formes de l'argumentation, p. 446
► Convaincre et persuader, p. 460

### Montaigne, témoin de la rencontre

1. Dans la première phrase, quelle part prennent les informations nécessaires à la reconstitution du contexte de la rencontre ? Quelle opposition y est également développée ? Qu'en déduit-on du point de vue adopté par Montaigne ?
2. À quoi voit-on qu'il est inimaginable que les Indiens puissent ne pas admirer la ville de Rouen ? Quel distingo opèrent-ils pour répondre aux questions qu'on leur pose ?
3. Quelles valeurs révèlent leurs paroles dans le premier paragraphe ?

**Grammaire**
Étudiez les valeurs des temps dans le cadre des paroles rapportées.
► Les discours rapportés, p. 412

### Montaigne, acteur de l'entretien

4. À quel aspect de la culture indienne Montaigne s'intéresse-t-il à travers ses questions ?

► L'expression de la cause, p. 402

5. Que mettent en lumière les réponses des Indiens ?

### Le dialogue

6. À quels indices comprend-on que la communication n'est pas très aisée entre les Indiens et les occidentaux ?
7. Relevez les divers moyens par lesquels Montaigne prend position pour les Indiens.
8. Comment peut-on comprendre la dernière phrase, qui clôt le texte et l'essai ?
9. **LECTURE D'IMAGE** : Commentez la composition du tableau et la façon dont sont représentés les Indiens et les Espagnols. Comparez ensuite la vision que Colomb et Fleury donnent des Indiens.

**Synthèse** Dans cette confrontation entre les cultures Montaigne précise que la civilisation peut se trouver ailleurs qu'en Occident. Comment joue-t-il sur le parallélisme et l'opposition pour composer sa démonstration ?

► Rassembler et organiser ses idées ; Construire un paragraphe et insérer des exemples, p. 486

### BAC S'entraîner à la dissertation

Développez un paragraphe qui soulignera comment Montaigne s'attache à présenter la relativité des usages et des coutumes.

TEXTE 3

▸ Biographies, p. 508

**CONTEXTE**

La torture, nommée aussi *géhennes* ou *question*, est une pratique utilisée fréquemment par la justice dans la recherche d'une vérité qui est, à la Renaissance, fondée sur l'aveu.

▸ L'Humanisme, p. 20

# Michel de Montaigne, « De la Conscience », *Essais*, II, 5 (1595)

*Montaigne ne cesse de reprendre le texte de ses* Essais *: il amplifie de ses « allongeails » pour développer et préciser ses pensées comme ici où il s'interroge sur l'efficacité de la torture. Les strates de la rédaction signalées par les majuscules A (pour les années 1580-1582), B (pour 1588) et C (pour la période ultérieure) offrent des informations précieuses sur la progression de sa pensée. L'essai s'achève sur ces lignes.*

## Les Géhennes

A. C'est une dangereuse invention que celle des tortures, et il semble que ce soit plutôt une épreuve d'endurance que de vérité. Cachent la vérité et celui qui peut les supporter et aussi celui qui ne peut pas les supporter. Pourquoi, en effet, la douleur me fera-t-elle plutôt avouer ce qui en est qu'elle ne me forcera de dire ce qui n'est pas ? Et, à l'inverse, si celui qui n'a pas fait ce dont on l'accuse est assez endurant pour supporter ces tortures, pourquoi ne le sera pas celui qui l'a fait, quand une aussi belle récompense que celle de la vie [sauve] lui est proposée ? Je pense que le fondement de cette invention est appuyé sur la considération de la force de la conscience, car, en ce qui concerne le coupable, il semble qu'elle aide la torture pour lui faire avouer sa faute, et qu'elle l'affaiblisse [lui], et, de l'autre coté, qu'elle fortifie l'innocent contre la torture. À dire vrai, c'est un moyen plein d'incertitude et de danger.

B. Que ne dirait-on pas, que ne ferait-on pas pour échapper à d'aussi pénibles douleurs ?

C. *Etiam innocentes cogit mentiri dolor.*[1] [La douleur force à mentir même les innocents.]

Pour cette raison il arrive que celui que le juge a torturé pour ne pas le faire mourir innocent, il le fasse mourir et innocent et torturé. B. Mille et mille, sous l'action de la torture, ont chargé leurs têtes de faux aveux. [...]

A. Toujours est-il que c'est, C. dit-on, A. la chose la moins mauvaise que l'humaine faiblesse ait pu inventer.

C. Bien inhumainement pourtant et bien inutilement, à mon avis ! Beaucoup de nations, moins bar-

Pieter Bruegel l'ancien, *Le Triomphe de la mort* (XVIe s.), huile sur toile (117 cm x 162 cm), détail, musée du Prado, Madrid (Espagne).

1. Citation extraite des *Sentences*, de Publius Syrius, poète et moraliste latin du premier siècle avant J.-C.

2. Qui les appelle « barbares ».
3. Souci de la vérité.
4. L'instruction dans la procédure judiciaire est la phase où l'on enquête sur la réalité des faits reprochés à l'accusé.

bares en cela que les nations grecque et romaine qui les appellent ainsi[2], estiment qu'il est horrible et cruel de torturer et de briser [les membres] d'un homme sur la faute duquel vous êtes encore dans le doute. En quoi est-il responsable de votre ignorance ?
N'êtes-vous pas injustes, vous qui, pour ne pas le tuer sans cause, lui faites pire que de le tuer ? […]. Je ne sais d'où je tiens le récit suivant, mais il représente exactement la probité scrupuleuse[3] de notre justice. Une femme de village accusait devant un général d'armée, grand justicier, un soldat d'avoir arraché à ses enfants encore petits le peu de bouillie qui lui restait pour les nourrir, cette armée ayant ravagé tous les villages aux environs. De preuve, il n'y en avait point. Le général, après avoir sommé la femme de bien peser ses paroles parce qu'elle serait condamnée pour cette accusation si elle mentait, et elle persistant, fit ouvrir le ventre du soldat pour s'informer de la vérité du fait. Et la femme se trouva avoir raison. Condamnation qui sert d'instruction[4] au procès. !

Traduction A. Lanly, 

# Questions

► Émouvoir, p. 459
► Convaincre et persuader, p. 460

## La démonstration au service de l'argumentation

1. Que veut prouver Montaigne dans le premier paragraphe ? Recomposez le raisonnement qui conclut que la torture est dangereuse et incertaine.
2. Dans le premier paragraphe, quelle concession Montaigne fait-il pour faire apparaître la torture comme efficace ? Quelle phrase contredit ensuite cette concession ?
3. Selon la démonstration de Montaigne, avec quelle probabilité la torture peut-elle conduire à la vérité ?

## Dialoguer pour faire changer d'avis, pour émouvoir

4. Comment nomme-t-on l'argument qui consiste à citer des propos d'autrui (l. 16-17) ? D'où cet argument tire-t-il sa valeur ? Quel procédé rhétorique Montaigne utilise-t-il aux lignes 13-14 ? Qui fait-il parler aux lignes 25-26 ? À quoi voit-on que Montaigne n'expose pas son propre point de vue ici ?
5. Repérez tous les procédés d'écriture qui soulignent la volonté de Montaigne d'émouvoir son lecteur.

## La morale de l'histoire

6. Relisez le récit qui clôt cet essai : en l'absence de preuve, comment le général conduit-il ses investigations pour faire éclater la vérité ? Quelle en est la conséquence pour le soldat ? Les accusations de la plaignante sont-elles avérées ? Justifiez votre réponse.
7. Quelle conclusion aurait-on tirée si l'on n'avait pas trouvé dans l'estomac du soldat la bouillie des enfants ? Qu'est-ce que cela aurait changé pour lui ?
8. Dans la dernière phrase, comment Montaigne dénonce-t-il la manière dont le « grand justicier » rend la justice ? Quel registre emploie-t-il ? À quel indice le repère-t-on ?

**Grammaire**
Relevez toutes les occurrences du pronom indéfini « on ». Quelles valeurs prend-il dans ce texte ?
► Les actes de langage, l'implicite et la modalisation, p. 408

**Synthèse** Les strates d'écriture nous montrent comment l'écriture de Montaigne s'amplifie en faisant varier les formes de l'argumentation. Quelle stratégie privilégie-t-il dans ses ajouts ?

## BAC S'entraîner au commentaire

► Rédiger des paragraphes et insérer des citations, p. 478

Rédigez un paragraphe de commentaire qui analysera l'expression du pathétique dans cet extrait.

▶ Biographies, p. 508

# Michel de Montaigne, « De l'affection des pères aux enfants », *Essais*, II, 8 (1595)

**CONTEXTE**

On lit aujourd'hui les *Essais* dans des éditions dont l'orthographe et l'expression ont été adaptées à notre langue contemporaine. La page présentée ici permet de découvrir la langue du XVIe siècle. On y voit aussi le travail de réécriture que Montaigne fait subir à ses premières éditions, et ce jusqu'à sa mort : il amplifie son texte avec des *allongeails*, il rature et biffe. Au travers de ses *farcissures*, citations, petits récits, il illustre son propos et souligne le point de vue qu'il veut défendre.

▶ L'Humanisme, p. 20

*Dans cet essai, Montaigne dénonce* « toute violence en l'éducation d'une âme tendre qu'on dresse pour l'honneur et la liberté », *ajoutant* « il y a je ne sais quoi de servile en la rigueur et en la contrainte ». *Ces principes d'éducation, nouveaux à la Renaissance, seront étayés par le témoignage du Maréchal de Monluc.*

## Contre une éducation tyrannique

Feu Monsieur le Mareschal de Monluc[1], ayant perdu son fils qui mourut en l'Isle de Maderes, brave gentil'homme à la verité et de grande esperance, me faisoit fort valoir, entre ses autres regrets, le desplaisir et creve-cœur qu'il sentoit de ne s'estre jamais communiqué à luy ; et, sur cette humeur d'une gravité et grimace paternelle, avoir perdu la commodité[2] de gouster et bien connoistre son fils, et aussi de luy declarer l'extreme amitié qu'il luy portoit et le digne jugement qu'il faisoit de sa vertu. Et ce pauvre garçon, disoit-il, n'a rien veu de moy qu'une contenance refroignée et pleine de mespris, et a emporté cette creance que je n'ay sçeu ny l'aymer, ny l'estimer selon son merite. A qui gardoy-je à découvrir cette singuliere affection que je luy portoy dans mon ame ? estoit ce pas luy qui en devoit avoir tout le plaisir et toute l'obligation[3] ? Je me suis contraint et geiné pour maintenir ce vain masque ; et y ay perdu le plaisir de sa conversation, et sa volonté[4] quant et quant, qu'il ne me peut avoir portée autre que bien froide, n'ayant jamais reçeu de moy que rudesse, ny senti qu'une façon tyrannique.

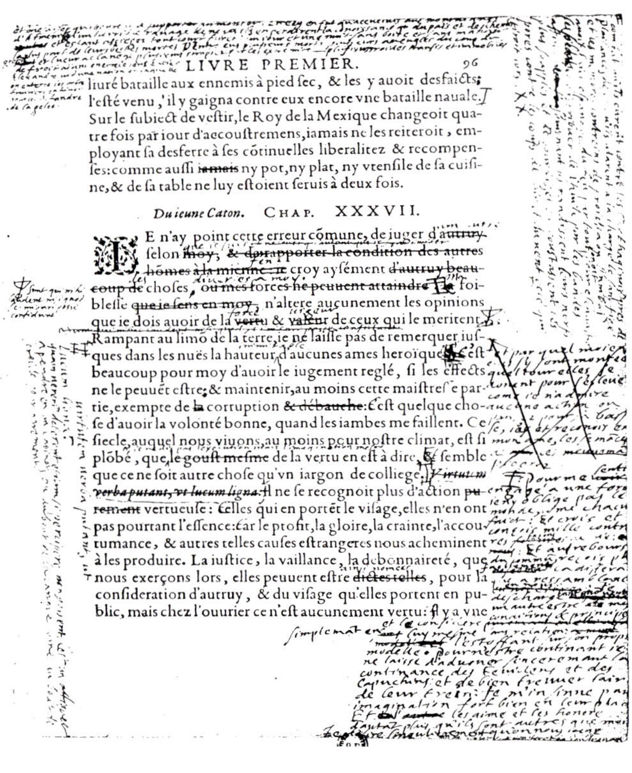
LIVRE PREMIER. 96

liuré bataille aux ennemis à pied sec, & les y auoit desfaicts: l'esté venu, il y gaigna contre eux encore vne bataille nauale. Sur le subiect de vestir, le Roy de la Mexique changeoit quatre fois par iour d'accoustremens, iamais ne les reiteroit, employant sa desferre à ses cótinuelles liberalitez & recompenses: comme aussi iamais ny pot, ny plat, ny vtensile de sa cuisine, & de sa table ne luy estoient seruis à deux fois.

Du ieune Caton. CHAP. XXXVII.

I'E n'ay point cette erreur cómune, de iuger d'autruy selon moy, & de rapporter la condition des autres hómes à la mienne: ie croy aysément d'autruy beaucoup de choses, où mes forces ne peuuent attaindre. La foiblesse que ie sens en moy, n'altere aucunement les opinions que ie dois auoir de la vertu & valeur de ceux qui le meritent. Rampant au limó de la terre, ie ne laisse pas de remerquer iusques dans les nuës la hauteur d'aucunes ames heroïques. C'est beaucoup pour moy d'auoir le iugement reglé, si les effects ne le peuuét estre; & maintenir, au moins cette maistresse partie, exempte de la corruption & débauche. C'est quelque chose d'auoir la volonté bonne, quand les iambes me faillent. Ce siecle, auquel nous viuons, au moins pour nostre climat, est si plóbé, que le goust mesme de la vertu en est à dire, & semble que ce ne soit autre chose qu'vn iargon de colliege. Virtutem verba putant, vt lucum ligna. Il ne se recognoit plus d'action purement vertueuse: celles qui en portét le visage, elles n'en ont pas pourtant l'essence: car le profit, la gloire, la crainte, l'accoustumance, & autres telles causes estrangeres nous acheminent à les produire. La iustice, la vaillance, la debonnaireté, que nous exerçons lors, elles peuuent estre dictes telles, pour la consideration d'autruy, & du visage qu'elles portent en public, mais chez l'ouurier ce n'est aucunement vertu: il y a vne

Page des *Essais* de Montaigne corrigée par l'auteur.

1. Noble gascon qui a servi la monarchie française au XVIe siècle.
2. L'avantage.
3. La reconnaissance.
4. Son affection.

## Questions

1. Lisez à voix haute ce texte qui relate le témoignage du maréchal de Monluc sur ses relations avec son fils, puis dites ce que vous pensez de la lecture de la langue du XVIe siècle.
2. Relevez des mots dont l'orthographe a changé, des formes syntaxiques différentes de celles d'aujourd'hui. Comment peuvent s'expliquer ces différences ?

### Un vain masque

*Voici une réécriture de ce texte dans l'édition d'où sont extraits tous les passages de cette séquence. Cette traduction conserve la structure de la phrase de Montaigne.*

Feu* Monsieur le Maréchal de Monluc, ayant perdu son fils qui était mort dans l'île de Madère, bon gentilhomme, à la vérité, et qui donnait de grandes espérances, donnait de l'importance, parmi ses autres regrets, en s'entretenant avec moi, au déplaisir et au crève-cœur qu'il ressentait de ne s'être jamais livré à lui en toute confiance et [il disait que,] du fait de ce comportement paternel fait de gravité, de mine affectée, il avait perdu l'avantage d'apprécier et bien connaître son fils, et aussi de lui déclarer l'extrême affection qu'il lui portait et le beau jugement qu'il faisait de sa valeur. « Et ce pauvre garçon, disait-il, n'a rien vu de moi qu'une physionomie renfrognée et pleine de mépris et a emporté cette conviction que je n'ai su ni l'aimer ni l'estimer selon son mérite. Pour qui gardais-je la révélation de la singulière affection que je lui portais dans mon âme ? N'était-ce pas lui qui aurait dû en avoir tout le plaisir et toute la gratitude ? Je me suis contraint et tourmenté pour garder ce vain masque, et en agissant ainsi j'ai perdu le plaisir de m'entretenir avec lui et en même temps son affection, qu'il ne peut m'avoir portée que bien froidement puisqu'il n'a jamais reçu de moi que rudesse ni connu qu'une manière tyrannique. »

* Le Maréchal de Monluc est mort au moment où Montaigne parle de lui.

Traduction en français moderne d'A. Lanly,


## Questions

► Les formes de l'argumentation, p. 446
► Émouvoir, p. 459
► Les actes de langage, l'implicite et la modalisation, p. 408

1. Relevez tous les mots et expressions qui décrivent l'attitude du Maréchal de Monluc face à son fils. Au nom de quelle conception de l'éducation adopte-t-il cette attitude ?
2. Dans quel type de discours Montaigne le fait-il s'exprimer à partir de la ligne 8 ? Quel est l'effet produit par ce choix ?
3. De quoi Monluc s'est-il privé ? A-t-il privé son fils ? Justifiez votre réponse.
4. Par quels moyens Montaigne défend-il une éducation moins sévère ?
5. Comment comprenez-vous le titre de ce texte : un vain masque ?

**Synthèse** Quel registre Montaigne emploie-t-il ici pour persuader son lecteur ?

### BAC S'entraîner à l'écriture d'invention

► Construire une argumentation, p. 500

Rédigez la lettre que le maréchal de Monluc se décide à envoyer à un autre de ses fils, à la guerre lui aussi, pour l'assurer de son affection et de son estime.

PERSPE

► **Claude Lévi Strauss (1908 2009),** ethnolo français, a voy au Brésil où il étudié la vie de Indiens d'Ama: C'est ce qu'il raconte dans *Tristes Tropiqu* un témoignage ses expédition travaux, publié 1955.

1. Grands voy du XVIIe siècle ont parcouru
2. Suppositior hypothèse.
3. Grands voy du XVIe siècle parcouru le B
4. Un lustre dé une durée de c

# MONTAIGNE : UNE VISION HUMANISTE DU MONDE

*Montaigne reprend la question des philosophes sceptiques qui doutent du savoir commun : « Que sais-je », se demande-t-il au fil de ses* Essais, *un genre qu'il a inventé, où il confronte ses facultés de comprendre aux savoirs du passé et de son temps.*

## 1 MONTAIGNE, PENSEUR DE SON TEMPS

### ▸ Visions du Monde : le Nouveau Monde et l'Ancien

Montaigne se penche sur les questions essentielles de la morale, du pouvoir politique, des civilisations, à la lumière de la découverte du Nouveau Monde, un choc pour le XVIe siècle. En participant au débat sur la nature des Indiens, il met en évidence leur humanité et révèle aussi par comparaison l'injustice et l'arbitraire de l'Ancien Monde.

→ **Ex. :** Dans « Notre monde vient d'en trouver un autre », les Indiens, face à la cupidité des Conquérants, opposent leur générosité, leur perspicacité, leur fidélité.

Dans « Farcissures et biffures » et « Pour une éducation humaniste », Montaigne ne se contente pas de condamner : constatant les méfaits d'une éducation sévère et pédantesque, il offre un vrai programme pour une éducation « de manière nouvelle ».

### ▸ L'homme au centre

Indien ou Européen, c'est l'homme et sa condition qui sont au cœur des *Essais*.

→ **Ex. :** Dans sa préface, Montaigne se proclame « la matière se son livre ». Ce faisant, il ouvre la voie à l'écriture autobiographique ; mais dans un sujet « si vain et si frivole » ce qu'il cherche en soi c'est « la forme entière de l'humaine condition ». Humaniste, Montaigne ramène sa vision du monde à l'homme qui en est la mesure, le centre.

## 2 LES *ESSAIS*, UNE ÉCRITURE DYNAMIQUE ET REVENDIQUÉE QUI MULTIPLIE ET CONCENTRE LES PROCÉDÉS DE LA RHÉTORIQUE

Montaigne articule la logique de son discours avec des figures qui visent à émouvoir et convaincre son lecteur. Sa pratique constante de la réécriture et ses *alongeails* contribuent à faire entendre plusieurs voix.

### ▸ Les formes de la vérité, de la logique

Montaigne privilégie le questionnement plutôt que l'affirmation de la vérité, qui est relative.

→ **Ex. :** Dans « Les Géhennes », la dénonciation de la torture s'écrit dans une démonstration qui conclut sur le caractère aléatoire de la torture.

### ▸ Les formes de l'engagement, de l'argumentation de l'auteur

Montaigne s'implique dans un discours souvent énoncé à la première personne : citations d'auteurs, exemples et commentaires étayent son point de vue et le fondent.

→ **Ex. :** « Notre monde vient d'en trouver un autre » ; « Rencontre à Rouen ».

### ▸ Les formes de la persuasion et l'appel aux émotions du lecteur

Par l'usage du registre pathétique, l'interpellation directe du lecteur, les questions rhétoriques, l'intégration de fables illustratives, de métaphores et d'hyperboles qui s'adressent à l'imagination et aux émotions, Montaigne emporte l'adhésion de son auditoire dans un dialogue permanent qu'il continue à tenir avec le lecteur d'aujourd'hui.

Séquence 2

Œuvre intégrale

# La justice sociale dans les *Fables* de La Fontaine

**Comment une forme divertissante, la fable, permet-elle de porter un regard critique sur la société du XVIIe siècle ? Quels dysfonctionnements politiques et sociaux sont mis à jour par La Fontaine ?**

## CORPUS DE LA SÉQUENCE



## PERSPECTIVES



### LIENS AVEC LA PARTIE LANGUE


- Les valeurs des modes et des temps, p. 400
- L'énonciation et le discours, p. 408
- Les figures de style, p. 414


### LIENS AVEC LA PARTIE OUTILS D'ANALYSE


- La versification, p. 441
- L'argumentation, p. 446
- L'image, p. 452
- Les registres et effets du texte, p. 458


### LIENS AVEC LA PARTIE MÉTHODES POUR LE BAC


- Le commentaire, p. 478
- La dissertation, p. 482
- L'écriture d'invention, p. 492


►►► *Fables* de Jean de La Fontaine (XIXe siècle), aquarelle, détail, musée Gustave Moreau, Paris.

▸ Biographies, p. 508

# Jean de La Fontaine, *Fables*, VII, 1 (1678)

**CONTEXTE**

La peste est un fléau particulièrement redouté depuis l'Antiquité et responsable d'épidémies meurtrières. La dernière grande épidémie de peste en Europe, connue sous le nom de « peste de Marseille », commence en 1720. On ne connaît pas au XVIIe siècle de moyen de soigner la peste, tout au plus sait-on limiter la contagion en isolant les malades. C'est pourquoi on a souvent cherché, dans l'Histoire, des causes extérieures ou des responsables humains.

### Les Animaux malades de la peste

Un mal qui répand la terreur,
Mal que le Ciel en sa fureur
Inventa pour punir les crimes de la terre,
La Peste (puisqu'il faut l'appeler par son nom)
Capable d'enrichir en un jour l'Achéron[1],
Faisait aux animaux la guerre.
Ils ne mouraient pas tous, mais tous étaient frappés :
On n'en voyait point d'occupés
À chercher le soutien d'une mourante vie ;
Nul mets n'excitait leur envie ;
Ni Loups ni Renards n'épiaient
La douce et l'innocente proie.
Les Tourterelles se fuyaient :
Plus d'amour, partant plus de joie.
Le lion tint conseil, et dit : Mes chers amis,
Je crois que le Ciel a permis
Pour nos péchés cette infortune ;
Que le plus coupable de nous
Se sacrifie aux traits du céleste courroux,
Peut-être il obtiendra la guérison commune.
L'histoire nous apprend qu'en de tels accidents
On fait de pareils dévouements[2] :
Ne nous flattons donc point ; voyons sans indulgence
L'état de notre conscience.
Pour moi, satisfaisant mes appétits gloutons
J'ai dévoré force moutons.
Que m'avaient-ils fait ? Nulle offense :
Même il m'est arrivé quelquefois de manger
Le Berger.
Je me dévouerai donc, s'il le faut ; mais je pense
Qu'il est bon que chacun s'accuse ainsi que moi :
Car on doit souhaiter selon toute justice
Que le plus coupable périsse.
– Sire, dit le Renard, vous êtes trop bon Roi ;
Vos scrupules font voir trop de délicatesse ;
Et bien, manger moutons, canaille, sotte espèce,
Est-ce un péché ? Non non. Vous leur fîtes Seigneur
En les croquant beaucoup d'honneur.
Et quant au Berger, l'on peut dire
Qu'il était digne de tous maux,
Étant de ces gens-là qui sur les animaux
Se font un chimérique empire[3].
Ainsi dit le Renard, et flatteurs d'applaudir.
On n'osa trop approfondir
Du Tigre, ni de l'Ours, ni des autres puissances,

1. Un des fleuves des Enfers dans la mythologie grecque.
2. Sens étymologique : sacrifice aux dieux rendu nécessaire par les circonstances.
3. Un pouvoir illusoire.

4. Chiens de berger.
5. Procédure de justice qui consiste à poursuivre la partie opposée devant le juge.
6. Un loup lettré prouva par son discours.
7. Sa faute légère fut jugée digne de la pendaison.

Les moins pardonnables offenses.
Tous les gens querelleurs, jusqu'aux simples mâtins[4],
Au dire de chacun, étaient de petits saints.
L'Âne vint à son tour et dit : J'ai souvenance
Qu'en un pré de Moines passant,
La faim, l'occasion, l'herbe tendre, et je pense
Quelque diable aussi me poussant,
Je tondis de ce pré la largeur de ma langue.
Je n'en avais nul droit, puisqu'il faut parler net.
À ces mots, on cria haro sur le baudet[5].
Un Loup quelque peu clerc prouva par sa harangue[6]
Qu'il fallait dévouer ce maudit animal,
Ce pelé, ce galeux, d'où venait tout leur mal.
Sa peccadille fut jugée un cas pendable.[7]
Manger l'herbe d'autrui ! quel crime abominable !
Rien que la mort n'était capable
D'expier son forfait : on le lui fit bien voir.
Selon que vous serez puissant ou misérable,
Les jugements de cour vous rendront blanc ou noir.

Gustave Moreau, « Les animaux malades de la peste », esquisse pour les *Fables* de La Fontaine (XIXe siècle), aquarelle (300 cm x 215 cm), musée Gustave Moreau, Paris.

# Questions

► Les formes de l'argumentation, p. 446
► Les genres de l'argumentation, p. 448
► Faire rire, p. 458

## Un récit étendu et riche en rebondissements

1. En vous appuyant sur le jeu des temps verbaux, distinguez la longue exposition d'une part, et le début de l'action d'autre part.
2. Recherchez et commentez tous les procédés utilisés dans les vers 1 à 14 par le narrateur pour amplifier le pouvoir de la peste. Quels sentiments cherche-t-il à créer chez le lecteur ?
3. Relevez les différentes péripéties de la fable : de quoi sont-elles ici constituées ?

## Un regard critique sur la cour

4. Le discours du Roi Lion : relevez et commentez des indices révélateurs de ses principaux traits de caractère et de sa puissance.
5. Quel défaut caractéristique du courtisan est mis en évidence par le discours du Renard ?
6. Étudiez le dénouement de la fable, l'aveu de l'âne et sa condamnation : que remarquez-vous ?

## La portée de la fable

7. Commentez les vers 47 et 48 : comment se manifeste l'ironie du narrateur ?
8. Relevez et commentez le champ lexical qui se développe des vers 55 à 62. Quelle est la cible visée par le fabuliste, outre la vie de cour ?
9. Comment la moralité de la fable est-elle développée ? Comment s'articule-t-elle avec le corps de la fable ?
10. **Du texte à l'image** : Comment l'illustrateur rend-il sensible l'intensité dramatique de la fable ?

**Vocabulaire**
Cherchez l'étymologie et le sens du verbe « expier ». Quelle portée le choix de ce terme donne-t-il à l'acte de l'âne ?

**Synthèse** Rédigez un court paragraphe pour montrer que cette fable peut être lue comme une satire de la justice.

## BAC S'entraîner au commentaire

Dans la première fable du Livre V, La Fontaine écrit : « Faisant de cet ouvrage/Une ample comédie à cent actes divers/Et dont la scène est l'Univers. »
Vous rédigerez la première partie du commentaire de cette fable. Vous vous attacherez à montrer qu'elle est en effet construite comme une petite comédie, en vous appuyant sur la progression de l'action, les personnages, et le dialogue.

► Rédiger des paragraphes et insérer des citations, p. 478

# TEXTE 2

Biographies p. 508

**CONTEXTE**

Le règne personnel de Louis XIV (1661-1715) marque le triomphe de la monarchie absolue. La vie des nobles se partage entre l'armée et la cour réunie à Versailles, centre d'attractions pour tous les talents mais aussi toutes les ambitions. Le roi y accorde une pension à de nombreux artistes. Cependant, La Fontaine lui-même garde une certaine indépendance par rapport au pouvoir royal et porte un regard assez critique sur la cour.

## Jean de La Fontaine, *Fables, VII, 7* (1678)

### La Cour du Lion

Sa Majesté Lionne un jour voulut connaître
De quelles nations le Ciel l'avait fait maître.
Il manda donc par députés
Ses vassaux de toute nature,
Envoyant de tous les côtés
Une circulaire écriture,
Avec son sceau. L'écrit portait
Qu'un mois durant le Roi tiendrait
Cour pleinière[1], dont l'ouverture
Devait être un fort grand festin,
Suivi des tours de Fagotin[2].
Par ce trait de magnificence,
Le Prince à ses sujets étalait sa puissance.
En son Louvre[3] il les invita.
Quel Louvre ! un vrai charnier[4], dont l'odeur se porta
D'abord au nez des gens. L'Ours boucha sa narine :
Il se fût bien passé de faire cette mine,
Sa grimace déplut. Le Monarque irrité
L'envoya chez Pluton[5] faire le dégoûté.
Le Singe approuva fort cette sévérité,
Et flatteur excessif il loua la colère
Et la griffe du Prince, et l'antre, et cette odeur :
Il n'était ambre, il n'était fleur,
Qui ne fût ail au prix[6]. Sa sotte flatterie
Eut un mauvais succès, et fut encore punie.
Ce Monseigneur du Lion-là
Fut parent de Caligula[7].
Le Renard étant proche : Or çà, lui dit le Sire,
Que sens-tu ? dis-le moi : parle sans déguiser.
L'autre aussitôt de s'excuser,
Alléguant un grand rhume : il ne pouvait que dire
Sans odorat ; bref, il s'en tire.
Ceci vous sert d'enseignement :
Ne soyez à la cour, si vous voulez y plaire,
Ni fade adulateur, ni parleur trop sincère ;
Et tâchez quelquefois de répondre en Normand[8].

1. Pour le roi, rassembler autour de lui tous les notables de son État. – 2. Nom d'un singe célèbre à l'époque pour ses tours. – 3. Palais royal. – 4. Endroit où se trouvent de nombreux cadavres. – 5. Nom latin du Dieu des Morts. – 6. Qui par comparaison ne sente comme de l'ail. – 7. Empereur romain célèbre pour sa cruauté et les crimes qu'il causa. – 8. Expression déjà proverbiale : répondre sans vous prononcer.

Grandville, « La cour du lion », illustration pour les *Fables* de La Fontaine (1868), gravure, collection privée.

# Questions

► La versification, p. 441
► Les genres de l'argumentation, p. 448

## Un récit vif et piquant

1. Étudiez la composition de la fable : repérez l'exposition et les différentes péripéties. Comment la situation finale est-elle mise en place ?
2. Analysez la versification et l'alternance des mètres : quel est l'effet recherché par le passage à un mètre plus court, des vers 3 à 12 par exemple ?

## Un regard critique sur la vie de cour

3. « Je me sers d'animaux pour instruire les hommes », écrit La Fontaine. Comment les animaux sont-ils ici personnifiés en courtisans ? Quel trait de caractère chaque animal incarne-t-il ?
4. Observez les figures de style présentes aux vers 15 et 27 : qui s'exprime ici ? Quel est l'effet recherché ?
5. Quelle représentation le fabuliste donne-t-il du pouvoir royal ?
6. Examinez la moralité de la fable : comment s'articule-t-elle avec le récit ? Quelle leçon de vie le narrateur propose-t-il ici à son lecteur ?
7. **Du texte à l'image** : Comment l'illustrateur met-il en scène les rapports entre animaux évoqués par la fable ?

**Grammaire**
« il ne pouvait que dire/ Sans odorat. » À quel type de discours rapporté recourt ici le fabuliste ? Quel est l'intérêt de ce choix ?
► Les discours rapportés, p. 412

**Synthèse** En vous appuyant notamment sur les réponses aux questions 3 et 5, vous montrerez que le fabuliste porte un regard plutôt pessimiste sur la vie de cour.

## BAC S'entraîner à l'écriture d'invention

Un de vos amis soutient l'idée que les *Fables* de La Fontaine n'ont pour intérêt que d'amuser les enfants. Vous lui écrirez une lettre pour défendre la valeur didactique (qui vise à apprendre) des fables. Vous montrerez l'intérêt spécifique de ce genre littéraire en tant qu'argumentation indirecte. Le début de cette lettre devra clairement préciser la situation d'énonciation.

► Repérer les différents écrits d'invention, p. 492

TEXTE 3

▸ Biographies, p. 508

**CONTEXTE**

Le XVIIe siècle est une période de réflexion sur le pouvoir politique. Avec Louis XIV s'affirme la monarchie absolue de droit divin : le roi exerce un pouvoir illimité et n'est responsable que devant sa conscience et devant Dieu. Des théoriciens et des légistes justifient à l'époque cette manière d'exercer le pouvoir, tandis que d'autres comme Jean Bodin défendent l'idée d'un pouvoir plus modéré. La Fontaine s'inscrit à sa manière dans ce débat d'idées avec la fable suivante, qui fait l'éloge de la grandeur royale.

# Jean de La Fontaine, *Fables*, III, 2 (1668)

## Les Membres et l'Estomac

Je devais[1] par la Royauté
Avoir commencé mon ouvrage.
À la voir d'un certain côté,
Messer Gaster[2] en est l'image.
S'il a quelque besoin, tout le corps s'en ressent.
De travailler pour lui les membres se lassant,
Chacun d'eux résolut de vivre en Gentilhomme,
Sans rien faire, alléguant[3] l'exemple de Gaster.
Il faudrait, disaient-ils, sans nous qu'il vécût d'air,
Nous suons, nous peinons, comme bêtes de somme.
Et pour qui ? Pour lui seul ; nous n'en profitons pas :
Notre soin[4] n'aboutit qu'à fournir ses repas.
Chommons, c'est un métier qu'il veut nous faire apprendre.
Ainsi dit, ainsi fait. Les mains cessent de prendre,
Les bras d'agir, les jambes de marcher :
Tous dirent à Gaster qu'il en allât chercher.
Ce leur fut une erreur dont ils se repentirent.
Bientôt les pauvres gens tombèrent en langueur ;
Il ne se forma plus de nouveau sang au cœur :
Chaque membre en souffrit, les forces se perdirent.
Par ce moyen, les mutins virent
Que celui qu'ils croyaient oisif et paresseux,
À l'intérêt commun contribuait plus qu'eux.
Ceci peut s'appliquer à la grandeur Royale.
Elle reçoit et donne, et la chose est égale.
Tout travaille pour elle, et réciproquement
Tout tire d'elle l'aliment.
Elle fait subsister l'artisan de ses peines,
Enrichit le Marchand, gage[5] le Magistrat,
Maintient le laboureur, donne paie au soldat,
Distribue en cent lieues ses grâces souveraines,
Entretient seule tout l'État.
Ménénius[6] le sut bien dire.
La Commune s'allait séparer du Sénat.
Les mécontents disaient qu'il avait tout l'Empire[7],
Le pouvoir, les trésors, l'honneur, la dignité ;
Au lieu que tout le mal était de leur côté,
Les tributs, les impôts, les fatigues de guerre.
Le peuple hors des murs était déjà posté,
La plupart s'en allaient chercher une autre terre,
Quand Ménénius leur fit voir
Qu'ils étaient aux membres semblables,
Et par cet apologue[8], insigne[9] entre les fables,
Les ramena dans leur devoir.

1. J'aurai dû.
2. Messire l'Estomac : reprise d'une expression de Rabelais.
3. Prétextant.
4. Souci, peine.
5. Rétribue.
6. Consul romain qui a su convaincre la plèbe de reprendre sa place dans la cité.
7. Le pouvoir.
8. Récit porteur d'une leçon.
9. Remarquable.

« Les membres et l'estomac », illustration de François Chauveau pour l'édition de 1728 des *Fables* de Jean de La Fontaine.

# Questions

► Convaincre et persuader, p. 460

## Un récit plein de vivacité

1. Relevez les termes qui, dans le récit lui-même, montrent la présence du narrateur et son regard ironique.
2. Comment sont représentées les différentes parties du corps ? Quel est l'effet recherché par le narrateur ?
3. Relevez et commentez les expressions qui créent un effet d'accélération dans le récit. Montrez que l'utilisation des temps verbaux contribue aussi à la vivacité du récit.

## Une réflexion politique

4. Quelle leçon politique le fabuliste donne-t-il ici ? Quels rapports envisage-t-il précisément entre le roi et ses sujets ? Dans quels vers cette leçon se trouve-t-elle clairement formulée ?
5. Comment cette leçon a-t-elle été préparée par le récit qui précède ?

## Une réflexion sur la poésie et le pouvoir des fables

6. Examinez plus particulièrement les vers 33 à 44 de la moralité : quel genre de l'argumentation est mis en exergue par le fabuliste ? Que cherche-t-il à montrer ?
7. Quels liens pouvez-vous établir entre l'anecdote mettant en scène Ménénius et la situation du fabuliste lui-même ? Comment appelle-t-on ce type de procédé ?
8. **Du texte à l'image** : Quels problèmes pose l'illustration de cette fable ? Comment l'artiste a-t-il résolu ces problèmes ?

**Grammaire**
« Tous dirent à Gaster/ Qu'il en allât chercher » : identifiez le temps employé ici. Quelle est sa valeur ?
► Les valeurs des modes et des temps, p. 400

▸ Biographies, p. 508

# Pierre Corneille, *Le Cid*, II, 1 (1637)

**CONTEXTE**
*Le Cid* est une œuvre de jeunesse de Pierre Corneille. Cette tragédie a surtout séduit dès l'époque parce qu'elle mettait en scène des amants malheureux, déchirés entre l'amour et la gloire. Mais la pièce est aussi pour Corneille l'occasion de réfléchir sur le pouvoir royal et les rapports entre roi et héros, puisque l'autorité du roi y est menacée par l'arrogance d'un grand seigneur, le père de Chimène. Le dialogue entre personnages peut donc prendre un caractère argumentatif : chacun y défend son opinion.

*Le Comte est un grand seigneur, un héros de guerre très sûr de lui et de son importance pour le royaume dont il garantit la sécurité. Il vient d'offenser en le giflant un autre grand seigneur, le père de Rodrigue, que le roi a choisi comme gouverneur pour son fils. Le roi envoie ici un émissaire pour exiger du comte qu'il présente ses excuses.*

DON ARIAS
[…] D'un Prince qui vous aime apaisez le courroux,
Il a dit : Je le veux ; désobéirez-vous ?

LE COMTE
Monsieur, pour conserver ma gloire et mon estime
Désobéir un peu n'est pas un si grand crime.
Et quelque grand qu'il fût, mes services présents
Pour le faire abolir[1] sont plus que suffisants.

DON ARIAS
Quoi qu'on fasse d'illustre et de considérable
Jamais à son sujet un Roi n'est redevable :
Vous vous flattez beaucoup, et vous devez savoir
Que qui sert bien son Roi ne fait que son devoir.
Vous vous perdrez, Monsieur, sur cette confiance.

LE COMTE
Je ne vous en croirai qu'après l'expérience.

DON ARIAS
Vous devez redouter la puissance d'un Roi.

LE COMTE
Un jour seul ne perd pas un homme tel que moi.
Que toute sa grandeur s'arme pour mon supplice,
Tout l'État périra plutôt[2] que je périsse.

DON ARIAS
Quoi ? Vous craignez si peu le pouvoir souverain ?

LE COMTE
D'un sceptre qui sans moi tomberait de sa main ?
Il a trop d'intérêt lui-même en ma personne,
Et ma tête en tombant ferait choir sa couronne.

DON ARIAS
Souffrez que la raison remette vos esprits.
Prenez un bon conseil.

LE COMTE
Le conseil en est pris.

DON ARIAS
Que lui dirai-je enfin ? Je lui dois rendre compte.

1. Pardonner officiellement, amnistier.
2. Avant que je périsse.

Le Comte

Que je ne puis du tout consentir à ma honte.

Don Arias

Mais songez que les Rois veulent être absolus.

Le Comte

Le sort en est jeté, Monsieur, n'en parlons plus. [...]

Don Arias (Jacques Bourgaux) dans *Le Cid* de Pierre Corneille, pièce mise en scène par Brigitte Jacques-Wajeman à la Comédie-Française à Paris en 2005.

# Questions

## Une scène de conflit

1. Comment appelle-t-on un échange vers à vers entre personnages ? Quel est l'effet produit ?
2. Relevez et commentez, dans les répliques de Don Arias, les menaces qu'il emploie contre le comte.

## Un choc de valeurs

3. Quelle conception du pouvoir défend ici Don Arias ?
4. Don Arias invite le Comte à l'obéissance. Quelle valeur défend alors le Comte ? Comment s'exprime l'orgueil de celui-ci ?

## Une réflexion politique

5. Relevez et commentez deux vers qui vous paraissent définir les rapports entre un roi et son sujet tels que les envisagent Don Arias, d'une part et le Comte, d'autre part.
6. Comparez le débat posé ici avec la leçon dégagée par La Fontaine dans la fable qui précède : de quel personnage La Fontaine vous paraît-il le plus proche ? Quelles différences observez-vous cependant ?

**Vocabulaire**
Cherchez le sens classique du verbe « souffrir » ici employé par Don Arias et comparez-le au sens actuel.

**Synthèse** Vous comparerez la fable de La Fontaine « Les Membres et l'Estomac » (p. 334) et le texte de Corneille : vous montrerez que les écrivains utilisent des moyens différents (sans vous limiter uniquement au genre littéraire du texte) pour faire passer leur leçon.

## BAC S'entraîner à l'écriture d'invention

Comme La Fontaine, rédigez un apologue en vers ou en prose. Vous aurez pour objectif de dénoncer au travers de l'anecdote une injustice sociale ou politique de notre époque.

► Repérer les différents écrits d'invention, p. 492

▸ Biographies, p. 508

**CONTEXTE**

Au XVIIe siècle, le roi, monarque absolu, centralise progressivement tous les pouvoirs et fait respecter ses décisions grâce à des fonctionnaires. Mais en province perdurent des traces de l'ancien système féodal : les seigneurs jouissent encore d'une grande autorité et d'un grand prestige sur les villageois des alentours. Ils en abusent parfois comme le montre la fable qui suit.

# Jean de La Fontaine, *Fables*, IV, 4 (1668)

### Le Jardinier et son Seigneur

Un amateur du jardinage,
Demi bourgeois, demi manant,
Possédait en certain Village
Un jardin assez propre[1], et le clos attenant.
Il avait de plant vif[2] fermé cette étendue.
Là croissait à plaisir l'oseille et la laitue,
De quoi faire à Margot[3] pour sa fête un bouquet,
Peu de jasmin d'Espagne, et force serpolet.
Cette félicité par un Lièvre troublée
Fit qu'au Seigneur du bourg notre homme se plaignit.
Ce maudit animal vient prendre sa goulée[4]
Soir et matin, dit-il, et des pièges se rit ;
Les pierres, les bâtons y perdent leur crédit.
Il est Sorcier, je crois. – Sorcier ? Je l'en défie,
Repartit le Seigneur. Fût-il diable, Miraut[5],
En dépit de ses tours l'attrapera bientôt.
Je vous en déferai, bon homme, sur ma vie.
– Et quand ? – Et dès demain, sans tarder plus longtemps.
La partie ainsi faite, il vient avec ses gens.
Çà, déjeunons, dit-il : vos poulets sont-ils tendres ?
La fille du logis, qu'on vous voie, approchez :
Quand la marierons-nous ? quand aurons-nous des gendres ?
Bon homme, c'est ce coup qu'il faut, vous m'entendez,
Qu'il faut fouiller à l'escarcelle.[6]
Disant ces mots, il fait connaissance avec elle,
Auprès de lui la fait asseoir,
Prend une main, un bras, lève un coin du mouchoir,
Toutes sottises dont la Belle
Se défend avec grand respect ;
Tant qu'au père à la fin cela devient suspect.
Cependant on fricasse[7], on se rue en cuisine.
De quand sont vos jambons ? ils ont fort bonne mine.
– Monsieur, ils sont à vous. – Vraiment ! dit le Seigneur,
Je les reçois, et de bon cœur.
Il déjeune très bien ; aussi fait sa famille,
Chiens, chevaux, et valets, tous gens bien endentés[8] :
Il commande chez l'hôte, y prend des libertés,
Boit son vin, caresse sa fille.
L'embarras des chasseurs succède au déjeuné.
Chacun s'anime et se prépare :
Les trompes et les cors font un tel tintamarre
Que le bon homme est étonné.
Le pis fut que l'on mit en piteux équipage[9]
Le pauvre potager : adieu planches, carreaux ;
Adieu chicorée et porreaux ;

1. Bien tenu.
2. Une haie végétale.
3. Diminutif populaire.
4. Terme populaire qui signifie « grosse bouchée ».
5. Nom de chien.
6. La bourse.
7. Cuisiner.
8. Néologisme qui souligne leur appétit.
9. Dans un état pitoyable.

Adieu de quoi mettre au potage.
Le Lièvre était gîté dessous un maître chou.
On le quête ; on le lance, il s'enfuit par un trou,
Non pas trou, mais trouée, horrible et large plaie
Que l'on fit à la pauvre haie
Par ordre du Seigneur ; car il eût été mal
Qu'on n'eût pu du jardin sortir tout à cheval.
Le bon homme disait : Ce sont là jeux de Prince[10].
Mais on le laissait dire ; et les chiens et les gens
Firent plus de dégât en une heure de temps
Que n'en auraient fait en cent ans
Tous les lièvres de la Province.

Petits Princes, videz vos débats entre vous :
De recourir aux rois vous seriez de grands fous.
Il ne les faut jamais engager dans vos guerres,
Ni les faire entrer sur vos terres.

10. Vieux proverbe : caprices de princes.

Grandville, « Le Jardinier et son Seigneur », illustration pour les *Fables* de La Fontaine (1868), gravure, collection privée.

# Questions

► Les actes de langage, l'implicite et la modalisation, p. 408

**Vocabulaire**
Cherchez, en vous appuyant sur son étymologie, le sens du mot « manant » au XVIIe siècle. Que cherche à montrer ici le fabuliste, au sujet de son personnage ? Quel sens péjoratif le mot a-t-il ensuite pris ?

p. 459

### Un récit plein d'émotions

1. Repérez et relisez la scène d'exposition de la fable : comment le narrateur met-il en valeur le bonheur rustique du jardinier ?
2. Étudiez le choc des classes sociales en présence : quelles péripéties montrent la désinvolture du seigneur à l'égard du jardinier ?
3. Confrontez la situation initiale et la situation finale : sur quels registres joue ici le narrateur ?

### Un récit qui porte à réflexion

4. Dans le récit, le narrateur utilise plusieurs termes qui marquent le jugement qu'il porte sur la situation et les personnages : relevez-les et commentez-les.
5. Commentez la place respective du récit et de la moralité : que remarquez-vous ?
6. Relisez la moralité et observez les temps et la situation d'énonciation : cette moralité vous paraît-elle bien articulée avec la dénonciation présente dans le récit ? Pourquoi ?
7. **Du texte à l'image** : Quel moment de la fable le graveur a-t-il choisi d'illustrer ? Comment les rapports entre les personnages sont-ils mis en valeur ?

**Synthèse** En vous appuyant sur les réponses aux questions, vous étudierez la construction dramatique (du grec *drama*, relatif à l'action) de cette fable.

### BAC S'entraîner à la dissertation

« Ces badineries ne sont telles qu'en apparence, car dans le fond elles portent un sens très solide. » écrit La Fontaine dans la *Préface* du recueil. Vous développerez la première partie de cette dissertation. En vous appuyant sur des exemples précis, vous montrerez que la fable est d'autant plus efficace pour faire réfléchir le lecteur qu'elle est une « badinerie », c'est-à-dire une forme apparemment légère.

► Analyser le sujet et exploiter le corpus, p. 482

▸ Biographies, p. 508

▸ Victor Hugo a aussi lutté pour l'abolition de la peine de mort et contre la misère. Député à l'Assemblée Nationale, Victor Hugo a composé et prononcé le 9 juillet 1849 le discours ci-contre. Il voulait appuyer ainsi les travaux d'une commission chargée « d'examiner et préparer les lois relatives à la prévoyance et l'assistance publique ».

# Victor Hugo, *Discours sur la misère* (1849)

*Victor Hugo vient d'évoquer deux cas précis et douloureux d'hommes et de femmes mourant de faim.*

Eh bien, messieurs, je dis que ce sont là des choses qui ne doivent pas être ; je dis que la société doit dépenser toute sa force, toute sa sollicitude, toute son intelligence, toute sa volonté, pour que de telles choses ne soient pas ! Je dis que de tels faits, dans un pays civilisé, engagent la conscience de la société tout entière ; que je m'en sens, moi, qui parle, complice et solidaire (*Mouvement*), et que de tels faits ne sont pas seulement des torts envers l'homme, que ce sont des crimes envers Dieu ! (*Sensation prolongée.*)

Voilà pourquoi je suis pénétré, voilà pourquoi je voudrais pénétrer tous ceux qui m'écoutent de la haute importance de la proposition qui vous est soumise. Ce n'est qu'un premier pas, mais il est décisif. Je voudrais que cette assemblée, majorité et minorité, n'importe, je ne connais pas, moi, de majorité et de minorité en de telles questions ; je voudrais que cette assemblée n'eût qu'une seule âme pour marcher à ce grand but, à ce but magnifique, à ce but sublime, l'abolition de la misère ! (*Bravo ! – Applaudissements.*) [ …]

Vous n'avez rien fait, j'insiste sur ce point, tant que l'ordre matériel raffermi n'a point pour base l'ordre moral consolidé ! (*Très-bien ! très-bien ! – Vive et unanime adhésion.*) Vous n'avez rien fait tant que le peuple souffre ! (*Bravos à gauche.*) Vous n'avez rien fait tant qu'il y a au-dessous de vous une partie du peuple qui désespère ! Vous n'avez rien fait, tant que ceux qui sont dans la force de l'âge et qui travaillent peuvent être sans pain ! tant que ceux qui sont vieux et qui ont travaillé peuvent être sans asile ! tant que l'usure dévore nos campagnes, tant qu'on meurt de faim dans nos villes (*Mouvement prolongé*), tant qu'il n'y a pas des lois fraternelles, des lois évangéliques qui viennent de toutes parts en aide aux pauvres familles honnêtes, aux bons paysans, aux bons ouvriers, aux gens de cœur ! (*Acclamation.*) Vous n'avez rien fait, tant que l'esprit de révolution a pour auxiliaire la souffrance publique ! vous n'avez rien fait, rien fait, tant que dans cette œuvre de destruction et de ténèbres, qui se continue souterrainement, l'homme méchant a pour collaborateur fatal l'homme malheureux !

Vous le voyez, messieurs, je le répète en terminant, ce n'est pas seulement à votre générosité que je m'adresse, c'est à votre sagesse, et je vous conjure d'y réfléchir. Messieurs, songez-y, c'est l'anarchie qui ouvre les abîmes, mais c'est la misère qui les creuse. (*C'est vrai ! c'est vrai !*) Vous avez fait des lois contre l'anarchie, faites maintenant des lois contre la misère !

Henry Jules Jean Geoffroy, *Les Résignés* (1901), huile sur toile, musée d'Orsay, Paris.

# Questions

► Les formes de l'argumentation, p. 446
► Convaincre et persuader, p. 460
► Les figures de style, p. 414

## Un discours engagé

1. Relevez les marques personnelles d'implication de l'auteur.
2. Montrez, en vous appuyant notamment sur les paragraphes 2 et 4, comment Hugo implique ses interlocuteurs. Quel impact cherche-t-il à avoir sur eux ?
3. Dans le paragraphe 3, relevez et commentez au moins deux procédés qui contribuent à la force persuasive du discours.

## Une dénonciation violente de la misère sociale

4. Commentez l'expression employée par Hugo : « marcher à ce grand but, à ce but magnifique, à ce but sublime, l'abolition de la misère ! » Sur quels procédés joue ici l'orateur ? Dans quel objectif ?
5. Dans les paragraphes 1 et 3, relevez les arguments employés par Hugo pour étayer son invitation à combattre la misère.
6. Commentez les deux dernières phrases du texte : sur quelles figures de style reposent-elles ? Quel est l'effet recherché par l'homme politique ?

**Synthèse** Vous montrerez que le discours est un genre particulièrement efficace pour témoigner de l'indignation de Victor Hugo contre la misère.

### Prolongements

• Quel est le roman de Victor Hugo consacré à la description de la vie difficile des pauvres gens ? Cherchez l'épigraphe (citation en tête d'un livre ou d'un chapitre illustrant la réflexion qui suit) du roman : que nous révèle-t-elle des objectifs de l'écrivain ?
• Ce témoignage sur la misère sociale trouvera son prolongement dans l'œuvre d'écrivains et de peintres naturalistes et réalistes. Cherchez-en des exemples chez Émile Zola ou Gustave Courbet par exemple. Choisissez l'une de ces œuvres et préparez à son sujet un exposé oral à destination de vos camarades.

▸ Biographies, p. 508

*Histoires* est un recueil novateur, tant par ses thèmes que par un rapport nouveau au langage. Certains poèmes sont en prise directe avec la réalité d'époque et témoignent de la conscience sociale de l'écrivain.

# Jacques Prévert, *Histoires* (1946)

## La grasse matinée

Il est terrible
le petit bruit de l'œuf dur cassé sur un comptoir d'étain
il est terrible ce bruit
quand il remue dans la mémoire de l'homme qui a faim
elle est terrible aussi la tête de l'homme
la tête de l'homme qui a faim
quand il se regarde à six heures du matin
dans la glace du grand magasin
une tête couleur de poussière
ce n'est pas sa tête pourtant qu'il regarde
dans la vitrine de chez Potin[1]
il s'en fout de sa tête l'homme
il n'y pense pas
il songe
il imagine une autre tête
une tête de veau par exemple
avec une sauce de vinaigre
ou une tête de n'importe quoi qui se mange
et il remue doucement la mâchoire
doucement
et il grince des dents doucement
car le monde se paye sa tête
et il ne peut rien contre ce monde
et il compte sur ses doigts un deux trois
un deux trois
cela fait trois jours qu'il n'a pas mangé
et il a beau se répéter depuis trois jours
Ça ne peut pas durer
ça dure
trois jours
trois nuits
sans manger
et derrière ces vitres
ces pâtés ces bouteilles ces conserves
poissons morts protégés par les boîtes
boîtes protégées par les vitres
vitres protégées par les flics
flics protégés par la crainte
que de barricades pour six malheureuses sardines...

Un peu plus loin le bistro
café-crème et croissants chauds

1. Nom d'une chaîne de magasins d'alimentation d'époque.

l'homme titube
et dans l'intérieur de sa tête
un brouillard de mots
un brouillard de mots
sardines à manger
oeuf dur café-crème
café arrosé rhum
café-crème
café-crème
café-crime arrosé sang !...
Un homme très estimé dans son quartier
a été égorgé en plein jour
l'assassin le vagabond lui a volé
deux francs
soit un café arrosé
zéro franc soixante-dix
deux tartines beurrées
et vingt-cinq centimes pour le pourboire du garçon
Il est terrible
le petit bruit de l'œuf dur
cassé sur un comptoir d'étain
il est terrible ce bruit
quand il remue dans la mémoire de
l'homme qui a faim.

V. Srdan, *Devant la porte* (xxᵉ s.), huile sur toile, musée d'Art contemporain, Belgrade (Serbie).

## Questions

► Les registres et effets du texte, p. 458

1. Examinez la composition du poème : quel effet crée la reprise à la fin des quatre premiers vers ? Expliquez quel sens prennent ces vers, après la lecture du poème entier.
2. Quel est l'effet créé par les vers 52 à 59 ? Pourquoi marquent-ils une rupture ?
3. Relevez et commentez plusieurs indices qui montrent que ce poème s'inscrit dans une réalité familière, quotidienne, celle des gens ordinaires.
4. Relevez et étudiez tous les procédés utilisés par le poète pour souligner la détresse du « vagabond », du malheureux qu'il met en scène : répétitions de mots et progressions dans ces répétitions, jeux de mots. Quel registre emploie-t-il ?
5. Jacques Prévert a composé son poème en vers libres (n'obéissant à aucune structure régulière : ni mètres, ni rimes, ni strophes). Montrez, en vous appuyant sur quelques vers, que le poète choisit la longueur de ses mètres en fonction de leur pouvoir expressif.
6. Relisez les vers 21 à 39 : pourquoi peut-on dire que le poème s'inscrit dans une dénonciation plus large des injustices sociales ?

### Prolongements

• Certains grands poètes du XIXᵉ siècle ont témoigné sur la misère sociale : lisez « Les effarés » d'Arthur Rimbaud, « Les yeux des pauvres » de Charles Baudelaire. Rédigez une courte synthèse en expliquant ce que ces deux poètes montrent plus particulièrement.
• Cherchez dans le cinéma du XXᵉ siècle au moins deux œuvres qui dénoncent les injustices sociales et la misère des pauvres gens. Proposez-en un court résumé.

# Robert Wilson, *Fables de La Fontaine* (2004)

Bakary Sangare et Audrey Bonnet interprétant « Le Lion amoureux » extrait des *Fables* de La Fontaine, mises en scène par Robert Wilson à la Comédie-Française à Paris en 2004.

## Questions

Procurez-vous la fable de Jean de La Fontaine intitulé « Le Lion amoureux » et lisez-là. Répondez ensuite aux questions suivantes :

1. Quel moment particulier de la fable le metteur en scène évoque-t-il ici ? Quelles libertés prend-il par rapport au texte ?
2. Examinez le personnage du Lion, costume et masque : quel choix a fait le metteur en scène pour rendre l'ambiguïté des animaux imaginés par La Fontaine ?
   Que diriez-vous du costume de la bergère ?
3. Commentez la posture du Lion : quelles impressions le spectateur peut-il ressentir en le voyant ?
4. Observez le personnage de la bergère : l'expression de son visage, ses gestes, le mouvement du corps. Que cherche à mettre en valeur l'actrice par ce travail d'expression corporelle ?
5. Observez la disposition des deux personnages l'un par rapport à l'autre, et face au public : quel sens le metteur en scène veut-il donner à la fable ? Pourquoi peut-on parler de re-création ?

**Synthèse** Vous montrerez que les choix opérés par le metteur en scène lui permettent de mettre en évidence la défaite du pouvoir du Lion.

# COMPRENDRE LA LANGUE DU XVIIe SIÈCLE

## 1 FABLE ET ÉTYMOLOGIE LATINE

**À l'origine, *fabula* en latin désigne « un récit mensonger » : à la lumière de cette étymologie, retrouvez chaque mot de la famille de « fable » correspondant aux définitions ci-dessous.**

1. Quelqu'un qui raconte des histoires mensongères : (nom)
2. Raconter des mensonges, embellir la réalité : (verbe)
3. Celui qui écrit des histoires porteuses de leçon : (nom)
4. Fait d'inventer, d'imaginer : (nom)
5. Merveilleux, incroyable : (adjectif)

## 2 LATIN ET LANGUE DU XVIIe SIÈCLE

**Les mots en gras avaient au XVIIe siècle un sens bien plus fidèle aux mots latins dont ils sont issus.**

**a. Expliquez leur sens au XVIIe en le rapprochant de l'étymologie latine.**

**b. Précisez pour chacun quel contre-sens pourrait faire un lecteur du XXIe siècle**

1. « Et c'est sur votre **foi** que je l'ai condamné ! » (Jean Racine)
2. « Avez-vous entendu cette **superbe** reine, Seigneur ? » (Jean Racine)
3. « J'ai le cœur au-dessus des plus **fières** disgrâces. » (Pierre Corneille)
4. « Puis-je vivre et traîner cette **gêne** éternelle,
Confondre l'innocente avec la criminelle ? »
(Pierre Corneille)
5. « Quand le moment viendra d'aller trouver les morts,
J'aurai vécu sans **soins**, et mourrai sans remord. »
(Jean de La Fontaine)
6. « Toujours la mort d'un père occupe votre esprit ?
Rien ne peut-il **charmer l'ennui** qui vous dévore ? »
(Jean Racine)
7. « Si je voulais conter de point en point
Tout le détail, je manquerais d'**haleine**. »
(Jean de La Fontaine)

## 3 ÉCARTS DE SENS

**A Indiquez pour chaque mot son sens au XVIIe siècle et aujourd'hui. Rédigez à chaque fois une phrase où vous emploierez le mot dans son sens du XVIIe siècle**

**Noms** : doute – prévention – précipitation – passion – divertissement – fortune – sang – race

**Adjectifs** : triste – horrible – furieux – aimable – merveilleux – étonnant – brave

**Adverbes** : cependant – tout à l'heure – à peine

**B Répondez à ces questions. Vous justifierez chaque réponse par une phrase qui expliquera le sens des mots en gras :**

1. Vous vexerez-vous si un gentilhomme du XVIIe siècle vous dit que vous êtes **imbécile** ?
2. Est-il bienséant qu'une jeune-fille de bonne famille présente à l'époque de La Fontaine un jeune homme comme son **amant** ?
3. Faut-il systématiquement redouter un **accident** ?
4. Coiffez-vous votre **chef** ?
5. Pour que l'on ignore ce que vous pensez réellement, aurez-vous recours à des **déguisements** ?
6. Souhaitez-vous passer pour quelqu'un qui a de la **malice** ?

## 4 FIGURES DE STYLE ET ESTHÉTIQUE AU XVIIe SIÈCLE

**Dans ces extraits, identifiez les figures de style et classez-les selon qu'elles sont des figures de :**

**1. rapprochement ou de substitution**
**2. opposition**
**3. exagération ou d'atténuation**

**Justifiez-les et expliquez l'effet produit.**

1. « Un noble, s'il vit chez lui dans sa province, il vit libre mais sans appui ; s'il vit à la cour, il est protégé mais il est esclave [...]. » (Jean de La Bruyère)
2. « Je t'aimais inconstant, qu'aurais-je fait fidèle ? (Jean Racine)
3. « Votre sexe n'est là que pour la dépendance ;
Du côté de la barbe est la toute-puissance. » (Molière)
4. « Va, je ne te hais point. » (Pierre Corneille)
5. « Je l'ai vu cette nuit, le malheureux Sévère,
La vengeance à la main. » (Pierre Corneille)

## EXPRESSION ÉCRITE

### Sujet 1

**Décrivez en quelques mots le pouvoir du fabuliste et sa capacité à éclairer la réalité en la transformant.**

### Sujet 2

**Voici des mots et leur sens au XVIIe siècle : rédigez un texte qu'aurait pu écrire un contemporain de La Fontaine, en utilisant au moins quatre de ces mots. Vous pourrez par exemple faire le résumé d'une pièce de théâtre.**

**accident** : sort heureux ou malheureux ; **amant** : soupirant qui aime et est aimé en retour ; **arrêter** : décider ; **balancer** : hésiter ; **feu** : amour ; **nécessité** : pauvreté.

# LA FABLE AU SERVICE DE L'OBSERVATION SOCIALE

*Dans la Préface Générale du recueil des* Fables, *La Fontaine rend hommage aux modèles antiques Ésope et Phèdre dont il s'est inspiré, tout en soulignant son originalité propre. Il définit sa fable comme un « apologue composé de deux parties, dont on peut appeler l'une le Corps, l'autre l'Âme. »*

## 1 LE POUVOIR DIVERTISSANT

Le récit constitue le corps de l'apologue et marque le génie novateur du fabuliste.

### Des personnages-types

Qu'ils soient animaux ou humains, les personnages de La Fontaine incarnent des vertus ou des vices marqués : ils ont souvent une valeur allégorique.

### Des actions bien construites et enchaînées

Le fabuliste soigne les différents temps de la fable : exposition rapide ou plus développée, enchaînement de péripéties, dénouement souvent inattendu.

→ **Ex. :** Dans « Le Jardinier et son Seigneur », l'exposition initiale, pleine de lyrisme, est suivie d'une action tendue marquée par les rebondissements de la chasse du seigneur.

### Le registre comique ou pathétique

Le narrateur établit une complicité avec son lecteur qu'il invite à compatir aux malheurs de ses personnages ou à en rire.

→ **Ex :** Les mésaventures des deux servantes suscitent à la fois le rire et l'émotion.

## 2 LA FONCTION DIDACTIQUE

Mais le fabuliste s'intéresse surtout à « l'âme » de l'apologue qui s'exprime dans la « moralité », c'est-à-dire sa valeur éducative et morale.

### Une moralité articulée au récit

La moralité est souvent placée après le récit comme une loi générale mais peut aussi se trouver avant, ou même être implicite. Le moraliste développe parfois ce temps fort de réflexion. Mais il joue parfois aussi du décalage entre récit et moralité.

### Des leçons de prudence et de modération

La moralité des fables révèle une vision du monde pessimiste. Le fabuliste invite ses lecteurs à une conduite empreinte de prudence, de modération, de sagesse.

→ **Ex. :** Dans « La Vieille et les deux Servantes », il invite à ne pas aggraver sa situation en espérant obtenir les conditions d'un mieux être.

## 3 LA FONCTION CRITIQUE

### Dénoncer les injustices sociales

La Fontaine porte un regard critique sur la société de son temps et ses dysfonctionnements les plus criants : le choc des classes sociales, l'exploitation des plus humbles. Le récit est au service d'une argumentation indirecte.

→ **Ex. :** Dans « Le Jardinier et son Seigneur », le seigneur du village abuse de son autorité pour dévaster et piller les biens du jardinier qui a eu l'imprudence de solliciter son aide.

### Critiquer la cour

La Fontaine est aussi un observateur privilégié de la Cour. Il se risque à une satire acide de la vie de cour, montrant combien le pouvoir absolu du roi contraint chacun à l'hypocrisie et à la prudence.

→ **Ex :** Le renard, courtisan flatteur échappe grâce à sa ruse, à la colère du roi dans « La Cour du Lion ».

# Séquence 3

# La question de la femme au XVIII^e siècle

**Quel regard nouveau porte-t-on sur la femme au XVIII^e siècle ? Quels écrivains contestent l'idée d'une infériorité intellectuelle et morale de la femme ? Quels sont les enjeux et les formes de cette protestation ?**

## CORPUS DE LA SÉQUENCE



## PERSPECTIVES



### LIENS AVEC LA PARTIE LANGUE


- L'expression de la condition, de l'opposition et de la concession, p. 402
- Les actes de langage, l'implicite et la modalisation, p. 408
- Les figures de style, p. 414


### LIENS AVEC LA PARTIE OUTILS D'ANALYSE


- L'argumentation, p. 448
- Les registres et effets du texte, p. 458


### LIENS AVEC LA PARTIE MÉTHODES


- La question sur le corpus, p. 468
- Le commentaire, p. 478
- La dissertation, p. 486
- L'écriture d'invention, p. 492


▸▸ Révolution française : allégorie de l'Égalité sous les traits d'une femme tenant une équerre près de la République française et d'une corne d'abondance (fin XVIII^e), gravure (détail), BnF, Paris.

TEXTE 1

▸ Biographies, p. 508

# Madame du Châtelet, *Discours sur le bonheur* (1779)

**⊕ CONTEXTE**

La recherche du bonheur personnel est une des préoccupations majeures des philosophes du XVIIIe siècle. Madame du Châtelet s'inscrit dans cette recherche avec ce court essai, écrit vers 1746, qui n'était pas destiné à la publication. Elle y réhabilite les passions, qui sont pour elle un élément clef du bonheur. Cet esprit scientifique, physicienne de formation, accorde une place primordiale à la passion de l'étude.

*Madame du Châtelet a eu la chance, exceptionnelle en son temps, grâce à l'amour de son père, de bénéficier d'une éducation très solide, incluant les langues anciennes et les sciences. Elle évoque ici le difficile accès à l'éducation pour la majorité des femmes de son époque.*

La sagesse doit avoir toujours les jetons à la main : car qui dit *sage* dit *heureux*, du moins dans mon dictionnaire ; il faut avoir des passions pour être heureux ; mais il faut les faire servir à notre bonheur, et il y en a auxquelles il faut défendre toute entrée dans notre âme. Je ne parle pas ici des passions qui sont des vices, telles que la haine, *[la vengeance, la colère ; mais l'ambition]*, par exemple, est une passion dont je crois qu'il faut défendre son âme, si on veut être heureux ; ce n'est pas par la raison qu'elle n'a pas de jouissance, car je crois que cette passion peut en fournir ; ce n'est pas parce que l'ambition désire toujours, car c'est assurément un grand bien, mais c'est parce que de toutes les passions c'est celle qui met le plus notre bonheur dans la dépendance des autres ; *[or moins notre bonheur dépend des autres]* et plus il nous est aisé d'être heureux. Ne craignons pas de faire trop de retranchement sur cela, il en dépendra toujours assez. Par cette raison d'indépendance, l'amour de l'étude est de toutes les passions celle qui contribue le plus à notre bonheur. Dans l'amour de l'étude se trouve renfermée une passion dont une âme élevée n'est jamais entièrement exempte, celle de la gloire ; il n'y a même que cette manière d'en acquérir pour la moitié du monde, et c'est cette moitié justement à qui l'éducation en ôte les moyens, et en rend le goût impossible.

Pietro Longhi, *La Leçon de géographie* (XVIIIe siècle), huile sur toile (63 x 50 cm), musée Civici, Padoue (Italie).

Il est certain que l'amour de l'étude est bien moins nécessaire au bonheur des hommes qu'à celui des femmes. Les hommes ont une infinité de ressources pour être heureux, qui manquent entièrement aux femmes. Ils ont bien d'autres moyens d'arriver à la gloire, et il est sûr que l'ambition de rendre ses talents utiles à son pays et de servir ses concitoyens, soit par son habileté dans l'art de la guerre, ou par ses talents pour le gouvernement, ou les négociations, est fort au-dessus de *[celle]* qu'on peut se proposer pour l'étude ; mais les femmes sont exclues, par leur état, de toute espèce de gloire, et quand, par hasard, il s'en trouve quelqu'une qui est née avec une âme assez élevée, il ne lui reste que l'étude pour la consoler de toutes les exclusions et de toutes les dépendances auxquelles elle se trouve condamnée par état. […]

J'ai dit que l'amour de l'étude était la passion la plus nécessaire à notre bonheur ; c'est une ressource sûre contre les malheurs, c'est une source de plaisirs inépuisable, et Cicéron a bien raison de dire : *Les plaisirs des sens et ceux du cœur sont, sans doute, au-dessus de ceux de l'étude ; il n'est pas nécessaire d'étudier pour être heureux ; mais il l'est peut-être de se sentir en soi cette ressource et cet appui.*

# Questions

► Émouvoir, p. 459
► Convaincre et persuader, p. 460
► Les actes de langage, l'implicite et la modalisation, p. 408

### Un argumentaire construit

1. Quel est le thème du texte ? Quelle phrase exprime le plus clairement la thèse défendue par Madame du Châtelet ?
2. Quel type de raisonnement particulier adopte-t-elle pour introduire sa thèse ?
3. Dans les paragraphes 1 et 3, relevez trois arguments qui lui servent à défendre la passion de l'étude.

### Un plaidoyer en faveur des femmes

4. Quelle expression permet à Mme du Châtelet de désigner les femmes dans la dernière phrase du paragraphe 1 ? Que dénonce-t-elle ici ?
5. La première phrase du paragraphe 2 établit une comparaison entre hommes et femmes : que s'agit-il de dénoncer ?
6. Relevez et commentez dans la suite du paragraphe 2 tous les termes qui opposent le sort des hommes et celui des femmes.

### Un discours plein d'émotion

7. Quels sont les moyens utilisés par Madame du Châtelet pour s'impliquer dans son énoncé et impliquer son lecteur ?
8. Dans les paragraphes 1 et 2, quelles expressions sont un moyen détourné pour Mme du Châtelet de parler d'elle-même ?
9. Relevez dans le paragraphe 2 des procédés lexicaux ou rhétoriques qui montrent son indignation devant le sort réservé aux femmes à son époque.
10. **LECTURE D'IMAGE** : Comment l'artiste met-il en valeur la passion des femmes pour l'étude au XVIIIe siècle ?

**Vocabulaire**
Quel est l'étymologie du mot « passion » ? Quel sens lui donne ici Mme du Châtelet ? Dans quel sens l'employons-nous surtout aujourd'hui ?

**Synthèse** Dégagez la revendication principale énoncée ici par Madame du Châtelet au nom des femmes et expliquez pourquoi elle la formule.

### BAC S'entraîner à l'écriture d'invention

Madame du Châtelet a choisi d'écrire un discours pour défendre sa thèse. De la même manière, vous rédigerez un discours argumenté d'une page. Vous choisirez d'exprimer une revendication au nom des femmes d'aujourd'hui. Vous poserez clairement votre thèse et énoncerez au moins deux arguments.

► Construire une argumentation, p. 500

# TEXTE 2

▸ Biographies, p. 508

**⊕ CONTEXTE**

Voltaire est un homme de combat qui a lutté contre toutes les formes d'injustice sociale, politique, religieuse. Le pamphlet est l'une de ses formes d'expression privilégiées : texte court et virulent, souvent ironique, le pamphlet dénonce l'ordre établi et cherche à susciter l'indignation chez le lecteur.

## Voltaire, *Mélanges, Pamphlets et œuvres polémiques* (1768)

*Dans le pamphlet qui suit, l'écrivain soulève la question de la condition féminine : compagnon de Mme du Chatelet pendant dix ans, il sait combien cette femme exceptionnelle par sa culture et ses compétences scientifiques constitue une exception. Voltaire rapporte ici un entretien avec l'abbé de Chateauneuf, homme d'esprit et diplomate français, est surtout connu dans l'Histoire comme le parrain de Voltaire.*

### « Femmes, soyez soumises à vos maris… »

Elle[1] passa quarante années dans cette dissipation et dans ce cercle d'amusements qui occupent sérieusement les femmes ; n'ayant jamais rien lu que les lettres qu'on lui écrivait, n'ayant jamais mis dans sa tête que les nouvelles du jour, les ridicules de son prochain et les intérêts de son cœur. Enfin, quand elle se vit à cet âge où l'on dit que les belles femmes qui ont de l'esprit passent d'un trône à l'autre, elle voulut lire. […]

On lui fit lire Montaigne, elle fut charmée d'un homme qui faisait conversation avec elle, et qui doutait de tout. On lui donna ensuite les grands hommes de Plutarque[2] : elle demanda pourquoi il n'avait pas écrit l'histoire des grandes femmes.

L'abbé de Châteauneuf la rencontra un jour toute rouge de colère. « Qu'avez-vous donc, madame ? lui dit-il.

– J'ai ouvert par hasard, répondit-elle, un livre qui traînait dans mon cabinet, c'est, je crois, quelque recueil de lettres ; j'y ai vu ces paroles : *Femmes, soyez soumises à vos maris* : j'ai jeté le livre.

– Comment, madame ! savez-vous bien que ce sont les Épîtres de saint Paul[3] ?

– Il ne m'importe de qui elles sont ; l'auteur est très-impoli. Jamais M. le maréchal ne m'a écrit dans ce style ; je suis persuadée que votre saint Paul était un homme très-difficile à vivre : était-il marié ?

– Oui, madame.

– Il fallait que sa femme fût une bien bonne créature : si j'avais été la femme d'un pareil homme, je lui aurais fait voir du pays. *Soyez soumises à vos maris !* Encore s'il s'était contenté de dire : *Soyez douces, complaisantes, attentives, économes*, je dirais : « Voilà un homme qui sait vivre » ; et pourquoi soumises, s'il vous plaît ? Quand j'épousai M. de Grancey, nous nous promîmes d'êtres fidèles : je n'ai pas trop gardé ma parole, ni lui la sienne ; mais ni lui ni moi ne promîmes d'obéir. Sommes-nous donc des esclaves ? N'est-ce pas assez qu'un homme, après m'avoir épousée, ait le droit de me donner une maladie de neuf mois, qui quelquefois est mortelle ? N'est-ce pas assez que je mette au jour, avec de très-grandes douleurs, un enfant qui pourra me plaider[4] quand il sera majeur ? Ne suffit-il pas que je sois sujette tous les mois à des incommodités très-désagréables pour une femme de qualité, et que, pour comble, la suppression d'une de ces douze maladies par an soit capable de me donner la mort, sans qu'on vienne me dire encore : *Obéissez* !

Certainement la nature ne l'a pas dit ; elle nous a fait des organes différents de ceux des hommes ; mais en nous rendant nécessaires les uns aux autres, elle n'a pas prétendu que l'union formât un esclavage. Je me souviens bien que Molière a dit :

Du côté de la barbe est la toute-puissance[5].

1. La maréchale de Grancey.
2. Philosophe grec antique, surtout connu pour ses *Vies des hommes illustres*.
3. Les Épîtres de Saint Paul, un des apôtres du Christ, font partie du Nouveau Testament.
4. Plaider contre moi.
5. Parole d'Arnolphe qui cherche à raisonner sa jeune pupille Agnès, dans *L'École des femmes* de Molière.

Mais voilà une plaisante raison pour que j'aie un maître ! Quoi ! parce qu'un homme a le menton couvert d'un vilain poil rude, qu'il est obligé de tondre de fort près, et que mon menton est né rasé, il faudra que je lui obéisse très-humblement ! Je sais bien qu'en général les hommes ont les muscles plus forts que les nôtres, et qu'ils peuvent donner un coup de poing mieux appliqué : j'ai bien peur que ce ne soit là l'origine de leur supériorité.

Michel Garnier, *Le Contrat de mariage interrompu* (1780), huile sur toile, musée Carnavalet, Paris.

# Questions

► Faire rire, p. 458

### Le portrait d'une originale

1. Relevez et commentez les indices du texte qui montrent que la Maréchale de Grancey est une femme de caractère.
2. Relevez certaines allusions, très crues pour l'époque, dans sa dernière réplique (l. 20 à 51) : que révèlent-elles du personnage ?

### La dénonciation de la condition féminine

3. La Maréchale conteste ici un texte biblique : quel type d'argument utilise-t-elle d'abord pour critiquer ce texte (l. 16 à 18) ?
4. Relevez et reformulez dans les deux derniers paragraphes du texte (l. 34 à 53) au moins deux arguments qu'elle oppose à la représentation traditionnelle des rapports entre hommes et femmes.
5. Relisez les lignes 26 à 32 : quelle image la Maréchale donne-t-elle de la condition féminine à son époque ?

### L'ironie du narrateur

6. Commentez la première phrase du texte : quelles expressions manifestent l'ironie du narrateur aux dépens de la Maréchale ?
7. « On lui fit lire », « On lui donna » : quel est l'effet recherché par le narrateur en utilisant ces tournures ?
8. Pour quelles raisons le narrateur choisit-il ce porte-parole peu banal de la condition féminine ?

**Vocabulaire**
Le mot « épître », tombé aujourd'hui en désuétude, vient du latin *epistola* (lettre). Quels autres mots de la même famille connaissez-vous ?

**Synthèse** Quels traits caractéristiques du pamphlet retrouvez-vous dans ce texte ?

### BAC S'entraîner au commentaire

Vous rédigerez la première partie du commentaire de ce texte. Vous montrerez que Voltaire privilégie une forme divertissante pour faire passer sa dénonciation de la condition féminine au XVIII^e^ siècle. Vous étudierez pour cela le registre du texte et la construction du personnage de la Maréchale.

► Rédiger des paragraphes et insérer des citations, p. 478

# TEXTE 3

▸ Biographies, p. 508

**CONTEXTE**

Dans la société d'Ancien Régime, le mariage est une institution sacrée, seul cadre possible pour la procréation. Les relations hors mariage sont donc sévèrement condamnées, particulièrement pour les femmes : leur infidélité peut en effet soulever des soupçons sur la légitimité des enfants. La morale sexuelle d'époque est donc très sévère pour les femmes.

## Denis Diderot, *Supplément au Voyage de Bougainville* (1796)

*Ce conte philosophique a été inspiré à Diderot par le voyage autour du monde du célèbre navigateur, Bougainville, et tout particulièrement son étape à Tahiti. Dans le dialogue fictif qui suit, l'opposition est vive entre le vieux sage tahitien, qui défend la liberté sexuelle au nom des lois de la Nature, et l'Aumônier, prêtre attaché à l'expédition.*

L'Aumônier : La fille déshonorée ne trouve plus de mari.

Orou : Déshonorée ! et pourquoi ?

L'Aumônier : La femme infidèle est plus ou moins méprisée.

Orou : Méprisée ! et pourquoi ?

L'Aumônier : Le jeune homme s'appelle un lâche séducteur.

Orou : Un lâche ! un séducteur ! et pourquoi ?

L'Aumônier : Le père, la mère et l'enfant sont désolés. L'époux volage est un libertin[1] ; l'époux trahi partage la honte de sa femme.

Orou : Quel monstrueux tissu d'extravagances tu m'exposes là ! et encore tu ne me dis pas tout ; car aussitôt qu'on s'est permis de disposer à son gré des idées de justice et de propriété, d'ôter ou de donner un caractère arbitraire aux choses, d'unir aux actions ou d'en séparer le bien et le mal, sans consulter que le caprice, on se blâme, on s'accuse, on se suspecte, on se tyrannise, on est envieux, on est jaloux, on se trompe, on s'afflige, on se cache, on dissimule, on s'épie, on se surprend, on se querelle, on ment ; les filles en imposent à leurs parents, les maris à leurs femmes, les femmes à leurs maris ; des filles, oui, je n'en doute pas, des filles étoufferont leurs enfants, des pères soupçonneux mépriseront et négligeront les leurs, des mères s'en sépareront et les abandonneront à la merci du sort, et le crime et la débauche se montreront sous toutes sortes de formes. Je sais tout cela comme si j'avais vécu parmi vous ; cela est parce que cela doit être, et la société dont votre chef nous vante le bel ordre, ne sera qu'un ramas ou d'hypocrites qui foulent secrètement aux pieds les lois ; ou d'infortunés qui sont eux-mêmes les instruments de leur supplice en s'y soumettant ; ou d'imbéciles en qui le préjugé a tout à fait étouffé la voix de la nature ; ou d'êtres mal organisés en qui la nature ne réclame pas ses droits.

L'Aumônier : Cela ressemble. Mais vous ne vous mariez donc point ?

Orou : Nous nous marions.

L'Aumônier : Qu'est-ce que votre mariage ?

Orou : Le consentement d'habiter une même cabane et de coucher dans un même lit, tant que nous nous y trouvons bien.

L'Aumônier : Et lorsque vous vous y trouvez mal ?

Orou : Nous nous séparons.

1. Ici, un être qui n'a pas de frein sur le plan de la morale sexuelle.

L'AUMÔNIER : Que deviennent vos enfants ?

OROU : Ô étranger ! ta dernière question achève de me déceler la profonde misère de ton pays. Sache, mon ami, qu'ici la naissance d'un enfant est toujours un bonheur et sa mort un sujet de regrets et de larmes. Un enfant est un bien précieux, parce qu'il doit devenir un homme ; aussi en avons-nous un tout autre soin que de nos plantes et de nos animaux. Un enfant qui naît occasionne la joie domestique[2] et publique, c'est un accroissement de fortune pour la cabane et de force pour la nation. Ce sont des bras et des mains de plus dans Otaïti : nous voyons en lui un agriculteur, un pêcheur, un chasseur, un soldat, un époux, un père.

2. Privée.

Paul Gauguin, *Jours délicieux* (1896), huile sur toile (95 cm x 130 cm), musée des Beaux-Arts, Lyon.

# Questions

► Les genres de l'argumentation, p. 448
► Émouvoir, p. 459
► Les figures d'opposition, d'exagération et d'atténuation, p. 415

## Un dialogue tendu

1. Étudiez la prise de parole de chacun des personnages : qui mène le dialogue ? Pour quelle raison l'écrivain choisit-il ici la forme du dialogue ?
2. Dans ses premières répliques, l'Aumônier expose les conséquences en Europe de la naissance d'un enfant hors mariage : que remarquez-vous dans la forme de ses phrases et dans le lexique employé ?
3. Comment se marque l'indignation d'Orou contre les propos de l'Aumônier dans les lignes 1 à 8 ?
4. Relevez aux lignes 9 à 19 certains des procédés de persuasion utilisés par Orou pour dénoncer la morale sexuelle des Européens.

## L'éloge d'une vie naturelle

5. Quelle définition du mariage Orou oppose-t-il à l'aumônier ? Quel est le fondement du mariage chez les Tahitiens, quelles sont ses limites ?
6. Quel argument principal le vieux sage utilise-t-il pour défendre la liberté sexuelle des Tahitiens ?
7. Montrez la force persuasive de la dernière réplique du Tahitien : relevez certains des procédés qui permettent de valoriser l'importance accordée à l'enfant.

**Grammaire**
« On se blâme, on s'accuse, on se suspecte. » (l. 12 à 13). Comment appelle-t-on l'emploi de cette forme verbale ? Quel est ici l'effet recherché ?

**Synthèse** En vous appuyant sur les réponses aux questions posées, vous montrerez que Diderot propose ici une redéfinition des rapports entre hommes et femmes, par l'intermédiaire de son personnage principal.

## BAC S'entraîner à la dissertation

Voici un sujet de bac : « Eh bien, dérangez-vous quelques heures, venez avec nous quelques heures et nous ferons voir de vos yeux, toucher de vos mains, les plaies… » (Victor Hugo, *Discours à l'Assemblée*, 30 juin 1850).

Vous montrerez en quoi l'écriture littéraire sous toutes ses formes est particulièrement apte à dénoncer les problèmes de la société.

Développez la première partie du devoir : montrez comment l'écrivain sait rallier son lecteur à sa cause, en s'engageant lui-même ou en mettant en scène des personnages convaincants.

► Rassembler et organiser ses idées ; Construire un paragraphe et insérer des exemples, p. 486

# TEXTE 4

▸ Biographies, p. 508

**CONTEXTE**

Les cercles littéraires ou scientifiques sont nombreux au XVIII^e^ siècle. Sous le nom d'Académie des arts, des lettres ou des sciences, ces cercles contribuent à promouvoir les travaux ou les recherches. La réflexion de Laclos sur l'éducation des femmes est suscitée par l'Académie de Châlons-sur-Marne et la question posée : « Quels seraient les meilleurs moyens de perfectionner l'éducation des femmes ? »

# Choderlos de Laclos, *Des femmes et de leur éducation* (1783)

*Dans cet essai, Laclos se livre à une reconstruction hypothétique de l'histoire de l'humanité pour expliquer l'inégalité entre hommes et femmes.*

Quand on parcourt l'histoire des différents peuples, qu'on examine les lois et les usages promulgués et établis à l'égard des femmes, on est tenté de croire qu'elles n'ont que cédé, et non pas consenti au contrat social, qu'elles ont été primitivement subjuguées, et que l'homme a sur elles un droit de conquête dont il use rigoureusement. Aussi, loin de penser, comme quelques-uns, que la société commença par la réunion des familles, nous croirions plutôt que la première association fut faite par des hommes seulement, qui, se sentant plus égaux en force, durent se craindre moins les uns les autres ; mais ils sentirent bientôt le besoin qu'ils avaient des femmes ; ils s'occupèrent donc à les contraindre, ou à les persuader, de s'unir à eux. Soit force, soit persuasion, la première qui céda, forgea les chaînes de tout son sexe. On sent assez que, dans ces premiers temps, il n'y eut aucune propriété exclusive ; on partageait également les fruits d'un champ cultivé en commun ; on en usait de même du gibier tué dans une chasse générale, les femmes même suivirent cette loi : toutes étaient à tous. Nul d'entre eux n'avait l'idée du choix. Cependant, dans cette communauté de travaux et de fruits, il est aisé de pressentir que le partage ne dut pas être longtemps égal ; que bientôt la loi du plus fort se fit sentir ; que les femmes, par cela même qu'elles étaient les plus faibles, furent assujetties aux travaux les plus pénibles, et en recueillirent le moins de fruit. Les hommes étendirent bientôt jusqu'à elles cette même idée de propriété qui venait de les frapper et de les rassembler ; de cela seul qu'elles étaient à leur convenance et qu'ils avaient pu s'en saisir, ils en conclurent qu'elles leur appartenaient : telle fut en général l'origine du droit. Les femmes manquant de forces ne purent se défendre et conserver leur existence civile ; compagnes de nom, elles devinrent bientôt esclaves de fait, et esclaves malheureuses ; leur sort ne dut guère être meilleur que celui des Noirs de nos colonies.

## Questions

▸ Les figures de rapprochement et de substitution, p. 414

1. Dans les deux premières phrases du texte relevez les verbes ou adverbes qui marquent le caractère hypothétique de la réflexion.
2. En vous appuyant sur une étude des verbes conjugués, montrez à quel moment le locuteur glisse de l'argumentation à la narration.
3. Relevez les étapes qui, d'après l'écrivain, conduisent progressivement à l'installation d'un pacte social inégalitaire entre hommes et femmes. Quelle expression résume le mieux cette rupture de l'égalité originelle entre les sexes ?
4. Dans les quatre premières phrases, quelles expressions marquent l'engagement du locuteur contre le sort réservé aux femmes ?
5. Relisez la dernière phrase du texte : quelle figure de style est utilisée pour dénoncer l'inégalité entre hommes et femmes ? Cherchez d'autres termes qui l'ont annoncée.

**Grammaire**
Commentez l'emploi du « on » dans le texte. De quel type de pronom s'agit-il ? Quelles sont ici ses différentes valeurs ?

**Synthèse** Expliquez comment cette démonstration, qui s'appuie sur une hypothèse, reste néanmoins convaincante.

Texte écho

► Biographies, p. 508

# Jean-Jacques Rousseau, *Discours sur l'inégalité* (1755)

**⊕ CONTEXTE**

*Le Discours sur l'origine et les fondements de l'inégalité parmi les hommes* a été rédigé par Rousseau pour répondre à un concours organisé sur ce thème par l'Académie des Lettres de Dijon. Le *Discours*, profondément révolutionnaire, conteste les inégalités de la société de son temps, en montrant qu'elles sont contre nature. Pour Rousseau, elles sont le produit d'une évolution historique contestable, et peut-être réversible.

*Après avoir dressé dans la première partie de son œuvre un tableau hypothétique de la vie de l'homme à l'état de nature, libre et indépendant, Rousseau en vient à décrire les étapes de la socialisation de l'homme : il évoque ici les premières communautés.*

Ainsi […] cette période du développement des facultés humaines, tenant un juste milieu entre l'indolence de l'état primitif[1] et la pétulante activité de notre amour-propre[2], dut être l'époque la plus heureuse et la plus durable. Plus on y réfléchit, plus on trouve que cet état était le moins sujet aux révolutions, le meilleur à l'homme, et qu'il n'en a dû sortir que par quelque funeste hasard qui pour l'utilité commune eût dû ne jamais arriver. L'exemple des sauvages qu'on a presque tous trouvés à ce point semble confirmer que le genre humain était fait pour y rester toujours, que cet état est la véritable jeunesse du monde, et que tous les progrès ultérieurs ont été en apparence autant de pas vers la perfection de l'individu, et en effet vers la décrépitude[3] de l'espèce.

Tant que les hommes se contentèrent de leurs cabanes rustiques, tant qu'ils se bornèrent à coudre leurs habits de peaux avec des épines ou des arêtes, à se parer de plumes et de coquillages, à se peindre le corps de diverses couleurs, à perfectionner ou embellir leurs arcs et leurs flèches, à tailler avec des pièces tranchantes quelques canots de pêcheurs ou quelques grossiers instruments de musique, en un mot tant qu'ils ne s'appliquèrent qu'à des ouvrages qu'un seul pouvait faire, et qu'à des arts qui n'avaient pas besoin du concours de plusieurs mains, ils vécurent libres, sains, bons et heureux autant qu'ils pouvaient l'être par leur nature, et continuèrent à jouir entre eux des douceurs d'un commerce[4] indépendant : mais dès l'instant qu'un homme eut besoin du secours d'un autre ; dès qu'on s'aperçut qu'il était utile à un seul d'avoir des provisions pour deux, l'égalité disparut, la propriété s'introduisit, le travail devint nécessaire et les vastes forêts se changèrent en des campagnes riantes qu'il fallut arroser de la sueur des hommes, et dans lesquelles on vit bientôt l'esclavage et la misère germer et croître avec les moissons.

1. La passivité de l'homme naturel. – 2. L'amour propre devient une passion dominante chez l'homme socialisé. – 3. En réalité la dégradation de l'espèce. – 4. Ici, sens ancien : relation sociale.

► L'expression de la condition, de l'opposition, et de la concession, p. 402

## Questions

1. Dans le premier paragraphe, comment Rousseau valorise-t-il l'étape des premières communautés ? Relevez les termes qui soulignent cependant le caractère hypothétique de sa réflexion.
2. Expliquez l'opposition qui fonde le deuxième paragraphe. Comment est-elle développée ? Observez notamment la syntaxe de la phrase.
3. Comment l'écrivain dénonce-t-il avec vigueur le début des inégalités sociales ?

**Vocabulaire**
Cherchez l'étymologie du mot « art » (l. 15). Dans quel sens Rousseau l'emploie-t-il ? Dans quel sens l'emploie-t-on aujourd'hui ?

**Synthèse** Vous comparerez les démarches suivies par Laclos et Rousseau pour dénoncer, dans l'histoire des sociétés qu'ils proposent, l'instauration de l'inégalité.

### BAC S'entraîner au commentaire

Rédigez la première partie du commentaire de ce texte : montrez qu'il s'agit d'un essai en étudiant l'engagement de l'écrivain dans sa dénonciation des inégalités entre hommes et femmes.

► Rédigez des paragraphes et insérer des citations, p. 478

TEXTE 5

▸ Biographies, p. 508

**CONTEXTE**

Le mot libertinage définit au XVIIe siècle l'attitude intellectuelle du penseur qui veut s'affranchir des préjugés notamment religieux, pour appréhender par lui-même le monde. Le libertin est donc un libre-penseur. Au XVIIIe siècle, le terme se spécialise pour désigner le libertin de mœurs, celui qui s'adonne aux plaisirs charnels sans aucun frein moral ou religieux : la séduction devient pour lui un art. Le célèbre roman de Laclos témoigne de cette évolution des mœurs, en même temps qu'il paraît la condamner.

# Choderlos de Laclos, *Les Liaisons dangereuses* (1782)

*Madame de Merteuil répond ici à son ami le Vicomte de Valmont qui a tenté de la mettre en garde contre les dangers d'une liaison avec un autre célèbre libertin. Elle est offensée qu'il ait pu la suspecter de faiblesse.*

Si cependant vous m'avez vue, disposant des événements et des opinions, faire de ces hommes si redoutables le jouet de mes caprices ou de mes fantaisies ; ôter aux uns la volonté, aux autres la puissance de me nuire ; si j'ai su tour à tour, et suivant mes goûts mobiles, attacher à ma suite ou rejeter loin de moi

*Ces Tyrans détrônés devenus mes esclaves ;*

si, au milieu de ces révolutions fréquentes, ma réputation s'est pourtant conservée pure, n'avez-vous pas dû en conclure que, née pour venger mon sexe et maîtriser le vôtre, j'avais su me créer des moyens inconnus jusqu'à moi ?

Ah ! gardez vos conseils et vos craintes pour ces femmes à délire, et qui se disent *à sentiments* ; dont l'imagination exaltée ferait croire que la nature a placé leurs sens dans leur tête ; qui, n'ayant jamais réfléchi, confondent sans cesse l'amour et l'Amant ; qui, dans leur folle illusion, croient que celui-là seul avec qui elles ont cherché le plaisir, en est l'unique dépositaire ; et vraies superstitieuses, ont pour le Prêtre, le respect et la foi qui n'est dû qu'à la Divinité. […]

Mais moi, qu'ai-je de commun avec ces femmes inconsidérées ? quand m'avez-vous vu m'écarter des règles que je me suis prescrites, et manquer à mes principes ? je dis mes principes, et je le dis à dessein : car ils ne sont pas, comme ceux des autres femmes, donnés au hasard, reçus sans examen et suivis par habitude ; ils sont le fruit de mes profondes réflexions ; je les ai créés, et je puis dire que je suis mon ouvrage.

Entrée dans le monde dans le temps où, fille encore, j'étais vouée par état au silence et à l'inaction, j'ai su en profiter pour observer et réfléchir. Tandis qu'on me croyait étourdie ou distraite, écoutant peu à la vérité les discours qu'on s'empressait à me tenir, je recueillais avec soin ceux qu'on cherchait à me cacher.

Cette utile curiosité, en servant à m'instruire, m'apprit encore à dissimuler : forcée souvent de cacher les objets de mon attention aux yeux de ceux qui m'entouraient, j'essayai de guider les miens à mon gré ; j'obtins dès lors de prendre à volonté ce regard distrait que vous avez loué si souvent. Encouragée par ce premier succès, je tâchai de régler de même les divers mouvements de ma figure. Ressentais-je quelque chagrin, je m'étudiais à prendre l'air de la sérénité, même celui de la joie ; j'ai porté le zèle jusqu'à me causer des douleurs volontaires, pour chercher pendant ce temps l'expression du plaisir. Je me suis travaillée avec le même soin et plus de peine, pour réprimer les symptômes d'une joie inattendue. C'est ainsi que j'ai su prendre sur ma physionomie, cette puissance dont je vous ai vu quelquefois si étonné.

Glenn Close (Madame de Merteuil) dans *Les Liaisons dangereuses* réalisé par Stephen Frears en 1998.

# Questions

▸ Convaincre et persuader, p. 460
▸ L'expression de la condition, de l'opposition, et de la concession, p. 402

### Une lettre de protestation

1. Relevez les marques de la situation d'énonciation qui témoignent de l'intimité entre la marquise et le vicomte de Valmont.
2. Valmont a témoigné ses inquiétudes pour son amie : citez au moins deux procédés (figures de style ou procédés oratoires) qui, dans les paragraphes 1 à 3, marquent l'indignation en retour de la marquise.
3. Sur quelle opposition sont construits les paragraphes 2 et 3 ?

### La contestation des femmes d'époque

4. Quels reproches Madame de Merteuil adresse-t-elle aux femmes « à sentiments » dans le paragraphe 2 (l. 9 à 14) ?
5. Quelle image de la femme défend-elle, au travers de son exemple, dans le paragraphe 1 ? Relevez et commentez une expression qui définit le rôle qu'elle s'attribue.

### L'autobiographie d'une libertine

6. Dans le paragraphe 3, quelle expression signale l'orgueil de Madame de Merteuil ? Pourquoi cette expression est-elle particulièrement audacieuse pour la moralité de l'époque, encore marquée par la religion ? Cherchez une autre expression qui lui fait écho dans le paragraphe 5.
7. Dans les paragraphes 4 et 5, la marquise évoque les « principes » qu'elle s'est fixés, jeune fille : relevez-les et commentez-les. Que nous montrent-ils de son attitude par rapport à la société ?
8. Relevez et commentez les verbes employés au dernier paragraphe par Madame de Merteuil : de quoi sont-ils révélateurs ?

**Vocabulaire**
Cherchez l'étymologie du mot « principe » (l. 17). Pourquoi le choix de ce terme est-il ici particulièrement pertinent ?

**Synthèse** Montrez comment Laclos invente ici un personnage romanesque d'exception qui incarne la révolte des femmes contre la société.

### BAC S'entraîner à l'écriture d'invention

La marquise de Merteuil répond ici à une lettre écrite par son ami, le vicomte de Valmont. Imaginez la lettre que Valmont a pu écrire pour susciter une telle réponse. Vous veillerez à la cohésion et à l'enchaînement des deux lettres.

▸ Repérer les différents écrits d'invention, p. 492

# TEXTE 6

**CONTEXTE**

Olympe de Gouges (1748-1793) est une personnalité emblématique des débuts du féminisme. Elle rédige en 1791 la *Déclaration des droits de la femme et de la citoyenne*, inspirée par la *Déclaration des droits de l'homme et du citoyen* de 1789. Son texte n'est pas examiné par la Convention. Ses prises de position modérées la conduisent sur la guillotine pendant la Terreur. Le texte est publié au XIXe siècle.

## Olympe de Gouges, *Déclaration des droits de la femme et de la citoyenne* (1791)

*La Révolution Française n'a amené que peu de progrès pour les femmes. Olympe de Gouges écrit donc ce texte dans l'espoir d'obtenir les droits dont elles sont privées : droit au vote et à la propriété privée, droit à l'éducation, possibilité d'exercer des charges publiques.*

*(Avant-propos)*

Homme, es-tu capable d'être juste ? C'est une femme qui t'en fait la question ; tu ne lui ôteras pas du moins ce droit. Dis-moi ? qui t'a donné le souverain empire[1] d'opprimer mon sexe ? ta force ? tes talents ? Observe le créateur dans sa sagesse ; parcours la nature dans toute sa grandeur, dont tu sembles vouloir te rapprocher, et donne-moi, si tu l'oses, l'exemple de cet empire tyrannique.

Remonte aux animaux, consulte les éléments, étudie les végétaux, jette enfin un coup d'œil sur toutes les modifications de la matière organisée ; et rends-toi à l'évidence quand je t'en offre les moyens ; cherche, fouille et distingue, si tu le peux, les sexes dans l'administration de la nature. Partout tu les trouveras confondus, partout ils coopèrent avec un ensemble harmonieux à ce chef-d'œuvre immortel.

L'homme seul s'est fagoté un principe de cette exception[2]. Bizarre, aveugle, boursouflé de sciences et dégénéré, dans ce siècle de lumières et de sagacité, dans l'ignorance la plus crasse, il veut commander en despote un sexe qui a reçu toutes les facultés intellectuelles ; il prétend jouir de la Révolution, et réclamer ses droits à l'égalité, pour ne rien dire de plus.

### Déclaration des Droits de la femme et de la citoyenne

À décréter par l'Assemblée nationale dans ses dernières séances ou dans celle de la prochaine législature.

*Préambule*

Les mères, les filles, les sœurs, représentantes de la Nation, demandent d'être constituées en Assemblée nationale. Considérant que l'ignorance, l'oubli ou le mépris des droits de la femme, sont les seules causes des malheurs publics et de la corruption des gouvernements, ont résolu d'exposer dans une déclaration solennelle, les droits naturels, inaliénables et sacrés de la femme,

Club de femmes (1850), lithographie, musée Carnavalet, Paris.

1. Ici, pouvoir.
2. L'homme s'est fabriqué une loi en s'appuyant sur cette exception.

afin que cette déclaration constamment présente à tous les membres du corps social, leur rappelle sans cesse leurs droits et leurs devoirs, afin que les actes du pouvoir des femmes, et ceux du pouvoir des hommes pouvant être à chaque instant comparés avec le but de toute institution politique, en soient plus respectés, afin que les réclamations des citoyennes, fondées désormais sur des principes simples et incontestables, tournent toujours au maintien de la Constitution, des bonnes mœurs, et au bonheur de tous.

En conséquence, le sexe supérieur en beauté comme en courage dans les souffrances maternelles, reconnaît et déclare, en présence et sous les auspices de l'Être suprême, les Droits suivants de la femme et de la citoyenne.

### Article premier

La femme naît libre et demeure égale à l'homme en droits. Les distinctions sociales ne peuvent être fondées que sur l'utilité commune.

# Questions

► Convaincre et persuader, p. 460
► Émouvoir, p. 459
► Les figures d'opposition, d'exagération et d'atténuation, p. 415

### Une dénonciation émue de la condition féminine

1. Relevez et commentez dans les paragraphes 1 et 3 de l'avant-propos les termes qui dénoncent le pouvoir des hommes sur les femmes.
2. Relisez le paragraphe 1 de l'avant-propos : comment s'exprime ici l'indignation d'Olympe de Gouges contre ce pouvoir ? Quel est le registre de cet extrait ?
3. Identifiez dans le paragraphe 3 de l'avant-propos certains des procédés utilisés par Olympe de Gouges pour critiquer les hommes.
4. Comment, dans le premier paragraphe du préambule, Olympe de Gouges donne-t-elle une certaine solennité à sa déclaration ?

### Un plaidoyer argumenté en faveur des femmes

5. Quelle revendication principale Olympe de Gouges formule-t-elle ici au nom des femmes ? Relevez et commentez le passage du texte qui l'exprime.
6. Sur quel argument principal s'appuie Olympe de Gouges dans son avant-propos pour défendre cette revendication ? Comment la syntaxe met-elle en valeur cet argument ?
7. Relevez dans le préambule deux autres arguments qui lui permettent d'affirmer les revendications féminines.

**Vocabulaire**
Cherchez l'étymologie du mot « auspices ». Quel sens moderne le mot a-t-il pris dans le texte ?

**Synthèse** Résumez en un court paragraphe la contestation faite par Olympe de Gouges des rapports entre hommes et femmes.

### BAC S'entraîner à la question sur le corpus

► Confronter les textes du corpus pour organiser sa réponse, p. 468

En vous appuyant sur les textes de Laclos, Voltaire et Olympe de Gouges, vous montrerez que ces écrivains utilisent des moyens différents pour exprimer une même dénonciation de l'emprise des hommes sur les femmes.

▸ Biographies, p. 508

# Victor Hugo, *Les Misérables* (1862)

▸ Homme engagé politiquement contre le Second Empire Victor Hugo a été aussi de tous les combats du siècle, dénonçant la misère qui conduit à l'exploitation des enfants, et à la prostitution des femmes. *Les Misérables*, son chef-d'œuvre romanesque, et aussi son œuvre la plus populaire, lui donnent l'occasion de revenir sur ces combats qui lui tiennent à cœur.

*Le narrateur vient d'évoquer la terrible histoire de Fantine, ouvrière au chômage, réduite à se prostituer pour éviter la misère et trouver quelque argent pour payer la pension de sa fille, Cosette.*

Qu'est-ce que c'est que cette histoire de Fantine ? C'est la société achetant une esclave.

À qui ? À la misère.

À la faim, au froid, à l'isolement, à l'abandon, au dénûment. Marché douloureux. Une âme pour un morceau de pain. La misère offre, la société accepte.

La sainte loi de Jésus-Christ gouverne notre civilisation, mais elle ne la pénètre pas encore. On dit que l'esclavage a disparu de la civilisation européenne. C'est une erreur. Il existe toujours, mais il ne pèse plus que sur la femme, et il s'appelle prostitution.

Il pèse sur la femme, c'est-à-dire sur la grâce, sur la faiblesse, sur la beauté, sur la maternité. Ceci n'est pas une des moindres hontes de l'homme.

Au point de ce douloureux drame où nous sommes arrivés, il ne reste plus rien à Fantine de ce qu'elle a été autrefois. Elle est devenue marbre en devenant boue. Qui la touche à froid. Elle passe, elle vous subit et elle vous ignore ; elle est la figure déshonorée et sévère. La vie et l'ordre social lui ont dit leur dernier mot. Il lui est arrivé tout ce qui lui arrivera. Elle a tout ressenti, tout supporté, tout éprouvé, tout souffert, tout perdu, tout pleuré. Elle est résignée de cette résignation qui ressemble à l'indifférence comme la mort ressemble au sommeil. Elle n'évite plus rien. Elle ne craint plus rien. Tombe sur elle toute la nuée et passe sur elle tout l'océan ! que lui importe ! c'est une éponge imbibée.

Elle le croit du moins, mais c'est une erreur de s'imaginer qu'on épuise le sort et qu'on touche le fond de quoi que ce soit.

Hélas ! qu'est-ce que toutes ces destinées ainsi poussées pêle-mêle ? où vont-elles ? pourquoi sont-elles ainsi ?

Celui qui sait cela voit toute l'ombre.

Il est seul. Il s'appelle Dieu.

## Questions

1. Relisez les lignes 1 à 10 du texte : quelle analyse Victor Hugo propose-t-il ici de la prostitution ? Qui met-il en cause et comment ?
2. Montrez comment l'histoire de Fantine prend ici une dimension exemplaire.
3. Quels moyens utilise l'écrivain pour impliquer le lecteur dans sa dénonciation ?
4. Dans les lignes 11 à 24, relevez et commentez certains des moyens utilisés par l'écrivain pour toucher et émouvoir le lecteur.
5. Quelle place occupent ici l'Église et la foi chrétienne ?

### Prolongement

Cherchez dans la littérature du XIXe siècle d'autres œuvres (romans, poèmes, nouvelles) qui ont contribué à défendre la figure de la prostituée.

**Synthèse** Montrez comment Victor Hugo prend la défense des femmes réduites à la prostitution.

► Biographies, p. 508

► Simone de Beauvoir est une théoricienne du féminisme. La publication du *Deuxième sexe* a consacré sa notoriété en même temps qu'elle a suscité une vaste polémique. Cet essai ambitieux montre comment la société maintient la femme dans une situation d'infériorité.

# Simone de Beauvoir, *Le Deuxième Sexe* (1949)

*Dans cette dernière page de l'ultime partie de son œuvre, intitulée « Vers la libération », Simone de Beauvoir dénonce la prétendue infériorité intellectuelle et créatrice de la femme.*

Comment les femmes auraient-elles jamais eu du génie alors que toute possibilité d'accomplir une œuvre géniale – ou même une œuvre tout court – leur était refusée ? La vieille Europe a naguère accablé de son mépris les Américains barbares qui ne possédaient ni artistes ni écrivains : « Laissez-nous exister avant de nous demander de justifier notre existence », répondit en substance Jefferson[1]. Les Noirs font les mêmes réponses aux racistes qui leur reprochent de n'avoir produit ni un Whitman ni un Melville[2]. Le prolétariat français ne peut non plus opposer aucun nom à ceux de Racine ou de Mallarmé. La femme libre est seulement en train de naître ; quand elle se sera conquise, peut-être justifiera-t-elle la prophétie de Rimbaud : « Les poètes seront ! Quand sera brisé l'infini servage de la femme, quand elle vivra pour elle et par elle, l'homme – jusqu'ici abominable – lui ayant donné son renvoi, elle sera poète elle aussi ! La femme trouvera l'inconnu ! Ses mondes d'idées différeront-ils des nôtres ? Elle trouvera des choses étranges, insondables, repoussantes, délicieuses, nous les prendrons, nous les comprendrons[3]. » Il n'est pas sûr que ses « mondes d'idées » soient différents de ceux des hommes puisque c'est en s'assimilant à eux qu'elle s'affranchira ; pour savoir dans quelle mesure elle demeurera singulière, dans quelle mesure ces singularités garderont de l'importance, il faudrait se hasarder à des anticipations bien hardies. Ce qui est certain, c'est que jusqu'ici les possibilités de la femme ont été étouffées et perdues pour l'humanité et qu'il est grand temps dans son intérêt et dans celui de tous qu'on lui laisse enfin courir toutes ses chances.



1. Thomas Jefferson (1743-1826) : président des États-Unis, qui a contribué à la rédaction de la Déclaration d'indépendance.
2. Célèbres auteurs américains contemporains.
3. Lettre à Pierre Demeny, 15 mai 1871 *(note de l'auteur)*.

## Questions

1. Commentez la première phrase du texte : quelle thèse défend l'écrivain et comment est-elle mise en valeur ?
2. « La vieille Europe […] Mallarmé. » (l. 3 à 8) sur quelles analogies s'appuie-t-elle pour expliquer la rareté du génie féminin ?
3. Comment la citation de Rimbaud utilisée soutient-elle l'argumentation de l'écrivain ? Comment appelle-t-on ce type d'argument ?
4. Examinez la dernière phrase du texte : comment l'écrivain donne-t-elle une force persuasive à sa revendication ?

### Prolongements

- Le premier tome de l'autobiographie de Simone de Beauvoir s'appelle *Mémoires d'une jeune fille rangée* : comment comprenez-vous l'expression ? Quel jugement porte-t-elle rétrospectivement sur elle-même ?
- Cherchez certaines des dates importantes qui jalonnent les acquis sociaux et politiques des femmes.

# EMPLOYER LE VOCABULAIRE DE L'ARGUMENTATION

## 1 MOTS DÉRIVÉS

**Ces mots voisins ont un sens différent : donnez pour chacun une définition et employez-les dans des phrases qui éclaireront leur sens.**

allocution / élocution
argutie / argument
plaidoyer / plaidoirie
arguer / argumenter
contredire / contrarier
déduire / dédire
légitimer / légaliser

## 2 EXPRESSIONS LATINES

a. **Cherchez dans un dictionnaire le sens de ces expressions latines couramment employées en français.**

*ad litteram – ad hominem – pro domo*

b. **Choisissez un des textes de la séquence, puis caractérisez la démarche argumentative de l'écrivain en employant une de ces expressions dans une phrase.**

## 3 SYNONYMES

a. **Donnez un synonyme à chacun de ces verbes et expliquez quelle nuance de sens distingue leur emploi.**

récuser – démontrer – insinuer – suspecter – s'interroger

b. **Choisissez un des textes de la séquence, puis utilisez au moins trois des verbes ci-dessus dans un paragraphe qui commentera l'argumentaire de l'écrivain.**

## 4 MODALISATION DES PROPOS

a. **Précisez si ces verbes présentent les propos du locuteur comme certains, probables, douteux ou faux.**

b. **Rédigez pour chacun une phrase qui éclairera son sens**

reconnaître – croire – s'imaginer – prétexter – prétendre – douter – sembler – paraître – savoir – reconnaître

## 5 GENRES DE L'ARGUMENTATION

**Les termes qui suivent désignent tous des textes littéraires de combat avec une intention satirique. Cherchez la nuance exacte de chacun de ces termes et employez-les dans une phrase qui en précisera le sens.**

***Vous pouvez utiliser un dictionnaire.***

une épigramme – un pamphlet – une satire – une diatribe – un libelle

## 6 CHAMPS LEXICAUX

a. **Quel champ lexical repérez-vous ? Quel registre identifiez-vous ? Quelle figure de style, répétée deux fois est caractéristique de ce registre ?**

On comprend dans la peste toutes les maladies contagieuses, qui sont au nombre de deux ou trois mille. Ces deux présents nous viennent de la Providence. Mais la guerre, qui réunit tous ces dons, nous vient de l'imagination de trois ou quatre cents personnes répandues sur la surface de ce globe sous le nom de princes ou de ministres.

Voltaire, art. « Guerre »,
*Dictionnaire philosophique* (1764)

b. **Quels sont les deux champs lexicaux qui s'opposent ? Écrivez à votre tour une phrase sur un fait d'actualité qui vous indigne, en jouant de la même façon sur l'opposition de deux champs lexicaux.**

Le merveilleux de cette entreprise infernale, c'est que chaque chef des meurtriers fait bénir ses drapeaux et invoque Dieu solennellement avant d'aller exterminer son prochain.

Voltaire, art. « Guerre »,
*Dictionnaire philosophique* (1764)

## 7 VOCABULAIRE ÉVALUATIF

**Par quels moyens lexicaux Voltaire nous donne-t-il son avis sur la religion ?**

Les Romains eurent leurs douze grands dieux, six mâles et six femelles.

Voltaire, art. « Idole, idolâtre, idolâtrie »,
*Dictionnaire philosophique* (1764)

## EXPRESSION ÉCRITE

### Sujet 1

**Choisissez un personnage littéraire ou historique et écrivez une épigramme en quelques vers à son sujet, mettant en évidence ses défauts principaux ou ses faiblesses.**

### Sujet 2

**Une femme du XVIII^e^ siècle plaide pour ses droits : imaginez la courte lettre qu'elle écrit à un proche pour évoquer la cause des femmes.**

***Vous choisirez de faire appel à la raison ou aux sentiments.***

Séquence 4

# Les passions et l'aspiration au bonheur

**Quels débats soulèvent les « passions » ? Quels arguments sont apportés par les écrivains et les philosophes pour accéder au bonheur ?**

## CORPUS DE LA SÉQUENCE



## PERSPECTIVES

• ANTIQUITÉ



### LIENS AVEC LA PARTIE LANGUE


- Les valeurs des modes et des temps, p. 400
- L'expression de la cause, de la conséquence, du but, de la condition, de l'opposition et de la concession, p. 402
- L'énonciation et le discours, p. 408
- Les figures de rapprochement et de substitution, p. 414


### LIENS AVEC LA PARTIE OUTILS D'ANALYSE


- L'argumentation, p. 446
- L'image, p. 452
- Les registres et effets du texte, p. 458


### LIENS AVEC LA PARTIE MÉTHODES


- La question sur le corpus, p. 468
- Le commentaire, p. 478
- L'écriture d'invention, p. 496


▸▸▸ Quentin Massys, *Le Peseur d'or et sa femme* (1514), huile sur bois (détail), musée du Louvre, Paris.

TEXTE 1

▸ Biographies, p. 508

# Blaise Pascal, *Pensées* (1670)

**CONTEXTE**

Le XVIIe siècle voit s'épanouir de nombreux jeux : des jeux sportifs, comme le jeu de paume, ancêtre de notre tennis, très prisé par Louis XIV, le mail (équivalent du croquet), mais aussi des jeux de salon : échecs, dames, jonchets (jeu comportant de menus bâtons, en ivoire) ou le trictrac, dont le nom provient du bruit des pions sur la table. Les jeux de cartes, qui sont toujours des jeux d'argent, sont très appréciés par les contemporains de Pascal. Ce genre de divertissements fournira à ce philosophe la matière de son argumentation.

*Les* Pensées *constituent une succession de remarques de longueurs différentes dont le but est de définir l'homme : celui-ci est en proie à une dualité tragique. « Roseau pensant », à la fois grand et misérable, corps et esprit, l'homme espère trouver le bonheur dans le divertissement.*

Quand je m'y suis mis quelquefois à considérer les diverses agitations des hommes, et les périls, et les peines où ils s'exposent dans la Cour, dans la guerre d'où naissent tant de querelles, de passions, d'entreprises hardies et souvent mauvaises, etc., j'ai dit souvent que tout le malheur des hommes vient d'une seule chose, qui est de ne savoir pas demeurer en repos dans une chambre. Un homme qui a assez de bien pour vivre, s'il savait demeurer chez soi avec plaisir n'en sortirait pas pour aller sur la mer ou au siège d'une place ; on n'achèterait une charge à l'armée[1] si chère que parce qu'on trouverait insupportable de ne bouger de la ville et on ne recherche les conversations et les divertissements des jeux que parce qu'on ne demeure chez soi avec plaisir. Etc.

Mais quand j'ai pensé de plus près et qu'après avoir trouvé la cause de tous nos malheurs j'ai voulu en découvrir les raison(s), j'ai trouvé qu'il y en a une bien effective qui consiste dans le malheur naturel de notre condition faible et mortelle et si misérable que rien ne peut nous consoler lorsque nous y pensons de près.

Quelque condition qu'on se figure, si l'on assemble tous les biens qui peuvent nous appartenir, la royauté est le plus beau poste du monde et cependant, qu'on s'en imagine, accompagné de toutes les satisfactions qui peuvent le toucher, s'il est sans divertissement et qu'on le laisse considérer et faire réflexion sur ce qu'il est – cette félicité languissante ne le soutiendra point – il tombera par nécessité dans les vues qui le menacent, des révoltes qui peuvent arriver et enfin de la mort et des maladies qui sont inévitables, de sorte que s'il est, sans ce qu'on appelle divertissement le voilà malheureux, et plus malheureux que le moindre de ses sujets qui joue et qui se divertit.

*(L'unique bien des hommes consiste donc à être divertis de penser à leur condition ou par une occupation qui les en détourne, ou par quelque passion agréable et nouvelle qui les occupe, ou par le jeu, la chasse, quelque spectacle attachant, et enfin par ce qu'on appelle divertissement.)*

De là vient que le jeu et la conversation des femmes, la guerre, les grands emplois sont si recherchés. Ce n'est pas qu'il y ait en effet du bonheur, ni qu'on s'imagine que la vraie béatitude, soit d'avoir l'argent qu'on peut gagner au jeu, ou dans le lièvre qu'on court ; on n'en voudrait pas s'il était offert. Ce n'est pas cet usage mol et paisible et qui nous laisse penser à notre malheureuse condition qu'on recherche ni les dangers de la guerre, ni la peine des emplois, mais c'est le tracas qui nous détourne d'y penser et nous divertit. Raison pourquoi on aime mieux la chasse que la prise.

De là vient que les hommes aiment tant le bruit et le remuement. De là vient que la prison est un supplice si horrible, de là vient que le plaisir de la solitude est une chose incompréhensible. Et c'est enfin le plus grand sujet de félicité de la condition des rois, de ce qu'on essaie sans cesse à les divertir et à leur procurer toutes sortes de plaisirs. Le roi est environné de gens qui ne pensent qu'à divertir le roi et à l'empêcher de penser à lui. Car il est malheureux tout roi qu'il est s'il y pense.

1. Au XVIIe siècle, les fonctions de colonel et de capitaine étaient exercées par des nobles qui payaient pour devenir officier.

Gherardo delle Notti, *Dîner avec joueur de luth* (1620), huile sur toile, Galerie des Offices, Florence.

# Questions

► Les genres de l'argumentation, p. 448
► L'expression de la cause et de l'opposition, p. 402

### Le divertissement constitutif de la nature humaine

1. Pour Pascal, la condition humaine est-elle heureuse ou malheureuse ? Quels termes récurrents emploie Pascal pour la désigner ? Qu'apporte le divertissement aux hommes ?
2. Quels exemples de divertissements sont donnés par Pascal ? Relevez les différents champs lexicaux renvoyant à ces exemples. Par quel procédé stylistique les met-il en valeur ?
3. Dans le troisième paragraphe, quel exemple est développé par Pascal ? Retrouvez, dans le reste du texte, un passage qui complète cet exemple. Dans quelle mesure l'homme représenté est-il heureux ?
4. Quel objectif les hommes croient-ils poursuivre avec des divertissements comme la chasse ou le jeu ? Pascal est-il d'accord ? Appuyez-vous sur l'étude des liens logiques dans le cinquième paragraphe.
5. Pourquoi peut-on dire que le bonheur est important pour la vie sociale et que le divertissement a des répercussions sur celle-ci ?

### Fragments d'une pensée en construction

6. Qu'est-ce qui montre que ce texte est une œuvre inachevée, une démonstration dont nous n'avons gardé que l'ossature ?
7. Mesurez l'implication de l'auteur dans son essai en étudiant les marques de l'énonciation. Pascal partage-t-il les divertissements des hommes ?
8. Dans les deux premiers paragraphes, relevez les temps verbaux et les liens logiques employés : quelle évolution la pensée de Pascal connaît-elle ?
9. Dans ces deux paragraphes, quelles sont les causes du malheur, selon lui ? Relevez deux expressions significatives.

**Vocabulaire**
Cherchez l'étymologie du mot « divertissement ». Expliquez le sens de ce mot dans le contexte. Trouvez dans le passage un verbe qui exprime la même idée.

**Synthèse** Le bonheur est-il possible, selon Pascal ?

### BAC S'entraîner au commentaire

► Rédiger des paragraphes et insérer des citations, p. 478

Lisez les deux derniers paragraphes. Vous étudierez comment Pascal montre tout le paradoxe de la condition humaine : aidez-vous en particulier des jeux d'opposition.

# TEXTE 2

▸ Biographies, p. 508

**CONTEXTE**

Les moralistes du XVIIe siècle, tels que La Rochefoucauld, Boileau, et La Bruyère, réfléchissent sur tous les aspects de la nature humaine, et notamment sur les défauts considérés comme péchés capitaux par le christianisme : l'orgueil, l'envie, la colère, la luxure, la paresse, la gourmandise et l'avarice. Ceux-ci sont envisagés comme des passions de l'âme : conformément à l'étymologie du mot « passion », ils font souffrir l'homme, et le bonheur auquel il croit parvenir est purement illusoire.

▸ Le Classicisme, p. 25

## Jean de La Bruyère, *Les Caractères* (1688)

Les Caractères *sont inspirés par l'œuvre du Grec Théophraste, qui vécut au* IVe *siècle av. J.-C. Composée de différents fragments, cette œuvre de moraliste s'attache à dénoncer les travers des hommes en mettant en lumière leurs attitudes. Dans le chapitre « Des biens de fortune », l'auteur examine si la richesse fait le bonheur des hommes.*

27

*Chrysippe*[1], homme nouveau, et le premier noble de sa race, aspirait, il y a trente années, à se voir un jour deux mil livres de rente pour tout bien : c'était là le comble de ses souhaits et sa plus haute ambition ; il l'a dit ainsi, et on s'en souvient. Il arrive, je ne sais par quels chemins, jusques à donner en revenu à l'une de ses filles, pour sa dot[2], ce qu'il désirait lui-même d'avoir en fonds pour toute fortune pendant sa vie. Une pareille somme est comptée dans ses coffres pour chacun de ses autres enfants qu'il doit pourvoir, et il a un grand nombre d'enfants ; ce n'est qu'en avancement d'hoirie[3] : il y a d'autres biens à espérer après sa mort. Il vit encore, quoiqu'assez avancé en âge, et il use le reste de ses jours à travailler pour s'enrichir.

28

Laissez faire *Ergaste*[1], et il exigera un droit de tous ceux qui boivent de l'eau de la rivière, ou qui marchent sur la terre ferme : il sait convertir en or jusques aux roseaux, aux joncs et à l'ortie. Il écoute tous les avis, et propose tous ceux qu'il a écoutés. Le prince ne donne aux autres qu'aux dépens d'Ergaste, et ne leur fait de grâces que celles qui lui étaient dues. C'est une faim insatiable d'avoir et de posséder. Il trafiquerait[4] des arts et des sciences, et mettrait en parti[5] jusques à l'harmonie : il faudrait, s'il en était cru, que le peuple, pour avoir le plaisir de le voir riche, de lui voir une meute[6] et une écurie, pût perdre le souvenir de la musique d'*Orphée*[7], et se contenter de la sienne.

50

Les passions tyrannisent l'homme ; et l'ambition suspend en lui les autres passions, et lui donne pour un temps les apparences de toutes les vertus. Ce *Tryphon*[1] qui a tous les vices, je l'ai cru sobre, chaste, libéral, humble et même dévot : je le croirais encore, s'il n'eût enfin fait sa fortune.

51

L'on ne se rend point sur le désir de posséder et de s'agrandir : la bile[8] gagne, et la mort approche, qu'avec un visage flétri, et des jambes déjà faibles, l'on dit : *ma fortune, mon établissement*[9].

1. Noms de personnages fictifs. – 2. Biens apportés par une fille lors de son mariage. – 3. Héritage. – 4. Tirer avantage de. – 5. Sens particulier du XVIIe siècle : le parti est la « part de profit attribuée pour la levée de certains impôts ». – 6. Groupe de chiens de chasse. – 7. Nom d'un opéra. – 8. Liquide sécrété par le foie, signe ici de maladie. – 9. Fait d'avoir une charge importante.

Domenicus van Tol, *L'Avarice* (1660), huile sur bois (détail), musée d'Art antique, Milan (Italie).

# Questions


► Les genres de l'argumentation, p. 448
► Faire rire, p. 458
► Les valeurs des temps, p. 400


## Les argumentations directes

1. Quel sens l'auteur donne-t-il au mot « passions » ? Quel exemple de passion est développé dans chaque extrait ?
2. Les passions présentées dans ces extraits contribuent-elles au bonheur ? Relevez les phrases qui présentent la thèse de l'auteur.
3. Retrouvez des passages constituant des généralisations. Vous vous fonderez notamment sur la valeur des temps verbaux.
4. Observez la situation d'énonciation dans chacun de ces extraits : dans quels passages l'auteur s'implique-t-il ? Quel intérêt présente son intervention ?
5. À quel autre thème est relié celui de la richesse, dans les fragments 27 et 50 ? Quelle image de la condition humaine et quel avertissement l'auteur donne-t-il ici ?

## Les portraits

6. Quelle valeur ces fragments ont-ils dans l'ensemble de l'argumentation de La Bruyère ? Les personnages, ainsi représentés, vous paraissent-ils heureux ? Justifiez votre réponse.
7. Étudiez les temps verbaux et les repères temporels dans le fragment 27 : comment se développe ce portrait ? Comparez avec le portrait d'*Ergaste* (fragment 28) en vous appuyant sur la valeur des temps.
8. Aux lignes 13 et 14, le personnage d'*Ergaste* est implicitement comparé à un personnage mythologique : qui est-il ? Dans quelle mesure cette comparaison est-elle élogieuse ?
9. Quelles caractéristiques du personnage d'*Ergaste* se font jour à travers ce portrait ? Qu'est-ce qui contribue au ridicule du personnage ?
10. Relevez les traits de caractère de *Tryphon* dans le fragment 50. Quelle figure de style les met en valeur ? Quel lien cette esquisse de portrait a-t-elle avec la première partie du paragraphe ?

### Vocabulaire

Le nom de Chrysippe n'a pas été choisi au hasard : trouvez l'origine grecque du mot et expliquez pourquoi il participe de la critique de La Bruyère. Aidez-vous d'un dictionnaire.

**Synthèse** Qu'est-ce qui justifie le rapprochement de ces quatre paragraphes ?

## BAC S'entraîner à l'écriture d'invention

« Ce *Tryphon* qui a tous les vices, je l'ai cru sobre, chaste, libéral, humble et même dévot : je le croirais encore, s'il n'eût enfin fait sa fortune. » (l. 21 à 23) : amplifiez le portrait de ce personnage en conservant la visée critique de cette description et les deux moments suggérés par l'auteur. Vous vous attacherez à montrer, par les actes du personnage, l'un des traits de caractère explicitement donnés par La Bruyère.

► Amplifier et transposer un texte, p. 496

# TEXTE 4

▸ Biographies, p. 508

**CONTEXTE**

Les contes philosophiques apparaissent au XVIII^e siècle. La traduction des *Mille et Une Nuits* réalisée au siècle des Lumières lance la mode de ce genre, qui conserve la forme narrative, les personnages fictifs et le merveilleux. Mais l'intention critique y est dominante : l'auteur invite ses lecteurs à réfléchir sur un thème abstrait. Dans *Candide*, Voltaire conteste la théorie de l'optimisme, comme l'indique le sous-titre, qui veut que le monde créé par Dieu soit le meilleur des mondes possibles.

▸ Le Libertinage, p. 28

## Voltaire, *Candide* (1759)

*Dans son conte philosophique* Candide, *Voltaire met en scène un jeune homme naïf qui découvre le monde et ses horreurs. Après de nombreuses aventures, accompagné de Pangloss et Martin, il rencontre un vieillard turc qui vit heureux hors de la société.*

Ayant dit ces mots, il fit entrer les étrangers dans sa maison ; ses deux filles et ses deux fils leur présentèrent plusieurs sortes de sorbets qu'ils faisaient eux-mêmes, du kaïmak[1] piqué d'écorces de cédrat[2] confit, des oranges, des citrons, des limons[2], des ananas, des pistaches, du café de Moka qui n'était point mêlé avec le mauvais café de Batavia et des îles. Après quoi les deux filles de ce bon musulman parfumèrent les barbes de Candide, de Pangloss, et de Martin.

« Vous devez avoir, dit Candide au Turc, une vaste et magnifique terre ? – Je n'ai que vingt arpents, répondit le Turc ; je les cultive avec mes enfants ; le travail éloigne de nous trois grands maux, l'ennui, le vice, et le besoin. »

Candide, en retournant dans sa métairie[3], fit de profondes réflexions sur le discours du Turc. Il dit à Pangloss et à Martin : « Ce bon vieillard me paraît s'être fait un sort bien préférable à celui des six rois avec qui nous avons eu l'honneur de souper. – Les grandeurs, dit Pangloss, sont fort dangereuses, selon le rapport de tous les philosophes : car enfin Églon, roi des Moabites, fut assassiné par Aod ; Absalon fut pendu par les cheveux et percé de trois dards ; le roi Nadab, fils de Jéroboam, fut tué par Baasa ; le roi Éla, par Zambri ; Ochosias, par Jéhu ; Athalia, par Joïada ; les rois Joachim, Jéchonias, Sédécias[4], furent esclaves. Vous savez comment périrent Crésus, Astyage, Darius, Denys de Syracuse, Pyrrhus, Persée, Annibal, Jugurtha, Arioviste, César, Pompée, Néron, Othon, Vitellius, Domitien[5], Richard II d'Angleterre, Édouard II, Henri VI, Richard III, Marie Stuart, Charles Ier, les trois Henri de France, l'empereur Henri IV[6] ? Vous savez... – Je sais aussi, dit Candide, qu'il faut cultiver notre jardin. – Vous avez raison, dit Pangloss ; car quand l'homme fut mis dans le jardin d'Éden, il y fut mis *ut operaretur eum*, pour qu'il travaillât : ce qui prouve que l'homme n'est pas né pour le repos. – Travaillons sans raisonner, dit Martin ; c'est le seul moyen de rendre la vie supportable. »

Toute la petite société entra dans ce louable dessein ; chacun se mit à exercer ses talents. La petite terre rapporta beaucoup. Cunégonde était, à la vérité, bien laide ; mais elle devint une excellente pâtissière ; Paquette broda ; la vieille eut soin du linge. Il n'y eut pas jusqu'à frère Giroflée qui ne rendît service ; il fut un très bon menuisier, et même devint honnête homme ; et Pangloss disait quelquefois à Candide : « Tous les événements sont enchaînés dans le meilleur des mondes possibles : car enfin si vous n'aviez pas été chassé d'un beau château à grands coups de pied dans le derrière pour l'amour de mademoiselle Cunégonde, si vous n'aviez pas été mis à l'Inquisition, si vous n'aviez pas couru l'Amérique à pied, si vous n'aviez pas donné un bon coup d'épée au baron, si vous n'aviez pas perdu tous vos moutons du bon pays d'Eldorado, vous ne mangeriez pas ici des cédrats confits et des pistaches. – Cela est bien dit, répondit Candide, mais il faut cultiver notre jardin. »

1. Sorte de crème, de yaourt. – 2. Variétés de citrons. – 3. Petite propriété à la campagne. – 4. Rois de la Bible. – 5. Rois et empereurs de l'Antiquité. – 6. Rois de différentes nations d'Europe.

Jaume Nadal Ferragut, *Greffage* (1750), domaine de Masanella, Escorca, Majorque (Espagne).

# Questions

► Les genres de l'argumentation, p. 448
► Faire rire, p. 458

## Le dénouement du conte philosophique

1. Quelle forme prend ce texte ? Quels en sont les principaux mouvements ? Donnez un titre à chacun d'entre eux.
2. Différents personnages du conte sont cités : que leur arrive-t-il dans ce dénouement ?
3. Dans quelle mesure peut-on parler d'un dénouement heureux ? Ce dénouement ressemble-t-il à un conte traditionnel ?
4. Le conte de fées peut posséder une moralité à la fin : quelle phrase pourrait constituer la moralité de ce texte ? Qui la prononce ? Comment est-elle mise en valeur Quels sens pouvez-vous lui attribuer ?

## La conception du bonheur

5. Quelles sont les caractéristiques de la société formée par le vieillard turc ? Quel procédé stylistique les met en valeur ? Pourquoi peut-on parler d'un lieu idyllique, d'une utopie ?
6. Comment la compagnie formée par Candide et ses amis essaie-t-elle de reproduire cette société ?
7. À quelle valeur s'oppose le bon vieillard et ses enfants ? Quel avertissement l'auteur semble-t-il vouloir nous donner ?

## L'objectif du conte : dénoncer l'optimisme

8. Étudiez les paroles de Pangloss : quelle figure de style les parcourt ? Commentez l'effet produit sur les autres personnages et sur le lecteur ?
9. Étudiez les paroles rapportées de Pangloss (l. 31 à 36) : quelle thèse défend-il ? Quelle relation logique parcourt son discours ? L'enchaînement des idées vous paraît-elle logique ?
10. Ce personnage vous semble-t-il être le porte-parole de l'auteur ? Justifiez votre réponse.

**Grammaire**
« Travaillons sans raisonner, dit Martin ; c'est le seul moyen de rendre la vie supportable. » Remplacez le point virgule par le lien logique adéquat. Précisez sa nuance.

**Synthèse** Comment Voltaire nous donne-t-il une définition du bonheur dans ce texte ?

## BAC S'entraîner à l'écriture d'invention

Dans une page qui aurait pu se trouver dans le conte philosophique de Voltaire, racontez une journée passée dans la métairie. Vous respecterez les caractéristiques des personnages, et essaierez de rendre compte de leur bonheur, tel que l'envisage Voltaire.

► Amplifier et transposer un texte, p. 496

TEXTE 6

▸ Biographies, p. 508

# Germaine de Staël, *De l'influence des passions sur le bonheur de l'individu et des nations* (1796)

**⊕ CONTEXTE**

Exilée dans son château de Coppet, en Suisse, Madame de Staël réunit autour d'elle des écrivains de tous pays, comme le romancier français, Benjamin Constant. Leur opposition à l'Empire les rassemble. Les réflexions de Mme de Staël sur l'homme sont indissociables d'une pensée politique. Par ses écrits théoriques, elle contribue à la diffusion du Romantisme allemand en France. Ses romans annoncent ce mouvement en mettant en scène des personnages en quête du bonheur.

▸ Le Romantisme, p. 29

*Dans ce traité, Mme de Staël distingue deux types de passions : celles qui sont destructrices, aliénantes comme l'ambition, et celles qui sont bonnes en elles-mêmes, comme l'amitié, si celles-ci restent mesurées.*

On m'objectera peut-être aussi, qu'en voulant dompter les passions, je cherche à étouffer le principe des plus belles actions des hommes, des découvertes sublimes, des sentiments généreux : quoique je ne sois pas entièrement de cet avis, je conviens qu'il y a quelque chose de grand dans la passion ; qu'elle ajoute, pendant qu'elle dure, à l'ascendant[1] de l'homme ; qu'il accomplit alors presque tout ce qu'il projette, tant la volonté ferme et suivie est une force active dans l'ordre moral. L'homme alors, emporté par quelque chose de plus puissant que lui, use sa vie, mais s'en sert avec plus d'énergie. Si l'âme doit être considérée seulement comme une impulsion, cette impulsion est plus vive quand la passion l'excite. S'il faut aux hommes sans passions l'intérêt d'un grand spectacle, s'ils veulent que les gladiateurs s'entre-détruisent à leurs yeux, tandis qu'ils ne seront que les témoins de ces affreux combats, sans doute il faut enflammer de toutes les manières ces êtres infortunés dont les sentiments impétueux animent ou renversent le théâtre du monde : mais quel bien en résultera-t-il pour eux ? quel bonheur général peut-on obtenir par ces encouragements donnés aux passions de l'âme ? Tout ce qu'il faut de mouvement à la vie sociale, tout l'élan nécessaire à la vertu existerait sans ce mobile[2] destructeur. Mais, dira-t-on, c'est à diriger les passions et non à les vaincre qu'il faut consacrer ses efforts. Je n'entends pas comment on dirige ce qui n'existe qu'en dominant ; il n'y a que deux états pour l'homme : ou il est certain d'être le maître au-dedans de lui, et alors il n'a point de passions ; ou il sent qu'il règne en lui-même une puissance plus forte que lui, et alors il dépend entièrement d'elle. Tous ces traités avec la passion sont purement imaginaires ; elle est, comme les vrais tyrans, sur le trône ou dans les fers. Je n'ai point imaginé cependant de consacrer cet ouvrage à la destruction de toutes les passions ; mais j'ai tâché d'offrir un système de vie qui ne fût pas sans quelques douceurs, à l'époque où s'évanouissent les espérances de bonheur positif dans cette vie : ce système ne convient qu'aux caractères naturellement passionnés, et qui ont combattu pour reprendre l'empire ; plusieurs de ces jouissances n'appartiennent qu'aux âmes jadis ardentes, et la nécessité de ces sacrifices ne peut être sentie que par ceux qui ont été malheureux. En effet, si l'on n'était pas né passionné, qu'aurait-on à craindre, de quel effort aurait-on besoin, que se passerait-il en soi qui pût occuper le moraliste, et l'inquiéter sur la destinée de l'homme ?

1. Autorité.
2. Principe.

Marie-Eléonore Godefroid, *Portrait de Germaine de Staël* (1813), huile sur toile, musée du Château, Versailles.

# Questions

► Les formes de l'argumentation, p. 446
► Convaincre et persuader, p. 460
► Les discours rapportés, p. 412

## Un traité philosophique

1. Par quel mot Mme de Staël désigne-t-elle l'entreprise qu'elle est en train de mener ? Quelle forme d'argumentation implique-t-il ? Montrez que cette introduction répond à cet objectif.
2. Relevez les pronoms personnels et les verbes de paroles employés : quels discours sont rapportés par Mme de Staël ? Qui formule ces points de vue ?
3. Mme de Staël est-elle d'accord avec ceux qu'elle cite ? Fondez votre réponse sur l'étude des liens logiques et repérez une concession. Reformulez les différentes opinions en une phrase chacune.
4. Comment Mme de Staël manifeste-t-elle ses certitudes sur la théorie qu'elle propose ? Repérez quelques figures oratoires, qui contribuent à persuader le lecteur.

## Le bonheur sans les passions

5. Trouvez l'étymologie du mot « passion » et ses différents sens en vous aidant d'un dictionnaire : quelle évolution a connu le mot ? Relevez les reprises lexicales de ce terme : quelle définition Mme de Staël donne-t-elle des passions ?
6. Quelle comparaison est employée pour caractériser la passion ? Est-elle envisagée comme une source de bonheur ? Quelle conséquence peut-on en tirer ?
7. Quels sont les destinataires de l'ouvrage de Mme de Staël ? Quel terme est employé pour désigner leur combat contre les passions ? Quelles connotations s'attachent à ce mot ?
8. Quel objectif Mme de Staël se propose-t-elle d'atteindre par son ouvrage ?
9. Quelle image Mme de Staël développe-t-elle pour faire comprendre le mécanisme des passions ? À quelle période historique fait-elle allusion ? Expliquez les raisons de ce choix.
10. Quelle image de la condition humaine se dégage de ce texte ? Comment l'homme peut-il accéder au bonheur, selon Mme de Staël ?

**Vocabulaire**
Quelle est l'étymologie du mot « traité » (l. 22) ? Quels sont les différents sens possibles ? Quel est celui du texte ? Quels autres mots, formés sur la racine, connaissez-vous ?

**Synthèse** La passion, selon Madame de Staël, permet-elle le bonheur ? Justifiez votre réponse.

## BAC S'entraîner à l'écriture d'invention

► Amplifier et transposer un texte, p. 496

Sous la forme d'un dialogue dont vous préciserez les circonstances, rendez compte des objections et des réponses apportées par Madame de Staël dans cet extrait.

# TEXTE 7

▸ Biographies, p. 508

**CONTEXTE**

Alain dispensa ses cours de philosophie en classe préparatoire au lycée Henri-IV et compta parmi ses disciples André Maurois, Julien Gracq et la philosophe Simone Weil. Admiré de ses élèves, il avait l'habitude de commenter les citations que ceux-ci inscrivaient au tableau avant le cours. Son enseignement avait la particularité d'alterner leçons de philosophie et cours de littérature sur des auteurs qu'il admirait particulièrement, comme Balzac ou Stendhal.

## Alain, *Propos sur le bonheur* (1913)

*Les* Propos sur le bonheur *comprennent une série d'articles, parus quotidiennement dans* La Dépêche de Rouen, *de 1906 à 1914.* « L'Éloquence des passions » *est un article qui date du 14 mai 1913.*

L'éloquence des passions nous trompe presque toujours ; j'entends par là cette fantasmagorie triste ou gaie, brillante ou lugubre, que nous déroule l'imagination selon que notre corps est reposé ou fatigué, excité ou déprimé. Tout naturellement nous accusons alors les choses et nos semblables, au lieu de deviner et de modifier la cause réelle, souvent petite et sans conséquence.

Dans ce temps où les examens commencent à s'élever au-dessus de l'horizon, plus d'un candidat travaille aux lumières, fatigue ses yeux, et ressent un mal de tête diffus ; petits maux que l'on guérit bien vite par le repos et le sommeil. Mais le naïf candidat n'y pense point. Il constate d'abord qu'il n'apprend pas vite, que les idées restent dans le brouillard et que la pensée des auteurs reste dans le papier au lieu de venir à lui ; alors il s'attriste sur les difficultés de l'examen et sur ses propres aptitudes ; puis portant son regard sur le passé, et contemplant tous ses souvenirs à travers le même brouillard triste, il s'aperçoit ou croit s'apercevoir qu'il n'a pas fait grand-chose d'utile, que tout est à revoir, que rien ne s'éclaire ni ne s'ordonne ; regardant maintenant vers l'avenir, il pense que le temps est court et que le travail est bien lent ; aussi revient-il à son livre, la tête entre ses deux mains, alors qu'il devrait se coucher et dormir ; le mal lui cache le remède ; et c'est justement parce qu'il est fatigué qu'il se jette au travail. Il lui faudrait ici la profonde sagesse des stoïciens[1] élucidée encore par Descartes[2] et par Spinoza[2]. Toujours défiant devant les preuves d'imagination, il devrait, par réflexion, deviner ici l'éloquence des passions, et refuser d'y croire, ce qui détruirait soudainement le plus clair de son mal ; car un peu de mal de tête et de fatigue des yeux, cela est

Le philosophe Alain faisant son cours au lycée Henri-IV à Paris en 1932, photographie d'André Buffard, bibliothèque et musée Alain, Mortagne-au-Perche.

1. Philosophes de l'Antiquité, qui invitent à user de la raison et à se méfier du corps.
2. Philosophes du XVII^e siècle ayant réfléchi sur les passions de l'âme.

3. Dans la mythologie, divinités infernales qui personnifient la vengeance divine.

supportable et ne dure guère ; mais le désespoir est terrible et aggrave de lui-même ses causes.

Voilà le piège des passions. Un homme qui est bien en colère se joue à lui-même une tragédie bien frappante, vivement éclairée, où il se représente tous les torts de son ennemi, ses ruses, ses préparations, ses mépris, ses projets pour l'avenir ; tout est interprété selon la colère, et la colère en est augmentée ; on dirait un peintre qui peindrait les Furies[3] et qui se ferait peur à lui-même. Voilà par quel mécanisme une colère finit souvent en tempête, et pour de faibles causes, grossies seulement par l'orage du cœur et des muscles. Il est pourtant clair que le moyen de calmer toute cette agitation n'est pas du tout de penser en historien et de faire la revue des insultes, des griefs et des revendications ; car tout cela est faussement éclairé, comme dans un délire. Ici encore il faut, par réflexion, deviner l'éloquence des passions et refuser d'y croire. Au lieu de dire : « Ce faux ami m'a toujours méprisé », dire : « Dans cette agitation je vois mal, je juge mal ; je ne suis qu'un acteur tragique qui déclame pour lui-même. » Alors vous verrez le théâtre éteindre ses lumières faute de public ; et les brillants décors ne seront plus que des barbouillages. Sagesse réelle ; arme réelle contre la poésie de l'injustice. Hélas ! Nous sommes conseillés et menés par des moralistes d'occasion qui ne savent que se mettre en délire et donner leur mal à d'autres.



# Questions

► Les formes de l'argumentation, p. 446
► Les figures de rapprochement et de substitution, p. 414

### Un traité sur le bonheur

1. En vous fondant sur l'étymologie du mot, expliquez ce que sont les passions. Quel terme Alain emploie-t-il à plusieurs reprises pour les évoquer ? Quel jugement porte-t-il sur celles-ci ? Relevez les termes appréciatifs qui le prouvent.
2. Qu'est-ce qu'Alain cherche à montrer à travers ce texte ? Relevez une phrase qui pourrait constituer sa thèse.
3. Quels sont les trois exemples de passions développés par Alain ? Comment s'organisent-ils les uns par rapport aux autres ? Pourquoi sont-ils efficaces dans l'argumentation ?
4. Quelles conséquences l'éloquence des passions a-t-elle sur le bonheur de l'homme ? Relevez dans le texte une image qui les met en lumière.
5. Relevez les verbes d'obligation employés dans ce texte : quelles solutions Alain nous donne-t-il pour redevenir heureux ?

### Le pouvoir de l'imagination

6. Quelle explication Alain donne-t-il au titre de son article ? Quelle métaphore, filée dans le texte, emploie-t-il pour faire comprendre son idée ?
7. Retrouvez les différentes pensées de l'étudiant mis en scène par Alain. En vous fondant sur les repères chronologiques employés et les temps verbaux, distinguez les différents moments envisagés lors de ses réflexions.
8. Les réflexions de l'étudiant suivent-elles un mouvement linéaire ? Quelle est l'intention de l'auteur en présentant ainsi ses pensées ?
9. Quelles sont les pensées de l'homme en colère ? Comment Alain montre-t-il la vivacité de ses pensées et leur confusion ? Quelle image emploie-t-il afin de se moquer des chimères bâties par celui-ci ?

**Vocabulaire**
Quelle est l'étymologie du mot « éloquence » ? Quels autres mots sont formés sur la même racine ? Quelle connotation s'attache plus particulièrement à ce mot ?

**Synthèse** Vous montrerez que la forme d'argumentation choisie par Alain est particulièrement efficace.

TEXTE **8**

▸ **Biographies, p. 508**

# Jean-Paul Sartre, *Les Mouches* (1943)

**CONTEXTE**

Le théâtre du XX$^{e}$ siècle reprend les grands mythes antiques comme celui d'Électre. Dans la famille des Atrides, la malédiction pèse sur chacun des membres. Agamemnon, revenu de la guerre de Troie, est assassiné par son épouse Clytemnestre, aidée de son amant Égisthe. Tous deux règnent sur Argos. Électre, la fille d'Agamemnon, assiste impuissante au triomphe des nouveaux rois. Dans sa pièce, *Les Mouches*, Sartre imagine que la ville est envahie de mouches, qui symbolisent le remords qui pèse sur la cité.

▸ La littérature engagée, p. 36

*Nouveau roi d'Argos, Égisthe impose chaque année une fête en l'honneur des morts : chaque habitant leur demande pardon. Électre y paraît vêtue de blanc.*

ACTE II, SCÈNE 3

ÉLECTRE : Comment osez-vous parler d'Agamemnon ? Savez-vous s'il ne vient pas la nuit me parler à l'oreille ? Savez-vous quels mots d'amour et de regret sa voix rauque et brisée me chuchote ? Je ris, c'est vrai, pour la première fois de ma vie, je ris, je suis heureuse. Prétendez-vous que mon bonheur ne réjouit pas le cœur de mon père ? Ah ! s'il est là, s'il voit sa fille en robe blanche, sa fille que vous avez réduite au rang abject d'esclave, s'il voit qu'elle porte le front haut et que le malheur n'a pas abattu sa fierté, il ne songe pas, j'en suis sûre, à me maudire ; ses yeux brillent dans son visage supplicié et ses lèvres sanglantes essaient de sourire.

LA JEUNE FEMME : Et si elle disait vrai ?

DES VOIX : Mais non, elle ment, elle est folle. Électre, va-t'en, de grâce, sinon ton impiété retombera sur nous.

ÉLECTRE : De quoi donc avez-vous peur ? Je regarde autour de vous et je ne vois que vos ombres. Mais écoutez ceci que je viens d'apprendre et que vous ne savez peut-être pas : il y a en Grèce des villes heureuses. Des villes blanches et calmes qui se chauffent au soleil comme des lézards. À cette heure même, sous ce même ciel, il y a des enfants qui jouent sur les places de Corinthe. Et leurs mères ne demandent point pardon de les avoir mis au monde. Elles les regardent en souriant, elles sont fières d'eux. Ô mères d'Argos, comprenez-vous ? Pouvez-vous encore comprendre l'orgueil d'une femme qui regarde son enfant et qui pense : « C'est moi qui l'ai porté dans mon sein ? »

ÉGISTHE : Tu vas te taire, à la fin, ou je ferai rentrer les mots dans ta gorge.

DES VOIX *(dans la foule)* : Oui, oui ! Qu'elle se taise. Assez, assez !

D'AUTRES VOIX : Non, laissez-la parler ! Laissez-la parler. C'est Agamemnon qui l'inspire.

ÉLECTRE : Il fait beau. Partout, dans la plaine, des hommes lèvent la tête et disent : « Il fait beau », et ils sont contents. Ô bourreaux de vous-mêmes, avez-vous oublié cet humble contentement du paysan qui marche sur sa terre et qui dit : « Il fait beau » ? Vous voilà les bras ballants, la tête basse, respirant à peine. Vos morts se collent contre vous, et vous demeurez immobiles dans la crainte de les bousculer au moindre geste. Ce serait affreux, n'est-ce pas ? si vos mains traversaient soudain une petite vapeur moite, l'âme de votre père ou de votre aïeul ? – Mais regardez-moi : j'étends les bras, je m'élargis, et je m'étire comme un homme qui s'éveille, j'occupe ma place au soleil, toute ma place. Est-ce que le ciel me tombe sur la tête ? Je danse, voyez, je danse, et je ne sens rien que le souffle du vent dans mes cheveux. Où sont les morts ? Croyez-vous qu'ils dansent avec moi, en mesure ?

LE GRAND PRÊTRE : Habitants d'Argos, je vous dis que cette femme est sacrilège. Malheur à elle et à ceux d'entre vous qui l'écoutent.

ÉLECTRE : Ô mes chers morts, Iphigénie, ma sœur aînée[1], Agamemnon, mon père et mon seul roi, écoutez ma prière. Si je suis sacrilège, si j'offense vos mânes[2] douloureux, faites un signe, faites-moi vite un signe, afin que je le sache. Mais si vous m'approuvez, mes chéris, alors taisez-vous, je vous en prie, que pas une feuille ne bouge, pas un brin d'herbe, que pas un bruit ne vienne troubler ma danse sacrée :

1. Iphigénie a été sacrifiée pour permettre aux Grecs de se rendre à Troie.
2. Dans l'Antiquité, esprits des morts.

car je danse pour la joie, je danse pour la paix des hommes, je danse pour le bonheur et pour la vie. Ô mes morts, je réclame votre silence, afin que les hommes qui m'entourent sachent que votre cœur est avec moi.

*Elle danse.*

Dominique Olga (Électre) dans *Les Mouches*, pièce mise en scène par Raymond Hermantier au théâtre du Vieux-Colombier à Paris en 1951.

# Questions

► Émouvoir, p. 459
► Convaincre et persuader, p. 460

## Un plaidoyer pour le bonheur

1. Observez la longueur des différentes répliques : qui parle le plus ? De quelle forme d'argumentation peut-on rapprocher ses paroles ? Étudiez le jeu de forces qui s'instaure dans ce texte.
2. Quelles valeurs Électre défend-elle dans ses répliques ? Quelles réactions ses paroles suscitent-elles ? Expliquez-en les raisons en vous fondant sur l'étude du contexte dans lequel elles sont prononcées.
3. Quelles images Électre développe-t-elle successivement pour faire comprendre ce qu'est le bonheur ? Pourquoi peut-on parler de véritables scènes ? Pourquoi ces exemples sont-ils efficaces dans l'argumentation d'Électre ?
4. Quelles sont les actions effectuées par Électre durant ses paroles ? Comment le texte théâtral les met-il en évidence ? Comment en rend-elle compte dans ses paroles ?

## L'affirmation de la liberté

5. Comment Électre décrit-elle Agamemnon ? Quels termes rappellent son sort ?
6. Pour quelle raison Électre mentionne-t-elle son père? Quel est l'effet produit sur le lecteur ?
7. Relevez l'apostrophe par laquelle Électre s'adresse aux habitants d'Argos : comment la comprenez-vous ?
8. Que cherche à obtenir Électre par son attitude ? Dans quelle mesure réussit-elle ?
9. Pour quelle raison Égisthe et le grand prêtre cherchent-ils à faire taire Électre ? Quels moyens emploient-ils ?
10. Que symbolise Égisthe ? En considérant la date d'écriture des *Mouches*, expliquez pourquoi cet extrait est un texte engagé.

**Grammaire**
Dans la dernière réplique d'Électre, quel type de phrase est employé ? Commentez le choix des modes utilisés et les structures des phrases.

► Les actes de langage, l'implicite et la modalisation, p. 408

**Synthèse** Vous montrerez que le bonheur, selon Électre, est un acte de liberté.

Italie

# Lucrèce, *De rerum natura* (Ier s. av. J.-C.)

**► Lucrèce (98 av. J.-C. - 55 av. J.-C.),** auteur latin à la vie mystérieuse (il aurait bu un philtre d'amour), a repris sous une forme poétique les principes du philosophe grec Épicure dans le *De rerum natura*, traité sur la nature des choses.

*Dans ce poème didactique en vers (hexamètres dactyliques), le poète latin Lucrèce délivre à son correspondant Memmius les principes de la philosophie épicurienne. Au début du chant II, il évoque le bonheur selon Épicure.*

Douceur, lorsque les vents soulèvent la mer immense,
d'observer du rivage le dur effort d'autrui,
non que le tourment soit jamais un doux plaisir
mais il nous plaît de voir à quoi nous échappons.
Lors des grands combats de la guerre, il plaît aussi
de regarder sans risque les armées dans les plaines.
Mais rien n'est plus doux que d'habiter les hauts lieux
fortifiés solidement par le savoir des sages,
temples de sérénité d'où l'on peut voir les autres
errer sans trêve en bas, cherchant le chemin de la vie,
rivalisant de talent, de gloire nobiliaire,
s'efforçant nuit et jour par un labeur intense
d'atteindre à l'opulence[1], au faîte[2] du pouvoir.
Pitoyables esprits, cœurs aveugles des hommes !
Dans quelles ténèbres mortelles, quels dangers
passe leur peu de vie ! Ne voient-ils l'évidence ?
La nature en criant ne réclame rien d'autre
sinon que la douleur soit éloignée du corps,
que l'esprit jouisse de sensations heureuses,
délivré des soucis et de crainte affranchi.
Ainsi nous le voyons, bien peu de choses sont nécessaires
à la nature corporelle et tout ce qui ôte la douleur
peut aussi nous donner maintes délices en échange.
Il est parfois plus agréable, et la nature est satisfaite,
si l'on ne possède statues dorées d'éphèbes[3]
tenant en main droite des flambeaux allumés
pour fournir leur lumière aux nocturnes festins,
ni maison brillant d'or et reluisant d'argent,
ni cithares résonnant sous des lambris[4] dorés,
de pouvoir entre amis, couchés dans l'herbe tendre,
auprès d'une rivière, sous les branches d'un grand arbre,
choyer allégrement son corps à peu de frais,
surtout quand le temps sourit et que la saison
parsème de mille fleurs les prairies verdissantes.
Et les fièvres ne quittent pas plus vite le corps
si l'on s'agite sur de riches brocards de pourpre
que si l'on doit coucher sur un drap plébéien[5].

Traduction en vers de J. Kany-Turpin, © Aubier, 1993

1. La richesse.
2. Au sommet.
3. Jeunes hommes.
4. Revêtement des murs.
5. Du peuple.

## Questions

1. Quelle hiérarchie dans les plaisirs Lucrèce établit-il ? Aidez-vous des répétitions et du champ lexical du plaisir.
2. Quel reproche pourrait être adressé au sage épicurien ? Comment Lucrèce prévient-il cette critique au début du texte ?
3. À quelles conditions l'homme accède-t-il au bonheur ?
4. Qu'est-ce qui contribue à rendre cette argumentation poétique ?

### Prolongement

Lisez dans les *Fables* de La Fontaine « Le Philosophe Scythe » (livre XII, fable 20). Pourquoi la moralité de La Fontaine peut-elle être considérée comme épicurienne ? Quels traits communs voyez-vous entre les deux formes d'argumentation représentées par le texte de Lucrèce et celui de La Fontaine ?

## Histoire des arts

Cette fresque dite du IIe style pompéien était destinée à orner une salle souterraine de très grande dimension, la salle à manger *(triclinium)* de l'impératrice Livie, épouse d'Auguste, au Ier siècle av. J.-C.

1. Observez la composition de la fresque : quelle place occupent les éléments architecturaux par rapport à la nature ? Quelle valeur symbolique peut-on leur prêter ?
2. De quels éléments se compose cette fresque ? Comment suggèrent-ils l'abondance, la luxuriance ?
3. Comment le peintre convie-t-il à l'évasion de celui qui regarde la fresque ?
4. Quel semble avoir été le rôle de cette fresque ?
5. Pourquoi peut-on dire que cette fresque convie au bonheur, selon les principes d'Épicure repris par Lucrèce ?

Fresque de la villa Livia, musée national des Termes, Rome (Italie).

► **Sénèque (4 av. J.-C.-65 ap. J.-C.)** fut le précepteur de l'empereur Néron. Il diffusa les doctrines stoïciennes dans des lettres, des traités, mais aussi des œuvres théâtrales montrant des personnages soumis à leurs passions.

Grèce

# Sénèque, *La Vie heureuse* (Iᵉʳ s. ap. J.-C.)

*Le traité* La Vie heureuse *s'attache à définir le bonheur selon la sagesse stoïcienne, en opposition aux doctrines épicuriennes.*

V. 1 On peut appeler heureux (puisque je me suis mis à traiter la question abondamment) celui qui n'a ni désir ni crainte grâce à la raison ; car les pierres sont exemptes de crainte et de tristesse, les bêtes également ; on ne saurait pourtant parler de félicité chez ce qui n'a pas la notion de la félicité. 2 Mets sur la même ligne les hommes que ravalent au rang des bêtes et des êtres inanimés leur intelligence et leur ignorance d'eux-mêmes. Il n'y a aucune différence entre eux et ces êtres, puisque chez ceux-ci la raison est absente, chez ceux-là elle est faussée et ingénieuse seulement à leur nuire et à les pervertir ; car personne ne peut être dit heureux s'il est chassé hors de la vérité. 3 Donc la vie heureuse a pour fondement immuable la rectitude et la fixité du jugement. Alors, en effet, l'âme est pure et affranchie* de tous maux, capable d'éviter non seulement les déchirements, mais aussi les égratignures, décidée à se tenir toujours au point où elle s'est arrêtée et à défendre sa position même contre les fureurs et les assauts de la Fortune. 4 Pour ce qui est de la volupté, elle a beau se répandre partout, s'insinuer par toutes les voies, flatter l'âme de ses caresses, entasser attrait sur attrait pour séduire tout ou partie de notre moi ; qui parmi les mortels, s'il a encore quelque reste de sa nature d'être humain, voudrait être chatouillé jour et nuit et abandonner l'âme pour se consacrer au corps ? [...]

VI. 1 – Mais l'âme aussi, dit-on, aura ses voluptés. – Qu'elle les ait, j'y consens ; qu'elle se pose en juge du luxe et des voluptés ; qu'elle se gorge de toutes celles qui charment habituellement les sens, puis qu'elle jette un coup d'œil sur le passé et qu'au souvenir des voluptés abolies elle s'enivre des sensations éprouvées, puis qu'elle se penche déjà sur celles qui vont suivre, qu'elle bâtisse des plans, et, tandis que le corps baigne dans sa graisse présente, qu'elle porte ses pensées sur celle à venir : elle me paraîtra d'autant plus misérable ; car choisir un mal pour un bien, c'est folie. On ne peut être heureux sans la saine raison, ni sain d'esprit, quand on recherche comme bonnes des choses futures. 2 Donc être heureux c'est avoir un jugement droit ; être heureux, c'est se contenter de son sort présent, quel qu'il soit, et aimer ce que l'on a ; être heureux, c'est laisser à la raison le soin de donner son prix à tout ce qui constitue notre existence.

* Libérée.



**Prolongements**

• Cherchez de quelle manière Sénèque a fini sa vie.

• Quel est le nom de l'autre précepteur de Néron évoqué dans *Britannicus* de Racine ? Pourquoi peut-on dire que l'enseignement dispensé par Sénèque auprès de Néron fut un échec ?

## Questions

1. Quelle distinction importante Sénèque opère-t-il chez l'homme ? Quelle partie de l'homme doit être privilégiée ?
2. Quelle image Sénèque utilise-t-il pour discréditer les voluptés du corps ?
3. Comment voit-on que Sénèque instaure un dialogue avec le destinataire de son écrit ? Quelle est sa réponse aux objections du destinataire ?
4. Quel rôle joue l'imagination dans la recherche du bonheur ? Quel autre auteur de la séquence a abordé cette question ?

# Luca Giordano, *La Mort de Sénèque* (1684)

Luca Giordano, *La Mort de Sénèque* (1684), huile sur toile (155 cm x 188 cm), musée du Louvre, Paris.

▲ Le peintre napolitain Luca Giordano (1634-1705) a réalisé des œuvres d'inspiration religieuse, des fresques, mais aussi de nombreux tableaux d'inspiration antique comme des portraits de philosophes. La mort de Sénèque peinte ici par l'artiste a été racontée par l'historien latin Tacite (56-117 ap. J.-C.) dans les *Annales* : le philosophe fit preuve de courage face à la mort, comme il l'avait préconisé. Pour le stoïcien, la mort ne doit pas être un sujet de tourment.

## Questions

1. Identifiez Sénèque et les autres personnages. Comment le philosophe est-il mis en valeur ? Fondez votre réponse sur l'étude des couleurs, des jeux de lumière et sur la composition du tableau (notamment les lignes de force).
2. Décrivez Sénèque et son attitude : que symbolise son geste ? Pourquoi cette représentation est-elle conforme à ce que l'on sait du sage stoïcien ?
3. Quels éléments du décor rappellent que cette scène se passe dans l'Antiquité ? Quelles représentations paraissent plus surprenantes ? Quelle peut être l'intention de l'auteur en actualisant cet épisode historique ?
4. Quel est l'objet tenu par le disciple au premier plan ? Quelle action accomplit-il ? Que rappelle-t-il des circonstances de la mort de Sénèque ? Comment les autres personnages manifestent-ils leur tristesse et leur compassion pour le philosophe ?

**Synthèse** Comment le peintre cherche-t-il à montrer la constance du sage stoïcien face à la mort ?

### Prolongements

• Lisez le passage des *Annales* de Tacite consacré à la mort de Sénèque : quelle partie du récit le peintre a-t-il choisi d'illustrer ?
• Cherchez d'autres tableaux consacrés à cet épisode historique et comparez-les à celui de Luca Giordano. Pourquoi celui-ci a-t-il autant retenu l'attention des peintres ?

# SYNTHÈSE DES SÉQUENCES 3 ET 4



## ARGUMENTER POUR AMÉLIORER LA VIE DES HOMMES

► Les formes de l'argumentation, p. 446
► Les genres de l'argumentation, p. 448

*Les œuvres argumentatives sont souvent engagées dans leur temps, dans des débats qui parcourent leur époque. La forme prise par celles-ci dépend souvent des conditions de publication : les esprits n'ont pas été prêts à recevoir, en tout temps, toute opinion.*

### 1 LE XVIIIe SIÈCLE, UNE PÉRIODE FÉCONDE

Si la littérature d'idées a toujours existé, elle s'est amplifiée au XVIIIe siècle, où de nouveaux genres argumentatifs sont nés comme le conte philosophique. Sous l'impulsion des philosophes, les réflexions se sont centrées sur l'homme et les conditions de son bonheur. C'est alors que les réflexions sur la place de la femme dans la société ont été développées : des femmes ont ainsi pris la plume pour exposer leurs revendications.

### 2 LES ARGUMENTATIONS DIRECTES

Les argumentations directes sont possibles lorsque la prise de parole est admise dans la société et ne risque pas la censure. Ainsi, des discours, des traités, ou des essais abordent des questions philosophiques. Les femmes érudites, au XVIIIe siècle, composent également des essais, et revendiquent une indépendance de pensée.
→ **Ex. :** Mme du Châtelet, dans son *Discours sur le bonheur*, réclame pour les autres femmes la même éducation que celle qu'elle a reçue, qui lui permet de publier ses ouvrages.

Certaines choisissent une forme ouverte, plus courageuse.
→ **Ex. :** Olympe de Gouges réclame des droits pour les femmes sous la forme d'articles de lois.

### 3 LES ARGUMENTATIONS INDIRECTES

Les argumentations indirectes visent à diffuser des idées en évitant la censure, et aussi à être efficaces : elles emploient les moyens de la persuasion en agissant sur les sentiments du lecteur. Elles revêtent différentes formes :

#### La mise en scène de personnages

Le récit charme le lecteur en présentant des personnages fictifs, vecteurs de la pensée de l'auteur ou objets d'une satire. C'est ce que font, en particulier, la fable et le conte philosophique, mais aussi certains romans épistolaires.
→ **Ex. :** Le roman de Laclos présente des libertins, Valmont et Mme de Merteuil, et dévoile leurs stratégies de séduction.

La description de certains personnages permet de faire passer une critique. Les défauts des hommes sont alors montrés par le biais d'un exemple, qui peut faire rire le lecteur.
→ **Ex. :** Par le portrait de personnages cherchant un bonheur illusoire, La Bruyère dénonce un défaut universel.

Le théâtre est également une excellente tribune pour l'auteur : il fait d'un personnage son porte-parole.

#### Des argumentations déguisées

D'autres auteurs ont choisi d'employer une forme apparemment objective : le choix de certains titres déguise l'intention polémique de l'auteur.

# PISTES DE LECTURE

## 1 LECTURES CROISÉES

*Les Caractères* (1688) de Jean de La Bruyère
*Lettres persanes* (1721) de Montesquieu
*Le Petit Prince* (1940) d'Antoine de Saint-Exupéry

**Lisez les trois œuvres proposées. Vous pouvez travailler par groupes ; chaque groupe choisira son axe d'étude et le présentera à l'oral.**

© Éd. J'ai Lu © Le Livre de Poche © Éd. Gallimard

**AXE D'ÉTUDE 1**

**1. Quelle réflexion chaque auteur livre-t-il sur chacun des thèmes suivants : la monarchie, les femmes et l'amour, les hommes de pouvoir ?**
**2. Relevez dans ces textes des phrases qui sonnent comme des maximes.**

**AXE D'ÉTUDE 2**

**1. Qui sont les destinataires, réels et fictifs, de chacune de ces œuvres ?**
**2. Quelles sont les stratégies adoptées par chacun des auteurs pour rendre son récit vraisemblable ?**

**AXE D'ÉTUDE 3**

**1. Quels sont les moyens employés par les auteurs pour susciter le rire ou le sourire du lecteur ?**
**2. Pourquoi peut-on dire que chacun d'eux essaie d'instaurer une complicité avec celui-ci ?**

## 2 D'AUTRES LECTURES

*La Belle et la Bête* (1757)
de Jeanne-Marie Leprince de Beaumont

© Éd. Flammarion

Alors que ses deux sœurs ont épousé des hommes beaux et intelligents, la Belle doit épouser la Bête. Mais il ne faut pas toujours se fier aux apparences et le bonheur est un équilibre délicat. Ce conte popularisé au XVIIIe siècle trouve ses racines chez Apulée au IIe siècle.

*La Belle et la Bête* (1945)

Adaptation cinématographique du conte de Jeanne-Marie Leprince de Beaumont réalisée par Jean Cocteau.

*L'Ingénu* (1767) de Voltaire

© Éd. Magnard

L'Ingénu, ainsi nommé en raison de son apparente naïveté, est un huron du Canada récemment débarqué en Basse Bretagne. Il tombe amoureux de sa marraine. Ne pouvant l'épouser, il monte à Versailles pour demander son aide au roi et rencontre au passage, des huguenots en fuite, des jansénistes bavards et de fourbes jésuites.

*Fables* (VIe siècle av. J.-C.)
d'Ésope

© Éd. Flammarion

Les *Fables* d'Ésope ont inspiré Jean de La Fontaine. Nous retrouvons sous une forme brève des récits connus comme « Les Grenouilles qui demandent un roi ».

*Les Animaux dénaturés* (1952)
de Vercors

© Le Livre de Poche

Des scientifiques repèrent en Nouvelle-Guinée une nouvelle espèce de singes, au comportement humain. Cette découverte bouleverse la communauté scientifique, mais aussi toute la société : les *tropis* sont-ils des singes ou des hommes ? Qui, des hommes ou des *tropis*, sont les « Animaux dénaturés » ?

TEXTE C

## Victor Hugo, *Les Misérables* (1862)

*Le texte B est la fin d'un chapitre. Le texte C est le début du chapitre suivant.*

Qu'est-ce que c'est que cette histoire de Fantine ? C'est la société achetant une esclave.

À qui ? À la misère.

À la faim, au froid, à l'isolement, à l'abandon, au dénuement. Marché douloureux. Une âme pour un morceau de pain. La misère offre, la société accepte.

La sainte loi de Jésus-Christ gouverne notre civilisation, mais elle ne la pénètre pas encore. On dit que l'esclavage a disparu de la civilisation européenne. C'est une erreur. Il existe toujours, mais il ne pèse plus que sur la femme, et il s'appelle prostitution.

Il pèse sur la femme, c'est-à-dire sur la grâce, sur la faiblesse, sur la beauté, sur la maternité. Ceci n'est pas une des moindres hontes de l'homme.

Au point de ce douloureux drame où nous sommes arrivés, il ne reste plus rien à Fantine de ce qu'elle a été autrefois, Elle est devenue marbre en devenant boue. Qui la touche a froid. Elle passe, elle vous subit et elle vous ignore ; elle est la figure déshonorée et sévère. La vie et l'ordre social lui ont dit leur dernier mot. Il lui est arrivé tout ce qui lui arrivera. Elle a tout ressenti, tout supporté, tout éprouvé, tout souffert, tout perdu, tout pleuré. Elle est résignée de cette résignation qui ressemble à l'indifférence comme la mort ressemble au sommeil. Elle n'évite plus rien. Elle ne craint plus rien. Tombe sur elle toute la nuée et passe sur elle tout l'océan ! Que lui importe ! c'est une éponge imbibée.

Elle le croit du moins, mais c'est une erreur de s'imaginer qu'on épuise le sort et qu'on touche le fond de quoi que ce soit.

## ▶ ▶ ▶ Sujet Bac

### I. Après avoir lu les textes du corpus, répondez aux questions suivantes (6 points)

**1.** Quelle est la visée commune à ces trois textes ?

**2.** Qu'est-ce qui distingue chaque texte des deux autres ?

### II. Traitez ensuite l'un des sujets suivants (14 points)

**• Commentaire**

Vous commenterez l'extrait du poème, de « Cette fille au doux front » à « éternels » (Texte A).

**1.** Relevez les éléments qui contribuent à rendre misérable le sort de la jeune fille.

**2.** Analysez la façon dont le poète sensibilise le lecteur à son sort.

**• Dissertation**

Un écrivain peut-il, par ses œuvres, contribuer à l'amélioration de la société ? Vous appuierez votre réflexion sur les textes du corpus, ainsi que sur vos connaissances littéraires et vos lectures personnelles.

**• Écriture d'invention**

En réponse à des critiques qui lui reprocheraient d'avoir engagé la littérature dans le combat politique, Victor Hugo écrit un article où il défend le choix de tout écrivain de mettre la littérature au service de grandes causes. Vous rédigerez cet article.

# Quelques conseils

▸ Grille d'auto-évaluation pour la question sur le corpus, p. 473

## Pour répondre aux questions

1. Quel est l'objet d'étude auquel ces textes font référence ? Que signifie le terme « visée » ?
2. Relisez les textes. À quel genre chaque texte appartient-il ?
3. Précisez la thèse qui est défendue. Relevez dans chacun des textes les éléments qui rendent compte du parti pris de l'auteur.
4. Comment chaque texte parvient-il à convaincre, persuader ? Sur quel registre s'appuie-t-il ?
5. Quels sont les procédés stylistiques les plus caractéristiques exploités dans chacun des textes (images, personnages, termes abstraits, concrets ...) ?

▸ Grille d'auto-évaluation pour le commentaire, p. 481

## Si vous choisissez le commentaire...

1. Ce texte a une visée argumentative, mais n'oubliez pas qu'il s'agit d'un texte poétique.
2. Regroupez les éléments selon des thématiques : situation familiale, conditions d'existence, environnement.
3. Prenez en compte le registre pathétique mis en place par Victor Hugo, notamment à travers les oppositions (une jeune fille, ses pensées et la dure réalité), les insistances, la ponctuation, la progression du poème et les images poétiques.

▸ Grille d'auto-évaluation pour la dissertation, p. 491

## Si vous choisissez la dissertation...

1. Analysez le sujet : que faut-il entendre par « amélioration » ? société meilleure ? Quelle(s) fonctions accorder à l'écrivain ? À la lecture ? Existe-t-il des œuvres plus efficaces que d'autres ?
2. Élargissez le corpus à tous les écrivains sans vous limiter aux poètes et au XIXe siècle. Exploitez tous les genres.
3. Mettez en place une démarche délibérative. L'œuvre littéraire a-t-elle pour fonction première d'éduquer ?

▸ Grille d'auto-évaluation pour l'écriture d'invention, p. 503

## Si vous choisissez l'écriture d'invention...

1. Analysez les éléments de l'énoncé. Il s'agit d'un article, écrit par Victor Hugo, un poète, qui s'adresse aux lecteurs d'un journal. Cet article peut prendre l'aspect d'une lettre ouverte.
2. Respectez le registre avant tout polémique, mais usez aussi d'arguments pour convaincre. (▸ Les registres et effets du texte, p. 458)
3. N'oubliez pas d'indiquer les raisons qui ont motivé le choix de son engagement ; appuyez-vous sur des exemples.
4. Lors de la rédaction définitive, donnez aussi à votre article une dimension générale voire universelle. (cf. le début du **Texte C**). Victor Hugo se veut porte-parole et défend l'engagement de tout écrivain.
5. Respectez le système d'énonciation. Pensez à un titre. (▸ Les actes de langage, l'implicite et la modalisation p. 408)

EVVIVAAAAA
Risposta
PARIGI
zang
tumb
MUSIC - H
cervellinmelma
EEVVIIIVAAA IL RÉÉÉ
ECHI
(Tokio)
ECHI
BREE
STOP
SIRENE SIRENE SIRENE
EVVIVAAA L'ESERCITO
COSTELLAZIONE
ITALIA
PICCOLISMO
aviatore
battere il record
perforanti
grugniti di
parallelepipedi
ABBASSOOOO
SPORTS
suoni ru- flatulenze
mori odori pesi calore
ritmi pittorici
DELLA SERA
TOPO
ITALIA MILANO
NOVISSIMA

# PARTIE II

# Étude de la langue



▸▸ Carlo Carra, *Manifestation interventioniste* (1914), collage, détail, collection Mattioli, Milan (Italie).

# Fiche 1 LES VALEURS DES MODES ET DES TEMPS

## LE MODE INDICATIF

**Le présent d'énonciation** correspond au moment de l'écriture.
→ **Ex. :** Elle avait un sourire lumineux, je le **revois** encore aujourd'hui.

**Le présent de narration** ou **présent historique**, intégré dans un récit au passé, fait revivre un moment intense de ce récit.
→ **Ex. :** La bataille soudain éclata, les fantassins **dévalent** la colline, les cavaliers **s'élancent** ...

**Remarque :** Employé tout au long d'un récit rapportant des faits passés, il se substitue alors au passé simple et à l'imparfait.

**Le présent de vérité générale** traduit des faits toujours vrais quel que soit le moment où on les évoque. C'est le temps des maximes, des proverbes ou morales.
→ **Ex. :** Le tigre **est** un animal redoutable. / L'habit ne **fait** pas le moine.

**Le présent d'habitude** → **Ex. :** En principe, je **fais** une petite sieste après le déjeuner.

**Remarque :** le présent peut aussi exprimer un passé ou un futur proche. → **Ex. :** Je pars demain./Je viens d'arriver.

**Le futur simple** présente comme certain un événement postérieur au moment de l'énonciation. → **Ex. :** Manuel **partira** demain.

**Le passé simple** indique des actions de **premier plan** nettement délimitées – qu'elles soient **brèves** ou **longues** – ou encore des actions **successives**.

**L'imparfait** rapporte des actions d'**arrière-plan**, non délimitées, **simultanées** ou **habituelles**.
→ **Ex. :** La pluie **tombait** lorsqu'ils **terminèrent** la course.
Le **passé simple** et l'**imparfait** sont les temps du **récit**.

## LE MODE SUBJONCTIF

- Le subjonctif peut exprimer une dépendance entre deux événements. Le second, exprimé dans une subordonnée au subjonctif, étant envisagé comme **non réalisé**, comme **éventuel**.
→ **Ex. :** Je rentre mon linge **avant qu'il pleuve**.
- Le subjonctif peut également apporter une valeur restrictive à une information exprimée dans la principale. On utilisera alors les locutions conjonctives « bien que », « à moins que », « pour autant que », « à condition que », etc.
→ **Ex. :** **Bien qu'**il se soit entraîné sérieusement, il a réalisé un mauvais temps.
- Le subjonctif exprime aussi un **souhait** ou un **ordre**. → **Ex. :** Qu'il parte !

## LE MODE CONDITIONNEL

- Dans sa **valeur temporelle**, le conditionnel joue le rôle d'un **futur du passé**.
→ **Ex. :** Elle commença à préparer ses bagages, dans deux jours, elle **serait** à Paris.
- Dans sa **valeur modale**, le conditionnel marque un **futur hypothétique**.

Cet emploi peut exprimer :
- une **hypothèse**, une **possibilité**. → **Ex. :** Le soleil **devrait** revenir en fin de semaine.
- un **fait dépendant de la réalisation d'une condition** exprimée à **l'imparfait** de l'indicatif.
→ **Ex. :** Si tu travaillais, **tu réussirais**.
- une **modalisation**, un **doute** émis par le locuteur.
→ **Ex. :** Le suspect **aurait été aperçu** dans la région.
- une **atténuation polie**, affective. → **Ex. :** J'**aimerais** prévenir le lecteur...
- un **fait non réalisé** dans le **présent**. → **Ex. :** Il cherche qui **pourrait** faire ce devoir avec lui.
- un **fait non réalisé** dans le **passé**. → **Ex. :** Si j'avais su, je n'**aurais** pas participé à cette réunion.

## LE MODE IMPÉRATIF

L'impératif est un mode qui marque le plus souvent une **injonction**.
→ **Ex. :** **Ayez fini** quand je reviendrai !

## IDENTIFIER LES MODES ET LES TEMPS, PUIS JUSTIFIER LEUR EMPLOI

**A À quels modes et à quels temps sont conjugués les verbes soulignés ? Justifiez leur emploi.**

*Voici la première lettre du roman épistolaire* Les Liaisons dangereuses *(1782) de Choderlos de Laclos. Cécile Volanges, sortie depuis peu du couvent où elle a été éduquée, écrit à son amie Sophie.*

Cécile Volanges à Sophie Carnay
[…]
Tu vois, ma bonne amie, que je tiens parole, et que les bonnets et les pompons ne prennent pas tout mon temps ; il m'en restera toujours pour toi. J'ai pourtant vu plus de parures dans cette seule journée que dans les quatre ans que nous avons passés ensemble […] ; j'ai une chambre et un cabinet dont je dispose, et je t'écris à un secrétaire très-joli, dont on m'a remis la clef, et où je peux renfermer tout ce que je veux. Maman m'a dit que je la verrais tous les jours à son lever ; qu'il suffisait que je fusse coiffée pour dîner, parce que nous serions toujours seules, et qu'alors elle me dirait chaque jour l'heure où je devrais l'aller joindre l'après-midi. Le reste du temps est à ma disposition, et j'ai ma harpe, mon dessin et des livres comme au couvent ; si ce n'est que la Mère Perpétue n'est pas là pour me gronder, et qu'il ne tiendrait qu'à moi d'être toujours sans rien faire […].

Choderlos de Laclos, *Les Liaisons dangereuses* (1782)

**B Identifiez les différents modes et temps utilisés et justifiez leur emploi.**

*Don Rodrigue a tué le père de Chimène, sa bien-aimée, pour venger l'honneur de son propre père. Dans cette scène, Don Rodrigue vient offrir sa vie à Chimène. Voici ce qu'elle répond :*

CHIMÈNE À DON RODRIGUE

[…]
Tu n'as fait le devoir que d'un homme de bien ;
Mais aussi, le faisant, tu m'as appris le mien.
[…]
Hélas ! ton intérêt ici me désespère.
Si quelque autre malheur m'avait ravi mon [père,
Mon âme aurait trouvé dans le bien de te voir
L'unique allégement qu'elle eût pu recevoir ;
Et contre ma douleur j'aurais senti des charmes,
Quand une main si chère eût essuyé mes larmes.
Mais il me faut te perdre après l'avoir perdu ;
[…]
Car enfin n'attends pas de mon affection
De lâches sentiments pour ta punition.
De quoi qu'en ta faveur notre amour m'entretienne,
Ma générosité doit répondre à la tienne.
[…]

Pierre Corneille, *Le Cid*, III, 4 (1636)

**C a. Relevez les modes et les temps utilisés dans le premier paragraphe. Quel est le temps dominant ? Justifiez son emploi.**

**b. À quel moment s'opère un changement très net dans l'emploi des temps ? Expliquez ce changement. Quels sont les nouveaux temps employés ? Justifiez l'emploi de chacun d'eux.**

À qui de nous n'est-il pas arrivé de maudire un maître de poste[1] ? Qui de nous n'a pas eu à batailler avec eux ? Qui de nous ne tient un maître de poste pour le rebut du genre humain […] ?

Pourtant, soyons justes ; tâchons de nous mettre à leur place, et peut-être les jugerons-nous alors avec un peu plus d'indulgence. Qu'est-ce qu'un maître de poste ? Un vrai martyr de quatorzième rang, que son grade préserve tout juste des coups, et encore pas toujours ! […] De véritables travaux forcés ! […]

Pénétrons tout cela bien à fond, et l'indignation fera place dans notre cœur à une commisération[2] sincère. […]

Le souvenir de l'un d'eux m'est resté particulièrement précieux. Les circonstances nous avaient rapprochés jadis, et c'est de lui que j'ai l'intention d'entretenir mes aimables lecteurs.

Au mois de mai 1816, il me fallut traverser le gouvernement de N… par la route maintenant abandonnée. […]

La journée fut chaude. À trois verstes[3] du relais de N… quelques gouttes de pluie commencèrent à tomber. […]

Arrivé au relais, mon premier souci fut de changer de vêtements au plus vite, puis de demander du thé.

Alexandre Pouchkine, *Le Maître de poste* (1830), in *Récits de feu Ivan Petrovitch Biekline*, 

1. Fonctionnaire chargé de fournir aux voyageurs des chevaux frais dans les relais de poste.
2. Pitié.
3. Ancienne mesure de largeur (≈ 1065 m).

**c. Écriture d'invention Poursuivez le texte en rédigeant un paragraphe employant le même système de temps et dans lequel apparaîtra un personnage nouveau (→ Ex. : la fille du maître de poste).**

# Fiche 2

# L'EXPRESSION DE LA CAUSE, DE LA CONSÉQUENCE, DU BUT, DE LA CONDITION, DE L'OPPOSITION ET DE LA CONCESSION

## LES MOYENS D'EXPRIMER LES CIRCONSTANCES

### Les compléments circonstanciels

Ils peuvent être de natures grammaticales diverses : un adverbe, un groupe nominal, un groupe pronominal, un groupe infinitif.

### Les subordonnées circonstancielles

Elles sont introduites par les conjonctions de subordination « comme », « si », et les locutions conjonctives « parce que », « pour que », « afin que », « bien que ». On distingue **deux constructions** :

– l'une **mobile**, présentant une information de **second plan**, pouvant être **déplacée** et **supprimée**.

→ **Ex. :** Il ne viendra pas **parce qu'il pleut**.

– l'autre **non mobile**, présentant deux propositions interdépendantes, l'une ne pouvant exister sans l'autre.

→ **Ex. :** Il pleut tellement **qu'il ne viendra pas**.

## L'EXPRESSION DE LA CAUSE ET DE LA CONSÉQUENCE

• Les liens de cause à conséquence unissent l'**origine** d'un fait et son **résultat**. Dans un cas, on part d'un fait pour remonter à son origine, sa **cause**.

→ **Ex. :** J'ai mis mes lunettes **à cause du soleil**.

• Dans l'autre cas, un fait en entraîne un autre, sa **conséquence**.

→ **Ex. :** Il fait soleil, **c'est pourquoi j'ai mis mes lunettes**.

### L'expression de la cause

#### La subordonnée circonstancielle de cause

• Elle est introduite par la conjonction « comme », et les locutions conjonctives « parce que », « vu que », « étant donné que », « attendu que », « sous prétexte que », « non que », etc.

• La cause peut être présentée comme **évidente** par le locuteur.

→ **Ex. :** **Comme** il fait beau, nous déjeunerons dehors.

• La cause peut être présentée comme **inacceptable**, injustifiée.

→ **Ex. :** Il n'est pas venu au cinéma **sous prétexte qu**'il était souffrant.

• À la cause présentée comme inacceptable peut succéder une autre cause présentée comme juste par le locuteur.

→ **Ex. :** Il n'est pas venu, **non parce qu**'il était souffrant, **mais parce qu**'il ne voulait pas voir ce film.

#### La juxtaposition

Le lien de cause à effet est **implicitement** établi et les deux faits sont présentés sur un **même plan**.

→ **Ex. :** Il pleut **:** elle ne viendra pas.

#### La coordination

Le lien de cause est établi par la conjonction de coordination « car ».

→ **Ex. :** Elle ne viendra pas **car** il pleut.

### L'expression de la conséquence

**La subordonnée circonstancielle de conséquence**

Elle est introduite par les locutions conjonctives « si bien que », « de sorte que », « tellement que », « à tel point que », etc.

→ **Ex. :** Il travaille **tellement qu'**il est épuisé.

**Remarque :** La subordonnée de conséquence est souvent interdépendante de la principale, l'une ne peut exister sans l'autre : on dira qu'elles sont **corrélatives**.

→ **Ex. :** Ce que tu m'apprends là est suffisamment important pour que je le note.

## L'EXPRESSION DU BUT

Les propositions circonstancielles de but sont **toujours au mode subjonctif**. Ce mode signale que le but fixé peut ne pas se réaliser. Elles peuvent être introduites par : « afin que », « pour que », « de peur que », « de façon que », etc.

→ **Ex. :** Je parle à voix basse **de peur qu'**elle ne se réveille.

## L'EXPRESSION DE LA CONDITION

• La condition, ou **hypothèse,** est l'expression d'un fait, d'une condition indispensable pour qu'un autre fait se réalise. L'hypothèse peut être :

– **réalisable** (hypothèse qui se réfère au présent du cadre d'énonciation).

→ **Ex. :** **Si tu veux**, tu peux m'aider. / **Si tu voulais**, tu pourrais m'aider.

– **potentielle** (hypothèse qui se réfère à un cadre d'énonciation futur).

→ **Ex. :** **Si l'on répartissait mieux les richesses**, il y aurait moins de misère.

– **irréalisée dans le passé** (dans ce cas, « si » est suivi du **plus-que-parfait**).

→ **Ex. :** **Si tu avais voulu**, tu aurais pu m'aider.

– **irréalisée dans le présent** (dans ce cas, « si » est suivi de l'**imparfait**).

→ **Ex. :** **S'il était là**, il pourrait m'aider !

• La conjonction « si » constitue la marque privilégiée de l'hypothèse ; mais on utilisera aussi « pour le cas où », « dans l'hypothèse où » pour marquer la probabilité, « en admettant que », « à supposer que », « même si », pour une supposition à laquelle n'adhère pas le locuteur.

→ **Ex. :** **À supposer même qu'il se mette à faire beau,** il ne pourra pas terminer la clôture.

## L'EXPRESSION DE L'OPPOSITION ET DE LA CONCESSION

### L'expression de l'opposition

• L'opposition présente deux faits qui ne sont pas contradictoires.

→ **Ex. :** Marie est en Inde **alors que** Virginie est en Polynésie.

• Les locutions conjonctives « alors que », « tandis que », et la conjonction « quand » sont les marques de l'opposition les plus fréquentes.

### L'expression de concession

• La concession oppose deux faits contradictoires.

→ **Ex. :** **Bien qu'il conduise prudemment,** il a eu un accident.

• Les locutions conjonctives « bien que », « même si » et les conjonctions « mais », « cependant », « or », « néanmoins » sont les marques de la concession les plus fréquentes.

## 1 IDENTIFIER LES MOYENS D'EXPRIMER LES CIRCONSTANCES

**A Relevez tous les moyens employés par l'auteur pour exprimer les circonstances et identifiez-les.**

*Dans cet extrait, un jeune indigène kanak raconte comment lui et vingt des siens ont été présentés comme des bêtes sauvages aux visiteurs parisiens de l'exposition coloniale de 1931.*

Au cours des jours qui ont suivi, des hommes sont venus nous dresser, comme si nous étions des animaux sauvages. [...] Nous devions creuser d'énormes troncs d'arbres, plus durs que la pierre, pour construire des pirogues tandis que les femmes étaient obligées de danser le pilou-pilou à heures fixes. [...] Le reste du temps, malgré le froid, il fallait aller se baigner et nager dans une retenue d'eau en poussant des cris de bêtes. J'étais l'un des seuls à savoir déchiffrer quelques mots que le pasteur m'avait appris, mais je ne comprenais pas la signification du deuxième mot écrit sur la pancarte fichée au milieu de la pelouse, devant notre enclos : « Hommes anthropophages de Nouvelle-Calédonie. »

Didier Daeninckx, *Cannibale* (1998), © Verdier

**B a. Identifiez les différentes circonstances. Dites par quel moyen chacune d'elles est exprimée.**

**b. Reformulez la phrase soulignée en y introduisant une proposition subordonnée d'opposition.**

Le matin du 16 avril, le docteur Bernard Rieux sortit de son cabinet et buta sur un rat mort, au milieu du palier. Sur le moment, il écarta la bête sans y prendre garde et descendit l'escalier. Mais, arrivé dans la rue, la pensée lui vint que ce rat n'était pas à sa place et il retourna sur ses pas pour avertir le concierge. Devant la réaction du vieux M. Michel, il sentit mieux ce que la découverte avait d'insolite. La présence de ce rat mort lui avait paru seulement bizarre tandis que, pour le concierge, elle constituait un scandale. La position de ce dernier était d'ailleurs catégorique : il n'y avait pas de rat dans la maison. Le docteur eut beau l'assurer qu'il y en avait un sur le palier du premier étage, et probablement mort, la conviction de M. Michel restait entière. Il n'y avait pas de rats dans la maison, il fallait donc qu'on eût apporté celui-ci du dehors. Bref, il s'agissait d'une farce.

Albert Camus, *La Peste* (1947), © Éditions Gallimard

## 2 DISTINGUER LA CAUSE ET LA CONSÉQUENCE

**A Précisez la circonstance exprimée par les deux points en couleur. Récrivez la phrase en les remplaçant d'abord par une conjonction de coordination, puis une conjonction de subordination.**

Nous avons des Juifs à Bordeaux, à Metz, en Alsace [...] : ne pouvons-nous pas souffrir et contenir des Calvinistes à peu près aux mêmes conditions que les Catholiques sont tolérés à Londres ?

Voltaire, *Traité sur la Tolérance* (1763)

**B Dans son chapitre des *Essais* titré « De la conscience », Montaigne examine le rôle de la torture.**

**a. Quelle relation logique exprime « et » dans la première phrase ?**

**b. Quelle concession Montaigne fait-il sur le rôle de la torture dans la première phrase ?**

**c. Reformulez la deuxième phrase pour expliquer la réfutation de la torture.**

C'est une dangereuse invention que celle des tortures et il semble que c'est plutôt une mise à l'épreuve de la capacité de souffrir qu'une mise à l'épreuve de la vérité. Celui qui peut les supporter cache la vérité et il en va de même pour celui qui ne peut pas les supporter.

Montaigne, *Essais*, II, 5 (1595), trad. A. Lanly, © Honoré Champion

**C a. Identifiez les moyens d'exprimer les circonstances. Comment visent-elles à disculper l'accusé ?**

Il était évident que si le parricide avait pu être commis, tous les accusés étaient également coupables, parce qu'ils ne s'étaient pas quittés d'un moment ; il était évident qu'ils ne l'étaient pas ; il était évident que le père seul ne pouvait l'être ; et cependant l'arrêt condamna ce père seul à expirer sur la roue.

Voltaire, *Traité sur la Tolérance* (1763)

**b. Écriture d'invention Imaginez une phrase qui s'appuiera sur les mêmes liens logiques pour récuser un fait de votre choix.**

## 3 EXPRIMER LA CAUSE, LA CONSÉQUENCE ET LE BUT

**A a. Identifiez les circonstances et les manières dont elles sont exprimées.**

*Voici une ancienne publicité pour les pneus Michelin.*

Parce qu'il y aura toujours du soleil mais aussi de la pluie.

Parce qu'il y aura toujours des virages sur les routes.

Parce qu'il y aura toujours l'imprévisible...

Vous aurez toujours besoin de bons pneus.

Pour freiner « sec » (même sous la pluie).

Pour « tenir » la route, car on peut être surpris en entrant vite dans un virage difficile.

Pour éviter l'obstacle imprévu qui se dresse brusquement devant vous...

Pour tout cela, vous aurez besoin des pneus Michelin ZX. [...]

b. Écriture d'invention **Imaginez, en choisissant un autre objet, une publicité intégrant l'expression de ces mêmes circonstances. Vous pourrez suivre la même organisation syntaxique.**

**B** Écriture d'invention **En utilisant les informations données ci-dessous, rédigez un court texte expliquant les effets néfastes de la pollution et militant pour des attitudes citoyennes. Utilisez des propositions circonstancielles de cause, conséquence et but.**

Les dégagements gazeux des automobiles et des usines envoient chaque année dans l'atmosphère 22 milliards de tonnes de CO2. Les océans et la végétation n'absorbent plus que la moitié du supplément dû aux activités humaines. L'augmentation de la température fait fondre les glaces. La fonte des glaces entraîne une hausse du niveau des mers. Le réchauffement provoque des désordres climatiques (tempêtes, inondations...). Des énergies ne sont pas polluantes (vent, énergie solaire). Des constructions modernes sont faites à partir de matériaux naturels.

**C** **Voici ce qu'écrit Montesquieu pour introduire sa réflexion sur l'esclavage. Indiquez les liens logiques qui unissent les trois propositions. Pourquoi ces faits ne peuvent pas constituer des arguments.**

Les peuples d'Europe ayant exterminé ceux de l'Amérique, ils ont dû mettre en esclavage ceux de l'Afrique, pour s'en servir à défricher tant de terres.

Montesquieu, *De l'esprit des lois* (1748)

## 4 IDENTIFIER, EXPRIMER ET INTERPRÉTER LA CONDITION ❄❄❄

**A** a. **Précisez comment sont construites les phrases de ce poème d'Alain Bosquet. Quelle est la circonstance exprimée ?**

Pluie

S'il pleuvait des gondoles,
 je serais gondolier.
S'il pleuvait des mains folles,
 j'en ferais un collier.
S'il pleuvait des presqu'îles,
 je leur conseillerais
d'élire domicile
 dans mon livre secret.
S'il pleuvait des girafes,
 je dirais : « Équateur,
va changer d'orthographe
 pour leur offrir des fleurs ! »
S'il pleuvait, ciel verbal,
 ma chanson serait fraîche,
et tout neuf mon cheval.
 Je vis de larmes sèches.

Alain Bosquet, *Alain Bosquet un poète* (1985),


b. Écriture d'invention **Poursuivez ce poème en rédigeant huit vers sur le même modèle.**

**B** **Relevez les subordonnées circonstancielles, identifiez-les et dites quel effet elles produisent dans l'évocation du souvenir.**

*Dans ce court extrait des* Vrilles de la vigne, *Colette évoque le pays de son enfance.*

Si tu passais en juin, entre les prairies fauchées, à l'heure où la lune ruisselle sur les meules rondes qui sont les dunes de mon pays, tu sentirais, à leur parfum, s'ouvrir ton cœur. [...]

Et si tu arrivais, un jour d'été, dans mon pays, au fond d'un jardin que je connais, un jardin noir de verdure et sans fleurs, si tu regardais bleuir, au lointain, une montagne ronde où les cailloux, les papillons et les chardons se teignent du même azur mauve et poussiéreux, tu m'oublierais, et tu t'assoirais là, pour n'en plus bouger jusqu'au terme de ta vie.

Écoute encore, donne tes mains dans les miennes : si tu suivais, dans mon pays, un petit chemin que je connais, jaune et bordé de digitales d'un rose brûlant, tu croirais gravir le sentier enchanté qui mène hors de la vie.

Colette, *Les Vrilles de la vigne* (1908),


## 5 IDENTIFIER ET INTERPRÉTER L'OPPOSITION ❄❄❄

**Relevez et identifiez les marques de l'opposition. Quel est l'objectif de cet article de Nicolas Hulot traitant des changements climatiques ?**

Certes, les grands rassemblements ponctuels permettent d'appeler l'attention des opinions publiques sur un problème grave. [...] Mais sur le plan politique, les négociations patinent. [...] On est ahuri de constater la frilosité des promesses des pays étant donné les enjeux fondamentaux que représentent les changements climatiques. Parfois, les débats relèvent des discussions syndicales alors qu'il s'agit, ni plus ni moins, de cesser de compromettre notre avenir à tous ! Car l'effet de serre est l'un des fléaux qui conduisent à s'engager dans le fameux « tunnel de l'irréversibilité » [...]. Certes, personne ne peut prévoir avec exactitude la montée du niveau de la mer, personne ne peut certifier que les aberrations climatiques [...] résultent directement de l'effet de serre [...]. Mais personne non plus ne peut prouver le contraire. Or, ce n'est pas parce que les scientifiques ne peuvent pas tout prouver qu'il ne faut rien faire [...].

Nicolas Hulot, *Sciences et nature* n° 100,
« Effet de serre, effets de manche »,
novembre/décembre 2000

# Fiche 3
# LES PROGRESSIONS THÉMATIQUES

Le **thème** est, à l'intérieur d'une phrase, **ce dont on parle**, ce que l'on connaît déjà.
Le **propos** est **l'information nouvelle** apportée à ce thème.

## LA PROGRESSION À THÈME CONSTANT

Dans cette progression, chaque phrase reprend le **même thème** qui est suivi à chaque fois d'un **nouveau propos**.

→ **Ex. :** **Maître Chicot**, l'aubergiste d'Épreville, arrêta son tilbury devant la ferme de la mère Magloire. C'était un grand gaillard de quarante ans, rouge et ventru, et qui passait pour malicieux. **Il** attacha son cheval au poteau de la barrière, puis **il** pénétra dans la cour. **Il** possédait un bien attenant aux terres de la vieille, qu'il convoitait depuis longtemps. Vingt fois **il** avait essayé de les acheter. (Guy de Maupassant)

## LA PROGRESSION LINÉAIRE

Dans cette progression, les thèmes et les propos s'enchaînent : **le propos d'une phrase** devient **le thème de la suivante**, etc.

→ **Ex. :** Je tombai par hasard dans un **terrain caché**. C'était un grand quadrilatère nu, entièrement bordé **d'une haute futaie de pins et de chênes. Ces arbres** noirs se dressaient sur les quatre côtés du champ. (Henri Bosco)

Ce type de progression est rarement longuement développé. Prolongé, il devient artificiel ou ludique comme dans les comptines enfantines.

## LA PROGRESSION À THÈME ÉCLATÉ

Un thème central, annoncé ou non, est divisé (éclaté) en **plusieurs thèmes**, comme on peut le lire dans ce portrait.

→ **Ex. :** J'aperçus **une dame d'une beauté rare** [...]. **Ses cheveux** d'un blond roux coulaient comme deux fleuves d'or ; [...] **son front** [...] s'étendait large et serein sur l'arc de deux cils presque bruns. [...] **Quels yeux !** Ils avaient une vie. (Théophile Gautier)

Le thème principal est « une dame d'une beauté rare », les phrases suivantes déclinent ce thème en illustrant cette beauté. Ce type de progression est fréquemment utilisé dans les **descriptions**.

## LA PROGRESSION COMPOSITE

Dans la réalité des textes, ces différentes progressions se mêlent souvent. Le repérage de ces progressions aide à comprendre la cohésion des propos, la structuration du sens.

→ **Ex. :** Entre ces deux personnages et les autres, **Vautrin**, l'homme de quarante ans, à favoris peints, servait de transition. **Il** était un de ces gens dont le peuple dit : Voilà un fameux gaillard ! **Il** avait les épaules larges, le buste bien développé [...]. **Sa figure**, rayée par des rides prématurées, offrait des signes de dureté que démentaient ses manières souples et liantes. **Sa voix** de basse-taille, en harmonie avec sa grosse gaieté, ne déplaisait point. (Honoré de Balzac)

La progression à thème constant met l'éclairage sur le personnage central, Vautrin. Puis le thème central se divise pour entrer dans le détail de « sa figure », « sa voix » selon une progression à thème éclaté.

# EXERCICES

## IDENTIFIER, ANALYSER ET EMPLOYER LES PROGRESSIONS THÉMATIQUES

**A a. Identifiez les types de progression. À quelle intention de l'auteur semblent-ils répondre ?**

Les oiseaux s'éveillaient dans le vallon où il descendit. Il ne faisait pas frais même dans les profondeurs encore couvertes des ténèbres de la nuit. Le ciel était entièrement éclairé d'élancements de lumière grise. Enfin, le soleil rouge, tout écrasé dans de longues herbes de nuages sombres, émergea des forêts.

Malgré la chaleur déjà étouffante, Angelo avait très soif de quelque chose de chaud. Comme il débouchait dans la vallée intermédiaire qui séparait les collines où il avait passé la nuit d'un massif plus haut et plus sauvage, étendu à deux ou trois lieues devant lui et sur lequel les premiers rayons du soleil faisaient luire le bronze de hautes chênaies, il vit une petite métairie au bord de la route et, dans le pré, une femme en jupon rouge qui ramassait le linge qu'elle avait étendu au serein.

Il s'approcha.

Jean Giono, *Le Hussard sur le toit* (1951),
© Éditions Gallimard

**b. Écriture d'invention En un court paragraphe, poursuivez le texte en le structurant autour de deux progressions thématiques enchâssées.**

**B a. Selon quels types de progression est organisée cette description ? Faites-en l'analyse et justifiez les choix de l'auteur.**

**b. Quelle impression se dégage de chaque étage ?**

**c. Quel est le thème le moins développé ? Quel effet cela provoque-t-il chez le lecteur sachant que nous sommes au début du récit ?**

**d. À quelle catégorie sociale madame Aubain pourrait-elle appartenir ? Relevez des indices précis.**

Cette maison, revêtue d'ardoises, se trouvait entre un passage et une ruelle aboutissant à la rivière. Elle avait intérieurement des différences de niveau qui faisaient trébucher. Un vestibule étroit séparait la cuisine de la salle où Mme Aubain se tenait tout le long du jour, assise près de la croisée dans un fauteuil de paille. Contre le lambris, peint en blanc, s'alignaient huit chaises d'acajou. Un vieux piano supportait, sous un baromètre, un tas pyramidal de boîtes et de cartons. Deux bergères[1] de tapisserie flanquaient la cheminée en marbre jaune et de style Louis XV. La pendule, au milieu, représentait un temple de Vesta ; et tout l'appartement sentait un peu le moisi, car le plancher était plus bas que le jardin.

Au premier étage, il y avait d'abord la chambre de « Madame », très grande, tendue d'un papier à fleurs pâles, et contenant le portrait de « Monsieur » en costume de muscadin[2]. Elle communiquait avec une chambre plus petite, où l'on voyait deux couchettes d'enfants, sans matelas. Puis venait le salon, toujours fermé, et rempli de meubles recouverts d'un drap. Ensuite un corridor menait à un cabinet d'études ; des livres et des paperasses garnissaient les rayons d'une bibliothèque entourant de ses trois côtés un large bureau de bois noir. Les deux panneaux en retour disparaissaient sous des dessins à la plume, des paysages à la gouache et des gravures d'Audran, souvenirs d'un temps meilleur et d'un luxe évanoui. Une lucarne au second étage éclairait la chambre de Félicité, ayant vue sur les prairies.

Gustave Flaubert, « Un cœur simple », *Trois contes* (1877)

1. Fauteuils de salon dont les côtés, montants, sont pleins.
2. À l'époque révolutionnaire, les royalistes affichant leur élégance étaient surnommés ainsi parce qu'ils se parfumaient au musc.

**e. Écriture d'invention Ajoutez un étage à cette maison et décrivez-le selon un nouveau thème éclaté. Cet étage donnera l'impression d'être inoccupé.**

**C a. Quelles progressions Céline utilise-t-il ?**

**b. Quelles impressions se dégagent de cette évocation de la banlieue ? Par quels moyens, syntaxiques, lexicaux, stylistiques, sont-elles suggérées ?**

**c. Quel est l'effet produit par la dernière phrase ?**

En banlieue, c'est surtout par les tramways que la vie vous arrive le matin. Il en passait des pleins paquets avec des pleines bordées d'ahuris brinquebalant, dès le petit jour, par le boulevard Minotaure, qui descendaient vers le boulot. Les jeunes semblaient même comme contents de s'y rendre au boulot. Ils accéléraient le trafic, se cramponnaient aux marchepieds, ces mignons, en rigolant. […]

La lumière du ciel à Rancy, c'est la même qu'à Détroit, du jus de fumée qui trempe la plaine depuis Levallois. Un rebut de bâtisses tenues par des gadoues noires au sol. Les cheminées, des petites et des hautes, ça fait pareil de loin qu'au bord de la mer les gros piquets dans la vase. Là-dedans, c'est nous.

Louis-Ferdinand Céline, *Voyage au bout de la nuit* (1932),
© Éditions Gallimard, 1952

**d. Écriture d'invention Rédigez un nouveau paragraphe qui pourrait faire suite à ce début de texte et qui commencera ainsi : « L'immeuble d'en face… ». Vous préciserez ensuite quelles progressions vous avez utilisées et les effets que vous avez souhaité produire par vos choix d'écriture.**

# Fiche 4

# LES ACTES DE LANGAGE, L'IMPLICITE ET LA MODALISATION

## LA SITUATION D'ÉNONCIATION

Tout **énoncé** est attribué à un énonciateur ou **locuteur** à destination d'un énonciataire ou **destinataire** en référence à un moment et à un lieu donnés. Ces paramètres définissent la **situation d'énonciation.**

### Les deux plans d'énonciation

La distinction de ces deux plans dépend de la position du locuteur dans l'énoncé.

#### L'énonciation du discours

L'énoncé, construit à partir de l'indicatif présent, porte les marques du locuteur « je » et réfère à la situation de communication « ici », « maintenant ». L'**antériorité** par rapport à ce présent d'énonciation sera marquée par l'**imparfait** et le **passé composé** et la **postériorité** par le **futur simple.** L'adresse au destinataire se fait par « tu » ou « vous ». Cette énonciation est représentative de l'échange oral et des genres littéraires comme le genre épistolaire, le théâtre ou l'autobiographie.

#### L'énonciation du récit

Le récit est totalement dissocié de son locuteur dont il ne porte aucune trace ; il exclut tout commentaire du narrateur sur son récit. Le temps de référence est l'indicatif passé simple et l'énoncé est écrit à la troisième personne « il ».

#### Récit et discours

Dans la narration romanesque, les deux systèmes s'entremêlent la plupart du temps. Le récit est parfois interrompu par une intervention du narrateur, un commentaire, pour interpeller le lecteur ou rapporter directement les paroles d'un ou plusieurs personnages.

## LES ACTES DE LANGAGE ET L'IMPLICITE

### Actes de langage et conventions sociales

- L'énoncé produit par un locuteur porte les marques de la situation d'énonciation. Lorsqu'il produit cet énoncé, et selon ce qu'il sait de son destinataire ou ce qu'il attend de lui, le locuteur produit un **acte de langage** qu'il souhaite adapter à la situation.
- L'élève qui interpelle son professeur, l'employé qui écrit à son supérieur hiérarchique ou le père qui parle à son fils, tous utilisent des formules convenues, des niveaux de langue différents.
- Les auteurs peuvent jouer sur la transgression de ces codes pour provoquer un effet comique ou inattendu quand, par exemple, un personnage utilise un niveau de langue inadapté à la situation de communication.

### Actes de langage « performatifs »

- Lorsque « dire c'est faire », on parle d'énoncé **performatif**. C'est le cas par exemple de l'interdiction « Je vous interdis de marcher sur les pelouses. » Cet énoncé est différent de « Il est interdit de marcher sur les pelouses », simple injonction qui n'implique pas le locuteur.

### Énonciation et types de phrases

À chaque acte de langage correspond un **type de phrase** particulier :
– la **phrase interrogative** essentiellement pour questionner ;

**Remarques :**
- Une interrogation peut être une injonction. → **Ex. :** Voudriez-vous faire moins de bruit ?
- Une question peut être rhétorique et être énoncée comme une vérité partagée par le destinataire.

→ **Ex. :** « Ne pensez-vous pas que la situation économique se dégrade ? » peut être une façon, pour un homme politique, de dire « Nous savons tous que la situation économique se dégrade ».

– la **phrase exclamative** pour manifester un sentiment fort ;
– la **phrase assertive** pour exprimer une vérité, une affirmation ;
– la **phrase injonctive** pour exprimer un ordre, un souhait.

**Les actes de langage implicites**

Il arrive que l'énoncé ne puisse être compris qu'en relation avec la situation d'énonciation, et que l'idée ne soit exprimée que de manière détournée ou allusive.
→ **Ex. :** Vous ne trouvez pas qu'il fait froid ici ? peut être une manière implicite, de demander à quelqu'un de fermer la fenêtre.

## LA MODALISATION

• Le locuteur peut prendre position par rapport à son énoncé : on dit qu'il **modalise** son propos. Il peut ainsi manifester son doute, son absolue certitude, son accord, son désaccord, ses craintes.

• La modalisation peut porter sur :
– une **appréciation favorable** marquant la satisfaction, l'euphorie.
→ **Ex. :** C'est **vraiment formidable** qu'il ait eu cette attitude face au danger !
– l'**insatisfaction**, la **déception**.
→ **Ex. :** **Quel dommage** qu'il ne vienne pas !

• La modalisation emprunte à de très nombreux procédés grammaticaux :
– des **verbes d'opinion** : « je crois », « il se peut », « on affirme », « on prétend », « je pense », « j'avoue que », « je doute », etc.
– des **adverbes** et **locutions adverbiales** : « certainement », « vraisemblablement », « absolument », « certes », « bien sûr », « sans doute », « peut-être », etc.
– des **modes verbaux** exprimant la probabilité, l'incertitude comme le futur antérieur (→ **Ex. :** Il **aura** encore **oublié** la date du rendez-vous !), le conditionnel présent (→ **Ex. :** Le train suspect **transporterait** des matières radioactives.), le subjonctif présent (→ **Ex. :** Il se peut que les opposants **choisissent** l'épreuve de force pour le bloquer.).
– des **groupes prépositionnels** : « À mon avis », « selon moi », etc.
– des **adjectifs subjectifs** dépréciatifs ou mélioratifs.
→ **Ex. :** Cet **affligeant** homme politique nous conduit à la catastrophe.
– des mots de différentes catégories grammaticales (adverbes, noms, adjectifs) dans des énoncés exclamatifs.
→ **Ex. :** Quel **malheur** !, **Horrible** !, **Hélas** !, **Passionnant** !
– des adjectifs dans des constructions impersonnelles.
→ **Ex. : Il est étonnant que…**

• La **modalisation** peut aussi se lire dans la **typographie**, la **ponctuation**. Parfois, le locuteur écrit un passage en italique ou entre guillemets pour montrer qu'il n'assume pas les propos cités.
→ **Ex. :** « Il n'y a aucun cas de dopage connu », affirme le directeur du Tour de France.

• Le choix du **type de phrase** peut être également révélateur d'une position du locuteur par rapport à son propre discours.
→ **Ex. :** La bombe a fait une centaine de morts. Une boucherie ! La phrase exclamative marque l'indignation du locuteur.

# EXERCICES

## 1 IDENTIFIER LES ÉLÉMENTS DE LA SITUATION D'ÉNONCIATION ✻

**A Précisez ce qui permet au lecteur de bien comprendre ce que disent et ce que font les personnages.**

HAMM : Comment vont tes yeux ?
CLOV : Mal.
HAMM : Comment vont tes jambes ?
CLOV : Mal.
HAMM : Mais tu peux bouger ?
CLOV : Oui.
HAMM, *avec violence* : Alors bouge !
*Clov va jusqu'au mur du fond, s'y appuie du front et des mains.*
Où es-tu ?
CLOV : Là.

Samuel Beckett, *Fin de Partie* (1957), © Les Éditions de Minuit

**B Même exercice.**

*Chez Serge.*
*Posée à même le sol, une toile blanche, avec de fins liserés blancs transversaux.*
*Serge regarde, réjoui, le tableau.*
*Marc regarde le tableau.*
*Serge regarde Marc qui regarde le tableau.*
*Un long temps où tous les sentiments se traduisent sans mot.*
MARC : Cher ?
SERGE : Deux cent mille.
MARC : Deux cent mille ?...
SERGE : Handtington me le reprend à vingt-deux.

Yasmina Reza, « *Art* » (1994), © Albin Michel

## 2 DISTINGUER LES PLANS D'ÉNONCIATION ✻✻

**A Quels plans d'énonciation Daudet a-t-il choisis dans ce texte ?**

Le bon père achevait de dire sa messe, quand on lui amena les prisonniers. C'était dans un coin sauvage des monts Arichulégui. Une roche éboulée, où un figuier géant enfonçait sa tige tordue, formait une sorte d'autel recouvert – en guise de nappe – d'un étendard carliste[1] aux franges d'argent. Deux alcarazas[2] ébréchés tenaient lieu de burettes[3], et quand le sacristain Miguel, qui servait la messe, se levait pour changer les évangiles de côté, on entendait sonner les cartouches dans sa giberne[4]. Tout autour, les soldats de Carlos étaient rangés silencieusement, le fusil en bandoulière, un genou à terre sur le béret blanc. Un grand soleil, le soleil de Pâques en Navarre, concentrait sa chaleur éblouissante dans ce creux de roche brûlant et sonore, où le vol d'un merle gris traversait seul de temps en temps les psalmodies[5] du prêtre et du servant. Plus haut, sur le pic en dentelle, des sentinelles se tenaient debout, dessinant dans le ciel des silhouettes immobiles.

Alphonse Daudet, « Le Cabecilla », *Contes choisis : la fantaisie et l'histoire* (1882)

1. Aux couleurs de Don Carlos. – 2. Vase de terre où l'on met l'eau à rafraîchir. – 3. Petit flacon contenant l'eau et le vin de messe. – 4. Sorte de cartouchière. – 5. Chants religieux.

**B Même exercice.**

Midi sonne aux cloches des fabriques ; les grandes cours silencieuses s'emplissent de bruit et de mouvement.

La mère Achille quitte son ouvrage, la fenêtre où elle était assise, et se dispose à mettre son couvert. L'homme va monter pour déjeuner.

Il travaille là tout près dans ces grands ateliers vitrés qu'on aperçoit encombrés de pièces de bois, et où grincent du matin au soir les instruments des scieurs de long... La femme va et vient de la chambre à la cuisine. Tout est soigné, tout reluit dans cet intérieur d'ouvrier. Seulement la nudité des deux petites pièces est plus frappante à ce jour éclatant du cinquième étage. On voit des cimes d'arbres, les buttes Chaumont tout en haut, et çà et là de longues cheminées de briques noircies au bord, toujours actives. Les meubles sont cirés, frottés. [...]

Pauvre mère Achille ! encore une qui en a eu des tristesses dans son ménage. Les premières années surtout ont été bien dures. Un mari coureur, ivrogne, pas d'enfants, obligée par son métier de couturière à vivre toujours enfermée, toujours seule dans le silence et l'ordre monotone d'une maison sans enfants où il n'y a pas de petites mains pour brouiller les pelotons, ni de ces petits pieds qui font tant de poussière et de joli train.

Alphonse Daudet, « Le Père Achille », *Contes choisis : la fantaisie et l'histoire* (1882)

**C Confrontez les choix énonciatifs faits par Daudet dans les extraits des exercices A et B.**
**Dans quel genre de récit nous plonge-t-il ?**

## 3 IDENTIFIER ET MANIPULER LES ACTES DU LANGAGE ✻✻

**A Citez la formule qui fait de cette déclaration un acte de langage. Relevez le vocabulaire et les formules employés par Astrée pour renforcer la valeur performative de sa parole.**

*À la fin du roman d'Honoré d'Urfé,* L'Astrée, *le berger Céladon, amoureux d'Astrée, écoute avec ravissement la promesse que cette dernière lui fait de l'aimer toujours.*

Mon berger, reprit doucement Astrée, si c'est de mon affection que dépend votre félicité, vous avez raison de dire que votre fortune sera grande puisque mon amitié* l'est parfaitement ; et afin que vous soyez hors de doute, que je puisse jamais interrompre le cours de vos plaisirs, souvenez-vous, Céladon, que […] je mourrai plutôt que de manquer à la parole que je vous donne, et au vœu que je fais d'être vôtre éternellement.

Honoré d'Urfé, *L'Astrée* (1607-1628)

* Amitié est ici synonyme d'amour.

**B Écriture d'invention Transcrivez le second paragraphe en une douzaine de lignes de dialogue.**

*Le roman de Maupassant,* Bel-Ami, *s'achève sur le mariage de Georges Du Roy et de Suzanne Walter à l'église parisienne de la Madeleine.*

Georges était agenouillé à coté de sa femme dans le chœur en face de l'autel illuminé. Le nouvel évêque de Tanger, crosse en main, mitre en tête, apparut, sortant de la sacristie, pour les unir au nom de l'Éternel.

Il posa les questions d'usage, échangea les anneaux, prononça les paroles qui lient comme des chaînes, et il adressa aux nouveaux époux une allocution chrétienne. Il parla de la fidélité longuement, en termes pompeux. C'était un gros homme de grande taille, un de ces beaux prélats chez qui le ventre est une majesté.

Guy de Maupassant, *Bel-Ami* (1885)

## 4 IDENTIFIER ET ANALYSER LES INDICES DE MODALISATION ❊❊

**Relevez et analysez tous les indices de modalisation utilisés par le narrateur pour présenter sa ville. Quel effet veut-il obtenir auprès des lecteurs ?**

À première vue, Oran est, en effet, une ville ordinaire et rien de plus qu'une préfecture française de la côte algérienne.

La cité elle-même, on doit l'avouer, est laide. D'aspect tranquille, il faut quelque temps pour apercevoir ce qui la rend différente de tant d'autres villes commerçantes sous toutes les latitudes. Comment faire imaginer, par exemple, une ville sans pigeons, sans arbres et sans jardins, où l'on ne rencontre ni battements d'ailes, ni froissements de feuilles, un lieu neutre pour tout dire ? [...] Pendant l'été, le soleil incendie les maisons trop sèches et couvre les murs d'une cendre grise ; on ne peut plus vivre alors que dans l'ombre des volets clos. [...]

Une manière commode de faire la connaissance d'une ville est de chercher comment on y travaille, comment on y aime et comment on y meurt. Dans notre petite ville, est-ce l'effet du climat, tout cela se fait ensemble, du même air frénétique et absent. [...] Nos concitoyens travaillent beaucoup, mais toujours pour s'enrichir. [...]

On dira sans doute que cela n'est pas particulier à notre ville et qu'en somme tous nos contemporains sont ainsi. Sans doute, rien n'est plus naturel, aujourd'hui, que de voir des gens travailler du matin au soir [...]. Mais il est des villes et des pays où les gens ont, de temps en temps, le soupçon d'autre chose. [...] Oran, au contraire, est apparemment une ville sans soupçons, c'est-à-dire une ville tout à fait moderne.

Albert Camus, *La Peste* (1947),


## 5 DISTINGUER MODALISATION ET IMPLICITE ❊❊❊

**a. Précisez la valeur des signes de ponctuation de fin de phrase.**

**b. Précisez la valeur des guillemets dans ce texte.**

**c. Récapitulez les moyens par lesquels Las Casas tente de convaincre, dans ce texte de théâtre, ceux qui l'écoutent.**

*Dans cet extrait de* La Controverse de Valladolid, *Las Casas, protecteur des Indiens d'Amérique, tente de persuader son auditoire que les Indiens sont des hommes comme les Européens de son temps, le XVIe siècle.*

LAS CASAS : Comment affirmer que leur expression est très inférieure à la nôtre, sinon pour nous donner le droit de les détruire ? Car c'est ce que nous faisons, depuis le début ! Nous brûlons leurs écritures ! Nous cassons leurs statues ! Nous barbouillons leurs fresques ! Et quelle architecture ! Avant que nous abattions toutes leurs villes, Cortés écrivait au roi d'Espagne qu'il n'avait rien vu d'aussi beau sur ses terres ! Il disait exactement… […] « Rien de comparable en Espagne », « la plus belle chose du monde »… Et que dire de cette phrase : « Quelques-uns d'entre nous se demandaient si ce que nous voyions là n'était pas un rêve… » Un rêve…[…] Et leur système d'irrigation ? Et leur écriture ? Et leur arithmétique ? Et leur habileté au dessin ? Et leur avancée dans la médecine, où ils savaient lutter mieux que nous contre la douleur ! Et leur connaissance du ciel, leur calendrier qu'on dit plus précis que le nôtre ! […] Et vous allez prétendre que la guerre que nous leur faisons est juste !

Jean-Claude Carrière, *La Controverse de Valladolid* (1999),

# Fiche 5

# LES DISCOURS RAPPORTÉS

Il existe quatre façons de rapporter un discours, réellement prononcé ou prêté à un personnage :
- le **discours direct** ;
- le **discours indirect** ;
- le **discours indirect libre** ;
- le **discours narrativisé**, une forme de récit qui résume des propos souvent longs déjà connus ou peu utiles. → **Ex. :** Il lui raconta à nouveau son accident.

## LE DISCOURS DIRECT

Le discours direct rapporte fidèlement les propos tenus par un personnage, à la première personne du présent de l'indicatif, temps de référence. Le locuteur laisse la parole à ce personnage et la rupture entre deux situations d'énonciation est marquée par une ponctuation caractéristique – guillemets, tirets, points d'interrogation, points d'exclamation, points de suspension – et, dans le cas de dialogues, par une mise en page structurée par des alinéas qui marquent les tours de parole.

→ **Ex. :** Quand Maigret rentra à l'hôtel de l'Amiral, le patron l'accrocha par la manche.
– Il faut que je vous parle commissaire...
– Vous allez avant tout me servir à déjeuner.
– Mais... (Georges Simenon)

## LE DISCOURS INDIRECT

• Le discours indirect est intégré au récit et il est pris en charge par le narrateur, le « je » disparaît, les temps employés sont ceux du récit. Ce discours peut prendre plusieurs formes :
– une subordonnée conjonctive, complément d'objet direct d'une proposition principale construite autour d'un verbe de parole.
→ **Ex. :** Il m'a affirmé **que Paul viendrait.**
– une subordonnée interrogative indirecte lorsque c'est une question qui est rapportée.
→ **Ex. :** Il m'a demandé **si Paul viendrait** (correspond au discours direct initial : Il m'a demandé : « Paul viendra-t-il ? »)
– un infinitif. → **Ex. :** Il affirme **pouvoir venir cet après-midi.**
– un groupe nominal. → **Ex. :** Il m'a dit **sa colère.**

• Les discours **direct** et **indirect** dépendent souvent d'un **verbe introducteur** parfois neutre comme « dire », « répondre », « répéter », « répliquer » ; parfois porteur d'un jugement ou d'une prise de distance du narrateur par rapport aux propos qu'il rapporte comme « prétendre », « insinuer » ; parfois précisant la manière d'énoncer les paroles avec des verbes comme « bégayer », « murmurer », « hurler », « chuchoter ».
→ **Ex. :** « Ne fais pas de bruit », chuchote maman. / Claire insinue que Paul a menti.

## LE DISCOURS INDIRECT LIBRE

Le discours indirect libre rapporte des paroles à la façon du discours indirect, en adaptant les **pronoms** et les **temps** pour **insérer les paroles rapportés dans le récit**. Cependant, à la différence du discours indirect, il ne possède ni **subordonnant** ni **verbe de parole**.
→ **Ex. :** « J'essayai de leur démontrer que le fugitif ne pouvait être que mort : **il avait dû se terrer dans un coin, les chiens le retrouveraient lorsqu'il se mettrait à sentir.** » (Laurent Gaudé)

## IDENTIFIER LES DISCOURS RAPPORTÉS ET INTERPRÉTER LEUR EMPLOI

**A a. Identifiez les différents discours rapportés.**

**b. Pourquoi le discours direct est-il si peu utilisé ?**

**c. Un passage au discours direct n'est pas ponctué de façon habituelle. Lequel et pourquoi ?**

**d. Relevez les verbes de parole et dites de quel type d'échange ils sont représentatifs.**

*Dans cet extrait de* La Ferme des animaux *de George Orwell, Boule de Neige et Napoléon, deux verrats (porcs), discutent avec les animaux de la ferme de la manière de prendre le pouvoir aux hommes. Boule de Neige pense que la construction d'un moulin à vent s'impose.*

Toute la ferme était profondément divisée sur la question du moulin à vent. Boule de Neige ne niait pas que la construction en serait malaisée. Il faudrait extraire la pierre de la carrière pour en bâtir les murs, puis fabriquer les ailes, ensuite il faudrait encore se procurer les dynamos et les câbles. (Comment ? Il se taisait là-dessus.) Pourtant, il ne cessait d'affirmer que le tout serait achevé en un an. Dans la suite, il déclara que l'économie en main-d'œuvre permettrait aux animaux de ne plus travailler que trois jours par semaine. Napoléon, quant à lui, arguait que l'heure était à l'accroissement de la production alimentaire. « Perdez votre temps, disait-il, à construire un moulin à vent, et tout le monde crèvera de faim ». Les animaux se constituèrent en factions rivales, avec chacune son mot d'ordre, pour l'une : « Votez pour Boule de Neige et la semaine de trois jours ! », pour l'autre : « Votez pour Napoléon et la mangeoire pleine ! » Seul Benjamin ne s'enrôla sous aucune bannière. Il se refusait à croire à l'abondance de nourriture comme à l'extension des loisirs. Moulin à vent ou pas, disait-il, la vie continuera pareil, mal, par conséquent.

George Orwell, *La Ferme des animaux* (1981), trad. J. Quéval, © Éditions Ivréa

**e. Écriture d'invention Transformez l'extrait ci-dessus en une courte scène de théâtre. Respectez bien les codes du genre (mise en page, ponctuation, didascalies, etc.).**

**B a. « Il me dit [...] les Anglais » : dans ce paragraphe, plusieurs types de discours rapportés se succèdent, identifiez-les et justifiez ces choix.**

**b. Relevez la phrase dans laquelle deux types de discours s'enchaînent et justifiez ce choix.**

**c. Comment Marguerite Duras rend-elle compte de l'accent italien dans les discours rapportés ?**

*Dans ce dialogue écrit par Marguerite Duras, le narrateur héros a pris place à bord d'une camionnette dont le chauffeur a accepté de le conduire à Florence en Italie.*

– C'est la première fois que vous venez en Italie ?

– La première fois.

– Il y a longtemps que vous êtes là ?

– Quinze jours.

– Alors, les Italiens, comment vous les trouvez ?

Il me posa la question sur un ton provocant, avec une arrogance un peu enfantine. Puis il attendit ce que j'allais dire, l'air fermé tout à coup, faussement attentif à la conduite de sa camionnette.

– Je ne peux pas très bien savoir encore, dis-je, je n'en connais pas. Mais, quand même, il me semble qu'on peut difficilement ne pas les aimer.

Il sourit.

– Ne pas aimer les Italiens, dis-je, c'est ne pas aimer l'humanité.

Il se détendit tout à fait. [...]

– Et Pise, c'est belle Pise, non ?

– Oh oui, dis-je, c'est belle.

– Heureusement, la place, elle a pas été touchée par les bombes.

– Heureusement. [...]

Il me dit qu'il s'intéressait à la politique, depuis la libération, oui, surtout depuis qu'il avait fait partie d'un comité d'usine dans le Piémont. C'était la plus belle période de sa vie. Lorsque ces comités avaient été dissous, dégoûté, il était revenu en Toscane. Mais il regrettait Milan, « parce que c'est vivante, Milan ». Il parla beaucoup de ces comités d'usine, de ce qu'avaient fait les Anglais.

– C'est dégoûtant ce qu'ils ont fait là, non ?

La chose lui importait beaucoup. Il recommença à parler de lui. Maintenant, il était maçon à Pise. Beaucoup de reconstruction à Pise. La camionnette, elle était à lui. Il l'avait eue à la libération et il l'avait gardée.

Marguerite Duras, *Le Marin de Gibraltar* (1952), © Éditions Gallimard

**C a. Sous quelles formes les propos sont-ils rapportés dans la phrase suivante. Qu'est-ce qui peut expliquer ce choix ?**

Philomène expliqua qu'elle accourait parce qu'elle avait des nouvelles ; et elle répéta ce qu'elle venait d'entendre dire...

Émile Zola, *La Bête humaine* (1890)

**b. Écriture d'invention Imaginez quelques lignes de dialogue qui expliciteraient cette annonce.**

**Fiche 6**

# LES FIGURES DE RAPPROCHEMENT ET DE SUBSTITUTION

On appelle **figures de style** des constructions particulières de la langue, qui visent à produire des effets marqués, qui touchent à la beauté du message, à son expressivité, à son efficacité.

**La comparaison** permet de rapprocher deux réalités en mettant en évidence un de leurs éléments communs. Elle comprend trois éléments : le comparant, le comparé et l'outil de comparaison. La comparaison permet de souligner des similitudes parfois inattendues.
→ **Ex. :** « [...] Sur le clocher jauni, / La lune, / **Comme** un point sur un i. [...] » (Alfred de Musset)

**La métaphore** est une comparaison implicite, sans outil de comparaison, et parfois même sans l'élément commun. La métaphore permet de traduire visuellement des sensations, de souligner des analogies.
→ **Ex. :** l'or des blés.
Lorsqu'une métaphore se poursuit sur plusieurs lignes, vers ou paragraphes, on parle de **métaphore filée.** Elle tisse un réseau d'images et renforce la force évocatrice de la métaphore.
→ **Ex. :** « [...] Un bel arbre
Ses branches sont des **ruisseaux**
Sous les feuilles
Ils **boivent** aux **sources** du soleil
Leurs **poissons** chantent comme des perles. [...] » (Paul Eluard)

**La personnification** représente une chose ou une idée sous les traits d'une personne.
→ **Ex. :** « Il appelle la Mort. / Elle vient sans tarder. » (Jean de La Fontaine)

**L'allégorie** représente de façon imagée (par des éléments descriptifs ou narratifs) les divers aspects d'une idée abstraite.
→ **Ex. :** La mort est souvent représentée par la silhouette d'une vieille femme voûtée, encapuchonnée et portant une faux.

**La métonymie** permet de désigner un élément par un autre qui a, avec lui, un lien, un rapport logique :
- le contenu pour le contenant. → **Ex. :** **Pierre est en panne** sur l'autoroute.
- l'utilisateur pour l'objet. → **Ex. :** Grève **des trains.**
- la cause pour l'effet, la matière pour l'objet, l'œuvre par son auteur, etc.
→ **Ex. :** J'ai lu **tout Victor Hugo.**

**La synecdoque** est une figure proche de la métonymie ; elle substitue un terme à un autre, lié au premier par un rapport d'inclusion. Elle peut avoir un effet particularisant (→ **Ex. :** « Regardez ce joli petit port rempli **de voiles et de mâts** », Charles Baudelaire) ou un effet généralisant (→ **Ex. :** J'ai repassé **mon linge.**)

**La périphrase** remplace un mot par un groupe nominal. Son utilisation peut mettre en relief une particularité, créer un effet d'attente, de mystère.
→ **Ex. :** « L'Île de beauté » désigne la Corse, « le billet vert » renvoie au dollar.

Fiche 7

# LES FIGURES D'OPPOSITION, D'EXAGÉRATION ET D'ATTÉNUATION

## LES FIGURES D'OPPOSITION

**L'oxymore** associe dans un même groupe nominal deux mots de sens très éloignés, souvent antithétiques. Ce rapprochement crée une image inattendue, offre une autre perception de la réalité souvent poétique.
→ **Ex. :** « Cette **obscure clarté** qui tombe des étoiles. » (Pierre Corneille)

**L'antiphrase** est une manifestation caractéristique de l'ironie qui consiste à dire délibérément le contraire de ce que l'on pense, souvent pour railler quelqu'un ou une idée.
→ **Ex. :** Les parents diront à l'enfant pris en flagrant délit de mensonge : « Bravo, ta franchise et ton honnêteté méritent tous les compliments ! »

**L'antithèse** oppose deux termes ou expressions dans des tournures souvent symétriques. On la retrouve fréquemment en poésie et dans des textes polémiques. C'est un procédé de mise en valeur qui dramatise en enfermant dans des alternatives.
→ **Ex. :** « **Innocents** dans un **bagne**, **anges** dans un **enfer**. » (Victor Hugo)

## LES FORMES D'EXAGÉRATION

**L'hyperbole** est une exagération volontaire. Elle sert à amplifier une réalité, un sentiment, une idée. Utilisée dans l'expression de l'ironie, elle est également fréquente dans la poésie romantique.
→ **Ex. :** « L'éternité pour moi ne sera qu'un instant. » (Jean-Baptiste Rousseau)

**L'accumulation** développe un thème, une idée dans une succession et une abondance de détails, de précisions. L'ensemble peut donner une impression de désordre, de grande abondance.
→ **Ex. :** « Au premier coup d'œil, les magasins lui offrirent un tableau confus dans lequel toutes les œuvres humaines et divines se heurtaient. Des crocodiles, des singes, des boas empaillés souriaient à des vitraux d'église, semblaient vouloir mordre des bustes, courir après des laques ou grimper sur des lustres. » (Honoré de Balzac)

**La gradation** est une énumération ordonnée. On appelle **gradation ascendante**, une énumération ordonnée du terme le plus **faible** au terme le plus **fort**. La gradation permet de créer un effet de dramatisation.
→ **Ex. :** « **Va, cours, vole** et nous venge. » (Pierre Corneille)
On appelle **gradation descendante**, une énumération ordonnée du terme le plus **fort** au terme le plus **faible**.
→ **Ex. :** Il se mit à **hurler**, puis en vint à **crier**, à **parler**, à **murmurer**, et enfin il se **tut**.

## LES FORMES D'ATTÉNUATION

**L'euphémisme** permet notamment d'atténuer l'expression d'une vérité brutale. Il permet d'éviter une formulation qui peut être désagréable ou choquante.
→ **Ex. :** On dira plutôt « non-voyant » qu'« aveugle ».

**La litote** consiste à dire le moins pour exprimer le plus. Elle peut permettre d'énoncer des faits avec retenue ou élégance. C'est paradoxalement une façon d'exprimer l'intensité.
→ **Ex. :** « Va, je ne te hais point » (Pierre Corneille) pour dire « je t'aime ».

## 1 IDENTIFIER LES FIGURES DE STYLE ET ANALYSER LEUR EFFET

**A a. Relevez et analysez les comparaisons en distinguant comparant, comparé et outil de comparaison. Quel effet produit l'emploi de cette figure de style ?**

**b. Relevez les personnifications et la gradation. Quel effet produit l'emploi de ces figures de style ?**

J'aime la plus belle des lumières, chaude, jaune, celle qui apparaît quelquefois l'après-midi sur le mur d'une chambre face au sud. C'est en elle que je voudrais habiter, pendant des jours, des mois, des années. Souple, tiède, vivante, douce, jaune comme la paille, jaune comme la flamme des allumettes, elle entre par la fenêtre ouverte sans que je sache d'où elle vient, de quels sables, de quels champs de maïs ou de blé mûr. Elle entre, pareille à une chevelure de femme, elle se met à bouger entre les murs de la chambre, d'un mouvement continu qui emplit de bonheur, d'un seul long mouvement qui se déploie et rebondit sans cesse, la belle lumière chaude, la lumière d'été.

J.M.G. Le Clézio, *L'Inconnu sur la terre* (1978), © Éditions Gallimard

**B Relevez toutes les images qui constituent une métaphore filée. À quelle idée principale réfère-t-elle ?**

*Florent, évadé du bagne et affamé, erre dans les halles de Paris.*

Autour de lui, le soleil enflammait les légumes. [...] Les cœurs élargis des salades brûlaient, la gamme du vert éclatait en vigueurs superbes, les carottes saignaient, les navets devenaient incandescents, dans ce brasier triomphal.

Émile Zola, *Le Ventre de Paris* (1873)

**C a. Relevez et commentez les différentes figures de style employées dans la première strophe.**

**b. Quelle est la figure de style dominante dans ce poème ? Justifiez votre réponse en relevant des exemples précis. Quel est l'effet produit ?**

### Les sapins

Les sapins en bonnets pointus
De longues robes revêtus
Comme des astrologues
Saluent leurs frères abattus
Les bateaux qui sur le Rhin voguent

Dans les sept arts endoctrinés
Par les vieux sapins leurs aînés
Qui sont de grands poètes
Ils se savent prédestinés
À briller plus que des planètes
À briller doucement changés
En étoiles et enneigés
Aux Noëls bienheureuses
Fêtes des sapins ensongés
Aux longues branches langoureuses

Les sapins beaux musiciens
Chantent des noëls anciens
Au vent des soirs d'automne
Ou bien graves magiciens
Incantent le ciel quand il tonne [...]

Guillaume Apollinaire, *Alcools* (1913), © Éditions Gallimard

**D Identifiez la figure de style soulignée. Qu'est-ce qui peut expliquer son emploi ?**

*Le Souriceau parle du coq, un animal qu'il n'a jamais rencontré.*

### Le Cochet, le Chat et le Souriceau

Il a la voix perçante et rude,
Sur la tête <u>un morceau de chair,</u>
<u>Une sorte de bras dont il s'élève en l'air.</u>

Jean de La Fontaine, *Fables*, VI, 5 (1668)

## 2 ANALYSER L'EFFET PRODUIT PAR LES FIGURES DE STYLE

**A Quelle impression générale se dégage du passage suivant ? Identifiez les différentes figures de style employées et dites comment chacune d'elles construit cette impression.**

*Nous sommes sur un marché africain, en Côte d'Ivoire, il est midi, tout le monde se précipite vers le marché de riz cuit.*

Mais midi venait de retentir sur les chantiers, dans les bureaux. Les travailleurs affamés se bousculèrent aux portails, se déversèrent sur les places, dans les rues, dans les voitures et dans les pirogues.

– Du bon riz cuit ! À très bon marché ! Venez acheter du bon riz cuit !

Des meutes d'hommes, des essaims débouchèrent sur le petit marché. Des faisceaux de mains croisèrent des assiettes devant le nez et les yeux de Salimata. Rapides comme les pattes de la biche les mains de Salimata allèrent et vinrent, remplirent les assiettes de riz, les arrosèrent de sauce et les couronnèrent du morceau de viande, arrachèrent les prix (quinze francs), les enfouirent dans le pagne.

Ahmadou Kourouma, *Les soleils des indépendances* (1995), © Seuil

**B Relevez et identifiez les figures de style, puis expliquez comment elles participent à la construction de l'effet comique.**

HARPAGON, *il crie au voleur dès le jardin, et vient sans chapeau* : Au voleur ! au voleur ! à l'assassin ! au meurtrier ! Justice, juste ciel ! Je suis perdu, je suis assassiné ! On m'a coupé la gorge, on m'a dérobé mon argent ! Qui peut-ce être ? Qu'est-il devenu ? où est-il ? où se cache-t-il ? Que ferai-je pour le trouver ? Où courir ? où ne pas courir ? N'est-il point là ? n'est-il point ici ? Qui est-ce ? Arrête ! *(Il se prend lui-même le bras.)* Rends-moi mon argent, coquin !... Ah ! c'est moi. Mon esprit est troublé, et j'ignore où je suis, qui je suis, et ce que je fais. Hélas ! mon pauvre argent, mon pauvre argent, mon cher ami, on m'a privé de toi ! Et, puisque tu m'es enlevé, j'ai perdu mon support, ma consolation, ma joie ; tout est fini pour moi, et je n'ai plus que faire au monde ! Sans toi, il m'est impossible de vivre.
C'en est fait, je n'en puis plus, je me meurs, je suis mort, je suis enterré !

Molière, *L'Avare* (1668)

**C Relevez les hyperboles et les métaphores et dites ce qu'elles apportent à l'évocation du souvenir.**

Il y avait dans ce temps-là de grands hivers, de brûlants étés. J'ai connu, depuis, des étés dont la couleur, si je ferme les yeux, est celle de la terre ocreuse, fendillée entre les tiges du blé et sous la géante ombelle du panais sauvage, celle de la mer grise ou bleue. Mais aucun été, sauf ceux de mon enfance, ne commémore le géranium écarlate et la hampe enflammée des digitales. Aucun hiver n'est plus d'un blanc pur à la base d'un ciel bourré de nues ardoisées, qui présageaient une tempête de flocons plus épais, puis un dégel illuminé de mille gouttes d'eau et de bourgeons lancéolés... Ce ciel pesait sur le toit chargé de neige des greniers à fourrages, le noyer nu, la girouette, et pliait les oreilles des chattes... La calme et verticale chute de neige devenait oblique, un faible ronflement de mer lointaine se levait sur ma tête encapuchonnée, tandis que j'arpentais le jardin, happant la neige volante... [...]

Colette, *Sido* (1930), © Librairie Arthème Fayard

**D Relevez les métaphores filées. Précisez quels sont leurs constituants et dites quels effets elles produisent.**

*Anny Duperey a perdu ses parents à huit ans, asphyxiés au monoxyde de carbone. Dans son autobiographie, elle rend compte de son extrême difficulté à écrire ces moments.*

Et puis se retrouver là devant la feuille, des heures, des jours, envahi par ce si pressant besoin, avec un trop-plein de choses à dire, celles qu'on n'arrive pas à dire, qu'on sent mais qui ne se formulent pas – pas encore ou jamais – l'émotion qui gonfle et qui bloque tout, rempli à en avoir mal physiquement et le souffle court d'une aspiration impuissante, et ça pousse, ça pousse, mais ça ne sort pas et on ne sait pas ce que c'est. [...]

Contractions interminables d'une grossesse émotionnelle stérile. Comment faire pour accoucher de son fardeau et lui donner enfin une forme, traduire en mots cet étouffant silence et le voir là, intelligible, le reconnaître et le lire ? Se lire pour se reconnaître ?

Rien. Ça pousse, ça gonfle. Et rien.

L'impression de porter en soi un engrenage complexe et lourd, les grandes roues des sentiments et puis les petites roues des idées, le tout imbriqué qui pourrait tourner ensemble, ça devrait marcher, et dans un coin – où ? Où et comment ? Et pourquoi ? – un petit élément contraire, minuscule peut-être, qui fait obstacle et paralyse le tout.

Baudruche pleine à craquer refermée sur son silence, avec le besoin qui soulève et voudrait libérer et l'impuissance qui colle, qui fait masse. Bouché. Et la vie à côté, de l'autre côté du silence qui pourrait être bonne sans ce poids, qui pourrait...

Anny Duperey, *Le Voile noir* (1992),
© Éditions du Seuil

## 3 MANIPULER LES FIGURES DE STYLE ✲✲✲

**A** Écriture d'invention **En une dizaine de lignes, rédigez l'éloge d'une invention contemporaine. Vous intégrerez dans l'ordre suivant : une périphrase, une comparaison, une métaphore filée, une gradation, une antiphrase et vous conclurez sur une hyperbole.**

**B Sur le modèle du texte suivant, rédigez un court texte qui présentera un objet sous forme d'une métaphore filée.**

La bougie

La nuit parfois ravive une plante singulière dont la lueur décompose les chambres meublées en massifs d'ombre.
Sa feuille d'or tient impassible au creux d'une colonnette d'albâtre par un pédoncule très noir.
[...]

Francis Ponge, *Le Parti pris des choses* (1942),
© Éditions Gallimard

# Fiche 8

# L'ORIGINE, LA FORMATION ET L'ÉVOLUTION DES MOTS

## L'ORIGINE DES MOTS

• Les mots ont une véritable vie et une histoire : ils naissent, évoluent, disparaissent parfois. **L'étymologie** étudie l'origine de chaque mot ; son **étymon** indique quand et où il est apparu, quelle a été son évolution au fil du temps.

• La plupart des mots français viennent du **latin**. De nombreux autres mots viennent du **grec** (→ **Ex. :** zoo, chronologie, homophone, synthèse, paronyme...) quelques-uns sont également empruntés à l'arabe (→ **Ex. :** zénith, zéro, algèbre, hasard, sirop...), à l'italien (→ **Ex. :** sonnet, boussole, balcon, soldat, ténor, graffiti...), à l'allemand, à l'espagnol, à l'anglais (→ **Ex. :** bifteck, football, sandwich...) et à bien d'autres langues encore.

• Quelques expressions ou mots latins sont restés dans leur forme initiale jusqu'à nos jours.
→ **Ex. :** maximum, minimum, agenda, incipit, index, post scriptum...

## LA FORMATION DES MOTS

• Les mots sont formés à partir d'un **étymon** auquel on adjoint des **affixes** (préfixe et suffixe).

• La connaissance du sens des affixes et des principales racines greco-latines apporte une aide précieuse pour deviner le sens de mots inconnus.
→ **Ex. :** « anthropophage » vient du grec *anthropo-* (être humain) et *-phage* (manger).

## L'ÉVOLUTION DES MOTS

• Certains mots ont totalement disparu, certains ont gardé leur sens premier, d'autres ont vu leur sens évoluer. Il faut donc être particulièrement vigilant lorsque l'on étudie un texte antérieur au XIXe siècle.
→ **Ex. :** *embrasser* signifiait « prendre dans ses bras » ; *maîtresse* désignait une fiancée ; *marâtre* une belle-mère ; *fier* voulait dire cruel et sauvage ; *Il lui donne un soufflet* signifiera qu'il lui donne une gifle ; *l'amant* désignera l'être aimé et qui aime en retour.

▸ **Les archaïsmes** sont des **mots vieillis**, qui ne sont plus en usage dans la langue contemporaine. Parmi ces archaïsmes, on peut distinguer les mots qui ont presque complètement disparu (→ **Ex. :** *choir* qui signifiait *tomber*) et ceux qui ont totalement perdu leur sens premier (→ **Ex. :** *chef* qui signifiait *tête*).

▸ **Les néologismes** sont des **mots nouveaux** exprimant des réalités nouvelles.
Parmi ces néologismes, on repère :
– des mots empruntés à une langue étrangère.
→ **Ex. :** *fastfood* (vient de l'anglais), *jacuzzi* (vient de l'italien), *robot* (vient du tchèque).
– des acronymes (mots formés d'initiales ou de syllabes de plusieurs mots).
→ **Ex. :** SIDA (Syndrome Immuno-Déficitaire Acquis) ; OTAN (Organisation du Traité d'Atlantique Nord).
– des mots passés de la dénomination à l'acronyme.
→ **Ex. :** *compact disque* devenu CD.
– des mots ayant apporté un sens nouveau à un mot ancien.
→ **Ex. :** pirate de l'air.

# EXERCICES

## 1 COMPRENDRE LES MOTS GRÂCE À L'ÉTYMOLOGIE ❊

**A En vous référant à l'étymologie, précisez pourquoi ces expressions comportent des erreurs. Corrigez-les en proposant à chaque fois une nouvelle formulation.**

1. Il faut opposer son veto à cette loi stupide.
2. Cela s'est avéré faux.
3. Cela est un faux prétexte.
4. Il faut choisir entre ces deux alternatives.
5. Cette nouvelle s'est répandue aux quatre coins de l'hexagone.
6. Au jour d'aujourd'hui, plus personne n'y croit.

**B Retrouvez le sens des mots suivants grâce à leur étymon.**

1. philanthrope – misanthrope – anthropomorphisme
2. nécrologie – nécropole
3. archéologie – chronologie – théologie
4. biographie – autobiographie – épigraphe
5. homophone – cacophonie – symphonie – orthophonie
6. homonyme – antonyme – synonyme – métonymie

## 2 REPÉRER LES ARCHAÏSMES ET PROPOSER DES SYNONYMES ❊❊

**A Identifiez les mots ou expressions aujourd'hui disparus, et les mots qui ont changé de sens. Pour chacun d'eux proposez un synonyme contemporain.**

*Le chien essaie de convaincre le loup d'abandonner sa vie errante et de le rejoindre auprès de ses maîtres.*

### Le Loup et le Chien

[…]
« Il ne tiendra qu'à vous, beau sire,
D'être aussi gras que moi, lui répartit le chien.
Quittez les bois, vous ferez bien :
Vos pareils y sont misérables,
Cancres, hères et pauvres diables,
Dont la condition est de mourir de faim.
Car quoi ? rien d'assuré ; point de franche lippée ;
Tout à la pointe de l'épée.
Suivez-moi, vous aurez un bien meilleur destin. »
Le Loup reprit : « Que me faudra-t-il faire ?
– Presque rien, dit le chien : donner la chasse aux [gens
Portants bâtons, et mendiants ;
Flatter ceux du logis, à son maître complaire :
Moyennant quoi votre salaire
Sera force reliefs de toutes les façons,
Os de poulets, os de pigeons,
Sans parler de mainte caresse. » […]

Jean de La Fontaine, *Fables*, I, 5 (1668)

**B Cherchez l'étymologie des mots soulignés et proposez pour chacun d'eux un synonyme qu'on pourrait employer aujourd'hui.**

En côtoyant la mer à la quête de leurs mines, aucuns Espagnols prirent terre en une contrée fertile et plaisante, fort habitée, et firent à ce peuple leurs remontrances accoutumées : Qu'ils étaient gens paisibles venant de lointains voyages, envoyés de la part du roi de Castille, le plus grand prince de la terre habitable, auquel le pape, représentant Dieu en terre, avait donné la principauté de toutes les Indes ; que s'ils voulaient lui être tributaires, ils seraient très bénignement traités, leur demander des vivres, pour leur nourriture, et de l'or, pour le besoin de quelque médecine ; leur remontrer au demeurant la créance d'un seul Dieu, et la vérité de notre religion, laquelle ils leur conseillaient d'accepter, y ajoutant quelques menaces.

Montaigne, *Essais*, III, 6 (1595),
trad. A. Lanly, © Honoré Champion

## 3 COMPRENDRE LES NÉOLOGISMES ❊❊❊

**A Des écrivains ont inventé des mots nouveaux comme « alluder », « scriptible », « colloquer », « brouillonner », « dragonaliser », « nostalgir ».**

**a. Rechercher l'étymologie et la formation de chacun de ces mots, puis donnez-leur une signification.**

**b. Employez chacun de ces mots dans une phrase.**

**B Dans cet extrait, Marcel Proust brosse le portrait du directeur du Grand Hôtel de Balbec qui accueille le narrateur avec un petit discours.**

**a. Relevez toutes les impropriétés de langage du directeur, puis précisez ce qui vous semble être à l'origine de ses confusions.**

**b. Corrigez chaque erreur de langage.**

Il m'annonça qu'il m'avait logé tout en haut de l'hôtel. « J'espère, dit-il, que vous ne verrez pas là un manque d'impolitesse, j'étais ennuyé de vous donner une chambre dont vous êtes indigne, mais je l'ai fait rapport au bruit, parce que comme cela vous n'aurez personne au-dessus de vous pour vous fatiguer le trépan (pour tympan). Soyez tranquille, je ferai fermer les fenêtres pour qu'elles ne battent pas. Là-dessus je suis intolérable. » […]

Il craignait qu'il n'y eût des « fixures » dans le plafond. « Surtout attendez toujours pour allumer une flambée que la précédente soit consommée. C'est important de ne pas mettre le feu à la cheminée, d'autant plus que pour égayer un peu, j'ai fait placer dessus une grande postiche en vieux chine que cela pourrait abîmer. »

Marcel Proust, *À la Recherche du temps perdu* (1913-1927)

# Fiche 9
## LE CHAMP SÉMANTIQUE

Le champ sémantique est l'ensemble des significations que peut prendre un mot dans différents contextes. On appelle **signifiant** l'image graphique (les lettres) et sonore (la prononciation) d'un mot et **signifié** ce qui en constitue le sens.

**L'allitération** est la répétition de **sons consonnes.**
→ **Ex. :** « Il a deux trous rouges au côté droit. » (Arthur Rimbaud)

**L'assonance** est la répétition de **sons voyelles.**
→ **Ex. :** « Sonnez, sonnez toujours clairons de la pensée. » (Victor Hugo)
Les poètes emploient souvent l'allitération et l'assonance pour renforcer le sens d'un mot et produire des effets précis.

**Les homonymes** entretiennent des relations particulières entre **signifiant** et **signifié.** Ces relations sont de trois types :
– les **signifiants** (son et graphie) sont **identiques.**
→ **Ex. :** « la **mousse** de la bière » et « le **mousse** de l'équipage du navire » : ces deux mots sont différents, ils n'ont pas la même étymologie.
– les **sons** sont **identiques**, mais les **graphies** sont **différentes.**
→ **Ex. :** Le cheval **mort mord** encore son **mors.**
– les **graphies** sont **identiques** mais les **sons diffèrent.**
→ **Ex. :** Les poules du **couvent couvent.**
**Remarque :** Des artistes comiques jouent sur ces liens particuliers entre signifiant et signifié pour provoquer des rapprochements insolites et souvent drôles.
→ **Ex. :** « Je **hais** ces **haies** qui nous entourent. » (Raymond Devos)

**Les paronymes** sont des mots de **sens différent** ayant une **prononciation très proche**, parfois source de confusion.
→ **Ex. :** allocution/allocation ; perpétuer/perpétrer...

**Les synonymes** sont des mots de **sens voisin** et appartenant à la **même catégorie grammaticale** (noms, adjectifs, verbes).
→ **Ex. :** pleurer, sangloter, gémir, larmoyer...

**Les antonymes** sont des mots de **sens opposé.**
→ **Ex. :** grand/petit ; gentil/méchant...

**La polysémie** d'un mot est l'ensemble des significations que peut recouvrir ce mot.
Elle peut se construire sur la distinction **sens propre/sens figuré.**
→ **Ex. :** « Son cœur bat très vite. » évoque l'image concrète du cœur (son sens propre).
« Je suis au **cœur** du sujet. » constitue une image abstraite (sens figuré).
**Remarque :** Interroger les différentes significations d'un mot c'est interroger à la fois leurs divers emplois et leurs comportements syntaxiques.
→ **Ex. :** Le verbe « se rendre » peut signifier :
– « capituler » : Les soldats vaincus **se sont rendus** à leurs ennemis.
– « être » : Je **me suis rendu** utile.

**Ne pas confondre « champ sémantique » et « champ lexical »**
Dans un texte, un champ lexical rassemble les mots se rapportant à un même thème mais n'appartenant pas nécessairement à la même catégorie grammaticale.

## 1 DISTINGUER LES EFFETS PRODUITS PAR LES ASSONANCES ET LES ALLITÉRATIONS

**Relevez les assonances et les allitérations, puis précisez les effets produits sur le sens du poème.**

L'invitation au voyage

Mon enfant, ma sœur,
Songe à la douceur
D'aller là-bas vivre ensemble !
Aimer à loisir,
Aimer et mourir
Au pays qui te ressemble !
Les soleils mouillés
De ces ciels brouillés
Pour mon esprit ont les charmes
Si mystérieux
De tes traîtres yeux,
Brillant à travers leurs larmes. [...]

Charles Baudelaire, *Les Fleurs du mal* (1857)

## 2 JOUER AVEC L'HOMOPHONIE ET LA POLYSÉMIE

**Relevez et analysez tous les procédés utilisés par Raymond Devos pour créer un effet comique.**

Il y a des verbes qui se conjuguent
très irrégulièrement.
Par exemple, le verbe « OUÏR ».
Le verbe ouïr au présent, ça fait :
J'ois... j'ois...
Si au lieu de dire « j'entends », je dis « j'ois »,
les gens vont penser que ce que j'entends est joyeux
alors que ce que j'entends peut être
particulièrement triste.
Il faudrait préciser :
« Dieu, que ce que j'ois est triste ! »
J'ois...
Tu ois...
Tu ois mon chien qui aboie le soir au fond des bois ?
Il oit...
Oyons-nous ?
Vous oyez...
Ils oient.
C'est bête !
L'oie oit. Elle oit, l'oie !
Ce que nous oyons, l'oie l'oit-elle ?
Si au lieu de dire « l'oreille »
on dit « l'ouïe », alors :
l'ouïe de l'oie a ouï.
Pour peu que l'oie appartienne à Louis :
« L'ouïe de l'oie de Louis a ouï. »
« Ah oui ? Et qu'a ouï l'ouïe de l'oie de Louis ? »
« Elle a ouï tout ce que toute oie oit... »
« Et qu'oit toute oie ? »
« Toute oie oit, quand mon chien aboie
le soir au fond des bois,
toute oie oit ouah ! ouah !
Qu'elle oit, l'oie !... »

Raymond Devos, *À plus d'un titre* (2005), © Plon

## 3 JOUER AVEC LES PARONYMES

**Utilisez chacun des paronymes proposés dans une phrase qui permettra d'en éclairer le sens.**

abjurer/adjurer ; affection/affectation ; éruption/irruption ; évoquer/invoquer ; exode/ exorde

## 4 RELEVER ET ANALYSER UN CHAMP LEXICAL

**Relevez le champ lexical de la nuit, puis précisez ce que l'emploi de ce lexique peut révéler des sensations et sentiments du personnage principal.**

*Renée rentre du bois de Boulogne où elle est allée se promener en calèche.*

La nuit était presque venue ; un lent crépuscule tombait comme une cendre fine. Le lac, vu de face, dans le jour pâle qui traînait encore sur l'eau, s'arrondissait, pareil à une immense plaque d'étain ; aux deux bords, les bois d'arbres verts dont les troncs minces et droits semblent sortir de la nappe dormante, prenaient, à cette heure, des apparences de colonnades violâtres, dessinant de leur architecture régulière les courbes étudiées des rives ; puis, au fond, des massifs montaient, de grands feuillages confus, de larges taches noires fermaient l'horizon. Il y avait là, derrière ces taches, une lueur de braise, un coucher de soleil à demi éteint qui n'enflammait qu'un bout de l'immensité grise. [...] le creux du ciel s'ouvrait, infini, plus profond et plus large. Ce grand morceau de ciel, sur ce petit coin de nature, avait un frisson, une tristesse vague ; et il tombait de ces hauteurs pâlissantes une telle mélancolie d'automne, une nuit si douce et si navrée, que le Bois, peu à peu enveloppé dans un linceul d'ombre, perdait ses grâces mondaines, agrandi, tout plein du charme puissant des forêts. Le trot des équipages, dont les ténèbres éteignaient les couleurs vives, s'élevait, semblable à des voix lointaines de feuilles et d'eaux courantes. Tout allait en se mourant.

Émile Zola, *La Curée* (1872)

# Fiche 10
# LES PRINCIPALES DIFFICULTÉS ORTHOGRAPHIQUES

## LES ACCORDS DES PARTICIPES PASSÉS

▸ **Avec l'auxiliaire « être »**, le participe passé s'accorde avec le **sujet.**
➜ **Ex. :** **Ils** étaient partis quand **elle** est arrivée.

▸ **Avec l'auxiliaire « avoir »**, le participe passé d'un temps composé ne peut s'accorder qu'avec un **COD placé avant le verbe.**
➜ **Ex. :** Les pommes **qu'**il avait trouvé**es** étaient immangeables. Il **les** a pourtant mangé**es**.
(**qu'** = cod = les pommes) (**les** = COD = les pommes)

**Exceptions**

• Devant un **verbe à l'infinitif**, le **participe passé** de « **faire** » reste **invariable**, même si le COD est placé devant le verbe.
➜ **Ex. :** Les travaux que j'ai **fait** faire n'avancent pas vite !
• Utilisé **sans auxiliaire**, le **participe passé** s'accorde avec le **nom auquel il se rapporte.**
➜ **Ex. :** Il faut corriger l'orthographe des mots **soulignés**.

## LES HOMOPHONES GRAMMATICAUX

### Quoi que/quoique

▸ **Quoi que** introduit à chaque fois une concession et peut être remplacé par « quelle que soit la chose que ».
➜ **Ex. :** **Quoi qu'**il en dise (= **quelle que soit la chose qu'**il dise), il ne sera jamais prêt pour Noël.

▸ **Quoique** peut-être remplacé par « bien que ».
➜ **Ex. :** **Quoiqu'**il serait juste de le faire, je ne le laisserai pas partir. (= **bien qu'**il serait juste ...)

### Quel que/quelque ... que/quelque

▸ **Quelque** est invariable quand il signifie **environ**, **un certain**, ou **un quelconque.**
➜ **Ex. :** Il y avait **quelque** (= environ) deux cents personnes au concert.

▸ **Quelques**, au pluriel, signifie **plusieurs.**
➜ **Ex. :** Il y a **quelques** élèves absents.

▸ Si **quelque ... que** encadre un **nom**, « quelque » **s'accorde** avec ce nom.
➜ **Ex. :** **Quelques** compliments **que** l'on vous fasse, je vous conseille de refuser.

▸ Si **quelque ... que** encadre un **adjectif**, quelque reste **invariable.**
➜ **Ex. :** **Quelque** pressé **qu'**ils soient, ils m'attendront.

▸ **Quel que** ne s'emploie qu'avec un **verbe d'état** conjugué au **subjonctif** et « quel » s'accorde avec le **sujet inversé.** On peut le remplacer par « n'importe lequel ».
➜ **Ex. :** **Quels que** soient vos doutes, prenez le risque. (= Que vos doutes soient **n'importe lesquels.**)

### c'est / c'était / s'est / s'était

▸ **C'est** et **c'était** peuvent être remplacés par « cela est » ou « cela était », ils sont aussi caractéristiques du gallicisme « c'est ... que » (ou qui) ou « c'était ... qui ».
▸ Dans **s'est** ou **s'était**, « s' » (= se) est un **pronom réfléchi**, souvent la marque d'un **verbe pronominal.** « Se » peut donc être remplacé par un autre **pronom personnel complément d'objet.**
➜ **Ex. :** **C'est** lui qui **s'est** trompé. (= C'est moi qui **me** suis trompé.)

## LES HOMOPHONES VERBAUX

### Indicatif présent et subjonctif présent

**J'ai /que j'aie**

→ **Ex. :** On peut remplacer par « tu **as** » → on écrit « j'**ai** ».
→ **Ex. :** On peut remplacer par « que tu **aies** » → on écrit « que j'**aie** ».

**Je cours / que je coure**

→ **Ex. :** On peut remplacer par « je fais » → on écrit « je cours ».
→ **Ex. :** On peut remplacer par « que je **fasse** » → on écrit « que je **coure** ».

### Indicatif imparfait et indicatif passé simple

**Je marchai / je marchais**

→ **Ex. :** On peut remplacer par « tu marchas » → on écrit « Je marchai ».
→ **Ex. :** On peut remplacer par « tu marchais » → on écrit « Je marchais ».

### Indicatif futur (simple ou antérieur) et conditionnel présent (ou passé)

**J'aurai fini quand tu arriveras. / J'aurais fini si je n'avais pas été dérangé.**

→ **Ex. :** On peut remplacer par « tu auras » → on écrit « j'aurai ».
→ **Ex. :** On peut remplacer par « tu aurais » → on écrit « j'aurais ».

### Identification des formes verbales

**Chanter / chanté / chantai / chantais / chantez**

- La bonne orthographe dépend de la bonne identification des temps et des personnes.
- La forme infinitive en « er » peut s'identifier facilement en remplaçant l'**infinitif** par un **verbe du troisième groupe.**

→ **Ex. :** On peut remplacer « parler » par « dire » → on écrit « Je l'ai entendu parler ».

## LES ACCORDS PARTICULIERS DE L'ADJECTIF

**L'adjectif loin du nom**

De même qu'un verbe dépend de son sujet, un **adjectif** dépend toujours d'un **nom** qu'il **qualifie** (et dont il peut être **éloigné**), on ne peut l'orthographier sans rechercher cette dépendance.

→ **Ex. :** Réfugiés sous la toiture et attendant la fin d'une interminable averse, deux oiseaux chantent malgré tout.

**L'adjectif de couleur**

- Sont **invariables** :

– les adjectifs de couleur **composés** d'un **nom** ou d'un **adjectif.**

→ **Ex. :** des pantalons **bleu marine** ; des cheveux **châtain clair**

- Les adjectifs de couleur provenant **d'un nom employé comme adjectif.**

→ **Ex. :** des chaussures **olive** ; des gants **marron**

**Remarque :** cette règle **ne s'applique pas dans tous les cas** et peut **varier.**
→ **Ex. :** des chaussettes **mauves** ; des couleurs **fauves** ; des joues **roses** ; des écharpes **marrons**

## 1 ACCORDER LES PARTICIPES PASSÉS DES TEMPS COMPOSÉS

**A Conjuguez les infinitifs entre parenthèses à l'indicatif plus-que-parfait. Veillez à l'accord des participes passés.**

Depuis son veuvage, personne n'*(soupçonner)* les rendez-vous dangereux donnés à Kostis pendant les nuits sans lune, de sorte qu'au plat de sa joie *(manquer)* le piment d'un spectateur. Quand les yeux méfiants des matrones *(se poser)* sur la taille alourdie de la jeune femme, elles *(s'imaginer)* tout au plus que la veuve du pope *(se laisser)* séduire par un marchand ambulant, par un ouvrier de ferme, comme si ces gens-là étaient de ceux avec qui Aphrodissia eût consenti à coucher. Et il *(falloir)* accepter avec joie ces soupçons humiliants et ravaler son orgueil avec plus de soin encore qu'elle retenait ses nausées. Et lorqu'elles l'*(revoir)* quelques semaines plus tard, le ventre plat sous ses jupons lâches, toutes *(se demander)* ce qu'Aphrodissia *(pouvoir)* bien faire pour se débarrasser si facilement de son fardeau.

Marguerite Yourcenar, *Nouvelles orientales* (1938),


**B a. Les verbes conjugués au passé-composé ont été remplacés par leur forme à l'infinitif. Conjuguez-les en veillant à respecter les règles d'accord du participe passé.**

**b. Relevez les verbes conjugués au subjonctif et justifiez l'emploi de ce mode dans le texte.**

*Dans cet extrait de ses mémoires, Chateaubriand évoque la propriété de la Vallée-aux-Loups qu'il a achetée et aménagée. Dans ce passage, il décrit son jardin.*

Les arbres que j'y *(planter)* prospèrent, ils sont encore si petits que je leur donne de l'ombre quand je me place entre eux et le soleil. Un jour, en me rendant cette ombre, ils protègeront mes vieux ans comme j'*(protéger)* leur jeunesse. Je les *(choisir)* autant que je l'*(pouvoir)* des divers climats où j'*(errer)*, ils rappellent mes voyages et nourrissent au fond de mon cœur d'autres illusions.

[...] l'ambition m'*(venir)* ; je voudrais accroître ma promenade de quelques arpents : tout chevalier errant que je suis, j'ai les goûts sédentaires d'un moine : depuis que j'habite cette retraite, je ne crois pas avoir mis trois fois les pieds hors de mon enclos. Mes pins, mes sapins, mes mélèzes, mes cèdres tenant jamais ce qu'ils promettent, la Vallée-aux-Loups deviendra une véritable chartreuse. [...]

Ce lieu me plaît ; il *(remplacer)* pour moi les champs paternels ; je l'*(payer)* du produit de mes rêves et de mes veilles ; c'est au grand désert d'Atala que je dois le petit désert d'Aulnay ; et, pour me créer ce refuge, je n'*(dépouiller)* pas, comme le colon américain l'Indien des Florides. Je suis attaché à mes arbres ; je leur *(adresser)* des élégies, des sonnets, des odes. Il n'y a pas un seul d'entre eux que je n'aie soigné de mes propres mains, que je n'aie délivré du ver attaché à sa racine, de la chenille collée à sa feuille ; je les connais tous par leur nom comme mes enfants.

François-René de Chateaubriand,
*Mémoires d'Outre-tombe* (1848)

**C Conjuguez les infinitifs entre parenthèses aux temps qui conviennent en justifiant vos choix. Veillez aux accords des participes passés.**

Le prince de Clèves devint passionnément amoureux de mademoiselle de Chartres, et souhaitait ardemment de l'épouser ; mais il craignait que l'orgueil de madame de Chartres ne *(être)* blessé de donner sa fille à un homme qui n'était pas l'aîné de sa maison. Cependant cette maison était si grande, et le comte d'Eu, qui en *(être)* l'aîné, venait d'épouser une personne si proche de la maison royale, que c'était plutôt la timidité que *(donner)* l'amour, que de véritables raisons, qui causaient les craintes de monsieur de Clèves. Il *(avoir)* un grand nombre de rivaux : le chevalier de Guise lui paraissait le plus redoutable par sa naissance, par son mérite, et par l'éclat que la faveur donnait à sa maison. Ce prince était devenu amoureux de mademoiselle de Chartres le premier jour qu'il l'*(voir)* ; il s'*(apercevoir)* de la passion de monsieur de Clèves, comme monsieur de Clèves s'était aperçu de la sienne. Quoiqu'ils fussent amis, l'éloignement que donnent les mêmes prétentions ne leur *(permettre)* pas de s'expliquer ensemble ; et leur amitié s'*(refroidir)*, sans qu'ils eussent eu la force de s'éclaircir. L'aventure qui *(arriver)* à monsieur de Clèves, d'avoir vu le premier mademoiselle de Chartres, lui paraissait un heureux présage, et *(sembler)* lui donner quelque avantage sur ses rivaux.

Madame de la Fayette, *La Princesse de Clèves* (1678)

## 2 ORTHOGRAPHIER LES HOMOPHONES GRAMMATICAUX

**A Retenez d'abord, dans les deux phrases suivantes, la proposition juste. Puis, poursuivez le texte avec cinq phrases en continuant de jouer avec les mêmes homophones grammaticaux et en puisant votre inspiration dans les *Fables* de La Fontaine.**

*(Quoi qu'/Quoi qu')* on en dise et *(quoi qu'/quoiqu')* il soit distrait, le lièvre est plus rapide que la tortue ! *(Quel que/quelque)* gourmand qu'il soit, on n'a jamais vu un oiseau *(quel qu'/quelqu')* il soit, et encore moins un corbeau, manger un fromage !

**B Remplacez les parenthèses par s' / c' / se / ce.**

( )'est dans le nouveau roman que le statut du personnage a été remis en cause. Il ne ( )'est plus agi de donner l'illusion de la réalité. ( ) n'est plus l'intrigue, ( ) n'est plus la narration qui sont essentielles, mais bien plutôt le mouvement même de l'écriture. Le monologue intérieur ( ) substitue à l'action, les thèmes ( )'entrecroisent, les descriptions ( ) perdent dans une minutie excessive.

( )'est en fait la contestation des conventions romanesques qui ( ) est ainsi manifestée sous la plume d'auteurs comme N. Sarraute, A. Robbe-Grillet ou M. Butor.

( )'est autour des années 1950 que ( ) nouveau type de roman est apparu.

## 3 ORTHOGRAPHIER LES HOMOPHONES VERBAUX ✲✲

**A Remplacez les parenthèses par les terminaisons é / er / ait.**

Il me dit que, dans la pensée qu'on pourr( ) le soupçonn( ) d'avoir eu part à l'enlèvement de Manon, il ét( ) all( ) le matin à l'hôpital et qu'il av( ) demand( ) à la voir en feignant d'ignor( ) ce qui ét( ) arriv( ) ; qu'on ét( ) si éloign( ) de nous accus( ), ou lui, ou moi, qu'on s'ét( ) empress( ), au contraire, de lui apprendre cette aventure comme une étrange nouvelle [...].

Abbé Prévost, *Manon Lescaut* (1731)

**B Remplacez les parenthèses par les bonnes terminaisons : é – és – ées – ais – aient.**

Les souvenirs que nous avons gard( ) des gens que nous avons connus n'ont pas plus d'intensité, plus de « vie » que ces petites images précises et color( ) qu'ont grav( ) dans notre esprit la botte, par exemple, la botte souple en cuir tartare, orn( ) de broderies d'argent, qui chauss( ) le pied du vieux prince, ou sa courte pelisse de velours bord( ) d'un col de zibeline et son bonnet, ou ses mains osseuses et dures qui serr( ) comme des pinces, ses petites mains sèches de vieillard, aux veines saillantes, et les scènes continuelles qu'il fais( ), ses sorties, nous paraissent plus « réelles » souvent, plus « vraies », que toutes les scènes du même genre auxquelles nous n'avons nous-mêmes jamais assist( ).

Nathalie Sarraute, *Portrait d'un inconnu* (1956),


**C Remplacez les parenthèses par les terminaisons é / és / ée / ées / er / ait / aient.**

Une neige épaisse couvr( ) le village. La colline était cach( ) par la brume et par la nuit, nul rayon de lumière n'indiqu( ) le grand château. K. resta longtemps sur le pont de bois qui men( ) de la grand-route au village, les yeux lev( ) vers ces hauteurs qui sembl( ) vides.

Puis il alla cherch( ) un gîte ; les gens de l'auberge n'étaient pas encore au lit ; on n'avait pas de chambre à lou( ), mais, surpris et déconcerté par ce client qui ven( ) si tard, l'aubergiste lui proposa de le faire couch( ) sur une paillasse dans la salle. K. Accepta. Il y avait encore là quelques paysans attabl( ) autour de leurs chopes, mais, ne voulant parl( ) à personne, il alla cherch( ) lui-même la paillasse au grenier et se coucha près du poêle. Il faisait chaud, les paysans se tais( ), il les regarda encore un peu entre ses paupières fatigu( ) puis s'endormit.

Franz Kafka, *Le Château* (1938),
trad. Alexandre Vialatte, 

## 4 ACCORDER DES ADJECTIFS DE COULEUR ✲✲

**Écriture d'invention Isaac Newton a découpé arbitrairement l'arc-en-ciel en sept couleurs : rouge, orange, jaune, vert, bleu, indigo et violet. Rédigez une description d'une vingtaine de lignes dans laquelle vous introduirez des adjectifs de couleurs synonymes de ceux de l'arc-en-ciel, dans l'ordre donné. Pensez à employer des adjectifs composés. Votre texte pourra être réaliste, poétique ou drôle et il devra viser un effet sur son lecteur.**

## 5 IDENTIFIER L'ORTHOGRAPHE DU XVIe SIÈCLE ✲✲✲

**a. Relevez, en les classant par catégories grammaticales, les mots provenant de la langue du XVIe siècle.**

**b. Traduisez cet extrait dans un français moderne.**

*Voici un extrait d'un* Essai *de Montaigne sur l'éducation des enfants : il évoque ici le rôle du précepteur.*

On ne cesse de criailler à nos oreilles, comme qui verseroit dans un antonnoir ; et nostre charge ce n'est que redire ce qu'on nous a dict. Je voudrois qu'il corrigeast cette partie, et que, de belle arrivée, selon la portée de l'ame qu'il a en main, il commençast à la mettre sur la montre, luy faisant gouster les choses, les choisir et discerner d'elle mesme ; quelquefois luy ouvrant le chemin, quelquefois le luy laissant ouvrir. Je ne veux pas qu'il invente et parle seul, je veux qu'il escoute son disciple.

Montaigne, *Essais*, I, 26 (1595)

# Fiche 1
# L'ORGANISATION ET LE FONCTIONNEMENT DU RÉCIT

## LE NARRATEUR

Le récit révèle, presque toujours, la présence de celui qui le raconte, le **narrateur**. La **narration** d'un récit de fiction doit être distinguée de son **écriture**, car le narrateur est un être **fictif**, distinct de l'auteur, qui est une personne **réelle**.

## LE STATUT DU NARRATEUR

### La narration à la troisième personne
Un narrateur peut être étranger à l'histoire racontée : le récit, mené à la **troisième personne**, donne une **impression d'objectivité**. (Cf. Focalisation, p. 430)

### La narration à la première personne
Le narrateur peut être un personnage et parler à la **première personne**. Cette narration favorise **l'identification du lecteur au personnage**.

→ **Ex. :** À la fin de *L'Étranger* (1942) d'Albert Camus, un condamné à mort raconte ses dernières pensées à la première personne.

### Le récit autobiographique
Celui qui dit « je » est à la fois le **personnage**, le **narrateur**, et, parfois, l'**auteur**.

### Les récits encadrés
Le narrateur d'un récit premier peut mettre en scène un personnage qui raconte à son tour une histoire. Ce récit second, dit « encadré », peut **donner une explication**, **ralentir le récit premier** ou être le **sujet principal** du livre.

→ **Ex. :** Dans *Manon Lescaut* (1731) de l'Abbé Prévost, Renoncour raconte sa rencontre avec Des Grieux, qui prend ensuite la parole et raconte son histoire.

## LA PRÉSENCE DU NARRATEUR

- Le narrateur peut **s'adresser directement au lecteur**, exprimer ses **émotions** ou prononcer un **jugement**. Présent de vérité générale, questions rhétoriques, démonstratifs, ou termes modalisateurs signalent alors la présence du narrateur.

→ **Ex. :** « Le colonel ressemblait à cette dame qui, ayant eu la fièvre durant quinze années, crut avoir changé de maladie le jour où elle fut guérie. Il est des félicités auxquelles on ne croit plus ; elles arrivent, c'est la foudre, elles consument. » (Honoré de Balzac, *Le Colonel Chabert*, 1832)

- La narration à la **deuxième personne** fait du lecteur un **personnage**.

## LE TEMPS DE LA NARRATION

### La narration ultérieure
La narration se déroule **après les événements**, racontés au **passé**.

### La narration antérieure
On raconte des événements **à venir** ; cette narration, rare, en général au **futur**, se retrouve dans les prédictions, les récits de rêve.

→ **Ex. :** « En ces jours-là, les hommes chercheront la mort, et ils ne la trouveront pas ; ils désireront mourir, et la mort fuira loin d'eux. » (*Bible*, « Apocalypse », 9)

### La narration simultanée
Le récit a lieu pendant que les faits se déroulent.

### La narration intercalée
Chaque étape de l'histoire est racontée **immédiatement** après son déroulement.

→ **Ex. :** Dans *Les Liaisons dangereuses* (1782), roman épistolaire de Choderlos de Laclos, les lettres des personnages racontent les événements qu'ils viennent de vivre.

# Fiche 2
# LES RYTHMES DU RÉCIT

## LES VITESSES DU RÉCIT

On appelle **vitesse** du récit le rapport entre la **durée de l'histoire**, comptée en heures, jours, années, et **le temps de la narration**, compté en pages. L'alternance des vitesses donne son **rythme** au récit.

### L'ellipse

L'ellipse **passe sous silence** des événements qui se sont déroulés pendant un temps **quelconque**.
→ **Ex. :** « Je partais, trois jours après, pour la province. Je ne les ai point revus. Quand je revins à Paris, deux ans plus tard, on avait détruit la pépinière. » (Guy de Maupassant, *Contes de la Bécasse*, 1883)

### Le sommaire

Le sommaire **résume** des événements qui se sont déroulés pendant un temps **quelconque**.
→ **Ex. :** « Durant les trente années qu'il lui restait à vivre, il se rappela ses mois de campagne en fabriquant des brosses de chiendent. » (Anatole France, *Crainquebille et autres récits profitables*, 1902)

### La scène

La durée des événements racontés correspond au temps qu'il faut pour les lire : la **scène** se trouve, notamment, dans les passages de **dialogue**.

### La pause

L'action est arrêtée, alors que le récit se poursuit : la pause correspond aux passages de **description**, ou aux **commentaires** du narrateur.
→ **Ex. :** « C'était encore un enfant. Elle l'avait mis à Saint-Nicolas, dans cette grande maison d'éducation religieuse où, pour trente francs par mois, une instruction rudimentaire et un métier sont donnés aux enfants du peuple, à beaucoup d'enfants naturels. » (Les Frères Goncourt, *Germinie Lacerteux*, 1865)

## LA FRÉQUENCE

Dans un récit, la fréquence désigne le nombre de fois où un événement est raconté. Le plus souvent, le narrateur raconte **une fois** ce qui s'est produit **une fois**. Le narrateur peut aussi raconter **plusieurs fois** ce qui s'est produit **une fois**. Ce procédé donne au récit un caractère **répétitif**, mais permet surtout des **variations**, de **point de vue** notamment. Ce procédé est fréquent dans le **Nouveau Roman** (▸ Le Nouveau Roman, p. 37).
Enfin, le narrateur peut raconter **une fois** ce qui s'est passé **plusieurs fois**. Ces passages, qui peuvent s'apparenter à des descriptions, soulignent une **habitude**, par exemple.
→ **Ex. :** « Habituellement vêtu d'un habit bleu-barbeau, il prenait chaque jour un gilet de piqué blanc. » (Honoré de Balzac, *Le Père Goriot*, 1835)

## LA SUCCESSION DES ÉVÉNEMENTS

**L'analepse** consiste à **raconter un événement antérieur à l'histoire** : elle évoque, par exemple, le passé d'un personnage.

**La prolepse** consiste à **raconter d'avance un événement qui surviendra plus tard** ; ce procédé peut souligner l'action du destin.
→ **Ex. :** « Et elle entrevoyait confusément la nécessité possible d'une séparation plus douloureuse encore que la première. Son cœur se serra, mais elle prit sa résolution. Fantine, on le verra, avait la farouche bravoure de la vie. » (Victor Hugo, *Les Misérables*, I, IV, 1, 1862)

# Fiche 3
# LA DESCRIPTION

En latin, *describo*, signifie « écrire à partir d'un modèle », « dessiner ». La description représente des lieux, des objets ou des êtres ; elle constitue une **pause** et révèle souvent **le sens de l'œuvre**. La description marque souvent les **grandes étapes du récit**, comme le début, ou la fin. Elle est écrite au **présent** ou à l'**imparfait**.

## L'ORGANISATION DE LA DESCRIPTION

### Focalisation

Les éléments qui apparaissent dans une description dépendent du point de vue d'où ils sont perçus : on appelle **focalisation** la place qu'occupe le narrateur par rapport aux faits décrits.

• Dans le récit traditionnel, le narrateur est **omniscient** et en dit plus que ce que les personnages peuvent voir, ou savoir : on parle de focalisation **zéro**.

→ **Ex. :** « Rastignac eut le vertige comme un homme endormi dans une forêt, et qui se réveille à côté d'une lionne affamée. Il eut peur, mais sans témoins. » (Honoré de Balzac, *Splendeurs et misères des courtisanes*, 1838-1847)

• Lorsque le récit ne décrit que ce que voit, pense ou ressent le héros, la focalisation est dite **interne**.

→ **Ex. :** « Elle regardait à droite, du côté du boulevard de Rochechouart, où des groupes de bouchers, devant les abattoirs, stationnaient en tabliers sanglants ; et le vent frais apportait une puanteur par moments. » (Émile Zola, *L'Assommoir*, , 1877)

• Lorsque le personnage est observé de l'extérieur, et que le narrateur perçoit ses gestes mais n'a pas accès à ses pensées, on parle de focalisation **externe**.

→ **Ex. :** « La dame ponctua cette réponse d'un coup de crayon sur le clavier. L'enfant resta immobile, la tête tournée vers sa partition. » (Marguerite Duras, *Moderato cantabile*, 1958)

### Principe lexical et syntaxique

• La description peut prendre la forme d'une **liste**, reposant notamment sur l'**accumulation** d'adjectifs ou de propositions subordonnées relatives.

• **Comparaisons** et **métaphores** lui donnent parfois une dimension narrative. La **métaphore** est dite **filée** lorsqu'elle se prolonge sur plusieurs lignes.

→ **Ex. :** « Telle, étourdie par la gaieté des fidèles, ivre de camaraderie, de médisance et d'assentiment, Mme Verdurin, juchée sur son perchoir, pareille à un oiseau dont on eût trempé le colifichet dans du vin chaud, sanglotait d'amabilité. » (Marcel Proust, *Du Côté de Chez Swann*, 1914)

### Principe logique

La description peut se développer dans l'**espace** et progresser de l'extérieur vers l'intérieur, par exemple. Elle peut se développer dans le **temps** et donner l'impression que l'espace est en mouvement. Le choix de **verbes de mouvement** anime le tableau, et contribue à la **dramatisation** du récit.

→ **Ex. :** « À la croix du transept, quatre colonnes énormes étaient aux quatre angles ; montaient d'un jet soutenir la voûte ; et là régnait encore une clarté mauve… » (Émile Zola, *Le Rêve*, 1888)

## LES FONCTIONS DE LA DESCRIPTION

• La description peut avoir, comme une peinture, une fonction **ornementale** ou **esthétique**.

→ **Ex. :** « Ainsi vu d'en haut, le paysage tout entier avait l'air immobile comme une peinture ; les navires à l'ancre se tassaient dans un coin ; le fleuve arrondissait sa courbe au pied des collines vertes… » (Gustave Flaubert, *Madame Bovary*, 1857)

• Elle copie parfois la **réalité** pour créer un **effet de réel**.

• Elle peut avoir une fonction **documentaire**, et véhiculer un **savoir**.

• La description peut enfin avoir une fonction **explicative** ou **symbolique** : elle construit une atmosphère, et prépare l'action. Le **portrait**, par sa longueur, révèle l'importance du personnage dans le récit.

## 1 ÉTUDIER LE STATUT DU NARRATEUR ❄

**a. Quelles relations unissent le personnage et le narrateur de ce passage ? Observez en particulier les temps verbaux.**
**b. Peut-on confondre l'auteur de ce texte et son narrateur ? Justifiez votre réponse.**
**c. Quelles émotions apparaissent dans l'écriture de ce passage ?**

Le collège ? – J'ai pu aller jusqu'à la porte ; encore mon cœur battait-il à se casser ! Quand j'ai pris la petite rue qui y mène, je titubais comme un homme ivre.

Mais arrivé devant la grille, j'ai dû m'appuyer contre une borne pour ne pas tomber.

C'est là-dedans que mon père était maître d'études à vingt-deux ans, marié, déjà père de Jacques Vingtras.

C'est là qu'il fut humilié pendant des années ; c'est là que je l'ai vu essuyer en cachette des larmes de honte, quand le proviseur lui parlait comme à un chien ; c'est là que j'ai senti peser sur mes petites épaules le fardeau de sa grande douleur.

Non, je n'ai pas osé passer sous cette porte, pour revoir le coin de cour où un grand sauta sur lui et le souffleta.

Entrer ? – Il me semble que je laisserais de mon sang sur le plancher de l'étude des grands, où était la table devant laquelle je travaillais – à côté de la chaire, dans laquelle celui qui m'avait mis au monde était installé, comme dans la tribune du réfectoire le gardien qui surveille les réclusionnaires*.

Jules Vallès, *Le Bachelier* (1879)

*Prisonniers.

## 2 ÉTUDIER LA PRÉSENCE DU NARRATEUR ❄❄

**a. Distinguez les passages narratifs et les commentaires du narrateur en indiquant les indices qui permettent de les reconnaître.**
**b. Pour quelle raison le narrateur intervient-il dans le récit, selon vous ?**
**c. Écriture d'invention Supprimez les passages qui interrompent la narration et remplacez-les par le récit des circonstances du voyage.**

Jacques commença l'histoire de ses amours. C'était l'après-[dîner] : il faisait un temps lourd ; son maître s'endormit. La nuit les surprit au milieu des champs ; les voilà fourvoyés. Voilà le maître dans une colère terrible et tombant à grands coups de fouet sur son valet, et le pauvre diable disant à chaque coup : « Celui-là était apparemment encore écrit là-haut... ».

Vous voyez, lecteur, que je suis en beau chemin, et qu'il ne tiendrait qu'à moi de vous faire attendre un an, deux ans, trois ans, le récit des amours de Jacques, en le séparant de son maître et en leur faisant courir à chacun tous les hasards qu'il me plairait. Qu'est-ce qui m'empêcherait de marier le maître et de le faire cocu ? d'embarquer Jacques pour les îles ? d'y conduire son maître ? de les ramener tous les deux en France sur le même vaisseau ? Qu'il est facile de faire des contes ! Mais ils en seront quittes l'un et l'autre pour une mauvaise nuit, et vous pour ce délai.

L'aube du jour parut. Les voilà remontés sur leurs bêtes et poursuivant leur chemin. – Et où allaient-ils ? – Voilà la seconde fois que vous me faites cette question, et la seconde fois que je vous réponds : Qu'est-ce que cela vous fait ? Si j'entame le sujet de leur voyage, adieu les amours de Jacques... Ils allèrent quelque temps en silence. Lorsque chacun fut un peu remis de son chagrin, le maître dit à son valet : – Eh bien, Jacques, où en étions-nous de tes amours ?

Denis Diderot, *Jacques le fataliste et son maître* (1796)

## 3 CONFRONTER PRÉSENCE DU NARRATEUR ET TEMPS DE LA NARRATION ❄❄

**a. À quelle personne la narration est-elle menée dans ce passage ? Quel effet produit-elle ?**
**b. Observez les temps employés : comment se situe la narration par rapport aux événements racontés ? Quel caractère donne-t-elle à ces événements ?**
**c. Pourquoi ces éléments éclairent-ils le titre du roman ?**

*Le personnage principal va retrouver sa maîtresse à Rome ; pendant le voyage en train, il songe à ses retrouvailles avec sa femme.*

Mardi prochain, lorsque vous entrerez dans sa chambre, en effet vous lui raconterez tout ce voyage et vous lui direz : « J'étais allé à Rome pour prouver à Cécile que je la choisissais contre toi, j'y étais allé dans l'intention de lui demander de venir vivre avec moi définitivement à Paris... »

Michel Butor, *La Modification* (1957),


## 4 ÉTUDIER L'ORGANISATION D'UNE DESCRIPTION ❄❄

*Au début du* Père Goriot, *le narrateur décrit la pension dans laquelle séjournent les personnages.*

# Fiche 6
## LA REPRÉSENTATION DU TEXTE THÉÂTRAL

- ***Catharsis*** : mot grec signifiant « purification ». Selon Aristote, la tragédie aide le spectateur à lutter contre la crainte et la pitié en lui montrant des héros frappés par d'immenses malheurs.

- **Chœur** : en grec, *choreuo* signifie « danser ». Le chœur est un personnage collectif du théâtre antique dirigé par un chef, le coryphée y représente les valeurs de la collectivité, exécute des danses et des chants, et dialogue brièvement avec le héros.

- **Choix du metteur en scène** : les mises en scène d'un même texte peuvent être très différentes ; le metteur en scène peut mettre l'interprétation au service du texte, ou mettre le texte au service d'une interprétation.

- **Cintres** : partie supérieure d'un théâtre, située au-dessus de la scène, où se trouvent, notamment, les machines (poulies, fils…).

- **Comédien** : au théâtre, personne qui joue un rôle sur scène.

- **Cour** : la formule « côté cour » désigne, pour le comédien, la partie de la scène située à sa gauche quand il regarde la salle. (Cf. « Jardin »)

- **Décor** : le décor est constitué par les éléments matériels qui organisent l'espace de la représentation (l'évocation des lieux, les accessoires, les éclairages).

- **Douche** : projecteur qui éclaire le comédien d'en haut.

- **Espace** : la représentation du texte suppose un espace concret. Cet espace a un sens, et les mouvements des comédiens qui le parcourent révèlent relations et conflits.

- **Illusion** : en latin, le verbe *illudo* signifie « se jouer de ». On appelle « illusion théâtrale » l'art qui consiste à faire croire au spectateur que ce qu'il voit sur scène est le monde réel. Selon le critique Anne Ubersfeld, cette illusion est la source du plaisir du spectateur qui voit le monde en « modèle réduit » et qui admire l'art du metteur en scène.

- **Jardin** : la formule « côté jardin » désigne la droite de la scène pour le comédien. (Cf. « Cour »)

- **Mise en scène** : la mise en scène consiste à organiser le temps de la représentation, et à construire, à partir du texte, un univers scénique qui permettra au spectateur de comprendre le sens de la pièce.

- **Poursuite** : projecteur qui suit les évolutions d'un personnage.

- **Quatrième mur** : mur imaginaire qui sépare la scène et la salle.

- **Représentation** : la représentation consiste à rendre présente la pièce en la plaçant sous les yeux des spectateurs. La représentation impose la présence de spectateurs. Contrairement au cinéma, le théâtre est un « spectacle vivant ».

- **Scène** : espace où les comédiens évoluent.

- **Scénographe** : conseiller du metteur en scène qui analyse et interprète la pièce pour préparer la représentation.

- **Théâtre dans le théâtre** : représentation d'une pièce de théâtre à l'intérieur d'une pièce de théâtre. Ce procédé, nommé également « mise en abyme », permet de mettre en lumière l'illusion théâtrale.

# Fiche 7

# LES PRINCIPAUX GENRES THÉÂTRAUX

## LA COMÉDIE

La comédie cherche à faire rire des vices des hommes qui les rendent difformes. Elle a pour devise *Castigat ridendo mores* : la comédie corrige les mœurs par le rire. Elle a une fonction de critique sociale. → **Ex. :** Beaumarchais, *Le Mariage de Figaro* (1778).

**Commedia dell'arte** : genre apparu au XVI^e siècle en Italie, il s'agit d'un spectacle où les comédiens incarnent des types (Arlequin, Pierrot, Colombine) et improvisent autour d'un canevas.

**Comédie-ballet** : cette comédie naît en 1661 et disparaît en 1672. L'action s'accompagne de musique et de danse. La comédie-ballet est à l'origine de la naissance de l'opéra.
→ **Ex. :** *Le Bourgeois Gentilhomme* (1670) mêle à l'intrigue de Molière la musique de Lully.

## LA TRAGÉDIE

Selon Aristote, la tragédie représente une action noble qui, en suscitant pitié et crainte, opère la purgation (*catharsis* en grec) de ces passions. Elle montre un héros noble luttant contre une force destructrice qui lui est supérieure. → **Ex. :** Racine, *Phèdre* (1677).

**Tragi-comédie** : la tragi-comédie est une tragédie à fin heureuse, dont les personnages sont d'un rang élevé, et qui traite de sujets romanesques en mêlant le sérieux et le comique. Inventée à Rome par Plaute, elle est reprise au XVII^e siècle. → **Ex. :** Corneille, *Le Cid* (1637).

**Remarque :** Au XX^e siècle, certains auteurs reprennent les sujets des tragédies antiques, en mêlant la comédie à la tragédie. → **Ex. :** Jean Giraudoux, *Électre* (1937).

## LE DRAME

**Drame bourgeois** : le drame bourgeois du XVIII^e siècle veut être plus près de la réalité. Il met en scène la bourgeoisie et voit le triomphe de la vertu.

**Drame romantique** : le drame romantique du XIX^e siècle refuse les règles du théâtre classique du XVII^e siècle et mêle les registres pour peindre la vie dans sa totalité.
→ **Ex. :** Victor Hugo, *Ruy Blas* (1838).

**Les règles du théâtre classique**
• **La vraisemblance** : paroles et événements présentés sur scène ne doivent pas heurter la **raison** du spectateur. La règle des trois **unités** en découle :
– unité de **lieu** : l'action doit se dérouler en un **lieu** unique,
– unité de **temps** : l'action doit tenir dans le **temps** d'une révolution du soleil (≃ un jour),
– unité d'**action** : l'action a une unité si on ne peut rien en retrancher sans que la pièce soit ébranlée.
• **Les bienséances** imposent que la pièce observe les mœurs de l'époque de l'action (bienséances **internes**) et les mœurs de l'époque de la représentation (bienséances **externes**). Elles interdisent qu'on montre un mort sur scène, par exemple.

## LE THÉÂTRE DU XX^e SIÈCLE

Le théâtre du XX^e siècle renouvelle les formes, les thèmes, la mise en scène de l'écriture et ne se préoccupe plus de la notion de genre.

**Le théâtre d'idée ou engagé** : théâtre dont les représentants sont Jean-Paul Sartre ou Jean Giraudoux.

**Le théâtre de l'absurde** : ce théâtre montre la condition humaine dans un monde dépourvu de sens. Il refuse l'intrigue traditionnelle et soulève une interrogation sur le langage.
→ **Ex. :** Eugène Ionesco, *Rhinocéros* (1959).

# EXERCICES

## 1 IDENTIFIER LE VOCABULAIRE DU THÉÂTRE ET RECONNAÎTRE UN GENRE

**a. Qu'est-ce que ce dialogue apprend au spectateur ? Pourquoi peut-on parler d'« exposition » ici ?**
**b. Lisez la réplique d'Électre : pourquoi peut-on dire qu'elle est une héroïne de tragédie ?**
**c. Étudiez les paroles du Chœur : quelle fonction ce personnage remplit-il ici ?**

*Électre s'afflige sur le sort de son père, Agamemnon assassiné par Égisthe, l'amant et le complice de sa mère, Clytemnestre.*

ÉLECTRE : [...] Non, non, je ne cesserai plus, comme le rossignol[1] qui a tué ses petits, de clamer en pleurant mon appel à tous devant le palais paternel. Demeure d'Hadès[2] et de Perséphone[3] ; Hermès[4] infernal ; puissante Imprécation ; et vous Érinyes[5], sévères filles des dieux, vous dont les yeux ne quittent pas les hommes que l'on tue sans droit ou à qui l'on vole leurs femmes, venez, prêtez-moi votre aide, vengez le meurtre de mon père ! ... Et tout d'abord, ramenez-moi mon frère[6], puisque, seule, je n'ai plus la force de résister au poids de douleur qui m'entraîne.

Entre le Chœur. Il est composé de femmes de Mycènes.

*Chant d'entrée du Chœur.*

LE CHŒUR : *Électre, mon enfant, fille de la plus misérable des mères, pourquoi sans cesse te répandre en plaintes inassouvies sur cet Agamemnon que ta perfide mère prit jadis au filet de ses ruses impies, pour le livrer au bras d'un lâche[7] ? Ah ! qu'il meure à son tour, l'auteur de ce forfait, s'il m'est permis d'exprimer un tel vœu !* [...]

Sophocle, *Électre* (vers 420 av. J.-C.), prologue, trad. P. Mazon, in *Les Tragiques Grecs*, © Robert Laffont, 2001

1. Allusion au mythe de Progné et d'Itys (Cf. chapitre 6, séquence 3) – 2. Dieu des Enfers. – 3. Épouse malheureuse d'Hadès. – 4. Hermès accompagne les âmes des défunts aux Enfers. – 5. Divinités de la vengeance qui poursuivent les criminels. – 6. Oreste, frère d'Électre. – 7. Agamemnon a été assassiné dans son bain.

## 2 COMPRENDRE LA FONCTION DE L'EXPOSITION

**a. Quels personnages sont évoqués dans ce passage ? Qu'apprend le spectateur sur les événements qui ont précédé le début de la pièce ?**
**b. Observez les marques de première et de deuxième personne : que révèlent-elles de l'état d'esprit d'Émilie ? Pourquoi ces éléments préparent-ils l'intrigue ?**

*Dans l'appartement d'Émilie.*

ÉMILIE :
[...] Quand je regarde Auguste[1] au milieu de sa gloire,
Et que vous[2] reprochez à ma triste mémoire
Que par sa propre main mon père massacré
Du trône où je le vois fait le premier degré,
Quand vous[2] me présentez cette sanglante image,
La cause de ma haine et l'effet de sa rage,
Je m'abandonne toute à vos ardents transports,
Et crois pour une mort lui devoir mille morts.
Au milieu toutefois d'une fureur si juste,
J'aime encor plus Cinna que je ne hais Auguste,
Et je sens refroidir ce bouillant mouvement
Quand il faut, pour le suivre, exposer mon amant.
Oui, Cinna, contre moi moi-même je m'irrite
Quand je songe aux dangers où je te précipite.
Quoique pour me servir tu n'appréhendes rien,
Te demander du sang, c'est exposer le tien [...]

Pierre Corneille, *Cinna*, I, 1 (1640)

1. Empereur de Rome. – 2. Émilie s'adresse à ses « désirs » de vengeance, qui sont personnifiés.

## 3 EMPLOYER LE VOCABULAIRE DU THÉÂTRE

**a. Observez les didascalies et les répliques de Cyrano : que révèlent-elles de la position des personnages sur scène et de l'état d'esprit de Cyrano ?**
**b. Étudiez les pronoms personnels : à qui Christian, Roxane et Cyrano s'adressent-ils ? Quel procédé dramatique est utilisé ici ?**
**c. Écriture d'invention Cyrano, après s'être séparé de Christian, resté seul sur scène, évoque les différents sentiments qui l'animent ; rédigez ce monologue.**

*Cette scène nocturne se déroule sous le balcon de Roxane. Cyrano, honteux de sa laideur, n'ose avouer son amour à cette dernière. Il prête ici sa voix et son langage à Christian, amoureux de Roxane lui aussi.*

[...]
CYRANO, *s'exaltant* :
J'eus comme Buckingham[1] des souffrances muettes,
J'adore comme lui la reine que vous êtes,
Comme lui je suis triste et fidèle...
ROXANE :
Et tu es
Beau comme lui !
CYRANO, *à part, dégrisé* :
C'est vrai, je suis beau, j'oubliais !
ROXANE :
Eh bien ! montez cueillir cette fleur sans pareille[2]...
CYRANO, *poussant Christian vers le balcon* :
Monte !
ROXANE :
Ce goût de cœur[2]...
CYRANO :
Monte !
ROXANE :
Ce bruit d'abeille[2]...
CYRANO :
Monte !

CHRISTIAN, *hésitant* :
Mais il me semble, à présent,
[que c'est mal !

ROXANE :
Cet instant d'infini[2] !...

CYRANO, *le poussant* :
Monte donc, animal !

*(Christian s'élance, et par le banc, le feuillage, les piliers, atteint les balustres[3] qu'il enjambe.)*

CHRISTIAN :
Ah ! Roxane !
*(Il l'enlace et se penche sur ses lèvres.)* [...]

Edmond Rostand, *Cyrano de Bergerac*, III, 10, (1897)

1. Le duc de Buckingham déclara son amour à Anne d'Autriche, reine de France et épouse de Louis XIII. – 2. Métaphores dont use ordinairement Cyrano pour désigner le baiser. – 3. Clôture servant d'appui sur un balcon.

## 4 ÉTUDIER LE DRAME ROMANTIQUE

**a. À quel rang social appartiennent les personnages de cette scène ? Justifiez votre réponse. De quel genre sont-ils caractéristiques ?**
**b. Observez la ponctuation et les didascalies : quels personnages permettent-elles de séparer ou de rapprocher ?**
**c. Quel niveau de langue emploie Casilda ? Sur quel ton s'exprime-t-elle ?**

*La reine d'Espagne, négligée par le roi quelle n'a vu que douze jours en six mois, se désespère. On lui annonce qu'une lettre du roi vient d'arriver.*

[...]

LA REINE, *à la duchesse* :
D'où me vient cette lettre ?

LA DUCHESSE :
Madame,
D'Aranjuez, où le roi chasse.

LA REINE :
Du fond de l'âme
Je lui rends grâce. Il a compris qu'en mon ennui
J'avais besoin d'un mot d'amour qui vînt de
[lui !
– Mais donnez donc !

LA DUCHESSE, *avec une révérence, montrant la lettre* :
L'usage, il faut que je le dise,
Veut que ce soit d'abord moi qui l'ouvre et la lise.

LA REINE :
Encore ! – Eh bien, lisez !
*La duchesse prend la lettre et la déploie lentement.*

CASILDA[1], *à part* :
Voyons le billet doux.

LA DUCHESSE, *lisant* :
« Madame, il fait grand vent et j'ai tué six
[loups. »
Signé : « CARLOS. »

LA REINE, *à part* :
Hélas !

DON GURITAN[2], *à la duchesse* :
C'est tout ?

LA DUCHESSE :
Oui, seigneur comte.

CASILDA, *à part* :
Il a tué six loups ! comme cela vous monte
L'imagination ! Votre cœur est jaloux,
Tendre, ennuyé, malade ? – Il a tué six loups !
[...]

Victor Hugo, *Ruy Blas*, II, 3, (1838)

1. Suivante de la reine.
2. Vieux comte amoureux de la reine.

## 5 ÉTUDIER LA PAROLE THÉÂTRALE ET SA REPRÉSENTATION DANS LE THÉÂTRE AU XXe SIÈCLE

**a. Observez les didascalies : quels éléments de l'espace et du décor désignent-elles ? Quelles intonations, quel rythme indiquent-elle dans le dialogue ? Que révèlent-elles des relations entre les personnages ?**
**b. Observez la longueur des phrases, la ponctuation et l'enchaînement des répliques : peut-on parler d'un véritable dialogue ? Justifiez votre réponse.**
**c. Étudiez l'identité des personnages, les niveaux de langue : quelle image de l'humanité est donnée par ces personnages ?**

*Les deux personnages principaux de cette pièce sont infirmes : Hamm est cloué dans un fauteuil roulant ; Clov, son serviteur, qui est peut-être son fils adoptif, ne peut pas s'asseoir.*

[...]

*Un temps.*

HAMM : Les flots, comment sont les flots ?
CLOV : Les flots ? *(Il braque la lunette.)* Du plomb.
HAMM : Et le soleil ?
CLOV *(regardant toujours)* : Néant.
HAMM : Il devrait être en train de se coucher pourtant. Cherche bien.
CLOV *(ayant cherché)* : Je t'en fous.
HAMM : Il fait donc nuit déjà ?
CLOV *(regardant toujours)* : Non.
HAMM : Alors quoi ?
CLOV *(de même)* : Il fait gris. *(Baissant la lunette et se tournant vers Hamm, plus fort.)* Gris ! *(Un temps. Encore plus fort.)* GRRIS !

*Il descend de l'escabeau, s'approche de Hamm par derrière et lui parle à l'oreille.*

HAMM *(sursautant)* : Gris ! Tu as dit gris ?

CLOV : Noir clair. Dans tout l'univers.

HAMM : Tu vas fort. *(Un temps.)* Ne reste pas là, tu me fais peur.

*Clov retourne à sa place à côté du fauteuil.*

CLOV : Pourquoi cette comédie, tous les jours ?

HAMM : La routine. On ne sait jamais. *(Un temps.)* Cette nuit j'ai vu dans ma poitrine. Il y avait un gros bobo.

CLOV : Tu as vu ton cœur.

HAMM : Non, c'était vivant. *(Un temps. Avec angoisse.)* Clov !

CLOV : Oui.

HAMM : Qu'est-ce qui se passe ?

CLOV : Quelque chose suit son cours.

*Un temps.*

HAMM : Clov !

CLOV *(agacé)* : Qu'est-ce que c'est ?

HAMM : On n'est pas en train de... de... signifier quelque chose ?

CLOV : Signifier ? Nous, signifier ! *(Rire bref.)* Ah elle est bonne ! [...]

Samuel Beckett, *Fin de partie* (1957), © Les Éditions de Minuit

## 6 IDENTIFIER ET ÉTUDIER LA DOUBLE ÉNONCIATION

**a. Observez les didascalies et la modalité des phrases : quels sentiments expriment les personnages ? Qui semble détenir le pouvoir ?**

**b. À qui s'adresse la première réplique de Rosine ? Comment se nomme ce procédé dramaturgique ?**

**c. Comment Rosine est-elle perçue par Bartholo ? Et par le spectateur ?**

*Le médecin Bartholo a élevé Rosine, une orpheline, dans l'intention de l'épouser. Mais le comte Almaviva, épris de Rosine, est parvenu à s'introduire chez Bartholo, déguisé en soldat, et à lui remettre une lettre. Bartholo s'est aperçu de la manœuvre et exige de voir la lettre. Il va fermer la porte.*

[...]

ROSINE, *pendant qu'il y va* :

Ah Ciel ! que faire ?... Mettons vite à la place la lettre de mon cousin, et donnons-lui beau jeu à la prendre. *(Elle fait l'échange, et met la lettre du cousin dans sa pochette, de façon qu'elle sorte un peu.)*

BARTHOLO, *revenant* :

Ah ! j'espère maintenant la voir.

ROSINE :

De quel droit, s'il vous plaît ?

BARTHOLO :

Du droit le plus universellement reconnu, celui du plus fort.

ROSINE :

On me tuera plutôt que de l'obtenir de moi.

BARTHOLO, *frappant du pied* :

Madame ! Madame !...

ROSINE *tombe sur un fauteuil et feint de se trouver mal* :

Ah ! quelle indignité !...

BARTHOLO :

Donnez cette lettre, ou craignez ma colère.

ROSINE, *renversée* :

Malheureuse Rosine !

[...]

Beaumarchais, *Le Barbier de Séville*, II, 15 (1775)

## 7 DÉDUIRE DU TEXTE ÉCRIT UNE REPRÉSENTATION

**a. Observez le nom des personnages et les didascalies : que révèlent ces éléments de l'identité des protagonistes et des relations qui les unissent ?**

**b. Observez la ponctuation : quel signe domine ? A-t-il la même signification dans l'ensemble de l'extrait ? Justifiez votre réponse.**

**c. Sur quels procédés l'enchaînement des répliques repose-t-il ? Quelle vision du monde en résulte ?**

**d. Écriture d'invention Formulez des propositions de mise en scène abordant la question du costume, de l'espace, de la diction, des relations entre scène et salle.**

*Dans cette pièce de Nathalie Sarraute, H1 rend visite à son ami de longue date, H2.*

[...]

H.1 : Ah on y arrive... C'est à cause de ce rien que tu tes éloigné ? Que tu as voulu rompre avec moi ?

H.2, *soupire* : Oui... c'est à cause de ça... Tu ne comprendras jamais... Personne, du reste, ne pourra comprendre...

H.1 : Essaie toujours... Je ne suis pas si obtus...

H.2 : Oh si... pour ça, tu l'es. Vous l'êtes tous, du reste.

H.1 : Alors, chiche... on verra...

H.2 : Eh bien... tu m'as dit il y a quelque temps... tu m'as dit... quand je me suis vanté de je ne sais plus quoi... de je ne sais plus quel succès... oui... dérisoire... quand je t'en ai parlé... tu m'as dit : « C'est bien... ça... »

H.1 : Répète-le, je t'en prie... j'ai dû mal entendre.

H.2, *prenant courage* : Tu m'as dit : « C'est bien... ça... » Juste avec ce suspens... cet accent...

H.1 : Ce n'est pas vrai. Ça ne peut pas être ça... ce n'est pas possible...

H.2 : Tu vois, je te l'avais bien dit... à quoi bon ?...

H.1 : Non mais vraiment, ce n'est pas une plaisanterie ? Tu parles sérieusement ?

H.2 : Oui. Très. Très sérieusement. [...]

Nathalie Sarraute, *Pour un oui ou pour un non* (1987), © Éditions Gallimard

# Fiche 8
# LA VERSIFICATION

## LE VERS : UNE STRUCTURE SYLLABIQUE

Le mot « vers » vient du verbe latin *vertere*, qui signifie « tourner » ; ce verbe désigne le trajet parcouru par la charrue lorsqu'elle arrive à la limite du champ. Le vers est constitué par un ensemble de **retours** : retour à la ligne, retour d'accents toniques et de sonorités. On appelle **« vers »** un élément du poème caractérisé par un certain nombre de **syllabes** et d'**accents** ainsi que par une **musicalité** qui le relie aux autres vers du poème. L'**accent** consiste en une élévation ou un abaissement de la voix qui a pour effet de mettre une syllabe en valeur : sa place est liée au **rythme** du vers, et à la grammaire de la phrase.

### La métrique

Le **nombre de syllabes** que comporte un **vers** permet de déterminer sa mesure ou son **mètre**.

#### Le compte des syllabes

Toutes les syllabes qui composent un vers doivent être **comptées** et **prononcées**. Quelques **cas particuliers** doivent cependant être envisagés :

– le **« e » muet** en fin de mot ne se prononce pas si le mot suivant commence par une **voyelle** ; il se prononce en revanche si le mot suivant commence par une **consonne**.

– le **hiatus** est formé lorsque deux voyelles sont en contact à l'intérieur d'un mot ou d'un vers.

La prononciation d'un hiatus peut faire entendre **deux syllabes** : c'est la **diérèse**.

→ **Ex. :** « […] Aveugles et boiteux vinrent, et leurs h**ué**es
Raillaient le noir clairon sonnant sous les n**ué**es ; […] »
(V. Hugo, « Sonnez, sonnez toujours, clairons de la pensée », *Les Châtiments*, 1853)

Elle peut aussi faire entendre **une seule syllabe** : c'est la **synérèse**.

→ **Ex. :** « […] retourne à nos moutons,
Muse, et sans varier dis-nous quelques sornettes
De tes enfants bâtards, ces tiercelets de p**oè**tes, […] »
(M. Régnier, *Satires*, II, 1613)

#### Les mètres couramment utilisés

• **Les vers pairs** : les **alexandrins** ont douze syllabes ; les **décasyllabes**, dix syllabes ; les **octosyllabes**, huit syllabes ; les **hexasyllabes**, six syllabes.

• **Les vers impairs** : les **hendécasyllabes** ont onze syllabes ; les **ennéasyllabes**, neuf syllabes ; les **heptasyllabes**, sept syllabes ; les **pentasyllabes**, cinq syllabes.

**Remarque : le verset** repose sur des **jeux de sonorité** et sur la **combinaison des mètres traditionnels** : on parle de verset pour des mètres **plus longs** que l'alexandrin.

→ **Ex. :**

« Tu as gardé longtemps, longtemps entre tes mains || le visage noir du guerrier […] »
alexandrin + octosyllabe
(L. S. Senghor, « Chants pour Signare », *Nocturnes*, 1961)

## LA VERSIFICATION ET SES STRUCTURES

### La strophe

Une strophe se définit par sa disposition dans la page (les strophes sont séparées par des blancs), le groupement des vers (mètres égaux ou alternance régulière des mètres), la disposition des rimes (Cf. La rime, page suivante).

**Les strophes les plus courantes :** les **distiques** ont deux vers ; les **tercets**, trois vers ; les **quatrains**, quatre vers ; les **quintils**, cinq vers ; les **sizains**, six vers ; les **dizains**, dix vers.

# Fiche 8
# LA VERSIFICATION

## Le rythme poétique

Le rythme est le retour à intervalle régulier des **accents**. En poésie, deux rythmes différents se superposent. Le premier rythme est celui de la **phrase française** : l'accent tombe sur le **dernier** élément d'une phrase ou d'un groupe de mots. Le deuxième rythme est celui du **vers** : les accents tombent sur les mots situés à la **fin du vers** et à la **césure**. Quand les deux accents tombent sur la **même** syllabe, on dit qu'il y a **concordance rythmique**. Dans le cas contraire, on parle de **discordance rythmique**.

### La césure et l'hémistiche

La **césure** est la principale pause à l'intérieur du vers. Dans l'alexandrin, la césure se trouve après la **sixième syllabe** et coupe le vers en deux demi-vers, appelés **hémistiches**.

### La discordance

Lorsqu'une **phrase** commencée dans un **vers** s'achève dans le vers suivant, on parle de **discordance** :

– si la discordance donne une impression de **continuité**, elle s'appelle **enjambement**.

→ **Ex. :** « [...] Et dès lors, je me suis baigné **dans le Poème**
**De la Mer**, infusé d'astres, et lactescent, [...] »
(A. Rimbaud, « Le Bateau ivre », *Poésies*, 1871)

– si la discordance produit un effet de **rupture**, elle s'appelle **rejet** ou **contre-rejet**.

▶ Dans le **rejet**, la phrase commencée au début d'un vers se termine **brutalement** au **début** du **vers suivant**.

→ **Ex. :** « [...] Gouffre où les régiments, comme des pans de murs,
**Tombaient**, [...] » (V. Hugo, « L'expiation », *Les Châtiments*, 1853)

▶ Dans le **contre-rejet**, une phrase commencée à **la fin** d'un vers **se développe** au **vers suivant**.

→ **Ex. :** « [...] Et, pour sa voix, lointaine, et calme, et grave, **elle a**
**L'inflexion des voix chères, qui se sont tues.** »
(P. Verlaine, « Mon rêve familier », *Poèmes saturniens*, 1866)

### Le vers libre

Le vers libre n'obéit pas à une structure régulière : ni mètre, ni rime, ni strophe. Le vers libre se caractérise par la recherche du rythme le plus adapté à la création du poète. Surtout employé depuis la fin du XIX$^{e}$ siècle (période symboliste), ce vers est caractéristique de la poésie moderne. La ponctuation est souvent absente, ce qui permet toutes les modulations du rythme et multiplie les interprétations.

## La musicalité

Le retour de phénomènes musicaux crée une **harmonie**, ou un rythme chargé de sens.

### La rime

La rime est le retour d'un même **son** en **fin de vers**. Il existe diverses combinaisons de rimes : on distingue les rimes **suivies** *(aa, bb, cc)*, les rimes **embrassées** *(abba)*, les rimes **croisées** *(abab)*.

### L'assonance et l'allitération

L'**assonance** est la **répétition** dans un vers des mêmes **voyelles**.

→ **Ex. :** « Tout m'afflige et me nuit, et conspire à me nuire. » (J. Racine, *Phèdre*, 1677)

L'**allitération** est la **répétition** dans un vers des mêmes **consonnes**.

→ **Ex. :** « [...] Ces tisseuses têtues qui sans cesse interrogent [...] » (G. Apollinaire, « L'émigrant de Landor Road », *Alcools*, 1913)

# Fiche 9

## LES FORMES ET LES GENRES POÉTIQUES

**Ballade** : forme apparue au XIVe siècle, composée de trois strophes, ou couplets de mêmes longueurs, comportant un refrain. La ballade se termine par une strophe plus courte, l'**envoi**.

**Bucolique** : genre inventé dans l'Antiquité, qui célèbre, sous la forme d'un dialogue, le bonheur de la vie des bergers (du grec *boukolos*, qui signifie berger).

**Calligramme** : poème dont les mots, par leur répartition sur la page, forment un dessin ; sa lecture peut suivre plusieurs itinéraires.

**Chanson** : poème d'inspiration populaire dont les vers sont répartis en strophes, ou couplets, et qui comporte un refrain.

**Disposition typographique** : l'espace blanc qui sépare strophes et vers correspond à un silence.

**Élégie** : genre inventé dans l'Antiquité, composé de couplets de deux vers d'inégales longueurs, qu'on appelle « distiques élégiaques ». L'élégie exprime la plainte.

**Épigramme** : poème bref terminé par un trait d'esprit mordant, la **pointe**.

**Épopée** : long poème narratif qui célèbre les exploits d'un héros représentant un groupe humain.

**Hymne** : poème chanté qui, dans l'Antiquité, célébrait un dieu. Dans la poésie française, souvent écrit en alexandrins, il se prête au traitement de sujets religieux, historiques et philosophiques.

**Lai** : le lai **narratif** se présente comme un conte merveilleux en vers suivis, destiné à être chanté. Le lai **lyrique** chante souvent l'amour, sous la forme d'une suite de couplets qui n'ont pas la même largeur et qui reposent sur l'alternance de deux rimes.

**Ode** : poème lyrique hérité de l'Antiquité, composé de plusieurs groupes de trois strophes ayant la même longueur, qui chantait le vainqueur d'une épreuve olympique.

**Pantoum** : genre d'origine malaise, écrit en quatrains ; le deuxième et le quatrième vers de chaque strophe se répètent au premier et au troisième vers de la strophe suivante.

**Poème en prose** : genre né de la rencontre entre la prose rythmée et harmonieuse des genres oratoires antiques et les images évocatrices que permet la poésie. La cohésion de cette forme, souvent brève, est notamment assurée par les sonorités. Affranchi des contraintes formelles, le poème en prose se présente sous la forme de paragraphes, ou strophes, composés de versets et s'adapte librement au sujet qu'il traite.

**Rondeau** : forme apparue au XVe siècle, le rondeau comprend quinze vers répartis sur trois strophes ; son refrain apparaît au premier vers, à la fin de la deuxième strophe et au dernier vers.

**Sonnet** : forme brève, composée de quatorze vers répartis en deux quatrains et deux tercets. Il peut traiter tous les sujets, et adopter un ton familier ou élevé. Le quatorzième vers le conclut parfois par un trait d'esprit, le *concetto*.

**Stance** : strophe lyrique qui se prête à l'élégie ou à la méditation. Parfois synonyme de strophe.

## 1 ÉTUDIER LES LIENS ENTRE MÉTRIQUE ET MUSICALITÉ ❄

**a.** **Quel mètre Baudelaire a-t-il choisi dans ces strophes ? Les vers 6 et 7 semblent plus courts que les autres : comment expliquez-vous cette impression ?**
**b.** **Sur quelle combinaison des rimes la strophe repose-t-elle ? Quels mots sont ainsi mis en évidence ? Quels lexiques sont associés ?**

« Chanson d'après-midi »

Quoique tes sourcils méchants
Te donnent un air étrange
Qui n'est pas celui d'un ange,
Sorcière aux yeux alléchants,

Je t'adore, ô ma frivole,
Ma terrible passion !
Avec la dévotion
Du prêtre pour son idole.

Le désert et la forêt
Embaument tes tresses rudes,
Ta tête a les attitudes
De l'énigme et du secret. […]

Charles Baudelaire, *Les Fleurs de mal* (1857)

## 2 RECONNAÎTRE LES FORMES POÉTIQUES ❄❄

**a.** **Combien de vers composent ce poème ? Comment sont-ils répartis ? Quel élément réapparaît à chaque vers ?**
**b.** **Observez la construction de chaque vers : quelle relation s'établit entre la syntaxe et le sens du poème ?**
**c.** **Le nombre des strophes correspond-il à la syntaxe du poème ? Quel sens peut-on donner à cette construction du poème ?**
**d.** **Pourquoi peut-on dire que le dernier vers est préparé par l'ensemble des vers qui le précèdent ?**

J'aime la liberté, et languis en service,
Je n'aime point la cour, et me faut courtiser,
Je n'aime la feintise[1], et me faut déguiser,
J'aime simplicité, et n'apprends que malice :

Je n'adore les biens[2], et sers à l'avarice,
Je n'aime les honneurs, et me les faut priser[3],
Je veux garder ma foi, et me la faut briser,
Je cherche la vertu, et ne trouve que vice :

Je cherche le repos, et trouver ne le puis,
J'embrasse le plaisir, et n'éprouve qu'ennuis,
Je n'aime à discourir, en raison je me fonde :

J'ai le corps maladif, et me faut voyager,
Je suis né pour la Muse, on me fait ménager[4],
Ne suis-je pas (Morel) le plus chétif[5] du monde ?

Joachim du Bellay, *Les Regrets* (1558)

1. Dissimulation, tromperie, ruse. – 2. = Je n'adore pas les biens. – 3. Apprécier. – 4. Gérer des biens, accomplir des travaux administratifs. – 5. Faible.

## 3 ÉTUDIER LA MÉTRIQUE, LA SUCCESSION DES STROPHES ET LE RYTHME ❄❄

**a.** **Quel mètre est employé dans ce poème ? Dans quels vers le compte des syllabes ne correspond-il pas à la prononciation naturelle ? Pourquoi ce mètre permet-il d'insister sur la destinataire du poème ?**
**b.** **Observez les répétitions du verbe « aimer » ainsi que les modes et les temps verbaux : pourquoi ces éléments accompagnent-ils l'évolution du discours du poète ?**
**c.** **Le vers respecte-t-il toujours la syntaxe ? Quel lien peut-on établir entre les discordances et l'émotion du poète ?**

Marie, qui voudrait votre nom retourner,
Il trouverait aimer : aimez-moi donc, Marie,
Votre nom de nature à l'amour vous convie :
À qui trahit Nature il ne faut pardonner.

S'il vous plait votre cœur pour gage[1] me donner,
Je vous offre le mien : ainsi de cette vie
Nous prendrons les plaisirs, et jamais autre envie
Ne me[2] pourra l'esprit d'une autre emprisonner,

Il faut aimer, maitresse, au monde quelque chose.
Celui qui n'aime point, malheureux se propose
Une vie d'un Scythe[3], et ses jours veut passer

Sans goûter la douceur, des douceurs la meilleure.
Rien n'est doux sans Vénus[4] et sans son fils[5] : à [l'heure
Que je n'aimerai plus, puissé-je trépasser !

Pierre de Ronsard, *Amours de Marie* (1555)

1. Garantie. – 2. « Pour moi ». – 3. Homme barbare et peu civilisé. – 4. Déesse latine de l'Amour. – 5. Cupidon.

## 4 ÉTUDIER RYTHME ET MUSICALITÉ DANS UN POÈME EN PROSE ❄❄❄

**a.** **Comptez les syllabes de ces phrases : quels mètres ont été fondus dans la prose ?**
**b.** **Pourquoi la prose permet-elle ici une expression poétique ? Vous serez notamment attentifs à la disposition des phrases sur la page, et au compte des syllabes.**
**c.** **Pourquoi la forme du poème est-elle adaptée au mouvement de l'imagination du poète ?**

Aube

J'ai embrassé l'aube d'été.

Rien ne bougeait encore au front des palais. L'eau était morte. Les camps d'ombre ne quittaient pas la route du bois. J'ai marché, réveillant les haleines vives et tièdes, et les pierreries regardèrent, et les ailes se levèrent sans bruit.

La première entreprise fut, dans le sentier déjà empli de frais et blêmes éclats, une fleur qui me dit son nom.

Je ris au wasserfall* blond qui s'échevela à travers les sapins : à la cime argentée je reconnus la déesse.

Alors je levai un à un les voiles. Dans l'allée, en agitant les bras. Par la plaine, où je l'ai dénoncée au coq. À la grand'ville elle fuyait parmi les clochers et les dômes, et courant comme un mendiant sur les quais de marbre, je la chassais.

En haut de la route, près d'un bois de lauriers, je l'ai entourée avec ses voiles amassés, et j'ai senti un peu son immense corps. L'aube et l'enfant tombèrent au bas du bois.

Au réveil il était midi.

Arthur Rimbaud, *Illuminations* (1870)

* Cascade, en allemand.

## 5 PERCEVOIR LES RUPTURES MÉTRIQUES, RYTHMIQUES ET FORMELLES DANS LA POÉSIE MODERNE

**a. Quels éléments donnent un caractère musical à ce poème ?**
**b. Quels mètres traditionnels repérez-vous ? Quel effet produit leur combinaison à l'intérieur des vers ?**
**c. Observez la répartition des vers sur la page, l'emploi des temps verbaux et les types de phrase : comment soulignent-ils l'évolution des pensées du poète ?**
**d. Pourquoi la forme adoptée par L. Sédar Senghor permet-elle la rencontre de plusieurs univers ?**

*(pour khalam)**

*Tu as gardé longtemps*, longtemps entre tes
[mains le visage noir du guerrier
Comme si l'éclairait déjà quelque crépuscule fatal.
De la colline, j'ai vu le soleil se coucher dans les
[baies de tes yeux.
Quand reverrai-je mon pays, l'horizon pur de
[ton visage ?
Quand m'assiérai-je de nouveau à la table de ton
[sein sombre ?

Et c'est dans la pénombre le nid des doux pro-
[pos.

Je verrai d'autres cieux et d'autres yeux
Je boirai à la source d'autres bouches plus fraî-
[ches que citrons
Je dormirai sous le toit d'autres chevelures à
[l'abri des orages.
Mais chaque année, quand le rhum du printemps
[fait flamber la mémoire
Je regretterai le pays natal et la pluie de tes yeux
[sur la soif des savanes.

Léopold Sédar Senghor, *Nocturnes* (1961), © Éditions du Seuil, 1990

* Instrument de musique à cordes utilisé en Afrique par les conteurs.

## 6 ÉTUDIER LES FORMES POÉTIQUES

**a. Observez les répétitions : à quel genre appartient ce poème ? Pourquoi cette forme évoque-t-elle l'image de la danse ?**
**b. Observez les phrases qui composent ce poème : quelle relation s'établit entre la syntaxe et la strophe ? Pourquoi cette construction sert-elle le lyrisme du poème ?**
**c. En vous appuyant sur l'étude des sonorités, commentez le choix du titre, « Harmonie du soir ».**

### Harmonie du soir

Voici venir les temps où vibrant sur sa tige
Chaque fleur s'évapore ainsi qu'un encensoir[1] ;
Les sons et les parfums tournent dans l'air du
[soir ;
Valse mélancolique et langoureux vertige !

Chaque fleur s'évapore ainsi qu'un encensoir ;
Le violon frémit comme un cœur qu'on afflige ;
Valse mélancolique et langoureux vertige !
Le ciel est triste et beau comme un grand
[reposoir.

Le violon frémit comme un cœur qu'on afflige,
Un cœur tendre, qui hait le néant vaste et noir !
Le ciel est triste et beau comme un grand
[reposoir ;
Le soleil s'est noyé dans son sang qui se fige.

Un cœur tendre, qui hait le néant vaste et noir,
Du passé lumineux recueille tout vestige !
Le soleil s'est noyé dans son sang qui se fige...
Ton souvenir en moi luit comme un ostensoir[2] !

Charles Baudelaire, *Les Fleurs de mal* (1857)

1. Récipient suspendu par des chaînes, dans lequel on brûle l'encens au cours des cérémonies catholiques.
2. Pièce d'orfèvrerie en métal précieux, ayant la forme d'un cercle entouré de rayons ; elle est destinée à recevoir l'hostie consacrée dans les cérémonies catholiques.

# Fiche 10
# LES FORMES DE L'ARGUMENTATION

On appelle **textes argumentatifs** les textes qui ont pour visée principale la formulation d'une **pensée**, d'une **réflexion** ou d'un **jugement**, ainsi que les textes **didactiques**, qui ont pour but principal de transmettre un **enseignement** ou des **conseils.** L'argumentation s'appuie sur une technique, la **rhétorique**, qui étudie et exploite les moyens les plus efficaces pour **convaincre** et **persuader**.

## LES PRINCIPALES ACTIONS ARGUMENTATIVES

### Démontrer

Le verbe « démontrer » vient du verbe latin *demonstrare*, qui signifie « montrer à partir de ». Une démonstration est un **raisonnement** qui relève d'une **démarche scientifique**, et qui, selon le *Dictionnaire de Trévoux* « prouve clairement et invinciblement » une affirmation, en apportant une **preuve évidente.** On démontre, en particulier, dans le domaine des mathématiques.

### Convaincre

Le verbe « convaincre » vient du verbe latin *vincere*, qui signifie « vaincre, venir à bout de la résistance d'autrui », et du préverbe *cum*, qui signifie « avec ». Convaincre signifie donc « vaincre avec des raisons », contraindre autrui par le raisonnement à reconnaître quelque chose. Celui qui convainc obtient l'adhésion de ses auditeurs, qui reconnaissent la valeur **universellement vraie** de son discours.

### Persuader

Le verbe « persuader » vient du verbe latin *persuadere*, qui signifie « conseiller avec force ». Persuader consiste à amener quelqu'un à croire quelque chose en faisant appel à ses **sentiments** et à ses **émotions**.

### Délibérer

Le verbe « délibérer » vient du verbe latin *deliberare*, qui signifie « peser dans sa pensée ». La délibération consiste à **examiner les différents aspects d'une question** pour prendre une **décision.** Celui qui délibère doit donc avoir la faculté de déterminer quelle est la meilleure décision, et faire preuve de **sagesse** et de **prudence**.

## L'*INVENTIO*

L'*inventio* consiste, selon Cicéron, à « trouver les moyens vrais ou vraisemblables qui peuvent soutenir une cause », c'est-à-dire les **arguments**.

**Les différents raisonnements logiques**

### Le raisonnement déductif

On part d'une **première affirmation** dont la vérité est admise, et, au terme d'une **suite ordonnée** d'affirmations qui en sont **la conséquence évidente**, on parvient à une affirmation qui est une **conséquence de la première affirmation**. Dans une démonstration, le raisonnement est **déductif**.

→ **Ex. :** L'amour commence par l'amour ; et on ne saurait passer de la plus forte amitié qu'à un amour faible. (Jean de La Bruyère, *Les Caractères*, 1688)

### Le raisonnement inductif

Le raisonnement inductif suit le chemin inverse : on part **d'un fait qu'on observe**, et on remonte, par une suite d'affirmations **vraisemblables**, à **une cause supposée**. Ce raisonnement permet, notamment, à **l'orateur** de frapper son auditoire par le recours à un **exemple**.

→ **Ex. :** D'où vient que cet homme, qui a perdu depuis peu de mois son fils unique, et qui, accablé de procès et de querelles, était ce matin si troublé, n'y pense plus maintenant ? Ne vous en étonnez point : il est tout occupé à voir par où passera ce sanglier que les chiens poursuivent avec tant d'ardeur depuis six heures. Il n'en faut pas davantage. L'homme, quelque plein de tristesse qu'il soit, si on peut gagner sur lui de le faire entrer en quelque divertissement, le voilà heureux pendant ce temps-là… (Blaise Pascal, *Pensées*, 1670)

#### Les arguments affectifs

Pour **persuader**, l'orateur peut s'appuyer sur la confiance qu'il inspire à son auditoire : selon Aristote, le **caractère** de l'orateur *(l'ethos)* est le plus efficace des arguments : la **concession**, notamment, permet à l'orateur de montrer qu'il est **honnête**, puisqu'il tient compte des **objections** possibles. Par son discours, l'orateur qui veut **persuader** peut aussi amener ses auditeurs à éprouver des émotions, ou **passions**, comme la peine, le plaisir, la pitié, l'amitié ou la haine : il obtient par là la **sympathie** de l'auditoire, dont il semble partager les émotions.

→ **Ex. :** Je voudrais que cette assemblée, majorité et minorité, n'importe, je ne connais pas, moi, de majorité et de minorité en de telles questions ; je voudrais que cette assemblée n'eût qu'une seule âme pour marcher à ce grand but magnifique, à ce but sublime, l'abolition de la misère ! (Victor Hugo, *Discours sur la misère*, 1849)

#### Les arguments rationnels

Pour **convaincre**, l'orateur s'appuie sur des arguments qui s'adressent à la raison de l'auditeur : la **sentence** formule de façon concise et frappante une vérité générale ; l'orateur peut aussi avoir recours à un **argument d'autorité**, qui consiste à prendre comme garant une personne reconnue pour donner du poids à sa parole.

## L'ARGUMENTATION DIRECTE ET INDIRECTE

Une argumentation peut être présentée de deux façons : l'une appelée « directe », l'autre appelée « indirecte ». Ces deux formes permettent à l'argumentation de remplir de diverses façons les trois obligations de l'orateur, qui doit **instruire** ou prouver (*docere*, en latin), **émouvoir** ou entraîner (*movere*, en latin) et **séduire** (*delectare*, en latin).

### L'argumentation directe

L'argumentation directe consiste à exposer la pensée **sans détour**.

### L'argumentation indirecte

L'argumentation indirecte consiste à présenter la pensée par le détour d'une **fiction**, et en particulier d'une **narration** dans laquelle les personnages, le cadre spatial et temporel, les événements, ont un sens **symbolique**. L'argumentation indirecte apparaît, notamment, dans le genre de **l'apologue**.

# Fiche 11

# LES GENRES DE L'ARGUMENTATION

## L'ARGUMENTATION DIRECTE

### Le dialogue d'idées

Le dialogue d'idées conduit à l'affirmation d'une pensée ou d'une thèse, dans un **échange** constitué de **questions** et de **réponses**. L'intérêt de ce genre réside dans le charme d'une conversation qui met la thèse à distance.

→ **Ex. :** Sénèque, *Lettres à Lucilius* (Ier siècle ap. J.-C.) ; Denis Diderot, *Supplément au voyage de Bougainville* (1796).

### Le discours

Le discours est un texte prononcé **oralement**, qui cherche à agir sur autrui et à le faire agir ; il présente donc couramment des marques de la **deuxième personne**. Il est construit selon les techniques de la **rhétorique**, qui est l'art de bien parler et de persuader ; son mouvement central consiste à prouver la **thèse** défendue, en avançant les **arguments** qui lui sont favorables, et en **réfutant** ceux qui lui sont contraires.

→ **Ex. :** Dans le *Discours sur le colonialisme* (1950), Aimé Césaire s'en prend violemment à l'attitude des colonisateurs occidentaux.

### L'essai

Le mot « essai » vient du latin *exigo*, qui signifie « peser, examiner, juger ». L'essai est un écrit en **prose**, chargé d'une dimension **critique**, qui se propose d'exposer un **point de vue particulier** sur des problèmes divers sans les épuiser entièrement. Le terme d'« essai » indique une démarche hésitante, qui ne prétend pas parvenir à une vérité définitive. La composition de l'essai, très libre, peut adopter la forme d'une **conversation**, ou suivre les mouvements imprévisibles de la pensée. Cette souplesse du genre se prête à l'exposé d'une expérience et d'une pensée personnelle. Propre à aborder des sujets **philosophiques**, **politiques**, **littéraires**, **biographiques**, l'essai a pour intention d'**établir une vérité** ; il peut **persuader** autrui grâce à la force d'un discours intime et subjectif, ou **convaincre** en s'appuyant sur des faits, par exemple.

→ **Ex. :** Montaigne est le premier à utiliser le terme d'« essais », en 1580, pour désigner une entreprise littéraire dans laquelle il souhaitait se peindre lui-même.

### La lettre ouverte

La lettre ouverte est adressée à un destinataire **particulier** ou **collectif** ; elle est destinée à être **publiée**, dans un journal, par exemple. La lettre ouverte aborde des sujets divers et comporte souvent une dimension **polémique**.

→ **Ex. :** Émile Zola, « J'accuse », *L'Aurore*, 13 janvier 1898.

### La maxime

La maxime est un genre **bref**, et doit son nom à la *maxima sententia* romaine, qui est une « pensée très importante ». La maxime aborde des questions **morales**, **psychologiques** ou **politiques**, et énonce une **vérité universelle** de façon **ingénieuse**, **brillante** et **concise**. Elle s'achève par un **trait spirituel**. Certains auteurs, comme **La Rochefoucauld** (XVIIe siècle), ont composé des recueils de maximes, ouvrages caractérisés par une écriture **discontinue**, progressant au gré de l'humeur ou des pensées du moraliste, et propre à montrer la diversité de l'homme.

### Le pamphlet

Le pamphlet est un écrit **bref** consacré à un **sujet d'actualité**. Il consiste en une **attaque** dirigée contre une personne ou une institution. Son ton **polémique** et son appel à des valeurs **morales** en font l'une des formes du genre **épidictique** (discours démonstratif).

→ **Ex. :** Dans la *Relation de la maladie, de la confession, de la mort et de l'apparition du jésuite Berthier* (1759), Voltaire fait du pamphlet une arme pour combattre la religion.

### Les pensées

La pensée est une réflexion **brève** sur une **question morale**, ayant une **portée générale**. Regroupées dans un recueil, les pensées se présentent sous une forme délibérément **discontinue** ou sous la forme d'une série de fragments destinés à prendre place dans un ensemble organisé (chez le philosophe Blaise Pascal, par exemple).

### La préface

La préface est un écrit placé **en tête** d'un ouvrage. L'auteur, ou un critique, **présente** et **défend** l'œuvre littéraire qui suit. L'**éditorial** est son équivalent dans la **presse** : cet article, rédigé par le rédacteur en chef ou par le directeur de la rédaction, commente un sujet d'actualité, et expose les valeurs défendues par la publication.

→ **Ex. :** Théophile Gautier, *Préface de Mademoiselle de Maupin* (1834).

## L'ARGUMENTATION INDIRECTE

**L'apologue** (du grec *apologos*, narration) est un court **récit** à visée **didactique**. Souvent, il fait partie d'un ensemble **argumentatif**. La narration, destinée à **séduire**, est mise au service de l'argumentation, qui veut **instruire**. Le soin de saisir le sens profond du récit est souvent confié au lecteur.

**Les différents genres de l'apologue**

### La fable

La fable est un récit dans lequel la narration, appelée « corps » et la moralité, appelée « âme » ont tendance à se fondre pour opérer une synthèse du **plaisir** et du **savoir**. La moralité peut être exprimée clairement : on la dit « explicite » ; elle peut demander au lecteur de déchiffrer lui-même le sens du récit : on la dit alors « implicite ».

→ **Ex. :** Jean de La Fontaine, *Fables* (1668) ; Jean Anouilh, *Fables* (1962).

### Le conte philosophique

Le conte philosophique est un récit plaisant qui aborde des questions **abstraites**. Ce genre est né au XVIIIe siècle d'une volonté de contester les valeurs religieuses et politiques, de trouver des valeurs nouvelles, comme la **tolérance**, et de se battre pour elles. **Voltaire** est l'un des plus illustres artisans de ce genre ; par un ton souvent **ironique**, il établit une complicité avec son lecteur.

→ **Ex. :** Dans *Zadig* (1747) et *L'Ingénu* (1767), Voltaire fait la satire de la religion et des hommes de pouvoir ; dans *Micromégas* (1752), il montre le caractère relatif de la connaissance humaine ; dans *Candide* (1759), il réfute l'optimisme philosophique en montrant la violence et la cruauté du monde.

### L'utopie

L'utopie vient d'un mot grec signifiant « nulle part », ou « lieu du bonheur » (en grec *topos* signifie « le lieu » ; *u* est une négation ou signifie « bien »). Ce genre, inventé par l'anglais **Thomas More**, imagine une **société idéale** ordonnée par une **raison éclairée** et sert indirectement à **critiquer** la société existante. → **Ex. :** Thomas More, *Utopie* (1516).

### La satire

La satire est un genre d'origine latine (*satura* signifie « mélange ») qui mêle dialogue, apologue, caricature, anecdote ou discussion : elle traite de sujets variés, et son auteur tourne en **dérision** les vices et les ridicules des hommes des son temps.

→ **Ex. :** Horace (Ier siècle av. J.-C.), Nicolas Boileau (XVIIe siècle) ; Victor Hugo, *Les Châtiments* (1853).

# EXERCICES

## 1 DISTINGUER, CONVAINCRE ET PERSUADER

**a. Observez le paratexte et le lexique de ces extraits : quelles questions abordent-ils ?**
**b. À qui ces textes s'adressent-ils ? Justifiez votre réponse.**
**c. Étudiez les modes verbaux, le type des phrases, les éléments en soulignés : sur quelle opération argumentative chacun de ces passages repose-t-il ?**

**1.** *Mirabeau présente devant l'Assemblée nationale son projet de* Déclaration des Droits de l'Homme.

Nous avons cherché cette forme populaire qui rappelle au peuple, non ce qu'on a étudié dans les livres ou dans les méditations abstraites, mais ce qu'il a lui-même éprouvé ; en sorte que la Déclaration des droits, dont une association politique ne doit jamais s'écarter, soit plutôt le langage qu'il tiendrait s'il avait l'habitude d'exprimer ses idées, qu'une science qu'on se propose de lui enseigner.

Cette différence, Messieurs, est capitale ; et, comme la liberté ne fut jamais le fruit d'une doctrine travaillée en déductions philosophiques, mais de l'expérience de tous les jours et des raisonnements simples que les faits excitent, il s'ensuit que nous serons mieux entendus à proportion que nous nous rapprocherons davantage de ces raisonnements.

Mirabeau,
*Sur la Déclaration des Droits de l'Homme* (1789)

**2.** *Rousseau fait ici l'éloge de la République de Genève.*

Puisse durer toujours pour le bonheur de ses Citoyens et l'exemple des Peuples une République si sagement et si heureusement constituée ! Voilà le seul vœu qui vous reste à faire, et le seul soin qui vous reste à prendre. C'est à vous seuls désormais, non à faire votre bonheur, vos Ancêtres vous en ont évité la peine, mais à le rendre durable par la sagesse d'en bien user. C'est de votre union perpétuelle, de votre obéissance aux lois ; de votre respect pour leurs Ministres que dépend votre conservation. S'il reste parmi vous le moindre germe d'aigreur ou de défiance, hâtez-vous de le détruire comme un levain funeste d'où résulteraient tôt ou tard vos malheurs et la ruine de l'État. Je vous conjure de rentrer tous au fond de votre Cœur et de consulter la voix secrète de votre conscience. Quelqu'un parmi vous connaît-il dans l'univers un Corps plus intègre, plus éclairé, plus respectable que celui de votre Magistrature ? Tous ses membres ne vous donnent-ils pas l'exemple de la modération, de la simplicité de mœurs, du respect pour les lois, et de la plus sincère réconciliation : rendez donc sans réserve à de si sages Chefs cette salutaire confiance que la raison doit à la vertu [...].

Jean-Jacques Rousseau,
*Lettre à la République de Genève* (1754)

## 2 ÉTUDIER LA DÉLIBERATION

**a. Observez les modalités dominantes et les antithèses dans ce passage : quel est l'état d'esprit de Jean Valjean ? Devant quel choix est-il placé ?**
**b. À quelle décision parvient-il ? Quels arguments ont dicté cette décision ?**

*Jean Valjean, un ancien bagnard, devenu maire, mène une vie paisible, sous le nom de Monsieur Madeleine. Il apprend qu'on a arrêté, pour un vol, un malheureux qu'on prend pour lui, et qui risque les travaux forcés à perpétuité. Jean Valjean s'interroge.*

Il se déclara que sa vie avait un but en effet. Mais quel but ? cacher son nom ? tromper la police ? Était-ce pour une chose si petite qu'il avait fait tout ce qu'il avait fait ? Est-ce qu'il n'avait pas un autre but, qui était le grand, qui était le vrai ? Sauver, non sa personne, mais son âme. Redevenir honnête et bon. Être un juste ! est-ce que ce n'était pas là surtout, là uniquement, ce qu'il avait toujours voulu, ce que l'évêque lui avait ordonné ? – Fermer la porte à son passé ? Mais il ne la fermait pas, grand Dieu ! il la rouvrait en faisant une action infâme ! mais il redevenait un voleur, et le plus odieux des voleurs ! il volait à un autre son existence, sa vie, sa paix, sa place au soleil ! il devenait un assassin ! il tuait, il tuait moralement un misérable homme, il lui infligeait cette affreuse mort vivante, cette mort à ciel ouvert, qu'on appelle le bagne ! Au contraire, se livrer, sauver cet homme frappé d'une si lugubre erreur, reprendre son nom, redevenir par devoir le forçat Jean Valjean, c'était là vraiment achever sa résurrection, et fermer à jamais l'enfer d'où il sortait ! Y retomber en apparence, c'était en sortir en réalité ! Il fallait faire cela ! il n'avait rien fait s'il ne faisait pas cela ! toute sa vie était inutile, toute sa pénitence était perdue, et il n'y avait plus qu'à dire : à quoi bon ? Il sentait que l'évêque était là, que l'évêque* était d'autant plus présent qu'il était mort, que l'évêque le regardait fixement, que désormais le maire Madeleine avec toutes ses vertus lui serait abominable, et que le galérien Jean Valjean serait admirable et pur devant lui. Que les hommes voyaient son masque, mais que l'évêque voyait sa face. Que les hommes voyaient sa vie, mais que l'évêque voyait sa conscience. Il fallait donc aller à Arras, délivrer le faux Jean Valjean, dénoncer le véritable ! Hélas ! c'était là le plus grand des sacrifices, la plus poignante des victoires, le dernier pas à franchir ; mais il le fallait.

Victor Hugo,
*Les Misérables*, VII, 3, (1862)

* Monseigneur Myriel, qui a secouru Jean Valjean à sa sortie du bagne.

## 3 ÉTUDIER L'ARGUMENTATION DIRECTE ❊❊

a. **Quel sens peut-on attribuer à la numérotation qui précède ces textes ?**
b. **Observez la construction de ces deux textes : pourquoi peut-on parler ici d'argumentation ?**
c. **Observez la longueur de ces textes et les temps verbaux : de quelle nature est la vérité qu'ils prononcent ?**

74

Il n'y a qu'une sorte d'amour, mais il y en a mille différentes copies.

75

L'amour, aussi bien que le feu, ne peut subsister sans un mouvement continuel, et il cesse de vivre dès qu'il cesse d'espérer ou de craindre.

François de La Rochefoucauld, *Maximes* (1678)

## 4 DISTINGUER LES RAISONNEMENTS LOGIQUES ❊❊

a. **Quel est le thème commun à tous ces extraits ?**
b. **Étudiez le lexique, les connecteurs et les pronoms personnels. Quelle thèse est défendue dans chacun de ces passages ? Quel exemple l'étaye ?**
c. **Quel type de raisonnement est présenté par chacun de ces textes ?**

1. [...] Félix était un gueux qui n'avait rien ; Olivier était un autre gueux qui n'avait rien : dites-en autant du charbonnier, de la charbonnière, et des autres personnages de ce conte, et concluez qu'en général il ne peut guère y avoir d'amitiés entières et solides qu'entre des hommes qui n'ont rien : un homme alors est toute la fortune de son ami, et son ami est toute la sienne. [...]

Denis Diderot, *Les deux amis de Bourbonne* (1770)

2. Il y a une dureté de complexion ; il y en a une autre de condition et d'état. L'on tire de celle-ci, comme de la première, de quoi s'endurcir sur la misère des autres, dirai-je même de quoi ne pas plaindre les malheurs de sa famille ? Un bon financier ne pleure ni ses amis, ni sa femme, ni ses enfants.

Jean de La Bruyère, *Des Biens de fortune* (1688-1694)

3. Il y a de merveilleuses joies dans l'amitié. On le comprend sans peine si l'on remarque que la joie est contagieuse. Il suffit que ma présence procure à mon ami un peu de vraie joie pour que le spectacle de cette joie me fasse éprouver à mon tour une joie. [...]

Alain, « Amitié » *Propos sur le bonheur* (1928)


## 5 ÉTUDIER L'ARGUMENTATION INDIRECTE ❊❊❊

a. **Relevez les temps verbaux et les pronoms personnels. À quoi renvoient-ils ?**
b. **Quel mode de vie est décrit dans ce texte ? Quelles qualités les hommes évoqués ici cultivent-ils ? Selon Socrate, quels bienfaits résultent de ce mode de vie ?**
c. **Déduisez de vos précédentes réponses le genre auquel appartient ce texte. Quel profit Platon retire-t-il de ce procédé ?**

*Platon imagine une cité dans laquelle la répartition raisonnable des tâches entre les citoyens amènera la prospérité. Il envisage ensuite les citoyens eux-mêmes. Platon fait ici dialoguer le philosophe Socrate avec d'autres personnages.*

Pendant l'été ils travailleront la plupart du temps nus et sans chaussures, pendant l'hiver vêtus et chaussés convenablement. Pour se nourrir, ils prépareront des farines d'orge et de froment, cuisant celles-ci, se contentant de pétrir celles-là ; ils disposeront leurs nobles galettes et leurs pains sur des rameaux ou des feuilles fraîches, et, couchés sur des lits de feuillage, faits de couleuvrée[1] et de myrte[2], ils se régaleront eux et leurs enfants, buvant du vin, la tête couronnée de fleurs, et chantant les louanges des dieux ; ils passeront ainsi agréablement leur vie ensemble, et régleront le nombre de leurs enfants sur leurs ressources, dans la crainte de la pauvreté ou de la guerre.

Alors Glaucon intervint : C'est avec du pain sec, ce semble, que tu fais banqueter ces hommes-là.

Tu dis vrai, repris-je. J'avais oublié les mets ; ils auront du sel évidemment, des olives, du fromage, des oignons, et ces légumes cuits que l'on prépare à la campagne. Pour dessert, nous leur servirons même des figues, des pois et des fèves ; ils feront griller sous la cendre des baies de myrte et des glands, qu'ils mangeront en buvant modérément. Ainsi, vivant dans la paix et la santé, ils mourront vieux, comme il est naturel, et légueront à leurs enfants une vie semblable à la leur.

Platon, *La République*, II, 372a-372d (vers 375 av. J.-C.), trad. R. Baccou, © Flammarion

1. Plante d'Europe méridionale.
2. Arbuste des régions méditerranéennes.

# Fiche 12
# L'ORGANISATION DE L'IMAGE

## LA COMPOSITION

La composition est la manière dont les éléments **s'organisent entre eux**. Dans la peinture classique, une composition est un ensemble **clos sur lui-même**. Les artistes s'appuient sur certaines proportions remarquables en **géométrie** pour organiser les formes, les masses, les lumières de manière **équilibrée** dans l'espace du support.

Le **« nombre d'or »**, est une des organisations géométriques de l'espace, des volumes, des proportions. Si l'on divise l'un des quatre côtés du tableau par ce nombre d'or ($\simeq$ 1, 618), on obtient un endroit stratégique, à environ 1/3-2/3, où le peintre place ce sur quoi il veut attirer le regard. Dans les *Noces de paysans* de Pieter Bruegel l'Ancien (p. 118), la mariée est située dans cette zone.

• Le XX^e^ siècle fait exploser ces données dans certaines œuvres : le point de force disparaît et tout semble égal (Andy Warhol, *Ten Lizes*, p. 80).

## LES LIGNES DE FORCE

• Les lignes de force sont soit des axes réels comme la ligne d'horizon, soit des lignes virtuelles qui articulent les formes, les couleurs de l'œuvre. Elles organisent également les vides et les pleins, la lumière : elles passent par des gestes, des regards, des formes.

• L'organisation se déduit des lignes de force. Elle peut être **symétrique**, **pyramidale** (Théodore Géricault, *Le Radeau de la Méduse*, p. 456), **en arabesque** (art baroque), à **dominante verticale**, **horizontale** (Andy Warhol, *Ten Lizes*, p. 80), **oblique** (Pieter Bruegel l'Ancien, *Noces de paysans*, p. 118).

## LA REPRÉSENTATION DE L'ESPACE

La représentation de l'espace évolue à travers les siècles :

• Les **lignes de fuite** se rejoignent en un **point de fuite** et créent un effet de profondeur et de **perspective**. Cette technique de la **perspective** linéaire a été mise au point à la Renaissance. Au XX^e^ siècle, les **cubistes** en introduisant la multiplicité des points de vue sous divers angles (Pablo Picasso, *Portrait de David-Henry Kahnweiler*, p. 79) détruisent l'effet illusionniste.

• La **profondeur figurée** s'observe également dans la **succession des plans** (Véronèse, *Les Noces de Cana*, p. 120), dans une **diminution d'intensité des couleurs** (perspective atmosphérique).

• L'espace représenté peut avoir différentes **fonctions** : **symbolique** (Rubens, *La Conclusion de la paix, à Angers, le 10 août 1620*, p. 250 : le temple grec), **réaliste** (Pieter Bruegel l'Ancien, *Noces de paysans*, p. 118 : la grange), **illusionniste** (Andrea Pozzo, décor de la voûte de l'église Saint-Ignace à Rome, p. 251 : le trompe-l'œil).

## LE RAPPORT D'ÉCHELLE

Le rapport d'échelle entre le format de l'œuvre et ce qu'elle représente (figure, paysage, etc.), ainsi que les **dimensions de l'œuvre** influencent la relation au spectateur : elle va d'un regard extérieur pour des petits formats à l'implication du corps pour des grands formats comme *Les Noces de Cana* de Véronèse (p. 120) ou des dispositifs dans l'espace, installation, trompe l'œil.

# Fiche 13
# LES VISÉES ET INTENTIONS DE L'IMAGE

## L'APPROCHE SENSIBLE

• Dans un premier temps, il faut apprécier le spectacle que les œuvres nous proposent, en se laissant étonner, impressionner par ce qui est perçu. **Ce temps d'émotion et de réception est fondamental avant toute analyse méthodique**.
• La première question à laquelle il faut donc répondre est : dans ce face à face avec l'œuvre, ou son image, quelle **sensation** éprouvons-nous ? Quelle **émotion** ressentons-nous ? *Dégoût, surprise, plaisir, angoisse, révolte, tristesse, pitié, malaise, etc.*

## LE SENS DE L'ŒUVRE

• La compréhension d'une œuvre dépend du **contexte** dans lequel elle est perçue : il faut tenir compte de l'écart culturel, social et politique entre l'époque de **création** et celle de la **perception**.
• Le **sujet** désigne ce qui est **représenté**. Il peut renvoyer aux **genres** tels qu'ils sont définis historiquement et hiérarchisés par l'Académie des Beaux Arts au XVIIe siècle : la **peinture d'histoire** et la **peinture religieuse** (Rubens, *La Conclusion de la paix, à Angers, le 10 août 1620*, p. 250), le **portrait**, la **scène de genre** (Pieter Bruegel l'Ancien, *Noces de paysans*, p. 118), le **paysage**, la **nature morte**.
• Au XXe siècle apparaît la peinture **abstraite** qui ne contient aucune évocation de la réalité observée, mais que l'on peut décrire.
• Il convient aussi de mettre en relation ce que nous **voyons** et la **légende** qui accompagne l'œuvre :
– le **titre** : il apparaît à la fin du XVIIe siècle, et établit une relation avec ce qui est donné à voir. Le titre peut être **descriptif**, **redondant**, **informatif** (Pablo Picasso, *Portrait de David-Henry Kahnweiler*, p. 79), **énigmatique** (René Magritte, *Le Modèle rouge*, p. 275), **contradictoire**.
– la **date de création** : en situant l'œuvre dans le temps, la date de création permet de déduire un certain nombre de caractéristiques propres à l'époque : dans quelle période historique s'inscrit l'œuvre ? Dans quel courant ou mouvement artistique ? À quoi renvoie-t-elle ? Quelles sont les sources, les prolongements ?
• L'image est le lieu d'une **représentation** : sa relation au réel peut être **réaliste** (qui ressemble à la réalité), **illusionniste** (la perspective, le trompe-l'œil), **onirique** (imaginaire, qui évoque le monde des rêves), **utopique**, **symbolique**, **métaphorique**, etc. Ces relations peuvent être multiples pour une même œuvre.

## LES REGISTRES DE L'IMAGE

On peut rapprocher les visées de l'image des registres : une **image lyrique** visera à partager avec le spectateur des **sentiments** intimes ou des **émotions**, une **image comique** aura pour but de le **faire rire**, une **image réaliste** représentera **fidèlement** par exemple un groupe social à une époque précise.

## LES FONCTIONS DE L'IMAGE

Les fonctions de l'image peuvent être définies selon différents types de distinction. Pour simplifier, on parlera de **fonction descriptive** (ou **référentielle**), **narrative**, **argumentative**, **esthétique**.

# Fiche 14 LE VOCABULAIRE DE LA PHOTOGRAPHIE ET DE L'IMAGE MOBILE

## L'ÉCHELLE DES PLANS

L'échelle des plans est établie par rapport aux personnages. Cette progression montre un resserrement équivalent à un **zoom avant** :

- **Plan général** ou **panoramique** : plan vaste qui montre le paysage.
- **Plan moyen** : personnage cadré en entier (des pieds à la tête).
- **Plan rapproché** : personnage cadré à la poitrine ou à la taille.
- **Gros plan** : partie du corps : visage, main, pied, etc.
- **Très gros plan** ou **plan italien** : détail d'une partie : bout des doigts, œil, bouche, etc.

## L'ANGLE DE VUE

L'angle de vue définit la **place de la caméra** par rapport au sujet filmé :

- **La plongée** : caméra située au-dessus de ce qui est filmé.
- **La contre-plongée** : caméra située en dessous de ce qui est filmé.
- **L'angle plat** : axe de l'objectif situé à l'horizontal.

## LE CHAMP

Le champ est la partie de **l'espace visible** à l'écran.

- **Hors-champ** : tout ce qui n'est pas visible à l'écran mais qui lui est contigu.
- **Contre-champ** : espace opposé au champ. Le **champ/contre-champ** est un procédé qui consiste à faire succéder à l'écran les deux espaces.

## LES POINTS DE VUE

- **Caméra objective** : événements vus par un observateur extérieur (focalisation zéro).
- **Caméra subjective** : événements vus par un des personnages (focalisation interne).

## LES MOUVEMENTS DE CAMÉRA

- **Plan fixe** : pied immobile, caméra immobile.
- **Panoramique (latéral, ascendant, descendant)** : pied immobile, caméra pivotante.
- **Travelling** : pied fixé sur un chariot ou une grue.

## LE MONTAGE

Le montage est le **choix** et l'**assemblage** des **plans retenus** selon un certain ordre.

- **Plan** : portion de film comprise entre deux raccords.
- **Séquence** : succession de plans.
- **Plan séquence** : séquence sans montage, tournée en continu.
- **Cut** ou **coupe franche** : passage d'un plan à un autre sans transition.
- **Fondus** : passage progressif d'un plan à un autre. → **Ex. :** fondu-enchaîné.
- **Montage chronologique** : l'histoire est présentée en respectant la chronologie.
- **Montage parallèle** : juxtaposition des actions séparées dans le temps ou dans l'espace.
- **Flash-back** : retour sur des événements antérieurs (analepse ou retour en arrière).
- **Prolepse** : anticipation sur la suite des événements.
- **Ellipse** : passage d'un moment à un autre sans montrer les étapes intermédiaires.

## 1 ÉTUDIER L'ORGANISATION DE L'IMAGE **

Pieter Brueghel l'Ancien, *La Danse des Paysans* (1568), huile sur bois (114 cm x 164 cm) Kunsthistorishes Museum Vienne, (Autriche).

**A a. Combien de plans distinguez-vous ?**

**b. Repérez les lignes de force.**

**c. Comment la composition rend-elle compte du mouvement de la danse ?**

**d. Relevez des indices qui nous permettent de comprendre que nous sommes chez des paysans ? Quelle fonction a ici la représentation de l'espace ?**

Vassily Kandinsky, *Sans titre* (1910), mine de plomb, aquarelle et encre de Chine (49,6 cm x 64,8 cm), musée national d'Art moderne, Paris.

**B a. À partir de l'observation du tableau, décrivez la relation qu'entretiennent les lignes et les taches de couleur.**

**b. Est-ce une relation traditionnelle ? Pourquoi ?**

**c. Quelle impression se dégage de ce tableau ? Justifiez votre réponse en vous appuyant sur la composition, les couleurs, les lignes.**

**C Comparez l'œuvre de Pieter Brueghel l'Ancien et celle de Vassily Kandinsky, puis rédigez deux paragraphes qui expliqueront les similitudes et les différences que vous avez observées.**

## 2 ÉTUDIER LA COMPOSITION D'UNE ŒUVRE ET ANALYSER SON SENS

**A** En vous appuyant sur la Fiche 12 (p. 452), décrivez et comparez le choix de composition des deux œuvres ci-dessous : organisation, lignes de force, couleurs, représentation de l'espace, rapport d'échelle pour chacune d'elle. Justifiez ces choix par rapport au sujet.

**B** Choisissez une de ces deux œuvres et expliquez ce qui vous touche en elle, la façon dont vous la percevez. Vous serez attentif, entre autres, à ses dimensions.

**C** Quel grand mouvement littéraire et artistique correspond à la date de composition du *Radeau de la Méduse* de Théodore Géricault ? En vous appuyant sur vos réponses aux exercices A et B, montrez que ce tableau peut illustrer ce mouvement.

*Le mois d'août*, miniature in *Les très riches heures du Duc de Berry*, de Pol de Limbourg (XVe s.), Musée Condé, Chantilly.

Théodore Géricault *Le Radeau de la Méduse* (1819) huile sur toile (491 cm x 716 cm), musée du Louvre, Paris.

## 3 COMPARER DEUX PORTRAITS **

Erró, *The Background of Pollock* (1966-1967) *(L'Arrière-plan de Pollock)*, peinture acrylique sur toile (260 cm x 200 cm), musée national d'Art moderne, Paris.

**A Erró, *The Background of Pollock* (1966-1967)**

**a. À quelles techniques autres que la peinture, ce tableau fait-il référence ?**

**b. Peut-on évoquer une dimension réaliste de l'espace représenté ? Pourquoi ?**

**c. Expliquez le titre du tableau, sachant que Pollock est un peintre (1912-1956). Pouvez-vous établir un parallèle entre ce tableau et le processus de création littéraire ? Justifiez votre réponse.**

**B Titien, *L'Homme au gant* (1523)**

**a. Quelle impression se dégage de ce tableau ?**

**b. Décrivez la répartition des clairs et des foncés : comment détermine-t-elle l'organisation du tableau ? Quels éléments le peintre a-t-il choisi de mettre en valeur ? Pourquoi ?**

**C Étude comparée**

**Montrez que les choix opérés par Erró et Titien (couleurs, formes, lumière, organisation, dimensions du support) produisent un sens différent.**

Titien vers 1520,
*L'Homme au gant*
huile sur toile (100 cm x 89 cm),
musée du Louvre, Paris.

# Fiche 15 FAIRE RIRE

Le **registre** désigne l'effet que le texte communique quel que soit le genre auquel il appartient.

## LE REGISTRE COMIQUE

Le registre comique s'appuie sur un effet de **surprise** qui provoque le **rire** à des degrés divers allant du sourire au fou rire. Le langage, le caractère, les gestes d'un personnage ou encore la situation dans laquelle il se trouve peuvent en être la source. On parle alors de **comique** de **gestes**, de **mots**, de **caractère**, de **situation**. Sa fonction peut-être **ludique** mais aussi **critique**.

**Les principaux procédés**

- **Le décalage ou l'écart** : un personnage est décalé par rapport au monde qui l'entoure, ce qui le rend ridicule.
- **Le quiproquo** : le quiproquo repose sur un malentendu. Un personnage prend quelqu'un pour quelqu'un d'autre, ou il se trompe sur le sujet de la discussion.
- **Le retournement de situation ou le dupeur dupé** : un personnage tend un piège et y tombe lui-même. → **Ex. :** « Le renard et la cigogne » de Jean de La Fontaine.
- **La répétition ou le mécanique plaqué sur du vivant** : les mêmes gestes répétés, les mimiques, les grimaces transforment le personnage en marionnette, de même que le retour d'une même formule. → **Ex. :** « Que diable allait-il faire dans cette galère ! » dans *Les Fourberies de Scapin* (1671), ou le « Le pauvre homme » dans *Tartuffe* (1664). Cette raideur a un côté mécanique qui fait rire.
- **L'engrenage ou l'effet boule de neige** : un événement en entraîne un autre.
- **Les jeux de mots** : calembours, contrepèteries, etc.

## LE REGISTRE SATIRIQUE

Le registre satirique utilise les procédés du registre comique mais il diffère par sa visée. Il ne s'agit pas uniquement de faire rire le lecteur pour son plaisir, il s'agit aussi d'**utiliser le rire** pour **dénoncer** les travers d'une époque, d'une institution, d'un groupe social ou politique.

## LA PARODIE

La parodie consiste à **imiter** une œuvre, une forme textuelle, une forme d'expression pour **faire rire** et parfois **critiquer**. → **Ex. :** Molière parodie le langage des précieux dans *Les Précieuses ridicules* (1659) ou celui des médecins dans *Le Malade imaginaire* (1673).

## L'IRONIE

L'ironie suppose une cible (une victime qui peut mériter d'être attaquée) et une complicité entre l'ironiste et son public de façon à ce que le **décalage** entre ce qui est dit et ce qui est pensé soit perçu. Il s'agit de faire **sourire** ou **rire aux dépens de quelqu'un**.

**Les principaux procédés**

- **L'antiphrase** : dire le contraire de ce que l'on pense en le faisant percevoir.
→ **Ex. :** « Le marquis del Dongo **joignait une avarice sordide à une foule d'autres belles qualités**. » (Stendhal, *La Chartreuse de Parme*, 1839)
- **Les formes d'atténuation**
- **Les formulations antithétiques ou les oxymores** → **Ex. :** Voltaire dénonce la guerre dans *Candide* en la qualifiant de « boucherie héroïque » et feint de l'admirer : « Rien n'est si beau, si leste, si brillant, si bien ordonné que les deux armées. Les trompettes, les fifres, les hautbois, les tambours, les canons, formaient une harmonie telle qu'il n'y en eut jamais en enfer. » (Voltaire, *Candide*, 1759)

# Fiche 16 ÉMOUVOIR

## LE REGISTRE LYRIQUE

« Lyrique » vient de « lyre », instrument de musique dont joue Orphée, figure majeure du poète. Grâce à sa lyre, il aurait réussi à charmer tous les êtres vivants et même à émouvoir le dieu des Enfers. Par analogie, il désigne les textes qui possèdent une forme de **musicalité**. Leur **rythme**, les **répétitions**, leur **sonorité** sont au service de **l'expression du moi**, c'est-à-dire des sentiments intimes comme l'**amour**, la **nostalgie**, la **fuite du temps**.

→ **Ex. :** « Sous le pont Mirabeau coule la Seine
Et nos amours
Faut-il qu'il m'en souvienne
La joie venait toujours après la peine […] »

(Guillaume Apollinaire, « Le pont Mirabeau », *Alcools*, 1913, © Éditions Gallimard)

## LE REGISTRE ÉLÉGIAQUE

L'élégie désigne un poème court ou un chant de célébration prononcé à l'occasion d'un deuil. Ce registre de la **déploration** laisse une large part aux **sentiments mélancoliques**, et à l'**expression de la douleur**.

→ **Ex. :** […] « Fleuves, rochers, forêts, solitudes si chères,
Un seul être vous manque, et tout est dépeuplé ! »

(Alphonse de Lamartine, « L'isolement », *Méditations poétiques*, 1820)

**Les principaux procédés des registres lyrique et élégiaque**

- **Les pronoms personnels et déterminants possessifs des 1re et 2e personnes.**
- **Des phrases interrogatives et exclamatives avec des interjections.**
- **Des apostrophes.**
- **Le lexique de l'émotion (joie/souffrance) ou de l'exaltation du sentiment amoureux.**

## LE REGISTRE PATHÉTIQUE

Le registre pathétique, du grec *pathos*, signifiant « douleur », met en scène une expression du **malheur** et de la **souffrance** en vue de provoquer chez le lecteur ou le public une émotion vive et douloureuse comme la **tristesse**, la **compassion**. Le pathétique s'appuie souvent sur un effet de **suspense** où le lecteur ne sait pas si les événements vont bien ou mal se terminer pour le héros. Cette incertitude est un des ressorts du pathétique qui s'oppose sur ce point au tragique.

→ **Ex. :** « Où vont tous ces enfants dont pas un seul ne rit ?
Ces doux êtres pensifs, que la fièvre maigrit ?
Ces filles de huit ans qu'on voit cheminer seules ? […] »

(Victor Hugo « Mélancholia », *Les Contemplations*, 1856)

## LE REGISTRE TRAGIQUE

Le registre tragique met en scène une situation dans laquelle la **souffrance** puis la **mort** sont **inéluctables** et **injustes**. Le héros ne peut modifier le cours des événements, il est victime d'une **fatalité** à laquelle il ne peut échapper. Contrairement au registre pathétique, il n'y a aucun doute sur l'issue de l'action.

**Les principaux procédés des registres tragique et pathétique**

- **L'accumulation d'exclamatives, d'interrogations rhétoriques (questions pour lesquelles on n'attend pas de réponse).**
- **L'utilisation de phrases courtes.**
- **La multiplication d'apostrophes** (Ô Dieu !), **d'interjections** (Hélas !) exprimant la douleur, le désespoir, la colère.
- **Des jeux sur les sonorités et la présence du champ lexical de la souffrance, de la mort.**

# Fiche 17 CONVAINCRE ET PERSUADER

## L'ORATOIRE

L'oratoire qualifie un discours qui veut **persuader**, mobiliser un public et emporter son adhésion en frappant son esprit. On trouve les genres de **l'éloquence** comme l'**épidictique** (discours qui loue ou blâme) ou le **judiciaire** (plaidoyer devant un juge). Par analogie, il s'applique à tous les textes qui utilisent les mêmes procédés rhétoriques. Cette éloquence est utilisée dans les **harangues**, les **réquisitoires** et les **plaidoiries**.

→ **Ex. :** « Je viens vous avertir. Je viens vous dénoncer votre bonheur. Il est fait du malheur d'autrui. Vous avez tout, et ce tout se compose du rien des autres. Mylords, je suis l'avocat désespéré, et je plaide la cause perdue. Cette cause, Dieu la regagnera. Moi, je ne suis rien, qu'une voix. Le genre humain est une bouche, et j'en suis le cri. Vous m'entendrez. » (Victor Hugo, *L'homme qui rit*, 1869)

**Les principaux procédés**

- **L'anaphore** : répétition d'une même formulation en début de phrases.
- **Les périodes** : phrases rythmées par des structures syntaxiques identiques.
- **L'utilisation d'images frappantes.**
- **Les apostrophes et les questions rhétoriques** : elles interpellent l'auditoire et font appel à ses sentiments.

## LE REGISTRE DIDACTIQUE

Le registre didactique est utilisé dans les **maximes**, les **essais**, les **fables**, les **dictionnaires**. Il vise à délivrer un **enseignement**, imposer un **avis** ou une **opinion**. Il peut s'appuyer sur un **raisonnement logique** soutenu par des **définitions précises** et des **exemples** illustratifs ou sur une **voix d'autorité** qui impose une **opinion**.

→ **Ex. :** « Aucun homme n'a reçu de la nature le droit de commander aux autres. » (Denis Diderot, article « Autorité politique », *Encyclopédie*, 1751)

**Les principaux procédés**

- **Des phrases, en général brèves, parfois sentencieuses comme les maximes qui utilisent le présent de vérité générale.**
- **Des connecteurs logiques** : ils soulignent souvent l'articulation du discours argumentatif *(d'abord, ensuite ; en effet, car ; c'est pourquoi, donc, etc.)*.
- **Des exemples** : ils viennent illustrer les idées ; ainsi que des reformulations introduites par des expressions du type *c'est-à-dire*.

## LE REGISTRE POLÉMIQUE

« Polémique » vient du grec *polémos*, qui signifie la « guerre ». Tous les textes attaquant un adversaire ou répliquant à une attaque s'appuient sur ce registre qui vise à **provoquer** et à **dévaloriser l'adversaire** en suscitant l'**indignation**. Le registre polémique est utilisé dans le **pamphlet**, la **lettre ouverte**, la **caricature**, les **portraits-charges**, la **satire**.

→ **Ex. :** « Quelle plus parfaite bêtise régna jamais que de nos jours ; quelle plus complète, pondérée, logique et triomphante bêtise régna jamais que dans cette fin de siècle qui promettait mieux, en vérité ! » (Verlaine, *Les Imbéciles*, 1867)

**Les principaux procédés**

- **Les procédés de l'oratoire** (exclamation, apostrophes) et de l'**ironie** (p. 458).
- **Le champ lexical des valeurs** : l'adversaire, interpellé, parfois injurié, incarne le mal, la bêtise et les préjugés tandis que le camp du polémiste défend les vraies valeurs (le bien, la justice).

# Fiche 18 CARACTÉRISER UNE VISION DU MONDE

## LE REGISTRE ÉPIQUE

Le registre épique reprend des caractéristiques de l'**épopée**, récit narrant les exploits guerriers de héros exceptionnels, aidés par des puissances surnaturelles. Ces combats sont ceux du Bien contre le Mal, de la Lumière contre la Nuit. Cet effet de grandissement des actions vise à **impressionner** le lecteur, à susciter l'**admiration** voire la **fascination** devant des personnages surhumains.
→ **Ex. :** « On croyait voir de loin s'allonger vers la crête du plateau deux immenses couleuvres d'acier. Cela traversa la bataille comme un prodige. » (Victor Hugo, *Les Misérables*, 1862)

**Les principaux procédés**

- **Les hyperboles, les formules superlatives, l'amplification** : ces procédés permettent de caractériser la puissance des guerriers.
- **Les antithèses** : elles soulignent les oppositions entre le héros et ses adversaires.
- **Les comparaisons et les personnifications** : elles suggèrent le caractère surnaturel des forces en jeu.

## L'EFFET RÉALISTE OU EFFET DE RÉEL

Une œuvre crée un effet réaliste, ou effet de réel, lorsqu'elle semble reproduire la réalité à laquelle elle se réfère. Le héros évolue dans un monde, reconnaissable par son contexte socio-économique et soumis aux règles de la **vraisemblance**. Tout donne l'illusion que l'histoire s'est réellement déroulée.
→ **Ex. :** « Madame Vauquer, née de Conflans, est une vieille femme qui, depuis quarante ans, tient à Paris une pension bourgeoise établie rue Neuve-Sainte-Geneviève, entre le quartier latin et le faubourg Saint-Marceau. » (Honoré de Balzac, *Le père Goriot*, 1834)

**Les principaux procédés**

- **Des détails concrets, des circonstances précises** : noms de lieux, dates, toute description renvoyant à un univers connu du lecteur.
- **Les discours rapportés.**
- **Les niveaux de langue** : ils sont censés reproduire le langage des personnages.

## LE REGISTRE FANTASTIQUE

Le registre fantastique vise à communiquer une **peur**, une **angoisse** ressentie par un personnage, un narrateur. Il se caractérise par un **bouleversement des perceptions habituelles du monde** (un personnage peint dans un tableau nous fait signe, un miroir reflète un autre visage). Le fantastique désigne donc l'irruption d'un phénomène inexplicable que l'on met en doute : le lecteur et (ou) le personnage se demande si les événements ont eu lieu ou s'ils ont été imaginés. Cette **hésitation** différencie le fantastique du récit d'épouvante ou du conte merveilleux.
→ **Ex. :** « Tout à coup, il me sembla que j'étais suivi, qu'on marchait sur mes talons, tout près, tout près, à me toucher. » (Guy de Maupassant, *Le Horla*, 1887)

**Les principaux procédés**

- **L'emploi de la 1re personne** : pour faire croire à l'histoire, le récit est pris en charge par un héros narrateur ou un narrateur témoin. Le « je » incite en effet le lecteur à adopter le point de vue du personnage et à s'identifier à lui.
- **L'ajout de détails précis** : ils permettent d'authentifier l'histoire.
- **Les modalisateurs** : ils soulignent l'expression d'une subjectivité *(je crois, il me semblait, peut-être)* et introduisent l'incertitude.

# EXERCICES

## 1 IDENTIFIER LES REGISTRES

**Voici une liste de titres d'ouvrages. D'après vous, quel registre peut-on y trouver ? Sur quels indices appuyez-vous votre hypothèse ?**

*La farce de maître Pathelin* (1465) ; *Défense et illustration de la langue française* (Joachim du Bellay, 1549) ; *Les Regrets* (Joachim du Bellay, 1558) ; *La Mort de Pompée* (Pierre Corneille, 1644) ; *Réflexions ou Sentences et maximes morales* (François de La Rochefoucauld, 1665) ; *Histoire d'une fille de ferme* (Guy de Maupassant, 1881) ; *Apparition* (Guy de Maupassant, 1883) ; *Napoléon le Petit* (Victor Hugo, 1852), *Eugénie Grandet* (Honoré de Balzac, 1833) ; *La Bataille* (Patrick Rambaud, 1997).

## 2 REPÉRER ET ANALYSER LES EFFETS CRÉÉS PAR LES REGISTRES

**A Les extraits suivants proviennent d'une même œuvre : *Le Père Goriot* (1835) de Balzac. Montrez la variété des effets créés en vous appuyant sur les thèmes, les champs lexicaux, les modalités de phrases.**

**a.** La cheminée en pierre, dont le foyer toujours propre atteste qu'il ne s'y fait du feu que dans les grandes occasions, est ornée de deux vases pleins de fleurs artificielles vieillies et encagées, qui accompagnent une pendule d'un marbre bleuâtre du plus mauvais goût. Cette première pièce exhale une odeur sans nom dans la langue, et qu'il faudrait appeler l'odeur de pension. Elle sent le renfermé, le moisi, le rance ; elle donne froid, elle est humide au nez, elle pénètre les vêtements.

**b.** Depuis le jour où leurs yeux n'ont plus rayonné sur moi, j'ai toujours été en hiver ici ; je n'ai plus eu que des chagrins à dévorer, et je les ai dévorés ! J'ai vécu pour être humilié, insulté. Je les aime tant, que j'avalais tous les affronts par lesquels elles me vendaient une pauvre petite jouissance honteuse. Un père se cacher pour voir ses filles ! Je leur ai donné ma vie, elles ne me donneront pas une heure aujourd'hui ! J'ai soif, j'ai faim, le cœur me brûle, elles ne viendront pas rafraîchir mon agonie, car je meurs, je le sens. Mais elles ne savent donc pas ce que c'est que de marcher sur le cadavre de son père !

**B Même exercice à partir des *Misérables* (1862) de Victor Hugo.**

**a.** Quand il eut fini, il signa, plia le papier et dit au sergent du poste, en le lui remettant : – Prenez trois hommes, et menez cette fille au bloc. – Puis se tournant vers la Fantine : – Tu en as pour six mois.

La malheureuse tressaillit.

– Six mois ! six mois de prison ! cria-t-elle. Six mois à gagner sept sous par jour ! Mais que deviendra Cosette ? ma fille ! ma fille ! Mais je dois encore plus de cent francs aux Thénardier, monsieur l'inspecteur, savez-vous cela ?

Elle se traîna sur la dalle mouillée par les bottes boueuses de tous ces hommes, sans se lever, joignant les mains, faisant de grands pas avec ses genoux.

– Monsieur Javert, dit-elle, je vous demande grâce. (I, V, 13)

**b.** Quand cette légion ne fut plus qu'une poignée, quand leur drapeau ne fut plus qu'une loque, quand leurs fusils épuisés de balles ne furent plus que des bâtons, quand le tas de cadavres fut plus grand que le groupe vivant, il y eut parmi les vainqueurs une sorte de terreur sacrée autour de ces mourants sublimes, et l'artillerie anglaise, reprenant haleine, fit silence. Ce fut une espèce de répit. Ces combattants avaient autour d'eux comme un fourmillement de spectres, des silhouettes d'hommes à cheval, le profil noir des canons, le ciel blanc aperçu à travers les roues et les affûts ; la colossale tête de mort que les héros entrevoient toujours dans la fumée au fond de la bataille, s'avançait sur eux et les regardait. (II, I, 14)

**c.** UNE MÈRE VOCALE* : Pourquoi pleurez-vous, mon enfant ?

L'ENFANT *(six ans)*, sanglotant : J'ai dit à Alix que je savais mon histoire de France. Elle me dit que je ne la sais pas, et je la sais.

ALIX *(la grande, neuf ans)* : Non. Elle ne la sait pas.

LA MÈRE : Comment cela, mon enfant ?

ALIX : Elle m'a dit d'ouvrir le livre au hasard et de lui faire une question qu'il y a dans le livre, et qu'elle répondrait.

– Eh bien ?

– Elle n'a pas répondu.

– Voyons. Que lui avez-vous demandé ?

– J'ai ouvert le livre au hasard comme elle disait, et je lui ai demandé la première demande que j'ai trouvée.

– Et qu'est-ce que c'était que cette demande ?

– C'était : *Qu'arriva-t-il ensuite ?* (II, VI, 4)

* Religieuse.

**d.** Les habiles, dans notre siècle, se sont décerné à eux-mêmes la qualification d'hommes d'État ; si bien que ce mot, homme d'État, a fini par être un peu un mot d'argot. Qu'on ne l'oublie pas en effet, là où il n'y a qu'habileté, il y a nécessairement petitesse. Dire : les habiles, cela revient à dire : les médiocres. (IV, I, 2)

**C Quel est l'effet dominant dans les extraits suivants ? Sur quels indices fondez-vous votre réponse ? Vous relèverez les thèmes, les champs lexicaux, les constructions de phrases, les figures de style qui concourent à créer cette impression.**

**a.** Le cœur me battait fortement. Je ne sais quel mélange de terreur superstitieuse et de curiosité s'était emparé de moi. Je montai l'escalier marche à marche. Arrivé au premier étage (je demeurais au second), le garçon qui me précédait fit un faux pas, et la bougie qu'il tenait à la main tomba et s'éteignit. Il me demanda un million d'excuses, et descendit pour la rallumer. Cependant, je montais toujours.

Déjà j'avais la main sur la clef de ma chambre. J'hésitais. Quelle nouvelle vision allait s'offrir à moi ? Plus d'une fois, dans l'obscurité, l'histoire de la nonne sanglante m'était revenue à la mémoire. Étais-je possédé d'un démon comme don Alonso ? Il me sembla que le garçon tardait horriblement.

Prosper Mérimée, *Il viccolo di madama Lucrezia* (1873)

**b.** [...] Je n'écoute plus rien ; et pour jamais, [adieu.
Pour jamais ! Ah ! Seigneur, songez-vous en vous- [même
Combien ce mot cruel est affreux quand on aime ?
Dans un mois, dans un an, comment souffrirons- [nous,
Seigneur, que tant de mers me séparent de vous ?
Que le jour recommence et que le jour finisse,
Sans que jamais Titus puisse voir Bérénice,
Sans que de tout le jour je puisse voir Titus !
[...]

Jean Racine, *Bérénice*, IV, 5 (1670)

**c.** UN : Dans Bérénice, elle était extraordinaire. Je l'ai vue vers 1900, I901. Mais je m'en souviendrai toujours. Elle avait une façon de s'amener, vous savez... comme ça : pof ! C'était Bérénice. Et pourtant, moi, je connais bien Bérénice, ça aurait dû me choquer de la voir arriver comme elle arrivait, en costume de golf, avec un chapeau melon, et le visage tout noir. Eh bien non, c'était Bérénice.
DEUX : Elle avait du charme.
UN : Non. Vous pensez, à l'époque, elle avait dans les soixante-dix ans, et à dix-huit ans déjà elle était laide comme un bout.
DEUX : Comme un pou, vous voulez dire.
UN : Je ne sais plus. Non, comme un bout, mais, un bout de quoi ? je ne pourrais pas vous dire. Un bout de fromage, peut-être, mais quel fromage, là, vous m'en demandez trop. Mais alors ! pour une Bérénice, c'était une Bérénice. On se demande où elle allait chercher ses trucs. Je la vois encore : elle faisait son entrée comme ça. En marchant.
DEUX : En marchant ?
UN : Oui. Comme ça, tenez : le pied gauche par terre, elle levait le pied droit, et hop ! Elle le posait devant le pied gauche. Et à ce moment-là, couic ! Au lieu de continuer à se servir de son pied droit, n'est-ce pas ? Comme on s'y attendait ; puisqu'elle avait commencé à remuer celui-là, il n'y avait pas de raison pour quelle change... eh bien non : elle laissait son pied droit par terre, et zioupe ! Voilà son pied gauche qui s'envole. Médusé, on était. [...]
DEUX : Mince.
UN : Alors, là, vous comprenez, elle prenait tout son temps. Elle remontait sa culotte de golf, elle se mouchait, ça aurait pu durer des heures.
DEUX : Ah ça ! c'est le suspince, qu'est-ce que vous voulez.
UN : Et alors tout à coup, quand il y avait déjà la moitié de la salle qui avait fichu le camp, croyant que c'était fini, voilà son silence qui grossit, qui grossit, elle ne bouge plus d'un poil, ça devient d'une pesanteur qu'on aurait dit un orage, et... Crac ! La voilà qui parle.
DEUX : Mince. [...]

Roland Dubillard, « Monstres sacrés », *La leçon de piano et autres diablogues* (2009),


**d.**
La courbe de tes yeux fait le tour de mon cœur,
Un rond de danse et de douceur,
Auréole du temps, berceau nocturne et sûr,
Et si je ne sais plus tout ce que j'ai vécu
C'est que tes yeux ne m'ont pas toujours vu.
[...]

Paul Eluard, *Capitale de la douleur* (1926),


**e.** [...] D'ailleurs, ce roi[1] est un grand magicien : il exerce son empire sur l'esprit même de ses sujets ; il les fait penser comme il veut. S'il n'a qu'un million d'écus dans son trésor, et qu'il en ait besoin de deux, il n'a qu'à leur persuader qu'un écu en vaut deux, et ils le croient. S'il a une guerre difficile à soutenir, et qu'il n'ait point d'argent, il n'a qu'à leur mettre dans la tête qu'un morceau de papier[2] est de l'argent, et ils en sont aussitôt convaincus. Il va même jusqu'à leur faire croire qu'il les guérit de toutes sortes de maux en les touchant, tant est grande la force et la puissance qu'il a sur les esprits.

Ce que je dis de ce prince ne doit pas t'étonner : il y a un autre magicien plus fort que lui, qui n'est pas moins maître de son esprit ; qu'il l'est lui-même de celui des autres.
Ce magicien s'appelle le pape : tantôt il lui fait croire que trois ne font qu'un ; que le pain qu'on mange n'est pas du pain, ou que le vin qu'on boit n'est pas du vin ; et mille autres choses de cette espèce. [...]

Montesquieu, *Lettres persanes*, Lettre 24 (1721)

1. Louis XIV. – 2. Billets de monnaie.

**f.** Le soleil avait achevé plus de la moitié de sa course et son char, ayant attrapé le penchant du monde, roulait plus vite qu'il ne voulait. Si ses chevaux eussent voulu profiler de la pente du chemin, ils eussent achevé ce qui restait du jour en moins d'un demi-quart d'heure ; mais, au lieu de tirer de toute leur force, ils ne s'amusaient qu'à faire des courbettes, respirant un air marin qui les faisait hennir et les avertissait que la mer était proche, où l'on dit que leur maître se couche toutes les nuits. Pour parler plus humainement et plus intelligiblement, il était entre cinq et six quand une charrette entra dans les halles du Mans.

Paul Scarron, *Le Roman comique* (1655)

**D Quel est le registre dominant dans chaque extrait ? Justifiez votre réponse en vous appuyant sur les thèmes, les champs lexicaux, les modalités de phrases, ou les figures de style utilisés.**

**a.** Pendant un demi-siècle, les bourgeoises de Pont-l'Evêque envièrent à Mme Aubain sa servante Félicité.

Pour cent francs par an, elle faisait la cuisine et le ménage, cousait, lavait, repassait, savait brider un cheval, engraisser les volailles, battre le beurre, et resta fidèle à sa maîtresse, – qui cependant n'était pas une personne agréable.

Gustave Flaubert, « Un cœur simple », *Trois contes* (1877)

**b.** Tels que la haute mer contre les durs rivages,
À la grande tuerie ils se sont tous rués,
Ivres et haletants, par les boulets troués,
En d'épais tourbillons pleins de clameurs sauvages.
[...]

Leconte de Lisle, « Le soir d'une bataille », *Poèmes barbares* (1862)

**c.** En vain le jour succède au jour.
Ils glissent sans laisser de trace ;
Dans mon âme rien ne t'efface,
Ô dernier songe de l'amour !

Je vois mes rapides années
S'accumuler derrière moi,
Comme le chêne autour de soi
Voit tomber ses feuilles fanées. [...]

Alphonse de Lamartine, « Souvenir », *Méditations poétiques* (1820)

**d.** Lorsque le chevalier de La Barre, petit-fils d'un lieutenant général des armées, jeune homme de beaucoup d'esprit et d'une grande espérance, mais ayant toute l'étourderie d'une jeunesse effrénée, fut convaincu d'avoir chanté des chansons impies, et même d'avoir passé devant une procession de capucins sans avoir ôté son chapeau, les juges d'Abbeville, gens comparables aux sénateurs romains, ordonnèrent, non seulement qu'on lui arrachât la langue, qu'on lui coupât la main, et qu'on brûlât son corps à petit feu ; mais ils l'appliquèrent encore à la torture pour savoir précisément combien de chansons il avait chantées, et combien de processions il avait vues passer, le chapeau sur la tête.

Ce n'est pas dans le XIIIe ou dans le XIVe siècle que cette aventure est arrivée, c'est dans le XVIIIe.

Voltaire, « Torture »
*Dictionnaire philosophique* (1764)

**e.** [...] Mes crimes désormais ont comblé la mesure.
Je respire à la fois l'inceste et l'imposture.
Mes homicides mains, promptes à me venger,
Dans le sang innocent brûlent de se plonger.
Misérable ! et je vis ? et je soutiens la vue
De ce sacré Soleil dont je suis descendue ?
J'ai pour aïeul le père et le maître des Dieux ;
Le ciel, tout l'univers est plein de mes aïeux.
Où me cacher ? Fuyons dans la nuit infernale.
Mais que dis-je ? Mon père y tient l'urne fatale ;
Le Sort, dit-on, l'a mise en ses sévères mains :
Minos juge aux enfers tous les pâles humains. [...]

Jean Racine, *Phèdre*, IV, 6 (1677)

## 3 DISTINGUER DEUX REGISTRES DANS UN MÊME TEXTE ✻✻✻

**Repérez dans chacun des extraits les deux registres dominants en vous appuyant sur les thèmes, les champs lexicaux, les modalités de phrases, ou les figures de style utilisés.**

**a.** La famine, la peste et la guerre sont les trois ingrédients les plus fameux de ce bas monde. On peut ranger dans la classe de la famine toutes les mauvaises nourritures où la disette nous force d'avoir recours pour abréger notre vie dans l'espérance de la soutenir.

On comprend dans la peste toutes les maladies contagieuses, qui sont au nombre de deux ou trois mille. Ces deux présents nous viennent de la providence. Mais la guerre, qui réunit tous ces dons, nous vient de l'imagination de trois ou quatre cents personnes répandues sur la surface de ce globe sous le nom de princes ou de ministres ; et c'est peut-être pour cette raison que dans plusieurs dédicaces on les appelle les images vivantes de la Divinité.

Voltaire, « Guerre », *Dictionnaire philosophique* (1764)

**b.** Je conçois dans l'espèce humaine deux sortes d'inégalités ; l'une que j'appelle naturelle ou physique, parce qu'elle est établie par la nature, et qui consiste dans la différence des âges, de la santé, des forces du corps, et des qualités de l'esprit, ou de l'âme, l'autre qu'on peut appeler inégalité morale, ou politique, parce qu'elle dépend d'une sorte de convention, et qu'elle est établie, ou du moins autorisée par le consentement des hommes. Celle-ci consiste dans les différents privilèges, dont quelques-uns jouissent, au préjudice des autres, comme d'être plus riches, plus honorés, plus puissants qu'eux, ou même de s'en faire obéir.

Jean-Jacques Rousseau, *Discours sur l'origine et les fondements de l'inégalité* (1754)

**c.** L'alambic, sourdement, sans une flamme, sans une gaieté dans les reflets éteints de ses cuivres, continuait, laissait couler sa sueur d'alcool, pareil à une source lente et entêtée, qui à la longue devait envahir la salle, se répandre sur les boulevards extérieurs, inonder le trou immense de Paris. Alors, Gervaise, prise d'un frisson, recula ; et elle tâchait de sourire, en murmurant :

« C'est bête ; ça me fait froid, cette machine... la boisson me fait froid... »

Puis, revenant sur l'idée quelle caressait d'un bonheur parfait :

« Hein ? n'est-ce pas ? ça vaudrait bien mieux : travailler, manger du pain, avoir un trou à soi, élever ses enfants, mourir dans son lit...

– Et ne pas être battue, ajouta Coupeau gaiement. Mais je ne vous battrais pas, moi, si vous vouliez, madame Gervaise...

Émile Zola, *L'Assommoir* (1877)

**d.** Je vois un terrain vague semé de bouteilles en plastique et de bris de faïence. Une terre qui a respiré la mort et expulsé le jour. C'est ici que mes enfants naissent et meurent. Ils meurent en riant comme un peuple qui dépérit et qui se laisse prendre par l'araignée vénéneuse. Sur ce terrain ils ont posé des maisons en carton et en zinc. Il y a des trous. Il y a des failles. Dans les paravents. Dans la tête. Je parle d'un pays où il y a des failles et des ceintures en or. Je chante un peuple pour le moment absent derrière la muraille. Un peuple qui fera un jour avancer la muraille. Je dis un peuple non un rêve ou une image, un peuple vivant, qui connaît la patience et la fureur, un peuple imprévisible, il descend dans la rue avec ses gosses nus et ses arbres suspendus au ciel. Il y a des silences, des pages blanches, des moments où il ne se passe rien, il y a aussi des cris qui viennent de dessous la terre et qui ébranlent les certitudes de ceux qui ont tout prévu. Il y a donc ces terrains vagues où naissent et meurent mes enfants. Un bidonville est une brutalité faite à des hommes séparés de la vie. Une violence qui ne prévient pas quand elle éclate. Je vous le dis.

Tahar ben Jelloun, *Moha le fou Moha le sage* (1978), © Seuil

**e.** Chef de la Résistance martyrisé dans des caves hideuses, regarde de tes yeux disparus toutes ces femmes noires qui veillent nos compagnons : elles portent le deuil de la France, et le tien. Regarde glisser sous les chênes nains du Quercy, avec un drapeau fait de mousselines nouées, les maquis que la Gestapo ne trouvera jamais parce qu'elle ne croit qu'aux grands arbres. Regarde le prisonnier qui entre dans une villa luxueuse et se demande pourquoi on lui donne une salle de bains – il n'a pas encore entendu parler de la baignoire. Pauvre roi supplicié des ombres, regarde ton peuple d'ombres se lever dans la nuit de juin constellée de tortures. [...]

Comme Leclerc entra aux Invalides, avec son cortège d'exaltation dans le soleil d'Afrique et les combats d'Alsace, entre ici, Jean Moulin, avec ton terrible cortège. Avec ceux qui sont morts dans les caves sans avoir parlé, comme toi ; et même, ce qui est peut-être plus atroce, en ayant parlé ; avec tous les rayés et tous les tondus des camps de concentration, avec le dernier corps trébuchant des affreuses files de *Nuit et Brouillard*, enfin tombé sous les crosses ; avec les huit mille Françaises qui ne sont pas revenues des bagnes, avec la dernière femme morte à Ravensbrück pour avoir donné asile à l'un des nôtres. Entre, avec le peuple né de l'ombre et disparu avec elle – nos frères dans l'ordre de la Nuit...

André Malraux, « Transfert des cendres de Jean Moulin au Panthéon », *Œuvres complètes* (1996), © Éditions Gallimard, 1996

## 4 RÉDIGER UN TEXTE EN CRÉANT UN EFFET SUR LE LECTEUR ✲✲✲

**Racontez en une trentaine de lignes une brève histoire, en vous appuyant sur l'un de ces débuts de récit. Identifiez d'abord le registre de votre récit ; réfléchissez aux procédés que vous allez employer, en particulier les figures de style. Vous justifierez ensuite l'effet que vous avez voulu créer.**

- Assis sur son trône de jade, le vieux roi songeait à ses combats passés. L'aube se levait, tous les soldats de l'Empire se préparaient pour l'ultime combat...
- J'entends encore ce bruit étrange et strident, un peu comme le lointain aboiement d'un gigantesque molosse...
- Aujourd'hui, le 4 juillet 2010, à 10 heures du matin, j'ai enfin trouvé du travail...

PARTIE IV

# Méthodes pour le bac



▶▶▶ Vassily Kandinsky, *Sur les pointes* (1928), huile sur toile (140 cm x 140 cm), détail, centre national d'Art et de Culture Georges Pompidou, Paris.

# 1. CONFRONTER LES TEXTES DU CORPUS

## MÉTHODE

**Objectifs**
- Bien lire le corpus et les questions
- Repérer des éléments du texte et les analyser
- Rédiger précisément la réponse à chaque question

À l'écrit, l'épreuve anticipée de français (EAF) est organisée autour d'un **corpus de textes**.
En général, le corpus se compose de trois à quatre textes, mais il peut aussi se limiter à un seul texte, un long extrait d'une œuvre ou une courte œuvre intégrale.
**Une** ou plus souvent **deux** questions notées sur **6 points** constituent la première partie de l'épreuve. Ces questions doivent aider à comprendre tous les textes du corpus, en relation avec le ou les objet(s) d'étude et selon une **démarche de confrontation** d'éléments **thématiques** et **problématiques**.
Il ne faut donc pas négliger ces questions – pour obtenir une bonne note évidemment – mais surtout pour préparer la deuxième partie de l'épreuve : le travail d'écriture. Consacrer environ une heure pour des réponses qui ne dépasseront pas une page.

### ▸▸▸ÉTAPE 1 LIRE LE CORPUS ET COMPRENDRE SON UNITÉ, SA COHÉRENCE

- Avant d'aborder ce premier exercice, il faut prendre connaissance du sujet d'une façon générale en repérant l'**objet d'étude** traité, les œuvres et genres représentés. Il faut ensuite relire chaque texte à la lumière de la ou des questions posées.
- Procéder texte après texte en répétant la question posée.
- Relever les citations qui répondent à la question.
- Les analyser pour formuler des éléments de réponse.

### ▸▸▸ÉTAPE 2 ANALYSER LE TYPE DE QUESTION POSÉE

La question doit permettre des **rapprochements** entre les textes pour mettre en évidence des **caractéristiques communes**.

- La question peut appeler une **réponse organisée** par **l'analyse successive de chaque texte**.
  → Ex. : « Comment s'établit dans chacun des textes la complicité avec le spectateur ? »
- La question peut exiger une réponse **articulée** selon plusieurs **points**, **catégories ou spécificités**.
  → Ex. : « À quoi servent, selon vous, les monologues proposés ? » *La réponse s'organise autour des fonctions du monologue.*
- La question peut imposer une **comparaison** : montrer les points communs puis les différences.
  → Ex. : « Quelles remarques vous suggère la comparaison des trois poèmes du point de vue des registres ? »
- Le libellé de la question peut indiquer le **plan de la réponse**.
  → Ex. : « Les trois textes célèbrent la femme aimée. En quoi la nature contribue-t-elle à cette célébration ? Vous fonderez votre réponse sur l'analyse de comparaisons et de métaphores. »

### ▸▸▸ÉTAPE 3 RÉDIGER LA RÉPONSE

- La réponse doit être **complètement rédigée**, **synthétique** et **organisée** :
  – une **phrase d'introduction** est nécessaire pour présenter les textes et définir le ou les mots-clés de la ou des questions.
  – un **développement** en **plusieurs paragraphes** : un par **argument** ou **point analysé**. Chaque **argument** doit être justifié par des **citations précises** extraites d'un ou de plusieurs textes du corpus.
  – une **phrase de conclusion** doit proposer le **bilan de l'analyse** effectuée sur le corpus.

## APPLICATION

Objet d'étude

Question

**QUESTION**

Les descriptions des personnages sont-elles présentées de la même façon ? Vous ne vous limiterez pas à la description physique des personnages ; vous montrerez aussi les intentions de l'auteur.

**OBJET D'ÉTUDE** : Le personnage de roman, du XVII^e^ siècle à nos jours

**CORPUS**

**Texte A** : Paul Scarron, *Le Roman comique* (1651-1657) ▸ p. 68

**Texte B** : Gustave Flaubert, *Madame Bovary* (1857) ▸ p. 73

**Texte C** : Marcel Proust, *À l'ombre des jeunes filles en fleurs* (1919) ▸ p. 74

### ▸▸▸ÉTAPE 1 LIRE LE CORPUS ET COMPRENDRE SON UNITÉ, SA COHÉRENCE

- À la première lecture, on repère que des éléments du corps sont mis en évidence dans les trois textes.
- Déterminez quelles parties du corps, comment, dans quelle(s) visée(s) ?
- Reliez les textes à l'objet d'étude : « Le personnage de roman, du XVII^e^ siècle à nos jours ». Le portrait permet de saisir le personnage et implique parfois un jugement du narrateur.

### ▸▸▸ÉTAPE 2 ANALYSER LE TYPE DE QUESTION POSÉE

- La question suggère une comparaison des différentes descriptions.
- Il ne s'agit pas de rapprocher les personnages d'un point de vue physique ; comparez les différentes manières dont les caractéristiques physiques sont traitées et les effets recherchés.
- Repérez des passages particulièrement significatifs et analysez-les.
- Organisez ensuite ces éléments de réponse à la question.
  → Ex. : *Chez Scarron et chez Proust, la description insiste sur un ou deux détails, sur lesquels on revient à plusieurs reprises. Chez Flaubert, les éléments décrits ne le sont qu'une fois. Par ailleurs, on identifie une visée satirique chez Scarron et Proust alors que chez Flaubert, il y a une volonté d'éveiller une conscience sociale chez le lecteur.*

### ▸▸▸ÉTAPE 3 RÉDIGER LA RÉPONSE

- Commencez par une courte phrase d'**introduction** qui **présentera le corpus** et **reprendra la question**.
  → Ex. : *Les trois textes du corpus donnent les détails physiques d'un personnage : La Bouvillon, Catherine et Bergotte. Les descriptions s'organisent-elles de la même façon ? Dans la même intention ?*
- Suivez un **plan** qui permettra de montrer points communs et différences.
- Terminez par une phrase de **conclusion** qui montrera l'importance de la description physique dans la construction des personnages.
  → Ex. : *Le corpus montre que les détails physiques permettent de construire le personnage et de susciter des réactions chez le lecteur.*

## 1 LIRE LE CORPUS POUR TROUVER DES ÉLÉMENTS DE RÉPONSE

**Pour répondre à la question : « Comment les deux textes condamnent-ils la guerre ? » :**

a. **Identifiez le genre de chaque texte et relevez les différents moyens mis en œuvre.**

b. **Délimitez les passages qui illustrent les moyens utilisés pour condamner la guerre, puis analysez-les.**

c. **Confrontez les deux textes pour dire ce qui les rapproche et ce qui les distingue.**

**Texte A**

Guerre

Un généalogiste prouve à un prince qu'il descend en droite ligne d'un comte dont les parents avaient fait un pacte de famille, il y a trois ou quatre cents ans avec une maison dont la mémoire même ne subsiste plus. Cette maison avait des prétentions éloignées sur une province dont le dernier possesseur est mort d'apoplexie : le prince et son conseil concluent sans difficulté que cette province lui appartient de droit divin. Cette province, qui est à quelques centaines de lieues de lui, a beau protester qu'elle ne le connaît pas, qu'elle n'a nulle envie d'être gouvernée par lui ; que, pour donner des lois aux gens, il faut au moins avoir leur consentement : ces discours ne parviennent pas seulement aux oreilles du prince, dont le droit est incontestable. Il trouve incontinent un grand nombre d'hommes qui n'ont rien à perdre ; il les habille d'un gros drap bleu à cent dix sous l'aune, borde leurs chapeaux avec du gros fil blanc, les fait tourner à droite et à gauche et marche à la gloire.

[...] Des peuples assez éloignés entendent dire qu'on va se battre, et qu'il y a cinq à six sous par jour à gagner pour eux s'ils veulent être de la partie : ils se divisent aussitôt en deux bandes comme des moissonneurs, et vont vendre leurs services à quiconque veut les employer.

Ces multitudes s'acharnent les unes contre les autres, non seulement sans avoir aucun intérêt au procès, mais sans savoir même de quoi il s'agit.

Voltaire, *Dictionnaire philosophique* (1764)

**Texte B**

*Dans le conte philosophique Candide, Voltaire envoie son héros au cœur de la guerre qui oppose deux peuples fictifs, les Abares et les Bulgares.*

Rien n'était si beau, si leste, si brillant, si bien ordonné que les deux armées. Les trompettes, les fifres, les hautbois, les tambours, les canons, formaient une harmonie telle qu'il n'y en eut jamais en enfer. Les canons renversèrent d'abord à peu près six mille hommes de chaque côté ; ensuite la mousqueterie ôta du meilleur des mondes environ neuf à dix mille coquins qui en infectaient la surface. La baïonnette fut aussi la raison suffisante de la mort de quelques milliers d'hommes. Le tout pouvait bien se monter à une trentaine de mille âmes. Candide, qui tremblait comme un philosophe, se cacha du mieux qu'il put pendant cette boucherie héroïque.

Enfin, tandis que les deux rois faisaient chanter des *Te Deum*[1] chacun dans son camp, il prit le parti d'aller raisonner ailleurs des effets et des causes. Il passa par-dessus des tas de morts et de mourants, et gagna d'abord un village voisin ; il était en cendres : c'était un village abare que les Bulgares avaient brûlé, selon les lois du droit public. Ici des vieillards criblés de coups regardaient mourir leurs femmes égorgées, qui tenaient leurs enfants à leurs mamelles sanglantes ; là des filles éventrées après avoir assouvi les besoins naturels de quelques héros rendaient les derniers soupirs ; d'autres, à demi brûlées, criaient qu'on achevât de leur donner la mort. Des cervelles étaient répandues sur la terre à côté de bras et de jambes coupés.

Voltaire, *Candide* (1759)

1. Prière chrétienne en latin qui remercie Dieu.

## 2 ANALYSER LES QUESTIONS

**A Lisez les questions et le corpus.**

**QUESTIONS**

1. À quels jeux verbaux se livrent les deux poètes ?
2. Peut-on dire que les deux poètes sont déçus par l'amour et les femmes ?

**CORPUS**

**Texte 1** : Pierre de Marbeuf, « Et la mer et l'amour... », *Recueil de vers* (1628) (► p. 248)

**Texte 2** : Charles Cros, « Hiéroglyphe », *Le Collier de griffes* (posthume, 1908)

Hiéroglyphe

J'ai trois fenêtres à ma chambre :
L'amour, la mer, la mort,
Sang vif, vert, calme, violet.

Ô femme, doux et lourd trésor !

Froids vitraux, cloches, odeurs d'ambre,
La mer, la mort, l'amour,
Ne sentir que ce qui me plaît ...

Femme, plus claire que le jour !

Par ce soir doré de septembre,
La mort, l'amour, la mer,
Me noyer dans l'oubli complet.

Femme ! femme ! cercueil de chair !

Charles Cros, *Le Collier de griffes* (1908)

a. **Pour répondre à la première question, vous observerez le vocabulaire, les sonorités et la construction des vers.**
b. **Vous vous interrogerez ensuite sur la visée de chaque poème et sur les effets produits par ces jeux lexicaux et sonores.**
c. **Enfin, vous relèverez les points communs et/ou différences.**

**B La fable suivante est associée dans un corpus à d'autres textes qui évoquent la vanité de l'ambition. Quels moyens Jean de La Fontaine a-t-il utilisés pour montrer cette vanité ? Fondez votre réponse sur des citations précises.**

La Grenouille qui veut se faire
aussi grosse qu'un bœuf

Une grenouille vit un bœuf
Qui lui sembla de belle taille.
Elle, qui n'était pas grosse en tout comme un [œuf,
Envieuse, s'étend, et s'enfle et se travaille,
Pour égaler l'animal en grosseur,
Disant : « Regardez bien, ma sœur ;
Est-ce assez ? Dites-moi ; n'y suis-je point [encore ?
Nenni – M'y voici donc ? – Point du tout. M'y [voilà ?
– Vous n'en approchez point. » La chétive [pécore
S'enfla si bien qu'elle creva.

Le monde est plein de gens qui ne sont pas plus [sages.
Tout bourgeois veut bâtir comme les grands sei- [gneurs,
Tout prince a des ambassadeurs,
Tout marquis veut avoir des pages.

Jean de La Fontaine, *Fables*, I, 3 (1668)

## 3 DÉTERMINER LA FORME DE LA RÉPONSE

**A Quel type d'organisation de la réponse (texte après texte, comparaison, etc.) appelle chacune des questions suivantes ?**

a. Qu'est-ce qui rend ces trois textes comiques ? Vous justifierez votre réponse en vous appuyant sur des éléments précis.

b. En relevant des indices précis, vous montrerez comment chaque texte incite de manière différente à la lecture du livre qu'il présente.

c. Vous dégagerez les principaux points communs qui permettent de rapprocher ces quatre textes.

d. Après avoir observé les caractéristiques des lettres de ce corpus, vous dégagerez l'image que Flaubert s'attache à donner de lui-même à chacun de ses correspondants.

e. Quelles fonctions peut-on attribuer au costume de théâtre d'après les textes A, B et C du corpus ? (Corpus de quatre textes)

f. Quelle question essentielle ces textes posent-ils sur le jeu des acteurs ?

g. Quelle conception de la vie chacune de ces fins de roman vous paraît-elle transmettre ? Quels rapprochements peut-on faire entre ces textes ?

h. Comment justifiez-vous que ces textes appartiennent à la poésie ? Montrez qu'ils sont tous construits selon une progression comparable.

i. Après avoir rapidement défini l'enjeu de l'affrontement dans chacune de ces scènes, vous direz laquelle vous paraît la plus intense. Vous justifierez votre choix.

**B Dans les deux fables suivantes, Jean de La Fontaine montre la valeur du travail à travers les trois personnages du laboureur, de la fourmi et de la cigale.**
**Quelle leçon chaque texte donne-t-il ? Relevez les citations, puis dégagez les éléments de réponse.**

**Texte A**

Le Laboureur et ses Enfants

Travaillez, prenez de la peine :
C'est le fonds qui manque le moins.
Un riche Laboureur, sentant sa mort prochaine,
Fit venir ses enfants, leur parla sans témoins.
« Gardez-vous, leur dit-il, de vendre l'héritage
Que nous ont laissé nos parents :
Un trésor est caché dedans.
Je ne sais pas l'endroit ; mais un peu de courage
Vous le fera trouver : vous en viendrez à bout.
Remuez votre champ dès qu'on aura fait l'oût :
Creusez, fouillez, bêchez ; ne laissez nulle place
Où la main ne passe et repasse. »
Le père mort, les fils vous retournent le champ,
Deçà, delà, partout....
si bien qu'au bout de l'an
Il en rapporta davantage.
D'argent, point de caché. Mais le père fut sage
De leur montrer avant sa mort
Que le travail est un trésor.

Jean de La Fontaine, *Fables*, V, 9 (1668)

**Texte B**

### La Cigale et la Fourmi

La cigale, ayant chanté
Tout l'été,
Se trouva fort dépourvue
Quand la bise fut venue.
Pas un seul petit morceau
De mouche ou de vermisseau
Elle alla crier famine
Chez la fourmi sa voisine,
La priant de lui prêter
Quelque grain pour subsister
Jusqu'à la saison nouvelle
« Je vous paierai, lui dit-elle,
Avant l'août, foi d'animal,
Intérêt et principal. »
La fourmi n'est pas prêteuse ;
C'est là son moindre défaut.
« Que faisiez-vous au temps chaud ?
Dit-elle à cette emprunteuse.
Nuit et jour à tout venant
Je chantais, ne vous déplaise.
– Vous chantiez ? J'en suis fort aise.
Eh bien : dansez maintenant.

Jean de La Fontaine, *Fables*, I, 1 (1668)

## 4 RÉDIGER LA RÉPONSE

**Ce corpus permet de s'interroger sur la construction du personnage de roman. Vous montrerez, en étudiant les comparaisons mises en œuvre dans chaque texte, que les trois personnages sont très différents mais qu'ils sont également tous les trois inquiétants.**

**Texte A**

Le Pharaon était coiffé d'un casque allongé en mitre, découpant par une échancrure la conque de l'oreille et se rabattant vers la nuque pour la protéger. Sur le fond du casque scintillait un semis de points semblables à des prunelles d'oiseau et formés de trois cercles noirs, blancs et rouges ; [...] le torse apparaissait luisant et poli comme le granit rose travaillé par un ouvrier habile. Des sandales à pointes recourbées, pareilles à des patins, chaussaient ses pieds étroits et longs, rapprochés l'un de l'autre comme les pieds des dieux sur les murailles des temples.

Sa figure lisse, imberbe, aux grands traits purs, qu'il ne semblait au pouvoir d'aucune émotion humaine de déranger et que le sang de la vie vulgaire ne colorait pas, avec sa pâleur morte, ses lèvres scellées, ses yeux énormes, agrandis de lignes noires, dont les paupières ne s'abaissaient non plus que celles de l'épervier sacré, inspirait par son immobilité même une respectueuse épouvante.

Théophile Gauthier, , *Le Roman de la momie* (1858)

**Texte B**

[Madame Thénardier] faisait tout dans le logis, les lits, les chambres, la lessive, la cuisine, la pluie, le beau temps, le diable. Elle avait pour tout domestique Cosette ; une souris au service d'un éléphant. Tout tremblait au son de sa voix, les vitres, les meubles et les gens. Son large visage, criblé de taches de rousseur, avait l'aspect d'une écumoire. Elle avait de la barbe. C'était l'idéal d'un fort de la halle[1] habillé en fille. Elle jurait splendidement ; elle se vantait de casser une noix d'un coup de poing. Sans les romans qu'elle avait lus, et qui, par moments, faisaient bizarrement reparaître la mijaurée[2] sous l'ogresse, jamais l'idée ne fût venue à personne de dire d'elle : c'est une femme. Cette Thénardier était comme le produit de la greffe d'une donzelle sur une poissarde. Quand on l'entendait parler, on disait : C'est un gendarme ; quand on la regardait boire, on disait : C'est un charretier; quand on la voyait manier Cosette, on disait: C'est le bourreau. Au repos, il lui sortait de la bouche une dent.

Victor Hugo, *Les Misérables* (1862)

1. Un ouvrier qui déchargeait les marchandises sur les marchés.
2. Jeune femme qui a des manières affectées.

**Texte C**

*Adso de Melk raconte le séjour qu'il fit, encore jeune, en 1327, dans un monastère bénédictin. Il rencontre ici le bibliothécaire, Malachie de Hildesheim.*

Son visage cherchait à prendre une expression de bienvenue, mais je ne pus m'empêcher de frémir face à une aussi singulière physionomie. Sa silhouette était élancée et, bien qu'extrêmement maigres, ses membres étaient forts et disgracieux. Comme il avançait à grandes foulées, enveloppé dans la robe noire de l'ordre, il y avait quelque chose d'inquiétant dans son aspect. Le capuchon encore rabattu, puisqu'il venait de l'extérieur, jetait une ombre sur la pâleur de sa face et donnait un je sais quoi de douloureux à ses grands yeux mélancoliques. Il y avait dans sa physionomie comme les traces de nombreuses passions que la volonté avait disciplinées mais paraissaient avoir fixé ces linéaments qu'elles avaient cessé d'animer.

Umberto Eco, « Premier jour, Après none », *Le Nom de la rose* (1982), trad. J.-N. Schifano, © Grasset, 1982

# Grille d'auto-évaluation. LA QUESTION SUR LE CORPUS

**Relisez votre brouillon autant de fois que nécessaire, en contrôlant les points suivants :**

| | CRITÈRES D'ÉVALUATION | NON | OUI MAIS À AMÉLIORER | OUI |
|---|---|---|---|---|
| TROUVER DES ÉLÉMENTS DE RÉPONSE | Avez-vous lu tous les textes à la lumière de l'objet d'étude et de la ou des questions posées ? | | | |
| | Avez-vous interrogé chaque texte ? | | | |
| | Avez-vous repéré des extraits significatifs? | | | |
| | Les avez-vous analysés pour constituer des éléments de réponse ? | | | |
| ORGANISER LA OU LES RÉPONSES | Avez-vous analysé la ou les questions ? | | | |
| | Vous êtes-vous demandé quel type de réponse la ou les questions appelaient ? | | | |
| | Avez-vous adapté le plan de la ou les réponses à la ou les questions ? | | | |
| RÉDIGER LA OU LES RÉPONSES | Avez-vous présenté les textes, rappelé la ou les questions ? | | | |
| | Avez-vous fondé la ou les réponses sur des éléments analysés du texte ? | | | |
| | Avez-vous répondu à la ou les questions ? | | | |
| MISE EN PAGE | Y-a-t il des paragraphes distincts pour marquer la progression de la ou les réponses ? | | | |
| | Les textes sont-ils bien désignés par leur titre ou leur auteur et non par une lettre ou un numéro ? | | | |
| LANGUE | Orthographe : avez-vous vérifié les points suivants ?<br>• accords sujet/verbe<br>• accords des participes passés<br>• homophones (a/à ; quand/quant…)<br>• orthographe lexicale | | | |
| | Syntaxe : la construction des phrases est-elle correcte ? | | | |

# 2. LIRE LE TEXTE ET DÉGAGER UN PROJET DE LECTURE

## MÉTHODE

**Objectifs**
- Rendre compte de la lecture d'un texte en suivant un parcours de lecture
- Choisir et organiser les arguments qui justifient chacun des axes du parcours de lecture
- Formuler une problématique et bâtir un plan

Le **commentaire** est un bilan organisé de lecture. Un parcours fournit les **axes de lecture**, qui orientent l'analyse du texte. L'énoncé suggère donc les grandes parties du commentaire. Tout le travail préparatoire d'analyse du sujet et du texte doit être mené au brouillon.

### ▸▸▸ÉTAPE 1 CARACTÉRISER LE TEXTE

▸ **Quel est le genre du texte ?**

La réponse à cette question détermine le vocabulaire d'analyse employé.

▸ **De quoi le texte parle-t-il ?**

- Déterminer le sens général du passage qu'il faut reformuler au brouillon en quelques lignes.
- Répondre aux questions suivantes : **qui parle** ? (étudier la situation d'énonciation) ; **de quoi est-il question** ? **quels moments sont évoqués** ? (étudier repères temporels et temps verbaux) ; **quels lieux sont mentionnés** ? (examiner les repères spatiaux)

▸ **De quel type de texte s'agit-il ?**

Récit, discours, texte narratif, descriptif, argumentatif, etc.

### ▸▸▸ÉTAPE 2 ANALYSER LE PARCOURS DE LECTURE

▸ Le parcours de lecture peut inviter à répondre à des questions formulées de façon directe ou indirecte, ou à justifier une affirmation. Il faut **définir** chaque terme du parcours de lecture pour délimiter les **attentes du sujet** : il peut inviter à interroger sur un registre, les moyens rhétoriques et poétiques et leurs effets, par exemple. Il faut donc rassembler les connaissances théoriques.

### ▸▸▸ÉTAPE 3 APPROFONDIR LES RÉFLEXIONS SUR LE TEXTE

▸ Observez attentivement le texte et procédez à des relevés ordonnés, classés et complets correspondant aux attentes que vous avez déterminées. Si l'un des **axes de lecture** invite à rendre compte d'un effet (registre), il convient de s'intéresser à la ponctuation, au lexique, à l'énonciation et aux figures de styles. Dresser la liste des idées, des citations et des procédés qui permettent de justifier chaque axe de lecture.

### ▸▸▸ÉTAPE 4 BÂTIR LE PLAN

▸ En vous appuyant sur le parcours de lecture, rédigez une question qui rassemble **thème**, **genre** et **effet** produit. La connaissance de l'histoire littéraire peut aussi être utile.

▸ Pour chaque axe d'étude correspondant au parcours de lecture, rassemblez plusieurs procédés et citations qui expriment la même idée : vous dégagerez ainsi les **arguments.**

Vous rédigerez une **introduction** qui présentera le texte, rappellera la problématique et annoncera le plan ; puis un **développement** correspondant au plan établi, et enfin une **conclusion** qui résumera les idées principales du devoir.

# APPLICATION

Texte support

**Les strophes 6 à 9 du texte d'Alphonse de Lamartine, « Le lac », *Méditations poétiques* (1820)** (▶ p. 253)

## ▶▶▶ÉTAPE 1 CARACTÉRISER LE TEXTE

▶ **Quel est le genre du texte ?**

*Le texte appartient au genre poétique.*

Pensez à étudier la versification et les procédés expressifs liés à ce genre.

▶ **Qui parle ?**

*Il s'agit de paroles rapportées au style direct. Le locuteur est la femme célébrée par Lamartine ; elle s'exprime à la première personne du singulier. Mais on remarque aussi l'emploi de la première personne du pluriel. Elle s'adresse au temps. Le lieu est indiqué : le personnage féminin, disparu au moment de l'écriture, se trouve sur le lac.*

▶ **De quel type de texte s'agit-il ?**

*Le texte est un discours prononcé par une femme en présence du poète.*

## ▶▶▶ÉTAPE 2 ANALYSER LE PARCOURS DE LECTURE

Vous suivrez les parcours de lecture suivant :

- Vous montrerez que ces strophes font entendre une prière pleine de lyrisme.
- Quelles réflexions sur le temps proposent ces strophes ?

▶ Le parcours de lecture impose que certains mots soient définis : le premier axe appelle la définition des mots « prière » et « lyrisme » (*le lyrisme est un registre*). (▶ Émouvoir, p. 459)

## ▶▶▶ÉTAPE 3 APPROFONDIR LES RÉFLEXIONS SUR LE TEXTE

▶ Les définitions de la prière et du lyrisme demandent que vous étudiiez d'abord la **situation d'énonciation** : *la femme disparue s'adresse au temps qu'elle personnifie ; le pronom personnel « je » et les verbes de parole traduisent une demande insistante.*

▶ Analysez aussi l'apostrophe initiale, caractéristique du lyrisme.

▶ Analysez enfin le lexique religieux, les impératifs et leurs sonorités, ce qui donne à cette prière l'harmonie d'un chant. (▶ La versification, p. 441)

## ▶▶▶ÉTAPE 4 BÂTIR LE PLAN

Effet produit

Mouvement littéraire et genre

Registre

Thème

Comment le poète romantique fait-il revivre la prière lyrique d'une femme disparue ?

Le plan pour ce premier axe d'étude peut être le suivant :

**a.** Un discours à la fois personnel et universel.

**b.** Une prière adressée au temps.

**c.** La force incantatoire du discours.

# EXERCICES

## 1 COMMENTER UN POÈME

### Mai

Le mai le joli mai en barque sur le Rhin
Des dames regardaient du haut de la montagne
Vous êtes si jolies mais la barque s'éloigne
Qui donc a fait pleurer les saules riverains

Or des vergers fleuris se figeaient en arrière
Les pétales tombés des cerisiers de mai
Sont les ongles de celle que j'ai tant aimée
Les pétales flétris sont comme ses paupières

Sur le chemin du bord du fleuve lentement
Un ours un singe un chien menés par des tziganes
Suivaient une roulotte traînée par un âne
Tandis que s'éloignait dans les vignes rhénanes
Sur un fifre lointain un air de régiment

Le mai le joli mai a paré les ruines
De lierre de vigne vierge et de rosiers
Le vent du Rhin secoue sur le bord les osiers
Et les roseaux jaseurs et les fleurs nues des vignes

Apollinaire, *Alcools* (1913), © Editions Gallimard

**Voici le parcours de lecture proposé :**

**• Vous montrerez comment le paysage porte la marque du temps.**

**• Quel portrait du poète se dégage de ces strophes ?**

**Les questions suivantes sont destinées à préparer l'axe surligné en rose.**

a. **Observez la forme de ce texte : quels termes devrez-vous impérativement employer pour le commentaire ?**

b. **Étudiez le lexique et l'énonciation : qui parle ? Quels personnages sont présents ?**

c. **« Comment le paysage porte la marque du temps » : Comment comprenez-vous l'expression « porter la marque de » ?**

d. **Relevez les indices spatiaux et temporels : quand la scène se déroule-t-elle ? En quel lieu ?**

e. **L'observateur est-il immobile ? Quelle conséquence sa position a-t-elle sur la description ?**

f. **Observez les verbes à l'imparfait, ainsi que le rythme des vers : quel caractère donnent-ils au moment et au lieu évoqués ?**

g. **Reprenez les réponses apportées aux questions b et e et proposez des éléments de réponse pour le deuxième axe d'étude.**

## 2 COMMENTER UN TEXTE ROMANESQUE

*Puisque c'est le seul moyen pour lui de s'élever dans la société, Julien Sorel, fils d'une famille modeste, a décidé d'entrer au séminaire, afin de devenir prêtre.*

Il vit de loin la croix de fer doré sur la porte ; il approcha lentement ; ses jambes semblaient se dérober sous lui. « Voilà donc cet enfer sur la terre, dont je ne pourrai sortir ! » Enfin il se décida à sonner. Le bruit de la cloche retentit, comme dans un lieu solitaire. Au bout de dix minutes, un homme pâle, vêtu de noir, vint lui ouvrir. Julien le regarda et aussitôt baissa les yeux. Il trouva à ce portier une physionomie singulière. La pupille saillante et verte de ses yeux s'arrondissait comme celle d'un chat ; les contours immobiles de ses paupières annonçaient l'impossibilité de toute sympathie ; ses lèvres minces se développaient en demi-cercle sur des dents qui avançaient. Cependant cette physionomie ne montrait pas le crime, mais plutôt cette insensibilité parfaite qui inspire bien plus de terreur à la jeunesse. Le seul sentiment que le regard rapide de Julien put deviner sur cette longue figure dévote fut un mépris profond pour tout ce dont on voudrait lui parler, et qui ne serait pas l'intérêt du ciel.

Julien releva les yeux avec effort et d'une voix que le battement de cœur rendait tremblante, il expliqua qu'il désirait parler à M. Pirard, le directeur du séminaire. Sans dire une parole, l'homme noir lui fit signe de le suivre. Ils montèrent deux étages par un large escalier à rampe de bois, dont les marches déjetées penchaient du côté opposé au mur, et semblaient prêtes à tomber. Une petite porte, surmontée d'une grande croix de cimetière en bois blanc peint en noir, fut ouverte avec difficulté, et le portier le fit entrer dans une chambre sombre et basse, dont les murs blanchis à la chaux étaient garnis de deux grands tableaux noircis par le temps.

Stendhal, « Le Séminaire », début du Chapitre xxv
*Le Rouge et le Noir* (1830)

**Voici le parcours de lecture proposé :**

**• Vous montrerez que ce texte nous présente un personnage inquiétant, le portier.**

**• Comment ce texte fait-il le portrait d'un jeune homme inexpérimenté ?**

**Les questions suivantes sont destinées à préparer l'axe surligné en rose.**

a. **Résumez ce texte en quelques lignes : où Julien s'est-il rendu ? Quels obstacles rencontre-t-il ?**

b. **Quels types de texte se succèdent ici ? Qui parle dans ce passage ?**

c. **Proposez une définition du mot « portrait » : à quoi reconnaît-on un portrait dans un texte littéraire ?**

d. **Définissez le mot « inexpérimenté ». Quels traits de caractère peut suggérer la formule «un jeune homme inexpérimenté » ?**

e. **Quelle est la place du narrateur ? Quelle focalisation est adoptée ici ?**

f. Relevez les verbes qui expriment les actions de Julien, ainsi que les formules qui révèlent ses sentiments : pourquoi ces éléments font-ils du personnage un « jeune homme inexpérimenté » ?

g. Rédigez trois arguments permettant de développer l'axe proposé ; établissez un plan progressif.

## 3 COMMENTER UN TEXTE THÉÂTRAL

*Orgon a accueilli chez lui le dévot Tartuffe, qu'il prend pour un saint. Tartuffe cède aux charmes de la femme d'Orgon, Elmire, qui s'étonne qu'un dévot puisse ainsi faire la cour à une femme mariée. Tartuffe lui répond :*

TARTUFFE

[...]
Ah ! Pour être dévot, je n'en suis pas moins homme ;
Et lorsqu'on vient à voir vos célestes appas[1],
Un cœur se laisse prendre, et ne raisonne pas.
Je sais qu'un tel discours de moi paraît étrange ;
Mais, madame, après tout, je ne suis pas un ange ;
Et si vous condamnez l'aveu que je vous fais,
Vous devez vous en prendre à vos charmants attraits.
Dès que j'en vis briller la splendeur plus qu'humaine,
De mon intérieur, vous fûtes souveraine ;
De vos regards divins l'ineffable[2] douceur
Força la résistance où s'obstinait mon cœur ;
Elle surmonta tout, jeûnes[3], prières, larmes,
Et tourna tous mes vœux du côté de vos charmes.
Mes yeux et mes soupirs vous l'ont dit mille fois,
Et pour mieux m'expliquer j'emploie ici la voix.
Que si vous contemplez d'une âme un peu bénigne[4]
Les tribulations[5] de votre esclave indigne,
S'il faut que vos bontés veuillent me consoler
Et jusqu'à mon néant daignent se ravaler,
J'aurai toujours pour vous, ô suave merveille,
Une dévotion à nulle autre pareille.
Votre honneur avec moi ne court point de hasard,
Et n'a nulle disgrâce à craindre de ma part.
[...]

Molière, *Tartuffe*, III, 3 (1669)

1. Attraits. – 2. Qu'on ne peut décrire. – 3. Privation d'alimentation. – 4. Bienveillante. – 5. Tourments.

**Voici le parcours de lecture proposé :**

**• Vous vous intéresserez à la stratégie de séduction de Tartuffe. Comment cherche-t-il à convaincre Elmire ?**

**Les questions suivantes sont destinées à préparer l'axe surligné en rose.**

a. Qui parle et à qui ? Quelle forme de parole théâtrale est utilisée ?

b. Que savez-vous des deux personnages ?

c. Dans l'axe d'étude, repérez les mots importants : à quel type de texte renvoie ce vocabulaire ? Établissez la liste des mots et notions que vous pouvez employer pour son étude.

d. Quels arguments Tartuffe avance-t-il pour justifier sa démarche et convaincre Elmire ?

e. Étudiez le jeu des pronoms : comment Tartuffe implique-t-il Elmire dans son propos ?

f. Relevez les formules qui désignent Elmire : quels lexiques et procédés stylistiques apparaissent ?

g. À partir des questions précédentes, composez un plan pour le premier axe d'étude.

## 4 COMMENTER UN TEXTE ARGUMENTATIF

Un généalogiste prouve à un prince qu'il descend en droite ligne d'un comte dont les parents avaient fait un pacte de famille, il y a trois ou quatre cents ans avec une maison dont la mémoire même ne subsiste plus. Cette maison avait des prétentions éloignées sur une province dont le dernier possesseur est mort d'apoplexie[1] : le prince et son conseil concluent sans difficulté que cette province lui appartient de droit divin. Cette province, qui est à quelques centaines de lieues de lui, a beau protester qu'elle ne le connaît pas, qu'elle n'a nulle envie d'être gouvernée par lui ; que, pour donner des lois aux gens, il faut au moins avoir leur consentement : ces discours ne parviennent pas seulement aux oreilles du prince, dont le droit est incontestable. Il trouve incontinent[2] un grand nombre d'hommes qui n'ont rien à perdre [...].

Le merveilleux de cette entreprise infernale, c'est que chaque chef des meurtriers fait bénir ses drapeaux et invoque Dieu solennellement avant d'aller exterminer son prochain.

Voltaire, « Guerre », *Dictionnaire philosophique portatif* (1764)

1. Attaque cérébrale. – 2. Aussitôt.

**Voici le parcours de lecture proposé :**

**• Vous montrerez que Voltaire met en place un récit plaisant de portée générale.**

**• Comment l'auteur dénonce-t-il la guerre ?**

**À partir de ces deux axes d'étude, du thème du texte et du registre, rédigez une question qui pourrait être la problématique du commentaire.**

# 3. RÉDIGER DES PARAGRAPHES

## MÉTHODE

**Objectifs**
- Lier un paragraphe à un projet de lecture
- Établir une argumentation claire, efficace et cohérente
- Exploiter des citations pour interpréter
- Respecter les contraintes de mise en page

Le paragraphe de commentaire est une unité argumentative destinée à démontrer un **axe de lecture** qui est proposé par le sujet ; chaque axe de lecture comporte au moins deux paragraphes qui le prouvent clairement. Le paragraphe doit reprendre régulièrement les mots de l'axe de lecture, afin que le lecteur comprenne quel est l'enjeu argumentatif du développement proposé et quelle est sa place dans l'ensemble de l'argumentation.

### ▸▸▸ÉTAPE 1 FORMULER L'ARGUMENT QUI OUVRE LE PARAGRAPHE

- Le paragraphe commence par un **alinéa**.
- L'**argument** doit être formulé en une ou deux **phrases claires** qui indiquent ce que l'on souhaite montrer.
- Il doit être relié par des **connecteurs logiques** aux paragraphes qui le suivent et qui le précèdent immédiatement.

### ▸▸▸ÉTAPE 2 INSÉRER DES CITATIONS ET LES ANALYSER

- Les **citations** donnent à l'argumentation sa force, car elles **prouvent** l'argument présenté et permettent de mettre en évidence le **sens** du texte.
- Citer consiste à faire intervenir des éléments d'un texte dont on n'est pas l'auteur. Pour signaler la frontière entre ces deux écrits différents, il faut utiliser des **guillemets** et ne pas déformer. Les citations doivent être accompagnées de la mention de la ligne ou du vers où elles apparaissent. Des formules comme « nous pouvons voir à la ligne onze que… », ou « ainsi, au vers onze, nous lisons : « … » ».
- L'exploitation des citations repose avant tout sur **l'analyse des outils linguistiques**, comme la grammaire, et **rhétoriques**, comme les figures de style. Vous pouvez commenter les éléments liés au genre et au registre du texte étudié.

### ▸▸▸ÉTAPE 3 INTERPRÉTER

- Dans l'interprétation, on reprend l'ensemble des éléments du paragraphe en les **approfondissant**, pour faire **progresser** l'argumentation et souligner le sens du texte commenté.
- L'interprétation doit s'intéresser aux **effets** produits par le texte (▸ Les registres et effets du texte, p. 458) ou aux intentions de l'auteur.
- La dernière partie du paragraphe assure une **transition** avec le développement.

## APPLICATION

**Texte support**
**Les strophes 6 à 9 du texte d'Alphonse de Lamartine, « Le lac », *Méditations poétiques* (1820)** (▶ p. 253)

### ▶▶▶ÉTAPE 1 FORMULER L'ARGUMENT QUI OUVRE LE PARAGRAPHE

**Axe de lecture proposé**
Une peinture de la fuite du temps

→ Ex. : *Dans ses paroles, le personnage féminin déplore le passage trop rapide du temps, que rien ne peut ralentir. L'argument est relié à l'axe de lecture par la reprise du mot « temps », qui reçoit une nuance supplémentaire dans l'expression « passage trop rapide ».*

### ▶▶▶ÉTAPE 2 INSÉRER DES CITATIONS ET LES ANALYSER

→ Ex. : *Les images employées accentuent l'idée de rapidité dans l'évocation de l'écoulement du temps : ainsi, le temps est comparé à un oiseau, comme le montre la métaphore du premier vers de l'extrait : « O temps, suspends ton vol. » Les mots placés à la rime, « cours » et « jour », qui renvoient au temps et à sa fuite contribuent à la même idée. Dans la troisième strophe, un contre-rejet sépare « l'aurore » et « Va dissiper la nuit » ce qui souligne le rapide enchaînement des jours et des nuits.*

▶ Les procédés stylistiques et poétiques, comme les images et la place des mots dans les vers sont des éléments qui contribuent à représenter la rapidité de la marche du temps. Les citations sont insérées dans la syntaxe du commentaire.

### ▶▶▶ÉTAPE 3 INTERPRÉTER

→ Ex. : *L'image de l'oiseau, empruntée à l'univers naturel, met en relation le temps et le paysage. Cette métaphore fait du temps un être animé, qui surplombe les hommes et les domine. Par le mouvement ainsi suggéré, le poète rend compte de l'écoulement inexorable du temps. Le rapprochement, par la rime, de mots évoquant les thèmes du temps et de l'eau reprend l'idée d'un écoulement et donne au temps qui passe les mouvements du paysage. Le contre-rejet donne à la succession des jours et des nuits un caractère brutal et soudain ; il associe la fuite du temps à un sentiment douloureux, que cherche à combattre la compagne du poète en invitant à profiter de chaque instant.*

▶ L'interprétation reprend l'analyse du style, et souligne le sens du texte.

▶ L'interprétation rappelle l'argument et l'axe de lecture ; elle conclut le raisonnement par la conjonction « donc » et envisage les intentions de l'auteur.

▶ La dernière partie du paragraphe assure une transition avec le développement suivant.

## 1 FORMULER UN ARGUMENT

**a. Lisez ce texte de Voltaire et rédigez, en une phrase, chacun des arguments suivants : « Un personnage agité » ; « Un tableau pathétique ».**

**b. Ajoutez, au début de chaque phrase, un connecteur logique qui lie chaque argument à celui qui le précède.**

**c. Ajoutez à ces éléments une phrase qui relie chacun de vos arguments à l'axe d'étude suivant : « Le portrait d'un personnage amoureux ».**

*L'Ingénu, un Huron arrivé en Bretagne, est recueilli et baptisé par le prieur de Kerkabon ; il tombe amoureux de sa marraine, mademoiselle de Saint-Yves, qu'on a enfermée au couvent pour l'éloigner de lui.*

L'Ingénu, plongé dans une sombre et profonde mélancolie, se promena vers le bord de la mer, son fusil à deux coups sur l'épaule, son grand coutelas au côté, tirant de temps en temps sur quelques oiseaux, et souvent tenté de tirer sur lui-même, mais il aimait encore la vie, à cause de mademoiselle de Saint-Yves. Tantôt il maudissait son oncle, sa tante, et toute la Basse-Bretagne, et son baptême; tantôt il les bénissait, puisqu'ils lui avaient fait connaître celle qu'il aimait. Il prenait sa résolution d'aller brûler le couvent, et il s'arrêtait tout court, de peur de brûler sa maîtresse. Les flots de la Manche ne sont pas plus agités par les vents d'est et d'ouest que son cœur l'était par tant de mouvements contraires.

Il marchait à grands pas, sans savoir où, lorsqu'il entendit le son du tambour. Il vit de loin tout un peuple dont une moitié courait au rivage, et l'autre s'enfuyait.

Voltaire, « L'Ingénu repousse les Anglais », *L'Ingénu* (1767)

## 2 RELEVEZ DES CITATIONS ET LES INTERPRÉTER

**a. « Le silence était celui d'une épave abandonnée » : quelle figure de style est employée? Quelles caractéristiques du lieu mettent-elles en évidence ?**

**b. Retrouvez d'autres citations qui donnent à ce lieu le même caractère : quels éléments de ce lieu sont évoqués ?**

**c. Quelle atmosphère se dégage de ce lieu ? En vous appuyant sur les questions précédentes, rédigez un paragraphe qui justifie votre interprétation.**

*Le héros de ce roman quitte la capitale des Syrtes, Orsenna, pour gagner l'Amirauté, où il doit surveiller la frontière que menace un pays voisin. Après un long voyage à travers des paysages monotones et désert, il atteint l'Amirauté, qui est établie au bord de la mer.*

Ainsi surgie des brumes fantomatiques de ce désert d'herbe, au bord d'une mer vide, c'était un lieu singulier que cette Amirauté. Devant nous, au-delà d'un morceau de lande rongé de chardons et flanqué de quelques maisons longues et basses, le brouillard grandissait les contours d'une espèce de forteresse ruineuse. Derrière les fossés à demi comblés par le temps, elle apparaissait comme une puissante et lourde masse grise, aux murs lisses percés seulement de quelques archères[1], et des rares embrasures[2] des canons. La pluie cuirassait ces dalles luisantes. Le silence était celui d'une épave abandonnée ; sur les chemins de ronde embourbés, on n'entendait pas même le pas d'une sentinelle ; des touffes d'herbe emperlées crevaient çà et là les parapets[3] de lichen[4] gris ; aux coulées de décombres qui glissaient aux fossés se mêlaient des ferrailles tordues et des débris de vaisselle.

Julien Gracq, *Le Rivage des Syrtes* (1951)
in *Œuvres complètes*, © Librairie José Corti

1. Minces ouvertures dans le mur d'une forteresse, permettant l'observation et l'usage d'armes de jet. – 2. Ouvertures ménagées dans les remparts pour permettre l'usage des canons. – 3. Murs construits au-dessus des remparts permettant aux défenseurs de se protéger. – 4. Végétal qui se forme à la surface des lieux laissés à l'abandon.

## 3 RÉDIGER UN PARAGRAPHE ET LE LIER À UN PROJET DE LECTURE

**a. Consultez un dictionnaire étymologique : quelles connotations s'attachent aux noms des personnages ?**

**b. Relevez les termes qui indiquent les traits de caractère et l'état social des deux personnages : quelles remarques pouvez-vous faire ?**

**c. Quelle relation s'établit entre les deux personnages ?**

**d. En vous appuyant sur les questions précédentes, rédigez un paragraphe de commentaire que vous reliez clairement à l'axe de lecture suivant : « nous verrons comment ce passage révèle un art du portrait».**

*Chrysante*, homme opulent[1] et impertinent[2], ne veut pas être vu avec *Eugène*, qui est homme de mérite, mais pauvre : il croirait en être déshonoré. *Eugène* est pour *Chrysante* dans les mêmes dispositions : ils ne courent pas risque de se heurter.

Jean de La Bruyère, « Des Biens de Fortune », 54, *Les Caractères* (1696)

1. riche. – 2. sot, qui agit contre le bon sens.

# Grille d'auto-évaluation. LE COMMENTAIRE

**Relisez votre brouillon autant de fois que nécessaire, en contrôlant les points suivants :**

| | CRITÈRES D'ÉVALUATION | NON | OUI MAIS À AMÉLIORER | OUI |
|---|---|---|---|---|
| **INTRODUCTION** | Avez-vous fait une amorce (ou entrée en matière) ? | | | |
| | Avez-vous situé le texte à commenter (titre de l'œuvre, de l'extrait, place du passage) ? | | | |
| | Avez-vous répondu aux bonnes questions (qui, quoi, comment, …) ? | | | |
| | Avez-vous analysé et déterminé l'enjeu et la spécificité du texte ? | | | |
| | L'enjeu souligné par les questions posées est-il formulé clairement ? | | | |
| | Avez-vous autant de paragraphes que d'axes de lecture ? | | | |
| | Les parties sont-elles clairement signalées ? | | | |
| | Les arguments sont-ils bien reliés à chaque question ? | | | |
| | Les arguments sont-ils formulés et développés clairement ? | | | |
| | Vos arguments sont-ils étayés par des citations ou par des ensembles de citations cohérents ? | | | |
| | Avez-vous proposé une analyse des procédés d'écriture remaquables dans les citations relevées ? | | | |
| | Avez-vous proposé une interprétation liée à l'analyse des procédés d'écriture et à la problématique formulée ? | | | |
| **CONCLUSION** | Les enjeux du texte sont-ils rappelés ? | | | |
| | Avez-vous fait le bilan de votre réflexion ? | | | |
| | Y a-t-il une ouverture pertinente ? | | | |
| **MISE EN PAGE** | Y a-t-il des paragraphes distincts pour chaque argument ? | | | |
| | Avez-vous sauté une ligne entre chaque grande partie ? | | | |
| **LANGUE** | Orthographe : avez-vous vérifié les points suivants ?<br>• accords sujet/verbe<br>• accords des participes passés<br>• homophones (a/à ; quand/quant…)<br>• orthographe lexicale | | | |
| | Syntaxe : la construction des phrases est-elle correcte ? | | | |

# 4. ANALYSER LE SUJET ET EXPLOITER LE CORPUS

## MÉTHODE

**Objectifs**
- Repérer les contraintes
- Dégager une problématique
- Mettre en place une démarche de délibération

La démarche fondamentale de la **dissertation** est une démarche de **délibération**. Vous avez appris en Seconde à argumenter, à présenter une opinion, à défendre une thèse, un point de vue et à le réfuter. **Délibérer**, c'est prendre en compte **plusieurs points de vue argumentés** qu'il s'agit de **définir** et de **confronter** afin qu'en connaissance de cause, vous puissiez donner votre avis personnel. **Disserter**, c'est aussi appuyer votre argumentation sur des **exemples littéraires**.
À l'épreuve anticipée de français (EAF), le sujet de **dissertation** (sur **14 points**) est toujours lié à un **corpus** de textes donné dans le cadre d'un ou deux **objets d'étude**.

### ▸▸▸ÉTAPE 1 DÉTERMINER LE CHAMP D'INVESTIGATION DU SUJET

- Le **libellé du sujet** renvoie explicitement au **corpus** par une formule comme celle-ci : « Vous vous appuierez pour répondre à cette question sur les textes proposés ». Elle est complétée souvent par « ceux que vous avez étudiés en cours et ceux que vous connaissez personnellement ». Ce libellé vous renvoie aussi implicitement à l'objet d'étude concerné, parfois à un genre précis.
- **Établir la liste des textes étudiés** et **lus** au cours de l'année, voire des années précédentes dans **l'objet d'étude** concerné. C'est là qu'il faudra puiser les références.

### ▸▸▸ÉTAPE 2 DÉGAGER UNE PROBLÉMATIQUE

- Prendre en compte **le sujet** et ne pas traiter de manière générale un objet d'étude. Ce sujet se présente généralement sous la forme d'une **question** directe ou indirecte, dans certains cas introduite par une **citation**. Cette question est suffisante pour construire une délibération.
- Identifier **les mots importants**. Il faudra dans un premier temps les définir à l'aide de synonymes et d'antonymes pour mieux réfléchir sur le sens de ces mots. Ils permettent aussi de limiter et d'orienter un peu plus la réflexion.

### ▸▸▸ÉTAPE 3 METTRE EN PLACE UNE DÉMARCHE DE DÉLIBÉRATION ET SAVOIR DÉGAGER PLUSIEURS POINTS DE VUE

- Attention, même si le sujet invite souvent à donner son point de vue, cela ne doit pas exclure une délibération.
- Le sujet invite parfois à remettre en cause une idée reçue, ou un paradoxe, c'est-à-dire une opinion qui va à l'encontre du sens commun. Quoi qu'il en soit, ne pas adhérer ou s'opposer d'emblée à l'opinion avancée.
- Délibérer, c'est respecter le point de vue d'autrui, essayer de le comprendre. Dans un premier temps, il faut expliciter les raisons de la thèse avancée, puis trouver des arguments opposés.

## APPLICATION

Genre

Problématique

La poésie nous rapproche-t-elle du réel ? Vous répondrez à cette question en utilisant les textes du corpus, mais aussi des exemples empruntés aux œuvres étudiées en classe ou lues personnellement.

Objet d'étude **Écriture poétique et quête du sens du Moyen Age à nos jours.**

Le corpus

Paul Verlaine, « Chanson d'automne », *Poèmes saturniens* (1866) (▸ p. 282)
Guillaume Apollinaire, « Il pleut », *Calligrammes* (1918) (▸ p. 288)
Blaise Cendrars, « Académie Médrano », *Du monde entier* (1923) (▸ p. 290)
Francis Ponge, « L'huître », *Le Parti pris des choses* (1942) (▸ p. 295)

### ▸▸▸ÉTAPE 1 DÉTERMINER LE CHAMP D'INVESTIGATION DU SUJET

- Le libellé est explicite. Consultez le corpus, et identifiez l'objet d'étude : la poésie.
- Inscrivez sur le brouillon tous les textes poétiques que vous avez en tête, notamment ceux du descriptif pour l'oral.
- Prenez en compte la question sur le corpus : elle peut être un point d'ancrage sur lequel pourra s'appuyer votre réflexion.
  ➜ Ex. : Dans ces textes, qu'est-ce qui fait de la pluie, de l'automne, d'un cirque, d'une huître, des sujets poétiques ?

### ▸▸▸ÉTAPE 2 DÉGAGER UNE PROBLÉMATIQUE

**Deux termes** à retenir :

- La **poésie**, un terme qui vous est familier et que vous avez été amené à préciser au cours de l'année. Qu'est-ce qu'un objet, un sujet, un thème poétique ? Y a-t-il des sujets plus particulièrement poétiques ?
- Le **réel**, synonyme de la réalité à laquelle on oppose l'abstraction, le virtuel, le merveilleux, l'idéal, le rêve, l'imaginaire, l'inexistant, l'illusion. Il s'agit donc ici **d'interroger les rapport**s qui lient la poésie à la réalité. **Paradoxalement**, le poète n'est-il pas défini dans le langage courant comme un rêveur ?
- Analysez le verbe « **rapprocher** » : la poésie permettrait d'accéder à la réalité. En effet, la réalité ne nous est pas toujours accessible, sensible et le texte poétique nous permettrait de mieux la voir et de la sentir.

### ▸▸▸ÉTAPE 3 METTRE EN PLACE UNE DÉMARCHE DE DÉLIBÉRATION ET SAVOIR DÉGAGER PLUSIEURS POINTS DE VUE

- On oppose généralement la **thèse** à l'**antithèse**. **Délibérer** ne consiste pas ici à affirmer que la poésie éloigne du réel après avoir écrit dans une première partie le contraire. Il vaut mieux parler d'une thèse divergente : on ne contredit pas, on ne dément pas ce qui a été écrit mais on **avance un point de vue différent**. Le sujet énonce a priori un paradoxe, qu'il va falloir dépasser. Pour discuter cette affirmation, interrogez le texte poétique qui ne se définit pas par son objet mais bien par **l'expression**, autrement dit le « **comment** » et ses **effets sur le lecteur**. Le « **nous** » du sujet nous invite à ne pas négliger cet aspect.

## 8 RÉDIGER UNE INTRODUCTION

**A** Exemple d'introduction

*L'artiste, à notre époque, revendique plus que jamais la liberté. Cette liberté est soumise cependant à des contraintes, à des règles que comporte l'art dans lequel il essaie d'exceller et qu'il essaie de dépasser. Le théâtre ne semble pas échapper à cette nécessité et pourtant certains le considèrent comme le lieu de la plus grande liberté.*

*Cette affirmation peut sembler paradoxale : comment une écriture de convention comme celle du théâtre pourrait-elle être libre ?*

**En vous inspirant du modèle précédent, rédigez l'introduction de votre dissertation en reprenant le plan que vous avez adopté pour le sujet 5 (Cf. exercice 2) :** Un personnage médiocre peut-il être héros de roman ?

**B** **Après avoir pris connaissance du texte p. 150 et du dossier « Mise en scène » p. 152, rédigez une introduction pour répondre au sujet 10 suivant :** À partir de vos lectures et de votre expérience de spectateur, vous vous demanderez en quoi la mise en scène d'une œuvre théâtrale en constitue une interprétation. Vous devrez proposer un plan que vous annoncerez.

## 9 REPRENDRE LES AXES DE L'ARGUMENTATION DANS LA CONCLUSION

**A** **Rédigez la première partie de la conclusion de la dissertation correspondant au sujet 4 (Cf. exercice 2), en reprenant les axes de votre argumentation. Comparez cette rédaction avec celle de l'introduction.**

**B** **Rédigez la première partie de la conclusion de la dissertation correspondant au sujet 5 (Cf. exercice 2), en reprenant les axes de votre argumentation. Comparez cette rédaction avec celle de l'introduction.**

## 10 RÉDIGER UNE CONCLUSION

**A** **Rédigez entièrement la conclusion du sujet 4 (Cf. exercice 2) en dressant un bilan personnel de votre réflexion et en l'élargissant à un problème plus vaste voire plus complexe**

**B** **Rédigez entièrement la conclusion du sujet 5 (Cf. exercice 2) en dressant un bilan personnel de votre réflexion et en l'élargissant à un problème plus vaste voire plus complexe**

# Grille d'auto-évaluation. LA DISSERTATION

**Relisez votre brouillon autant de fois que nécessaire, en contrôlant les points suivants :**

| CRITÈRES D'ÉVALUATION | | NON | OUI MAIS À AMÉLIORER | OUI |
|---|---|---|---|---|
| INTRODUCTION | Avez-vous fait une amorce (ou entrée en matière) ? | | | |
| | Avez-vous rappelé le sujet ? | | | |
| | Avez-vous analysé le sujet en donnant la définition des mots importants ? | | | |
| | La problématique est-elle formulée clairement ? | | | |
| | Avez-vous annoncé le plan ? | | | |
| DÉVELOPPEMENT | Le développement est-il structuré dans un plan clair ? | | | |
| | Le plan vous semble-t-il pertinent ? Répond-il à la problématique ? | | | |
| | Avez-vous au moins deux axes de réflexion, deux idées directrices ? | | | |
| | Les parties sont-elles clairement signalées ? | | | |
| | Les arguments sont-ils bien reliés aux grandes parties ? | | | |
| | Avez-vous trouvé dans le corpus des arguments ? | | | |
| | Les arguments sont-ils formulés et développés clairement ? | | | |
| | Vos arguments sont-ils illustrés par des exemples du corpus ? | | | |
| | Avez-vous utilisé vos lectures personnelles ? | | | |
| | Les exemples sont-ils exploités, analysés dans le cadre du sujet ? | | | |
| CONCLUSION | Les enjeux du texte sont-ils rappelés ? | | | |
| | Avez-vous fait le bilan de votre réflexion ? | | | |
| | Y a-t-il une ouverture pertinente ? | | | |
| MISE EN PAGE | Y a-til des paragraphes distincts pour chaque argument ? | | | |
| | Avez-vous sauté une ligne entre chaque grande partie ? | | | |
| LANGUE | Orthographe : avez-vous vérifié les points suivants ?<br>• accords sujet/ verbe<br>• accords des participes passés<br>• homophones (a/à ; quand/quant…)<br>• orthographe lexicale | | | |
| | Syntaxe : la construction des phrases est-elle correcte ? | | | |

# 6. REPÉRER LES DIFFÉRENTS ÉCRITS D'INVENTION

## MÉTHODE

**Objectifs**
- Analyser le libellé
- Reconnaître les genres littéraires
- Déterminer la situation d'énonciation

Le sujet d'écriture d'**invention** tire son origine de l'***inventio***, la phase de recherche des procédés de persuasion de l'ancienne rhétorique. Le sujet d'invention a donc une **visée argumentative.**
C'est également un exercice de **lecture** puisqu'il s'agit d'être « capable de lire, de comprendre et d'analyser des œuvres de genres variés, et de rendre compte de cette lecture, à l'écrit » et de « connaître les principaux **genres** auxquels les œuvres se rattachent et leurs caractéristiques », en référence à un ou à des **objets d'étude** au programme.
C'est enfin un exercice de **réécriture**. En cohérence avec le **corpus de textes**, l'écriture d'invention impose des cadres à la rédaction d'un texte inscrit le plus souvent dans un **genre**, selon une **visée** et développant fréquemment des **thèmes prescrits**. Enfin le sujet peut proposer d'**imiter** l'écriture d'un auteur, de l'extrait d'une œuvre en particulier.

### ▸▸▸ÉTAPE 1 ANALYSER LE LIBELLÉ

- Le corpus des textes proposés illustre une partie du programme de français classé en « Objets d'étude » et peut parfois combiner deux objets d'études. Il faut donc repérer ces objets pour mobiliser les savoirs acquis pendant l'année scolaire.
- Le libellé peut faire référence plus précisément à l'un des textes que l'on nommera « texte source ».

### ▸▸▸ÉTAPE 2 MOBILISER SES CONNAISSANCES SUR LE GENRE DU TEXTE À ÉCRIRE

- L'écrit d'invention peut consister à reprendre un genre étudié tel qu'il est représenté et questionné dans le corpus : un poème, une scène de théâtre, un récit, un portrait, etc.
Mais il peut tout aussi bien s'agir d'un écrit qui appartient au genre assez large de l'écriture de la critique dont on rencontre des exemples dans le manuel : manifeste littéraire, préface, lettre ouverte ou lettre à un auteur, à un éditeur, enfin lettre privée pour évoquer des spectacles, des lectures, etc.
- Parfois également le texte peut s'inscrire dans différents genres : c'est l'effet à produire qui est alors privilégié.

### ▸▸▸ÉTAPE 3 DÉTERMINER LA SITUATION D'ÉNONCIATION DU TEXTE À ÉCRIRE

- Le texte à écrire est également déterminé par l'auteur qu'on lui prête, le **thème** abordé, la **visée** du discours et son **lecteur** supposé. Ces contraintes d'écriture s'articulent avec celles du **genre** et déterminent des **situations énonciatives** caractérisées par les questions suivantes : Qui parle ? Quel est le destinataire ? Quel est le thème ? Cherche-t-on à convaincre ? À persuader ? Avec quels moyens ?

# APPLICATION

Genre du texte à écrire

Enjeu argumentatif/ thème traité/ textes sources

**SUJET**

Pour une revue de poésie créée avec des camarades, vous devez écrire un article intitulé : « Je n'aime pas les vers : j'aime la poésie ! ». Rédigez cet article en l'illustrant de citations tirées des textes du corpus et en vous aidant de vos lectures de classe ou personnelles. Vous donnerez à votre prose un ton convaincu, sans aucune familiarité.

**OBJET D'ÉTUDE** **Écriture poétique et quête du sens, du XVI^e^ siècle à nos jours**

**Texte A** : Pierre de Marbeuf, « Et la mer et l'amour… », *Recueil de vers* (1628) (▸ p. 248)
**Texte B** : Alphonse de Lamartine, « Le lac », *Méditations poétiques* (1820) (▸ p. 253)
**Texte C** : Guillaume Apollinaire, « Il pleut », *Calligrammes* (1918) (▸ p. 288)
**Texte D** : Paul Valéry, *Cantate du Narcisse* (1941) (▸ p. 256)

## ▸▸▸ÉTAPE 1 ANALYSER LE LIBELLÉ

- Le texte à écrire est placé dans le contexte de l'objet d'étude « Écriture poétique et quête du sens, du XVIe siècle à nos jours ».
- Le corpus est constitué de poèmes écrits entre le XVIIe et le XXe siècle et les formes représentées sont très variées : sonnet, cantate, calligramme.
- Le genre du texte à écrire, **un article de journal**, est absent du corpus, **ce genre** doit être analysé.

## ▸▸▸ÉTAPE 2 MOBILISER SES CONNAISSANCES SUR LE GENRE DU TEXTE À ÉCRIRE

- L'article doit être structuré par sa **mise en page** spécifique : recopiez le titre, rédigez une phrase d'ouverture qui interpelle le lecteur : *« Si comme moi vous détestez le ronron de l'alexandrin… »* ; soulignez la **construction du texte et sa progression** par des intertitres, *« À bas la rime »*, *« Contre les règles »*, *« Vive la liberté des formes »*, etc.
- Détachez la **conclusion** qui reprendra les termes de la discussion : « Non ! Décidément rien ne pourrait me convaincre d'écrire des vers mais… ! » et s'achèvera par **une signature** (surtout pas votre propre nom mais un nom adapté au sujet : *« Poète et rebelle »*).

## ▸▸▸ÉTAPE 3 DÉTERMINER LA SITUATION D'ÉNONCIATION DU TEXTE À ÉCRIRE

- Répondez aux questions suivantes : **Qui parle** ? Un lycéen qui aime la poésie et s'adresse à ses **destinataires**, des lycéens qui souvent ont une représentation limitée de la poésie. **Il s'agit de les persuader** que la poésie, ce n'est pas seulement des vers mais d'autres formes aussi, séduisantes, signifiantes, évocatrices, saisissantes.
- Étayez votre argumentation avec les exemples des poèmes réguliers du corpus et du manuel (Victor Hugo, « Lux », *Les Châtiments*, 1853, ▸ p. 238 ; Victor Hugo, « Elle était déchaussée », *Les Contemplations*, 1856, ▸ p. 266) pour regretter la monotonie du vers régulier, son caractère attendu, puis illustrez par d'autres citations (André Breton, « L'union libre », *Clair de terre*, 1923, ▸ p. 272 ; Henri Michaux, « Le grand combat », *Qui je fus*, 1927, ▸ p. 294) la liberté du poème en prose, l'immédiateté du calligramme, la musicalité du vers libre pour un l'éloge d'une poésie ouverte et libérée, novatrice.

# EXERCICES

## 1 ANALYSER LE CORPUS ET LE LIBELLÉ

a. **Quel est l'objet d'étude traité dans chacun de ces sujets ? Recherchez à quels genres appartiennent les œuvres composant le corpus. Quel est leur lien avec l'objet d'étude ? Avec le texte à écrire ?**

b. **Quel est le thème traité dans chacun des sujets ? Quand il est indiqué, quel point de vue doit être défendu ?**

c. **Pour chacun de ces sujets, faites la liste des arguments que l'un et l'autre des deux interlocuteurs pourraient développer et indiquez le point de vue que vous choisirez de défendre clairement.**

**Sujet 1**

Vous composerez un dialogue argumentatif dans lequel deux interlocuteurs défendent leur conception du bonheur. Vous veillerez à ce que chaque interlocuteur prenne en compte tour à tour les arguments de l'autre.

Objet d'étude : La question de l'Homme dans les genres de l'argumentation, du XVIe siècle à nos jours

Corpus

**Texte A** : Blaise Pascal, *Pensées* (1670) (▸ p. 368)
**Texte B** : Jean de la Bruyère, *Les Caractères* (1688) (▸ p. 370)
**Texte C** : Voltaire, *Candide* (1759) (▸ p. 374)
**Texte D** : Madame du Châtelet, *Discours sur le bonheur* (1779) (▸ p. 350)

**Sujet 2**

Un comédien et son metteur en scène s'opposent sur le choix des costumes à faire porter aujourd'hui aux personnages de Molière : faut-il, pour rester fidèle au théâtre du XVIIe siècle, faire porter aux acteurs des costumes de cette époque ou leur préférer des vêtements plus modernes ? Vous rédigerez leur dialogue.

Objet d'étude : Le texte théâtral et sa représentation, du XVIIe siècle à nos jours

Corpus

**Texte A** : Molière (1622-1673), *L'Avare*, II, 5 (1668)
**Texte B** : Samuel Beckett (1906-1989), *En attendant Godot*, I (1953)
**Texte C** : Eugène Ionesco (1912-1994), *Rhinocéros* (1959)
**Annexe** : Alain Satgé, « Mises en scène » de *En attendant Godot* (1999)

**Sujet 3**

Vous avez composé un recueil de poèmes, en prose ou en vers, faisant une large part au rêve et à l'imaginaire, à la manière de Rimbaud. Vous écrivez à un éditeur pour le convaincre de publier cet ouvrage et défendre votre démarche poétique.

Objet d'étude : Écriture poétique et quête du sens, du XVIe siècle à nos jours

Corpus

**Texte A** : Arthur Rimbaud, « La lettre du voyant », *Illuminations* (1871) (▸ p. 283)
**Texte B** : Arthur Rimbaud, « H », *Illuminations* (1873-1875) (▸ p. 284)
**Texte C** : Francis Ponge, « L'huître », *Le Parti pris des choses* (1942) (▸ p. 295)
**Texte D** : Raymond Queneau, « Si tu t'imagines », *L'Instant Fatal* (1948) (▸ p. 297)

**Sujet 4**

À son tour, l'épouse de George Dandin paraît seule sur la scène. Rédigez le monologue qu'elle prononce pour se présenter et expliquer son point de vue sur son mariage et sur son mari.

Objet d'étude : Le texte théâtral et sa représentation, du XVIIIe siècle à nos jours

Corpus

**Texte A** : Molière, *George Dandin* (1668)
**Texte B** : Beaumarchais, *Le Mariage de Figaro* (1784)
**Texte C** : Alfred de Musset, *On ne badine pas avec l'amour* (1834)
**Texte D** : Jean Tardieu, *La Comédie du langage* (1987)

**Sujet 5**

Lantier, attendu par Gervaise, revient d'une nuit de festivités qui le conduit à porter un regard sur la ville tout à fait opposé à celui de sa compagne. Décrivez de son point de vue le spectacle de la ville et du mouvement de la foule au petit matin, en vous efforçant d'en faire ressortir le charme et la poésie.
Votre texte sera essentiellement descriptif et mettra en valeur les sensations et les sentiments du personnage, vous conserverez le niveau de langue utilisé par Zola.

Objet d'étude : Le personnage de roman, du XVIIe siècle à nos jours

Corpus

**Texte A** : Gustave Flaubert, *L'Éducation sentimentale* (1869)
**Texte B** : Émile Zola, *L'Assommoir* (1877)
**Texte C** : Céline, *Voyage au bout de la nuit* (1932)
**Texte D** : Jean-Marie Gustave Le Clézio, *Désert* (1980)

## 2 ANALYSER LE LIBELLÉ

a. **Pour chacun des sujets d'invention suivants, précisez quel est l'objet d'étude concerné, quel est le genre des textes du corpus et celui du texte à écrire. Y-a-t-il concordance entre le genre étudié, les textes à lire et le texte à écrire ?**

b. **Quand le libellé fait explicitement référence à l'un des textes du corpus, quel rôle ce texte doit-il jouer ?**

## 3 DÉTERMINER LES CARACTÉRISTIQUES ET CONTRAINTES DU TEXTE À ÉCRIRE

**Analysez les libellés des sujets 1, 2, 3, 4, 5. Dites quelles contraintes d'écriture portent sur le texte à rédiger, c'est-**

à-dire le genre du texte, le ou les point(s) de vue à défendre, le locuteur et son destinataire, la dimension argumentative ou persuasive du discours et le registre que vous pouvez privilégier.**

## 4 DÉTERMINER LA SITUATION D'ÉNONCIATION DU TEXTE

**Lisez le sujet suivant.**

**Sujet 6**

Le fleuve Bétis coule dans un pays fertile et sous un ciel doux, qui est toujours serein. Le pays a pris le nom du fleuve, qui se jette dans le grand Océan, assez près des Colonnes d'Hercule[1] et de cet endroit où la mer furieuse, rompant ses digues, sépara autrefois la terre de Tharsis[2] d'avec la grande Afrique. Ce pays semble avoir conservé les délices de l'âge d'or. Les hivers y sont tièdes, et les rigoureux aquilons[3] n'y soufflent jamais. L'ardeur de l'été y est toujours tempérée par des zéphyrs[4] rafraîchissants, qui viennent adoucir l'air vers le milieu du jour. Ainsi toute l'année n'est qu'un heureux hymen du printemps et de l'automne, qui semblent se donner la main. La terre, dans les vallons et dans les campagnes unies, y porte chaque année une double moisson. Les chemins y sont bordés de lauriers, de grenadiers, de jasmins et d'autres arbres toujours verts et toujours fleuris. Les montagnes sont couvertes de troupeaux, qui fournissent des laines fines recherchées de toutes les nations connues. Il y a plusieurs mines d'or et d'argent dans ce beau pays ; mais les habitants, simples et heureux dans leur simplicité, ne daignent pas seulement compter l'or et l'argent parmi leurs richesses : ils n'estiment que ce qui sert véritablement aux besoins de l'homme. […]

Fénelon, *Les Aventures de Télémaque* (1694-1696)

1. Détroit de Gibraltar.
2. Péninsule ibérique.
3. Vents du nord.
4. Vents d'ouest, doux, tièdes et agréables.

**Vous avez séjourné en Bétique. Déçu, vous décidez de partir. Écrivez le discours d'adieu que vous prononcez devant les habitants.**

a. **Quelle situation d'énonciation impose le texte du sujet 6 ?**

b. **Écrivez une dizaine de lignes qui constitueront le début du texte à rédiger. Vous intégrerez une apostrophe, une forme emphatique, et enfin un rythme ternaire pour donner à votre texte un registre lyrique.**

## 5 DÉTERMINER LES CODES ET CARACTÉRISTIQUES DU GENRE DE TEXTE À ÉCRIRE

**Lisez le sujet suivant.**

**Sujet 7**

« Jamais je n'ai tant pensé, tant existé, tant vécu, tant été moi, si j'ose ainsi dire, que dans ceux (= les voyages) que j'ai faits seul et à pied », écrit Rousseau dans les *Confessions*. Dans un article pour un journal de lycéens, vous ferez à votre tour l'éloge d'un voyage accompli à pied ou par un autre moyen de déplacement, seul ou en groupe. Vous rédigerez un texte en prose qui rende compte des sensations et des émotions ressenties. Vous ne signerez pas l'article et ne donnerez aucun élément qui permettrait de connaître votre identité.

a. **Définissez les règles du genre du texte à écrire, ses contraintes d'écriture et son énonciation.**

b. **Inventez un titre général et trois intertitres qui montreront comment le propos tenu progresse dans l'article à rédiger.**

c. **Rédigez le premier paragraphe de cet article : la phrase d'accroche sera une question destinée au lecteur. Vous développerez ensuite les aspects négatifs du voyage à pied que vous avez effectué, en utilisant des hyperboles et le registre ironique. Enfin, vous montrerez, en contraste, la force des émotions ressenties à travers l'évocation du paysage.**

## 6 ÉCRIRE UNE LETTRE OUVERTE INTÉGRANT UNE FABLE ILLUSTRATIVE

**Lisez le sujet suivant.**

**Sujet 8**

Dans une lettre ouverte, vous décidez de dénoncer les injustices sociales, et pour cela vous intégrez à votre article et à vos arguments une courte fable pour illustrer votre propos.

OBJET D'ÉTUDE : La question de l'homme dans les genres de l'argumentation, du XVIe siècle à nos jours

CORPUS

**Texte A** : Jean de La Fontaine, « Les Animaux malades de la peste » (1668) (► p. 330)

**Texte B** : Jean de La Fontaine, « La Cour du Lion » (1668) (► p. 332)

**Texte C** : Jean de La Fontaine, « La Vieille et les deux Servantes » (1668) (► p. 340)

a. **Quelles sont les caractéristiques du genre de la fable et de la lettre ouverte.**

b. **Quelles circonstances pourraient justifier l'écriture de cette lettre ? Quel récit pourrait illustrer cette situation ?**

c. **Rédigez cette lettre**

# 7. AMPLIFIER ET TRANSPOSER UN TEXTE

## MÉTHODE

**Objectifs**
- Analyser et interpréter les textes et les genres
- Planifier et organiser la rédaction du texte

**Amplifier** ou **transposer** un texte impose une **analyse très précise** de l'un des **textes du corpus** ou **« texte source »** dont le sens doit être **éclairé**, **souligné**, voire **interprété** à travers le travail d'écriture.
Il faut que le passage amplifié ou transposé soit en totale **cohérence** avec le texte « source » et qu'il constitue également un texte **abouti.**

### ▸▸▸ÉTAPE 1 FAIRE UNE LECTURE PRÉCISE DU « TEXTE SOURCE » ARTICULÉE À CELLE DU LIBELLÉ

- Dans le cadre de la problématique du corpus (étude des genres, thème et question traités) et du libellé de l'exercice, on doit faire un certain nombre de repérages : le **genre**, le **cadre spatio-temporel du texte**, les **types de personnages** et leurs **caractéristiques**, le **moment de l'action.**
- On examine aussi les **choix d'écriture**, l'**énonciation**, le **niveau de langue** privilégié, et l'orientation générale du texte repérable au choix de **registres**, des **réseaux de connotations**, des **figures de style.**
- Dans le cas de la **transposition**, il faut également faire cette analyse précise et identifier les éléments qui vont être transformés : des propos attribués à d'autres personnages qui ne partagent pas un point de vue, un contexte contemporain pour une œuvre classique, une même situation perçue par un autre personnage, un texte d'un genre transposé dans un autre genre, un autre registre, etc.

### ▸▸▸ÉTAPE 2 IDENTIFIER LES ENJEUX DE SENS ET D'INTERPRÉTATION DE L'EXPANSION OU DE LA TRANSPOSITION DU « TEXTE SOURCE »

- À ce stade, il faut identifier les enjeux de **sens** du « texte source » que l'on souhaite **souligner** ou **construire**, l'**implicite** que l'on peut **dévoiler** ou le **point de vue** que l'on veut ou doit **opposer** au discours qu'il tient. L'enjeu de la réécriture du « texte source » consiste à illustrer les objets d'étude : comment argumenter en fonction du genre choisi ? Comment faire varier une vision du monde en fonction du point de vue d'un personnage ? etc.

### ▸▸▸ÉTAPE 3 ÉLABORER UN SYNOPSIS DU TEXTE ET L'ÉCRIRE

- L'écriture d'invention nécessite de faire un réel effort d'écriture et de ne pas se contenter de concentrer en quelques lignes les indices de sens qu'on peut rapidement mobiliser : pour cela il faut prévoir une **progression** du propos, **sélectionner** des **informations** et des **indices** selon le **genre** de l'écrit, le **contexte historique** et **culturel.** Il faut également prévoir des **étapes**, une **montée** en puissance du conflit ou de l'émotion vers un **dénouement** ou un **effet d'achèvement du texte** très nettement marqués.

# APPLICATION

Éléments du texte concernés par l'écriture

Texte source

Scénario à développer

Genre et forme du texte à écrire

**Transposer**

Dans l'extrait du *Mariage de Figaro* (p. 190), Chérubin tente de faire deviner à la Comtesse l'amour qu'il éprouve pour elle. Rédigez le récit qui pourrait être fait de l'épisode dans un roman en insistant sur les émotions du personnage.

Le récit est écrit à la troisième personne du singulier aux temps du passé. Vous devez intégrer l'ensemble des actions des scènes dans un enchaînement dynamique et léger.

Objet d'étude **Le texte théâtral et sa représentation, du XVII<sup>e</sup> siècle à nos jours**

## ▸▸▸ÉTAPE 1 FAIRE UNE LECTURE PRÉCISE DU « TEXTE SOURCE » ARTICULÉE À CELLE DU LIBELLÉ

- Vous devez réécrire cet enchaînement rapide de quatre scènes dans un récit pris en charge, au passé simple et à l'imparfait, par un narrateur extérieur. L'épisode romanesque à rédiger s'achève sur un duo sentimental interrompu par une arrivée intempestive. L'ensemble constitue donc une unité narrative, une scène romanesque de « travestissement » d'un personnage.

## ▸▸▸ÉTAPE 2 IDENTIFIER LES ENJEUX DE SENS ET D'INTERPRÉTATION DE L'EXPANSION OU DE LA TRANSPOSITION DU « TEXTE SOURCE »

- Comment le **roman** peut-il traduire les caractéristiques de **ces scènes** qui donnent lieu à cette situation ? Vous devez souligner le trouble de Chérubin et de la Comtesse dans une scène assez proche d'une scène d'aveu amoureux qui n'aura pas lieu. La légèreté et l'humour du début doivent donc laisser la place au trouble et à l'émotion.
- La continuité narrative, sa cohérence, est assurée par le rôle que joue le ruban volé : vous devez souligner ce jeu pour assurer la cohérence de l'épisode et passer du rôle central joué par Suzanne à celui de la Comtesse.

## ▸▸▸ÉTAPE 3 ÉLABORER UN SYNOPSIS DU TEXTE ET L'ÉCRIRE

- Transposez les **procédés du genre théâtral**, les didascalies, les hésitations et pauses dans les échanges de répliques, par des **procédés du roman** : développez les dialogues, insérez quelques descriptions des personnages, la ressemblance de Chérubin avec une jeune fille, les traces de l'émotion des personnages sur leur visage.
- Traduisez **la légèreté du ton** en vous appuyant sur la **position du narrateur** sur son récit ; évoquez la rapidité de l'action, son emballement grâce à des procédés d'accumulation et de progression des verbes. Faites apparaître dans le dialogue entre la Comtesse et Chérubin la **progression de leur émotion** qui culmine vers un aveu qui n'aura pas lieu, interrompu par l'arrivée d'un nouveau personnage. Faites de **la surprise finale un ressort dramatique** pour marquer la fin de la scène romanesque.

## 1 ANALYSER LE LIBELLÉ ET LE TEXTE SOURCE POUR L'AMPLIFIER

**Lisez le sujet suivant.**

**Sujet 1**

« Ayant surmonté ces faiblesses, mon domicile et mon ameublement étant établis aussi bien que possible, je commençai mon journal dont je vais vous donner la copie », dit le Robinson de Daniel Defoe (Texte A). Vous rédigerez deux ou trois pages de ce journal dans lesquelles Robinson Crusoé, à partir des événements de sa vie quotidienne sur l'île, réfléchit à la condition de tout naufragé.

Objet d'étude : Les réécritures, du XVII^e siècle à nos jours

**Texte A** : Daniel Defoe, *Robinson Crusoé* (1719)

**Texte B** : Saint-John Perse, « La Ville », *Images à Crusoé*, (*Éloges*, 1911)

**Texte C** : Jean Giraudoux, *Suzanne et le Pacifique* (1921)

**Texte D** : Michel Tournier, *Vendredi ou les limbes du Pacifique* (1967)

**Texte A • Daniel Defoe, *Robinson Crusoé* (1719)**

*Dans son roman, l'anglais Daniel Defoe raconte l'histoire d'un de ses compatriotes Robinson Crusoé qu'un naufrage aurait jeté sur une île déserte pour de très longues années.*

Au bout d'environ dix ou douze jours que j'étais là, il me vint à l'esprit que je perdrais la connaissance du temps, faute de livres, de plumes et d'encre, et même que je ne pourrais plus distinguer les dimanches des jours ouvrables. Pour éviter cette confusion, j'érigeai sur le rivage où j'avais pris terre pour la première fois, un gros poteau en forme de croix, sur lequel je gravai avec mon couteau, en lettres capitales, cette inscription :

J'ABORDAI ICI LE 30 SEPTEMBRE 1659

Sur les côtés de ce poteau carré, je faisais tous les jours une hoche[1], chaque septième hoche avait le double de la longueur des autres, et tous les premiers du mois j'en marquais une plus longue encore. Par ce moyen, j'entretins mon calendrier, ou le calcul de mon temps, divisé par semaines, mois et années.

C'est ici le lieu d'observer que, parmi le grand nombre de choses que j'enlevai du vaisseau, dans les différents voyages que j'y fis, je me procurai beaucoup d'articles de moindre valeur, mais non pas d'un moindre usage pour moi, et que j'ai négligé de mentionner précédemment ; comme, par exemple, des plumes, de l'encre, du papier et quelques autres objets serrés dans les cabines du capitaine, du second, du canonnier et du charpentier ; trois ou quatre compas, des instruments de mathématiques, des cadrans, des lunettes d'approche, des cartes et des livres de navigation, que j'avais pris pêle-mêle sans savoir si j'en aurais besoin ou non.

Je trouvai aussi trois fort bonnes bibles que j'avais reçues d'Angleterre avec ma cargaison, et que j'avais emballées avec mes hardes ; en outre, quelques livres portugais, deux ou trois de prières catholiques, et divers autres volumes que je conservai soigneusement.

J'entrepris de me fabriquer les meubles indispensables dont j'avais le plus besoin, spécialement une chaise et une table. Sans cela je ne pouvais jouir du peu de bien-être que j'avais en ce monde ; sans une table, je n'aurai pu écrire ou manger, ni faire quantité de choses avec tant de plaisir.

Ce fut seulement alors que je me mis à tenir un journal de mon occupation de chaque jour ; car dans les commencements, j'étais trop embarrassé de travaux et j'avais l'esprit dans un trop grand trouble ; mon journal n'eut été rempli que de choses attristantes.

a. **À quel genre appartient l'œuvre de Daniel Defoe ? Quel genre de texte devez-vous insérer dans l'extrait de *Robinson Crusoé* ? Faites la liste des caractéristiques de la situation d'énonciation que vous devez choisir.**

b. **Rédigez une page du journal de Crusoé où il évoquera son arrivée sur l'Ile, ses sentiments au début de son séjour et ses activités pour installer un campement de fortune.**

## 2 ANALYSER LE LIBELLÉ ET LE TEXTE SOURCE POUR LE TRANSPOSER

**A Lisez le sujet suivant.**

**Sujet 2**

À son tour, l'épouse de George Dandin paraît seule sur la scène. Rédigez le monologue qu'elle prononce pour se présenter et expliquer son point de vue sur son mariage et sur son mari.

Objet d'étude : Le texte théâtral et sa représentation, du XVII^e siècle à nos jours

**Texte A** : Molière, *George Dandin* (1668)

**Texte B** : Beaumarchais, *Le Mariage de Figaro* (1784)

**Texte C** : Alfred de Musset, *On ne badine pas avec l'amour* (1834)

**Texte D** : Jean Tardieu, *La Comédie du langage* (1987)

**Texte A • Molière, *George Dandin ou Le Mari confondu* (1668)**

*George Dandin, riche paysan qui a épousé la noble Angélique, paraît seul sur scène.*

Acte I, Scène 1

George Dandin

Ah ! qu'une femme demoiselle[1] est une étrange affaire ! et que mon mariage est une leçon bien parlante à tous les paysans qui veulent s'élever au-dessus de leur condition, et s'allier, comme j'ai fait, à la maison d'un gentilhomme ! La noblesse, de soi[2] , est bonne ; c'est une chose considérable, assurément : mais elle est accompagnée de tant de mauvaises circonstances, qu'il est très bon de ne s'y point frotter. Je suis devenu là-dessus savant à mes dépens, et connais le style des nobles, lorsqu'ils nous font, nous autres, entrer dans leur famille. L'alliance qu'ils font est petite avec nos personnes : c'est notre bien seul qu'ils épousent ; et j'aurais bien mieux fait, tout riche que je suis, de m'allier en bonne et franche paysannerie, que de prendre une femme qui se tient au-dessus de moi, s'offense de porter mon nom, et pense qu'avec tout mon bien je n'ai pas assez acheté la qualité de son mari. George Dandin ! George Dandin ! vous avez fait une sottise, la plus grande du monde. Ma maison m'est effroyable maintenant, et je n'y rentre point sans y trouver quelque chagrin.

1. Jeune fille ou femme née de parents nobles.
2. En soi, en elle-même. La noblesse en elle-même est bonne.

**a. Quelle relation le libellé pose-t-il entre le texte source et sa réécriture ? À quel endroit de la pièce se situe le « texte source » ? Comment appelle-t-on cette scène particulière et quelles sont ses fonctions ?**

**b. Construisez le portrait que Georges Dandin fait de sa femme : que lui reproche-t-il surtout ? Qu'est-ce qui explique, selon lui, l'attitude de sa femme à son égard ? Quels procédés rendent ce monologue vivant ?**

**c. Rédigez le monologue de la femme de Georges Dandin en utilisant les mêmes procédés que dans le texte de Molière.**

**B Lisez le sujet suivant.**

**Sujet 3**

Lantier, attendu par Gervaise, revient d'une nuit de festivités qui le conduit à porter un regard sur la ville tout à fait opposé à celui de sa compagne. Décrivez de son point de vue le spectacle de la ville et du mouvement de la foule au petit matin, en vous efforçant d'en faire ressortir le charme et la poésie.
Votre texte sera essentiellement descriptif et mettra en valeur les sensations et les sentiments du personnage, vous conserverez le niveau de langue utilisé par Zola (Texte B).

**Objet d'étude :** Le personnage de roman, du XVIIe siècle à nos jours

**Début du texte B**

*Gervaise, blanchisseuse dans le quartier de la Goutte d'Or à Paris, attend au petit matin son amant Auguste Lantier qui, pour la première fois, n'est pas rentré de la nuit. Elle le guette depuis sa fenêtre.*

L'hôtel se trouvait sur le boulevard de la Chapelle, à gauche de la barrière Poissonnière. C'était une masure de deux étages, peinte en rouge lie de vin jusqu'au second, avec des persiennes pourries par la pluie. Au-dessus d'une lanterne aux vitres étoilées, on parvenait à lire entre les deux fenêtres : Hôtel Boncœur, tenu par Marsoullier, en grandes lettres jaunes, dont la moisissure du plâtre avait emporté des morceaux. Gervaise, que la lanterne gênait, se haussait, son mouchoir sur les lèvres. Elle regardait à droite, du côté du boulevard de Rochechouart, où des groupes de bouchers, devant les abattoirs, stationnaient en tabliers sanglants ; et le vent frais apportait une puanteur par moments, une odeur fauve de bêtes massacrées. Elle regardait à gauche, enfilant un long ruban d'avenue, s'arrêtant presque en face d'elle, à la masse blanche de l'hôpital de Lariboisière, alors en construction. Lentement, d'un bout à l'autre de l'horizon, elle suivait le mur de l'octroi, derrière lequel, la nuit, elle entendait parfois des cris d'assassinés ; et elle fouillait les angles écartés, les coins sombres, noirs d'humidité et d'ordure, avec la peur d'y découvrir le corps de Lantier, le ventre troué de coups de couteau.

Émile Zola, *L'Assommoir* (1877)

**a. Analysez le libellé : quelle forme de discours de texte faut-il écrire ?**

**Quel point de vue sur Paris devez-vous prêter à Lantier ? Quelle relation y-a-t-il entre le point de vue de Gervaise et celui de Lantier ?**

**b. Quelle image le texte donne-t-il de l'hôtel parisien où vit Gervaise ? Relevez les détails visuels qui le caractérisent. Dans quel état d'esprit se trouve Gervaise ? Que voit-elle à droite et à gauche et que craint-elle de voir ? Quelles sensations diverses, quelles images, quelles connotations se dégagent de cette description ?**

**c. Réécrivez le passage « Elle regardait [...] alors en construction. » en respectant les contraintes du libellé.**

# 8. CONSTRUIRE UNE ARGUMENTATION

## MÉTHODE

**Objectifs**
- Identifier la problématique
- Élaborer un argumentaire
- Sélectionner les procédés et outils d'argumentation

**L'écriture d'invention** doit le plus souvent témoigner de la capacité à **étayer**, **argumenter**, un **point de vue** sur des questions de **littérature** mais de manière moins directe que dans les exercices du commentaire et de la dissertation.
Il faut donc évaluer, en fonction du genre et des formes de discours de l'écrit à produire, les procédés les mieux adaptés, les plus efficaces, pour défendre un point de vue.

### ▸▸▸ÉTAPE 1 IDENTIFIER LA PROBLÉMATIQUE À TRAITER

- Les **points de vue** à exposer, défendre, confronter ou réfuter, se construisent en fonction du **corpus** et des **textes lus** et **étudiés** dans l'année : il s'agit de faire le point sur la question traitée et de relever les informations et idées développées qui seront utiles pour rédiger le texte. Les textes du corpus offrent des références qu'il faut exploiter.
  → Ex. : Un sujet d'invention sur la poésie qui donne la parole à un jeune poète peut être nourri de citations et de procédés empruntés aux différents textes.

### ▸▸▸ÉTAPE 2 ÉLABORER UN ARGUMENTAIRE

- L'argumentaire consiste en un r**elevé des idées disponibles** sur la question posée (dans le corpus et les textes étudiés) et qu'il faut organiser pour faire émerger un **point de vue privilégié** vers lequel tout converge. Cet argumentaire s'intègre à des genres de l'argumentation **directe** comme l'article de journal, la préface, la lettre ouverte. Mais il peut aussi être intégré de manière **indirecte** à d'autres genres encore à visée argumentative ou persuasive.
- Le texte narratif peut accueillir des dialogues de personnages **s'opposant** sur telle ou telle question, on peut **dégager des morales** des fables et le dialogue théâtral est souvent le lieu **d'échanges divergents**.

### ▸▸▸ÉTAPE 3 SÉLECTIONNER LES PROCÉDÉS ET OUTILS D'ARGUMENTATION ADAPTÉS AU GENRE À ÉCRIRE

- Les arguments qui permettent de **convaincre** sont nombreux : syllogismes, démonstrations, exemples, arguments d'autorité, distinguos, oppositions, etc. ; c'est aussi leur variété qui renforce l'efficacité du discours.
- Lorsque les arguments sont intégrés à des **dialogues**, leur progression, leur répartition selon les tours de parole, mais aussi d'autres effets de rythmes comme les stichomythies permettent d'animer, de diversifier les points de vue confrontés et d'orienter les débats.
- La **situation d'énonciation** offre également matière à affirmer un point de vue autorisé, à nouer une relation avec le lecteur que l'on peut interpeller, prendre à témoin, que l'on peut tenter d'émouvoir ou de faire rire. Le choix d'un registre particulier et adapté, ironique, polémique, pathétique ou comique, confortera la **stratégie argumentative**.

# APPLICATION

Genre et forme du texte à écrire
Éléments du texte concernés par l'écriture
Point de vue à développer
Texte source

**Sujet**

Un avocat est chargé de défendre à son procès « L'Homme », le personnage central de « La grasse matinée ». Dans son plaidoyer, il fait part avec émotion de son indignation devant l'injustice sociale qu'illustre le cas de son client et il plaide pour plus de justice sociale.
Vous rédigerez sa plaidoirie.

**Objet d'étude** **La question de l'homme dans les genres de l'argumentation, du XVIe siècle à nos jours**

**Corpus**

**Texte A** : Jean de La Fontaine, « La Vieille et les deux Servantes », *Fables* (1668) (▸ p. 340)
**Texte B** : Victor Hugo, *Discours sur la misère* (1849) (▸ p. 342)
**Texte C** : Jacques Prévert, « La grasse matinée », *Histoires* (1946) (▸ p. 344)

## ▸▸▸ÉTAPE 1 IDENTIFIER LA PROBLÉMATIQUE À TRAITER

- Le libellé invite à **transposer** un fait divers, l'assassinat d'un homme pour une somme ridicule, raconté sans détails ni circonstances précises, dans un poème.
- Il s'agit, à partir de cet événement, de traiter d'une **question politique**, la lutte contre la misère en l'inscrivant dans un genre oratoire qu'est la **plaidoirie**.
- La transposition conduit à **donner corps** et **circonstances au fait divers** qui illustre l'égarement et la folie provoqués par la faim et à développer un **argumentaire pour dénoncer** la misère et ses effets dans un **autre genre** moins concentré et implicite, avec une esthétique propre : les larges périodes et questions oratoires, les effets de pathétique.

## ▸▸▸ÉTAPE 2 ÉLABORER UN ARGUMENTAIRE

- Les textes du corpus offrent des arguments pour dénoncer la misère et ses effets : une misère provoquée par l'égoïsme des riches, par l'avarice et la cupidité de « la Vieille » chez **La Fontaine** et qui affame et conduit à des gestes illégaux ou fous chez **Hugo** ou **Prévert**, une misère enfin porteuse de désordre voire de révolution. Vous pourrez trouver aussi dans la littérature d'autres ressources.

## ▸▸▸ÉTAPE 3 SÉLECTIONNER LES PROCÉDÉS ET OUTILS D'ARGUMENTATION ADAPTÉS AU GENRE À ÉCRIRE

- Le texte de Victor Hugo offre des exemples d'**effets rhétoriques** à réinvestir : l'évocation développée de la misère et de ses victimes dans un **registre pathétique**, des oppositions fortes et structurantes (la civilisation contre le crime, l'ordre matériel opposé à l'ordre spirituel), et de nombreuses gradations. Construisez le texte à rédiger dans l'énonciation propre à la **plaidoirie**, marquée par l'importance du « je » et les nombreuses **adresses aux destinataires**, des hommes qui vont décider de la vie ou la mort d'un autre. Ordonnez les **arguments** selon diverses catégories comme celles de la morale, de la politique, etc., du **particulier** vers le **général** ou encore selon une progression de l'argument **logique** et **raisonnable** vers une parole persuasive pour s'achever sur une **sentence**, un **appel solennel à l'auditoire**.

## 1 DÉVELOPPER UN ARGUMENTAIRE DANS UN GENRE À VISÉE ARGUMENTATIVE

### A L'ARTICLE DE QUOTIDIEN

**En réponse à une étude qui dit le peu d'intérêt que les jeunes portent à la littérature et à la lecture dans un article d'un quotidien national, un groupe de lycéens rédige un article titré « Non la littérature n'est pas morte, les jeunes la lisent encore ! »**

a. **Déterminez l'énonciation requise par le sujet : proposez plusieurs formulations pour préciser qui parle.**

b. **Faites une liste des œuvres que vous pourriez citer pour étayer l'argumentation sur cette question.**

c. **Construisez l'argumentaire, une liste d'arguments, pour défendre l'idée que les jeunes lisent, et qu'ils lisent de la littérature.**

d. **Rédigez un premier paragraphe d'une dizaine de lignes où vous évoquerez tous les lieux et situations où l'on peut voir des jeunes lire. Utilisez des questions rhétoriques et des énumérations pour appuyer le discours.**

### B LA LETTRE À L'ÉDITEUR

a. **Relevez ce qui peut apparaître comme des arguments favorables à la publication du Voyage au bout de la nuit.**

b. **Quelles critiques Céline anticipe-t-il ?**

c. **Comment y répond-il ?**

d. **Rédigez en une vingtaine de lignes la réponse qu'aurait pu envoyer l'éditeur à Céline pour refuser son livre. L'éditeur reprendra les propos et analyses de Céline en lui reprochant un usage de la langue trop vulgaire à l'image de certaines tournures de sa lettre. Il exprimera avec politesse son refus et montrera un évident souci de ne pas blesser l'auteur.**

En fait ce « Voyage au Bout de la nuit » est un récit romancé, dans une forme assez singulière et dont je ne vois pas beaucoup d'exemples dans la littérature en général. Je ne l'ai pas voulu ainsi. C'est ainsi. Il s'agit d'une manière de symphonie littéraire, émotive, plutôt que d'un véritable roman. L'écueil du genre c'est l'ennui. Je ne crois pas que mon machin soit ennuyeux. Au point de vue émotif ce récit est assez voisin de ce qu'on obtient ou devrait obtenir avec de la musique. Cela se tient sans cesse aux confins des émotions et des mots, des représentations précises, sauf aux moments d'accents, eux impitoyablement précis.

D'où quantité de diversions qui entrent peu à peu dans le thème et le font chanter finalement comme en composition musicale. Tout cela demeure fort prétentieux et mieux que ridicule si le travail est raté. À vous d'en juger. Pour moi c'est réussi. C'est ainsi que je sens les gens et les choses. Tant pis pour eux. [...]

L'intrigue est à la fois complexe et simplette. Elle appartient aussi au genre Opéra. (Ce n'est pas une référence !) C'est de la grande fresque, du populisme lyrique, du communisme avec une âme, coquin donc, vivant.

Le récit commence *Place Clichy*, au début de la guerre, et finit quinze ans plus tard à *la fête de Clichy*. 700 pages de voyages à travers le monde, les hommes et la nuit, et l'amour, l'amour surtout que je traque, abîme, et qui ressort de là, pénible, dégonflé, vaincu... Du crime, du délire, du dostoïevskysme, il y a de tout dans mon machin, pour s'instruire et pour s'amuser.

Lettre de L.-F. Céline à Gaston Gallimard accompagnant l'envoi du manuscrit de *Voyage au bout de la nuit* (peu avant le 14 avril 1932), © Éditions Gallimard

## 2 DÉVELOPPER L'ARGUMENTATION DANS LES AUTRES GENRES

a. **Relevez les deux procédés par lesquels la Bruyère énonce et développe son point de vue sur l'éducation des femmes.**

b. **En utilisant ces mêmes procédés rédigez un paragraphe de longueur équivalente qui s'opposera au point de vue de La Bruyère et commencera par la formule : « Pourquoi s'en prendre aux femmes de ce qu'elles ne sont pas savantes ? »**

Pourquoi s'en prendre aux hommes de ce que les femmes ne sont pas savantes ? Par quelles lois, par quels édits, par quels rescrits leur a-t-on défendu d'ouvrir les yeux et de lire, de retenir ce qu'elles ont lu, et d'en rendre compte ou dans leur conversation ou par leurs ouvrages ? Ne se sont-elles pas au contraire établies elles-mêmes dans cet usage de ne rien savoir, ou par la faiblesse de leur complexion, ou par la paresse de leur esprit ou par le soin de leur beauté, ou par une certaine légèreté qui les empêche de suivre une longue étude, ou par le talent et le génie qu'elles ont seulement pour les ouvrages de la main, ou par les distractions que donnent les détails d'un domestique, ou par un éloignement naturel des choses pénibles et sérieuses, ou par une curiosité toute différente de celle qui contente l'esprit, ou par un tout autre goût que celui d'exercer leur mémoire ? [...]

Jean de La Bruyère, « Des Femmes », livre III, 49, *Les Caractères* (1688)

# Grille d'auto-évaluation. L'ÉCRITURE D'INVENTION

**Relisez votre brouillon autant de fois que nécessaire, en contrôlant les points suivants :**

| | CRITÈRES D'ÉVALUATION | NON | OUI MAIS À AMÉLIORER | OUI |
|---|---|---|---|---|
| PERTINENCE : LE TEXTE RESPECTE LES CONTRAINTES DU LIBELLÉ | Le texte appartient au genre ou à la forme de discours demandés | | | |
| | Le texte respecte la thématique et/ou le synopsis proposé | | | |
| | Le point de vue à exposer et/ou à défendre est respecté | | | |
| | Les textes « sources », ressources du corpus sont exploités | | | |
| | L'énonciation et les contraintes imposées par le libellé sont respectées | | | |
| | Les codes du genre sont respectés, la mise en scène énonciative est adaptée au genre et à la forme de discours | | | |
| | Le texte évoque un contexte historique, social et culturel précis et vraisemblable : pas d'anachronismes | | | |
| | La visée argumentative du texte, la vision du monde représenté sont développées et clairement lisibles | | | |
| | Les outils et procédés d'écriture pour présenter et/ou défendre un point de vue sont variés, pertinents et nombreux : ils sont bien adaptés au genre et à la forme de discours utilisés. | | | |
| | Le texte témoigne de connaissances littéraires et culturelles | | | |
| | Le registre choisi est bien adapté au projet de texte | | | |
| LISIBILITÉ : LE TEXTE EST LISIBLE, MIS EN PAGE ET LA LANGUE UTILISÉE EST CORRECTE ET ADAPTÉE | La mise en page est adaptée au genre et/ou à la forme de discours du texte | | | |
| | Orthographe : avez-vous vérifié les points suivants ?<br>• accords sujet/ verbe<br>• accords des participes passés homophones (a/à ; quand/ quant…)<br>• orthographe lexicale | | | |
| | Syntaxe : la construction des phrases est correcte ? | | | |
| | Le registre de langue utilisé est adapté au texte à écrire | | | |
| | Le vocabulaire est varié, précis et juste. | | | |

# 9. PRÉPARER L'EXPOSÉ

## MÉTHODE

**Objectifs**
- Gérer et organiser son temps
- Déterminer les enjeux de la question
- Mobiliser ses connaissances
- Organiser et présenter son exposé

Notée sur **10**, la première partie de l'épreuve orale **évalue bien sûr vos connaissances** mais surtout **vos compétences face à un texte** durant un temps limité : **30 minutes de préparation** pour **10 minutes d'exposé**.
Cela réclame de votre part de la **réflexion** et de l'**organisation** mais aussi une bonne **gestion du temps**.

### ▸▸▸ÉTAPE 1 L'ORGANISATION MATÉRIELLE DE L'ÉPREUVE

- Les documents que vous devez fournir à l'examinateur, rangés dans un classeur pour les retrouver plus facilement.
- Les documents officiels : convocation, pièce d'identité.
- Les textes en double qu'il convient d'ordonner selon les séquences telles qu'elles apparaissent dans le descriptif.
- Une montre (**les portables sont interdits**).

### ▸▸▸ÉTAPE 2 SAVOIR EXPLOITER SON TEMPS

▸ **Déterminer les enjeux de la question**
- Bien examiner chacun des termes de la question, ce qu'ils présupposent, afin de répondre de manière pertinente.
- Savoir réagir face au texte en répondant à une question. Ce n'est pas un travail de pure mémoire ; il ne convient pas de plaquer une lecture élaborée en classe en cours d'année.

▸ **Mobiliser ses connaissances**
- Savoir mobiliser des méthodes et des outils d'analyse et pas seulement sa mémoire pour des réponses préalablement établies.
- Orienter la réflexion à partir de l'analyse de la question. Ensuite, au fil du texte, les idées, notamment celles qui ont été retenues lors des révisions, alimenteront l'exposé.
- Prendre appui sur les procédés stylistiques et linguistiques qui donnent à l'extrait son intérêt littéraire.

### ▸▸▸ÉTAPE 3 ORGANISER SA RÉPONSE

▸ **Organiser son exposé**
- **Adapter le plan** à la question posée ; il doit refléter dans sa progression la démarche suivie et les différentes réponses argumentées à la question.

▸ **Présenter son exposé**

L'exposé (10 minutes maximum) comprend :
- Une **introduction** qui présente et situe le texte, la question posée et le plan.
- La **lecture** complète ou partielle du texte selon la demande de l'examinateur ; première approche du texte, elle témoigne de sa compréhension. Après la lecture, terminer l'introduction et annoncer le plan.
- L'**étude du texte** qui répond à la question posée.
- Une **conclusion** qui reprend les axes de la réflexion et les lie au thème et à la problématique de la séquence.

# APPLICATION

**SUJET**
Voltaire, *Candide* (1759) (▸ p. 374)
Comment Voltaire argumente-t-il pour dégager une conception du bonheur ?

## ▸▸▸ÉTAPE 1 L'ORGANISATION MATÉRIELLE DE L'ÉPREUVE

- Présentez **des documents lisibles**. Pas de textes annotés.
- **Numérotez les lignes** des extraits et **placez des marque-pages** pour indiquer les passages étudiés dans l'œuvre intégrale romanesque ou le recueil poétique.
- Quand on vous donne **la question, lisez-la à haute voix.** Si vous ne la comprenez pas, demandez des éclaircissements.
- Les **données du descriptif** dont vous devez garder le double vous seront utiles.
  → Ex. : Ici, les autres textes du XVIIIe permettent de dégager la spécificité de cette argumentation.

## ▸▸▸ÉTAPE 2 SAVOIR EXPLOITER SON TEMPS

▸ **Déterminer les enjeux de la question**

**Réfléchissez** aux enjeux du texte, à **l'objet d'étude** *(La question de l'Homme dans les genres de l'argumentation, du XVIe siècle à nos jours)*, à **l'intitulé de la séquence** *(Les passions et l'aspiration au bonheur)* et à **la problématique** *(Quels arguments sont apportés par les écrivains et les philosophes pour accéder au bonheur ?)*.

▸ **Mobiliser ses connaissances**

- **Situez** rapidement l'**auteur** dans **son temps** *(XVIIIe siècle)* dans un **mouvement littéraire** *(Les Lumières)*. Prenez en compte la situation du texte et le paratexte *(Candide est un conte philosophique ; ce passage se situe après que les héros ont connu de nombreuses aventures, ce qui suppose qu'une réflexion soit menée au terme de ces péripéties)*.
- **Lisez** le texte en prenant en compte la question posée. Choisissez une couleur pour surligner les éléments qui renvoient à la conception du bonheur et une autre couleur pour surligner les éléments qui relèvent d'une stratégie argumentative, notamment l'humour et l'ironie.

## ▸▸▸ÉTAPE 3 ORGANISER SA RÉPONSE

- Sur votre brouillon, notez les **idées essentielles** et **classez-les** avec des **références précises** au texte.
- **Ordonnez** votre argumentation de manière à étayer progressivement vos axes d'étude :
  → Ex. : *1. Une argumentation qui s'intègre dans la conclusion d'un conte*
  *2. Une réponse philosophique digne des Lumières*
  *3. Quel bonheur ? La formule finale à la lumière de l'ironie*
- **Rédigez** les grandes lignes de votre **introduction**…

  → Ex. : *Candide ou l'Optimisme est un conte de philosophique de Voltaire paru à Genève en 1759. Le héros éponyme est à la recherche du bonheur. Après de multiples expériences, etc.* **Puis, annoncez le plan.**

- …et de votre **conclusion**.
  → Ex. : *Voltaire met à profit la conclusion du conte pour argumenter et donner sa conception du bonheur. Il se moque de l'illusion romanesque pour mieux combattre toutes les illusions. Il propose une réponse pragmatique de bourgeois et d'humaniste à travers la formule finale. Mais n'est-ce pas aussi la dernière moquerie d'un provocateur qui nous renvoie à notre propre responsabilité ?*

# 10. PRÉPARER L'ENTRETIEN

## MÉTHODE

**Objectifs**
• Savoir exploiter les données du descriptif
• Mobiliser ses connaissances
• Mettre en relation les différents textes
• Savoir s'exprimer et communiquer à l'oral
• Savoir argumenter une réponse

La deuxième partie de l'épreuve orale dure, elle aussi, **10 minutes** mais ne bénéficie d'**aucun temps de préparation** le **jour de l'épreuve**. Elle évalue votre **réflexion** et votre **analyse** des textes, vos **connaissances culturelles** dans le cadre de la séquence et de l'objet d'étude auquel appartient le texte support de l'exposé. Ainsi, votre préparation en vue de l'examen doit prendre en compte le **descriptif** et il est nécessaire de bien en saisir les éléments pour ne pas être surpris par les questions qui peuvent en découler. Mais cette épreuve évalue aussi vos **qualités d'expression** et de **communication** dans le cadre d'un échange avec un interlocuteur bienveillant.

### ▸▸▸ÉTAPE 1 PRENDRE EN COMPTE LES DONNÉES DU DESCRIPTIF

Cela implique une lecture attentive qui porte notamment sur :
– l'intitulé de la séquence, l'objet d'étude
– la problématique (ou axe d'étude) proposée par le professeur
– les textes retenus, les lectures complémentaires, les lectures cursives
– les travaux d'écriture indiqués
– les activités liées à cette séquence : visionnage de film, représentation théâtrale, etc.

### ▸▸▸ÉTAPE 2 ÉTABLIR UNE TYPOLOGIE DE QUESTIONS D'ENTRETIEN

▶ **Déterminer le champ du questionnement**

• L'examinateur peut être amené à contrôler :
– les **connaissances culturelles** sur les auteurs, les titres de leurs œuvres principales, les mouvements culturels auxquels ils appartiennent, les événements historiques importants qui ont marqué leur époque, les classes sociales et dirigeantes de leur temps ;
– les **savoirs littéraires** sur les œuvres lues intégralement, qu'elles soient cursives ou analytiques, les figures de style, les notions abordées dans les objets d'étude, les registres ;
• Il peut aussi s'enquérir de votre goût et de votre point de vue personnel

▶ **Mobiliser ses connaissances**

Cette partie de l'examen demande :
– **de mettre en relation** les textes de façon cohérente **en répondant à la question** posée par le professeur et éviter ainsi le catalogue ;
– **d'exploiter** de manière pertinente le maximum de textes et de documents.

### ▸▸▸ÉTAPE 3 S'EXPRIMER DANS UNE SITUATION DE COMMUNICATION PARTICULIÈRE

▶ **Le niveau de langue doit s'adapter au destinataire, ici l'examinateur**

▶ **L'aptitude au dialogue**

• Être à l'écoute de l'examinateur et répondre à ses questions.
Aller plus loin qu'une simple réponse, en mettant en relation les textes et en élargissant la réflexion.

▶ **La qualité de la communication**

Témoigner par l'attitude et le comportement du triple intérêt porté à l'épreuve, à la littérature et aux questions de l'examinateur.

# APPLICATION

**SUJET**
Voltaire, *Candide* (1759) (▸ p. 374) et le groupement de textes de la séquence 4 intitulé « Les passions et l'aspiration au bonheur » (▸ p. 367)

## ▸▸▸ÉTAPE 1 PRENDRE EN COMPTE LES DONNÉES DU DESCRIPTIF

▸ Prenez l'habitude **au cours de l'année** de **travailler avec les documents** exploités lors d'une séquence et d'avoir sous la main et en tête les textes auxquels le futur descriptif fait référence.

▸ Les passions et l'aspiration au bonheur sont ici des termes clés qu'il vous faut préciser. Ils sont à opposer à la raison.

▸ Inutile de connaître par cœur la biographie des auteurs ; cependant, il faut **absolument** savoir les **situer** dans **le temps** et dans les **mouvements littéraires**.
→ Ex. : Essentiellement, le Classicisme, les Lumières, et le Romantisme. Par ailleurs quelques connaissances sur le stoïcisme et l'épicurisme (→ Ex. : Textes de Lucrèce, p. 386 et de Sénèque, p. 388)

## ▸▸▸ÉTAPE 2 ÉTABLIR UNE TYPOLOGIE DE QUESTIONS D'ENTRETIEN

▸ **Déterminer le champ du questionnement**

- L'examinateur peut s'appuyer sur votre conclusion ou un point de votre étude pour débuter l'entretien.
  → Ex. : Il pourrait ainsi faire référence à la vie de Voltaire, son combat contre l'intolérance. Vous devez connaître les dates clés du XVIIIe siècle.

▸ **Mobiliser ses connaissances**

- Rassemblez vos connaissances sur les **œuvres intégrales**, les **textes complémentaires** (→ Ex. : Textes de Saint-Évremond, p. 378, Lucrèce, p. 386 et Sénèque, p. 388) et les **lectures cursives**. Sachez en formuler le contenu, vous référer aux épisodes essentiels (pensez aux marque-pages), aux situations initiales et finales, citer les personnages principaux et évoquer de manière précise leur fonction dans l'œuvre. Pensez aux lectures d'images (→ Ex. : *La Mort de Sénèque* (1684), p. 389)
- **Consultez le texte** quand vous vous référez à lui, appuyez votre argumentation par la lecture d'un extrait.
- Prenez en compte **tous les documents pour répondre aux questions**.
- Faites état de votre **culture personnelle**.

## ▸▸▸ÉTAPE 3 S'EXPRIMER DANS UNE SITUATION DE COMMUNICATION PARTICULIÈRE

▸ Employez un langage clair et correct, bannissez les termes argotiques, familiers.

▸ Pensez à expliciter les termes qui sont utilisés par l'examinateur.
→ Ex. : Ainsi définir le stoïcisme, le Libertinage, c'est déjà amorcer une réponse et introduire un exemple.

▸ Parlez avec conviction, participez activement au dialogue, évitez les silences, les « euh… », finissez vos phrases.

# Biographies

### Émile Chartier dit Alain (1868-1951)

Doué pour les mathématiques, Émile Chartier se dirige pourtant vers des études de lettres. Après avoir suivi les cours de l'École Normale Supérieure, il passe l'agrégation de philosophie en 1892 et dispense des cours de philosophie qu'il mêle à la littérature. Sous le pseudonyme d'Alain, il signe des chroniques dans divers journaux. Ces articles, regroupés sous le terme de *Propos,* portent sur des sujets tels que le bonheur, l'éducation ou l'esthétique. En 1914, il s'engage dans la guerre, avant d'être démobilisé en 1917. Cette expérience lui inspire le pamphlet *Mars ou la guerre jugée,* qu'il publie en 1921.

### Jean Anouilh (1910-1987)

Auteur dramatique français, Jean Anouilh est d'abord secrétaire de Louis Jouvet (acteur, metteur en scène et directeur de théâtre). Dès 1932, il s'engage dans l'écriture théâtrale. Les premières années sont difficiles, mais sa rencontre avec G. Pitoëff et A. Barsacq, grandes figures du théâtre, est décisive. *Le Voyageur sans bagage* (1937), *La Sauvage* (1938) et *Le Bal des voleurs* (1938) sont de grands succès et mettent un terme à ses difficultés matérielles. En 1944, *Antigone* remporte un triomphe. Jean Anouilh n'a cessé d'écrire des pièces, qualifiées de « roses » (*Léocadia,* 1940), « noires » (*Eurydice,* 1942), « brillantes » (*L'Invitation au château,* 1947), « grinçantes » (*Pauvre Bitos,* 1956), ou « costumées » (*l'Alouette,* 1953). Auteur, scénariste et dialoguiste au cinéma à partir de 1959, il met en scène ses propres pièces, comme *Cher Antoine* (1969).

### Guillaume Apollinaire (1880-1918)

Abandonné jeune par son père, Guillaume Apollinaire doit subvenir aux besoins de sa famille. Cependant, il étudie, écrit et se lie aux écrivains ainsi qu'aux peintres d'avant-garde tels que Picasso, Derain, le Douanier-Rousseau. Ses rencontres, notamment féminines, rythment sa vie et ses écrits. Il publie en 1913 le recueil *Alcools* ainsi qu'un essai sur la peinture cubiste. En 1914, il s'engage dans la Grande Guerre. De retour à Paris après avoir été blessé en 1916, il poursuit son œuvre dont il exprime l'ambition dans une conférence, *L'Esprit nouveau et les poètes* (1917). Guillaume Apollinaire bouleverse la poésie et son écriture en faisant appel à des images insolites, en inventant de nouvelles formes telles que les « poèmes-conversation » ou les « *Calligrammes* » (cf. p. 290), titre de son dernier recueil paru en 1918.

### Théodore Agrippa d'Aubigné (1552-1630)

Fils d'un gentilhomme huguenot, Théodore Agrippa d'Aubigné voit sa vie marquée par les guerres de religion. Dès le début des troubles, il doit partir pour Orléans où il s'engage dans le métier des armes et s'y illustre. Il accompagne le roi de Navarre, le futur Henri IV. Ses poèmes portent la trace de son engagement : ainsi, les *Tragiques,* poème en sept chants paru en 1616, relatent les horreurs de la guerre avec des images empruntées à la Bible. Le recueil lyrique du *Printemps* (1571) porte la trace de ses amours malheureuses avec Diane Salviati. Il rédige, à la fin de sa vie, une *Histoire universelle* dans laquelle il retrace les conflits.

### Honoré de Balzac (1799-1850)

Né à Tours, Honoré de Balzac suit des études de droit et devient clerc de notaire. Passionné de littérature, il abandonne cette voie pour se consacrer à l'écriture. Il mène de front son entreprise littéraire, sa vie mondaine et amoureuse mais aussi des affaires qui le ruinent. En quelques années il écrit près de quatre-vingt-dix romans qu'il regroupe sous le titre générique de *La Comédie humaine* en 1842. Cette œuvre aux confluents du Romantisme et du Réalisme – et unifiée par le principe du retour des personnages d'un roman à l'autre – se propose de représenter la société de son temps dans sa totalité. Balzac l'organise en « Études analytiques » – avec par exemple *La Physiologie du mariage* (1829) –, en « Études Philosophiques » – dont *La Peau de chagrin* (1831) est l'une des illustrations – et enfin en « Études de mœurs ». Ces dernières comptent des romans comme *Eugénie Grandet* (1833), *Le Père Goriot* (1835) ou *Le Lys dans la vallée* (1836).

### Charles Baudelaire (1821-1867)

Les divers écrits de Charles Baudelaire résonnent de la vie de dandy qu'il mène à Paris, mais aussi des conflits familiaux et des tiraillements moraux qui jalonnent son histoire. Influencé par les Romantiques et par les Parnassiens, il fait scandale avec son recueil de poèmes *Les Fleurs du mal,* publié en 1857, puis en 1861. Il évoque dans ses poèmes ses souvenirs de voyage (il s'est rendu en 1841 à l'île Maurice puis à l'île de La Réunion – « l'île Bourbon » –), les femmes qu'il a aimées (Jeanne Duval, Marie Daubrun et Apollonie Sabatier), et bien d'autres thèmes qui le font condamner pour « outrages à la morale publique et aux bonnes mœurs ». Son œuvre poétique prend ensuite la forme originale des *Petits Poèmes en prose,* publiés en 1869. Journaliste et critique d'art *(Salons de 1845, 1846* et *1859),* Baudelaire a aussi traduit des œuvres d'Allan Poe (notamment les *Histoires extraordinaires* en 1847).

### Pierre Augustin Caron de Beaumarchais (1732-1799)

Fils d'horloger, il apprend le métier de son père et l'exerce dès ses 21 ans. Présenté à la cour de Louis XV, il multiplie ses activités : financier, agent secret, marchand d'armes, auteur dramatique. Il soutient la Révolution, mais quitte la France durant la Terreur et n'y revient que trois ans avant sa mort. Il écrit une trilogie dramatique *(« Le Roman de la famille Almaviva »)* qui rencontre un vif succès grâce au personnage récurrent de *Figaro*. Ce personnage incarne tour à tour l'auteur dramatique, le barbier, le valet qui exprime les revendications de ceux qu'il juge opprimés. Les deux premières pièces (*Le Barbier de Séville*, 1775 ; *Le Mariage de Figaro*, 1784) sont des comédies ; la troisième (*La Mère coupable*, 1792) est un drame. Cependant, toutes les trois concourent à mettre à mal une société établie sur les privilèges de la naissance.

### Simone de Beauvoir (1908-1986)

Simone de Beauvoir est une philosophe et une femme de lettres. Compagne de Jean-Paul Sartre, elle est surtout une ardente féministe : son essai *Le Deuxième sexe* (1949) suscite, par l'audace de ses positions, un immense tollé. Elle milite pour obtenir le droit des femmes à l'avortement. Romancière, elle publie *Les Mandarins* (1954), couronné par le Prix Goncourt. À partir de 1958, elle se consacre à l'écriture autobiographique *(Mémoires d'une jeune fille rangée)*.

### Samuel Beckett (1906-1989)

Écrivain d'origine irlandaise, Samuel Beckett rédige la plupart de ses œuvres en français. Auteur de poèmes, de nouvelles, de romans et d'œuvres dramatiques, il a eu un rôle important dans le renouvellement de l'écriture théâtrale des années 1950. Il développe des thèmes tels que la solitude ou l'absence de communication. Ses œuvres expriment le vide intérieur, le tragique de la vie où tout n'est que répétition. Il montre un monde absurde, cruel et angoissant, mais non dénué d'humour. Dans son œuvre, le langage tend vers le silence tant dans ses romans (*Murphy*, 1938 ; *Molloy*, 1947 ; *Malone meurt*, 1948) que dans ses œuvres théâtrales (*En Attendant Godot*, 1952 ; *Fin de partie*, 1957 ; *Oh ! les beaux jours*, 1961).

### Joachim du Bellay (1522-1560)

Joachim du Bellay forme avec Pierre de Ronsard le noyau des poètes de La Pléiade. Du Bellay se fait le porte-parole de ce groupe dans son manifeste *Défense et Illustration de la langue française*, publié en 1549. Son premier recueil de poèmes, *L'Olive* (1550), est marqué par l'influence de la poésie amoureuse du grand poète italien Pétrarque. Mais son chef-d'œuvre, le recueil des *Regrets* (1558), lui est inspiré par un voyage décevant qu'il a fait à Rome.

### Nicolas Boileau (1636-1711)

Né dans la famille d'un juriste parisien, Nicolas Boileau devient avocat après avoir étudié le droit et la théologie. Cependant, il décide de se consacrer à l'écriture. Ses premières œuvres s'orientent vers l'analyse et la critique des mœurs ou de la littérature. Il rédige des *Satires* (1660-1701) et des *Épîtres* (1669-1695). Protégé par le roi, au même titre que le fut La Fontaine, il est d'abord nommé historiographe de Louis XIV en 1677, avant d'être nommé à l'Académie française en 1684. Il s'engage dans « La Querelle des Anciens et des Modernes » et prend le parti des Anciens. Dans *L'Art poétique* (1674), il définit les grands principes de l'esthétique classique.

### André Breton (1896-1966)

À la fois poète et essayiste, André Breton a d'abord entrepris des études de médecine. Il correspond durant la guerre avec Guillaume Apollinaire. Celui-ci lui fait rencontrer Philippe Soupault avec qui il publie en 1919 *Les Champs magnétiques*, première expérimentation de l'écriture automatique. Il devient le chef de file et le théoricien du groupe surréaliste avec ses deux *Manifestes* (1924 ; 1930). *Nadja* (1928) et *L'Amour fou* (1937) sont considérées comme ses œuvres les plus abouties. Exilé aux États-Unis pendant la Seconde Guerre mondiale, il continue de défendre jusqu'à la fin de sa vie un surréalisme intégral.

### Michel Butor (né en 1926)

Michel Butor est un écrivain français dont les œuvres poétiques (*Le fil à quoi tient notre vie*, 1996), critiques (*Essai sur « les Essais »*, 1967) et romanesques (*Passage de Milan*, 1954 ; *l'Emploi du temps*, 1956 ; *La Modification*, 1957) expérimentent des formes nouvelles (*Mobile : étude pour une représentation des États-Unis*, 1962). Il fait partie des théoriciens du Nouveau Roman. Il est fasciné par différents artistes et notamment des peintres (*Les Mots dans la peinture*, 1969 ; *Illustrations*, 1967-1976) et réalise des études de critique littéraire et artistique.

### Albert Camus (1913-1960)

Albert Camus est un écrivain français. Son enfance en Algérie lui inspire par exemple les descriptions lyriques de paysages d'Afrique du nord (*Noces*, 1938). Dans ses essais (*le Mythe de Sisyphe*, 1942), ses romans (*l'Étranger*, 1942 ; *la Peste*, 1947 ; *la Chute*, 1956) et son théâtre (*Caligula*, 1944) transparaît le sentiment de l'absurdité du destin humain, éprouvé à la suite du choc de la Seconde Guerre mondiale. On lui décerne le Prix Nobel de Littérature en 1957.

### Blaise Cendrars (1887-1961)

Écrivain français d'origine suisse, Blaise Cendrars se définit comme un « bourlingueur » : de son enfance jusqu'à sa mort, sa vie est rythmée par des voyages dans le monde entier. Il s'engage en 1914 dans la Première Guerre mondiale. Blessé, il est amputé du bras droit. Devenu grand reporter, il se consacre aussi à l'écriture poétique qu'il renouvelle tout en célébrant la modernité (*La Prose du Transsibérien et de la petite Jeanne de France*, 1913). Il se consacre ensuite au genre romanesque avec *L'Or* (1925) qui retrace la vie d'un aventurier suisse en Amérique, mais aussi à une œuvre autobiographique en publiant *La Main coupée* (1946) ou *Bourlinguer* (1948).

### Jean-Baptiste Chassignet (vers 1570-1635)

Jean-Baptiste Chassignet suit des études de droit et devient conseiller et avocat fiscal en Franche-Comté. Il consacre son temps libre à la poésie, mais aussi à l'écriture de petits ouvrages historiques sur sa région. Il connaît la notoriété littéraire en 1594, avec la publication des 434 sonnets qui composent le recueil baroque *Mépris de la vie et consolation contre la mort,* dans lesquels le poète constate amèrement la dissolution du monde.

### Madame du Châtelet (1706-1749)

Par son mariage avec le marquis du Châtelet, Émilie de Breteuil confirme son appartenance à la grande aristocratie française. La liberté que lui laisse son mari lui permet de développer son goût de l'étude et sa passion pour les sciences qui ont été encouragés dès son enfance par ses parents. Elle devient l'une des plus brillantes physiciennes de son temps et entreprend de traduire du latin l'œuvre majeure d'Isaac Newton, *Principia* (1756). Compagne de Voltaire pendant plus de dix ans, elle écrit le *Discours sur le bonheur* après leur rupture en 1746-1747. Elle meurt prématurément, deux ans plus tard, après une grossesse tardive.

### Albert Cohen (1895-1981)

Écrivain suisse de langue française, Albert Cohen appartient à l'importante communauté juive de l'île de Corfou. Toute son œuvre manifeste son attachement à ses origines. Après ses études en France, il se partage entre sa carrière de fonctionnaire international à Genève et son activité d'écrivain. Outre des œuvres proprement autobiographiques, comme *Le Livre de ma mère* (1954), il écrit une saga consacrée à une famille juive. Dans une époque où l'antisémitisme progresse, ses héros font face avec courage et optimisme aux coups du destin. *Belle du Seigneur* (1968) est le dernier volume de cette saga, et son chef-d'œuvre incontesté.

### Pierre Corneille (1606-1684)

Pierre Corneille se destine à la carrière d'avocat avant d'embrasser celle d'écrivain suite à sa rencontre avec le comédien Montdory. Ses premières pièces sont des comédies de mœurs enracinées dans la société contemporaine (*La Place Royale*, 1636-1637). *Le Cid* (1637) marque un virage vers la tragédie qui consacre sa gloire. Ses grandes tragédies (*Horace,* 1640 ; *Cinna,* 1641 ; *Polyeucte,* 1642) consacrent un modèle de héros qui sait privilégier dans une situation de choix difficile (le dilemme cornélien) les exigences les plus élevées. Auteur à succès, pensionné par le roi, il est peu à peu éclipsé par le succès de Jean Racine à partir de 1650. Il ne cesse pourtant d'écrire et d'innover jusqu'à sa dernière pièce en 1674, *Suréna,* tragédie galante et politique.

### Jean Desmarets de Saint-Sorlin (1595-1676)

Auteur proche de Richelieu avec lequel il crée des pièces de théâtre comme *Mirame* (1641), Jean Desmarets de Saint-Sorlin exerce de hautes fonctions à la cour. Il est conseiller du roi, puis membre de l'Académie française (fondée par son protecteur le Cardinal) de 1634 à 1638. À la mort de ce dernier, il écrit un recueil de vers, *Les Promenades de Richelieu ou les Vertus chrétiennes* (1653), puis le poème héroïque *Clovis ou la France chrétienne* (1657), très critiqué par Boileau. Il s'engage dans la « querelle des Anciens et des Modernes », en prenant le parti des Modernes.

### Robert Desnos (1900-1945)

Robert Desnos s'associe très vite aux premières expériences du groupe surréaliste. Il participe notamment aux séances d'hypnose qui permettent de libérer la pensée de la dictée de la raison. Son recueil *Rrose Sélavy* (1922-1923) montre sa fantaisie et son invention poétique. Son entrée dans le monde du journalisme et la radicalisation des positions d'André Breton le conduisent progressivement à prendre ses distances avec le groupe surréaliste. Son intérêt pour la musique et la chanson marquent sa poésie (*Fortunes,* 1942). Pendant l'Occupation, il entre dans la Résistance ; arrêté et déporté, il meurt le 8 juin 1945 dans un camp de concentration.

### Denis Diderot (1713-1784)

Aîné d'une famille bourgeoise de Langres, Denis Diderot est destiné à la prêtrise par ses parents. Il abandonne les études théologiques qu'il mène à Paris et se tourne vers la littérature. Il entreprend des ouvrages dans des genres très différents. Il révolutionne ainsi le roman (*Jacques le Fataliste*, 1796), s'intéresse à la critique littéraire *(Salons),* rénove le théâtre avec l'invention du drame bourgeois (*Le Neveu de Rameau,* 1777), entretient une riche correspondance *(Lettres à Sophie Volland)* et cherche à faire réfléchir ses lecteurs, comme le montre son utilisation du dialogue dans le *Sup-*

*plément au Voyage de Bougainville* paru à titre posthume en 1796. Il consacre plus de vingt ans à l'édition de *L'Encyclopédie* (1751-1772) aux côtés de d'Alembert. Il se distingue de ses amis philosophes par l'audace de ses idées matérialistes. Partisan du « despotisme éclairé », il devient le protégé de l'impératrice Catherine II après une année passée en Russie.

### David Diop (1927-1960)

Né d'un père sénégalais et d'une mère camerounaise, David Diop puise son inspiration dans les poèmes d'Aimé Césaire. Il se lance dans la médecine avant d'entamer des études littéraires, sous l'autorité de Léopold Sédar Senghor. Il enseigne à Dakar, puis, en 1958, à Kindia, dans la nouvelle république de Guinée. Poète engagé, il publie plusieurs articles dans la revue « Présence africaine ». Ses poèmes, réunis dans son unique recueil *Coups de pilon* (1956), sont marqués par ses dénonciations du colonialisme. Il meurt dans un accident d'avion, au large de Dakar.

### Marguerite Duras (1914-1996)

Née en Indochine, Marguerite Duras fait ses études au lycée de Saïgon avant de venir en France où elle rejoint la Résistance pendant la Seconde Guerre mondiale et devient membre du Parti Communiste. Les notes prises au cours de cette période dans ses *Cahiers de la Guerre* vont lui servir à publier *La Douleur* en 1985. Mais elle se fait connaître du public avec son roman *Un barrage contre le Pacifique* paru en 1950. Proche des écrivains du Nouveau Roman (*Hiroshima mon amour,* 1960 ; *Le Ravissement de Lol V. Stein,* 1964), passionnée par le cinéma (*India Song,* 1975) et le théâtre (*L'Amante anglaise,* 1970 ; *Des Journées entières dans les arbres,* 1976), elle connaît un grand succès populaire avec *L'Amant* qui obtient le Prix Goncourt en 1984.

### Paul Éluard (1895-1952)

S'intéressant dans un premier temps au mouvement Dada, Paul Éluard parvient à trouver dans le surréalisme la libération du langage qu'il recherche. Ses premiers recueils célèbrent son amour pour son épouse Gala (*Capitale de la douleur,* 1926 ; *L'amour la poésie,* 1929). Les années 1930 marquent son engagement politique de plus en plus sensible. Sa poésie approche, dans une simplicité apparente, le mystère et la magie du réel. Durant la Seconde Guerre mondiale, il s'affirme comme poète engagé et rassemble les textes de nombreux poètes résistants sous le titre *L'Honneur des poètes* (1943). Son dernier recueil, *Le Phœnix* (1951), marque le retour au lyrisme amoureux.

### Érasme (1469-1536)

Auteur hollandais d'expression latine, Érasme est considéré comme l'une des figures majeures de la Renaissance. Étudiant en France, en Italie et en Angleterre, il rencontre de nombreux savants et peut être considéré comme l'incarnation de l'humaniste européen. Son œuvre associe des préoccupations littéraires nouvelles – sur la pédagogie notamment (*De l'éducation des enfants,* 1529) – au souci d'une religion authentique fondée sur le retour au texte. Il est ainsi le premier à publier une édition grecque du *Nouveau Testament* en 1516. Il se caractérise par son esprit indépendant et satirique qu'illustre *L'Éloge de la Folie* (1509). Dans cet ouvrage appartenant au genre oratoire, la Folie parle et tente de libérer la pensée humaine des idées reçues.

### Gustave Flaubert (1821-1880)

Romancier réaliste du XIXe siècle, Gustave Flaubert est l'auteur d'une œuvre tout à la fois contestée par la Bourgeoisie (comme le démontre la condamnation de *Madame Bovary*) et reconnue par ses pairs pour sa force littéraire. Son souci d'une observation précise des hommes et de la réalité sociale associé à sa volonté de parvenir à un art objectif ouvre une nouvelle voie littéraire. Ses trois romans, *Madame Bovary* (1857), *Salammbô* (1862) et *L'Éducation sentimentale* (1869) ainsi que son recueil de nouvelles, *Trois contes* (1877), reflètent l'exigence stylistique qu'il s'imposait. Il laisse derrière lui une œuvre inachevée, *Bouvard et Pécuchet,* satire de la médiocrité de deux employés de bureau.

### Henri-Alban Fournier dit Alain-Fournier (1886-1914)

Alain-Fournier est l'auteur d'un seul roman, *Le Grand Meaulnes* (1913). Après une enfance passée en Sologne, il commence des études de lettres à Paris où il s'intéresse également à la peinture et à la musique. Il rencontre brièvement en 1905 une jeune fille qui lui inspirera le personnage d'Yvonne de Galais dans son roman *Le Grand Meaulnes.* Il la retrouve huit ans plus tard pour apprendre à sa plus grande déception qu'elle est mariée et mère de famille. Il est tué un an après, au cours de la Première Guerre mondiale.

### Jean Genet (1910-1986)

Poète, romancier et dramaturge français, Jean Genet est un enfant de l'Assistance Publique. Accusé d'un vol à l'âge de dix ans, il est retiré de sa famille d'accueil et interné dans une colonie pénitentiaire qu'il évoque dans son roman *Le Miracle de la rose* (1947). Jusqu'à sa mort, Genet rejette le conformisme : il exalte dans sa vie comme dans son œuvre les valeurs condamnées par une société bourgeoise. Son poème *Le Condamné à mort* (1942) chante l'homosexualité, sa pièce *Les Nègres* (1958) dénonce le colonialisme. Il s'engage fortement aux côtés de minorités comme les *Black Panthers* (mouvement révolutionnaire afro-américain formé en Californie en 1966) ou les Palestiniens.

### Jean Giraudoux (1882-1944)

Romancier et auteur dramatique, Jean Giraudoux occupe également un poste modeste au Ministère des Affaires étrangères. Dans ses écrits, il s'inspire souvent d'une intrigue tirée des légendes ou de l'Histoire et transforme très librement les situations comme le démontrent *Amphitryon 38* (1929), *La Guerre de Troie n'aura pas lieu* (1935) et *Électre* (1937). Son style plein d'allusions, d'ellipses et d'humour, s'adresse à un spectateur lettré. Il considère le théâtre comme une tribune où l'on peut exposer les problèmes, sans endoctriner le spectateur qui est libre de juger (*La Folle de Chaillot,* 1945). Jean Giraudoux a beaucoup écrit pour Louis Jouvet (1887-1951), célèbre acteur et metteur en scène.

### Victor Hugo (1802-1885)

Chef de file du mouvement romantique, Victor Hugo est un auteur de poèmes lyriques (*Les Rayons et les ombres,* 1840 ; *Les Contemplations,* 1856) qui sait aussi mettre la poésie au service de son engagement politique (*Les Châtiments,* 1853). Dramaturge (*Hernani,* 1830), il contribue à renouveler le théâtre en fixant les principes du drame romantique dans la Préface de *Cromwell* en 1827. Romancier inclassable, il écrit neuf romans parmi lesquels on compte *Les Misérables* (1862) et *Quatre-vingt-treize* (1874). Son engagement politique n'est pas négligeable. Démocrate puis député pendant la IIe République, il désapprouve la prise de pouvoir personnel de Louis-Napoléon Bonaparte. Il passe ainsi l'essentiel de sa vie en exil avant un retour triomphal en 1870 et une élection en tant que sénateur.

### Eugène Ionesco (1909-1994)

Écrivain et auteur dramatique français d'origine roumaine, Eugène Ionesco est le chef de file du théâtre de l'absurde qui s'est opposé au théâtre bourgeois des années 1950. Dans *La Cantatrice chauve* (1950), il ne se passe rien : les personnages parlent par clichés pour montrer « la tragédie du langage » et font « fonctionner à vide le mécanisme théâtral ». Pour Ionesco, le langage est le vecteur de toutes les dominations. Dans *Les Chaises* (1952), non seulement le langage échappe à tout contrôle, mais les objets prolifèrent. L'homme est une marionnette, non pas mue par le destin, mais par les mots et les choses. Opposé à Brecht, il récuse tout réalisme (*L'Impromptu de l'Alma,* 1956). Dans *Rhinocéros* (1958), il stigmatise tous les totalitarismes. Sa réflexion critique et théâtrale est réunie dans *Notes et contre-notes* (1962).

### Jean de La Bruyère (1645-1696)

Après des études de droit, Jean de La Bruyère devient précepteur du petit-fils de Condé, ce qui lui permet d'observer les grands de ce monde. Il s'engage dans la « querelle des Anciens et des Modernes » et prend le parti des Anciens. L'œuvre unique qu'il compose, *Les Caractères* (1688), se présente d'abord comme une imitation d'un ouvrage antique, *Les Caractères* de Théophraste. Son livre se présente sous la forme de portraits satiriques de ses contemporains, mêlés à des maximes morales à la manière de La Rochefoucauld. La cour, les femmes, les auteurs de son siècle y sont examinés. Il est élu à l'Académie française en 1693.

### Pierre Choderlos de Laclos (1741-1803)

Issu d'une famille de noblesse récente, Laclos, en tant qu'officier de carrière, vit dans les villes de garnison provinciales. Son temps libre est consacré à la lecture ainsi qu'à l'écriture. Son unique roman, *Les Liaisons dangereuses* (1782), obtient immédiatement un succès lié au scandale qu'il provoque. La question de l'émancipation féminine y est posée ; Laclos la reprendra dans différents textes théoriques (*Des femmes et de leur éducation,* 1783).

### Madame de La Fayette (1634-1693)

Par son mariage avec le comte de La Fayette, Marie-Madeleine entre dans l'aristocratie. À Paris, où elle tient salon à partir de 1660, elle fréquente des intellectuels et des écrivains comme Gilles Ménage ou Jean de Segrais. Elle noue aussi une amitié durable avec le Duc de La Rochefoucauld. En collaboration avec Ménage, elle écrit d'abord une nouvelle historique, *La Princesse de Montpensier* (1662), mais sa gloire est surtout associée au roman *La Princesse de Clèves* (1678), considéré comme un chef-d'œuvre de la littérature classique et le modèle du roman d'analyse psychologique.

### Jean de La Fontaine (1621-1695)

Jean de La Fontaine a marqué l'Histoire littéraire par la publication de ses *Fables* en trois temps. Il publie le Premier Recueil (Livres I à VI) en 1668, le Deuxième Recueil (Livres VII à XI) en 1678-1679 et le Livre XII en 1694. Le fabuliste est un moraliste qui cherche à corriger les défauts des hommes, et certains travers de la société de son temps. Il a pu les observer grâce à sa position privilégiée dans les salons d'époque, ayant pour mécènes de grands personnages d'État comme le surintendant Fouquet ou l'aristocrate Mme de La Sablière. La Fontaine s'inspire d'abord des Anciens, comme le fabuliste grec Ésope, mais il enrichit progressivement son art et ses sources d'inspiration.

### Alphonse de Lamartine (1790-1869)

Inspiré par les Romantiques tels que Chateaubriand, Alphonse de Lamartine écrit ses premiers vers à la suite d'un voyage en Italie. La rencontre puis la disparition brutale de Julie Charles, en 1817, suscitent l'écriture de poèmes comme « Le Lac » dans les *Méditations poétiques* (1820). Le recueil *Harmonies poétiques et religieuses* (1830) prolonge cette aventure poétique. Fort du succès littéraire rencontré, il entre à l'Académie française en 1829, puis se lance dans une carrière politique qui le mène à la tête du gouvernement provisoire en 1848. Après cette période heureuse, Lamartine perd la faveur de ses contemporains. Ses dernières œuvres, un peu de théâtre, quelques romans, et surtout des textes autobiographiques rencontrent peu de succès.

### Alain-René LESAGE (1668-1747)

Alain-René Lesage est un romancier et dramaturge français. Sans fortune, il devient clerc de notaire. Il traduit des pièces espagnoles et écrit ses propres comédies comme *Crispin, rival de son maître* (1707) ou *Turcaret* (1709), satires de la société du temps de la Régence. Ses comédies rappellent celles de Molière et annoncent des thèmes qu'on retrouve dans les comédies du XVIII^e^ siècle. Son roman picaresque, *L'Histoire de Gil Blas de Santillane* (1715-1735), qui jette un regard critique sur la société, rencontre un large succès.

### Stéphane MALLARMÉ (1842-1898)

Stéphane Mallarmé perd sa mère à l'âge de cinq ans et se voit confié à ses grands-parents puis mis en pension. Après un séjour à Londres où il parfait ses connaissances en anglais, il se marie et devient professeur d'anglais. Parallèlement il se consacre à la poésie et fréquente les milieux Parnassiens et Symbolistes. Verlaine le fait connaître et révèle son talent. Dans *Hommages et Tombeaux* (1877), Mallarmé recherche une langue « suprême » capable de compenser le « défaut des langues ». Le poème « Un coup de dés jamais n'abolira le hasard » (1897), jouant avec l'espace de la page et la typographie, devient l'emblème d'une poésie éclatée.

### Pierre DE MARBEUF (1596-1645)

Après des études de droit effectuées en compagnie de Descartes, Pierre de Marbeuf devient Maître des Eaux et Forêts. Ce goût pour la nature, caractéristique aussi des écrivains de La Pléiade et particulièrement de Ronsard qu'il admire, se retrouve dans ses poèmes. Son *Recueil de vers* le plus célèbre est composé en 1628. Grâce à ses poèmes à l'esthétique baroque, Marbeuf remporte à plusieurs reprises le concours des *Palinods* de Rouen, pièces composées en l'honneur de l'Immaculée Conception de la Vierge.

### Pierre Carlet DE CHAMBLAIN DE MARIVAUX (1688-1763)

Marivaux, dramaturge et écrivain français, est le fils du directeur de la Monnaie de Riom. Il abandonne ses études de droit pour une carrière littéraire. Il écrit des articles de journaux, des textes satiriques, des comédies et des romans qui lui apportent succès et reconnaissance et lui permettent d'entretenir sa famille après la banqueroute de Law dont il ressort ruiné. Dans ses comédies (*La Double Inconstance,* 1724 ; *Le Jeu de l'amour et du hasard,* 1730), Marivaux explore la naissance de l'amour et son développement, mais analyse aussi le rapport entre les différentes conditions sociales et leur évolution dans ce début du XVIII^e^ siècle.

### François MAURIAC (1885-1970)

François Mauriac est un romancier, essayiste, critique littéraire et chroniqueur français né dans une famille bourgeoise, catholique et conservatrice. Après des études de lettres, il se consacre à la littérature et rencontre le succès dès la publication de ses premiers romans. *Le Baiser au lépreux* (1922), *Génitrix* (1923), *Thérèse Desqueyroux* (1927), *Le Nœud de vipères* (1932) proposent une satire de la bourgeoisie bien-pensante de son temps. Au milieu des années 1930, Mauriac s'engage dans le combat politique pour dénoncer la menace fasciste. Il rejoint la Résistance en 1942 et défend l'indépendance de l'Algérie en 1952. Mauriac est élu à l'Académie française en 1933 et obtient le Prix Nobel de Littérature l'année où paraît son roman *Galigaï* (1952).

### Henri MICHAUX (1899-1984)

Après des études chez les jésuites en Belgique, Henri Michaux s'engage dans la marine en tant que matelot. À vingt-cinq ans, il s'installe à Paris et s'intéresse à la peinture et au dessin, parallèlement à l'écriture. Naturalisé français en 1955, il devient poète et peintre. Il parcourt le monde et écrit des carnets de voyages (*Un barbare en Asie*, 1933), des recueils de poèmes en prose ou en vers libres (*Plume,* 1938), mais aussi des récits de ses expériences avec les drogues dans *Connaissance par les gouffres* (1961). S'il est proche des surréalistes, on ne peut le classer dans aucun mouvement. Sa poésie s'efforce d'explorer l'être humain comme le suggère le titre de son recueil *L'Espace du dedans* (1944).

### Jean-Baptiste POQUELIN dit MOLIÈRE (1622-1673)

Fils d'un tapissier de Louis XIV, Jean-Baptiste Poquelin se destine à une carrière d'avocat après des études chez les jésuites. Mais en 1643, sa passion pour le théâtre l'amène à fonder « L'Illustre Théâtre ». Sa faillite le contraint à tourner douze ans en province avec sa troupe. Le succès des *Précieuses Ridicules* (1659) assure la notoriété de la troupe qui s'installe au Palais-Royal. *L'École des femmes* (1662) inaugure le cycle des grandes comédies, mais suscite aussi des réactions hostiles qui se multiplient avec *Tartuffe* (1664) et *Dom Juan* (1665). Par la suite, Molière se consacre à des comédies-ballets. Sa mort survient quelques heures après une représentation du *Malade imaginaire* (1673).

### Michel de Montaigne (1533-1592)

Michel de Montaigne est issu d'une famille de riches négociants bordelais. Après avoir siégé pendant cinq ans au Parlement de Bordeaux, où il se lie d'amitié avec La Boétie, puis à celui de Paris, il cède cette charge juridique en 1572 pour se consacrer à l'écriture des *Essais* dont il publie en 1580 une première version. Il est élu en 1581 à la mairie de Bordeaux. Entre les affaires publiques et sa retraite dans sa bibliothèque, il s'emploie à réécrire, amplifier son œuvre. Il y exerce sa réflexion sur le savoir de son temps et celui des historiens et des poètes de l'Antiquité. Écrivain humaniste, il cherche en lui-même les caractères de la condition humaine. C'est trois ans après sa mort, en 1595, qu'est publiée l'édition de référence de son œuvre établie sur « l'exemplaire de Bordeaux », portant ses derniers ajouts et corrections.

### Alfred de Musset (1810-1857)

Né dans une famille aristocratique et cultivée, Alfred de Musset fréquente le Cénacle Romantique, mais reste en marge de la Nouvelle École. Après l'échec de *La Nuit Vénitienne* (1830), Musset renonce à écrire pour la scène et publie son théâtre sous le titre de *Un spectacle dans un fauteuil* (1832). Sa liaison orageuse avec George Sand nourrit sa poésie et en particulier les *Nuits* (1835-1837). Sa gloire est consacrée par son entrée à l'Académie française en 1852. Épuisé par l'alcoolisme, il meurt prématurément, victime d'une maladie du cœur.

### Blaise Pascal (1623-1662)

Avant tout brillant scientifique, Blaise Pascal compose des essais scientifiques, dès l'âge de seize ans, *Essai sur les coniques* (1642) et invente la machine arithmétique (ou « Pascaline »), ancêtre de la machine à calculer. Après avoir fréquenté différents salons mondains, marqué par un accident et frappé par une maladie incurable, Pascal se tourne vers la religion et le jansénisme de Port-Royal. Il se consacre à l'écriture de lettres polémiques contre les jésuites, *Les Provinciales*, publiées en 1656 sans autorisation. Il entreprend en même temps d'écrire une *Apologie du Christianisme*, dont les fragments sont regroupés dans les *Pensées*, publiées en 1670, après sa mort.

### Francis Ponge (1899-1988)

Né dans une famille bourgeoise et cultivée, Francis Ponge poursuit des études de lettres, puis de droit. En 1931, après son mariage, il se consacre à la poésie pendant ses moments libres. Il fréquente les surréalistes et adhère au Parti Communiste. En 1941, il entre dans la Résistance. Les titres de ses recueils *Le Parti pris des choses* (1942), *Proêmes* (1952) ou *La Rage de l'expression* (1961) suggèrent un intérêt pour le monde quotidien et prosaïque mais aussi sa volonté de s'affranchir d'une versification classique et de trouver une expression apte à retrouver le lien entre les mots et les choses.

### Jacques Prévert (1900-1977)

Jacques Prévert commence sa carrière d'écrivain dans le groupe surréaliste : il rencontre André Breton en 1925, mais il rompt avec ce groupe en 1930. Il participe alors à l'écriture de pièces de théâtre pour le groupe « Octobre », troupe engagée. Il rédige le scénario de nombreux films, dont *Quai des brumes* (1938) et *Les Enfants du paradis* (1945) de Marcel Carné, et travaille aux côtés de son frère Pierre, réalisateur. Pendant la Deuxième Guerre mondiale, il fait acte de résistance en écrivant notamment des poèmes engagés. Ses combats se retrouvent dans son recueil, *Paroles* (1945). Certains de ses textes comme « Les Feuilles mortes » ont été mis en musique par Joseph Kosma.

### Abbé Prévost (1697-1763)

Ordonné prêtre en 1726, il mène une existence particulièrement mouvementée, partagé entre l'aspiration à la discipline religieuse et le goût de l'aventure qui l'amène à plusieurs reprises à fuguer pour voyager à travers l'Europe. Traducteur de romans anglais, journaliste, romancier fécond, toute son œuvre sombre dans l'oubli à l'exception de *Manon Lescaut* (1728-1731), qui n'est à l'origine qu'un récit inséré dans *Les Mémoires d'un homme de qualité*.

### Marcel Proust (1871-1922)

Issu d'une famille cultivée de la bourgeoisie parisienne, Marcel Proust obtient une licence de Lettres en 1892. Il fréquente les salons de la haute bourgeoisie et de la noblesse du Faubourg St Germain et écrit des articles dans les journaux. C'est vers 1907 qu'il conçoit *À la Recherche du temps perdu*, roman en sept parties, dans lequel il peint les milieux et les figures qu'il a fréquentés. Grâce à la mémoire involontaire, il retrouve, intacts, les souvenirs du passé. Malade, cloîtré dans sa chambre, écrivant et corrigeant sans cesse ses manuscrits, il s'éteint à cinquante et un ans, après avoir obtenu le Prix Goncourt en 1919 avec *À L'Ombre des jeunes filles en fleurs*, mais sans avoir mis un point final à son œuvre.

### Raymond Queneau (1903-1976)

Raymond Queneau, romancier et poète français rejoint le mouvement surréaliste mais rompt avec André Breton en 1942. Il est l'un des fondateurs de l' « Oulipo ». Toute son œuvre est marquée par le jeu avec le langage, les rapports de l'écrit et de la langue parlée voire argotique mais aussi par sa passion pour les mathématiques et la philosophie. Son roman *Le Chiendent* (1933), ses *Exercices de style*

(1947), ses recueils *L'Instant fatal* (1948) ou *Cent mille milliards de poèmes* (1961) allient humour et poésie tant par l'évocation de personnages insolites que par la fantaisie verbale et les contraintes qu'il s'impose pour composer ses œuvres.

### François RABELAIS (1494 -1553)

Ordonné prêtre en 1520, François Rabelais étudie le grec, mais ses supérieurs confisquent ses livres ; ce qui lui vaut de haïr tout au long de sa vie la Sorbonne, les moines et la règle monastique. Ayant renoncé à ses vœux, il se tourne alors vers la médecine sans renoncer pour autant à l'écriture. *Pantagruel* paraît en 1532, et *Gargantua* en 1534, sous la signature d'Alcofibras Nasier (anagramme de François Rabelais) : le gigantisme des héros est à l'image d'une pensée humaniste qui veut briser les obstacles et les limites de la tradition et présenter, entre autres, un système d'éducation fondé symboliquement sur l'ivresse des connaissances. *Gargantua* s'achève sur la description de l'abbaye de Thélème, couvent utopique et humaniste.

### Jean RACINE (1639-1699)

Orphelin, Jean Racine est élevé par les jansénistes de Port-Royal qui lui transmettent leur doctrine rigoureuse mais aussi le goût de la langue et de la littérature grecques. Bien que les jansénistes condamnent le théâtre, Racine écrit entre 1667 et 1677 une comédie, *Les Plaideurs* (1668), et sept tragédies dont *Andromaque* (1667), *Bérénice* (1670), *Phèdre* (1677). Ses tragédies donnent une vision tragique d'une humanité gouvernée par ses passions et abandonnée au mal à travers un nouveau langage poétique. Il renonce brutalement au théâtre, devient historiographe du roi et épouse une jeune fille qui lui donne sept enfants. Pour Madame de Maintenon et l'institution de Saint-Cyr qu'elle vient de fonder, il écrit deux tragédies d'inspiration biblique : *Esther* (1689) et *Athalie* (1691).

### Arthur RIMBAUD (1854-1891)

Génie précoce, Arthur Rimbaud se consacre à la poésie entre quatorze et vingt-deux ans. Très tôt, il affirme sa révolte dans des poèmes comme « Sensation » ou « Le Dormeur du val » recueillis dans *Poésies* (1871). *Une Saison en enfer* (1873) témoigne de sa liaison orageuse avec Verlaine, déterminante pour sa vie et son œuvre. Avant son silence définitif, Rimbaud cherche à atteindre l'ambition de *La lettre du voyant* (1871), celle de « trouver une langue » dans les poèmes en prose et en vers libres d'*Illuminations*, écrits entre 1874 et 1876. Par la suite, il décide de voyager et cherche à faire fortune en Afrique et dans la péninsule arabique. Malade, il est rapatrié en France et meurt à Marseille en 1891.

### Alain ROBBE-GRILLET (1922-2008)

Alain Robbe-Grillet est d'abord ingénieur agronome avant de se lancer dans la littérature. Il publie une série de romans, à partir des *Gommes* (1953), qui bouleversent la tradition romanesque en refusant les analyses psychologiques et le mode de descriptions des romans balzaciens. Ses théories, fondatrices du Nouveau Roman, sont réunies dans un essai, *Pour un nouveau roman* (1963). Après une série d'autres romans dont *La Jalousie* (1957), Robbe-Grillet se rapproche du cinéma et écrit des ciné-romans, dont *L'Année dernière à Marienbad* (1961), filmé par Alain Resnais. En 2004, il est élu à l'Académie française.

### Pierre DE RONSARD (1524-1585)

Avec Joachim Du Bellay, Pierre de Ronsard est un des poètes fondateurs du groupe de La Pléiade. L'œuvre de Ronsard est immense : il reste surtout célèbre pour ses recueils de sonnets amoureux *Amours de Cassandre* (1552), *Amours de Marie* (1555), *Sonnets pour Hélène* (1578). Mais avec *La Franciade* (1572), il tente de faire revivre en France le genre de l'épopée. Ses *Discours* (1555-1564) marquent, dans le contexte difficile des guerres de religion, ses positions de catholique modéré sensible à la détresse de son pays. Enfin, *Les Hymnes* (1555-1556) illustrent la tentative d'une poésie de méditation philosophique. Poète de cour, Ronsard connaît d'emblée une gloire immense et les faveurs de différents souverains. Il finit sa vie au Prieuré de Saint-Cosme, où, malade, il se retire.

### Jean-Jacques ROUSSEAU (1712-1778)

Jean-Jacques Rousseau est un des pères spirituels de la Révolution française. Né dans un milieu modeste d'artisans, c'est un autodidacte qui vient tardivement à l'écriture. L'opposition entre Nature et Société ainsi que la mise en cause de la socialisation de l'homme sont au cœur de la réflexion politique et morale des deux Discours, *Discours sur les Sciences et les Arts* (1749), *Discours sur l'origine et les fondements de l'inégalité parmi les hommes* (1755). *Le Contrat social* (1762) prolonge cette réflexion politique avec l'idée d'un pacte social égalitaire entre gouvernants et gouvernés. Rousseau cherche à réformer l'homme par l'éducation, avec son traité l'*Émile* (1762). Il aborde la fiction avec le roman épistolaire *La Nouvelle Héloïse* (1761). Son œuvre immense est l'objet de nombreuses polémiques en son temps par certains philosophes. Il fuit en exil (en Suisse, puis en Angleterre) et trouve l'apaisement à la fin de sa vie avec *Les Rêveries du promeneur solitaire*, texte inachevé.

### Jean-Paul Sartre (1905-1980)

Après avoir étudié la philosophie, Jean-Paul Sartre enseigne cette discipline de 1931 à 1945, tout en écrivant des romans comme *La nausée* (1938). Incorporé dans l'armée durant la Seconde Guerre mondiale, il est fait prisonnier, puis s'évade. Il entre alors dans la Résistance et crée des pièces de théâtre dans lesquelles il développe ses thèses (*Les Mouches*, 1943 ; *Huis-clos*, 1944). Il prend la voie de l'engagement politique, auprès de sa compagne, Simone de Beauvoir. Fondateur de l'Existentialisme, il refuse le Prix Nobel de Littérature en 1964. La même année, paraît son œuvre autobiographique, *Les Mots*.

### Paul Scarron (1610-1660)

Entré très tôt dans les ordres, Paul Scarron, est atteint, en 1638, d'une maladie qui le laisse paralysé et difforme. Il épouse Françoise d'Aubigné, la future Madame de Maintenon, et réunit autour de lui des esprits libres, des libertins, et des hommes de lettres. Peu engagé en politique, il rédige néanmoins un pamphlet contre Mazarin, en 1651. Ses écrits poétiques burlesques, *Le Virgile travesti* (1648) sont célèbres, mais il est surtout connu pour son roman, *Le Roman comique* (1651-1657) qui met en scène une troupe de comédiens. Ses pièces de théâtre, imitées de nouvelles espagnoles, connaissent un grand succès à son époque.

### Maurice Scève (1501-1564)

Maurice Scève est considéré comme un des poètes majeur de l'École Lyonnaise, qui rassemble des écrivains de sensibilités et de styles très divers. Il gagne en 1535 le concours poétique de blasons organisé par Clément Marot. Son chef-d'œuvre, *Délie, objet de la plus haute vertu* (1544), est un long recueil poétique de 449 dizains en décasyllabes. Consacrée à la femme aimée, le style en est hermétique et épuré. On lui doit également une épopée biblique, *Microcosme* (1562).

### Madame de Staël (1766-1817)

Germaine Necker, fille d'un ministre de Louis XVI, épouse le baron de Staël et mène une vie marquée par l'exil en Suisse dans son château de Coppet, dès 1792, où elle aide de nombreux amis, dont Benjamin Constant. Les régimes successifs ne lui permettent pas de rester en France. Ses voyages lui inspirent un essai, *De l'Allemagne* (1813), et un roman : *Corinne ou l'Italie* (1807). Ses réflexions portent sur la politique, le bonheur, *De l'influence des passions sur le bonheur de l'individu et des nations* (1796), et la littérature *De la littérature* (1800). Ses œuvres annoncent celles des écrivains romantiques.

### Henri Beyle dit Stendhal (1783-1842)

Henri Beyle embrasse la carrière militaire et suit les campagnes napoléoniennes qui lui permettent de découvrir, entre autres, l'Italie, sa patrie d'adoption, cadre de nombreux romans. Après la chute de Napoléon, il se lance dans l'écriture sous le pseudonyme de Stendhal. Il écrit d'abord des essais, comme *De l'Amour* (1822) ou *Racine et Shakespeare* (1823) qui donnent une définition du romantisme, puis des romans d'analyse : *Le Rouge et le Noir* (1830), *La Chartreuse de Parme* (1839). Ceux-ci mettent en scène des personnages passionnés, recherchant le bonheur, placés dans une société dont l'auteur fait souvent un tableau satirique. Sous Louis-Philippe, il est nommé consul en Italie.

### Paul Valery (1871-1945)

Passionné de mathématiques et de musique, Paul Valéry est un poète influencé essentiellement par Mallarmé, qu'il fréquente, jusqu'à sa mort en 1898. Il se lie d'amitié avec André Gide, et entretient avec lui une correspondance publiée de façon posthume. En 1917, celui-ci l'invite à publier des recueils poétiques, après une longue période de doutes. *La Jeune Parque* (1917), le *Cimetière marin* (1920), *Charmes* (1922) rencontrent un public enthousiaste. Il rédige également des ouvrages critiques sur la littérature ou l'art, *Pièces sur l'art* (1931). Il est élu à l'Académie française en 1925.

### Paul Verlaine (1844-1896)

Paul Verlaine se veut l'héritier de Baudelaire et des Parnassiens. Son premier recueil, les *Poèmes saturniens* (1866), reflète ces influences. En 1870, il publie *La Bonne chanson,* comportant des poèmes dédiés à celle qu'il vient d'épouser, Mathilde Mauté. Sa rencontre avec Arthur Rimbaud, en 1871, marque un tournant dans sa vie. Il est condamné et emprisonné en 1873 pour avoir blessé par balle cet ami. Ses conceptions poétiques originales s'affirment dans « Art poétique », écrit en 1874 et publié dans *Jadis et naguère* (1884) ; il y revendique « De la musique avant toute chose ». Il ouvre la voie au Symbolisme et fait connaître ceux que son ouvrage de 1883 appelle les « Poètes maudits » : Corbière, Mallarmé et Rimbaud.

### François Villon (vers 1432-après 1463)

François de Montcorbier, dit François Villon, participe à de nombreuses bagarres qui le poussent à fuir Paris pour rejoindre Charles d'Orléans à Blois. Il est conduit en prison à plusieurs reprises, jusqu'à sa condamnation à la pendaison, transformée en bannissement pour dix ans. Ces épisodes l'inspirent pour ses poèmes et ballades, contenus dans le *Lais* (1456), c'est-à-dire « le legs », ou *Le Testament* (1461-1462) : Villon y fait la satire de ses contemporains et les appelle à la clémence avec un poème tel que « La Ballade des pendus ».

### François-Marie Arouet dit Voltaire (1694-1778)

Philosophe majeur du siècle des Lumières, Voltaire est l'auteur d'une œuvre littéraire immense et très variée dont ses *Lettres philosophiques* et ses contes *Zadig* (1748), *Candide* (1759) et *L'Ingénu* (1767). Toutes son œuvre philosophique s'inscrit dans son combat contre l'intolérance et le fanatisme religieux. Cependant, il croit avec ferveur au bonheur possible et au progrès matériel et moral de l'homme. En cela, il s'oppose à Rousseau dans quelques textes caustiques. Voltaire s'essaie à tous les genres littéraires, le théâtre tragique (*Œdipe,* 1718), les écrits historiques (*Le siècle de Louis* XIV, 1751), la poésie (« Poème sur le désastre de Lisbonne », 1756). À la fin de sa vie, installé dans sa propriété de Ferney, en Suisse, il est en correspondance avec toute l'Europe éclairée et jouit de son vivant d'une notoriété immense.

### Émile Zola (1840-1902)

Avec pour condisciple le peintre Cézanne, Émile Zola fait ses études à Aix-en-Provence. Fondateur du Naturalisme, il est auteur de la série des *Rougon-Macquart (Histoire naturelle et sociale d'une famille sous le Second Empire)* parus en vingt volumes entre 1871 et 1893. Émile Zola construit son œuvre sur l'idée que la création romanesque peut être conduite comme une expérimentation scientifique. Il montre aussi le poids de l'hérédité dans le destin de ses personnages (*Nana,* 1880). Le septième volume de sa série, *L'Assommoir* (1877), fait scandale car il y décrit le monde ouvrier avec sa langue, ses mœurs, sans nier les ravages causés par la misère et l'alcoolisme. *Germinal* (1885), le treizième volume, s'inscrit également dans cette démarche. Zola est un écrivain engagé qui prend position dans l'affaire Dreyfus : son article *J'accuse,* publié dans *L'Aurore* le 13 janvier 1898, reste célèbre. Il meurt asphyxié pendant son sommeil : on a mis en doute le caractère accidentel de ce décès.

# Index des auteurs et des œuvres

Cet index renvoie aux auteurs et aux œuvres dont les extraits sont proposés dans le manuel, ainsi qu'aux œuvres faisant l'objet d'une lecture d'image ou d'un dossier histoire des arts.
Les numéros en couleurs renvoient aux parties : Lecture, Étude de la langue, Outils d'analyse, Méthodes.

Certifié PEFC
Ce produit est issu de forêt gérées durablement et de sources contrôlées
www.pefc.it

Achevé d'imprimer en Italie par Rotolito Lombarda
Dépôt légal Avril 2011 - N° Editeur : 2011/901

Cet ouvrage est imprimé sur des papiers certifiés provenant de forêts durablement gérées par un imprimeur certifié Imprim'Vert.

# Crédits iconographiques

Couverture : AKG-Images

P. 6 : The Bridgeman Art Library – p. 8 : La Collection/Imagno – p. 9 : Luisa Ricciarini/Leemage © Adagp, Paris 2011 – p. 11 : Immagina/Leemage – p. 16 : Luisa Ricciarini/Leemage – p. 18 : akg-images/ Salvador Dalí, Fundació Gala-Salvador Dali / ADAGP, Paris 2011 – p. 19 : Photo Josse/Leemage – p. 20 : Photo Josse/Leemage – p. 21 : Electa/Leemage – p. 22 : Aisa/leemage – p. 23 : The Bridgeman Art Library – p. 24 : FineArtImages/Leemage – p. 26 : Bianchetti/Leemage – p. 28 : Heritage Images/Leemage – p. 29 : Selva/ Leemage – p. 30 : akg-images – p. 31 : Luisa Ricciarini/Leemage – p. 33 : Photo Josse/Leemage – p. 35 : akg-images/©Max Ernst/VG Bild-Kunst/Adagp, Paris 2011 – p. 36 : Studio Lipnitzki/Roger-Viollet – p. 37 : AFP – p. 38-49 : The Bridgeman Art Library – p. 40 : The Bridgeman Art Library – p. 41 : Aisa/Leemage ; Wintermann Collection/Bridgeman Giraudon ; Archives Alinari, Florence, Dist. RMN / Georges Tatge ; The Bridgeman Art Library ; Maison de Victor Hugo/Roger-Viollet – p. 42 : Luisa Ricciarini/Leemage – p. 43 : Luisa Ricciarini/Leemage – p. 45 : Aisa/Leemage – p. 47 : akg-images/Jérôme da Cunha – p. 51 : Prod DB © Lorimar-Warner Bros/DR – p. 53 : Photo Josse/Leemage – p. 55 : Collection Christophel – p. 56 : Estate of Walker Evans The Metropolitan Museum of Art/RMN – p. 57 : DR ; Gusman/Leemage – p. 60 : Prod DB © Dimension Films/DR – p. 63 : The Granger Collection NYC/Rue des Archives ; Rue des Archives/Tal – p. 64 : Aisa/Leemage – p. 65 : Wintermann Collection/Bridgeman Giraudon – p. 67 : Josse/Leemage – p. 69 : La Collection / Artothek – p. 73 : Photo Josse/Leemage – p. 76 : Photo Josse/Leemage – p. 77 : RMN (Musée d'Orsay)/Michèle Bellot – p. 78 : AISA/Leemage ; Aisa/Leemage ; AISA/Leemage – p. 79 : Photo RMN/Gérard Blot ; Aisa/Roger-Viollet/© Succession H. Matisse; The Bridgeman Art Library/© Succession Picasso 2011 – p. 80 SuperStock/Leemage © Adagp, Paris 2011 – p. 82 : Wintermann Collection/Bridgeman Giraudon – p. 83 : Archives Alinari, Florence, Dist. RMN / Georges Tatge – p. 85 : Marcel Dole/Kipa/Corbis – p. 86 : The Bridgeman Art Library – p. 88 : The Bridgeman Art Library – p. 91 : Aisa/Leemage – p. 93 : RMN/Hervé Lewandowski – p. 95 : MET/Réunion des Musées Nationaux © Adagp, Paris 2011 – p. 97 : Luisa Ricciarini/Leemage © Adagp, Paris 2011 – p. 98 : TopFoto/Roger-Viollet ; Aisa/Leemage – p. 99 : RMN/Hervé Lewandowski – p. 101 : BPK, Berlin, Dist. RMN/Jörg P. Anders – p. 103 : The Bridgeman Art Library – p.104 : Collection Kharbine-Tapabor – p. 107 : The Bridgeman Art Library – p. 109 : DeAgostini/ Leemage – p. 111 : Musée de l'Ecole de nancy/Gilbert Mangin – p. 112 : The Bridgeman Art Library – p. 115 : Prod DB©Iena/DR – p. 117 : Collection Christophel – p. 118 : Photo Josse/Leemage ; photo12.com/Oronoz – p. 119 : Photo Josse/Leemage ; Photo CNAC/ MNAM Dist. RMN-Philippe Migeat © Adagp, Paris 2011 – p. 120-122 : Photo Josse/Leemage – p. 123 : Maison de Victor Hugo/ Roger-Viollet – p. 125 : Prod DB©Lorimar-Warner Bros/DR – p. 126 : Pascal Victor/ArtComArt – p. 128 : Electa/Leemage – p. 130 : Photo Josse/Leemage – p. 131 : RMN/Musée d'Orsay/Gérard Blot – p. 133 : (C) The Metropolitan Museum of Art, Dist. RMN/image of the MMA © Adagp, Paris 2011 – p. 135 : BPK, Berlin, Dist. RMN/Image BStGS – p. 137 : RMN/Franck Raux – p. 140 : Photo Josse/ Leemage – p. 141 : Bianchetti/Leemage – p. 142 : Akg-images – p. 144 : La Collection/Imagno – p. 145 : Photo Josse/Leemage ; Pascal GELY CDDS Enguerand ; Benoite Fanton/WikiSpectacle ; akg-images – p. 146 :
La Collection/Interfoto – p. 147 : Photo Josse/Leemage – p. 149 : Photo Josse/Leemage – p. 151 : Marc Enguerand – p. 152 : Boris Lipnitzki/Roger-Viollet ; CDDS Bernand – p. 153 : Marc Enguerand ; Marc Enguerand – p. 155 : Marc Enguerand – p. 157 : Boris Lipnitzki/Roger-Viollet – p. 159 : Bernand CDDS Enguerand – p. 161 : Heritage Images/Leemage – p. 163 : Agence Bernand – p. 165 : Mary Evans/Rue des Archives ; Marc Enguerand – p. 167 : Roger Pic/BnF, Arts du spectacle – p. 168 : Photo Josse/Leemage – p. 169 : Pascal Gely CDDS Enguerand – p. 171 : Pascal Gely CDDS Enguerand – p. 173 : Marc Vanappelghem – p. 174 : Marc Enguerand ; Bernand CDDS Enguerand – p. 175 : Eric Legrand ; Agathe Poupeney / Fedephoto – p. 177 : Ramon Senera Agence Bernand – p. 179 : FineArtImages/Leemage – p. 181 : Pascal Gely CDDS Enguerand – p. 183 : Benjamin Renout Agence Enguerand ; Prod DB © André Paulvé et Georges Legrand/DR ; Prod DB © France 3/DR – p. 184 : Benjamin Renout Agence Enguerand – p. 186 : Pascal Gely CDDS Enguerand – p. 187 : Benoite Fanton/WikiSpectacle – p. 189 : Pascal Victor/ArtComArt – p. 191 : Pascal Gely Agence Bernand – p. 192 : Marc Enguerand – p. 193 : Brigitte Enguerand ; Marc Enguerand CDDS ; SENERA Ramon/Citenscene – p. 195 : Bruno Amsellem/Signatures – p. 197 : Studio Lipnitzki/Roger-Viollet – p. 199 : Pascal Gely Agence Bernand – p. 201 : The Metropolitan Museum of Art, Dist. RMN/image of the MMA – p. 202 : Benoite Fanton/WikiSpectacle – p. 203 : akg-images – p. 205 : Bernand CDDS Enguerand – p. 207 : Mary Evans/Rue des Archives – p. 209 : Communication Orangetango/photo Jean-François Gratton – p. 211 : Victor Tonelli/ArtComArt – p. 214 : Bernand CDDS Enguerand ; Studio Lipnitzki/Roger-Viollet ; Bernand CDDS Enguerand – p. 215 : Bernand CDDS Enguerand ; Bernand CDDS Enguerand ; Ramon Senera Agence Bernand – p. 217 : Suddeutsche Zeitung/ Rue des Archives – p. 219 : Victor Tonelli/ArtComArt – p. 220 : akg-images – p. 221 : collection christophel – p. 222 : Photo Josse/ Leemage – p. 223 : Photo12.com – Fondation Napoléon ; Photo RMN – Hervé Lewandowski – p. 224 : Selva/Leemage – p. 226 : Luisa Ricciarini/Leemage © Adagp, Paris 2011 – p. 227 : The Bridgeman Art Library ; La Collection / Artothek ; Electa/Leemage – p. 228 : Electa/Leemage – p. 229 : AISA/Leemage – p. 230 : Collection Centre Pompidou, Dist. RMN / Philippe Migeat/©Adagp, Paris 2011 – p. 231 : The Bridgeman Art Library – p. 233 : Aisa/Leemage – p. 236-237 : Luisa Ricciarini/Leemage ; Luisa Ricciarini/Leemage ; Luisa Ricciarini/Leemage – p. 239 : Collection Dixmier/Kharbine-Tapabor – p. 240 : p. Collection Dagli Orti/Picture Desk – p. 242 : Michael Graham-Stewart/ The Bridgeman Art Library – p. 245 : La Collection/Artothek – p. 247 : RMN/Château de Versailles/Gérard Blot – p. 249 : La Collection/Domingie & Rabatti – p. 250 : La Collection/Lois Lammerhuber/Photoagentur Lammerhuber – p. 251 : Archives Alinari, Florence, Dist. RMN/Fratelli Alinari ; La Collection/Imagno – p. 253 : Jemolo/Leemage ; Farabola/Leemage – p. 254 : Alfred East Gallery, Kettering Borough Council/The Bridgeman Art Library – p. 255 : Sotheby's/akg-images – p. 257 : Electa/Leemage – p. 259 : Photo RMN/Bulloz – p. 261 : La Collection/Artothek – p. 262 : Electa/Leemage – p. 265 : The Bridgeman Art Library – p. 269 : Luisa Ricciarini/Leemage – p. 271 : FineArtImages/Leemage/Adagp, Paris 2011 – p. 273 : DACS / Photo © Christie's Images/Bridgeman Giraudon /© Salvador Dalí, Fundació Gala-Salvador Dali/Adagp, Paris 2011 – p. 274 : Collection Centre Pompidou, Dist. RMN / Philippe Migeat/© Adagp, Paris 2011 ; akg-images/Adagp, Paris 2011 – p. 275 : Renaud/Leemage /©Adagp, Paris 2011 ; Archives Werner Spies/DR ; Peter Ertl/©Adagp, Paris 2011 – p. 276 : akg-images/Denise Bellon/© adagp, Paris 2011 ; akg-images/Denise Bellon/© adagp, Paris 2011 – p. 277 : Prod DB © DR – p. 278 : Electa/Leemage – p. 279 : Akg-images – p. 281 : Akg-images – p. 282 : Akg-images – p. 284 : Superstock/Leemage – p. 286 : Photo Josse/Leemage – p. 287 : Giraudon/Bridgeman Giraudon/© Adagp, Paris 2011 – p. 289 : © Adagp, Banque d'images, Paris 2011 – p. 291 : AKG-Images/© Adagp, Paris 2011 – p. 293 : Selva/Leemage – p. 295 : © Photothèque R. Magritte/Adagp, Paris 2011 – p. 299 : Akg-images – p. 300 : Gusman/Leemage– p. 301 : akg-images – p. 302 : Henri Martinie/Roger-Viollet – p. 304 : Immagina/Leemage – p. 305 : Roger-Viollet ; RMN/ René-Gabriel Ojeda ; Photo Josse/Leemage ; The Bridgeman Art Library – p. 307 : Photo Josse/Leemage – p. 309 : Roger-Viollet – p. 311 : Photo Josse/Leemage – p. 313 : BnF – p. 315 : Photo RMN – Gérard Blot – p. 316 : Electa/Leemage – p. 319 : The Bridgeman Art Library – p. 320 : Roger-Viollet – p. 323 : Photo Josse/Leemage – p. 325 : Albert Harlingue /Roger-Viollet – p. 328 : Roger-Viollet – p. 329 : RMN/René-Gabriel Ojéda – p. 331 : RMN/René-Gabriel Ojéda – p. 333 : Coll. Jonas/Kharbine-Tapabor – p. 335 : Costa/Leemage –p. 337 : Ramon Senera CDDS Enguerand – p. 339 : Coll. Jonas/Kharbine-Tapabor – p. 341 : Collection privée/Roger Perrin/Bridgeman Giraudon – p. 343 : RMN/ Musée d'Orsay/Hervé Lewandowski – p. 345 : Archives Alinari, Florence, Dist. RMN/Fratelli Alinari – p. 346 : Pascal Victor/ArtComArt – p. 348 : RMN/ René-Gabriel Ojéda – p. 349 : Photo Josse/Leemage – p. 351 : Electa/Leemage – p. 353 : Photo Josse/Leemage – p. 355 : Luisa/Ricciarini/Leemage – p. 359 : Prod DB©Lorimar-Warner Bros/DR – p. 360 : Aisa/Leemage – p. 362 : Photo Josse/

Leemage ; The Art Archive/Château de Breteuil/Dagli Orti – p. 367 : The Bridgeman Art Library – p. 369 : Raffael/Leemage – p. 371 : Akg-images/Electa – p. 372 : Photo RMN/Jean-Gilles Berizzi – p. 375 : Akg-images/Oronoz – p. 377 : Rue des Archives/BCA – p. 378 Photo Josse/Leemage – p. 380 : Photo Josse/Leemage – p. 381 : Photo Josse/Leemage – p. 382 : André Buffard/Roger-Viollet – p. 385 : Studio Lipnitzki/Roger-Viollet – p. 387 : Luisa Ricciarini/Leemage – p. 389 : RMN/Stéphane Maréchalle – p. 392 : The Bridgeman Art Library – p. 394 : Maisons de Victor Hugo/Roger-Viollet – p. 395 : Maisons de Victor Hugo/Roger-Viollet – p. 396 : Maisons de Victor Hugo/Roger-Viollet – p.398-399 : The Bridgeman Art Library/© Adagp, Paris 2011 – p. 426-427 : Photo Josse/Leemage – p. 455 : La Collection/Imagno ; La Collection/Artothek /©Adagp, Paris, 2011 – p. 456 : Photo Josse/Leemage ; Selva/Leemage – p 457 : (C) Collection Centre Pompidou, Dist. RMN/Peter Willi /©Adagp, Paris, 2011 ; La Collection/Artothek – p. 466-467 : Asia/Leemage/ © Adagp, Paris 2011 – p. 508 : André Buffard/Roger-Viollet ; Corbis ; Edmond-Marie Poullain/BHVP/ Roger-Viollet ; DeAgostini/ Leemage ; Photo Josse/Leemage ; Gusman/Leemage – p. 509 : Photo Josse/Leemage ; AFP ; AFP ; akg-images ; Photo Josse/Leemage ; Studio Lipnitzki/Roger-Viollet ; AFP ; Rene Saint Paul /Rue des Archives – p. 510 : Henri Martinie /Roger-Viollet ; Dagli Orti ; G.K./ Roger-Viollet ; Photo Josse/Leemage ; La Collection /Jean-Paul Dumontier ; Henri Martinie /Roger-Viollet ; Photo Josse/Leemage – p. 511 : Graziano Arici/Leemage ; L'Humanité/Keystone-France ; Photo Josse/Leemage ; Rue des Archives/Tal ; Rue des Archives/Tal ; Edouard Boubat/Rapho – p. 512 : akg-images ; Maison de Victor Hugo/Roger-Viollet ; Edouard Boubat/Rapho ; Selva/Leemage ; MI/ Leemage ; MP/Leemage ; Aisa/Leemage ; Photo Josse/Leemage – p. 513 : PrismaArchivo/Leemage ; Photo Josse/Leemage ; Photo Josse/ Leemage ; Lebrecht Music & Arts Photo Library ; akg-images ; Photo Josse/Leemage – p. 514 : Photo Josse/Leemage ; Photo Josse/ Leemage ; Photo Josse/Leemage ; Marion Kalter/Opale ; Boris Lipnitzki/Roger-Viollet ; akg-images ; Fototeca/Leemage ; Rue des Archives/AGIP – p. 515 : Photo Josse/Leemage ; AISA/Leemage ; The Granger Collection NYC/Rue des Archives ; AFP ; Photo Josse/ Leemage ; Photo Josse/Leemage – p. 516 : James Andanson/Apis/Sygma/Corbis ; photo rmn-Gerard Blot ; akg-images ; MP/Leemage ; Photo Josse/Leemage ; Pierre Choumoff/Roger-Viollet ; Photo Josse/Leemage ; Selva/Leemage – p. 517 : Photo Josse/Leemage ; Selva/ Leemage